中国高干夫人档案

◎毛泽东夫人杨开慧
◎毛泽东夫人贺子珍
◎毛泽东夫人江青
◎林彪夫人叶群
◎康生夫人曹轶欧

潘相陈◎编著

北方妇女儿童出版社

图书在版编目(CIP)数据

中国高干夫人档案/潘相陈　编著. －北方妇女儿童出版社,

2008.12

ISBN 7－5385－1501－1

Ⅰ.中…　Ⅱ.潘…　Ⅲ.档案　Ⅳ.V002.2

中国版本图书馆 CIP 数据(2008)第 002682 号

中国高干夫人档案

编　　著:潘相陈
出版发行:北方妇女儿童出版社
印　　刷:北京市振兴印务有限公司
经　　销:新华书店
开　　本:880×1230mm　　1/32 开
印　　张:14
字　　数:300 千字
版　　次:2007 年 7 月第 1 版　　2008 年 12 月第 3 次印刷
书　　号:ISBN 7－5385－1501－1/I·29
定　　价:32.80 元

目　录

蝶恋花·婚变于负气·女皇梦

——毛泽东的三位夫人

(一)杨开慧

她和毛泽东的爱是浪漫的,她和他的婚事也特别“新潮”。

她很有个性。

她拒绝登报脱离夫妻关系,终被杀害。

一般认为,杨开慧是毛泽东的原配夫人,这是革命者的新的婚姻观。按旧礼俗,他有“明媒正娶”的夫人,那就是罗氏。其名已不可知,她比毛泽东大6岁,20岁和只有14岁的毛泽东成婚。她很不幸,毛泽东不喜欢她,尽管她孝敬公婆,勤苦劳作,但个人生活郁闷不舒,22岁便病逝于韶山冲。毛泽东1936年同斯诺谈话时这样提及她:“我14岁的时候,父母给我娶了个20岁的女子,可是我从来没有和她生活过——而且后来也一直没有,我不认为她是我的妻子,当时也几乎没有想到过她。”

罗氏病逝时,毛泽东也只十六七岁.还没有成年,那样的社会环境,他在婚姻问题上也不能自主。罗氏的不幸,只能说是封建礼教的害人。

毛泽东本人不承认,我们无须把原配夫人的头衔加于罗氏。

毛泽东和杨开慧结婚之前,曾有一位关系密切的女朋友——陶斯咏。她和毛泽东是同乡,又是长沙一师的同学,毛泽东岳父杨昌济有三位得意的女弟子;向警予、任培道、陶斯咏。他们的恋情没有维持多久,陶斯咏便离开毛泽东,去上海办教育,她主张教育救国,创立了“立达书院”,可惜红颜命薄,1932年逝去。如此看来,毛泽东和陶斯咏中断恋爱关系主要是政见不合。

对于毛陶之间的关系,杨开慧在自述里曾以痛苦的心情婉转地提到过。毛泽东最后还是选择了杨开慧,根本原因便是志同道合。

杨开慧号霞,字云锦,出身于书香门第。父亲杨昌济(字怀中)是北京大学教授。1901年11月,杨开慧生于湖南长沙县东乡的板仓。

她不满3岁时,父亲杨昌济怀着救国救民的抱负,远涉重洋留学去了,杨开慧在母亲向振熙的抚养下度过童年。

开慧长到7岁,爸爸从国外来信,嘱咐妈妈要开慧上学读书。板仓女孩子还没有上学读书的,杨开慧开了风气之先。她家斜对门的杨公庙,办了第四十初级小学。学校破例为开慧等7个女孩子单开了一个班。开慧在杨公庙小学读了三个学期，转到离板仓5里多路的储能学校。辛亥革命发生后不久，她又转到衡粹女校。这个学校办了实业科，可以学编织、缝纫、绣花等。校长是留学日本回来的，思想进步，有时给学生讲日本的明治维新，讲广州起义黄花岗72烈士，讲辛亥革命和孙中山，给学生们灌输初步的民主主义革命思想。后因衡粹女校要迁到长沙去，杨开慧又转到麻林桥附近的县立第一女子高小，一直读到毕业。

1912年杨昌济从国外归来，任教于长沙湖南省立一师，全家从乡下迁来长沙，住在大鹅塘。学高为师，德高为范，杨昌济以渊博的学识和高尚的品德吸引着向上有为的学生，毛泽东、蔡和森、陈昌等经常去杨寓向老师请教各种问题。

从迁居长沙到1920年1月杨昌济病逝，杨开慧没有进入学校，在家里由父亲指导自学。当毛泽东等来家向父亲请教时，她总是搬一条小凳坐在旁边，听他们谈论治学、做人之道，研讨朝代兴衰，探寻救国救民真理。

毛泽东和杨开慧日渐熟悉，毛泽东像兄长一样照顾比自己小8岁的师妹。

1918年5月，杨昌济受聘北京大学，出任伦理学教授。17岁的杨开慧随家迁移北京，不久，杨昌济染病，杨开慧日夜侍汤药于病榻之侧，并为爸爸读书读报。每期《新青年》是必读之物，从这里，杨开慧汲取了许多新思想新道德。

1918年秋，毛泽东第一次来到北京。他去看望老师杨昌济并在杨寓小住。

杨先生和师母见到毛泽东，十分快慰，帮助他妥善地安排在京的生活。这时的杨开慧，正当豆蔻年花，对于毛泽东，虽然相识多年了，但这次见面，心中却有一种异样的感情。在父母的促成下，他们相爱了，故宫、北海、香山，都留下了他们的游踪。秋天的红叶，冬天的白梅，在这一对年轻人的心目中留下美好的记忆。他们的爱情像红叶那样艳丽，像白梅那样纯洁。

杨开慧喜书法，懂诗词，不事粉黛，志存高远，这使毛泽东非常爱慕。一日，毛泽东向开慧要诗。开慧说："我喜欢诗，但作不好，临时应酬更写不出来。去年在长沙时，因和周南女中李一纯要好，曾送她两册精装的诗韵。李一纯买了两盆菊花回赠。我曾作过一首诗答谢。"说到这里，略一沉吟，吟诵道：

高谊薄云霞，温和德行嘉。
所贻娇丽菊，今尚独开花。
月夜幽思永，楼台入暮遮。
明年秋色好，能否至吾家？

毛泽东用心听着，小声重复着，体味诗中的含意。待听完，笑着说："霞，这诗赠给我不是很合适吗！"开慧脸色绯红，细一回味，确像一首爱情诗。如头两句："高谊薄云霞，温和德行嘉。"润之不正好当此吗。"所贻娇丽菊，今尚独开花。"这不像是说自己尚未许人么！想到这里，脸像火烧一样，忙辩白说："你不要曲解人家的诗，我对你说了，是给李一纯的。"毛泽东说："我最喜欢最后两句：明年秋色好，能否至吾家？"第一次北京之行，25岁的毛泽东开始了自己的初恋。

1919年年底，毛泽东率驱张（敬尧）代表团第二次到了北京，自然住在开慧家里。一年多来，鱼雁传书，他们的关系更加亲密了。一天，开慧发现毛泽东晒在竹竿上的一件白衬衣破了,便取下来为他缝补。此事被妈妈看到了。作母亲的把这看作是他们"定情"的标志,因而非常高兴,告诉杨昌济和家里人说:"开慧帮毛先生补衬衣了,她还从来没补过衣服呢!"杨先生这时已沉疴在身,听到这话脸上露出了笑容。1920 年 1 月 16 日,一代学人杨昌济先生不幸在北京逝世。临终前,他给老友章士钊写信推荐毛泽东和蔡和森,信中说:"毛蔡二君,当代英才,望善视之。"章士钊是湖南长沙人,著名的革命党人,时任南方军政府议和代表,住在上海。

北京和长沙的教育界都为杨昌济开了追悼会,毛泽东以半生半婿的身份参加守灵,帮助料理后事。父亲去逝后,杨开慧和母亲扶柩南下,将杨昌济的遗体归葬长沙板仓。

1920 年 4 月,毛泽东到了上海。为给赴法勤工俭学的会友筹措路费,他拿着杨昌济的亲笔信,往访章士钊先生。章士钊对杨昌济的学问道德素来钦佩,见信后热情接待了毛泽东。见这个桑梓后生谈吐不凡,胸怀大志,觉得老朋友的眼光不差,遂答应尽力相助。数日后,筹集到两万银元,全部交给了毛泽东。43 年后毛泽东对帮助他学习英文的章含之(章士钊的女儿)说:"行老(注:章士钊字行严)哪里晓得他募捐来的这笔钱帮了共产党的大忙。当时一部分钱确实供一批同志去欧洲。另一部分,我们回湖南用于造反闹革命了。"

杨开慧回到长沙,得父亲生前好友的关照,进入福湘女中读书,和后来成为柳直荀烈士夫人的李淑一住在同一寝室。

这是一所教会学校,要读圣经、做祷告、唱赞美诗。校长是洋牧师的夫人,思想守旧。她觉得这个北京来的学生,头发太短,思想太新,怀疑她是"过激派"。那时中国共产党还没成立,"过激派"往往是对具有初步共产主义思想的知识分子的贬称。李淑一的父亲李肖聃是这所教会学校的国文教员。他是杨昌济的生前好友。他出面保护杨开慧:"她父亲是湖南教育界的名流,和我是挚友,杨先生过世了。对她的后代,望教育界诸同人多加照顾。"

李肖聃在长沙教育界有名望,他出来说话,教会学校不好发作。

这年 7 月,毛泽东经上海回到长沙。在上海,他见到陈独秀。这时,陈独秀正和李大钊等早期共产主义知识分子积极筹建中国共产党,他委托毛泽东回长沙后联络志同道合的人创建长沙共产党的早期组织。

毛泽东回长沙后,开始秘密活动。一年前的"五四"运动中,长沙学生组织了省学生联合会。毛泽东介绍杨开慧参加省学联的活动。这时,湖南学界发动的驱张斗争取得胜利。利用这个声势,湖南学联进一步开展活动,提出废督裁兵,建设民治、普及教育的主张。

暑假期间,杨开慧奔走于各校,组织讲演队走上街头,宣传学联的主张。在毛泽东的启发下,杨开慧开始接触工人群众,她约了一个同学到火柴公司去为女工办识字班,借了一间堂屋作教室,自己编识字课本,自己刻蜡板。参加识字班的女工非常踊跃,很快由十几人发展到几百人,识字班也发展到 9 个。为杨开慧的热情所鼓舞，前来教课的同学达到20多人。

办工人识字班主要利用假日和晚间，有时回来晚了，学校关了门，同学们就翻墙而入。校长认为这些学生违反校规，追查下来，校方指责杨开慧“来校一年，不做‘礼拜’，不读《圣经》，亵渎耶稣，破坏校规”，杨开慧毫不示弱，以“耶稣也讲自由，你们不能干预学生”来回答。结果，杨开慧离开了教会学校。

此时，湖南教育界、学界就妇女教育问题展开热烈讨论。“男女同校”成为讨论中的热门话题，要开风气之先，需有勇敢者带头。杨开慧和毛泽东商量，毛泽东自然非常支持。于是，杨开慧串连了福湘、周南两女校的5名女学生，毅然进入岳云男子中学，成为全省男子中学中第一批女学生。这在封建顽固势力统治的湖南，需要非凡的魄力和胆识。

1920年冬，毛泽东和杨开慧结婚。他们的恋爱是浪漫的，结婚也表现出对世俗、对传统的反叛。他们一不置嫁妆，二不坐花轿，三不布新房，四不办酒席，以同居来表示结婚，没有举行婚礼。过了一段时间，才请来一批人吃饭，吃到最后，他俩向客人宣布：我们结婚了。

当时毛泽东手握巨款。前面提到，为支持留法勤工俭学，章士钊募捐了两万块银元，全部交给毛泽东支配，但公私分明的毛泽东不为自己动用一分一毫，不仅如此，向振熙老人为女儿办嫁妆的百十块银元，杨开慧也交给毛泽东用于创办文化书社的经费。

毛泽东和杨开慧平时都住在集体宿舍里。只结婚时同到板仓住了十几天。婚后，夫妻双双回到长沙，投入紧张的革命活动。

1921年夏，毛泽东同何叔衡一起，赴上海参加中国共产党第一次全国代表大会。中共一大后，成立党的湘区委员会，委任毛泽东为书记。毛泽东当时公开的社会身份是长沙第一师范附属小学校长，他便以这个名义在长沙小吴门外的清水塘租了几间房子，作为区委的秘密机关。

1921年冬，杨开慧加入中国共产党。她成为当然的驻机关的秘密党员，杨开慧的母亲也跟着住在一起。

从1920年冬至1927年8月，毛泽东与杨开慧共同生活了7年。生育了岸英、岸青、岸龙3个孩子。杨开慧跟随毛泽东，时而在长沙，时而在上海，时而在广州，时而在武汉，四海为家。为了照顾毛泽东，她作为贤妻良母，默默地奉献了一切。

杨开慧是很有个性的。从其自述里看出，她甚至有些骄傲。但她融入毛泽东的生活中，她把毛泽东的生活当作她全部的生活，她的自我，体现在毛泽东的事业中。杨开慧在党内没有任何职务，始终是毛泽东的眷属。国共合作实现后，毛泽东被选为国民党中央候补执行委员，1926年中山舰事件后，还担任国民党中央代理宣传部长，杨开慧和母亲带着孩子伴随，也仍然是家属身份。但杨开慧对毛泽东做出的奉献，是不能磨灭的。7年中，杨开慧生了3个孩子，每次毛泽东都因革命工作分不开身而无法在她身边。在恶劣的环境里，杨开慧不仅承担繁重的家务,还为毛泽东整理材料,做文字工作,无微不至地照顾毛泽东的生活,还协助毛泽东从事工运、学运、农运工作。

目击者回忆道:

"开慧姐不愧是毛主席的亲爱的夫人和亲密的战友。她在生活上无微不至的关心体贴,使毛主席有更充沛的精力考虑和处理革命大事。那时,毛主席常常通宵达旦写东西,寒冬腊月也是这样。一到晚上八九点钟,开慧姐就把取暖用具给毛主席准备好;深夜一两点钟,常起床取送临睡前热在锅里的'点心',有时候毛主席没顾上吃,她就等在旁边,待吃完后才去睡。那时候,毛主席夜里经常只睡两三个小时,清早,又出去工作。她就去整理毛主席夜里写的东西。在草稿本上,凡写'定稿,二字的,她就誊写到另一本簿子上去。那时,他们已有了孩子岸英。开慧姐在抄写文件时,常常把岸英的的摇篮放在身边,一边抄,一边用脚摇摇篮。"(上海《文汇报》1977年10月5日)

杨开慧是这样地爱着毛泽东,她在一篇随感式的文章中写道:

"不料我也有这样的幸运!得到了一个爱人,我是十分爱他。自从听到他许多的事,看见了他许多文章日记,我就爱了他,不过我没有希望过会同他结婚……。一直到他有许多信给我,表示他的爱意,我还不敢相信我有这样的幸运。……自从我完全了解了他对我的真意,从此我有一个新意识,我觉得我为母亲而生之外。是为他而生的。我想象着,假如一天他死去了,我的母亲也不在了,我一定要跟着他去死!假如他被人捉着去杀,我一定要同他去共这个命运!"

毛泽东对杨开慧亦一往深情。

1923年底,毛泽东奉中共中央之命离长沙到上海工作。分别之际,毛泽东填词一首赠爱妻:

《贺新郎·挥手从兹去》

挥手从兹去。更那堪凄然相向,苦情重诉。眼角眉稍都似恨,热泪欲零还住。知误会前番书语。过眼滔滔云共雾,算人间知己吾和汝。人有病,天知否?

今朝霜重东门路,照横塘半天残月,凄清如许。汽笛一声肠已断,从此天涯孤旅。凭割断愁思恨缕。要似昆仑崩绝壁,又恰像台风扫寰宇。重比翼,和云翥。

毛泽东那首答李淑一的词,是许许多多的人都熟知的:

《蝶恋花·答李淑一》

一九五七年五月十一日

我失骄杨君失柳,

杨柳轻轻直上重霄九。

问讯吴刚何所有,

吴刚捧出桂花酒。

寂寞嫦娥舒广袖,

万里长空且为忠魂舞。

忽报人间曾伏虎,

泪飞顿作倾盆雨。

李淑一，长沙十中语文教师，杨开慧的密友，丈夫柳直荀是毛泽东的战友，1932年作战中牺牲。1957年2月，李淑一写了一首悼念亡夫的词寄给毛泽东，毛即以此词回答。

1962年11月，毛泽东的岳母、杨开慧的母亲向振熙病逝，毛泽东闻讯，发去悼念电报，其中嘱咐，“葬仪，可以与杨开慧同志我亲爱的夫人同穴。”

秋收起义，杨开慧与毛泽东分手以后，作为一个女革命家，在严重的白色恐怖下，她在家乡进行了可歌可泣的地下斗争。毛泽东初上井冈山，给杨开慧写过一封信，信中大意说，我在这里做买卖，赚了钱，生意兴隆，堪以告慰；并提到了自己的脚伤。发信地点是江西宁冈县×中药铺。开慧凝视着遒劲的笔迹，体味着含蓄的词句，激动万分。收到这封信后，杨开慧写了回信。但以后再也没有收到第二封信。1928年10月，杨开慧写了一首怀念毛泽东的诗。题名《偶感》：

天阴起朔风，浓寒入肌骨。
念兹远行人，平波突起伏。
足疾已否痊，寒衣是否备？
孤眠谁爱护，是否亦凄苦。
书信不可通，欲问无人语。
恨无双飞翮，飞去见兹人。
兹人不得见，惆怅无已时。

党内同志和乡亲们很为杨开慧的安全担心，纷纷劝她离开板仓或送她到江西去，都被她拒绝了：“没有润之的指示，我不能擅自离开自己的战斗岗位。”

1929年春夏之间，开慧给堂兄杨开明写了一封信，信中说：“我好像已经看见了死神——唉！它那冷酷的面孔！说到死，本来而（于）我并不惧怕，且可以说是我喜欢的事。只有我的母和我的小孩呵，我有点可怜他们！而且这个情绪缠扰得我非常厉害一前晚竟使我半睡半醒的闹了一晚。我决定把他们——小孩们托付你们，经济上只要他们的叔父长存，是不至于不管他们的；且他们的叔父是有很深的爱对于他们的。但是倘若真个失掉一个母亲，或者更加一个父亲，那不是一个叔父的爱可以抵得住的，必须得你们各方面的爱护，方能在温暖的春天里自然生长，而不至受那狂风暴雨的侵袭！”明知死亡的凶险而不避，这种视死如归的精神，是对共产主义的忠诚，对党的忠诚，对毛泽东的忠诚。

1930年，红军两次攻打长沙。湖南军阀何健把对朱毛红军的仇恨都发泄到杨开慧的身上。他出了一千银元的赏格捉拿杨开慧。杨开慧在群众掩护下躲过敌人几次追捕。1930年10月，杨开慧潜回板仓看望母亲和孩子，被国民党密探发现。

她被敌人逮捕，8岁的毛岸英、保姆孙嫂也同被抓去。向振熙问：“8岁的孩子有什么罪？”敌人阴阳怪气地说：“带他进城玩玩，免得霞姑心挂两头。”

她被关在国民党的“清乡司令部”，怕有人劫狱，又转移长沙陆军监狱。转移时，押签上注明，"最严重的政治犯，女共党杨开慧一名，附小孩一名，女工一名。"

敌人软硬兼施，先之以软化，又施以酷刑，迫她交出地下党名单，交待和毛泽东联系的方法。杨开慧坚贞不屈，敌人一无所获。地下党、亲属紧张地进行营救，许多知名人士也出面保释。何健迫于压力，对下属交待：只要他同意登报声明与毛泽东脱离关系，就交保释放，其他像地下党名单什么的，既问不出来，就不必问了。但得到的却是杨开慧义正辞严的回答："让我和毛泽东脱离关系，除非海枯石烂。"

一天，六舅妈来探监。开慧嘱托为她缝制一套内衣裤，带一点胭脂水粉来，还说要一面整容的小镜子。六舅妈心想开慧平日从不梳妆打扮，听了这异样的要求，知道她准备先"走"了，禁不住老泪长流。开慧却坚毅地说："不要难过，请妈妈替我和润之带好岸英、岸青、岸龙3个孩子，儿无憾。"

杨开慧遇害前，敌人最后一次来劝说，她义无反顾地回答："牺牲小我，成功大我！"

1930年11月14日，杨开慧就义于长沙浏阳门外识字岭，时年29岁。

一个月后，率红一方面军奋战在中央苏区的毛泽东从国民党报纸上得知杨开慧遇难的消息，历历往事，涌上心头，他深感内疚。他给姻兄杨开智写信："开慧之死，百身莫赎。"并寄银元30元为安葬之资。

毛泽东和杨开慧生有三子：毛岸英、毛岸青、毛岸龙。

杨开慧就义后，三个孩子先由外婆和舅母照看，往来于长沙，平江等地，东躲西藏，继由党组织安排，前往上海。及至上海党组织遭到破坏，三兄弟流落街头长达5年，老三岸龙在流浪中丢失，从此下落不明。老二岸青被坏人毒打，大脑受重伤，双耳被打聋，落下终身不治之症。直到1937年初，岸英兄弟被地下党找到，送往苏联，才结束了颠沛流离的境遇。

毛泽东1927年8月和杨开慧母子们分别，再见到毛岸英兄弟时，已是19年后的1946年。又4年后，毛岸英长眠于朝鲜国土。

为了共和国的创建，毛泽东牺牲的"小我"太多太多！

（二）贺子珍

她和他以同居表示婚姻的成立。

她和他共同生活的十年，是毛泽东几起几落的十年。

毛泽东一纸问候信实际上宣告了夫妻关系的终结。

1910年的中秋节，贺子珍出生于江西永新的禾川镇。皓月当空，桂花飘香，婴儿皮肤洁净得像玲珑的桂圆肉，以此取名桂圆。要强的姑娘不喜欢这个软绵绵的名字，开始读书时，她自作主张改名自珍。参加革命后，大家都习惯于叫她"子珍"，她也就入乡随俗地用起"子珍"这名字，但最亲近的人，如毛泽东，知道她原叫"自珍"。

贺氏一家是非常典型的革命家庭。父亲原是开着一座店铺的小业主，爱结交,好抱打不平,在子女影响下参加革命,曾任中共吉安县委秘书长,中央红军长征后被国民党杀害。母亲长期在党的机关中做秘书工作,抗日战争后长途跋涉来到延安。贺子珍兄妹四人全都加入革命队伍。小弟弟在永新暴动时,为赤卫军送信,中途遇敌身亡。哥哥贺敏学,与井冈山农民武装首领袁文才是同学。1927年"马日才部会合。妹妹贺怡,是毛泽覃的夫人,红军长征,她和毛泽覃留在中央苏区坚持游击战争。建国初,为回江西寻找毛泽东失散的儿子,不幸车祸人亡。

1925年,15岁的贺子珍在永新福音堂小学读书,那是一座教会学校。孙中山逝世时,洋先生不准学生举行悼念活动。贺子珍第一个站出来,她对同学们说:"孙中山先生领导辛亥革命创建了中华民国,他主张打倒军阀,打倒列强,提倡男女平等,婚姻自由,他死了谁不难过,我们要悼念他!"她联合了18名同学,抗议校方的无理禁令。女牧师夜晚闯进女学生住的楼上,斥责她们"得罪了上帝",要她们跪下来向上帝"忏悔"。贺子珍拦住要下跪的同学,大声说:"我们没罪,用不着上帝的赦免!"

在学生的哄笑声中,女牧师只好退让。

1926年,贺子珍结识了中共永新县党组织的创始人欧阳洛、刘珍等人,并由他们介绍加入中国共产党。热情奔放的贺子珍,组织一支妇女宣传队,走上街头宣传妇女解放、反对迷信、除列强军阀。年仅16岁的贺子珍,担任中共永新县妇委书记和团委副书记。和当时几乎所有共产党员一样,她也加入了国共合作的国民党,任县党部妇女部长。

贺子珍的名字开始在永新一带流传,是在大革命即将失败之际。

1927年5月"马日事变"后,永新的国民党右派抓了几十名中共党员和工农骨干,贺敏学也被抓去。

贺子珍得到信息,和趁夜缒城逃出永新的贺怡一起,联络了刘珍、王怀、刘作述等党员带领莲花、永新、安福三县的农民自卫军,一举拿下永新县城,焚毁国民党伪政府,伪监狱,救出贺敏学等38名共产党员和工农运动的骨干。这在当时,称为"永新暴动"或"六一〇"暴动(时间是1927年6月10日)。

永新被农军攻占的消息不胫而走,贺子珍的名字也在永新一带传开,这一年她才17岁。

驻长沙的反动军官许克祥派一营军队扑向永新。结果被农民武装设伏击退。

反动军队再次反扑过来,农军失利。在生死存亡关头,贺子珍、贺敏学和刘珍、刘作述等依靠两条半破枪、一排子弹和几把大刀,收集农民武装撤出永新向井冈山进发,与王佐、袁文才领导的农军汇合,成立宁(冈)永(新)革命委员会。这是第一支进驻井冈山的农民武装。

1927年9月,毛泽东率秋收起义部队到达永新三湾村,在这里进行了著名的三湾改编,在全军建立各级党的组织,从此共产党通过层层的组织系统牢牢地把军队掌握在自己手里。

跟随袁文才在宁冈砻市一带活动的贺子珍听说三湾来了上千人的队伍,便建议派人探明情况。调查情况的人回来报告,这支队伍不放火、不抢东西,向农民宣传秋收暴动的作用。贺子珍听了非常高兴:"莫不是秋收起义的工农革命军来了?"不能完全断定,决定再派人去揭标语。贺子珍和贺怡领受这个任务,姐妹俩装扮成农家媳妇,暗藏枪支,沿着山间小道向三湾急趋。她们揭下工农革命军的5张标语,又恰好碰到毛泽东派来给袁文才送信的人。都是共产党领导的武装,自然无不欢迎,1927年10月,毛泽东率秋收起义的部队上了井冈山。由此可见,上井冈山,贺子珍比毛泽东还早4个月。开创中国共产党第一个农村革命根据地,贺氏兄妹功不可没。在毛泽东上山之前,井冈山就有了"女首领"。他们来到井冈山,都有共同的动机,城市站不住脚,只能占山为"王",先保存力量,再谋发展,都是退却,同时也是特殊形式的进攻。

毛泽东和贺子珍的结合也采取很自然的同居方式,贺子珍自己就说:"别说请酒,连喜糖也没有,在那种情况下,到哪去买糖?身上没有钱,也没有可能举行婚礼。"①

贺子珍认识毛泽东前已有心上人,那即是前面提到的欧阳洛。欧阳是她的革命道路引路人,又介绍她入团、入党。他生得一表人才,是永新县最早一批到南昌求学、入党的人,他还是永新党组织的创建者,参加过南昌暴动,失败后回武汉任湖北省委书记,不久因叛徒出卖被国民党杀害。

贺子珍1928年和毛泽东结婚。毛泽东35岁,贺子珍18岁。如果说毛泽东和杨开慧的结合是纯真的缠绵,而贺子珍之于毛泽东,是硝烟战火中的激情遭遇,志同道合,则是他们婚姻的基础。

这里有一个问题是不能回避的。贺子珍和毛泽东结婚时,杨开慧正带着三个孩子隐蔽于湖南板仓。毛贺成婚后两年,杨开慧被何健杀害。这些,贺子珍是否知道?

毛泽东和贺子珍同居前,毛泽东对她忠实地讲了过去的婚姻状况。还说,传言说她已不在人世,不知是真是假。这是完全可以理解的,白色恐怖下,革命者随时有生命危险的,何况因为和毛泽东的关系,杨开慧的目标太大。

1928年,杨开慧的堂兄杨开明以中共湖南特派员的身份来到井冈山,毛泽东和贺子珍得知杨开慧的确切消息。从此,贺子珍就把自己的衣物装在一个包袱里,单放着,再不与毛泽东的衣物混放。贺子珍解释原因是:"什么时候你把开慧姐接来,我就什么时候离开你。"她对毛泽东的真情,于此可见,她对他以身相许,也愿意为他的幸福而牺牲自己。1929年1月,红四军离开井冈山向赣南闽西进发,开始贺子珍不肯随毛泽东下山。其原因,就是贺子珍感到下山后毛泽东有更多的机会和杨开慧相会,她愿意把位置空出来让他们夫妻团聚。

和毛泽东结婚后,贺子珍就在毛泽东身边工作,一边照料毛泽东的生活,一边为他剪报纸查资料,抄写稿件,职务则是中共湘赣边界特委和红四军前委机要秘

---

① 张索华,边彦军,吴晓梅编:《说不尽的毛泽东》(下),中央文献出版社。

书。

但贺子珍的独立性极强,这点她有别于杨开慧。她不甘心仅仅作为毛的夫人存在。认识毛泽东之前,她已在井冈山站住脚,感了女首领。因此,她和毛泽东生活在一起的十年中,对这种工作心理上一直难以适应。

尽管不适应,出于党员的组织纪律性和对毛泽东的一往深情,她还是尽力做好。

井冈山茅坪的八角楼,灯光总是亮到深夜,那是毛泽东和贺子珍在工作,毛泽东在探索中国革命的道路问题,贺子珍则收集剪报资料,她神情专注地翻阅堆在面前的报纸,宛如沙里淘金,搜寻着有价值的新闻、报导,不时传来剪子的沙沙声。毛泽东的名文《中国的红色政权为什么能够存在?》、《井冈山的斗争》等,便凝含着贺子珍的心血。

为及时得到国民党的报纸,贺子珍也曾经冒着危险,加入“抢报队”,潜入敌人占据的城市去抢夺报纸。

1932 年 10 月的宁都会议,毛泽东受到“左”倾领导的严重打击,他被解除兵权,丢了红一方面军总政委和前敌委员会书记的职务,只担任中华苏维埃共和国 l 临时中央政府主席。毛泽东离开军队,来到长汀县红军医院附属医院养病,贺子珍刚生小孩不久,不顾虚弱的身体,带着婴儿前来照看毛泽东。

“左”倾路线统治着中央,人们用异样的眼光看待毛泽东,病房前冷冷清清,毛泽东深感压抑。贺子珍在毛泽东遭受打击、排挤的时候,给他送来难得的慰藉。

当毛泽东遇到危难时,贺子珍首先想到的是丈夫的安全。1928 年夏末秋初,毛泽东朱德深入前线观测地形,不幸被敌人包围,贺子珍为掩护朱毛安全转移,策马疾驰 40 余里,吸引敌人来追,她双手鸣枪,击倒几个追赶的敌人,安然回到红四军军部。由此,她得了“双枪女将”的名号。

贺子珍和毛泽东关系最融洽的一段是长征时期,生死与共,相濡以沫。长征经过贵州时,贺子珍被国民党的飞机炸伤,许多弹片限于当时的条件取不出来。毛泽东见状,流泪了。由于伤势过重,有人建议把她留在老乡家里疗养,毛泽东坚决不同意,说留下来必死无疑,用担架抬也要带着她转移。毛泽东当时也生病,他把自己的担架让给贺子珍,改骑马。后来,贺子珍说:要不是毛泽东,她早死了。

贺子珍和毛泽东一样,个性比较倔强,两个人的碰撞也就较多。毛泽东有时很暴烈,吵起来挺凶,发起脾气来“雷霆万钧”。在延安,贺子珍见一小碗辣椒馊了,就随手倒掉。毛泽东发现了火气大发。他正在洗脸,连盆带水朝贺子珍泼过去。张闻天夫人刘英回忆起目睹的一件事:弄到一只鸡,毛泽东说炒着吃,贺子珍说炖着吃营养好,就为这点小事,互不相让,两人吵得要死。

但更主要的不融洽还是贺子珍的自主意识强。她爱毛泽东,肯为他献身,但她不甘心只是毛泽东的“家属”,她渴望独挡一面的工作。贺子珍要强、上进、好学,而毛泽东就希望她能安心于文件收发整理、剪报纸、抄写书稿的辅助性工作,同时照顾好他的生活。来延安后,毛泽东已是全党的领袖,有秘书班子,许多事务性工作已用不着贺子珍去做了,贺仅仅是照料毛的生活而已,这更是贺子珍所不甘心的。毛泽东对贺子珍说:我现在有发言权了。这意思很明白,我在党内的地位不会让你像以前那样跟着我受苦。但贺子珍听不进去。她只想独立地为党工作,从未想依靠毛泽东的地位给自己捞取什么。所有接触到贺子珍的人都有一个强烈的印象:她始终以一个普通干部的身份出现。从不以主席夫人自居。在毛泽东已是党内最高领袖时,她还会离开他,这本身就是最有力的说明。

1937年8月,贺子珍离开延安。这一去她再也没有回到毛泽东身边。

贺子珍为什么打定主意离开延安呢?简单地回答,就是两个字:负气。

这有好几种说法,贺子珍自己的说法,应该是最有权威的。

1937年,美国著名女记者史沫特莱来到延安采访。为她当翻译的是吴广惠,吴在中国读完大学后,曾在中华戏剧学校任教,后来又就读于日本东京帝国大学。她的丈夫是北京大学毕业生,有钱人家的子弟。吴广惠1937年2月来延安,目的是考察延安的新教育方法。在延安,她烫着30年代城市女性最时髦的发型,还涂着口红。她始终没有加入中国共产党。她受西方文化影响很深,英语很好。

为了工作方便,安排史沫特莱和吴广惠住同一窑洞,史沫特莱住里间,吴广惠住外间。

史沫特莱同情中国革命,采访的需要,她和吴广惠必然多次接触毛泽东,谈得很投机,毛泽东热情接待。接触中,西方流行的握手、拥抱等礼节和男女间随便的勾肩搭背自然会由两位女士表现出来。

这在"男女授受不亲"毒害了几千年的中国,尤其是偏僻落后地区,30年代还是难以接受的。好事之徒再添油加醋地一渲染,就引起贺子珍的怀疑。也引起她对这两位新派女士的不满。

结果就发生了一场激烈冲突。

贺子珍经过史沫特莱和吴广惠的窑洞,毛泽东的警卫员站在门口。她料定毛泽东就在里面,传言、怀疑、不满又一齐涌来,她怒冲冲进了窑洞。

毛泽东和两女士谈兴正浓,神采飞扬。忽见满脸怒气的贺子珍,顿时沉寂下来,都感到很尴尬。吴广惠想打破令人难堪的局面,笑着来拉贺子珍,请她坐下。正在气头的贺子珍一边说"你少来这一套!"一边用力甩开吴广惠,结果吴站不稳,几乎摔倒,委曲地哭了起来。

史沫特莱出来干预了,争吵中,这位洋作家还动了手,警卫员闻声,忙进来拉架。

毛泽东喝住了她们:"自珍,你干什么,你疯了?"又对史沫特莱说:"你不能再打,有什么话,你对我说。"毛泽东和警卫员把贺子珍拉走了。不久,史沫特莱和吴广惠就离开了延安。

后来,贺子珍承认,怀疑那两位女士和毛泽东有不正当关系并无根据。当时她有些欠冷静了。

这无疑是导致贺子珍决心离开延安的重要原因。

此外，她对过密的生育十分厌烦，也想离开毛泽东一个时期。自和毛泽东结婚以来，她已生了5个孩子，现在又一次怀孕，又要在怀孩子分娩中度过一年，她独立工作的愿望又落空了，她十分烦恼。她对毛泽东发脾气：“你不培养我”，“你把我关在你的笼子里。”

而毛泽东并不完全理解过密生育给一个女人带来的沉重负担。他曾对张闻天夫人刘英说过：“你为什么怕生孩子呢？你看贺子珍，生孩子就像母鸡下蛋那么容易，连窝都没有搭好就生下来了。”不理解也罢，发生口角时，他还责备贺子珍：“你政治上落后”，“你政治上不进步。”这使贺子珍又委屈又恼火。

她也想到医疗条件好的苏联取出身上的弹片。

毛泽东功她不要走，她没听。

一在西安停留期间，毛泽东又一次派人传话：“以后延安的医疗条件会好起来，你的病可以在延安治疗。”她依然固执着要走。

她不能忘情于毛泽东，她带走了夫妻同用的红毛毯，担心毛泽东被子单薄在西安买了一条新棉被托人捎回延安。毛泽东也托人给她捎来一只木箱，里面是她平时用的衣物。

贺子珍去意已决，毛泽东只好在去苏养病的名单中加上了她。

她走出了决定性的错误的一步。她给江青提供了机遇。

和她同去苏联的共4人，有刘英、蔡树藩和钟赤兵。

贺子珍来到苏联，首先到医院检查。医生说，嵌人她身体的弹片埋得很深，和肉长在了一起，没有必要也没有可能取出来了。

不久，贺子珍又生了一个男孩，送进莫斯科东方大学八部的托儿所，取了个苏联名字柳瓦。贺子珍就进人东方大学学习。

此时的贺子珍，情绪是乐观的。和毛泽东呕气时的情绪已烟消云散。给毛泽东写信，并捎回一张相片。信中告诉毛泽东，她打算在苏联学习几年后就回国，她学的是俄语。现在母子平安，嘱他不要挂念。

但不久，接二连三的打击就一个个落到她头上。

先是不到6个月的婴儿死于流感。当时治流感的特效药盘尼西林还没有问世，贺子珍眼睁睁看着孩子去世，她的心头颤抖了。

接着，1938年11月，主持中央工作的张闻天(1935年遵义会议决定，张闻天代替博古“负总的责任”)发来电报：刘英、蔡树藩回国，贺子珍、钟赤兵留苏学习。大家有些奇怪，为什么不叫贺子珍回去呢？事实上，贺子珍以后的命运，从这封电报发出的时刻，就已经注定了，不过此时她尚茫然不觉。

不久，报纸上刊出一则短讯：苏联塔斯社记者在延安会见毛泽东，会见结束后，毛和妻子江青踏着月色为记者送行。

这条消息在贺子珍心里掀起轩然大波。她无心听课，本来就有的失眠症，现在更严重了，几乎彻夜不眠。但她还心存一线幻想，她希望报纸公布的消息是误传。

然而不久就证实了冷酷的现实。

1939年周恩来和邓颖超一起到苏联治病。他们给贺子珍捎来一封信,信是毛泽东写的,一开头,就称"贺自珍同志",而不是习惯地称"自珍",接下来是一般的问候、鼓励,最后强调:"我们以后就是同志了。"

这实质上是毛泽东向贺子珍宣布:夫妻关系就此结束。这很像男尊女卑封建时代丈夫抛弃妻子的一纸休书。

其实,早在1938年6月,毛泽东和江青就以同居的方式宣告了夫妻关系的开始。和毛泽东结合的4位女性中,只有罗氏和毛泽东举行过婚礼。

最后的一丝希望完全破灭,她流泪了,而且很长一段时间,经常以泪洗面。再刚强的女人,当她失去儿子,失去丈夫,失去家庭时,她该如何承受呢?一些人认为她落后,只想丈夫和孩子,事业心差,但更多的人则对她充满同情。

凄苦中惟一的一丝安慰是她的女儿娇娇(即李敏)于1940年底来到妈妈身旁,娇娇1936年生于陕北保安。博学多闻的毛泽东想起《西京杂记》中"文君姣好,眉色如望远山,脸际净如芙蓉",遂取名"姣姣"(后来就常写成"娇娇")。为了安慰独处异国的前妻,毛泽东把4岁的娇娇送到苏联。

贺子珍给女儿买了漂亮的衣服、玩具,还带她去烫发,得到母爱的娇娇很开心。贺子珍也得到许多安慰。

平静的生活只有半年,苏德战争爆发,贺子珍带着娇娇撤到距莫斯科几百公里的伊万诺夫市。残酷的战争使各种物品极度匮乏。母女相依为命,贺子珍还要用节省下来的物品接济早已来到苏联的毛岸英、毛岸青兄弟。

1943年,7岁的娇娇开始学生生活。此时世界反法西斯战争已面临重大转折,苏军转入外线进攻,苏联国内条件开始好转。紧张、匮乏的日子快要过去了。

但贺子珍却被人送进疯人院.两年多的时间,娇娇形同孤儿。

贺子珍被送入疯人院的原因,众说纷纭,有说当局以整治政治上被认为有问题的;有说因贺子珍得罪了娇娇所在的国际儿童院的;更有说王明存心迫害的。

都是无稽之谈。真正的原因,是贺子珍确实患了精神病。《李敏·贺子珍与毛泽东》一书的著者王行娟写道:"一位有着丰富的精神病临床经验的精神病学专家,在纵观了贺子珍从去苏联以后的全部经历后表示,贺子珍是患有忧郁型神经病,她的病根可能是从在苏联她的儿子夭折、毛泽东另娶后就开始了。"

贺子珍在精神病院中呆了两年多,直到1946年夏天,才由王稼祥和夫人朱仲丽把她接回莫斯科。王稼祥问她今后的打算,贺子珍没有一点犹豫:"回国去!"王稼祥电告中央,毛泽东复电:"完全同意。"

1947年10月,贺子珍带着娇娇从苏联回到哈尔滨。贺子珍强烈要求工作,她先在东北人民政府财政部担任机关总支书记,后又调哈尔滨市总工会。东北全境解放以后,贺子珍随机关又迁到沈阳。

这一段时间,贺子珍的身心得到恢复,她精神愉快,吃饭也香了,体重也增加了,面颊也显得丰腴起来。这时贺子珍还不到40岁,她多次对人表示,与毛泽东的关系既已结束,那就开始新的生活。

有一天,贺子珍把娇娇叫到跟前,说:"娇娇,我给你找个新爸爸,好吗?"

"我不要,我不要,我不要新爸爸!"一向温顺听话的娇娇,出乎意料地哭叫起来。

贺子珍哭了,伏在桌上哭了好久。

从此以后,她再也不作这类打算。长大成人的娇娇每忆及此,总免不了心情沉重。她为有负于妈妈而终生内疚。纯真的童心埋葬了妈妈后半生的幸福。

在沈阳,贺子珍意外地遇到分别14年的妹妹贺怡。倔强的贺怡带上娇娇就去找毛泽东,她要给姐姐讨个说法。在西柏坡,她硬硬地对毛泽东说:"我是来给子珍姐找地位的。"

毛泽东提笔给贺子珍写了封信:"革命第一,身体第一,他人第一,顾全大局。"写完最后一句,他禁不住淌下痛苦的泪水。打湿了信笺。

结果是,贺子珍的地位没讨到,连北京也进不了。只有女儿娇娇,回到爸爸的身旁。

全国解放后,井冈山老战友谭震林热情邀请她去杭州工作,贺子珍随大批南下干部来到浙江,她的职务是杭州市妇联副主任,这是她一生最后一个工作。这年,贺子珍刚刚40岁。

刚到杭州几个月,妹妹贺怡替姐姐寻找江西丢失的孩子,不幸在赣州出了车祸,贺怡身亡,两个孩子受了重伤。贺子珍十分不安,马上赶到上海,住在哥哥贺敏学家中,照料两个受伤的孩子。

从此贺子珍失去工作,她也不想回杭州,但上海方面只给她发工资,却不安排工作。她在无所事事中度过了二十几个春秋。不过,为了给她一个安静的环境,为她安排了一所独门独院的小洋楼,里面还有小花园。

贺子珍的旧病不时发作,在苏联,她被关进疯人院,神经系统受到进一步损害,精神更感压抑,对周围的人也产生不信任感,情感型的神经症又加上了多疑症。她因感情受到强烈刺激,心理承受不起而致病。所以建国后,每遇强烈刺激,她便旧病复发。

大的发作有两次。一次是1954年第一届全国人民代表大会毛泽东致开幕词,全国作实况转播,听到毛泽东高亢的声音,她因极度兴奋而颠狂,连生活都不能自理。这次发病,使她衰老许多,不复再有哈尔滨时期的勃勃英姿。

经过四五年的调理,好不容易恢复心理平衡了,结果1959年又一次更大的精神刺激向她袭来。

1959年夏,毛泽东正在主持庐山会议,和朋友的闲谈中,动了会见贺子珍的念头,他们毕竟是10年夫妻,而且20多年未见面了。江青都承认,"毛、贺之间感情未破裂。"

这时贺子珍正好在南昌,离庐山很近,乘江青不在庐山之机由方志纯夫人朱旦华和杨尚奎夫人水静陪同,贺子珍上了庐山,和毛泽东相见。

这次相见仅一个多小时.毛泽东就通知水静把贺子珍送回南昌。

据水静回忆,会见后毛泽东当即把水静叫进去,说:“贺子珍的脑子已经不行了,答非所问。她拿走我三瓶安眠药,这种药很厉害,千万不能让她多吃,最好把药拿回来。”

据曾志(陶铸夫人,毛、贺的好朋友)回忆,毛泽东说:“她的思想不很健全。她见我桌上放着药瓶,就抢了在手,说这药有毒,不要吃,当心王明害你。”

可以想见,因毛泽东1939年突然宣布结束夫妻关系而致病的贺子珍,20年后在毫无思想准备的情况下骤然见到心爱的人,她所受的刺激该是何等强烈,她已经变得相当脆弱的神经,无法承受这巨大的冲击。

她神智昏迷,表情呆滞,不吃不喝不洗不睡,就像只有一口气的木头人,不听任何人的劝说,也拒绝服药,几天下来,走路都摇摇晃晃了。但不知哪来的力量.她居然找到江西省委,对守门的武警说,她要找省委书记杨尚奎、方志纯,还要见他们的夫人水静和朱旦华。警卫战士见她蓬头垢面疯疯颠颠的样子,当然不会给她通报,招待所的工作人员找来,才把她领回。

过了些天,她又在倾盆大雨中独自一人来到省委门前,从头到脚淋得湿透,头发上、衣服上、裤子上都滴滴着雨水,她竟浑然不觉,呆立雨中。

这次病得实在厉害,完全超乎所有安排她上山和毛泽东相见的人的意料之外。

毛泽东得知贺子珍病重。用专机把女儿李敏(即娇娇,刚刚度过新婚之喜)送到南昌,照料贺子珍。

贺子珍用情太专太深,把爱情作为生命的支柱,为此尝尽了痛苦之果。

在女儿精心护理下,贺子珍逐渐恢复正常。但她的精神状况已异于常人。以后的年月,病症反反复复,伴随了她的一生。

有一次,炊事员熬了一锅猪油,她硬说里面有毒,逼着倒掉了。汪东兴在江西当副省长时,两次请贺子珍到家里吃饭,第一次很正常,吃得很高兴;第二次说饭里有毒,说什么也不吃了。

有时,她注视着毛泽东的画像,目不转睛,一坐就是半天、一天。

不犯病时,则一支接一支地吸烟。

为了安慰苦难的母亲,李敏每年夏季几乎都要陪伴贺子珍出游,用李敏的话说,叫“陪妈妈看社会主义”。她们的足迹遍及苏州、杭州、无锡、青岛、莫干山、烟台、广州、海南岛……她还探望了离开30多年的故乡。

跳出家庭婚姻之外,贺子珍就同常人一样。

1976年毛泽东病危,李敏得到允许,最后见了爸爸一面,那是毛泽东逝世前的十几天,他用微弱的声音对女儿说:“娇娇,你来看我了。你为什么不来看我呢?”又问女儿的年龄,李敏答“39了”,毛泽东立即纠正:“不,你今年38。”病危的父亲仍清晰记得女儿的年龄,父女深情使李敏泪水涌出。

最后,毛泽东用右手的拇指和食指连成一个圆圈,并说了一句话。

声音太弱，谁也没听清。父亲的手式，李敏也猜不透。多年以后，和朋友谈起，那人若有所悟：你母亲原名桂圆，这两指连成的圆圈，大概是表示对你妈妈的想念，也有托你照顾好妈妈的意思。

毛泽东于弥留之际，仍然留恋十年患难的夫妻情。

毛泽东逝世时，“四人帮”还在横行，贺子珍没有机会去北京参加追悼活动。她流着眼泪，把黑纱披在毛泽东的遗像上，然后深深的三鞠躬。

她收看吊唁活动的录像，看到江青的镜头，愤愤地说：“毛主席果然被江青害死了。”工作人员为她担心，她轻蔑地说：“我还怕江青、张春桥这些人？笑话！”

粉碎“四人帮”，贺子珍的精神状态大变，一扫悲观、忧郁的心情，她变得开朗、爱说爱笑，她提出做点工作的愿望。

即将开始新的生活之际，中风使她左肢偏瘫，嘴也不听使唤了，话讲不清楚，她住进上海华东医院。

和以前不同，上海市委给予她热情的关怀。她定居上海近30年，除陈毅任市长时看望过她而外，再没有领导人迈过她家的门坎。她多次去市委求见，也见不到“真佛”。毛泽东逝世的消息，上海市委也只派了一个小干事来通知一声。这一次，上海市委负责人亲自看望她，并给她带来喜讯：全国政协五届二次会议决定增补她为政协委员，她很受鼓舞，党和人民没有忘记她。30年了，她又一次感到前面是光明。她对医护人员说：“我还要为四个现代化出力，要同你们一起把身体搞好。”

1979年6月10日，新华社播发了她增补为全国政协委员的消息和照片。经历了40多年的销声匿迹之后，她又获得了共和国的承认。

她坐着轮椅瞻仰了毛泽东的遗容。一个署名“战友贺子珍率女儿李敏、女婿孔令华敬献”的桃形花圈，放在毛泽东坐像前。

这一次她的精神很正常，她流泪了，甚至哭出声来，也有些若有所失，但没有出现从前那样的大反复。

她在轮椅和病榻上生活了7年，1984年4月10日，心脏停止跳动，终年75岁。

（三）江青

她是上海滩的影剧明星。

她在婚姻方面过于浪漫，先后委身于四个男人。

她19岁加入中共，23岁投奔延安。

乘虚而入，她成了毛泽东的夫人。

女皇梦断黄粱。

江青原名李云鹤，1914年3月生于山东诸城东关，她乳名进儿，后来江青爱好摄影，曾以“李进”署名，当来源于此。父亲李德文，原是木匠，雇了小徒弟，开了一座小木工作坊。后来，又开了一爿旅店。母亲姓栾，山东临沂人。后来，江青取艺名蓝苹，当和母姓有关。江青有一兄名李建勋，又名李于卿，一姐名李云霞。江青成为毛泽东夫人后，他们也成为和政治事件有牵连的因素。

童年时代，江青家里并不富裕。她穿着男孩子穿过的衣服，鞋子有时露出脚趾。

父亲李德文脾气挺暴，特别是手头拮据时，肝火更盛，往往把怨气发泄在妻子身上。结果是，元宵之夜，江青的母亲不得不背起江青离开她难以忍受的家庭。

因为手头紧张，元宵节买不起花灯，江青的父亲感到窝火。正巧江青的母亲失手打破了一只碗，李德文抓起一把铁铲就打，母亲的小手指被打断，痛得泪如泉涌，江青吓得放声大哭，盛怒的父亲又来打她，打掉一颗牙齿，母亲无法忍受，背起江青，头也不回就离开李家。不久，江青的父亲病逝，那时她只有5岁。

母亲把江青寄托在亲戚家，给富绅去当佣人。有一次江青靠在炕上等母亲，没有东西吃，屋里点了一盏小油灯，昏暗凄凉，江青靠在炕上睡着了。母亲回来看见，很难过，抱着江青哭了，江青印象很深的是走夜路找母亲，到处找，穿过青纱帐，挨了狗咬

江青的母亲曾在康生家帮工，康生之父是诸城的大地主，称诸城“四大财主”之一。不过那时康生不可能注意到江青，因为那时她还小，只有几岁。

江青念小学时，最讨厌的就是修身课，讲孔孟之道，课堂上她心不在焉，受过教师的责罚。江青还因其他事故和教师发生过冲突，因此被学校开除。不过，由此倒可看出江青自小具有反传统性格。

1926年，江青小学毕业，跟母亲一起离开诸城，投奔天津姐姐家。姐夫王克铭是奉系军官。1929年，奉系势力扩展到山东，姐夫调防济南，江青又跟着来到济南，在家闲呆终非久计，江青考入山东省实验剧院，以学话剧为主，学校免收学费饭费，每月还有4元津贴，对穷苦的江青来说，是求之不得。江青没上过中学，本无入学资格，但15岁的江青长相身材很好，脑后还拖着一根又黑又长的大辫子，报考的女生太少，就收下她了。

考入省实验剧院，是江青人生的重要转折点。没有话剧演员李云鹤，就没有日后的电影演员蓝苹。

剧院院长赵太侔，也是国民党山东省党务指导委员会委员。曾和闻一多等一起留学美国，1925年回国，曾任国立北平艺术专门学校戏剧系主任。

赵太侔又兼青岛大学教务长，居住青岛，不常在济南，实验剧院实际上由王泊生（北平国立艺专毕业）主持。

和江青一起考入实验剧院的还有魏鹤龄，以后成为我国著名电影演员，《马路天使》、《中华儿女》、《乌鸦与麻雀》、《祝福》、《家》、《燎原》、《北国江南》等有影响的影片，他都担任主要角色，“文革”中，也遭到江青的迫害。

江青在实验剧院仅学习一年，1930年西北军阀韩复榘主政济南，实验剧院停办，一些老师和学生组成巡回话剧团到北平演出，江青也参加了。江青回忆说：“那年我只有16岁，在北京吃尽苦头。我的行装简单得很，连内衣也没有。虽然

我拿了家中最好的一条棉被，依然冷得发抖，因为被里的棉絮早因年深日久而磨薄了。那时候的北京，漫天风沙，晚上阴沉沉的。那时我还不懂政治，根本不明白‘国民党’和‘共产党’的意义。我只晓得要养活自己，我爱话剧。”

她对京戏也有兴趣，曾在一个京剧班子里当演员，在济南、青岛、烟台等地演出。不过时间不长，只几个月而已。

这一段时间，生活很不稳定。江青不满意，1931 年，她跑到青岛去找赵太侔。赵当时担任青岛大学校长。他给江青安置了图书馆管理员的职务（馆长为梁实秋），每月薪水 30 元。江青回忆说，我每月需给母亲寄去 10 元，剩下的根本不够开销。

青岛大学虽初创，但教师队伍中颇有不少名家，蔡元培为筹备委员会主任，“青岛大学”四字，系蔡氏手笔，蔡曾任北京大学校长，由于这个关系，罗致到青岛大学的名学者不少，闻一多、杨振声、梁实秋等，皆应聘而至。

赵太侔是国民党革新派，其文学观点和胡适相近。江青喜爱文学，经赵太侔特许，她一边做图书管理员，一边在文学系旁听，她特别喜欢听闻一多的课。练习写的文学作品，在学生中也堪称优等。他曾向赵炳欧教授请教，试着写了一个剧本《谁之罪?》。她还写过短篇小说，向沈从文请教。

赵太侔的夫人俞珊，是中国话剧界的名星，“南国剧社”的演员，江青曾学过、演过话剧，自然愿意和俞珊接触，便常去赵家看望。

因此江青认识了俞珊的弟弟，19 岁的物理系学生俞启威。

邂逅相遇，深深地影响了江青的一生。

俞启威即黄敬，出身名门望族。祖父俞明震，曾任晚清甘肃学政，江南水师学堂督办（校长）等要职。鲁迅曾人水师学堂学习，日记中提到过这位校长，其妻为曾国藩孙女，曾纪泽之女。其侄俞大维，是蒋介石政权的要人；侄女俞大彩，傅斯年夫人。

俞启威的父亲是俞明震长子俞大纯，生有 4 子 2 女，性格各异，职业不同，人生道路也不同，但只有俞启威加入了中国共产党。

俞启威走上革命道路，首先受大姐俞珊的影响。俞珊是名演员，加入田汉创办的“南国剧社”。1927 年，“南国剧社”扩大为包括文学、绘画、电影、音乐、戏剧五部的“南国社”，是带有左翼色彩的文化团体。

俞启威十几岁即随大姐俞珊加人“南国社”，深受左翼思想的影响·在“南国社”中地下党员的影响下，参加了散发传单等革命活动。

在青岛大学物理系，俞启威和中共地下党支部书记王瞍住同一宿舍。俞的革命倾向王有所了解，但因俞的家庭背景复杂，没有急于发展他入党。

江青和俞启威结识时，俞尚不是共产党员。

俞启威虽是物理系学生，却喜爱文艺，他除参加“南国社”外，还参加了中共外围组织“海鸥剧社”，社长就是中共青岛大学地下党支部书记王弢，成员有江青、崔嵬、王东升、张福华等。江青在这里受到革命思想的影响，开始有了政治上的追求。共同的爱好、共同的理想,年岁也相当(俞启威比江青大两岁),他们相爱了。

这一年发生了“九·一八”事变,青年学生首先掀起抗日救亡运动浪潮,反对蒋介石的“不抵抗主义”。

江青和俞启威,都随青岛大学的学生一起投入救亡洪流。

俞启威成了运动的骨干,他带领青岛大学的学生罢课,抢占火车,向南京国民政府请愿。经过这番考察,青岛大学地下党批准俞加入中国共产党,举行了秘密的入党仪式。

这一年,俞启威和江青结婚,没有婚礼,也没有办理结婚证书,他们以同居来表示婚姻的开始,一方面,和毛泽东、杨开慧一样,他们都是新潮人物,不拘泥传统风俗;另一方面,也由于俞家是名门望族,讲究门当户对,担心他们的婚事难以为俞家认可。

结婚后的江青,受俞启威越来越大的影响,经俞介绍,于1933年加入了中国共产党。

据说,江青和俞启威结婚前,有过一段短暂的婚姻,丈夫叫裴明伦,是商人的儿子,看了江青的演出,为之倾倒,手头拮据的江青也需要一个有钱的丈夫。他们结婚了,江青住到裴家去,但她受不惯商人家里规矩的约束,而且经常外出去访朋会友,结果同家里人争吵不休,只有几个月,这段姻缘即告结束①。

中共在青岛大学的活动,受到国民党的注意,地下党负责人王弢成了特务追捕的对象。俞启威陪着王弢前往上海,把他秘密安置在俞家暂避。王的职务,由俞接替。1932年,俞启威担任中共青岛市委宣传部长,由于他是赵太侔的内弟,没有人怀疑他是共产党。

但由于叛徒的出卖,俞启威的身份暴露了,1933年7月,他突然被国民党逮捕。江青则由一位叫乐若的青岛地下党员护送,登上去上海的轮船。

江青在黄浦江上岸,有人前来迎接。来人叫史东山(原名匡韶,后来成为中国电影界的著名导演,他导演的《八千里路云和月》轰动了1946年的中国),是奉了中国左翼戏剧家联盟之命,前来迎接这位青岛“海鸥剧社”成员的,乐若把江青送上轮船后,即通知了上海的左翼剧联。

因为俞家不承认这个未经明媒正娶的儿媳,所以江青不得不住在老同学魏鹤龄家。不久,她会见“左联”领导人田汉(时任“左联”常委、“剧联”党团书记)并住在田家。

由田汉的弟弟田沅介绍,江青来到“晨更工学团”工作,那是一个教育团体,设有幼儿园、小学、特别班、农民识字班、工人识字班、店员识字班等。江青担任店员识字班的教员。

“晨更工学团”成立于1932年,是上海地下党组织的合法教育团体,主持人是

① 见徐铸成:《蓝苹与唐纳》和罗斯·特里尔《江青正传》。

地下党员徐明清，上海左翼文艺团体都派人参加工作，它的经费主要靠社会募捐，教员没有工薪，只免费提供食宿。学员除了学文化外。还编演小节目到附近农村工厂演出。

江青因为没有组织关系，不参加党组织活动。但她加入了“剧联”，后来又参加了“教联”，她和徐明清同住工学团的小阁楼里，慢慢熟悉起来。当时的江青，一头短发，蓝布旗袍，从不涂脂抹粉.显得颇朴素。白天教学员识字、唱歌、演戏，活泼、认真，那时她还不到20岁。可是晚上回到小阁楼里，常常唉声叹气，默默地凝视着北方，还把俞启威和她热恋时写来的信不时拿出来看。她思念着俞启威。有一次信掉在阁楼地板上，被徐明清看到了。她这才告诉徐明清：“小俞是我爱人.他被捕了，不知道他现在怎样，非常想念他！”但她没有说明她和丈夫是共产党员，当然，徐明清也不向她公开自己的身份。

晨更工学团的教员增加到20多人.徐明清把其中的共青团员组织起来，成立了团支部。支部书记是“左联”派来的青年作家陈企霞。共青团支部认为江青的表现不错，吸收她加入共青团，这样，江青失去组织联系之后，又重新加入青年团。

江青为避难来此，有吃有住已是幸运，不计较生活的待遇。条件不备，她无钱买化妆品，但对头乌黑的头发，她特别注意保养，每天都打水来洗，成了必修的“常课”。

1933年冬，忽然来了一位穿棉袍的青年来到晨更工学团，说找“李老师”。江青一见，兴奋得流下眼泪。

原来是俞启威！

他是经父亲在国民党上层人物打通关节，才被营救出狱的。俞启威在青岛无法再从事革命活动，便来到上海，从姐姐俞珊那里知道江青的下落，便找了来。

因为母亲不同意，俞启威和江青不能住在家里。他俩在静安寺附近租了一个小房间，算是有了自己的家。

江青入团后，知道徐明清的身份，她带着俞启威来找徐明清，希望恢复组织关系。徐向上级反映。上海地下党决定慎重从事，因为俞没有接关系的组织证明，又刚从狱中出来，在狱中的表现还不清楚，在险恶的地下环境，这完全是必要的。

但上海地下党也不把俞启威拒之门外.仍然安排他参加外围活动，如撒传单、贴标语之类，对他进行考验。

1934年1月28日，上海地下党组织“一·二八”抗战两周年示威游行，江青、俞启威和“晨更工学团”的许多人参加了，这引起了特务们的注意，游行中一个被捕的工人从狱中传出消息：“包打听”已在盯梢江青。徐明清急忙通知江青暂时不要在“晨更”露面。

俞启威意识到有再次被捕的危险，何况上海也接不上组织关系，便和江青避往北平。

徐明清也暴露了，她离开“晨更”，去浦东主持一个基督教上海女青年会办的女工夜校。俞启威进入北京大学和中国大学旁听，在中国大学，曾是中共“一大”

代表的李达讲授《资本论》,江青有时也去旁听。

但江青在北平仅呆了几个月,便又返回上海。她和俞启威在北平得不到经济接浇,生活不下去。俞的姐姐给的一点钱不够用,于是江青独自一个回到上海。

她又一次找到徐明清,俩人一起在浦东女工夜校当教员。这时,她化名张淑贞。

1934 年 10 月,江青突然被捕,事情的原委是:

她在街上意外地遇到原在青岛时同是地下党员的乐若。他现在上海,是团中央的地下交通,公开身份是邮局出纳员。去年,俞启威被捕后,正是乐若把江青送上去上海的轮船。江青非常高兴,两人有了来往。

10 月底,乐若约江青在兆丰公园见面,但这时的乐若,早已被特务跟踪。起因是这年 6 月中下旬,中共上海中央局书记李竹声(余其全)和负责团中央地下交通的胡耀华先后被捕叛变,国民党出动大批特务跟踪地下党员。

乐若发觉特务跟踪,当即和江青分头而走。乐若熟悉环境,甩掉了跟踪的特务,江青朝另一方向疾走,却被特务逮住。不过.特务这时还不知道江青的政治面目。

江青在狱中关了一个多月,由基督教上海女青年会保释。这时,俞启威听到消息也来到上海。

出狱后的江青无处落脚,只得由俞启威陪着,暂住俞的"大妈妈"(俞父的大老婆)家里。因是保释,江青需定期向上海市公安局汇报情况。

徐明清在乡下的母亲病重,徐要回乡探病,经俞启威同意,江青也去乡下暂避。

送走江青后,俞启威仍去北京大学旁听,两个月后,江青又一次来到北平和俞启威团聚。

这时,她得到一次极好的机遇:上海来信,邀她南下,参加易卜生名剧《娜拉》的演出!

邀请函是上海业余剧人协会发来的,这是一群热心戏剧的左翼文化人在中共地下组织领导下成立的,其中有江青的两位老熟人:当年山东实验剧院的同学魏鹤龄和教师万籁天。他们决定排演以妇女解放为主题的易卜生名剧《娜拉》,剧中人娜拉就由江青来演。剧组阵营很强,除江青之外,还有赵丹、金山、魏鹤龄、吴湄等。

1935 年春,江青应邀来到上海。此时,她取了艺名蓝苹。

1935 年 6 月 27 日,《娜拉》在上海金城大戏院举行首场演出。巨幅海报高悬,上书:"赵丹、蓝苹领衔主演"。赵丹已名闻上海,蓝苹和她并列,虽然人们尚感陌生,但已身价猛增。

戏院里座无虚席,公演持续一周,一直保持满座。鲁迅也去观看了。

各报纷纷报导,蓝苹的大名,印在一份份报纸上,飞进千家万户。有的还刊有蓝苹大幅剧照。有的报纸甚至说 1935 年是《娜拉》年!

一炮打响，她成功了！这一年，江青仅21岁。

江青能够演好娜拉，除她的演技外，更重要的，是她和剧中人有相似的命运，相似的性格，她和娜拉二样，都是叛逆的女性。

当年她曾为《娜拉》的演出发表过随感式的文章：

“我在台上真是自在极了，好像娜拉与我自己之间没了距离，把娜拉的话当作我的，把我的情感作为娜拉的，什么都没有担心，只是像流水似的演出来了。

“我愿意全世界被玩弄着的妇女都变成娜拉。

“这不是一个个人问题，而是一个严重的社会问题！我们要本着娜拉出走时的精神，挺起胸膛去争取社会上确切不移的地位。”

中国共产党在30年代前期为领导电影界的进步活动，成立了以夏衍为首的“电影小组”，在这个小组的策动下，1934年成立“电通影业公司”，拍摄进步电影。左翼影界人士纷纷加人，它成了左翼电影阵地，“电通”的第一部作品是《桃李劫》，受到观众好评，田汉词曲的《毕业歌》一时成为流行歌曲。1935年，“电通”接受拍摄《风云儿女》，田汉作词，聂耳作曲的主题歌《义勇军进行曲》响彻全国，以至后来成为中华人民共和国国歌。

《风云儿女》即将完成之际，经史东山介绍，蓝苹进人“电通影业公司”，在电影《自由神》中，担任角色。进入“电通”后，江青的收入是每月银元60元，虽不优裕，但可以过得去了。不过，薪水的大部，她要寄给白发老娘。

这时，江青又开始了新的恋爱，爱的对象是有影响的影评家唐纳。江青此时在电影界名气不大，她懂得：“演员不捧不红”的诀窍。唐纳正为《晨报》的每日电影栏目撰文，江青需要借助唐纳的笔，顺着这个“天梯”，登上“大明星”的宝座。

唐纳原名马骥良，后来客居巴黎，改名马绍章，苏州人，1914年生，和江青同岁。唐纳生得一表人才，而且多才多艺，肄业于上海圣约翰大学，有很高的英语水平，影评是他最拿手的行当，此外，编剧、演戏、翻译，样样拿得，他曾在上海艺华电影公司任编剧；他为电影《逃亡》写主题歌《自卫歌》和插曲《塞外村女》，由聂耳配曲，广为流传；他在《都市风光》中领衔主演；他1935年调入“电通”当演员，同时主编《电影画报》；他还涉足于《申报》、《时事新报》、《新闻报》、《时报》，为这些报刊写影评。有人撰文说唐纳的影评“一字之褒，荣于华衮。一字之贬，严如斧钺。”虽然不无夸大其词，但亦可见其威力。

唐纳的性格是单纯、热忱，但不坚强，具软弱性。

他思想进步，活动于左翼影人圈内，他在省立苏州中学上学时，演过左翼话剧《活路》、《工场夜影》，受到警察注意，1932年苏州国民党当局对中共地下组织进行大搜捕，唐纳担心波及自己，避往上海。但他只是思想有些左倾，和共产党却无任何渊缘。

江青主动、热情地追求唐纳，两人很快相爱了。

唐纳回忆当年时说：“这位从山东来的，富于诱惑力的新进女演员，在霞飞路上，对我宣称她是革命党人。”“不要想象她是胆小怕事的中国女孩，她不是你通常所见的羞羞答答的中国女孩，主动地和男人说话，她毫不在乎。她的行径，一如男性。呵，她是勇敢的女性。”

也许因为唐纳写的影评具有左翼色彩，所以蓝苹误以为他是同志，第一次见面就唐突坞说出自己的政治面目。

1936年4月26日，唐纳和江青结婚于杭州。同时举行婚礼的共三对夫妇：赵丹和叶露茜，顾而已和杜小鹃，唐纳和江青。唐纳提议到杭州六和塔前举行集体婚礼，取“六合”美满之意，邀请著名爱国人士沈钧儒证婚，接连拍了许多照片，仪式主持人为郑君里。

婚礼奇特，又是影剧明星，颇引起轰动，各报纷纷刊登消息，有的甚至占用半个版面，在那个时代，别致的婚礼一时传为佳话。

但仅过两个月，“唐纳事件”就纷纷扬扬，闹得满城风雨。事情大致是这样：

“电通”在拍完《都市风光》之后，支持不下去了。唐纳、江青转入明星影片公司，江青签了合同，准备在《王老五》一片中饰王老五之妻。

5月底，江青忽然说母亲生病，要去济南探亲，唐纳把江青送上火车，临别，江青说：“不要难过，6月10日我就回来。”

早已超过约定的归期，江青仍无踪影，唐纳一封封信寄往济南，也石沉大海。

过了二十多天，也就是1936年6月23日，江青通过郑君里转给唐纳一封信，唐纳看完信，面如死灰，这竟是一封断绝关系的信！

信里赫然写着这样令唐纳心碎的话：

“说不定这是我最后一封信！”

“我曾经警告过你，爱我是痛苦的！”

“我还说过，如果在必要的时候离开你，可别恨我呀！”

“反正我是离开这个环境了，就算死了吧。希望你不要骂我做事走绝路！”

6月25日，赵丹和郑君里把惶急的唐纳送上去济南的火车，次日，他见到江青的母亲、姐姐，问江青的下落。回答是：“她不在济南，去哪里了不清楚。”

痴情的唐纳于6月27日在旅馆写了遗书后服毒自杀。

幸亏茶房发现了，把不省人事的唐纳送往医院，他才免去一死。这时的唐纳和江青一样，都是24岁。

江青到底到哪里去了呢？原来，她找俞启威去了。

江青和唐纳三对新人在杭州六合塔举行集体婚礼后，又于5月5日在上海八仙桥青年会九楼餐室招待亲友，说来也巧，化名为黄敬的俞启威当时就住在青年会大楼内！

当一年多以前江青应邀到上海主演《娜拉》吨，俞启威考入北京大学数学系，不再是旁听生，他仍然积极从事学生运动，认识了地下党员蒋南翔、姚依林等。

是年冬北平爆发“一二·九”运动，俞、蒋、姚都成为学运领袖，为便于工作，此时俞启威改名黄敬。

1936年4月，李大钊之子李葆华担任地下的中共北平市委书记，黄敬任宣传部长兼学委书记。

这时全国抗日救亡运动掀起新高潮，中国共产党确立了抗日民族统一战线政策，全民族团结抗战的曙光已经呈现。沈钧儒等一大批著名的爱国民主人士正在积极筹备成立规模最大的救亡团体：中华全国各界救国联合会（简称救国会），要联合工界、商界、学界……一致起来联合救国。

1936年5月，黄敬作为北平学校的代表来到上海，准备参加全国学生联合会成立大会和救国会成立大会，下榻于八仙桥青年会大厦。

黄敬来沪要找的人物正是沈钧儒，而沈恰好刚给江青和唐纳等三对新人证婚。

黄敬清楚江青和唐纳的婚恋，唐纳却不知江青的前夫就近在咫尺！

黄敬悄然来找江青，劝她离开上海回北平。她毕竟跟黄敬有很深的感情，遂决定以探望母亲为借口，离开上海和唐纳。

唐纳去济南找江青时，江青已到了北平。

不过，江青去北平之前，曾在济南演了几天戏。江青已是话剧界名演员，原省实验剧院的教师王泊生想利用江青的名声在济南临时组织一次公演，以赚点收入。大家都愿一睹明星的风采，所以几天的演出，卖座率空前的好。江青原以为可以拿到一笔可观的钱，但吝啬出名的王泊生只给了江青20元。已经成了红明星的江青哪将这区区之数看在眼里，她拒绝接收，悄然离开济南。

唐纳自杀闹得满城风雨。江青的姐姐来看望唐纳。在唐纳一再追问下，她不得不说出实情："蓝苹找小俞去了！"

初恋阶段，江青从不提起自己的婚史，同居之后，唐纳才从江青过去的同事那里知道她和俞启威的关系。

现在江青不忘旧情，离开自己去找前夫，唐纳痛恨自己的一片痴情受到欺骗和愚弄。他催江青的姐姐赶快发电报去催，要和她当面算账，同时又给郑君里写了一封长信，告知事情的真相。

正是这封信，成了江青的一块心病。"文化大革命"之初，江青指使江腾蛟去抄郑君里等人的家，主要目标就是这封信。

江青不得已从北平来到济南，在姐姐陪同下去见唐纳。此时，郑君里也从上海赶来，在郑君里的一再催促下，江青和唐纳一同回到上海。

受到这次沉重的打击，唐纳不可能如从前那样对江青一往深情了。他们在不断的吵闹中同居了两个月，双方都感到厌倦，只好分室而居。

江青在唐纳和俞启威之间，朝三暮四，反复无常，已经令人齿冷。以后的秽行，则弄到名声狼藉，无法在上海立足。

这期间，她最缺德的一件事，便是成为不光彩的第三者，害得人家夫妻离散，母子难聚。

当她和唐纳吵得不可开交的时候，她又傍上了章泯。章泯是30年代上海著名戏剧导演，有建树的戏剧理论家，在戏剧界有很高威望，著名电影演员赵丹称他是“严师净友”，他有一个幸福的家庭，夫人萧琨是著名诗人萧三的胞妹，结发多年，感情诚笃，已有几个子女。

上海戏剧界要排演大型话剧《赛金花》，江青和另一位明星王莹争当主演，她傍上章泯，目的是希望助她当上《赛金花》的主演。江青使出手段，弄得章泯神魂颠倒，两人偷偷地同居，事情败露，萧琨忍无可忍，与章泯离婚，当着众亲友，章泯和萧琨在离婚书上签字。萧琨流着眼泪，用颤抖的手，用了好几分钟，才写完自己的名字。章泯则铁青着脸，签完字，把孩子领到自己一边——孩子归他抚养。但孩子们挣脱出来，扑到妈妈怀里，哭成一片……

唐纳得知江青的丑行，于 1937 年 5 月 27 日，愤而跳海自杀，距他上一次服毒自杀正好 11 个月，这一次，又是被人发现，把口吐白沫的唐纳送入医院抢救过来。

一不做，二不休，江青索性和章泯公开同居。

经过这样几番风雨，她肮脏的心灵已曝光于社会。在大上海，她声名狼藉，朋友们一个一个离她而去，形单影只，空前孤立，她只好另打主意了。

1937 年 8 月，江青经西安来到延安。

说来很巧，在西安，是徐明清接待的江青。

1935 年 4 月，由于叛徒出卖，徐明清被捕在狱中关押一年多，陶行知受地下党委托出面营救（徐明清是陶行知办晓庄师范时的学生），1936 年 6 月，徐明清保释出狱。因身份暴露，不便在上海工作，恰好西安地下党要求增派干部，徐明清便由上海到西安，担任地下的中共西安妇委书记，公开职务是西安北大街幼稚园主任。江青从上海动身前，通过地下党得知徐明清在西安的地址。

徐明清陪江青到八路军西安办事处，先由邓颖超接待。江青没有恢复组织关系，没有组织介绍信，但她拿出一大本相册，里面全是她的剧照，这倒也能说明问题，从剧照看，她演的都是进步影剧。

邓颖超看着影集，赞了一句：“啊，电影明星呀！”

后又由博古和江青进行一次谈话，这实质是口头考查。江青谈起黄敬，是黄敬介绍她入党的。

经博古同意，江青来到延安。此时，她改名江青。过去有传说江青的名字是毛泽东取的，这不符合事实。江青进入延安之初，按组织要求写了自传，就署名江青（原稿现存中央档案馆），当时毛泽东尚不认识她。取名江青来源有二：一是取“青出于蓝而胜于蓝”，江青艺名蓝苹，她希望未来胜于过去；二是唐诗人钱起《湘灵鼓瑟》中的“曲终人不见，江上数峰青”。这个名字很美，也可看出 23 岁的江青，很有文学修养和远大抱负。

初到延安的江青，奉派到农村做调查工作，这是组织上有意考验她，延安苦，农村更苦，她需要经受艰苦的考验。

江青要求恢复党籍，中央组织部通过地下交通询问黄敬（当时任中共晋察冀区党委书记），1937 年 10 月，黄敬写来书面材料，证实江青是由他介绍在青岛入党的，江青的党籍问题才得到解决。

于是，1937年11月，江青进入中共中央党校学习，这时，康生从苏联回国，接替李维汉担任中央党校校长。江青和康生是山东诸城老乡，一见如故，从此，康生成了江青的靠山。

江青在延安自然是文艺活动的积极分子，她主演过京剧《打渔杀家》和话剧《被糟蹋的人》，毛泽东向来对戏剧感兴趣，他观看了江青的演出，并到后台同她交谈。这是江青认识毛泽东的开始。

贺子珍负气出走，给了江青乘虚而入的机会。

毛泽东何以看中江青？当时主要是看中江青的才和志。在当时的延安女性中，江青称得上才华出众。她是很有名气的影剧明星，酷爱文学，喜欢古诗词，有些名篇，毛泽东念出上半首，她就能接出下半首，江青读了不少书，毛泽东则一生爱书如命，毛泽东的狂草为当代一绝，江青字也写得好，楷书、行书、草书都擅长，毛泽东就曾要李讷临摹江青的字。

当然，毛泽东首先强调志同道合，同杨开慧和贺子珍的结合，都是如此，他们首先是革命伴侣，和江青结合，也是如此。她1933年就参加共产党，说明她对革命的认识，她离开上海来到延安，那么艰苦，坚持下来，本身就能说明问题。当时来延安因吃不了苦而离去者，大有人在。苍蝇飞舞的茅坑代替了抽水马桶，弥漫的风沙代替了上海的习习香风，粗劣的食物，质次的布军装，江青都习惯了，应该肯定此时江青的高尚追求。这就是毛泽东和江青结合的主要基础。

江青的漂亮、风度、青春的魅力，都是吸引毛泽东的因素。

贺子珍离去，也令毛泽东在生活上感到极大不便。他那么繁忙，非常需要身边有照顾他生活的女性。

从江青这方面说，她和毛泽东结合，带有强烈的功利动机。她对婚姻问题并不严肃。1936年在济南，有人问起她和唐纳结婚的事，她居然回答："不过是开玩笑而已。"因为如此不严肃，她可以随便更换丈夫。江青比毛泽东小20多岁，她自己说过，那是"政治婚姻"，她看重的是毛泽东在全党的领导地位，如果不是政治上的因素，年龄相差那么大是很难成为夫妻的。江青是个功利心非常强、不甘寂寞、处处要表现要突出的女人。

当然，任何事物都是不断发展变化的，人也一样，江青在延安时期，不能说是个坏女人。敬仰爱慕毛泽东的女青年不少，以毛泽东的情况，当时不可能选一个各方面都很糟的女人做妻子。果真如此，中共中央也不会通过，毛泽东和江青结婚，需要中共中央批准。

江青和毛泽东相爱的消息在延安传得很快，反对的人不少。毛泽东和贺子珍并未办理离婚手续。反对最力者为当时主持中央工作的张闻天。他认为，贺子珍是老党员，有光荣的革命斗争历史，又经过长征的艰苦考验，多次负伤，和毛泽东共同生活了10年，生有子女，应当得到尊重。

但也有人认为，结婚是个人自由，别人不必多加干涉。爱情不等于"干部鉴定"。组织审查是必要的，但江青肯定符合和领袖结婚的条件。支持最坚决的是康生。

对于毛泽东和江青的婚事，中共中央专门开会研究过。对于这一点，毛泽东在50年代和他极为要好的朋友周世钊曾经有过明确的叙述：

"有天晚上我们开会，我记得是开到半夜十二点半钟，周恩来同志突然对我说，主席请您出去一下，我们要讨论研究一个问题。既然恩来同志临时有事要我退出会场，我就只好走出会场，在另外一间房子看书看报。后来我才知道，他们是讨论研究我和江青的婚姻问题。据我所知，在中央讨论研究我和江青婚姻问题时，意见也不太一致，我就知道恩来同志明确表示不同意见，但是，我们党的组织原则是少数服从多数，结果，中央还是同意我和江青的婚姻，这样，我就在延安和江青结了婚。"①

尽管中共中央同意毛泽东与江青结婚，但鉴于对江青个人品质的担忧，中共中央认为有必要作出几条规定，以便明确江青在党内的地位。

《江青前传》（崔万秋著）称：国民党军队1947年进入延安时，曾获得王若飞的一个笔记本，其中记录下"约法三章"的内容：

第一、毛、贺的夫妻关系尚在而没有正式解除时，江青同志不能以毛泽东夫人自居。

第二、江青同志负责照料毛泽东同志的起居与健康，今后谁也无权向党中央提出类似的要求。

第三、江青同志只管毛泽东同志的私人生活与事务，20年内禁止在党内担任任何职务，并不得干预、过问党内人事及参加政治生活。

王若飞是当年中共中央秘书长，他记下"约法三章"是完全有可能的。②

既然中共中央同意毛泽东和江青结婚，1938年11月20日，24岁的江青终于和45岁的毛泽东结婚了。

江青和毛泽东结婚以后，20多年的时间里，确实没有"参政"，也没有很多的"出头露面"。实事求是地说，这期间，江青对于毛泽东生活的照顾，还是尽了责任的。

毛泽东是否对江青倾注过爱心，国内出版的众多著作都避而不谈。

其实，稍加思索，便不难了解。

当时贺子珍已离开延安，毛泽东身边没人照顾，作为有世界影响的党的领袖，自不免感到种种不便；况且江青当时年仅花信，容貌娇好，又有演戏才能，且一副进步青年态，自然惹人喜欢。

但江青确是一个思想意识和作风很糟的女人。她虚荣心极强，爱出风头，心地狭窄，报复心重，极为自私，脾气暴躁，且喜怒无常。毛泽东把她的这些毛病，都归纳为"个人主义"、"小资产阶级作风"。其实，何止小资产阶级作风，是十足的

---

① 潘相陈：《毛泽东家书钩沉》，中共中央党校出版社。

② 叶永烈：《江青传》，时代文艺出版社，1992年，163页。

资产阶级作风，还兼有封建阶级味道。

最初，为了讨毛泽东喜欢，这些毛病，她都力图加以掩饰。但结婚以后，这些毛病一个个暴露出来。这一切令毛泽东大伤脑筋，大失所望，甚至大发脾气。这是后事。

结婚以后，江青名义上仍是中共中央军委档案秘书，实际上就在毛泽东身边，照料他的生活。

江青完全成了一位家庭主妇。这时的她，很注意分寸，跟在上海时那般罗曼蒂克，判若两人。特别是在夫人们中间，她深知自己革命资历的浅薄：周恩来夫人邓颖超是资深革命家；朱德夫人康克清上过井冈山，经过长征；任弼时夫人陈琮英在上海做过多年地下工作；博古夫人刘群先去过苏联，经过长征；张闻天夫人刘英在长征中是中央队的秘书长……在这样的夫人群中，只有像贺子珍那样具有革命资历的才能匹配。正因为如此，江青初入毛泽东的窑洞不能不小心翼翼，见到谁都微微一笑，点一点头，极少言语，这时的她，尚是“新媳妇”、“小媳妇”。

婚后，江青除了照料毛泽东的生活外，也担任过一些很不起眼的职务，这些职务都和她的演员经历有关，算不上从政。她担任过延安鲁迅艺术学校戏剧系的指导员，中华全国戏剧界抗敌协会陕甘宁边区分会理事，陕甘宁边区文化协会执行委员。

1946 年 7 月底，延安电影制片厂成立，江青当选为该厂董事之一。

新婚之初的日子是平静的。她跟毛泽东相处不错。她给毛泽东织了新毛衣，给他做了充满辣味的菜。美国记者史沫特莱进入延安时，带来一架留声机送给毛泽东。江青动作熟练地给留声换上一张张 78 转的唱片。毛泽东听得入神，有时用脚拍打着砖地，打着节拍，有时嘴里也哼哼几句。

在客人面前，江青很注意身份。她绝少参加毛泽东和战友之间的谈话。来了客人，她微笑着点个头，或递支烟，或倒杯茶，或送上一盘花生米，然后就走开，回到自己的卧室。她显得很腼腆，如同一个大姑娘。正因为这样，一位外国记者记述对江青的印象时说：“她直率而客气，很像一位通情达理的贤妻良母。”

这表明，这位曾经成功地扮演出走家庭的反叛女性娜拉的演员，此刻又成功地扮演着跟娜拉截然相反的“贤妻良母”型的东方女性。

1940 年，江青生下李讷。

李讷的活泼可爱，使毛泽东的窑洞里充满了欢慰的笑声，江青的“第一夫人”地位，也就更加巩固。

此后，江青日益得意起来，开始变娇变骄，动不动呵斥身边的小保姆，支使公务员、警卫员干这干那。

她喜欢骑马招摇过市。

新西兰人路易·艾黎曾回忆，在延安城外，“一个女孩骑着白马过来了，有点快，使人感到有点紧张。我不知道她是谁，回去一形容，人们齐声说，嗨！那是主席的新夫人。”

她很得意。她所企望的,就是引起人们的注意,引起人们的羡慕:"呶,那是主席的新夫人!"她觉得过瘾,犹如当年在上海舞台上成为众目睽睽的目标一样。

毛泽东思想开明,并不计较江青往昔的风流婚恋。抗战时期,黄敬因病来延安住院治疗,得到毛泽东的同意,江青几度去医院幕望。

在陕北,她一直称毛泽东为"老板"。个性倔强的她,不断和"老板"发生口角。

1945年8月,毛泽东在重庆和蒋介石谈判。那时唐纳也住在重庆。张治中设酒会宴请毛泽东,唐纳也接到请贴。张治中向毛泽东介绍说:"这位就是当年的唐纳!"毛泽东显得惊讶,握住唐纳的手说:"和为贵!"

毛泽东去重庆后,江青也借牙病之名,带着李讷,飞往重庆。她既兴奋又遗憾:兴奋的是终以"第一夫人"的身份外出,而且张治中说她'比宋美龄漂亮';遗憾的是毛泽东不让她公开露面。

不知出于什么动机,也许是为了显示自己现在的地位,江青曾打电话约见唐纳,但唐纳拒绝了。他愤然说:"我们已经一了百了了。"

国共和谈破裂,蒋介石发动全面内战,中共中央五位核心领导成员一分为二:刘少奇、朱德率中央工作委员会,东渡黄河,进行中央委托的工作;毛泽东、周恩来、任弼时率中共中央和人民解放军总部留在陕北指挥全国战争。

这样做的目的,是防止万一。敌强我弱,蒋介石气势汹汹,万一陕北的中共中央出了不幸,中央工委即可举起中央大旗。

转战陕北的日子里,江青一直跟随毛泽东,这成为她的一点资本。日后,她曾得意地说,解放战争期间,跟随主席转战陕北的,只有我一个女同志。尽管这并不符合实际,她还是这样的自我夸耀。

1949年3月24日,是江青从未有过的兴奋喜悦之日,她随着中共中央的车队,进入和平解放的北平,和毛泽东一起,下榻于北京香山的双清别墅。她实现了中国"第一夫人"的梦想,在山沟里生活了12年头的她,苦尽甘来,可以尽兴享受一番了。

一个月以后,她尝到了"第一夫人"的尊荣,带着女儿李讷乘专机飞往苏联。其实江青无大病,在苏联,由名医为她检查,除了官能性神经过敏外,没有任何器官性疾病。虽然如此,因她是毛泽东的夫人,仍然住进了疗养院。

恰好刘少奇奉中央之命,率代表团秘密访问苏联。斯大林举行宴会款待,江青也应邀出席了。她高举酒杯向斯大林敬酒:"祝愿斯大林同志健康长寿!斯大林同志的健康,就是我们的幸福!"斯大林听了,甚为高兴:"我第一次听到这样的话,我的健康是你们的幸福!谢谢!我祝愿毛泽东同志健康长寿!"

江青第一次以毛泽东夫人的身份在国外公开露面。她的虚荣心得到极大满足。"政治婚姻"给她带来巨大收获。而且,这仅仅是开始,好戏还在后头呢。

建国前夕,江青从苏联回国,住进当年的皇家禁苑——中南海丰泽园的菊香书屋。一直住到1966年8月,共17个年头。

丰泽园位于南海之畔，由两组建筑组成。一组叫“颐年堂”，是毛泽东召开中央核心会议的地方，刘少奇、朱德、周恩来等领导人常在这里和毛泽东碰头，从“熙年堂”往东，穿过一条小走廊，便到了另一组建筑——菊香书屋，是个方形的四合院，四面各有五间房屋。北房五间；中间是一门厅，东面两间，一间是毛泽东的办公室，一间是卧室；西面两间，是江青的办公室和卧室。她和毛泽东一西一东面南而居，意味着完全以毛泽东夫人的身份出现。东、西、南各五问房子，或由他们的子女居住，或是工作人员的办公室，或是餐厅，或是藏书室，或是会客厅，都紧紧围绕着正房布置开来，把菊香书屋围成一封闭的小院。

开国大典之后，已当选为中华人民共和国中央人民政府副主席的孙中山夫人宋庆龄因事回上海。江青受毛泽东之托亲至前门火车站为她送行。江青兴高采烈，她第一次以“第一夫人”的身份在社交场合露面。

在初建的共和国里，江青要求工作，这应该说是合理的。组织上斟酌再三，给她安排了一个富有弹性的职务——中共中央官传部文艺处副处长，因为是毛泽东夫人．她有了专车，进进出出很方便。而这个级别的干部，是够不上配专车的。

1950 年文化部成立“电影指导委员会”，江青又列名其间。

江青有了职务，又有特殊身份，便抡起“左”的棍子，开始在文艺界煽起风浪。

她观看了《清宫秘史》，给它扣上“内容反动”、“卖国主义”的大帽子，要对它进行批判。但由于中宣部长陆定一、副部长周扬的抵制，她未能如愿。

她不甘罢休，又把矛头指向电影《武训传》。

武训是清末山东堂邑一贫苦农民，因不识字，受了地主老财的愚弄和欺诈。决心“行乞兴学”，叫穷孩子读书，终身以行乞为业，办了两所“义学”，免费招收穷孩子人校读书。为此，受到清政府嘉奖，赐黄马褂、封“义学正”，还“诏付国史立传”，用无产阶级的观点分析，是个“教育救国”的实践者。近代著名教育家陶行知特别赞赏武训的精神，建议电影界拍成电影。

这部电影从 1948 年开拍，到 1950 年完成，1951 年上映，武训由赵丹扮演。这是开机于旧时代，完成于新中国的作品。为了适应新时代的需要。影片在开头和结尾加上了“学习武训精神，迎接新中国文教建设的新高潮！”

影片上映之后，受到一片赞扬，《大众电影》还列为 10 部最佳国产片之一。

“众人皆醉惟我独醒”，惟独江青看出影片有“严重问题”，她又一次向毛泽东吹风，毛泽东亲笔写了《应当重视电影 < 武训传 > 的讨论》，作为《人民日报》社论发表。

毛泽东的结论是：武训：“狂热地宣传封建文化”，“对反动的统治阶级竭尽奴颜卑膝之能事”，影片歌颂武训，就是“歌颂丑恶行为”，是“污蔑农民革命斗争，污蔑中国历史，污蔑中国民族的反动宣传！”

上纲极高，帽子吓人，为批判武训定了调子。

于是掀起共和国历史上第一次大规模的政治批判运动。

株连甚广，编剧、导演、主要演员，为影片叫好者（不论刊物和个人），为影片提供素材者,以前称赞过武训者,批判不热心盼领导人,一律受到批判,纷纷忏悔认罪。已死去的陶行知也不能幸免。郭沫若也在《人民日报》发表了《联系着武训批判的自我检查》,因为他为《武训画传》题写书名并作序,理所当然属于"武训"的"鼓吹者"。

毛泽东建国后发动了一场场急风暴雨式的政治批判运动,越来越"左",应该说,是从批武训开始的。

1985 年,胡乔木在《陶行知研究会》和《陶行知基金会》成立之际讲话时,这样说到当年对《武训传》的批判:"我可以负责地说,当时这场批判,是非常片面的,非常极端的,也可以说是非常粗暴的。因此,尽管这个批判有它特定的历史原因,但是由于批判所采取的方法,我们不但不能说它是完全正确的,甚至也不能说它是基本正确的。""这部影片的内容不能说没有缺点和错误,但后来加在这部影片上的罪名,都过分夸大了,达到简直不能令人置信的程度。"

批判高潮中,江青还做了一件自以为得意之事:组织了"武训历史调查团",到武训家乡山东堂邑、临清、馆陶等县实地调查,由江青等(当时化名李进)3 人执笔,写出《武训历史调查记》,经毛泽东修改发表。

《调查记》用先定性定基调,再按需要拼凑材料的恶劣方法,为武训作了"调查结论":"大地主"、"大债主"、"大流氓"。

事实是,武训用行乞得来的钱买了田地作为"学田",为义学提供经费,把钱贷出去,取得利息,也全部用于义学。武训自已从不沽分文,受到朝廷嘉奖后,照样行乞,粗食劣衣,以兴义学为惟一职志。病重也不入医院,甚至义学的学生群跪面前请他人院,他都坚拒,最后,带着欣慰的微笑,死于义学课堂的廊下。武训一生没有成家,孑然一身,天下竟有这样的"大地主"!"大债主"!至于"大流氓",有什么根据呢?据说,武训和临清的一个寡妇关系不清,还生了一个"小豆沫"。"豆沫"是鲁西民间对马马虎虎的一种说法.武训行为奇特,被称为"武豆沫"。武训孑然一身,寡妇没有丈夫,即便真有性关系,也合法又正当。如果这就是流氓,而且是流氓之大者,江青又该是什么!岂不是特号流氓1 50 年代流行这样的话:"马列主义上刺刀,对人不对己"江青正是这样。

江青写过一首诗大家都熟悉的:

江上有奇峰,锁在云雾中。

寻常看不见,偶而露峥嵘。

这次,她借助毛泽东的权威,不过峥嵘偶露而已,却令许多人心惊胆颤了。

从此到"文化大革命"爆发前的十几年间,随着"左"倾错误的发展,她"露峥嵘"的间歇,也越来越短。

1954 年,江青把李希凡、蓝翎"两个小人物"的文章推荐给毛泽东看,引发了批判俞平伯《红楼梦研究》的运动,开了学术问题上纲为政治性问题的先例。

两年以后,中共中央政治局常委开会,正式任命陈伯达、胡乔木、叶子龙、,日日家英、江青为毛泽东秘书,人称"五大秘书"从此江青成为副部级干部。

1961年9月9日，毛泽东写了一首七绝，题为《为李进同志题所摄庐山仙人洞照》：

暮色苍茫看劲松，
乱云飞渡仍从容。
天生一个仙人洞，
无限风光在险峰。

此诗公开发表后，江青身价又增。“文革”中，有人借此诗吹捧江青，说她在“牛鬼蛇神反社会主义”？的“黑云乱飞”之际，像劲松那样“傲然挺立”！

1962年7月，江青观看新编历史京剧《海瑞罢官》之后，凭“锵殊的政治嗅觉”，嗅出此剧的“严重政治错误”，为揭开大动乱的序幕，埋下伏笔。

1962年9月，江青第一次以毛泽东夫人的身份，会见贵宾，毛泽东、江青和印尼总统苏加诺夫妇的照片，醒目地刊于《人民日报》第一版，这是一个重要信号：她开始走到前台，“约法三章”即将失去约束力！

同年同月，中共八届十中全会，毛泽东语出惊人：“利用小说进行反党活动，是一大发明。要推翻一个政权，必须制造舆论，无产阶级是这样，资产阶级也是这样。”毛泽东这里说的是小说《刘志丹》，他相信康生的话：这部小说是“为高岗翻案”，给《刘志丹》定性为“反党小说”。由此又株连一大批人：作者李建彤（刘志丹弟媳）开除党籍，监督劳动；李的丈夫刘景范打成“反革命”；国务院副总理习仲勋因审看过《刘志丹》，被撤销职务，下放洛阳一家工厂劳动；劳动部长马文瑞也受到牵连……

“左”倾错误升级，江青欢喜，形势对她有利。全会期间，她对文化部部长齐燕铭说：“舞台上牛鬼蛇神甚多，文化部要注意。”不久，她居然召见陆定一、周扬、齐燕铭、林默涵四位中宣部正副部长，又一次危言耸听：“舞台上、银幕上帝王将相，才子佳人，牛鬼蛇神泛滥成灾。”

这几位老资格的文化宣传系统的领导人对她的警告不感兴趣，而“左”的思想很浓、地位显赫的柯庆施（中共中央政治局委员、中共中央华东局第一书记、中共上海市委第一书记、上海市市长），1963年1月却提出“大写1 3年”的口号（指建国以来的十三年），这非常适合江青的胃口，她便到上海去寻求支持。

1963年5月，她组织了一篇批“有鬼无害”的文章，在上海《文汇报》发表。她称这是“第一篇真正有份量的批评”。从此拉开她所谓“破”的序幕，即破所谓“名、洋、古、封、资、修”文艺。

光“破”不行，还要“大立”，立什么呢？用她的话说，立“无产阶级文艺”，立工农兵。

她的“立”，从京剧开始，她认为“京剧这个堡垒最顽固”，从不反映现实。她先立了现代京剧《红灯记》，又树《沙家浜》、《智取威虎山》等现代京剧为“样板”。不过，大都是把别人的成果算在自已账上。接着，她又派张春桥（时为上海市委宣传部长）抓《奇袭白虎团》，指定陈丕显（时为上海市委第二书记）抓淮剧《海港早晨》(改编为京剧后定名《海港》),抓芭雷舞剧《红色娘子军》和《白毛女》,直到1965年1月又抓交响乐《沙家浜》。

这样,她树起8块“样板”,博得“无产阶级文艺革命的旗手”的桂冠。

江青抓京剧革命,成就应该肯定,方向也不错,京剧确也应革新,表现现代题才。任何文艺形式,如果老守着老套子,就没有生命力。但她全盘否定优秀的传统剧目。斥之为“帝王将相”、“才子佳人”、“牛鬼蛇神”,就走向了“左”的极端。在树“样板”的过程中,也加进许多“左”的东西,也损害了现代京剧的形象。

1964年12月,江青作为第三届全国人大代表,正式出现在中国政治舞台。

建国后,江青成了“第一夫人”,她的娇气也越来越不成样子。

从1951年到1956年,她三次飞往苏联,去医治国内完全医治得了的常见病。一去就住进舒适的斯大林别墅。

她把使唤人当做一种享受,当做身份和权位的证明。她对饮食过于挑剔,以致不得不和毛泽东分开吃饭。她在菊香书屋住腻了,在北京万寿路的新六所又安置一个住处。“文革”中则长住钓鱼台。冬天,就到南方去住,或广州、或上海,或杭州。她下榻处要绝对安静,蝉鸣都不能有。无论春、夏、秋、冬,她的居室一律衡温22℃,差半点都不行。她不断调看进口影片,吃进口药。看电影时的坐椅,必须连续3小时臀部无麻木感。

不过,“文革”前的江青,还属于“人”的行列,还没有变为“鬼”,尽管已经影影绰绰地看到了“鬼”的影子。

江青第一个“鬼”的罪恶,便是密谋批判《海瑞罢官》,由姚文元署名的批判文章,实实在在是江青、张春桥、姚文元的合作产品。江青则是“第一作者”,因为最早向毛泽东吹风。说《海瑞罢官》有“严重错误”,“是大毒草”的便是江青。十易其稿,都经江青一手策划。最后,毛泽东给《海瑞罢官》定了调子:“要害是罢官,嘉靖皇帝罢了海瑞的官,我们罢了彭德怀的官,彭德怀就是海瑞。”

由此开始,“文化大革命”的熊熊烈火,燃烧起来。

1966年2月,江青和林彪为着同一个目的,合谋炮制了《部队文艺工作座谈会纪要》,毛泽东又指定陈伯达、张春桥、姚文元参加修改,最后由毛泽东亲自改动11处,于1966年4月,作为中央文件发出。

《纪要》表现了毛泽东发动“政治大革命!”的决心:“坚决进行一场文化战线上的社会主义大革命,彻底搞掉这条黑线。”“搞掉这条黑线之后,还会有将来的黑线,还得再斗争。”这里,已提出了“每隔七八年再来一次”的想法。

“社会主义大革命”后来改为“无产阶级文化大革命”,即全国的大动乱。

《纪要》成了江青上台的“宣言书”,表明江青即将“出山”担任要职了!

江青第一次正式被毛泽东委以重任,便是主持起草“文化大革命”的纲领文件《五·一六通知》。毛泽东指定的文件起草小组,由11人组成:陈伯达、康生、江青、张春桥、王力、关锋、戚本禹、吴冷西、尹达、穆欣、陈亚丁。以陈伯达为组长,这个小组基本包括了不久以后成立的中央文革小组的阵容。

1966年4月16日，起草小组刚聚会于上海锦江饭店，陈伯达和康生便应毛泽东之召赴杭州开会。于是小组便由江青主持，刚刚完成《纪要》的江青，居于异常显要的地位。文件起草过程中，经毛泽东反复修改，提交中共中央政治扩大会议通过。

1966年5月4日，政治局扩大会议在北京举行。历史学家已经确定，这次会议是“文化大革命”正式发动的标志。

连中央委员都不是的江青、张春桥、关锋、戚本禹，以“文件起草小组，,成员身份与会。对比28年前的“约法三章”，江青居然趾高气扬地出席政治局扩大会议，这意味着她的大胜利。从此，她不再是“峥嵘偶露”，而是每天都活跃在最高权力的中枢部位。

会议由刘少奇主持，毛泽东用不着露面，他已反复改定《通知》，走个过场，由会议通过就是了。他已从军事、政治、思想等方面完成了“文化大革命”的部署，他自信无人敢于对《通知》投反对票。刘少奇刚从国外访问归来，对于急剧变化的政局有点茫然。最可悲的是，他还蒙在鼓里，不知道由他主持通过的文件，矛头主要是对准他的。

文件于5月16日通过，所以通称《五·一六通知》。其点睛之笔，是毛泽东亲自加上的一段话：

混进党里、政府里、军队里和各种文化界的资产阶级代表人物，是一批反革命的修正主义分子，一旦时机成熟，他们就会要夺取的政权，由无产阶级专政变为资产阶级专政。这些人物，有些已被我们识破了，有些则还没有被识破，有些正在受到我们信用，被培养为我们 的接班人，例如赫鲁晓夫那样的人物，他们现正睡在我 们的身旁，各级党委必须充分注意这一点。”

五月政治局扩大会议决定成立“中央文化革命小组”，隶属于中央政治局常委之下，陈伯达为组长，康生为顾问，江青、王任重、刘志坚、张春桥为副组长。组员有王力、关锋、戚本禹、姚文元等11人。后陈伯达生病住院，中央正式发出通知，由“第一副组长江青”代理“文化革命小组组长职务”。

实际上，谁都知道江青的身份特殊，此时又极受毛泽东信任，所以陈伯达事事让三分，“中央文革小组”实际上完全由江青控制。

后来，“中央文革”逐步取代了中央书记处以至中央政治局，江青手中的权力越来越大，党内地位也越来越高，成为仅次于毛泽东、林彪、周恩来的第四号人物，而许多特殊情况下，实际上成了仅次于毛泽东的第二号人物。陈毅曾愤然说过：“党内又出来个二主席。”

中共“九大”以前，中央发布文件，往往以“中共中央、国务院、中央军委、中央文革”的名义联合发出，由此可见它的地位和权力。

从此，江青成了毛泽东高度信任的“大左派”。

“文革”之初，毛泽东给江青写了封极不寻常的信：

江青：

六月二十九日的信收到。……自从六月十五日离开武林(编者注:指杭州)以后,在西方的一个山洞(编者注:指滴水洞。韶山在杭州之西,故称“西方”)里住了十几天,消息不大灵通。二十八日来到白云黄鹤的地方(编者注:指武汉),又有十天了。每天看材料,都是很有兴味的。天下大乱,达到天下大治。过七八年又来一次。牛鬼蛇神自己跳出来。他们为自己的阶级本性所决定,非跳出来不可。我的朋友的讲话(编者注:指林彪五月十八日在中共中央政治局扩大会议上关于“政变”和“天才”问题的长篇讲话),中央催着要发,我准备同意发下去,他是专讲政变问题的。这个问题,像他这样讲法过去还没有过。他的一些提法,我总感觉不安。我历来不相信,我那几本小书(编者注:指《毛泽东选集》),有那样大的神通。现在经他一吹,全党全国都吹起来了。真是王婆卖瓜,自卖自夸。我是被他们迫上梁山的,看来不同意他们不行了。在重大问题上,违心地同意别人,在我一生还是第一次。叫做不以人的意志为转移吧。……我曾举了后汉人李固写给黄琼信中的几句话,峣峣者易折,皎皎者易污。阳春白雪,和者盖寡。盛名之下,其实难副。这后两句正是指我。我曾在政治局常委会上读过这几句。人贵有自知之明。今年四月杭州会议,我表示了对于朋友们那样提法的不同意见。可是有什么用呢!他到北京五月会议(编者注:指中共中央政治局扩大会议)上还是那样讲,报刊上更加讲得很凶,简直吹得神乎其神。这样。我就只好上梁山了。我猜他们的本意,为了打鬼,借助钟馗。我就在二十世纪六十年代当了共产党的钟馗了。事物总是要走向反面的,吹得越高,跌得越重,我是准备跌得粉碎的。那也没有什么要紧,物质不灭,不过粉碎了。全世界一百多个党(编者注:此处指共产党),大多数的党不信马列主义了,马克思、列宁也被人们打得粉碎了,何况我们呢?我劝你也要注意这个问题,不要被胜利冲昏了头脑,经常想一想自己的弱点、缺点和错误。这个问题我同你讲过不知多少次,你还记得吧,四月在上海还讲过。以上写的,颇有点近乎黑话,有些反党分子,不正是这样说的吗?但他们是要整个打倒我们的党和我本人,我则只说对于我所起的作用,觉得有一些提法不妥当,这是我跟黑帮们的区别。此事现在不能公开,整个左派和广大群众都是这样说的,公开就泼了他们的冷水,帮助了右派,而现在的任务是要在全党全国基本上(不可能全部)打倒右派,而且在七八年以后还要有一次横扫牛鬼蛇神的运动,而后还要有多次扫除,所以我的这些近乎黑话的话,现在不能公开,什么时候公开也说不定.因为左派和广大群众是不欢迎我这样说的。也许在我死后的一个什么时机,右派当权之时,由他们来公开吧。他们会利用我的这种讲话去企图永远高举黑旗的,但是这样一做,我们就要倒霉了。中国自从一九一一年皇帝被打倒以后,反动派当权总是不能长久的。最长的不过二十年(蒋介石),人民一造反,他也倒了。蒋介石利用了孙中山对他的信任,又开了一个黄埔学校,收罗了一大批反动派,由此起家。他一反共,几乎整个地主资产阶级都拥护他,那时共产党又没有经验,所以他高兴地暂时得势了。但这二十年中,他从来没有统一过,国共两党的战争。国民党和各派军阀之间的战争,中日战争,最后是四年大内战,他就滚到一群海岛上去了。中国如发生反共的右派政变，我断定他们也是不得安宁的，很可能是短命的，因为代表百分之九十以上的人民利益的一切革命者是不会容忍的。那时右派可能利用我航舌得势于一时，左派则一定会利用我的另一些话组织起来，将右派打倒。这次文化大革命，就是一次认真的演习。有些地区(例如北京市)根深蒂固，一朝覆亡。有些机关(例如北大、清华)，盘根错节，顷刻瓦解，凡是右派越嚣张的地方，他们失败也就越惨，左派就越起劲。这是一次全国性的演习，左派、右派和动摇不定的中间派，都会得到各自的教训。结论：前途是光明的，道路是曲折的，还是这两句老话。

久不通信，一写就很长，下次再谈吧！

毛泽东

七月八日

这是一封极不平常的信。它的重要性，不亚于《“五·一六”通知》：它是毛泽东一篇内函广泛而深刻的著作，是关于“文革”的重要著作。可是，它却不像他的别的著作那样容易理解，容易读懂。大抵是由于内中许多思绪还不能公之于众，甚至还不能告知政治局的委员们，而他又以为这些在滴水洞中沉思的结果应当写下来，留存下来。思之再三，最恰当的形式，便是以写给妻子的信的形式来表达——这是一封具有“政治遗嘱”性质的信，也可说是“文化大革命”又一纲领性文件。

写此信的时间是在1966年6月16日至27日之间，但只是一个草稿，还不准备发出。6月28日毛泽东到达武汉，次日收到江青从上海发来的信以后，毛泽东几经思索，把信稿加以修改，于7月8日发给江青。

毛泽东此信，纵论20世纪中国的过去，评述眼下中国的“左派”、“右派”和“中间派”，又预言他死后中国的未来。这是一篇道出了“毛泽东战略”的不寻常的信。他把一切写在给江青的信中，既表明了他当时对江青是充分信赖的，又表明了他可信赖的人已不多了。这封信里，毛泽东的所思、所虑、所阐发的感慨，无一不是严肃得可以听见枪炮声的问题。毛泽东向江青全面敞开心扉，将“现在不能公开，什么时候公开也说不定”的话，都无任何保留地告诉了她。

有毛泽东的高度信任，有手中掌握的大权，江青开始了她一生中最疯狂的，也是祸国殃民的十年。直闹得天怒人怨，众叛亲离，四面楚歌，最后锒铛入狱。

“文革”初期，她打着毛泽东的旗号，四出活动，点火于北京高校，制造“天下大乱”的局面。

她对一切“私敌”进行疯狂的报复，必欲置之死地而后快。王莹当年和她争夺《赛金花》的主演，便给王莹加上“美国特务”、“叛徒”、“反革命”等一串大帽子，把她折磨致死。她和叶群合谋，把孙维世关进监狱，致孙惨死狱中。她为掩护30年代的丑行，派人抄了郑君里、赵丹、顾而已等人的家。

她给陶铸带上“中国最大保皇派”的帽子，煽起打倒陶铸的狂潮，最后置陶铸于死地。

她煽动“红卫兵小将”:“怎么不能把彭德怀揪出来呀?”结果彭德怀受到残酷迫害,1974年死于狱中。

她给刘少奇横加上“大叛徒、大内奸、大工贼、大反革命、大特务”的罪名。给刘少奇夫人王光美加上“美国战略特务”的罪名,制造了中共历史上最大的冤狱。

她居心极为险恶,利用“伍豪事件”,利用“批林批孔”,利用“评水浒”企图整倒周恩来,为篡夺最高权力扫除障碍。

她和林彪一伙勾结作恶,林彪集团垮台后,又把自己扮成“反林英雄”。

1969年4月,中国共产党第九次全国代表大会召开,江青进人中央政治局,达到她一生权位的顶峰。

“九大”以后,“中央文革”散伙,1970年中共中央决定成立中央组织宣传组,由于组长康生称病不出,江青实际控制了中央组织宣传大权。

她要提高自己的“国际知名度”。她会见美国历史学家维特克,要这位洋人为她写一本传记。她和维特克长谈了一周,每次谈话五六个小时,有时达七八个小时,把自己大大吹嘘了一番,然后告诉这位美国学者:“我希望你走斯诺的道路。”1973年,维特克出版《江青同志》一书(后来译为《红都女皇》),在西方畅销,首次印刷,即达3.5万册,许多西方报刊加入转载,一时间,江青成了西方引人注目的人物。

不过,毛泽东得知后,大为震怒。从此,毛泽东对江青越来越不满。

“文革”开始不久,毛泽东和江青就不住在一起了。毛泽东离开丰泽园,住进人们通称的“游泳池”。它位于中南海怀仁堂东侧,是用《毛泽东选集》的稿费兴建的,游泳池分室内室外两个。室内游泳池之侧,一间不大的卧室,另有一间大厅,是毛泽东的书房兼客厅。毛泽东在这里住了十年,直到唐山大地震。江青则住进钓鱼台国宾馆,她占据11号楼。从此,“11楼”就成为江青的代号。

开始分居,毛泽东说是“为了避嫌”,后来,不再是避嫌,而赋予了实在的意义。

从高度信任到十分反感,毛泽东对江青的态度何以有此变化?

其中的因素,说来很复杂。江青在十年动乱中野心极度膨胀,飞扬跋扈,横行无忌,祸国殃民的罪行罄竹难书,已成为千夫所指的人物。她心胸狭隘,报复心极强,浅薄无知又狂妄自大,目空一切,任性,喜欢自吹自擂,说起话来没遮没拦,吹起牛来没完没了,这些都不能不令毛泽东深感失望。她又常打着毛泽东的旗号胡作非为,以致毛泽东不得不申明“她并不代表我,她只代表她自己。”

特别是中共“十大”后,江青的地位得到加强,她和王洪文、张春桥、姚文元结成“四人帮”,处心积虑地想窃取最高权力,这使考虑任何问题都是从全国人民利益出发的毛泽东不能不有所忧虑。他深知如果让江青来掌握最高权力将会出现怎样的恶果,因此,必须对江青加以限制。

况且,这时江青对毛泽东的感情已很淡薄,对毛泽东的病情,也不关心,这不能不令毛泽东伤心。

1972年1月，毛泽东突然休克一次。抢救过来以后，周恩来、汪东兴问："是否把刚才的情况告诉江青？"毛答："不要告诉她，告诉只会添麻烦。"

1973年，江青向毛泽东要钱，毛泽东从稿费里给了她3万元，江青走后，毛泽东流着眼泪说："她看我身体不行了，为自己准备后路，要夺我的遗产稿费了。"

"文革"最后几年，江青要见毛泽东，需向中央办公厅提出申请，得到毛泽东许可，方能见面。1974年3月20日。江青求见，便遭拒绝，毛泽东派人送给江青一信。

江青：

不见还好些。过去多年同你谈的话，你有好些不执行，多见何益？有马列书在，有我的书在，你就是不研究。我重病在身，八十一了，也不体谅。你有大权，我死了，看你怎么办？你也是个大事不讨论，小事天天送的人。请你考虑。

毛泽东

七四年三月二十日

"九·一三"事件后，为了党和国家的前途，毛泽东开始起用邓小平。1974年周恩来病重，在毛泽东支持下，邓小平主持中央日常工作。江青一伙对此十分恼火，千方百计排挤打击邓小平。

全国四届人大召开在即，江青一伙积极活动，企图实现组阁阴谋。江青借"风庆轮"事件，在1974年10月的政治局会议上，攻击周恩来、邓小平，又派王洪文去长沙向毛泽东告状，以阻止邓小平出任国务院第一副总理，江青又直接写信给毛，公开索要组阁权力。她的如意算盘是：王洪文当委员长、张春桥当总理，她自己做中央主席，党羽亲信则分据要津。

毛泽东挫败了江青的组阁阴谋。他在江青的信上指示：

"不要多露面，不要批文件；不要由你组阁（当后台老板）。你积怨甚多，要团结多数，至嘱。"

同时，在政治局会议上，毛泽东严厉批评了"四人帮"。

邓小平主持中央工作，大刀阔斧地对各方面进行整顿。整顿的结果必然导致对"文革"左倾错误的系统纠正，这是毛泽东不允许的。1975年11月，毛泽东发动"批邓、反击右倾翻案风"，处境不利的江青又看到了柳暗花明。

她以更加疯狂的行动大肆诬蔑邓小平，同时也把矛头指向周恩来。

1976年1月，周恩来逝世，江青们狂喜。她恶狠狠地说："死了也要和你斗到底！"

已经持续近十年的"文化大革命"给各族人民带来深重的灾难，激起广大干部和群众愈来愈大的憎恶。人们把恢复社会秩序和党的正确路线的希望寄托于周恩来、邓小平等老一辈无产阶级革命家身上。但他们却受到不公正的对待，邓小平的整顿，使人民看到了希望，但"批邓、反击右倾翻案风"一起，他又被打了下来，人民的希望破灭了。

人民群众的强烈怒火，终于在1976年清明节前后像火山一样爆发出来，人民称它为“四五运动”。它鲜明地表现了人心向背，为粉碎“四人帮”奠定了群众基础。

但是，毛泽东又犯了一次历史性的错误。他根据江青、毛远新们的歪曲报告，把“四五运动”定性为“反革命政治事件”，用暴力镇压下去。

同时，毛泽东作了两项决定，一是任命华国锋为中共中央第一副主席和国务院总理，二是撤销邓小平党内外一切职务，保留党籍，以观后效。

江青一伙狂喜，以为“从此天下大定。”

“四五运动”后，毛泽东愈见衰老。1976年6月初，毛泽东突然心肌梗塞，经全力抢救，才脱离险境。

大抵自知来日不多，1976年6月15日，毛泽东召见华国锋、江青、王洪文、张春桥、姚文元、王海容等，作了临终嘱咐式的谈话：

“人生七十古来稀”，我八十多了，人老总想后事。中国有句古话叫盖棺定论。我虽未盖棺也快了，总可以定论吧！我一生干了两件事，一是与蒋介石斗了那么几十年，把他赶到那么几个海岛上去了，抗战八年，把日本人请回老家去了。对这些事持异议的人不多，只有那么几个人，在我耳边叽叽喳喳，无非要我及早收回那几个海岛罢了。另一件事你们都知道，就是发动了文化大革命。这事拥护的人不多，反对的人不少。这两件事没有完。这笔遗产得交给下一代。怎么交？和平交不成就动荡中交，搞不好就得血雨腥风了。你们怎么办，只有天知道。

从这个临终式的谈话来看，邓小平再次被打倒之后，毛泽东又恢复了对江青的信任，他显然期望华国锋、江青团结起来，把他一生中未完成的大事——“文化大革命”继续推向前去。

1976年9月9日，毛泽东与世长辞。

江青一伙加快了篡党夺权的步伐。

1976年10月6日，距毛泽东逝世不到一个月，华国锋、叶剑英、汪东兴等便采取果断措施，对江青、王洪文、张春桥、姚文元实行“隔离审查”。

从此江青退出历史舞台，她成了反革命集团首犯。

1981年1月25日，最高人民法院特别法庭最后一次开庭，对林彪、江青两个反革命集团十名主犯作出终审判决。

关于江青的犯罪事实和应负的刑事责任。判决书上是这么写的：

被告人江青，以推翻人民民主专政为目的，为首组织、领导反革命集团，是反革命集团案的主犯。江青诬陷迫害中华人民共和国主席刘少奇。一九六七年七月，江青伙同康生、陈伯达作出决定，对刘少奇进行人身迫害，从此剥夺了他的行动自由。自一九六七年五月开始，江青直接控制“刘少奇、王光美专案组”，伙同康生、谢富治指挥专案组对被逮捕关押的人员进行逼供，制造诬陷刘少奇是“叛徒”、“特务”、“反革命”的伪证。一九六七年，江青为了制造迫害刘少奇的伪证，决定逮捕关押杨一辰、杨承祚、王广恩和郝苗等十一人。在杨承祚病危期间，江青决定对他“突击审讯”，使杨承祚被迫害致死。江青指挥的专案组也使得王广恩被迫害致死。江青伙同谢富治指使对病势危重的张重一多次进行逼供,致使他在一次逼供后仅二小时即死去。江青伙同康生、谢富治等人指使专案组对丁觉群、孟用潜进行逼供,制造伪证,诬陷刘少奇是"叛徒"。由于江青等人的诬陷,致使刘少奇遭受监禁,被迫害致死。

一九六八年七月二十一日,江青伙同康生密谋诬陷中共第八届中央委员会委员和候补委员八十八人是"叛徒"、"特务"、"里通外国分子"。

一九六六年至一九七〇年,江青在各种会议上,点名诬陷中共第八届中央委员会委员、候补委员二十四人,使他们一一受到迫害。

一九六六年十二月十四日,江青点名诬陷张霖之,使他被非法关押,并被打成重伤致死。同年十二月二十七日,江青诬陷全国劳动模范、北京市清洁工人时传祥是"工贼",使时传祥遭受严重摧残,被折磨致死。

一九六六年十月,江青勾结叶群、指使江腾蛟在上海非法搜查了郑君里等五人的家,致使他们受到人身迫害。一九七六年,江青伙同张春桥、姚文元、王洪文在全国制造新的动乱。同年三月,江青在对十二个省、自治区负责人的一次谈话中,点名诬陷中央和地方的一批领导干部。

江青是林彪、江青反革命集团的首要分子。江青对她所组织、领导的反革命集团在十年动乱中危害中华人民共和国、颠覆政府、残害人民的罪行,都负有直接或间接的责任。

被告人江青犯有《中华人民共和国刑法》第九十八条组织、领导反革命集团罪,第九十二条阴谋颠覆政府罪,第一百零八条反革命宣传煽动罪,第一百三十八条诬告陷害罪,对国家和人民危害特别严重,情节特别恶劣。

据此,判处江青死刑,缓期两年执行,剥夺政治权利终身。

1983 年 1 月 25 日,江青改判无期徒刑,理由是"没有以极端方式抗拒劳动改造。"

1984 年 5 月 4 日,70 岁的江青身体多病,保外就医。

1991 年 5 月 14 日凌晨,江青自杀于保外就医的居住地,终年 77 岁。

1973 年,江青通过张玉风向毛泽东要钱时,曾说过:"将来我是准备杀头、坐牢的,这个我不怕。也可能不死不活地养着,这个难些。"

1991 年,她已被捕 15 个年头,"胜利"的希望绝灭了,而她最担心的"不死不活地养着"真的成了现实,她厌倦了,终于横下心来,早早结束已是迟暮年的生命。

雨花石·逆境忠贞·疾风劲草

——刘少奇的三位夫人

(一)何宝珍

她是刘少奇的结发妻。

毛泽东引她走上革命路。

她用鲜血染红了南京雨花台。

何宝珍是刘少奇的结发妻。她生于1902年,比刘少奇小4岁。牺牲于1934年,生命短促,只有32个春秋,但却是闪光的一生。刘少奇称赞她是"女党员中之杰出者"。她的死,是比泰山还重的。

她曾名葆珍、葆真。姐弟三人,幼年失母。父亲是个在城关镇上做小买卖维持生计的潦倒秀才。由于家境贫寒,宝珍幼年时就给人家当童养媳,常由婆婆带着她到地主家当佣工。

何宝珍年龄稍大一些以后,地主要她陪着小姐到私塾念书,后来又到县立国民小学伴读,实际上是当小姐的贴身丫环。由于何宝珍聪敏好学,老师十分喜爱,准许她和正式学生一同上课。小学毕业后,她以优异成绩考取县立师范,但是地主强迫何宝珍把考取的成绩,让给自己名落孙山的女儿。后来得到老师的帮助和资助,何宝珍终于冲破地主的阻挠,于1917年考入衡阳省立第三女子师范学校。

1919年初夏的湖南衡阳,"五四"爱国运动的强大冲击波,从北京传来。衡阳爱国学生的满腔热情沸腾了!夏明翰、蒋先云等学生领袖积极筹划,准备在衡阳雁峰寺召开大会,声援北京学生的反帝爱国斗争,并在会后举行示威游行。

可是,衡阳第三女子师范学校的校长,却贴出布告,不准学生参加大会,并紧锁校门,禁止学生出入。女学生的爱国热情受到压抑,都很生气。

这时,一位女学生气愤地对大家说:"当今之世,已不是校长横行霸道之时,爱国者,站起来!"

这个大声疾呼的女学生就是何宝珍。

在学校,她是深受老师和同学信任与赞赏的学生。如今她振臂一呼,同学们深受鼓舞,于是积极串连,暗中行动起来了,每人准备了一面小三角旗,写上"拒绝巴黎和约"、"惩办卖国贼"等口号。何宝珍所在班级留有辫子的同学都剪下发辫,一律短发。到了预定开会的那一天,一声号令,同学们一齐越墙而出,到校外集合成列,参加了雁峰寺的大会。这时何宝珍已经是第三女师学生运动的领袖之一，后来被选为出席湖南学生联合会的代表。

1921年底和1922年初，中共湘区委员会书记毛泽东，曾到衡阳开展建党建团工作。何宝珍曾多次听过毛泽东的讲话。经过党组织负责人张秋人的介绍，1922年初，何宝珍加入共青团，成为第三女师团组织的负责人之一。

这一年，她团结同学开展了反对校长欧阳骏的斗争，尖锐揭露欧阳骏治校无方和贪污腐化的丑行。欧阳骏与姓蒋的地主相勾结，以违反封建礼法的罪名，把何宝珍监禁起来，不准出校。由于得到张秋人、朱舜华的帮助，她才得以逃出。欧阳骏变本加厉，又宣布开除何宝珍等几个同学的学籍，以解心头之恨。何宝珍走投无路，无家可归了。这时，张秋人再次帮助她。她乘船到了长沙，住在清水塘毛泽东和杨开慧家里。在这里，，她受到毛泽东、何叔衡、刘少奇等人的直接教导。她用的何葆真的名字，就是毛泽东给她改的。她曾进入毛泽东创办的湖南自修大学学习。毕业后，中共湘区委员会（湖南省委）分配她到安源，在路矿工人俱乐部子弟学校当教员。1923年初，她加入中国共产党。

何宝珍工作认真，待人热情，安源工人都很尊敬她、喜欢她。当时刘少奇正在安源领导工人运动，在共同的奋斗中，俩人相爱了。

1923年4月中旬的一天，刘少奇、何宝珍的婚礼在安源工人俱乐部举行，朴实的安源工人纷纷来为他们贺喜。婚礼简朴又热闹，一改种种旧俗，不办酒席，不收彩礼，不拜天地，只开了个欢快的茶话会，这在安源路矿工人中一时传为佳话。这一年，刘少奇25岁，何宝珍21岁。

何宝珍善于教学，也善于从事社会调查。这一时期，她写了《宁乡县城的鬼迷社会》、《妇女教育与社会改造》等文章，痛斥当时社会是“黑暗龌龊的社会”，抨击当时的政治是“恶性腐败的政治”，明确提出“夺取政权的问题总是不可免”的卓越见解。

1924年夏，何宝珍生了个可爱的男孩，刘少奇为婴儿取名刘葆华（取永葆青春年华之意），这便是刘少奇的长子，后来改名刘允斌。

这年底，刘少奇接到上级通知，要他们夫妻到已经实现了国共合作的广州工作，去筹备第二次全国劳动大会，开展工人运动，支援国民革命。

大革命高潮即将掀起，前途充满风浪，刘少奇夫妻二人带着孩子实在不便。正巧，刘少奇的哥哥刘云庭从长沙来到安源，便把不到周岁的小葆华带回家乡抚养。

此后，刘少奇夫妻东奔西忙，根本顾不上孩子。这中间，除了1925年冬乘刘少奇回家乡养病期间看望过儿子以外，十几年中，父子母子天各一方。直到1938年夏，14岁的葆华才被护送到延安，来到父亲身边。这时，何宝珍已经牺牲4年了。

1925年到1932年间，她随同刘少奇先后在上海、长沙、广州、武汉、天津、沈阳、哈尔滨等城市工作，时南时北，到处奔波，当过交通联络员，住过党的机关，守过店铺，与各阶层人物接触，进行各种形式的斗争。刘少奇1925年和1929年在长沙和沈阳两次被捕后，何宝珍都曾在党的领导下，积极参加营救活动。1932年冬，刘少奇从上海到江西中央苏区工作，党组织把何宝珍留在上海，担任互济总会营救部部长，化名王芬芳，用教师身份作掩护，四处奔走，争取社会力量，利用各种关系，千方百计营救被捕同志。

她的活动引起了敌人的注意。罪恶的黑网，已经向她张开。

1933年3月底的一天，敌人突然包围了何宝珍的住所。仓促之间，何宝珍急忙把身边年仅3岁的儿子毛毛（允若）推到邻居大嫂怀里，然后从容应付敌人。敌人逮捕了她，但没有弄清她的真正身份，只判了她15年徒刑。

她被押在南京宪兵司令部牢房里，可她并没有停止革命活动。一天，一个同志路过何宝珍所在牢房，从窗孔塞进一个小纸条，何宝珍还没有来得及看，就听见牢门外面看守在嚷嚷拿号子（牢房）钥匙。何宝珍急中生智，忙把纸条丢进空便桶，叫同牢房黄海明的娃娃坐在便桶上，何宝珍若无其事地唱着歌，装作逗孩子玩。看守走了以后，她才把纸条取出，按纸条上的要求，安全转送给男牢。

后来，她被转到南京"模范监狱"女监，这里关押着近30名所谓女政治犯。与她同住三号牢房的是耿建华、帅孟奇、夏之栩。在宪兵司令部牢房里，难友们都亲切地称她为"大姐"。可是如今在三号号子里，数她年龄小，所以被亲昵地叫做"小大姐"。

她性情爽朗活泼，爱说爱笑爱唱，身在囹圄之中，却非常乐观，常给难友们唱歌，还把旧戏曲调填上新词，唱给大家听。她给姐妹们带来了欢乐，打破了牢狱的沉闷。

她非常关心体贴同志。同牢中有的同志行动不方便，她就抢着多干活，洗碗、提水、倒便桶，并乘机向别的号子中的难友打听消息，为同志们排难解疑，做看守的工作等。她这种乐天派的性格，深受同志们的喜爱。

她积极参加难友们为改善狱中生活条件进行的绝食斗争。有一次，为营救同狱中赤色职工国际派来中国支援革命的牛兰夫妇，政治犯集体绝食7天，终于取得了胜利，当局不得不开释牛兰夫妇。经过斗争，监内情况也有不少改善。

斗争中，何宝珍总是大胆、机智、临危不乱。一次监狱当局突然对政治犯号子进行搜查，由于突如其来，未作防备，敌人在帅孟奇铺板上搜出了刚起草了开头的一份职工运动报告。帅孟奇本来是装作不识字的，何宝珍便把事情揽在自己身上，她机智地说，自己当过老师，现在正教她们抄书识字。敌人把狱中的《世界知识》杂志仔细查看一番，见报告开头所写有关世界工运发展史的一段内容，的确是从杂志上抄下来的，便也无话可说，只把帅孟奇打了一顿了事。

然而，在狱中她也有深沉的忧伤。她挂念着自己三个幼小的孩子。长子允斌一岁多就送到了湖南老家。女儿爱琴刚出生几个月，正逢大革命失败，不得不把她托给奶妈。如今小儿子也离开了她。孩子们现在怎么样了？想起孩子，何宝珍不禁流下了眼泪。

她多么盼望能见到孩子们啊！但是，作为一个母亲，这最起码的一点要求，却永远无法实现了。

1934年秋,由于互济会一个叛徒的出卖,何宝珍的身份暴露了。敌人用尽毒刑,逼问她丈夫在哪里,却一无所获,便以死相威胁。她冷笑着回答:"要口供,没有;要命,有一条。请吧!革命者是杀不尽的。"深秋的一个清晨,她英勇就义,鲜血洒在晶莹的雨花石上。

消息传到狱中,姐妹们都哭了,人们深深怀念着她。刘少奇称赞她"英勇坚决,为女党员中之杰出者",并于1951年冬,同王光美到雨花台,悼念牺牲的先烈。她牺牲后的第四年,在周恩来的关怀下,经党组织的努力,找到了她那已沦为童养媳的女儿爱琴,又从湖南接出允斌,先后送延安和苏联学习。她最挂心的允若也于1946年找到了,多年来他流落在上海、苏北卖报,当学徒。在党的培养下,他们都已长大成才,可以告慰血染山石的慈母了。

(二)谢 飞

十四岁成了职业革命家。

她因江水阻隔和刘少奇失去联系。

她因为说实话成了"彭德怀式的人物"。

她拒绝为诬陷刘少奇提供伪证。

1913年2月3日,海南岛文昌县湖山区茶园村一个农民家庭生下了一个女孩子,父亲给她取了好听的名字;琼香。她就是谢飞——1935年在陕北和刘少奇结婚时改的名字。她从小性格开朗、倔强,6岁就主动帮家里干活,放牛割草。7岁时,她成了茶园村大宗小学惟一的女学生。

后来,她又就读于海口市海南公学。这是一所进步学校.校长和教务长都是共产党员。老师们常向学生传播革命思想。琼香在这里受到革命的启蒙教育,幼小的心灵种下了反帝反封建的种子。她曾作了一篇作文,题目叫《中国茶叶之盛》。老师看了以后非常赞赏,说文中充满了中华民族的自豪感和反帝信心。

1926年,小琼香考入了海南第六师范学校。当时正值国共合作,北伐的浪潮冲击着摇摇欲坠的反动军阀统治,国民革命军也打到了海南岛,盘踞在海南的大军阀邓本殷被消灭。共产党领导的反帝大同盟、妇女解放协会、学生会等群众组织非常活跃,经常组织各种活动。琼香就是这些活动的积极分子。1927年2月,14岁的琼香加入了中国共产主义青年团。

蒋介石发动"四·一二"反革命政变后,琼香回到了家乡。当时,在县委和区委的领导下,农村的革命力量迅速发展,各种革命团体相继建立,她三哥是区委委员和武装队长。男青年除参加农会外,有不少人参加农军,琼香和她的三个哥哥都是农军战士,她全家也都加入了农会。妇女除参加农会外,还参加妇女协会,也有的成了农军战士。小小的琼香当上了区妇女会主任。她利用村里的祠堂办起了平民妇女班,在课堂上讲革命道理,宣传妇女解放和男女平等。逢上区或乡里开大会,她还大胆上台演讲。乡亲们很爱听她讲话,都说:"别看琼香人小,道理还幢得不少!”

1927年8月,琼香由共青团员转为中共党员。这年年底,广州起义失败了。此后,广东形势愈加险恶。琼香的家乡被反动派占领,她全家都受到反动派的通缉。琼香转移到当时广东省委的所在地香港,从此,她走上了职业革命家的道路。

到香港后,琼香成了一位姓宋的女同志的“表妹”,她在家干家务。这个“家”实际上是广东省委的开会地点。琼香的真正任务是站岗、放哨,保护机关安全。她年龄虽小,却聪颖机敏。秘密机关一直隐蔽得很好,从没出过岔子。

1929年初,由于工作需要,琼香被调到中国共产党南洋临时委员会。

新加坡近郊的一所草房里,出现了一个由五个素不相识的人组成的“特殊家庭”。琼香的公开身份是户主老邢的妹妹,她还有一个“表弟”叫阿富,会讲一口流利的马来语,熟悉当地风俗人情。对外的许多事都靠他俩出面应筹。这个“家庭”实际上是中共南洋临委的秘密印刷所,在华侨中影响很大的《南洋工人报》就是在这里印刷的。在这里工作,不仅随时有被捕的危险,而且生活条件十分艰苦。机关的费用除了依靠党员的党费外,再也没有其它来源,因而每人只能维持最低的生活标准,每天两顿最简单的饭菜,没有油、没有肉,更没有零用钱。有个时期,党费一时收不上来,印刷所断绝了经济来源,连续四天没有饭吃,只靠喝一点水坚持着工作。到第四天,阿富跑到附近一家咖啡馆,赊购了一点咖啡和花生米,每人分了几粒,才坚持下来。

琼香1932年1月回国。两年后,她被分配到江西中央苏区国家政治保卫局工作。不久,由于第五次反围剿的失败,中央红军开始了大转移。

经过严格挑选,琼香成了30名被允许参加长征的女战士之一。她所在的卫生队是一个由知识分子和老弱病残组成的集体。徐特立、董必武、成仿吾等同志,都在这个特殊连队。他们要克服更大的困难才能跟随大部队前进。女战士们还要负责找向导、请民夫照顾伤病员。

过大渡河时,由于过度劳累加气候不适,琼香掉队了。但她硬是咬着牙,一步一步往前挪。过铁索桥了,她感觉浑身发烫、头晕目眩。她手抓铁索、冒着随时可能因晕眩而跌入湍流的危险,一步一步地爬了过去。等她赶上部队时,已经是宿营两个多小时之后了。

第二天,她发高烧,只好把背包交给民夫,自己拄着棍子跟随部队前进。不料中途遇敌机轰炸,民夫不见了,她的背包也丢失了。寒冷的夜晚,战士们头顶蓝天露宿。对于疾病未愈又丢失了御寒衣物的琼香来说,夜晚成了最难捱的时刻。贺子珍有一条毛毯,常让琼香与她挤在一起。但是贺子珍刚负过伤,毛毯又小,琼香怕碰到她的伤口,总是不肯。

过草地时,气候变化无常,大家的衣服湿了干、干了湿,没有好受的时候。最危险的是脚下的泥淖,不小心踩偏了,就会陷进去,随时有被吞没的危险。不少人带的干粮吃完了,只好啃皮带,嚼草根。

琼香和女同伴们,凭着顽强的意志、惊人的毅力和高度的革命乐观主义精神,顽强地坚持下来。

就这样,她们一步步走完了万里征程。

中央红军胜利到达陕北以后,琼香和刘少奇结婚,改名谢飞。

两个月之后,她随刘少奇秘密到达当时中共北方局的所在地天津从事地下工作。刘少奇担任北方局书记。和他们在一起的还有北方局的其他负责人彭真、林枫等。

在斗争实践中,谢飞深深感到革命理论的重要。她申请到延安中央党校和马列学院学习革命理论,得到批准。两年内,她学习了哲学、政治经济学、国际共运史、党的建设等课程。1939 年 4 月,当谢飞穿上新四军军装奔赴抗日前线的时候,已经是一个相当精明干练的女干部了。她曾在鄂豫皖区党委与郑位三、张劲夫一起工作。此后,她又到了皖南新四军军部,与刘少奇、叶挺等战斗在一起。

一次,谢飞坐小船渡过长江去执行任务。到了苏南地区,由于敌人扫荡,交通断绝,她被滚滚长江隔在南岸,无法回返,失去了与刘少奇的联系。当时已是抗日战争后期,苏南地区正需要干部,谢飞就留下来,担任了中共余上(余姚与上虞两个县)县委书记兼独立营政委。因为营长有病,部队实际由谢飞指挥。

谢飞领导着这支近 600 人的部队,先后与日寇和伪军战斗 20 余次,经常打胜仗,最多的一次歼敌 300 多人,缴获 50 多支枪。每次战斗.她都和战士们一起冲锋陷阵。她身穿新四军的灰制服,腰挎驳壳枪,英姿飒爽,当地群众都亲切地称她为"谢团长"。

抗日战争胜利后,谢飞领导的独立营编入新四军浙东纵队,后改编为第二十军,她本人则留在华东局,任妇联常委兼组织部长。

1949 年 4 月,谢飞来到已经和平解放的北平,在刘澜涛领导的华北革命大学任三部副主任。这一年的 10 月 1 日,她和她的战友们一起来到天安门广场参加了开国大典,她亲眼看到广场上升起了第一面五星红旗,亲眼看到自己为之奋斗多年的美好理想成了活生生的现实。

解放后,离家二十余年的谢飞惦记着家乡的亲人,她多么想回去看一看啊!但是,紧张的建设、繁忙的工作使她脱不开身。她记起在海口市有一个同族人开的小旅店,于是就给旅店写了一封信,希望旅店能帮助自己找到亲人。

信寄出不久,果真接到了回信。得到的消息却使她心痛欲碎:父母亲由于贫病交加先后去世;大哥二哥被反动派抓走,死在监牢里;三哥谢冠洲担任中共文昌县委书记时,不幸受到王明路线的迫害,蒙冤而死;她的姑姑、嫂嫂、姐姐、姐夫等十余位亲人都先后惨遭反动派的迫害和屠杀。家里的房子被反动派烧了三次,早已荡然无存。

她沉浸在万分悲痛之中。但她很快擦干了眼泪,投身到建设新中国的事业中。她知道怎样做才对得起死去的亲人。

1950 年,中国人民大学组建,谢飞担任专修科主任。谢飞深深感到,要建设好自己的国家,光靠革命战争时期的那套经验是不行的,此时,知识显得更加重要。她不甘心当外行，一面担任领导职务，一面刻苦学习文化，上夜大学。后来，她看到国家需要法律人才，便决定报考法律系研究生。当时有人劝她："都三十七八了，还上什么学？"还有人说："如果考不上，看你的脸往哪儿搁。"

谢飞并没动摇，她认为自己有一定的政治理论素养，学法律有便利条件，用战争年代的顽强精神，没有攻不下的堡垒，经过刻苦攻读，1952年，她考取了中国人民大学法律系研究生，主修法理和宪法，还选修了国际法、语言学等。搞了几十年革命，她又重新做了一名学生。她刻苦钻研，每一门学习成绩都是优良。

4年后，这位法律系的研究生担任了中央政法干部学校的副校长，负责教学工作。除了审查教学大纲，她还亲自写讲稿、给学生上课，成了一名懂业务的领导干部。

1959年，谢飞去广东开会，顺便回到阔别31年的家乡。当时正值困难时期，家乡群众生活很苦，每人每天只有三两至半斤口粮，许多人面黄肌瘦。谢飞看到后心里十分难过。家乡人民曾为革命流血牺牲，付出了沉重的代价，盼的就是能过上好日子。可如今，他们的生活仍这般艰苦，怎能不叫这个海南女儿伤心呢？

回到招待所，她对秘书讲了自己的看法。她说，海南人民生活苦，主要是领导的责任。这里自然条件好，土地肥沃，只要领导得好，生产一定会上去的！

没想到这些话成了她反对三面红旗的罪状。回到北京不久，秘书贴出小字报揭发她。紧接着各种大帽子接踵而来，她成了右倾典型、"彭德怀式的人物"。

以后，她不能再管教学工作，只能管养猪等杂事了。然而，比起她在十年内乱期间的遭遇，1959年的这一点挫折便算不上什么了。

1968年3月的一天深夜，一辆警车秘密开到谢飞家门口，几个军人打扮的壮汉闯进卧室，把她押上警车。警车行驶了一个多小时，来到一个拘留所。经过搜身之后，她被关进牢房。

原来，"刘少奇问题专案组"为了诬陷刘少奇，捏造了刘少奇在北方局工作期间被国民党逮捕，写了自首书叛变的谎言。这一时期谢飞正好跟刘少奇在一起，他们想让她成为诬陷刘少奇的活证人。

谢飞虽然在1940年就与刘少奇分开了。但他们之间并没有什么个人恩怨。谢飞没有发现刘少奇被捕过，因而一直坚持叙述当时的实际情况，不肯按这些人的要求提供证词。诱供、逼供都没有得逞，专案人员就用法西斯手段折磨谢飞，对她采取车轮战术。不让吃饭、不让睡觉，甚至连厕所也不让去，一审就是十几个小时。

这样前前后后审问了200多次，得到的仍是那几句话：当时刘少奇没有被捕过，更没有叛变革命。

谢飞与刘少奇一起生活总共不到6年的时间，却因此坐了近六年监狱，在狱中受尽折磨。

在监狱关押期间，正是冬天，屋里既无炉子又无暖气，只有一条破被和一条破毯，监狱里的伙食也非常坏，一日两餐，两个小窝头。夜里睡在冰冷的水泥地上，冻饿难耐。

面对非人的折磨，谢飞进行了合法斗争。不仅据理力争，还两次绝食，终于使监狱对她的待遇好了一些。

几年监狱生活的折磨，使谢飞瘦得皮包骨头。后来，由于周恩来的指示，“四人帮”的爪牙才迫不得已于1973年国庆节前释放了谢飞。出狱后不久，她又被下放到北京郊区的“干校”劳动。当她得知是因为周恩来亲自过问重见天日时，激动得流下了眼泪。

“四害”横行的岁月结束以后，谢飞才真正在政治上翻了身，重新焕发了青春。她又担任了中央政法干部学校（后改为中央人民公安学校）副校长。她虽然年迈体弱，仍积极投入各项工作，经常带领学员外出参观学习，对他们进行革命传统教育。

现在，谢飞已退居二线，不再担任公安大学领导职务，但仍是全国矽协委员，公安部咨询委员，中国法学会理事和北京市法学会副会长。她晚年的生活很幸福，她现在和养子谢冰一家生活在一起。每天除了撰写回忆文章外，还经常参加各种会议，生活的弦绷得很紧。她最大的愿望，就是利用有限的时间，多为党做点工作。

（三）王光美

她是军调部中共方面的女翻译。

她以共和国主席夫人身份出访，引起江青嫉妒。

蒯大富导演“智擒王光美”丑剧。

江青说她是“美国战略情报特务”，林彪主张判她死刑。

她和刘少奇在批斗会上诀别。她在“文革”中坐牢时间最长。

王光美祖籍天津。1921年9月出生于北京。

王光美的父亲叫王治昌，号槐青。早年留学日本，是著名的早稻田大学商科毕业生。他在日本留学期间，为解决读书经费，一边上大学一边在一所基督教青年会办的补习学校教英语，是一名勤工俭学的穷学生。回国后，在天津女子师范学院教书，以后又在政界担任过相当于部长一级的职务。

王光美的母亲叫董洁如，毕业于天津女子师范学院。她开明，进步，持家有条有理，教育子女亦很得法，她一共生育了8个儿女，3个男孩，5个女孩，王光美是女儿中最大的。董洁如不愧为贤妻良母，她不仅对亲生儿女疼爱有加，对王槐青前妻所生的三个儿子，也关怀得无微不至。王光美回忆说：“前面三个哥哥，我们小时有许多年，一直不知道他们与我们是同父异母。我母亲对他们视同己出，从来没有说过他们不是自己的亲生儿子。大哥死后（30多岁时因病去世），母亲很悲痛，因而大哥在我们弟妹中永远占据一个位置。我们11个兄妹，只有二哥、三哥是留洋的，下面的8个都没有出国留学，而这8个恰恰是我母亲亲生的。可见我母亲刻意培养非她亲生的儿子，她关心他们比关心我们更深更切。”

王家堪称革命家庭。三哥王光超,抗日战争中冒着生命危险向解放区输送大量药品和医疗器材;四哥王光杰,是王家中最早的中共党员,抗战中在敌占区设秘密电台,为延安输送情报.获"特等功臣"称号,新中国成立后,担任过电子工业部副部长、六哥王光英,人们较熟悉,现任全国人大常委会副委员长。王光美的4个妹妹,都是中共党员,都担负着重要的领导工作,

这样的家庭环境,给予王光美的影响,是可想而知的,她在学生时代,就参加共产党领导的地下活动,可以说有深刻的家庭背景。

王光美出生的那年正是中国共产党刚在上海成立之时。她在北京著名的实验二小读完六年小学后,考人北平师大附中读中学。1937年7月7日"卢沟桥事变"后,便在家自修,1939年考取辅仁大学物理系,1943年大学毕业后在研究生院读了两年研究生,获硕士学位。1945年TCt任大学助教,指导学生习作论文。

王光美的学生时代,正是"九·一八"、"七七"事变日本发动全面侵华的时候。国难当头,时局剧变,民族危亡促使每个爱国的中国人去考虑国家和民族的前途与命运,时代的浪潮冲击着每个青年学生火热的心。当"我的家在东北松花江上"那低祝悲壮的歌声和威武雄壮的"义勇军进行曲"飘荡在城乡上下、学校校园而催人泪下时,更激励起人们为保卫中华民族、保卫国家、保卫家乡去勇敢战斗。王光美就是这些热血青年之一。

王光美在学校读书时,追求进步和革命,成绩优异,能说一口流利的英语。她在读大学期间,曾在北平地下党负责人崔月犁(革命后曾任卫生部长)、刘仁(建国后曾任北京市委书记)的领导下从事革命工作。

抗日战争胜利后,蒋介石国民党政府玩弄假和平真内战的阴谋。1946年1月10日,中国共产党代表同国民党政府代表正式签订停战协定。根据协定,在北平设立由国民党政府、共产党和美国政府各一名代表组成的军事调处执行部,负责监督执行停战协定。执行部下设若干军事调处执行小组,分赴各冲突地点进行调处。停战协定的签订和实施,在当时对于国民党军队的调动和向解放区的进攻,是一种限制,因而有利于人民。但国民党方面在美国授意下,在实际贯彻实施协定中没有按停战协定办事。军事调处执行部组成之初,刚走出大学校门不久,年仅24岁的王光美由北平地下党推荐,担任了由叶剑英、罗瑞卿、李克农领导的北平军事调处执行部中共代表团的英语翻译。在党组织的领导下,她出色地完成了这项任务。

1946年秋,国共两党和谈破裂,大规模的内战开始,国共和谈终止,王光美结束了在军事调处执行部的工作。因她的身份已经公开,为了她的人身安全,经中央批准,要她去解放区党中央所在地延安。1946年11月1日,王光美和宋平(当时在南京周恩来处工作,途经北平回延安汇报工作),还有一个美国人,同乘一架飞机赴延安。到延安后,安排她住中央军委驻地王家坪.分配在军委外事组工作。1947年春,担任周恩来等中央领导人的英语翻译。3月8日,她离开延安,去晋绥解放区参加土地改革运动,当时的土改团长是建国后曾任外交部副部长、驻波兰

大使的王炳南。王光美在参加了一年的土地改革后，1948 年春随外事组的同志来到河北平山县西柏坡，仍在外事组工作，负责编译《内部参考》。她根据时局的新变化，经过分析研究，常写文章并提供各种资料，供中央领导参考。这一年，王光美加入中国共产党。

王光美到延安不久，就认识了刘少奇。来西柏坡工作后，因工作关系接触刘少奇的机会更多。两人由于共同的革命理想和对未来美好生活的追求，1948 年 8 月，王光美和刘少奇在西伯坡结为终身伴侣。新婚的当天。既没举行隆重的婚礼，也没举行婚宴。但使人难忘的是，毛泽东、周恩来等中央领导及机关的同志们都到住处祝贺，一起品尝了由中央军委外事组的同志们亲手做的喜庆蛋糕。

王光美和刘少奇结婚之后，调中共中央办公厅工作，任刘少奇的政治秘书，她在这个岗位上默默工作了 18 年，直到 1966 年“文化大革命”受残酷迫害为止。

王光美和刘少奇，堪称夫妻的楷模，相亲相爱，甘苦共尝，夫妻间的生命已融为一体，不管什么样的狂风恶浪，斩不断夫妻间的眷恋深情。

刘少奇是中共中央副主席、中华人民共和国主席，工作之繁重可想而知。为使刘少奇专心致志处理党和国家大事，王光美从各个方面无微不至地对他关怀、体贴、照顾。刘少奇在长期紧张的工作中·形成了夜间工作的习惯，王光美就没有任何犹豫地调整自己的作息时间表，以适应刘少奇的需要。她日日夜夜朝夕陪伴着刘少奇，竭尽一切可能为他创造良好的工作环境。她不仅出色地完成政治秘书的本职工作，还亲自照料刘少奇的饮食起居。L959 年夏天庐山会议期间，刘少奇因过度劳累，刚一上床休息就晕倒了，以致从床上摔到地下，王光美心痛得流下眼泪，急忙喊来医生进行抢救。

18 年中，王光美和刘少奇几乎形影不离。她伴他通宵达旦地工作，她随他视察工厂、部队、农村、林区。在炎热的夏天，她和他一起，头带草帽，手拄木棒，艰难地跋涉在大小兴安岭林区的崎岖山路上，蚊蝇叮咬，树枝刺面，大雨倾盆，浑身汗透，她全然不顾。三年困难时期，她和他一样，粗衣布鞋，深入贫困农村调查研究，还和刘少奇一起，在湖南宁乡炭子冲贫穷的刘氏故乡生活了 43 天，住农舍，饮井水.睡门板.走访社员，体察民情。和社黑同吃同住同劳动，共同探索调整农村生产关系、调动农民积极性的途径。她和国家主席一起探望年过七十的胞姐，亲自征求她对公共食堂的意见。

她也曾几次身着旗袍，颈配项链，足登高跟皮鞋，肩挎精美提包，以共和国夫人的身份，随刘少奇访问印度尼西亚、巴基斯坦、缅甸、阿富汗等国，加深了第三世界国家对中国的了解，扩大了中国在国际上的影响。

王光美和刘少奇生育了 4 个儿女：儿子源源、女儿平平、亭亭、潇潇。刘少奇日理万机，王光美担起抚育子女的全部重担。她对子女的要求是严格的，不许他们特殊化，有高干子弟的优越感，要他们接触劳动群众，养成艰苦朴素的习惯。她要孩子们吃住在学校，要以平等的态度对待同学，要尊敬老师，要努力学习，靠自己的本领立世，不可依仗父亲的权力和地位。学校召开家长会，只要有时间王光美总是骑着自行车前去参加。

1959年,平平和源源在北京第二实验小学读书。有一次,王光美特意把老师请来,讲了对孩子管教的事,她说:"你们要把我们的孩子当作你们自己的孩子来管,不要迁就他们,不要因为是我们的孩子就可照顾,相反,应当更严格地要求他们。"

1965年夏天,王光美在河北新城县高镇进行"四清",刚刚15岁的平平,按刘少奇的吩咐,她自己买票,自己上车去新城看望妈妈。不要人护送照顾,也不通知新城方面去接她。由于平时受到锻炼,平平毫不畏缩。当她突然出现在王光美面前时,大家都非常惊讶。平平却很自豪地说:"我自己来的,谁也没送。我知道怎么买票,怎么坐火车了。"

源源年纪小,不能当兵。假期里,王光美和刘少奇就叫他去和哨兵一起站岗,学习解放军吃苦耐劳,严守纪律的作风。

因为平时受到锻炼,孩子们在"文化大革命"中因父母的厄运而受到株连、迫害时,都能坚强地挺过来,不被狂风吹倒,恶浪打翻。尤其是王光美惟一的亲生儿子刘源源,长大成人后的立身行事,十分令人敬佩,应当说,这其中有王光美和刘少奇的严格家教。

"文化大革命"爆发那年,刘源源只有14岁。一夜之间,他从"第二号高干子女"变成了"最大的黑帮子女",境遇一落千丈。他几乎每天在谩骂侮辱的夹道中行走,在呼啸的牛鞭下咬紧牙关,在铁窗的高栏里凝望寒冬枯枝,亲眼目睹了父母在造反派的拳打脚踢中生离死别,愚昧的孩子用残酷的手段致伤年仅7岁的小妹妹……

在山西雁北插队时,白天,刘源源用原始工具劳累一天,晚上,还要接受没完没了的批斗。终于,他那半麻木的神经忍受不住了。他狂怒地操起一把火钳,发疯般地跳到门口怒吼:"你们还有完没完?你们若不想叫我活下去,我就先跟你们拼了,出来一个我捅一个!"折磨他的人都被镇住了!

粉碎"四人帮",刘源源兴高采烈,但"两个凡是"的阴影仍笼罩头顶。1977年恢复高考,刘源源报名不准。他愤怒地说:"考分不够我无怨,不准报考我不服!"考分虽然超过北大录取分数线,但北大不敢收,北京师院不怕风险,录取了这个多灾多难的青年。

四年后刘源源从北京师院毕业,那已是1981年,刘少奇的冤案已经平反,饱尝牢狱之苦的王光美也早已回到北京。可以想见,母亲是多么渴望惟一的爱子留在身边啊!但是,她理解儿子的胸怀,破例地为儿子离开北京去"走门路"。北京师院毕业生只限北京分配,留在北京天经地义。但刘源源铭记父亲的教诲,他决心到农村去,到社会的最底层去,他申请去父亲冤死的河南。他来到新乡七里营公社,当了公社的"第十七把手"。

刘源源以他坦诚、苦干、开拓、务实的精神赢得了群众的信任。1983年,他以全票当选为新乡县副县长,1985年,又以全票当选为郑州市副市长,1988年,年仅

36 岁的刘源源，又被河南省人民代表直接提名为副省长候选人，并以全票当选！

提到“文革”和毛泽东，刘源源说：“毛泽东做了许多错事，也做了更多的好事。”“有人说，‘文化大革命’，毛有罪。我想，即使是这样，也只能算是渎职罪。打个不恰当的比喻，中国是个大仓库，毛是负责看守仓库的库长，仓库失了火，库长没有看好，当然受到批评。但他跟‘四人帮’到底不同，‘四人帮’是到仓库里放火的，毛用人不当，看人没看清楚，结果火放了起来，弄得乌七八糟，国不成国。而他自己也被火灾焚殁了。”

说到父亲刘少奇，刘源源冷静得近乎严酷，他说：“作为党的第二把手，对于那个时候党所犯的错误，父亲也有一份责任，比如说‘文革’，虽然父亲一开始就靠了边，很快又被打倒，对‘文革’的损失，似无什么责任。但作为国家主席，他没有能够制止住这场动乱，可以说是他最大的错误，权和责是应当统一的，既然党和人民给了你那么大的权力。你就必须承担相应的责任。而不管本人意愿如何，动机是什么，有无能力，个人牺牲大小，作为儿子，对于父亲的惨死，我当然难过之极。但我是一个学历史的人，置身于历史过程中，首先要从历史的角度对待历史事实，不能以个人的好恶来代替正确的估价和理性的判断。”

刘源源不愧为刘少奇和王光美教育出来的好儿女。

调整国民经济时期，毛泽东在阶级斗争理论和实践方面的失误越来越多。1962 年中共八届十中全会，提出阶级斗争必须年年讲、月月讲、天天讲，认为中国存在着严重的资本主义复辟的危险性。

1963 年毛泽东提出，要在农村开展“四清”运动，后来，发展成以“清思想、清政治、清组织、清经济”为主要内容的“社会主义教育运动”。运动的重点“是整党内那些走资本主义道路的当权派。”

这是毛泽东在阶级斗争问题上的“左”的错误的升级。

刘少奇大体上赞成毛泽东的意见。

从中央到地方的各级领导机关，包括企业、学校、部队，都抽掉了大批干部，组成“四清工作队”，下乡搞“四清”。

刘少奇把身边工作人员分派下去参加“四清”工作队，王光美也被派下去。1963 年 11 月，她化名董朴，以河北省公安厅工作人员的名义参加“四清”工作队，来到河北省抚宁县卢王庄公社桃园大队，担任“四清”工作组副组长。

1964 年春节，“四清”工作队放假，王光美返回北京，向毛泽东、刘少奇详细汇报了桃园大队“四清”工作的情况，汇报中。毛泽东、刘少奇听得非常认真，问得也很仔细。

当王光美汇报到一些干部多吃多占、手脚不干净，严重损害集体利益，因而引起广大社员严重不满时，毛泽东和刘少奇都认为：根子在上面，如果没有上级干部的庇护和放纵，下面的农村干部就不敢犯那么严重的错误。刘少奇说，下面的干部给上面的干部送礼物、请吃喝，甚至发展到互相勾结，上面就有人保护他了。

毛泽东赞赏王光美在桃园“四清”运动中取得的经验和干劲，他曾在一次小范围的会议上说：王光美干劲很足，参加“四清”时患了感冒，仍坚持工作，春节回来过年，我问她，还去吗？她表示还要下去。

毛泽东对王光美说：“你下次到南方搞一期，不要总在北方，我那里派两个人跟你去。”后来，毛泽东果然派了他身边的秘书林克、卫士小张随王光美一起参加了下一期的“四清”工作队。不过，因为王光美担心南方人方言太重，听不懂，不好开展工作，所以没有去南方，而是下到河北省新城县高镇大队。这回她换了个新名字：鲁洁。

进入1964年，“四清”运动（这时改称社会主义教育运动，简称“社教”）由点到面铺开。派下去的大批社教工作队员毫无经验，不知怎么个搞法。刘少奇想到王光美在桃园大队搞“四清”的经验，便叫她去介绍。1964年7月5日，王光美在中共河北省委工作会议上作报告，介绍了桃园大队开展“四清”运动的经验，结果大受欢迎，不少地方都请她去作报告。陈伯达（当时为中共中央政治局候补委员）特意找刘少奇，提议把王光美的报告印发给各地党委和社教工作队。

桃园大队的“四清”是刘少奇过问的，比较符合他的意图，他同意陈伯达的意见。为了慎重，他亲自写信给毛泽东，征求他的意见。信中写道：

王光美同志的这个报告，陈伯达同志极力主张发给各地党委和所有工作队的同志们。王光美在河北省委的记录稿上修改了两次，我也看了并修改一次，现代中央拟出一个批语，请中央审阅，如果中央同意，请中央发出。

毛泽东8月27日作了批示：

此件先印发到会各同志讨论一下，如果大家同意，再发到全国去。我是同意陈伯达和少奇同志意见的。

毛泽东点了头，当然没说的。1964年9月1日，王光美总结的“桃园经验”便以中共中央文件的名义发到全国，标题是：《关于一个大队的社会主义教育运动的经验总结》，尽管刘少奇在为中共中央所拟的批语中指出：“桃园大队的经验只能作为参考，不要把它变成框框，到处套用。”但它既是以中央红头文件发下去的，实际上便成了农村社教运动的一个样板。

尽管“桃园经验”对纠正干部特殊化，打击贪污盗窃等方面起了一定的积极作用。但总的看，它是阶级斗争问题上“左”倾错误的产物，是应该否定的。它过分夸大了农村阶级斗争的严重性，说大队党支部“基本上不是共产党”，支部书记是“坏人”。工作方式则是不正确的，搞得很神秘，采取土改运动中访贫问苦，扎根串连等，把农村干部普遍作为怀疑对象，抛在一边。它在各地推广的结果。使许多农村基层干部受到不应有的打击。

但是，“桃园经验”的错误，主要应由中共中央承担，特别是毛泽东、刘少奇承担，而不是由王光美承担。且不说它是经过毛泽东批准，以中央文件的名义发到全国的，就全国的大气候来说，“以阶级斗争为纲”的“左”倾错误方针已经形成，“桃园经验”不可能不为这个错误方针所左右。

1962年中共八届十中全会，毛泽东就激烈地批判了所谓“单干风”（实际是农民自发地联产承包责任制)、"黑暗风"(实际是对"大跃进"以来造成的困难局面的正确估计)、"翻案风"(实际是为1959年庐山会议以来"反右倾"中被错误批判的人进行甄别平反),还主观武断地说:"利用小说反党,是一大发明。"

1963年、1964年,毛泽东又对我国文艺界的现状发出了两个极"左"的批示,说各种文艺部门"问题不少,人数很多,社会主义改造在许多部门中,至今收效甚微";说"许多共产党人热心提倡封建主义和资本主义的艺术,却不热心提倡社会主义的艺术",并称之为"咄咄怪事";说文艺界"十五年来基本上(不是一切人)不执行党的政策","竟然跌到了修正主义的边缘"! 总之,在毛泽东的眼里,整个文艺界已经"毒草丛生,群魔乱舞",简直糟透了。

1964年夏的中央工作会议,毛泽东说:全国三分之一的政权不在共产党手里。刘少奇则说不止三分之一。还说:坏人拉拢腐蚀干部,建立反革命两面政权,是敌人反对我们的主要形式。"四不清"干部对付工作队的办法是"喂、顶、拖、混",在群众没有充分发动起来以前,不能强调团结95%以上的干部。

中央的方针已经"左"上加"左",作为普通工作人员的王光美,不可能不为错误的方针所左右。

至于毛泽东在《炮打司令部》中说"桃园经验""形左实右"就离题更远了。

王光美和刘少奇一样,对毛泽东极为尊重。1959年二届全国人大,选举刘少奇为中华人民共和国主席,有的人就称"刘主席",王光美听了,断然制止:"不要这样称呼,我党只有一个主席,那就是毛主席,决不要称少奇同志为主席。"王光美还对身边工作人员讲:"不要称呼职务,一律称'少奇同志"'。

1959年庐山会议,彭德怀写了一封信给毛泽东。毛泽东错误地认为彭德怀是以此打出了"反党纲领",要向党"猖狂进攻",给这封信加了个标题:《彭德怀同志的意见书》,决定对彭展开批判。他叫秘书打电话给刘少奇,马上来商议此事。当时刘少奇刚刚服了安眠药睡下,秘书接了电话,请示王光美:怎么办? 王光美急得直搓手,但还是使劲喊醒了刘少奇,立即前往毛泽东的住处——美庐。刘少奇就在工作人员搀扶下摇摇晃晃地向美庐走去。

1964年末,关于社会主义教育运动的性质和重点对象方面,刘少奇和毛泽东在观点上出现分歧,刘少奇在12月20日的中央政治局扩大会议上说,社教运动是四清和四不清的矛盾,是党内外矛盾的交叉,是人民内部矛盾和敌我矛盾交织在一起。毛泽东当场反问道:"什么性质? 反社会主义就行了,还有什么性质?"毛泽东认为是资本主义道路和社会主义道路之间的矛盾。关于运动的重点,毛泽东主张用"走资本主义道路的当权派"的提法;刘少奇则认为,这个提法马列著作里没有过,还是有什么问题解决什么问题,最好不要说成"派",一说"派",涉及的人就多了。

在这次会议上,毛泽东插话谈社教运动的性质,刘少奇不等毛泽东讲完,自己就讲了起来,毛泽东感到很不快。会议的组织者邓小平提出:会议是讨论具体工作,大部分都是各地汇报,如果毛主席有事可以不参加会议。

这两件偶然小事使毛泽东产生了误解，认为刘少奇不让他讲话，邓小平则不让他参加会议。

过了两天，毛泽东手拿《宪法》和《党章》走进会场。他板着脸说：“请你们回去也找《党章》和《宪法》看一下，那是讲民主自由的。不要犯法呀！自己通过的，又不遵守。我们这些人算不算中华人民共和国的公民？如果算的话，有没有言论自由？准不准许我们和你们讲几句话？”

由此，毛泽东产生了要整刘少奇的想法。

前“中央文革”成员王力1981年7月s日给邓力群的信中曾说到这件事：

1964年12月的一天拂晓，陈伯达找我，说毛主席刚才口授要起草一个文件(即后来的二十三条)；还说“主席要整少奇同志了，少奇同志是很纯的共产主义者呀！”他同我商量怎么办？商定由他约彭真、陶铸同志一起去告知刘少奇同志，劝少奇同志赶快向毛主席当面检讨。这样，我国人民的这场大灾难推迟了。①

周恩来、贺龙从维护党的团结的愿望出发，也去劝过刘少奇叫他主动找毛泽东检讨，消除不应有的误会。②

王光美得知此事，非常焦急，力劝刘少奇赶快向毛泽东检讨，取得他的谅解。

刘少奇照办了，找机会向毛泽东作了自我批评，毛泽东似乎也谅解了。在一次小型会议上说：“我批评少奇同志了，但你们今后还是要听他的话哟！”

以1966年中共中央五月政治局扩大会议为标志，给党和人民带来严重灾难的“文化大革命”开始了。会议结束的前一天，即5月25日，在康生、曹轶欧的授意下，北京大学聂元梓等七人贴出把矛头指向北京市委和北大党委的大字报：《宋硕、陆平、彭佩云在文化革命中究竟干些什么？》(宋硕是当时北京市委大学工作部副部长、陆平是北大校长兼党委书记，彭佩云是北大党委副书记)，狂热地煽动人们起来造反，揪斗本单位的党政领导。

大字报符合毛泽东“天下大乱.达到天下大治”的观点。因而，他没有同中央任何领导人商量，就决定向全国广播，由报刊发表，还要配发评论。

6月1日，中央人民广播电台播发了聂元梓的大字报，同时播发了《人民日报》评论员文章《欢呼北大的一张大字报》，公然号召造党委的反，号召彻底摧毁“黑帮、黑组织、黑纪律”。接着，又公布了中共中央改组北京市委的决定。

人们的兴奋点被迅速催生出来。特别是大中学校的学生，更液一连串的突发事件所煽动，纷纷走出课堂，在本单位寻找“黑帮”、“牛鬼蛇神”、“反动权威”、揪斗“走资派”。狂热的浪潮从北京和各大城市迅速向全国席卷而来，尤其是大中学校，一片混乱，正常的教学秩序完全打乱，几乎所有学校的领导机构都陷于瘫痪，大多数领导干部都被揪斗。

毛泽东坐镇杭州，静观势态的发展，不时抛出“最高指示”左右运动的进程。

---

① 叶永烈《文革风云录》，青海人民出版社。

② 黄峥《刘少奇一生》，中央文献出版社。

中央工作由刘少奇主持。6月3日,他紧急召集中央政治局常委扩大会议,研究运动中出现的问题。会议决定向北京市各大中学校派工作组,以代替瘫痪的领导机构。

工作组派出了,但混乱的情况没有多少好转,乱打乱斗的现象仍在蔓延。并且,不少学校还发生了反对工作组、驱赶工作组的事件。

中央文革小组支持少数学生反工作组,这些学生四处串连。酝酿更激烈的行动。许多学校出现两派尖锐对立,局面有失控的危险。

6月21日,清华大学工程化学系三年级学生蒯大富公开鼓动赶走工作组。他在一张大字报上写道:"革命的首要问题是夺权斗争,从前权在校党委手里,我们和他们斗,把它夺过来了。现在,权在工作组手里,那我们每个革命左派就应该考虑,这个权是否代表我们,代表我们则拥护,不代表我们,则再夺权。"

刘少奇感到事态严重,他对王光美说:"这是全国大分裂的开始。不可忽视。后面可能有高级干部。"

这一天,刘少奇派王光美去清华大学,担任工作组的顾问,观察动态,反映情况,王光美到清华园,明确指出:蒯大富在夺权。请示怎么办,薄一波指示"进行反击",刘少奇指示进行"反蒯斗争"。

6月24日,清华工作组在王光美、叶林(工作组长)领导下召开声讨大会,蒯大富等造反派在会上批判工作组。叶林指出:蒯大富要向工作组夺权,这是一种反革命行为。拥护工作组和反对工作组的两派发生争执,会场秩序一片混乱。6月26日,工作组组织了"拥护工作组"示威游行,广大师生员工高呼"无限信赖工作组"、"反对工作组就是反党"的口号。随后进行了"反蒯斗争"。工作组多次组织批斗蒯大富等造反者,被斗者中有一人自杀。

工作组是历来领导运动的惯例,已形成历史传统。在"文革"初起,领导机构瘫痪,学校一片混乱的情况下,派工作组是完全必要的。不要工作组,就等于放弃了党的领导。工作组遏制了混乱,制止了恶性事件(如乱打乱斗、人身侮辱等),体现了党的领导,控制了局面,无疑是正确的,这是工作组的主流。但工作组在全面性"左"的方针指导下,不能不犯错误。它人为地制造阶级斗争,领导批斗所谓"反动权威",对于反工作组的师生,上纲过高,打击过重。

毛泽东回北京后,否定了中央集体的决定,工作组撤销了。根本原因,是工作组不符合他"天下大乱"的意图,认为工作组"镇压了学生",保护了"黑帮"。其实,毛泽东原来也并未明确说不派工作组,进驻《人民日报》的工作组,就是毛批准的。当陈伯达率工作组进驻《人民日报》社时,毛曾说过:"陈伯达的扫帚不到,吴冷西(当时为《人民日报》社长)的灰尘照例不会自己跑掉。"两年以后,毛泽东对全国几乎所有的单位都派了工作组,那便是"解放军毛泽东思想宣传队、工人毛泽东思想宣传队、贫下中农毛泽东思想宣传队",而且还说他们要"永远领导学校"。

毛泽东对工作组的否定,开始了刘少奇和王光美的厄运。毛以此为据,提出

“两个司令部”的错误概念，并以刘少奇、邓小平为“资产阶级司令部”的代表，发出了“炮打司令部”的号召，一下子就把自己的亲密战友推向了狂热造反者的对立面。

王光美作为“资产阶级反动路线”的执行者，自然被造反派抓住不放，被迫检查，总过不了关。

1966年12月28日，经毛泽东批准，成立“王光美专案组”，意味着对刘少奇和王光美的迫害进一步升级。与此同时，江青、康生、张春桥等中央文革小组要员一齐出动，制造打倒刘少奇的舆论。康生称刘少奇是“中国的赫鲁晓夫”，江青对刘少奇的女儿、清华大学学生刘涛说：“你爸爸、妈妈干了反革命的事，你应当和你爸爸、妈妈划清界限，断绝关系。”张春桥则在国务院西门接待室单独召见蒯大富面授机宜：“提出资产阶级反动路线的那一两个人，至今不投降，你们革命小将应发挥痛打落水狗的精神，把他们搞臭，不要半途而废！”

12月25日，蒯大富组织6000人上街示威游行，公然喊出“打倒刘少奇”的口号。

从1967年元旦起，中南海的造反派不时去刘少奇住处搔扰，围攻刘少奇、王光美。

王光美对刘少奇说：看来他们不打倒你是不罢休的，能不能跟中央说说，你辞掉国家主席，我和孩子们劳动养活你！

其实，这一层刘少奇早想到了，几天前他就向周恩来提出过，周恩来为难的说：“不行啊，还有一个全国人大的问题。”

1966年12月26日晚，张春桥、姚文元等文革要员在毛泽东家里吃寿面，毛泽东祝酒时出语惊人：“祝开展全国全面内战！”善于领会毛泽东意图的张姚之流听后也大吃一惊，写元旦社论时，他们把毛泽东的意图融合进去，但用语改为平缓得多：“1967年将是向一小撮走资本主义道路的当权派和社会上的牛鬼蛇神发动总攻击的一年！”

造反派果然立刻见诸行动，1月6日晚，以蒯大富为头头的清华大学造反派“井冈山兵团”在北京第二人民医院设下圈套，谎称刘少奇的女儿刘平平遭车祸轧断了腿，需家长签字才能动手术。将刘少奇、王光美骗到医院。刘少奇在警卫人员护卫下脱身返回中南海，王光美却被劫持到清华，幸亏周恩来闻讯后连夜派秘书去清华大学交涉，造反派才不得不将王光美放回。事后，蒯大富大肆宣传他们制造的“智擒王光美”的丑剧。还洋洋得意地说：“为革命造谣是光荣的！”

1967年1月13日，毛泽东在人民大会堂接见刘少奇，分手时亲切地安慰他：“回去后好好看书学习，保重身体”焦急地等在家里的王光美听了接见时的谈话，心情激动，感到极大安慰。不久，周恩来打电话给王光美：“光美吗？要经得起考验！”听到周恩来亲切的安慰，一股暖流涌遍全身，王光美激动地回答：“总理。你真好！”

但现实的情况不容乐观，几天后，造反派进来，强行拆除电话，刘少奇和外界的联系被切断了。

到了这年3月，刘少奇的所谓“问题”明显升级，毛泽东也改变了对刘少奇的态度。

3月上旬，康生、陈伯达在部队军以上干部的会议上，点名批判刘少奇，从历史批到现实，很“系统”。

3月下旬，毛泽东、林彪决定把运动中“揭发”的刘少奇的材料交“王光美专案组”处理，并指定康生负责。从此，审查刘少奇似乎有了合法依据。

4月初，以戚本禹的文章《爱国主义还是卖国主义？——评反动影片〈清宫秘史〉》为开端，在全国范围掀起大规模的批判、声讨“中国赫鲁晓夫”的狂潮，来势之猛，手段之恶劣，为共和国历史所罕见。

刘少奇身边的工作人员为了表示并非“保皇派”，也成立了造反组织。他们接连两次对刘少奇、王光美采取“革命行动”。

刘少奇、王光美此时已感到这些表象后面隐藏着杀机，他们作了最坏的打算。

4月9日，中央文革通知王光美，到清华大学去“接受群众批判”。

得知这一消息，刘少奇震怒了。他大声喊道：“工作组是中央派的，光美没有责任。为什么让她代我受过？要检查，要挨斗，我去！”

王光美急切地说：“清华大学的运动是我直接参加的，当然应当我去向群众检查。”

刘少奇似乎预感到灾难的后果，他对王光美和孩子们说：“将来我死了以后，你们要把我的骨灰撒在大海里，像恩格斯一样。大海连着五大洋，我要看着全世界实现共产主义。你们要记住，这就是我给你们的遗嘱。”

王光美听到这里，已泣不成声：“还不知道孩子们能不能看到你的骨灰呢！”

“会把骨灰给你们的。”刘少奇坚定而平静地说：“这一点无论什么人还是能做到的。”

4月10日，清华大学召开30万人大会，批斗王光美，彭真、薄一波、陆定一、蒋南翔等300人陪斗，创了“文化大革命”十年批斗规模的“第一”！也算得上十年浩劫中“光辉”的一页！

批斗会上，造反派对王光美拳打脚踢，强迫她穿旗袍、戴项链（用乒乓球串成）进行人格侮辱。王光美愤怒地抗议狂热而愚昧者的野蛮行为，她说：“毛主席指示，要文斗，不要武斗！”“你们要是不摆事实讲道理，那我就不讲了，你们斗吧！”造反派要她承认是“三反分子”，她义正辞严地驳斥：“我从来没有反对过毛主席，永远不反！”

她代表刘少奇向被愚弄的群众表明态度：“我们不同意你们的指责，但我们决不跟群众对立，中国人民是最好的人民！”

1967年8月10日的《，井冈山》专刊，刊登了这次批斗的“实况”，今附于后面，人们可以从中看到荒唐岁月的荒唐逻辑和荒唐行为。也可以领略到王光美不怕淫威，坚持原则，维护人的尊严的可贵品质。这以后，在江青、康生、陈伯达、戚本禹的直接策划下,在中南海里两次举行批斗刘少奇、王光美的大会。其中8月5日的批斗,与天安门广场的百万人大会相呼应。中央文革特派员曹轶欧亲临现场指挥,毛泽东的联络员李讷亲临现场观察,还安排了录音、录相、拍照。

造反派还命令一直在刘少奇和王光美身边的三个孩子——刘平平、刘源源、刘亭亭参加批斗父母的大会,每人身后还安排几个战士看守。残忍狠毒一至于此。两个小时的批斗会,刘少奇和王光美不断遭到野蛮的谩骂和扭打。刘少奇被打得鼻青脸肿,一只鞋被踩掉。他们被扭住双臂,向巨幅漫画上的红卫兵"鞠躬请罪"。王光美突然挣脱,紧紧抓住刘少奇的手,一对革命伴侣互相对视,作最后的握手告别!几个造反派狠狠地掰开他们的双手,王光美奋力挣脱,扑过去拉住刘少奇韵衣角,死死不放……

从此,王光美和刘少奇诀别了。她再也没有见到心爱的丈夫!批斗会后,刘少奇和王光美被分别关押,造反派强迫王光美从事繁重的劳动,由哨兵监视。

9月13日,王光美被捕,关进秦城监狱,她在狱中整整关了12年,受尽非人的折磨,与世隔绝,不准亲人探望,刘少奇含冤逝世的消息,也对她封锁着。直到"九·一三"事件后,王光美的子女才获准探监。她的子女们回忆道:"见到妈妈的时候,她竟不认得,不会叫。木呆着。我们也都惊呆了:五年不见,妈妈已经瘦弱不堪,满头灰白头发,连腰也伸不直,穿着一身旧军装染的黑衣,神情麻木、迟顿……妈妈仔细端详着我们这些长大了的孩子,半晌才说了一句话:'没想到你们能活下来!'"

王光荣是在关押中得知"四人帮"被粉碎的消息的,近十年来,她第一次露出了笑容。中共十一届三中全会,中国开始了历史的伟大转折,王光美获得新生,获得了自由。

1979年1月27日,人民大会堂举行盛大的春节联欢会,灯火辉煌,欢声笑语,交织成喜庆的气氛。劫后余生的王光美出现在联欢会场。当中共中央主席的位子已呈动摇之势的华国锋和刚刚平反昭雪的彭真、薄一波、陆定一握手问候之后,站在一旁的胡耀邦指着一个满头灰发,面色不佳的女人说:"华主席,你不认识她吧?她就是王光美啊!"

颇感意外的华国锋向王光美伸出手去。摄影记者动作利索地拍下了这一难得的镜头。"华主席,少奇同志冤枉啊!"王光美流着眼泪:"再不能让少奇同志含冤九泉了。""光美同志,不要这样嘛,你再等等,相信党和人民会对刘少奇的问题作出正确的结论。"华国锋安慰她:"今天是春节,我们应该高兴。"

1980年2月,中共十一届五中全会作出《关于为刘少奇同志平反的决议》,被颠倒的历史,终于还其本来面目。刘少奇的追悼会定于5月17日在北京举行。5月13日,王光美率子女前往河南开封迎接刘少奇的骨灰。刘少奇是1969年11月12日含冤逝世的。1968年11月,林彪、江青一伙利用一切卑劣手段伪造的"罪证",操纵中共八届十二中全会,通过了《关于叛徒、内奸、工贼刘少奇罪行的审查报告》,决定将他"永远开除出党,撤销其党内外一切职务",从而造成了中共历史上最大的冤案。1969年10月17日,又以“疏散”为名,把病重的刘少奇强行押送开封。在这里,刘少奇度过了他生命的最后27天。

王光美一行由河南省委书记赵文甫等陪同来到开封火葬场。她站在火化炉前,驻足凝视、哀思万千。在骨灰厅123号骨灰架前,王光美艰睛湿润了,深深地鞠躬三次,感慨万端:“就在这里停放了10年啊!”她把子女唤到骨灰架前,拍下了永生难忘的合影。在火葬场休息室,负责人将刘少奇遗体火化时留下的原始材料,一件一件地请王光美过目。购置骨灰盒的收据表明,用的是质量最差的骨灰盒(18元),在火化登记卡片“职业”一栏里,填的是“无业”。王光美强忍悲痛,指着卡片对子女们说:“你们看看,你们的父亲革命一辈子,作为中共中央副主席,中华人民共和国主席,去世后竟是‘无业’?!你们好好看看啊!”在场者无不嘘唏哀叹。

在刘少奇生命最后27天的简陋病室,王光美看到了摆在床头的那对枕头。她激动地把枕头抱在怀里,对陪同的人讲述枕头的来历:那是60年代初刘少奇和王光美访问柬埔寨时西哈努克亲王赠送的,共有两对,一直用着,一边说着,一边把枕头紧紧贴在胸前,刘少奇的儿女们依次搂过父亲临终前留下的惟一遗物,不断地亲吻,泪水和不尽的哀思渗进海绵枕的深处。

1980年5月17日,刘少奇追悼大会在北京人民大会堂隆重举行,中共中央主席华国锋主持大会,邓小平致悼词。历史再现了它的公正:刘少奇的丰功伟绩,是不能抹杀的,刘少奇的光辉形象.是不能磨灭的。以打倒刘少奇为主要目标的“文化大革命”,至此宣告彻底破产。

按照刘少奇的生前遗愿,骨灰撒向浩瀚无垠的大海。刘伯承元帅面陈中央,撒灰任务由中国人民解放军海军部队执行。军舰从青岛军港出发,驰向波涛汹涌的海洋。王光美最后一次把骨灰盒贴在脸颊,在哀泣声中,由她和子女们亲手将骨灰徐徐撒入浩渺碧波,流向大海,流向大洋。刘少奇没有遗产,也没有坟墓,但他的光辉思想,崇高品德,丰伟的业绩,像海洋一样永存。王光美彻底平反后,担任中国社会科学院外事局局长、院党委委员等职务。她参加了中国共产党第十二次全国代表大会,并被选为全国政协常委。她还有许多社会性职务:辅仁大学校友会会长、北京师范大学校友会名誉会长、高等院校校友会北京海外联谊会荣誉会长、湖南女子职业大学名誉校长、老年摄影家协会和老年体育协会顾问……

王光美的胸怀是宽广的。她刚刚结束12年的铁窗生活时,毛泽东和江青的女儿李讷身患重病,生活几乎不能自理。王光美得知后,拖着虚弱多病的身躯,带着保姆,亲去李讷家中帮助料理,并把李讷七八岁的小儿子带出去玩。当人们得知她手上牵着的小男孩竟是毛泽东和江青的外孙时,于百感交集中倍增崇敬。一位在“文化大革命”中受尽磨难的老干部得知后说:“他们那时是怎么整我们的?我们万幸活下来了,就算不报复,也犯不上主动去照顾呀!”这位老干部的胸怀,不及王光美远甚!他信奉的是“以直报怨”。

当父辈们演出的悲剧终于落下帏幕时,王光美的宽广胸怀给下一代树立了榜样。李讷见到刘源源,仍如儿时一样亲切地称他“小源源”。刘源源在郑州,遇到林彪的女儿.,脱口而出:“豆豆姐姐”!豆豆要求调回北京,单位不敢表态,是刘源源拍的板,并帮助办理的调动手续。

大难不死,王光美亲眼看到了林彪、江青两个反革命集团主犯被押上特别法庭,受到了应有的惩罚。她亲眼看到了被十年浩劫折磨得遍体鳞伤的共和国航船,终于拨正了航向,在有中国特色社会主义的航道上,乘风破浪,驰向更加美好的明天。

附:《三审王光美》

[说明:这是“文化大革命”那个疯狂年代里,以蒯大富为头头的清华大学造反派组织在1967年4月10日召开30万人批斗大会前后“审”王光美的记录。刊于1967年8月10日造反派小报《井冈山》。全文冗长,下面是摘录。保留原貌,其中攻击、污蔑之词均不加改动。]

第一次审问

地点:清华中央主楼

时间:晨6点半左右

问:刘少奇为什么说《清宫秘史》是爱国主义的?

王:我从来没有听少奇同志讲过这个片子是爱国主义的。少奇同志肯定没有讲过。我相信毛主席,毛主席总会调查清楚的。

(同学要她穿上去印尼的衣服出去挨斗,王光美不干。)

问:这衣服一定要你穿上!

王:就不穿!

问:穿也得穿,不穿也得穿!

王:反正我不穿。

问:告诉你,今天是斗你。不老实,小心点!

王:我们好好谈谈好不好?

问:谁跟你谈?告诉你,今天是斗争你。

王:反正你们不能侵犯我人身自由。

问:(哄堂大笑)你是三反分子老婆、反动的资产阶级分子、阶级异己分子,别说大民主,小民主也不给,一点也不给,半点也不给。今天,是对你专政,没有你的自由。

王:这是绸子的,太冷了。

问:“冻死苍蝇未足奇。”

王:如果我真反毛主席,那冻死就活该。

问:你就是反对毛主席。

王:我现在不反,将来也不反。

问:不行!都穿上。

王:你们没有这个权利。

问:我们就有这个权利!今天是斗争你,我们要怎么斗就怎么斗,没有你的自由。你那套真理面前人人平等的臭理论还是收起来吧。我们是革命群众,你是反革命臭婆娘,你混淆不了阶级阵线!

(时间到。捉鬼队员给王穿妖衣)

王:你们武斗,你们违反毛主席指示。

(众念:"革命不是请客吃饭……")

问:谁反对毛主席指示就……"(被打断)

(众念:"顽固分子,实际上是顽而不固……")

王:你们用强制手段。

问:胡扯!是你侮辱我们。你穿上这套衣服去印尼与苏加诺吊膀子,丢尽了中国人的脸,你侮辱了全中国人民。你还想倒打一耙。对你这个反动的资产阶级分子、清华肾里的头号大扒手,对你就是要强制。

王:希望你们好好调查一下。

问:我问你,"打击一大片,保护一小撮"是谁干的?

王:真正的革命者是勇敢的,是勇于正视事实的。……反正"打击一大片,保护一小撮"肯定不是我,也不会是杨天放。谁是真革命的,谁干的谁自己承认。是谁说清华园是黑窝的,是谁说宁可怀疑99个也不放过一个黑帮……真正的革命者就要敢于站出来,谁干的谁自己承认。

问:你说,为什么打击基层干部,而何东昌倒在香山休养,刘冰、胡健在北京饭店,蒋南翔,同学提了多少回,你们就是不斗。

王:问我不知道,北京饭店是在开会。蒋南翔情况我是反映了。中央有同志批示(我不能说)不让拉回来斗。

问:派工作组的目的是什么?

王:同意派工作组是当时中央常委会决定。当然毛主席不在,刘少奇要负主要责任。但真正他派的,只有我一个人。

问:就你这一个人就打了多少革命群众成反革命?害了多少人?

王:我们没定一个反革命。

问:你赖不了"打击一大片,保护一小撮"的事实!

王:事实总是事实,应根据事实得出结论,这才是毛泽东思想。

问:不对。立场是主要的。你们站在反动的立场上就是看革命群众的阴暗面,反对文化大革命。我们看的事实,收集的事实就是和你不同。

王:现在有人推卸责任……,如果是真正的革命左派应勇敢地承认事实。……怀疑一切是错误的,是谁提出的?

问:你们怀疑革命一切,打击一切革命群众、干部。

王:反正"怀疑一切"不是袁的思想,更不是刘少奇的思想,我们是反对"怀疑一切"的。

问:(气急、骂)大扒手、反动资产阶级分子,给中国人民丢脸,揭事实。(指给苏加诺点烟)

王:我认为我没有丢脸。那天是午宴会,他坐在我旁边,我是女主人……应尊重印尼习惯。

问:你说,你把多少同学打成反革命,我们这里就有不少。

王:反正我们只批过,没有打成反革命。

问:谁让你反"假左派"的?

王:不是刘少奇,是工作组问我,是叶林、杨天放,他们说蒯写了一个夺权的批语,还有反映了与现在根本不同的片面情况,我就根据这些同意了。

问:刘少奇做了什么指示?

王:刘少奇对清华指示很少。

问:那你卖菜是谁让的?捞政治资本。

王:那是毛主席对刘少奇说:"王光美为什么过去"四清"时"三同"现在"不三同"啦?……"主席说:"可以参加劳动,……这样可以接受批评。"我听了很感动,就去劳动了。

问:那你老老实实劳动啊?为什么到三个饭厅去卖菜。

王:走三个饭厅,不是因为接触不广吗?

问:你回答:"打击一大片,保护一小撮"到底是谁推广的?

王:的确不是刘少奇。

问:蒯大富是谁定的反革命?

王:与刘少奇无关,也肯定没定反革命。

问:你交待。保蒋南翔是谁指示的?

王:蒋南翔性质未定的话是我讲的。但你们前后的话都不讲,只讲这句是断章取义。

问:同学们对蒋恨死了,你却性质未定,不让斗,这不是保他是什么?你知道不知道?

王:我不知道。你们试试看,将来你们工作中不要犯错误。

问:你对批判《修养》怎么看?

王:这本书是唯心的,不谈阶级斗争,我同意报上发表的《红旗》评论员文章的几句话。至于反毛泽东思想,主观上我是不同意,是世界观没有改造好。

问:对戚本禹同志批《清宫秘史》的文章怎么看?

王:这部片是彻头彻尾的卖国主义的,戚本禹同志批得很深很对,这部片子刘少奇没有说是爱国主义的。我和他一起看的,当时只看了一半,以后天亮了看不清了,他什么也没说。这是肯定的,他没说过。我和他一起看的,我知道肯定没说过。

问:照你这么说戚本禹同志在造谣了?

王:是不是有另外人假借刘少奇的名义说过这些话?

问:你觉得这文章写的对不对?这是毛主席看过的!

王:是吗?是主席看过的吗?我觉得还是从革命利益出发,从事实出发,如实向毛主席汇报情况。

问:戚本禹同志文章针对的是谁你清楚吗?

王:那他提的的确是刘少奇。

问:你对戚本禹同志提了的问题怎么看?

王:有的是刘少奇的责任,有的不是刘少奇讲的。

问:那么《红旗》上在造谣?刘少奇是不是走资本主义道路当权派?

王:相信毛主席,相信群众,过去就是相信不够才犯了错误。我在刘少奇身边工作了十几年,我觉得有出入,反正有许多不是刘少奇的事。说他是党内最大的走资本主义道路的当权派,我直接没感到这一点。

问:那叫叛徒集团自首是怎么说的?

王:这不是他指示的,是一个负责同志提建议他同意过的。

问:是谁?

王:我不说!

问:你包庇!快说。

王:(沉思一会)柯庆施建议的,刘少奇同意了。

问:(气愤)不许你污蔑柯老!

王:反正我说话你们不相信,你们可以去调查好了。

问:王光美你说,你对刘少奇是党内最大的走资本主义道路的当权派怎么看?

王:我主观上还认识不到这个水平。反正在八届十一中全会以前主席许多事委托刘少奇、书记处处理,发生的事他要负责,但现在他靠边站了,不负责了,不当权了吆。在反动路线上他是走过一段资本主义道路的。

问:就是反动路线这一点?

王:当然不止。凡是犯路线错误都是走资本主义一段道路。

问:就按你的这种说法,你说说看刘少奇走过哪些资本主义道路?

王:山西老区互助组的批示,是错的,是他批的。合作社发展太快,他求稳,说要慢一些。1962年他对困难的估计过分。但“三自一包”、“四大自由’’谬论出来他是不赞成的,单干也是不赞成的。他那时许多关键时刻还是坚持社会主义的。

问:刘少奇宣扬“红色资本家”,说剥削好,也是主观上走社会主义道路吗?

王:刘少奇是讲了很多的错话,你们是指1950年他在天津的讲话,当时我也在,我知道的,有许多话是很错误的。当时天津有一种过“左”的情绪,不少人要消灭剥削阶级,是毛主席派他去纠偏的,他一些话是纠偏讲的,现在大字报上的话与他讲的有出入。

问:这么说,讲"工人就得剥削"是对的?

王:有些是错的。有的这样讲是对的,有的这样不好。这不能脱离环境。比如一个资本家与他座谈说剥削是罪恶,那开一个厂就大罪,再开一个厂罪就更大了。刘少奇说只要对国富民强有好处,开厂剥削,这样的剥削是需要的,工人也需要这样的剥削。这是特定条件下讲的,现在有人砍头去尾地讲这句话。

问:那鼓吹和平民主新阶段,散布对蒋介石的迷信是谁呢?

王:那不只他一人。根据报纸上的报道,绝不是一个人的责任,停战协定(决议)上写"和平、民主"很明显嘛。他现在把责任担起来,勇于承担责任。(众笑:这么说他还是英雄了?)就是勇于承担责任吆。

问:好你说,还有谁?

王:不用说了吧。

问:不行!迷信蒋介石的人要查出来。

王:我是中央工作人员要保密。你们可以去查查报纸,有公开文章的!

问:那刘少奇贪污金皮带圈,金鞋拔呢?

王:金皮带圈、金鞋拔子是有这么回事。他做白区工作,随时有被逮捕危险,是应该身上带些东西的。

问:"红色资本家"是谁提的?

王:不知道!反正不是刘少奇,他只说进步资本家。

问:你是否说过王光英这个大资本家好,还要拉他入党?

王:王光英不是大资本家,最多是中产阶级、民族资本家。他剥削是剥削,可是……,你们可以调查一下,他是否可以起进步资本家的作用。他不愿当资本家,说资本家名声太臭,要求入党,党给他任务,让他做资本家的工作。

问:你现在对刘少奇到底怎么看?

王:说他一辈子反革命,不反资本主义,我没有充分材料。

(同学要她戴上项链)

问:你说!江青同志叫你出国不要戴项链,你为什么非要戴上?

王:江青同志是要我不要带别针,没说带项链的事,但问题是一样的。

问:(逼)那你说红旗调查员的文章怎么样?

王:红旗调查员文章……(不语,同学吵,逼迫,大声嘶叫).就是有很大的片面性!

问:好,记下来。

王:记就记,我说的,怕什么!"怀疑一切"肯定不是工作组搞的,更不是刘少奇搞的。清华,我们的问题肯定是右倾主义,是路线错误,我们是右倾不是形"左"实右。反正这"怀疑一切"肯定不是工作组搞的,我没有这个思想,刘少奇也没有这个思想。

问:那你说是谁。

王:反正有人。

问:无耻!蒙骗人家还夸耀。现在谁都看透你这个反动的资产阶级分子的本质了。

王:我不是反动的资产阶级分子,我是毛主席的共产党员。真理就是真理,可能是有资产阶级反动路线的影响。

问:你敢否定革命小将?

王:真正的爱护小将,应该是什么就说什么,不能歪曲事实来爱护革命小将……(被打断。众:你放毒!)如果你们摆事实讲道理,就让我把话讲完,毛主席说:坏话,好话,反对的话都要听,要让人把话讲完,你们要不摆事实不讲道理,那我就不讲了。你们斗吧!

问:我们就是要斗你这个反动的资产阶级分子,清华园的大扒手。

王:我不是,我是共产党员。

问:你不要给我们的党脸上抹黑了。干的丑事还少啦!桃园四清你干了些什么!

王:对四清材料你们了解多少?你们都找什么人了解?你们下去五天,我待上一年了,比你们了解,你们要认真调查。

问:去你的。桃园经验臭透了。一会儿你听听。

王:桃园经验是好的,不是坏的。但有缺点有错误。

问:(大伙耻笑她)有功、有功。那么后十条看来也是好的,有缺点、有错误吧?

王:后十条是刘少奇改的,有些清规戒律,但精神是好的,是毛主席叫他修改的。

问:这么说后十务棒极了?

王:后十条有好的部分,但有形而上学,繁琐哲学,一些政策界限强调得过多,清规戒律束缚了群众运动。

(群众气极,给她"打扮"后照相)

王:谢谢你们,你们不应该侮辱我。

问:刘少奇是镇压无产阶级文化大革命的罪魁祸首,你认为怎么样?

王:(避而不答)他是要负主要责任的。6、7月是他干的,但以后就不能归他。

问:归谁?你说!

王:他路线错误有影响,不能全归他,他有责任。

问:那蒯大富反革命很久翻不过来,谁负责?

王:蒯大富反革命不是刘少奇定的。刘少奇没跟我说过蒯大富是反革命。

问:他在《修养》中大骂有人要全党尊重他……是谁?

王:那是什么时候出版的。他不是骂主席,那指的是洛甫。

问:那1962年再版时为什么不修改,反而把斯大林都删了?

王:那不知道。他是坚决反修的。他改的地方有档案在,你们有条件就去查。毛主席说要出刘选,他不积极,后成立编辑委员会,要他修改出书,他看一遍,有的是编辑委员会改的，他没注意，你们可以去查嘛。我知道，他是不反斯大林的，“九评”，“两论”，他都参加起草的。

问：戚本禹同志的文章你怎么看？

王：批这电影很对，该批。

问：不对，要害是揭开了“老革命”的画皮，暴露了假革命、反革命的本质。

王：“言者无罪，闻者足戒”。

问：胡说！你顽固到底死路一条。我们就是要把刘少奇拉下马！

王：拉下马我同意，别人领导比他领导对党更有利。

问：王光美，你对戚本禹同志提的几个问题怎么看？（念戚本禹同志的文章最后的几个问题）

王：(1)没讲过。我不知道。（指老革命遇到新问题、疯狂进行资本主义复辟、猖狂反对毛主席三个问题）

(2)我等待毛主席讲话，等毛主席讲最后一句话。刘少奇并不是梦寐以求资本主义，他是想搞社会主义的，说猖狂复辟不是那样，愿意搞社会主义的。他特别谈了一些防修、反修、反资本主义复辟的问题。他经常想，但想不出办法，无办法没有水平，无魄力像毛主席这样搞文化大革命。他是考虑避免修正主义复辟的。我认为他最大的错误是没有提倡全党全民大学毛泽东思想，从他的地位、重要性、毛主席对他的信任来看，应很早就提出的，但他1966年才提出，这是他最大的错误。

(3)他没有反对过毛主席，更没有什么猖狂。他有违反毛泽东思想的地方，有不少是世界观问题。

(4)他没有大肆宣扬。他是想保存革命有生力量。当时白区损失极大，日本人又要进攻，因为一些人不知名，影响并不大，就让他们自首了。北京61个人，天津几十个人。至于自首书的措词，什么“坚决反共”，他不知道的。

(5)起草的文件，中央是看过的，当然他要检讨，但同一个文件他提出过积极练兵。当时这些是可能造成不好的影响。

(6)他反对资本主义改造？没有！在天津讲话是错误的，但改造资本家他是积极赞成的。合作社问题他是同意过一些同志的意见，主要是邓子恢干的。

(7)八大报告是有缺点，但是这并不是他一个人的问题。八大决议好像也有错误。……主席没看过？……这是很匆忙的，刘少奇对决议好像看的也很匆忙。不过文件出来很久了。毛主席、党中央未表态。

(8)这不是刘少奇说的。他只是对困难估计过分了。可能是会助长歪风滋长。

(9)刘选编委会叫他审查的，他对此不积极。

(10)他是过分强调了阶级斗争，过分强调了扎根串联。有些话使人感到农村漆黑一团。

(11)对6、7月之前我同意毛主席大字报观点。6、7月后他也要负责任。是不是都要他负责，那我就不了解情况了。

（王光美准备“坐牢”，将毛巾、牙刷……什么都

问：王光美，你怕不怕？

王；我怕什么。我不怕。

第二次审问

时间：4 月 10 日下午 1 点

地点：清华主楼 803

问：你对戚本禹同志文章怎么看？王：戚本禹同志写得很好，旗帜鲜明。根据我知道的事实，对少奇是假革命、反革命的结论我得不出。1950 年秋同刘少奇一起看这部电影时，他没有讲什么。主席要批判，他没批判，这是错了，反正我没有听他说过这片子是爱国主义的。戚本禹同志文章出来后，我很气愤，也很关心。毛主席说我们要关心国家大事么，我又问了刘少奇一次，与他回忆了很久，他也没说过。我们相信毛主席，伟大的毛主席会弄清楚的。

问：照你这么说刘少奇还是老革命？文化革命也只是“老革命遇到新问题？”

王：刘少奇在文化革命中犯错误不是偶然的。他自己也说不是偶然的，他的世界观没有根本改变，不可能不违反毛泽东思想，他是要负主要责任。他没有毛主席的胆量和魄力来发动领导这场史无前例的无产阶级文化大革命。过去，我的错误是相信党、相信毛主席不够，相信群众不够。现在，我愿意交真心给你们。我对“假革命”、“真革命”的确没有认识到。

问：问你，你对今天斗争大会怎么看？

王：今天大会表现了群众的愤怒。我个人受一些委屈也 没啥。毛主席教导我们也要经风雨见世面嘛。我希望你们给我听录音，我听到的太少了，我应知道自己犯了什么错误。也应让刘少奇知道。

问：狡辩！我问你，桃园经验到底怎么样？

王：我认为桃园经验是成绩多缺点少。

问：还成绩呢？你倒成了有功之臣了。

王：成绩不是王光美的，是毛主席的，是毛泽东思想的。

问：不许你污蔑毛主席。

王：我去桃园，许多人都不支持。刘少奇是不主张我去的。那时就只有毛主席支持我去。

问：可是你呢，大整社员，大整同学，毛主席支持吗？

王：那，人的认识有个过程，这是符合毛泽东思想的，不然正确思想从哪里来？

问：再问你，刘少奇在天津讲的反动话你怎么看？

王：天津讲话，有好的，有不好的，有错误的。他是毛主席派去的，是针对一些人“左”倾情绪去纠正的，他说的话有些是很不好的。但“红色资本家”不是他讲的，我知道，我不说是谁。刘少奇只讲过进步资本家，资本家是有先进的，落后的。

问:谁说的"红色资本家"。

王:我是中央工作人员,要保密。

问:不行!你是专政对象,说!

王:还是不说得好,我知道你们要揪。

问:算了吧!谁不知刘少奇是老机会主义者。

王:是的,是有人批评他老右倾,立三路线时批评他右倾,王明路线也批评他右倾……(打断)

问:恶毒!你说现在是什么路线!不许赖!

王:我是说过去。

问:你对《论修养》怎么看?

王:我同意红旗评论员的话。

问:戚本禹同志文章呢?

王:(避而不答)

问:赶快交待你和刘少奇攻击中央文革的罪行。

王:刘少奇没有罪行,叫我交待什么。

问:少耍赖!你对中央文革到底怎么看。

王:越是做工作多的,缺点错误是不可避免的。真正的革命者要自我批评,中央文革是经常检讨自己的工作的,我从讲话上看到过。大字报上边也有提意见的嘛!

问:三反分子的臭老婆,我们早定你……(被打断)

王:中国的妇女中国的女共产党员是独立的,不能因为丈夫错了,老婆就一定错,老婆错了,丈夫就一定错。

问:你们俩本来就是臭味相投,你是什么共产党员?你是刘少奇拉入党内的阶级异己分子!

王:我入党不是拉进来的,我有手续的。

问:你介绍人是谁?

王:反正不是徐冰,外面是谣言。

问:谁?

王:一个姓孙,一个姓赖。

问:叫什么名字?在哪儿工作?

王:(不说)我的历史,我全部向组织汇报过了,你们可以通过组织调查,这些没必要说。

问:我们就要你说。谁看你档案。说!刘少奇对戚本禹同志文章怎么看?

王:文章发表后,他很仔细地看了两遍,我想他不会承认假革命,反革命。刘少奇说他从来没说过是爱国的。我们一起回忆过这件事,那回是谁推荐的,什么过程,我都忘了,反正是演到一半天就亮了,看不清,我们什么也没说。

问:你是不是说戚本禹同志,《红旗》在造谣?

王:戚本禹,我一直认为是好同志。是不是有人造谣,我不知道,反正刘少奇没说过。

第三次审问①

时间:4月10日5点40分~10点零5分

地点:主楼803

问:刘少奇是反党头子,知道吗?

王:毛主席十一中全会没有这么说。十七年来成绩是毛主席的,刘少奇是第一线,.有错误是他的。

问:你说。《红旗》文章你同意,那刘少奇是否修正主义一套。

王:《论修养》是唯心等还可以,否认无产阶级专政等我还想不通……

问:《论修养》和赫鲁晓夫是否一样?

王:有某些方面一样,也有合乎马列主义的。

问:哈!这不是修正主义吗!_打着红旗反红旗,你自己回答了这个问题。1962年大量印发出版是谁定的?

王:可以查么,不是刘少奇亲自抓的,不知道。

问:戚本禹文章好得很还是糟得很?

王:从批《清宫秘史》和肃清刘少奇影响是好得很,但有些事实我有保留,是假革命反革命我未认识到。刘少奇从来没有讲过是爱国主义。

问:难道《红旗》文章不符合毛泽东思想吗?

王:我不知道毛主席亲自看过。

问:你相信不相信中央文革?

王:中央文革在文化大革命中建立了不朽的功勋,总的说来相信的,每个成员是否都相信,那我有保留……

问:戚本禹文章的结论是中央文革的,你拥护中央文革吗?

王:那为什么不以中央文革的名义发表呢?

问:刘少奇看了戚本禹文章什么态度?

王:刘少奇,反正不是反革命。

---

① 第三次"审闻",大量的内容是王光美的家庭情况(王家的家庭情况)、参加革命经过、入党经过等,均已略去。

英年早逝·魂归何处·风雨同舟

——邓小平的三位夫人

(一)张锡瑗——英年早逝

和邓小平相识于国外,结合于白色恐怖的上海,死于难产。

她英年早逝,夫妻情缘仅两年。

张锡瑗1907年生于河北房山县良乡镇,父亲张镜海是铁路职员,曾任良乡火车站站长。良乡是京汉铁路的一个重要车站,是出入北京的门户。1923年中国共产党发动京汉铁路大罢工,良乡车站的员工也加入罢工斗争,张锡瑗的父亲也卷入罢工浪潮。受革命潮流的影响,张锡瑗在直隶省第二女子师范学校读书时,即参加了学潮,并于1924年加入共产主义青年团。

1925年张锡瑗来到北京,认识了李大钊、赵世炎等中国共产党早期重要领导人。当时的北京,因为冯玉祥发动北京政变,倾向国民革命,直系吴佩孚的势力已被肃清,冯玉祥又邀请孙中山北上,所以政治环境比较宽松。当时国共合作已经实现,共产党在北京可以以国民党的名义活动,处于半公开的地位,因此北方的革命运动也迅猛开展起来。为配合孙中山北上,中国共产党发起了国民会议运动。来到北京的张锡瑗,在党组织的领导下,积极参与国民会议促成会的召开,从事各种革命活动并由共青团转为共产党。

1925年下半年,张锡瑗由中共北方党组织选派,进入莫斯科中山大学学习。在这里,张锡瑗和邓小平相识。中山大学的全称是中山劳动大学,是第三国际专为培养中国革命干部而创办的。它创办于1925年。这之前,莫斯科设有"东方劳动者共产主义大学",主要为东方国家培训革命干部,学生来自印度、越南、日本、土耳其、阿拉伯半岛各国、北非等。中国共产党成立后,自然向该校选派学员,中共旅欧支部也派来赵世炎、陈乔年、陈延年、王若飞等人校学习。

国共合作建立后,国民党和共产党都急需大批干部,要求增加在苏联培训中国革命干部的人数,于是有中山大学的创办。

邓小平原名邓先圣,还使用过邓希贤、邓斌两个名字。1904年生于四川广安县协兴乡牌坊村的小地主家庭。父亲邓绍昌,字文明,曾经在协兴乡帮会组织"袍哥会"当过"掌旗大爷"(首领),还曾在民国初年担任过广安县的警卫总办(即团练局长),还当过本乡的乡长。邓绍昌担任团练局长时,曾带兵围剿过华蓥山土匪,和土匪头结下仇,后土匪头被政府招安,还当了师长,邓绍昌怕报复,跑到重庆避难,一住就是8年,在重庆,听说有留法勤工俭学的事,便把长子邓先圣送到法国去。

邓小平6岁入私塾发蒙,读《三字经》、《百家姓》、《四书》、《五经》之类,私塾先生给他改名邓希贤,因为孔子才称圣人,学生哪能称先圣呢。邓希贤的名字,就这样使用了近20年。1915年,11岁的邓希贤考入广安县立高小。3年后,又考入广安初中,这时,邓绍昌已打算叫他去法国勤工俭学,便叫他来到重庆,进入留法预备学校学习。在这里,邓希贤经过"五四运动"的洗礼,具有初步的爱国思想和进步思想。1920年8月,16岁的邓小平登上离乡的轮船,开始了对他一生具有转折意义的航程。在法国,邓希贤结识了周恩来、赵世炎、李富春、聂荣臻等许多进步青年,在周恩来等引导下,邓希贤加入共青团、共产党。1925年底,国共两党挑选了310名学员准备送往中山大学,其中大部分是共产党员、青年团员。1926年1月,中共旅欧支部选派20名党团员人中山大学学习。其中有邓小平、傅钟、李卓然等。入中山大学学习的学员文化理论水平相差很大,有的受过高、中等教育,有的只有初中甚至小学水平,所以学员分成预备班、翻译速成班等。其中有一个"理论家班",国共两党的尖子人物都在这个班组里,中共党员如上面提到的邓小平、傅钟、李卓然等,国民党方面则有谷正纲、邓文仪、于右任的女婿屈武等,当时中山大学的党支部书记是傅钟,邓小平则是理论家班的党小组长,人中山大学前,两个人都是旅欧共青团执委会成员。邓小平在中山大学学习期间,使用的俄文名字是多佐罗夫。

邓小平在中山大学同张锡瑗相识。这时,邓小平22岁,张锡瑗19岁。她活泼、爽快、性情温和,对人很好,长相呢,则是"少有的漂亮"。① 邓小平和张锡瑗在中山大学只是同学、同志、战友,他们之间的关系还没有发展到恋人的程度。中山大学的学制是两年,但邓小平学习不到一年,就因革命形势的需要提前回国。1926年底,邓小平从苏联回国,来到冯玉祥的部队工作。冯玉祥自发动北京政变后,在中国共产党帮助下对中国革命有了初步认识。1925年5月到1926年8月,冯玉祥在苏联考察访问一年多,回国后接受苏联大批军火物资,欢迎中国共产党派党员帮助他改造旧军队。先后派到冯部工作的共产党员有200人之多,其中有:刘伯坚、刘志丹、陈延年、宣侠父、邓小平等。

1926年9月冯玉祥举行五原誓师,所部改称国民联军,响应广东政府北伐。邓小平到冯玉祥部队工作,分配到西安中山军事学校任政治处长。学校名义上是冯玉祥办的,但实际由共产党领导,主要职务都由共产党员担任。邓小平只在冯部工作了几个月,形势就急转直下。1927年春,蒋介石发动"四·一二"政变,革命到了危机阶段。受反动势力的影响,冯玉祥急剧右倾,6月,他和汪精卫在郑州举行分共会议,决定清洗部队中的共产党员。他通知共产党员到开封"受训",实质是要对他们进行"洗脑筋"然后逐驱出境。邓小平和刘伯坚、史可轩(中山军事

① 毛毛:《我的父亲邓小平》。中央文献出版社。

学校校长、共产党员）等决定不去开封，而由邓去武汉向中共中央报告。邓小平于6月底经郑州来到武汉。刘伯坚等200多名共产党员则被冯玉祥“礼送出境”。1927年7月初，邓小平来到武汉，在中共中央任秘书工作，负责中央文件、交通、机要、在会议上作记录等。为适应工作的需要，他改名邓小平。

汪精卫发动反革命政变，国共合作破裂，国民革命失败。为了挽救革命，中共中央在汉口召开紧急会议，确定土地革命和武装反抗国民党反动派的总方针，这就是著名的“八七”会议，邓小平作为中央秘书，参加了这次对中国革命具有转折意义的会议。“八七”会议不久，邓小平在武汉意外地遇见了张锡瑗。张锡瑗于1927年秋，约在八九月间，经过蒙古回国。回国后她参加领导了保定的铁路工人罢工运动。这次罢工的筹划领导工作，自始至终是在张家进行的，因此连张锡瑗当时只有8岁的小弟弟都印象很深。此次罢工后，张锡瑗到了武汉，在武汉中央秘书处工作。老同学相遇，既惊且喜，他们这回真是并肩战斗在一起了。不久，中共中央迁往上海。邓小平担任中共中央秘书长，张锛瑗也到了上海，而且就在邓小平下属的秘书处里工作。

共同的革命理想、共同的情趣和缘分，他们相爱了。1928年刚过年不久，邓小平和张锡瑗结婚，邓小平不到24岁，张锡瑗不到22岁。为了庆祝这对年轻的革命者喜结良缘，中央的同志们特地在上海广西中路一个叫聚丰园的四川馆子办了酒席。周恩来、邓颖越、李维汉、王若飞等在中央的大部分人都参加了，共有30多人。当时曾去吃喜酒的郑超麟老人回忆说：“因为上海比较松（1928年10月以前），所以可以办酒席，还有几个在中央工作的同志也是这样办喜酒结的婚。”郑超麟已经91岁了，可他还记得清清楚楚：“张锡瑗长得很漂亮，个子不高，是保定第二女子师范的学生，和李培之（王若飞的夫人）一道闹学潮的，在武汉也作过秘密工作。张锡瑗的朋友很多，当时也有其他的人追求她，可她和邓小平结了婚。后来我住在一个叫王少兴的人家里，邓小平在西北军里认识王，他和张锡瑗常到王少兴那里去看他，因此我常见到他们。”

为了应付敌人，邓小平和张锡瑗化装成阔人，邓小平西服革履博士帽，张锡瑗旗袍烫发高跟鞋。大半年时间，邓小平夫妻和周恩来夫妻同住公共租界的一幢小楼里，周恩来和邓颖超住楼上，邓小平和张锡瑗住楼下。霍步青和朱月倩夫妇在中央军委机关工作。这三对夫妻编在一个党小组，同过组织生活，一周一次，但为了安全，地点是经常变换的。那时6个人的平均年龄也就是20刚出头，是个年轻又坚强的战斗集体。在上海从事秘密工作，战斗在龙潭虎穴，随时都有生命危险。但为了革命大业，邓小平和张锡瑗这对年轻夫妇，早把生死置之度外。邓小平回忆说：“我们在上海作秘密工作，非常艰苦，那是吊起脑袋在干革命，我们没照过像。连电影院也没去过。我在军队那么多年没有负过伤，地下工作没有被捕过，这种情况是很少有的。但危险经过好几次，最大的危险有两次。“一次是何家兴叛变，出卖罗亦农。我去和罗亦农接头，办完事，我刚从后门出去，前门巡捕就进来，罗亦农被捕。我出后门看见前门特科一个扮成擦鞋子的用手悄悄一指，就知道出事了。就差不到一分钟的时间。后来罗亦农被枪毙了。

“还有一次,我同周总理、邓大姐、张锡瑗住在一个房子里。那时我们特科工作,得知巡捕发现了周住在什么地方,要来搜查,他们通知了周恩来。当时在家的同志就赶紧搬了。但我当时不在,没有接到通知,不晓得。里面巡捕正在搜查,我去敲门,幸好我们特科有个内线在里边,答应了一声要来开门。我一听声音不对,赶快就走,没有出事故。以后半年时间,我们连那个弄堂都不敢走。”①1929 年 7 ~8 月间,中共中央决定邓小平去广西,以中央代表的身份,领导广西党的工作和组织武装起义。邓小平告别爱妻,踏上去广西的征途。桂系将领俞作柏、李明瑞同桂系首领人物李宗仁、自崇禧有矛盾,他们乘 1929 年蒋桂战争之机,控制广西,俞作柏任广西省主席,李明瑞任广西省绥靖司令。但他们深感力单势薄,便想联络共产党对付老桂系。俞、李在国民革命时期,曾和共产党多有接触,倾向革命,俞作柏之弟俞作豫在 1927 年 110 月秘密加入中国共产党,奉党组之命回广西做争取俞、李的工作。

后来,俞作柏在反蒋的军事行动失败后出走香港,李明瑞在邓小平、俞作豫的争取下加入革命行列。1929。年和 1930 年,邓小平、张云逸、俞作豫、李明瑞等发动百色、龙州起义,创立了红七军、红八军和左右江革命根据地。李明瑞为红七军、红八军总指挥,邓小平为总政委兼前敌委员会书记。红七军军长张云逸,政委邓小平. 红八军军长俞作豫,政委邓小平。左右江根据地鼎盛时,拥有 22 个县、100 万人口,是当时全国瞩目的红色根据地之一。李明瑞由中共中央批准,加入中国共产党。邓小平奉命回上海向中央汇报工作。这时张锡瑗正住在上海宝隆医院,准备分娩,邓小平离沪前,她早已怀孕。邓小平汇报完工作,急忙赶到医院。夫妻久别重逢,虽感欣喜,但孩子却很难产。后来,孩子虽生下来了,但张锡瑗却得了产褥热。邓小平焦急地陪伴着妻子,但非常不幸,几天后,张锡瑗就去世了,年仅 24 岁。刚生下不久的孩子也随即夭亡。他顾不得埋葬妻子,便奉命匆匆赶回广西,经过香港,遇到中央特科工作人员李强,邓小平委托他代为埋葬妻子。1930 年春,李强回到上海,奉中央军委之命,负责安葬张锡瑗。

李强回忆说:“我们把张锡瑗埋葬在上海江湾公墓,墓碑上写的是张周氏,立墓人也是用的假名,这是地下工作的需要。给张锡瑗送葬的,有邓颖超同志和她的妈妈,还有一位姑娘,安葬好了以后按当时的规矩祭奠了一下,后来我才知道,同我们一起去的那个姑娘就是张锡瑗的妹妹张晓梅。”1949 年上海解放后,一进城邓小平就去寻找张锡瑗的坟墓。因为战乱,日本人又在公墓那里动土修机场. 公墓已面目全非。在李强的帮助下,才找到墓地。邓小平把张锡瑗的遗骨取出,放置一小棺木中,和病逝的苏兆征遗骨一起,两个小棺木,并放在邓小平住的楼下,即原国民党励志社的房子。一直放到“文化大革命”爆发,就根本无法顾及了。1969 年,张锡瑗和苏兆征的遗骨,都安葬于上海烈士陵园。当时正是“文化

① 毛毛:《我的父亲邓小平》,中央文献出版社。

大革命”的狂热阶段，邓小平已被作为“第二号最大的走资派”打倒，安葬者一定不知道张锡瑗是准，见到和苏兆征的棺木放在一起，误以为是别人，也一块安葬了。那个极“左”的年月，如果知道是邓小平先妻的遗骨，不知道要采取何等激烈的“革命行动”呢！

现在，上海烈士陵园改名龙华革命公墓，她的墓碑上镌刻着“张锡瑗烈士之墓”，那张惟一保存下来的照片镶嵌在石碑上。张锡瑗有两个妹妹，在她的影响下都参加了革命。大妹妹张锡瑞与她一起参加革命，一起到苏联莫斯科中山大学留学，后来回国参加革命斗争，于天津牺牲。小妹妹叫张晓梅，原名张锡珍。邓小平和张锡瑗结婚后，就把张晓梅接到上海，介绍她加入了中国共产党，并安排于党中央职工部工作。

邓小平在莫斯科中山大学时有一个同学，名叫徐冰。他本名邢西萍，1903 年出生于一个富裕的工商业家庭，1924 年在德国留学时加入中国共产党，1928 年，任党中央秘书处翻译科的德文翻译。由张锡瑗介绍，徐冰和张晓梅在上海结了婚。张锡瑗虽然早年去世，但张晓梅和徐冰则一直和邓家保持着相当密切的往来，孩子们叫张晓梅姨妈，叫徐冰姨爹。徐冰解放后任中共中央统战部部长，张晓梅任北京市妇女联合会主任。他们这一对夫妇可是活跃人物，因为多年的工作关系，他们和周恩来夫妇、叶剑英元帅以及中央的各位领导人都相当熟识。他们两个人都是性格活跃而又开朗，说起话来是大声大气，笑起来是哈哈大笑。他们常请邓小平和卓琳吃饭，而他们一去，就是连家带口、老老少少的一大家子人。

“文革”开始以后，无妄之灾从天而降。1966 年 8 月召开了党的八届十一中全会，这是一次由毛泽东亲自主持召开的会议。这次会议确定了“左”倾指导方针，进一步扩大“文化大革命”，错误地改组中央领导机构和调换一些主要领导人。在小组会上，徐冰曾与陈伯达、江青有过面对面的斗争。为此，陈伯达叫嚷要“炮打徐冰领导的统战部”，江青也攻击徐冰“在会上一直唱反调”。不久，“四人帮”即网罗罪名，打倒徐冰。徐冰曾于 1932 年在青岛被捕过，后经家庭营救出狱。“四人帮”便诬徐为叛徒，加以陷害。并对其进行了长期的监禁和摧残。徐冰与林彪、“四人帮”进行了顽强的斗争，始终坚贞不屈，终于 1972 年 3 月 18 日，被迫害致死，终年 69 岁。直到 1976 年粉碎“四人帮”后，中共中央才举行隆重的追悼大会，为徐冰平反昭雪。张晓梅也没有摆脱“文革”冲击的恶运。在林彪、“四人帮”疯狂批判北京市市委书记兼市长彭真，彻底砸烂“旧市委”的同时，张晓梅被罢官、免职，遭到残酷地揪斗和迫害。她本来就患有高血压症，在强迫劳动改造中，突然摔倒，1968 年 4 月 28 日含冤去世。一个第一、二、三届全国人民代表大会代表、全国妇联主席团委员、北京市妇联主任，就这样死去了，时年只有 57 岁。她在 1925 年，只有 15 岁时便参加了北京的进步学生运动和中国共产主义青年团，1928 年加入中国共产党，参加过党的文化工作、统战工作和军调部的工作，与周恩来和邓颖超的关系特别亲密。组织上对她的评价是：政治原则性强，组织性强，掌握政策，对工作认真、负责、细致、谨慎、考虑问题周密，能够照顾全面。她的两个姐姐都把生命献给了党和人民的事业，她也把毕生献给了党和人民。1978 年 12 月 17 日，党和人民为她平反恢复名誉，举行了追悼会和骨灰安放仪式。他们走了，都这么早早地走了。但他们终生无悔，因为他们都实现了他们的诺言，为党和人民、为实现共产主义理想而贡献一切，乃至生命都在所不惜。

（二）金维映——魂归何处？

和邓小平相爱于红色区域。

短促的夫妻情断于“左”的棍棒。

她去了令人神往的十月革命故乡，但却不知魄归何处！

金维映原名金爱卿，又使用过金志成的名字，她和邓小平同年，均生于 1904 年。她生于浙江舟山群岛岱山高亭镇。父亲金荣贵，粗识文字，是一家客店的小职员；母亲虞阿英，是位勤劳、善良的农妇，性情爽快，爱打抱不平，常为穷苦乡亲分忧解难，出谋划策，有“师爷婆婆”的美称，金维映有一个弟弟、一家 4 口全靠父亲微薄收入过活，日子很艰难。

1912 年，定海县成立了女子小学，校长沈毅是致力于教育救国的进步人士。其时金维映的父亲也转到定海公民招待所当了职员。女子小学和公民招待所，在舟山地区革命运动中是颇有影响的去处，金维映的革命生涯便始于此。1913 年，金维映走进定海女子小学读书。她的第一次革命行动是放脚。她和同班一位非常要好的同学王亚璋（中共中央对外联络部离休干部）想法一致，认为妇女只要有了本领，能经济独立，就不会再受人欺侮了。然而，这种单纯朴素的思想很快就受到校园外的黑暗现实冲击。她们看到清王朝虽然被推翻了，但是人人脑后还垂着辫子，依然顽固地维系着陈腐的封建伦理，就是女子小学的女学生们绝大多数也还是缠着“三寸金莲”上“洋学堂”。有的同学实在忍不住疼痛，就在课桌下悄悄打开裹脚布，还要心怀忐忑地环顾四周，不是怕校长老师申斥，而是怕同学们看到笑话。关键时刻，沈校长为她们指出了一条道路。沈校长早已意识到“小辫子”和“裹脚布”是对这所现代学校的恶毒嘲讽和威胁。她下决心革革这两样封建主义象征物的命。她把金维映、王亚璋等几个学生“尖子”找来单独上了一堂课。几天后，从女子小学校园涌出一群放开裹脚，短发齐耳的女生。她们大步走到县城繁市闹区，有的蹦上高台演讲；有的振臂高呼。县城一下子像开了锅一样，人潮涌动，有的兴奋地奔走相告，有的瞠目结舌不知所措，更有封建遗老遗少，气得小胡子冲天发怒，骂女学生是“大脚变”、“割藩头”，咒骂校舍所在的土地祠里的土地爷要给她们报应。然而土地爷并无灵气显世，倒是越来越多的人响应这场“放脚”“剪辫子”的革命。一群女娃开风气之先，使舟山风貌改变了。

从此，沈校长和金维映、王亚璋等进步师生每当革命风潮波及舟山，便闻风而动率先响应，使女子小学成为本地革命和进步的发源地。世凯同日本签订丧权辱国的“二十一条”。消息传到女子小学，师生组成“铁血队”，由金爱卿、王亚璋带领上街游行。她们亭呼：“洪宪元年，面皮哪里！”“打倒袁世凯！”“五四”，运动波及舟山,她们又走上街头宣讲民主革命思想,散发传单。舟山,这叶“金舟”由此驶入中国现代史狂涛激荡的革命洪流。在这些斗争中,金爱卿表现了不屈的斗争精神和出色的组织能力、演讲才干,很快成为女子小学的风云人物,深得沈校长器重亨爱,并把她认为“干女儿”。抱定有志者事竞成精神的爱卿改名为志成。

金维映从女子小学毕业后到宁波师范学习,3 年后又回到女子小学,当上了幼稚班教师。金家世代受苦,维映祖父是从山西逃荒到定海隔海相望的镇海县白家铺村落户的。父亲金荣贵念书不多。没想到“金门出龙女”,女儿有出息,成了教“秀才”的先生。他内心倍感欣慰。此时的金维映已出落成俊俏苗条的南国女子,脸蛋圆圆的,眼睛大大的,黑黑的眸子宛如舟山港湾里的一汪清波,举手投足没有娇羞,却在秀媚中透着爽人豪气。当金荣贵为女儿学成荣归高兴时,他并未真正认识女儿。此间,金维映正在由一个具有民主思想的知识分子逐步转变为一个无产阶级先进分子、职业革命家。

1924 年 1 月,国共两党实行合作,南半部中国正酝酿着革命风潮。中国共产党在上海创办了上海大学,集中了一批党的杰出领导人物和进步人士。亚璋到上海大学学习。假期她回来看望沈校长和金维映,兴奋地讲述在上海所见所闻。通过她,她们结识了瞿秋白、杨之华(秋白夫人)、郭沫若、项英等著名人士。金维映被他们的言谈深深打动。她感到中国的希望就在这些人身上。党组织对定海女子小学的进步倾向也早有注意,曾担任“二七大罢工”领导人之一的林育南多次与他们长谈,向他们介绍中国共产党的纲领。通过这些接触,金维映的思想发生了巨大变化。

1926 年 9 月,沈校长邀请中共江浙区委负责人杨之华到定海作妇女革命问题演讲。金维映和女子小学师生以及当地追求进步的女性都到场听讲。共江浙区委经过考察,认为定海已具备建党的条件,决定在这里发展一批党员。1926 年 11 月,金维映加入了中国共产党。随后成立了中共定海独立支部,金维映为支部成员。这是舟山地区党的最早组织。从此,金维映开始了她共产主义战士的壮丽人生。

北伐战争节节胜利,南半部中国工农运动如火如荼。定海女子小学和公民招待所成为党的据点,金荣贵同情共产党,支持女儿的革命行动。他利用工作方便,掩护革命同志在公民招待所进行工作。

金维映白天教书,晚上从事革命活动。她发动工人成立定海县总工会,领导会员开展经济斗争,要求改善劳动条件,增加薪水。舟山的主要经济活动是盐业,盐民是劳动者的主体,中共宁波地委指示定海独立支部,以开展盐民运动为工作重点。在金维映的发动下,世世代代胼手胝足的盐民们怒吼了。1927 年 3 月 12 日,盐民们在岱山东狱宫召开了万人大会。宣告岱山盐民协会成立。各界代表到会发言,会场革命气氛高涨。会后整队游行,队伍浩浩荡荡长达 10 里。

金维映身背大刀,英姿飒爽,前后奔走,不时带领盐民高呼“打倒贪官污吏!”“废除苛捐杂税!”等口号,声震海天。同时,金维映又把店员、手工业工人组织起来,建立工人团体,一个盐民协会,一个总工会,两支大军汇合一起,革命火炬照遍舟山群岛,金维映被誉为“定海女将”。

蒋介石发动“四·一二”政变,舟山一片白色恐布,金维映被捕,幸父亲金荣贵有一些上层关系,才把她保释出来。一天,她轻声告诉父亲,要到上海教书。金荣贵闻言心中一惊,他知道,教书是借口,找革命是真。他知道上海滩上国民党杀共产党杀得红了眼。他更知道女儿行动决不是她个人安排的。他默默地打量着女儿憔粹的面容,说不出一句话来。只颤抖地点了点头。父女俩含泪依依惜别……迈出家门,金维映踏上去上海的路.她深情地多次回望故乡和亲人……

这一别,她再也没能返回故乡!

金维映来到上海,找到党的地下组织,进入中华全国总工会,从事秘密的工人运动。大家都亲切地叫她“阿金”。1929 年,阿金担任中共江苏省委妇女运动委员会书记,1930 年任上海丝织业工会中共党团书记和上海工会联合行动委员会领导人,这时她年仅 26 岁,但已是经验丰富的女革命家。

中共江苏省委决定组织一次上海丝织工人大罢工,阿金是这场声势浩大的罢工领导人,她在闸北区办了一所平民夜校,作为教育、发动丝织女工参加革命的据点。许多丝织女 lAY 党,革命火种迅速传播开来。她还和几名工运干部深入摄氏 40 度高温的丝织车间,启发丝工的阶级觉悟。

在她强有力的组织下,104 家丝厂女工于 1930 年举行了声势浩大的同盟罢工、震动了上海。丝工行动委员会在虹口区租了两间厢楼作为机关。为便于掩护,阿金将母亲虞阿英从舟山接到上海住在这里。老人家给大家买菜、烧饭、洗衣服,还为阿金她们放哨。她把革命的“小姐妹”都当成自己的亲生女儿一样关怀照顾。当时,黄浦江畔一派森严的白色恐布,租界和里弄街道里到有外国巡捕、反动军警和便衣特务。阿金带领着姐妹们在虎穴周旋。阿金为了大家安全,还特地在热闹地方一家旅馆租了间房,作为丝委成员换衣、化妆的地方。平时·她们有的打扮成阔太太,长发披肩、高跟鞋。到这家旅馆后,便换上女工服装,将长发挽成发髻。分头深入丝厂发动罢工斗争。在上海,阿金认识了邓小平。

邓小平领导的百色、龙州起义,创立了红七军、红八军和左右江革命根据地。1930 年 6 月,党中央出现了“立三路线”“左”倾盲动主义,实际主持中央工作的李立三不顾革命低潮的形势,夸大国民党反动统治的危机和革命的主观力量,提出“一省数省首先胜利”的盲动纲领,强令还处于初创阶段的红军离开根据地去攻打大城市,提出“占领长沙,拿下南昌,会师武汉,饮马长江”的极端盲动口号。李立三命令红七军攻打柳州、桂林。1930 年 10 月,7000 红七军健儿在邓小平、李明瑞、张云逸指挥下离开根据地,去执行“左”倾盲动的命令。但仅两个月,不但没有打下柳州、桂林,7000 健儿剩下不到一半。1931 年 1 月底,红七军转战至湘粤边界。

梅花村一战,红七军损失惨重,只剩下 2000 人。2 月,邓小平等率部沿湘粤边界向江西进发。在赣南崇义,邓小平得知中共六届四中全会在上海召开,中共中央领导已由王明集团把持。邓小平在崇义主持红七军前委会议，决定红七军向中央革命根据地靠拢，他去上海向中央汇报工作。1931 年 4 月底，红七军到达江西永新，进入中央革命根据地，不久，接到朱德、毛泽东命令，成立红军河西（赣江以西）总指挥部，李明瑞任总指挥，统一指挥红七军、红二十军（赣西南地方红军编成）和湘赣苏区红军独立第一师三支部队。1931 年 6 月，红七军主力东渡赣江，在兴国与中央红军胜利会师。

可惜，当时中央苏区大肃所谓“AB 团”和“改组派”，原红七军许多干部被肃被杀，李明瑞则被扣上“改组派首领”的帽子，于 1931 年 10 月惨遭杀害，年仅 35 岁。1931 年 2 月，邓小平经广州、香港乘船到达上海。但是近半年时间，中央即不听取他的汇报，也不分配他工作，他只是按月从中央领取生活费而已。他要求回红七军工作，回答是联络不上。他要求去中央苏区工作，批准了。这时，中共中央派遣金维映到中央苏区工作，二人正好同行。

1931 年 7 月中旬，邓小平和金维映从上海乘船，经广东汕头进入中央苏区，行前两个月，邓小平祭扫了张锡瑗墓。这时，邓小平和金维映相爱，不久结婚。1931 年 8 月，邓小平担任瑞金县委书记，不到一年，又调任会昌县委书记。1932 年 7 月，中共中央和江西省委决定，会昌、寻邬、安远三县统一领导，成立会昌中心县委（实际是地委），由邓小平任书记。金维映到中央苏区之初，先后担任于都、胜利两县县委书记。两地工作，邓小平和金维映难得见上一面。金维映到于都县后，在肖家祠召开党团员代表大会。她在会上做了政治形势和工作报告，反“围剿”，打土豪，分田地，她讲得生动明白，使工农干部很快领会了工作意义和步骤，大家情绪很高。当时不少干部没有文化，没有工作经验。金维映常常找他们谈话，鼓励他们努力工作，还鼓励他们好好学习。“不识字可以学，一天认一个，一年就有 360 多个了。”一天，有贫苦农民向区委报告：领背庙里有带枪的反革命分子。区里当时人员不多，大家听到这个消息有点紧张。金维映马上说：“不要怕，我们能捉到他们！”第二天清晨，金维映带着十几个人悄悄包围了领背庙。金维映布置好位置后，带人猛然冲进庙里，4 个反革命分子还没反应过来，就被活捉了，还缴获了 4 枝枪。

邓小平和金维映一起生活的时间很短，前后不到两年。1933 年 5 月，邓小平由于坚持毛泽东的正确路线，受到王明“左”倾中央的打击，这就是“邓、毛、谢、古事件”。邓小平受到不公正的打击和批判后，金维映离他而去。

此时，她已调到中央组织部任组织科长。李维汉是组织部部长。后来，她和李维汉——两位曾在上海共同战斗的战友结成了革命伴侣。中组部机关设在下肖区原来一所地主的大院里。院子北面的楼房是机关办公室。东侧的平房就是李维汉和金维映的家。不过，那时的“家”里没有什么私人财产，极简单的生活用品都是供给制的产物。在他们的家里，只有一张兼作办公用的大木床，没有别的任何摆设。在这个“陋室”里，这对夫妇却经常举行“家宴”来“款待”同志们。毛泽民的夫人钱希钧、张闻天的夫人刘英就常常是他们“家宴”的座上客。其实“家宴”中并不起烟火,只是自己从机关食堂打回饭菜聚餐,桌上常是红米饭、南瓜汤。偶尔一次,家中来了客,他们买了几个鸡蛋,恰巧毛泽东来串门见到了,他风趣地说:“你们是不是在搞特殊化哟?”说得在场的人都笑了。当时,他们每人每天才有 5 分钱菜金。

在粉碎第五次反革命“围剿”中,金维映担任中央军委武装总动员部副部长(部长是滕代远),并兼任瑞金突击总队队长,主要任务是开展征粮和扩大红军的工作。

当时扩红工作是苏区一项中心任务。为了扩红运动的需要,中央机关的许多干部都深入到村村寨寨,家家户户。作为负责这项工作的阿金,不仅带头参加,而且工作得相当出色。她有文化,又有一张泼辣的嘴巴,无论开会作报告,还是个别促膝交谈,她一番人情入理、生动活泼的话语,特别能打动人的心弦。有一次,她给群众作报告,全场鸦雀无声。她说:“……有的年轻人找了对象、结了婚,就不愿当红军,生怕离开家乡,离开老婆。我看你就把老婆绑在自己裤腰带上吧!男子汉大丈夫,就是这样的志气?有什么出息!……”几句亲切风趣的话,说得小伙子都咧开了嘴。金维映在扩红运动中,没日没夜的忙碌着、奔波着,她像一团火,燃起大家革命的烈焰。在那“黑云压城城欲摧”的危难关头,金维映以她杰出的才干出色地完成了任务,受到党中央的高度称赞,名字还上了光荣榜。1934 年 5 月 25 日,《红色中华》刊出醒目大字标题——“向我们优秀的突击队长金维映、余昌生、王首道等同志致敬!”1934 年 1 月 22 日召开中华苏维埃第二次全国代表大会,金维映作为代表出席大会,并当选为中央执行委员。

第五次反“围剿”失败,红军不得不进行战略转移。红一方面军共有 30 名女同志参加长征,被编人中央各直属机关组成的红章纵队,李维汉是纵队司令员兼政委。纵队司令部下还设一个地方工作部,部长由李维汉兼任,其任务是在长征途中发动群众、扩大红军、宣传革命。金维映、刘群先、刘英和吴亮平、贾拓夫等就在这个部工作。当时红章纵队的女同志分属纵队各单位。以后行军途中又做了几次调整,金维映被调到干部休养连任秘书。连队都是一些身体较差和有病的同志。其中有 24 位女同志。连队总领导是董必武和邓颖超。

这是一支特殊连队。即使年轻力壮者在漫长的征途中也被饥饿、疾病折磨的憔悴不堪。金维映在每次行军出发前,都向连队同志动员,鼓舞大家的士气。有的人走不动了,她就帮着背东西,扶着战友赶路。到宿营地她又要与当地群众联系,安排大家吃住。她的吃苦耐劳和饱满的革命乐观主义精神感染着每一个人,她是城市里来的知识分子出身的干部,能这样坚强,确实不易。

在这极为困苦的日子里,金维映和其他女同志稍有空闲就组织娱乐活动,大家放开歌喉向着巍巍重山、茫茫原野高唱红军革命歌曲。

1935 年 10 月,她们终于跨过万水千山到达陕北。金维映到达陕北后,又担任了中央组织部组织科科长。住在瓦窑堡时,有一段和周恩来、邓颖超同住一个院子,1937 年初,又随党中央迁到延安。她和李维汉住在杨家岭山坡的窑洞里。

至此他们才结束了长期飘泊的生活。1936年9月,金维映和李维汉生下一个可爱的儿子,他就是当今中国政坛的要人李铁映。1937年夏天,党中央将红军大学改编为抗日军政大学。金维映调到第四大队女生区队任队长,女生区队共有50多名学员。第四大队是为了培养白区工作的干部,大队长兼政委是董必武。由于金维映有白区工作的经验,就把她调整来加强这方面的工作。

“七七”事变后,全国进步青年纷纷投奔革命圣地延安。党中央又决定成立陕北公学,校长成仿吾,党组书记李维汉。金维映调任生活指导委员会副主任。1938年春,党中央派金维映、刘群先、方志纯等一批同志到莫斯科东方大学学习。同时,有些身体有病的同志也到莫斯科接受治疗。金维映离开延安时,李维汉带着不满两岁的儿子前来送行。阿金抱着儿子,亲了又亲,难舍难分。在孩子最需要母爱时,却要离他而去,阿金流泪了。更悲惨的是,从此竟成了永诀!到苏联后,开始阿金住在莫斯科东方大学里,后来又搬到离莫斯科大约60华里的地方。这是苏联专为中国同志盖的一个单独的院子,虽然不大,但环境宁静幽雅。

开学后,中国学员分成两个班。一个是政治班,一个是军事班。阿金被分到政治班,班主任是一个叫邱布根的苏联人。班里不成立党支部。只设学委会,阿金是学委会委员。阿金的文化水平较高,学习又非常用功。因此学习成绩也好。但是她从不自满,同学们在学习上遇到难题向她请教,她总是耐心帮助。在生活上,和国内相比,有很大改善。男学员穿上了西装,阿金等女学员也穿上了花衣服、花裙子。每天15卢布的伙食,除三顿正餐外,还有两次点心,此外,每人每月还有120卢布的零用钱。在新的环境下,阿金依然保持着艰苦朴素的生活作风,发什么就用什么,从来没有特殊要求。苏芬战争期间,苏联国内物资供应紧张,影响到学校,发的东西少了,伙食也差了,有少数学员不满意,发牢骚,一度闹得比较厉害。对此,阿金对他们进行了耐心的工作。她说:大家想想看,我们在国内每天5分钱的菜金还吃得高兴的很,现在的生活还不满意。来吧,我们一齐唱一支大家熟悉的歌。接着,阿金带头唱起《餐餐吃的精打光》这首在中央苏区经常唱的红军歌谣:

红米饭,南瓜汤,
秋茄子,味好香,
餐餐吃的精打光。
干稻草,软又黄,
金丝被儿盖身上,
不怕北风和大雪,
暖暖和和入梦乡。

歌儿一唱,大家又回忆起当年的情况。精神振奋了,情绪活跃了,牢骚、怪话也少多了。阿金善于团结人,她不仅和中国来的同志相处的很好,而且和共产国际党校工作的苏联人相处得也很融洽。在厨房工作的苏联员工,阿金对她们经常问寒问暖,体贴入微,情同亲姐妹。

对几位烈士的后代,从延安出发时起,阿金就多方照顾他们。到了苏联后,仍无微不至地关心他们,如慈母一般。谁知“天有不测风云,人有旦夕祸福”。1939年底一天,阿金神经突然受了强烈的刺激。开始,病情还不太严重,还能继续坚持学习,到1940年上半年,病情越来越重。在这种情况下,她又坚持了半年多。1940年底,党组织考虑到阿金的健康状况,决定送她到莫斯科一家精神病院进行治疗。在任弼时的关怀下,战友们含着眼泪把阿金送进医院。可是,又有谁知,这一去竟永无复返了!阿金在苏联最后的日子,鲜为人知。1988年6月24日,邓颖超在回忆金维映时,饱含深情地写道:“一九三九年七月,周恩来同志右臂骨折。八月我陪伴恩来同志去苏联莫斯科治疗。听说阿金(大家对她的称呼)已经在莫斯科郊区的休养所。当时许多中国同志在那里休养。我曾去过两次。第一次,见到金维映同志时,她很正常。第二次再去时,听说她病了,当时不知是什么病。据说后来把她送到精神病医院了。”

1940年2月,周恩来、邓颖超离开莫斯科回国前,又去看望了金维映。邓颖超写道:“回国后,我在国统区工作,没有再听过她的消息。1941年,苏德战争爆发,希特勒军队进攻莫斯科的时候,她住的医院和国院儿童福利院(我国烈士子女在此学习)都迁离了莫斯科。以后。就再也没有听到她的消息了!“解放后,有同志从苏联回来,听说她住在医院里,在敌人的炮火下,牺牲了!”

当年,苏德战争爆发之后,战争的局势非常紧张、混乱,有很多事情将永远不为人知。传到延安的消息只说,她牺牲在莫斯科。当时,牺牲的还有博古的夫人刘群先。在那悲痛日子里,李维汉多少次领着他和金维映的惟一男孩——刚刚5岁,便失去了亲生母的小铁映,站在延安杨家岭山上遥望苍天,寄托对革命伴侣的无限情思……她牺牲时年仅37岁。

(三)卓琳——风雨同舟

她生于富商之家。

她和他共同生活近六十载:宝塔山为媒证,北国山月照双影,战火硝烟相伴行,共和国里甘苦起伏任风云。

卓琳原名浦琼英,1916年生于云南宣威一个开明的实业家家庭。父亲浦在廷,是云南著名的实业家,他创制了宣威火腿罐头,远销东南亚,在浦在廷的带动下,宣威建立起数家火腿罐头厂,带动了火腿腌制、采煤、酿酒业的发展,到30年代末,全县工商业户已占全县总人口的45%以上。

浦在廷赞成国民革命,追随孙中山参加北伐战争,担任过效忠孙中山的旅粤滇军军需总局及烟酒公卖局局长。浦在廷有三个儿子,四个女儿。其中三个女儿:浦代英、浦石英、浦琼英都参加了共产党,成为终身革命者。浦在廷1950年病逝,终年80岁。浦琼英是家里最小的孩子,生活又优裕,上有父母的庇荫、偏爱,下有兄长们的呵护和姐姐们的陪伴,养成了开朗、活泼、欢乐又有些娇蛮的脾性。

到了该读书的年龄,她和姐姐们一道,请私塾先生授业,学背三字经、百家姓、四书、五经和女儿经。说来也怪，她们的先生教书，只教背书，不教认字。所以，她们读的竟是“白字书”！再长大一点儿，她的父亲因为生意的关系，搬到省会昆明长住，她们全家也就到了昆明。在昆明，浦家三个女儿：浦代英、浦石英、浦琼英，一起上了小学，小学毕业后，她们又一起考入昆明女中，在那儿接受中学教育。她们的生活，虽然平稳无忧，但也并不是静水一潭。生活中形形色色的波涛，同样冲击着她们那少女的心灵。云南，地处西南，远离中华腹地，古时为蛮夷之地，到了近代，仍是文化落后，生产极不发达。在那里，人们的思想虽也受过新思潮和资产阶级民主革命的冲击，但总体来说，相对沿海地区，还是大大地落后和保守。封建主义势力，在那里，也更为顽固和强大，浦在廷虽参加过国民革命，但其家庭，仍是一个典型的封建的旧式家庭。浦在廷的儿子们，不止一个人参加过国民革命，但当他们回到家乡后，回到旧式的生活环境中为旧式的生活所包围后，都迅速地消失了革命热情，逐渐落为平凡而毫无光彩的人。老二北伐回来后，当了个小煤矿的小老板；老三脱离共产党后，在家乡并无什么成就，还和妻子一起双双抽起了鸦片烟。浦在廷回乡之后，事业中落，也再没有恢复到往日的鼎盛。浦家是一个大家庭，到了浦琼英这一辈，光是叔伯姐妹，女孩子就有 13 个，浦琼英排行 13，是最小的。在她的上面，有数不清的姑姑婶婶姨姨姐姐。这些浦家的妇女，生活在更为封闭的封建囚笼之中。她们中间的一些人，更是这个大的生活体系的最低层。这些旧式家庭中的妇女，生活不能自产，婚姻不能自主，就是终日享受荣华富贵，也不过是父亲、丈夫、儿子的依附品。她们中间，有的受到继母的虐待，落下终身残疾；有的因丈夫讨小，精神郁闷；有的嫁出门去，遭到夫家欺凌，最后吞金自杀……浦琼英和她的两个姐姐，从小亲眼目睹这些人间的不幸，从小就为这人世间身为女性的不平等遭遇而愤愤不平。在先生那里，在长辈那里，她们学的是女儿经和三从四德。在生活中，她们看到的是男尊女卑、女性倍受欺凌的现实。在这个环境中，她们家族中那些年长女性们的不幸的悲剧，就是她们未来的命运。

因此，在她们小小的心灵中，常常萌发出反抗的意识，但是，究竟怎样反抗，她们却并不知道。只有时代的浪潮，才可以涤荡社会的沉闷之气。浦家小姐妹的哥哥，从日本归国，带回了许多革命书籍和宣传共产主义的小册子，三姐妹拿在手里，十分新奇。那些革命的道理，那些真理的揭示，她们并不全懂，但读了之后，却如沐春风，使人耳目顿新。从此，他们开始接受了一些革命思想的启迪。到昆明上学以后，比起宣威来，她们感受到了更多的新鲜事物。

在中学里，有一个音乐女教员，在课堂上，经常向学生们宣讲革命，宣讲共产主义，宣讲耕者有其田的基本道理。浦家三姐妹，受她的感染尤为深刻。有一天，这个教员突然被捕了。在押赴刑场的道路上，铐着手铐脚镣的女教员，一路慷慨悲歌，一路高喊共产主义的口号。她那大义凛然、英勇赴义的场面，震撼着每一个学生的心。从此以后，共产党人的形象，便常常铭刻在浦家姐妹的心底。对比她们老家那些封建女性的命运，这个共产党员教师的形象，要高大得多，光辉得多！1931 年，北平要举办一个全国运动会，各省挑选选手参加。浦琼英被选为少年组

60 米短跑的选手参加了云南省代表队。

代表队出云南刚刚到达香港时,“九・一八”事变爆发了。日本帝国主义大规模入侵,迅速占领了我国的东北三省。国难当头,运动会开不成了,云南队只好折返。

参加运动会,固然很令人兴奋,但是浦琼英心中的目的,则是想通过参加运动会,走出家门,走出云南,到北平去念书。没想到刚走到香港就要返回,她实在心不甘,情不愿。这时,浦琼英是一个 15 岁的少女了,已经很有主意。她下定决心,不回云南。她写信给她的哥哥,要求去北平读书,并表示了不回云南的决心。她的决心,终于获得了家里的同意。1932 年,浦琼英考入北平第一女子中学。女一中是北平一所著名女校,校风淳正,空气活跃,成就斐然。浦琼英在这个新环境中生活得十分愉快。她生来聪明颖慧,活泼开朗。学习起来,轻松有余,学习之外,又结交了一些同乡好友。著名电影演员张瑞芳,陈云的夫人于若木,胡乔木的夫人谷雨等,都曾是她的同窗。她还和张瑞芳在学校同台演过戏呢!张瑞芳演丫头,浦琼英演小姐。学习之外,她和几个云南的老乡一起,经常出去郊游,去泡茶馆,去戏园子听戏,生活得自由自在,无拘无束,在家乡的那种沉闷之气一扫而光。

在北平,她爱上了京戏,她的一个年长的同乡还请了人教唱。可惜浦琼英的五音不全,不能学唱,但她年龄小,记忆好,跟在别人后面,把那些名戏名段子,全都背下来了,以后几十年都没有忘记!上中学期间,浦琼英得了肺病。她到南京去住医院,还去了一趟上海。家里每个月给浦琼英 50 块大洋的生活费,对于一个中学生来说,这钱可不少!那时候,一块大洋能买一袋面粉。浦琼英年龄不大,又好玩,钱是不少,可每个月也不知道怎么地,就都花光了。她从小养成了这种大而花之,不善理财的性格,影响了终生。对于浦琼英来说,摆脱了封建家庭束缚的阴影,在北平高高兴兴地上学,痛痛快快地生活,又不愁吃穿,生活应该是完美无缺的了。但是,那个年代,正值国难当头,时局万变。民族危亡感,冲击着每一个青年学生的心,对于浦琼英,也不例外。

东北沦陷后,许许多多的东北流亡学生聚集在北平,他们失去了家园,失去了亲人。一曲低沉激忿的“我的家在东北松花江上”,飘荡在这古城的大街小巷,飘荡在大学中学的校园之中,震撼着人们的心田。“中华民族到了最危险的时候!”义勇军进行曲激励着每一位同胞,抗日救亡运动席卷中国大地。“停止内战,一致对外”,喊出了四亿五千万同胞的共同愿望。1935 年爆发了“一二・九”运动,19 岁的浦琼英和同学一起加入抗日救亡运动的洪流。参加“一二・九”学生运动,对浦琼英来说,思想上产生了质的飞跃,她那颗纯洁的心,从单单追求摆脱封建主义的束缚,从单单追求婚姻自由和个性解放,上升到更开阔的政治和思想的领域,为她在不久的将来走上革命道路,奠定了基础。

1936 年,浦琼英中学毕业,并以优异的成绩考上了北京大学物理系。一个女孩子,在那个年代,为什么要报考北京大学物理系?这是因为,北京大学,是中国著名的高等学府,是五四运动和“一二・九”运动的发祥地,是中国新思想、新文化的活跃之地，也是各种著名学者和新人物风云际会之地。这是因为，学习理工科，实业救国，科学救国，乃是进步青年的理想之所在。

浦琼英聪明好学，也比较用功，考取全国著名的大学，对她来说，意义不浅。她，乃是全云南省，第一个考上北平名牌大学的人。说来也有意思，这个北大物理系，也实在是和她有缘。几十年后，她的三个子女，也都相继步她的后尘，考上了北大物理系！当时的北京大学，分为文学院和理学院，理学院在东城区的沙滩附近。当浦琼英手夹书本，进入北大学习时，她发现，这里又是一种新的，与中学大不相同的，却更为吸引人的生活空间。在这里，除了学习生活之外，政治气氛也极为浓厚。在校园里活跃着一个叫做抗日民族解放先锋队的组织，浦琼英受进步思想的影响，参加了民先的外围活动。但她当时的想法，还是要好好读书，准备将来学成之后以兴科技和办实业来报效国家。在这一年，浦琼英的两个姐姐浦代英、浦石英也争得家庭同意，一齐来到北平读书。三姐妹欢聚一堂，有说不出的喜悦。但是，时局急转直下，打破了她们的美好愿望。1937 年 7 月 7 日，日本侵略军在北平附近的卢沟桥发动事变。7 月下旬，日本侵略军的铁蹄踏进了古城北平。

北平陷入日本侵略军刺刀的统治之下！

三姐妹中的大姐浦代英，从小就意志坚决，勇于反抗，在祖国危亡之时，她加入了共产党的外围组织民族解放先锋队，随即坚定地选择了走向革命的道路，奔赴中国青年向往的革命圣地——延安。1937 年 11 月，浦琼英和二姐浦石英也来到延安。在这里，浦家两姐妹耳目一新，精神振作。更令她们高兴万分的是，她们的大姐浦代英也在这里，她已经从抗日军政大学毕业，加入了中国共产党，还结了婚。她的丈夫，就是中国著名的工人运动家、老红军战士乐少华。三姐妹见面，高兴极了，面对即将开始的一种全新的生活，三姐妹心中充满激情。

浦石英和浦琼英双双进入陕北公学。陕北公学，是为了培养干部，在延安建立的一所学校，1937 年 9 月刚刚成立，专门招收来自全国各地的进步青年。在这里，学员们要接受马克思主义哲学、政治经济学、群众运动等课程的教育。妇女运动这门课，是由著名妇女领袖蔡畅亲自讲授的。三四个月后，浦家姐妹毕业了。浦琼英被分配到陕北公学的图书馆工作。浦石英因身体不好，暂时分在小卖部工作。1938 年初，浦家姐妹双双加入中国共产党。琼英在陕北公学担任了一期十二队队长之后，被调到陕甘宁边区政府保安处的一个特别训练班学习。大概是因为浦琼英天性活泼，聪明好学，上级领导认为她有进行敌后秘密工作所需要的各种长处，因此把她调到特训班加以培训，准备以后派到日本占领区，去从事抗日工作。这时，因工作需要，浦琼英改名为卓琳。

1939 年末，经人介绍，浦琼英认识了邓小平。从此，开始了他们近 60 年的辉煌、灿烂又艰难曲折的不平凡岁月。现在需要回头说说邓小平。

1933 年“邓、毛、谢、古”事件后，邓小平被降职到乐安县当了一名巡视员。这是邓小平第一次政治上的磨难。但富有正义感的人同情他。

不久，贺昌把邓小平调到红军总政治部任秘书长。贺昌在上海曾和邓小平一道工作,又一起去筹划百色起义,两人互相了解,相知很深。当时红军总政治部主任王稼祥负伤,总政治部实际由副主任贺昌主持。调邓小平来,显然是贺昌的作用。这是邓小平第一次复出。在总政治部,邓小平负责编辑机关刊物《红星》,这个工作他一直做到遵义会议前夕。第五次反"围剿"失败,红军开始长征,邓小平随总政治部机关出发,编入"红章纵队"。遵义会议前夕,由于毛泽东和许多对王明集团强烈不满的同志的作用,邓小平担任中共中央秘书长,他以这个身份参加了具有伟大转折作用的遵义会议。

红军长征到达陕北,邓小平改任红一军团政治部宣传部长。1936 年红军东征回师后,邓小平接替罗荣桓,任红一军团政治部副主任,1937 年 1 月,接替朱瑞,任一军团政治部主任。抗日战争爆发前夕,邓小平升任红军总政治副部主任,国共再次合作实现后,改为八路军政治部副主任(主任任弼时)。1937 年 9 月,邓小平随朱德率领八路军总指挥部抵达抗日前线——山西五台山。1938 年 1 月,邓小平接替张浩(原名林育英,是林彪的族兄),任八路军一二九师政委。师长是刘伯承,从此,一个军事主官,一个政治主官,在一块密切合作了 13 年,刘邓大军的威名逐渐传播四方。

经过一年转战,到 1938 年底,刘邓率一二九师开创了晋冀鲁豫抗日民主根据地,它东起津浦路,南至黄河,西抵同蒲路,北达石太路,人口 2300 余万,部队发展到 13 个团,基干武装近 3 万。

1939 年夏,邓小平应召回延安,参加中共中央政治局扩大会议。在延安,经邓小平的老战友邓发介绍,卓琳和邓小平相爱。共同的革命理想把他们联结在一起。1939 年 9 月初的一个傍晚,在延安杨家岭毛泽东的窑洞前,举行了一个聚餐。当时在延安的中央高级领导人,毛泽东和夫人江青,刘少奇,张闻天和夫人刘英,博古,李富春和夫人蔡畅等都来了。这一天,有两对新婚夫妇结婚。一对是邓小平和卓琳,一对是孔原和许明。孔原,是 1924 年参加革命的老共产党员,其时在中共中央特别委员会任副主任。解放后,他历任海关总署署长、对外贸易部副部长、中共中央调查部部长等职,是一位著名的革命活动家。他的新婚妻子许明,是一位有才华有能力的妇女干部,解放后曾担任中华人民共和国国务院副秘书长。这两个人,性格人缘都很好,都是延安的活跃分子。

在这个特有的聚餐婚宴上,没有什么山珍海味,没有奢华的场面。在黄土窑洞外面,木板搭成的桌子,上面同样是平时吃的延安特有的金黄色的小米饭。就餐者,虽都系延安的显赫人物,但都穿着土布做的八路军军服,脚踏布履,膝上补丁。两对新郎和新娘一起照了一张相,由于照相技术不高,相片有点模糊。在相片上,他们四个人并肩而站,没有婚纱,没有礼服。一件土布的八路军军服,衬托出简朴的情操;明朗的笑容,表示出了革命者那幸福而崇高的心境。这,也的确是延安才特有的聚餐和婚宴,来客都是未来中华人民共和国的中流砥柱。他们都是叱咤风云的伟人,都是久经战场的勇士,都是亲如手足的战友。借着这两对新人的结婚喜庆,大家简简朴朴地,却是欢欢喜喜地,亲亲热热地聚会一堂。欢乐的气氛中，席间也不乏好事之人，那些革命老战士，居然也童心大发，也像普通老百姓一样地乐于捉弄新郎官儿。孔原被灌醉了，害得新婚之夜就挨了许明的数落。邓小平幸运，他有敬就饮，竟然未醉。事后，刘英问张闻天："小平的酒量真大呀！"张闻天笑着说；"里面有假！"原来，李富春和邓发念着友情的份上，弄了一瓶白水权充作酒，才使得他们的老友邓小平免于一醉！微风阵阵吹来，夜深月凉如水。

延安城内已渐人寂，军号之声在远山上悠远回荡。酒已酣然，人也畅然。延安杨家岭毛泽东的土窑前，中国共产党和八路军的这些老战士们，以淳情朴素的方式，为他们的老战友操办了婚事，为将要奔赴前线的战友举杯送行。

周恩来和邓颖超没有来。因为周恩来在骑马时正碰上江青不顾他人地挥鞭疾驶，周的马惊了，因此落马摔伤。此时，他已赴苏联医治摔伤的手臂。若非如此，他一定会来的，也一定会为他的亲密战友而开怀畅饮几杯的。几天以后，秋日的晨光刚刚照在延安的黄土山上，天上地下一片金黄。卓琳，和她新婚的丈夫一起启程，奔赴前方，奔向太行。此时，邓小平 35 岁，卓琳 23 岁。来到太行山区，卓琳留在八路军总部，担任妇女训练班队长，邓小平则赶赴辽县桐峪村的一二九师师部。1940 年 9 月，卓琳调到一二九师师部，在秘书科工作。从此，他和邓小平生活在一起，虽然他们因频繁的战事时聚时离，但总算有个家了，尽管这个家居无定所，是前线战地之家。1940 年 12 月初，一二九师师部迁到太行山区的涉县赤岸村。邓小平和卓琳在这里相对安定地住了 5 年。赤岸，地图上无法找到的漳河岸边小村，成了晋冀鲁豫抗日根据地的心脏和首府。

1941 年和 1942 年，是华北敌后抗战最严酷最艰难的年月。日伪军疯狂的"扫荡"，顽固派不断制造反共磨擦，天灾频仍，抗日军民生活异常艰苦。1941 年 9 月，卓琳的第一个孩子邓琳出生于赤岸。生下仅 7 天，卓琳不得不把孩子留在老乡家寄养，随部队转移。队和机关人员开展生产自救，刘伯承夫人汪荣华和卓琳带领女同志和男同志一起上山开荒。她还带领女同志纺线、编织毛衣毛裤，供给部队。

1942 年 6 月，在一次反"扫荡"中，一二九师师部突然被敌包围，危急中，刘伯承夫人汪荣华、李达（一二九师参谋长）夫人张乃一，黄镇夫人朱琳和卓琳一起，利用夜幕掩护，依赖熟悉的地形，安全突围而去。1943 年 8 月，中央通知彭德怀、刘伯承等大批高级干部赴延安参加中共第七次全国代表大会，彭德怀的中共中央北方局书记一职，由邓小平代理。乘此机会，卓琳委托将赴延安的蔡树藩和夫人陈书莲把女儿邓琳带往延安保育院。因为前方太艰苦，太不安定，带孩子实在困难。在延安，很长时间邓琳由陈书莲抚养，因此，邓琳便成了蔡氏夫妇的干女儿。邓小平受命在前方指挥战事，没有参加中共七大，但是七大选出的 44 名中央委员中，载有邓小平的名字。当选为中央委员，是邓小平革命生涯中重要的新起点。

1945 年 6 月，邓小平接到通知，赴延安参加中共七届一中全会。8 月 8 日，苏联对日宣战，对日寇的最后一击开始，刘伯承、邓小平在延安致电晋冀鲁豫各军区，立即开始反攻。此时全军区已拥有野战部队 8 万，地方部队 23 万。

8月15日日本宣布无条件投降。神圣的民族解放战争终以中华民族的完全胜利而告终。

为统一领导晋冀鲁豫党政军工作,中央决定成立中共晋冀鲁豫中央厨和晋冀鲁豫军区,以邓小平为书记和政委,统一领导太行、太岳、冀鲁豫、冀南四个解放区和四个军区。1945年9月、10月,刘邓指挥了两次关系全局的重大战役:上党战役和邯郸战役。上党战役歼敌3.5万,生擒阎锡山十九军军长史泽波;邯郸战役共歼敌3万余.争取敌新八军万余人在高树勋率领下起义,生俘敌十一战区副司令长官兼四十军军长马法五。这期间,卓琳的第二个女儿邓楠降生。前一年,即1944年,邓朴方出生于山西辽县麻田村,这两个孩子出生后,卓琳没有奶,只好分别送到老乡家抚养。1946年3月,晋冀鲁豫军区领导机关由武安迁入邯郸,这是卓琳自1938年到延安以来第一次进入较大的城市。三个孩子都接回来和父母团聚。在双亲面前团团转着玩耍,卓琳见了,有说不出的高兴。

不久,全面内战爆发,卓琳和邓小平又分开了。自1945年秋刘邓大军指挥部队从太行山区来到平原,邓小平和卓琳极少生活在一起,直到百万雄师过长江,解放了南京、上海,他们才得以团聚。间,刘邓率晋冀鲁豫野战军(后改称中原野战军,又改称第二野战军)转战于中原,发起鲁西南战役,强渡黄河、千里跃进大别山,直到淮海大战,邓小平始终在前方指挥战争。

卓琳则带着三个孩子和野战军几位首长的家属一起,随着战线的推进,也不断南迁,从邯郸到邢台,从邢台又到郑州,而洛阳、而南京、最后来到上海,才和邓小平团聚。这期间,卓琳一直在晋冀鲁豫中央局组织部工作。

那时,野战军首长的家里,每一位母亲都带着几个孩子,刘伯承家3个,李达家2个,蔡树藩家2个,张际春家3个,邓小平家3个。五个家属大队,生活在一起,五位夫人轮班炒菜做饭,但卓琳不善烹饪,她做的饭菜大家都不爱吃。由邢台迁往郑州途中,铁路不通,公路也被破坏得不成样子。五位妈妈带着十几个孩子,乘大卡车颠簸了好几天,才到目的地。每天天不亮,就要把孩子们叫起来,迷迷糊糊地给他们穿上衣服,随便扒几口饭,顶着满天星光上车出发,中午稍稍停下打尖,马上又出发,车上还要备便器,给孩子们用。1949年9月,邓小平、卓琳带着孩子们来到北平,参加了新中国诞生的庆典。江南解放以后,刘邓受命进军大西南。共中央决定成立西南局,以邓小平为第一书记,刘伯承、贺龙分任第二、三书记。

1949年10月,刘邓率二野总部从南京出发,军锋直指西南数省。11月30日,重庆解放。

邓小平回到四川,回到他29年前离开家乡的江边码头。重庆离宣威不远,浦在廷病危,卓琳带着二女儿赶回,和临终的父亲见了最后一面。在重庆,卓琳又生下一女一男,即现在的邓榕(毛毛)和邓质方(飞飞),一个生于1950年,一个生于1951年。生飞飞时,卓琳正担任重庆人民小学的校长,忙极了,不想再要孩子。二野的卫生部长说:“许是个男孩呢。”果然生下来的是男孩。这样,邓小平和卓琳有3女2男5个孩子。邓小平的继母夏伯根也从乡下赶来,从此一直和邓小平夫妇住在一起。这个家庭就有了8口人。重庆,邓小平忙,卓琳也忙。二野和西南局的干部子女很多,急需要办一所小学校。于是成立重庆人民小学.卓琳任校长。这一群在部队长大的孩子,个个娇野,不好调教,卓琳就拿自己的孩子开刀,邓琳、邓朴方都是人民小学的学生,学生不听话,不守纪律,首先整他们,以儆效尤。邓楠才5岁,卓琳也把她放在教室的最后一排,老老实实地听课。

有的孩子不好好上课,不听话,还又哭又闹,卓琳便把他们带到校长室,任你哭闹,她一概不予理睬,办自己的公,等孩子闹够了,闹累了,自己就乖乖地停止了。师一时不好找.卓琳就主动担当起讲课的工作,语文、数学,连音乐都教。这些当年的孩子如今都是四五十岁的人了,现在还记起他们的校长当年教他们"整"他们的情形。

1952年,邓小平奉调进京,任中央人民政府副总理,还先后兼任过财政部长、交通部长、中共中央组织部部长等职务。1954年,邓小平又任中共秘书长,中央军委委员、国防委员会副主席。1955年,增补为中共中央政治局委员。956年中共第八次全国代表大会,邓小平当选为中共中央政治局常委会常委、中央委员会总书记.开始进入党政最高领导集体。以毛泽东为首的中共第一代领导集体,从1935年遵义会议开始形成,经过20余年的演变,至此才最终形成稳定、成熟的最高领导核心。设立书记处·是负责中央日常工作,作为总书记,成为毛泽东的重要助手。1954年第一届全国人大以后,邓小平作为国务院第一副总理,是周恩来的左膀右臂。

他在治国方面的才能,迅速显现出来。如果说打天下邓不如毛,那么治天下则邓远出毛之上。因此,60年代初期,毛泽东内定他和刘少奇共同担负一线领导工作的接班人。

中共八大之前,陶铸曾说过这样的话:拜毛主席为老师,我不够格,但拜小平同志为老师,还是可以的。中共八大以后,毛泽东准备辞去中央主席和国家主席职务。陶铸说,由邓小平担任国家主席,我举双手赞成。可见邓小平在治国方面的能力之强和威信之高,已为许多重要的高级干部所承认。现在大家都知道邓小平是中国改革开放的总设计师,是中国特色社会主义道路的奠基人。是继孙中山、毛泽东之后,近现代中国的第三位伟人,中共第二代领导集体的核心。这个历史地位,应该说,是在建国后近半个世纪的风风雨雨里,不断地被人们发现、确认并取得共识的。他许多超乎寻常的卓越思想,早在50年代中期,就开始出现。也因为如此,随着毛泽东晚年"左"的错误的发展,邓小平越来越不能为毛所容忍,终于在"史无前例"的大动乱中,被作为"中国第二号走资派"而打倒。

1952年,卓琳带孩子们随邓小平来到北京,住进中南海,实行薪金制后,她定为行政15级。其政治地位和命运,也随着邓小平地位的改变而改变。

从建国到"文化大革命"开始的17年,她一帆风顺。但自邓小平成为"第二号走资派",她的厄运接踵而至,被罢官、揪斗、幽禁,又于1969年10月下旬和邓小平一起发配江西。被软禁在南昌附近新建县原步兵学校校长的一所小院里。她和邓小平在那里幽居了3年零4个月。和外界隔绝,每天上午劳动,在拖拉机修配厂拆洗线圈,下午和晚上关在那个小院里,每日上下班都有持枪人押送,在工厂也是被实行"不许乱说乱动"的监督劳动。开始,小院里生活的只有三位孤零零的老人。她、邓小平,还有邓小平的继母——80多岁的夏伯根老人。三个人的年龄加起来超过200岁。子女们被"文革"的风暴吹得四散飘零。长子邓朴方被迫害致残,下肢完全瘫痪,躺在北京郊区清河社会救济院的病床上,孤苦无援。大女儿邓琳去了河北宣化,在部队"劳动锻炼",二女儿邓楠发落到陕西汉中,小女儿邓榕去延安插队,最小的儿子邓质方则发配到山西农村落户。"文革"初期,邓小平曾对自己的前途作了最坏的打算,他把几个孩子叫到身边,冷静地对他们说:"如果对我们处理是人民内部矛盾,家庭关系还可以保留。如果是敌我矛盾,可以断绝家庭关系。"但是孩子们了解自己的父母,决不是什么"走资派",他们盼望着历史会有公正的那一天。

1971年,邓小平写信给毛泽东,要求把身残的邓朴方接到自己身边,便于照料,毛泽东同意了。卓琳身体不好,常卧病在床,照料长子衣食住行的重担,全部落在邓小平身上。在江西谪居之初,邓小平和卓琳的工资全部扣发,只发生活费,三位老人便在小院中开出一片菜地,夏伯根还养了几只鸡,邓小平在院中散步时,小鸡常结队跟在后面,咕咕作声,给孤寂的小院平添了不少生机。利用这段清闲的时间,邓小平和卓琳读了大量的马列著作和古今中外书籍,子女们来探亲,父亲母亲经常给他们讲述历史典故,有时还出题考一考他们,卓琳也时常和子女们议论一些书中精譬之处。一边读书,一边思考,抚古思今,收益匪浅。每天黄昏日落之前,邓小平总要围着那个小院散步,他沉默不语,一圈一圈地走着,日复一日,年复一年,土红色的沙石地,踏出一条清晰的"邓小平小道"。他的思想、他的信念、他的意志,随着前进步伐更加明确、更加坚定起来。对国家出路的思考,对历史经验的总结,在每日的漫步中逐渐蕴育成熟,为复出后义无反顾的果敢行动作了思想上的准备。转机发生在"九一三"事件以后。

1971年11月5日,邓小平和卓琳落难以来第一次享受了一次"政治待遇",和车间职工一起听传达中央文件,那是听关于林彪叛逃的文件,中午回到小院,因有监管人员在场,卓琳把女儿邓榕拉到厨房,用手指在女儿手心写了"林彪死了"4个字。直到监管人员离去,父母才激动地给子女们简述了文件的内容,邓小平愤愤地说了一句:"林彪不死,天理难容。"从此,邓家的处境开始好转。1969年初被谪贬此地时,江西省革委会副主任陈昌奉(做过多年的毛泽东警卫员)亲口对拖拉机修配厂的领导交待:邓小平就安排在你们厂劳动,外面的人不准接触邓小平。邓小平问题还未定性,不要称同志,也不要叫邓小平,就叫"老邓"……省军区的负责人还当面对邓小平夫妻训话:老老实实接受劳动改造,不要乱说乱动,不得与外人接触,不得随便外出。

林彪垮台后,林在江西的追随者也销声匿迹,新省委领导人来小院看望了邓小平夫妇,还撤换了态度恶劣的监管人员。邓小平给毛泽东写信,拥护中央关于林彪反党集团的决议。1972年1月,毛泽东出席陈毅的追悼会,说邓小平问题的性质是人民内部矛盾,利用这个极其宝贵的机会,经过周恩来坚韧的努力,邓小平在被打倒6年之后,终于获得第二次复出的机会。1973年2月,邓小平、卓琳偕继母夏伯根、女儿邓琳、邓楠、女婿张勤(邓楠的丈夫)、一个小外孙,秘书王瑞林,乘两辆小轿车离开邓小平和卓琳谪居了整整3年零4个月的小院,告别了送行的人群,向鹰潭方向直驰而去。按中央办公厅的安排,他们要由鹰潭乘火车至福州,再转乘福州至北京的特别快车回到首都,开始新的生活。

这次回北京,邓小平和卓琳夫妇住在宽街。1973年3月,邓小平恢复组织生活和国务院副总理职务。1973年4月12日晚7时30分,邓小平在中国政治舞台消失6年之后,第一次在公开场合露面,参加周恩来主持的盛大国宴,欢迎柬埔寨国家元首西哈努克亲王,地点是人民大会堂一楼宴会厅。

爆炸性的新闻,立刻成为海外评论中国问题的热点。

1975年1月,邓小平担任的职务比他在第二次被打倒前更高更重要:中共中央副主席、国务院第一副总理,中央军委副主席、解放军总参谋长。而且在毛泽东和周恩来的支持下,主持中央日常工作。此时的中国,已被“文革”飓风横扫得满目疮痍,一派灰败。邓小平怀着共产党人义不容辞的历史责任感,利用毛泽东赋予的权力,背负着国家和人民的期望,义无反顾地对“文化大革命”进行全面整顿。大刀阔斧的整顿,发展下去必然是对“文化大革命”的否定,这就威胁到“四人帮”为代表的“文革派”的生命,必然受到他们拼死的反对。

以邓小平为代表的正确方向和以“四人帮”为代表的“文革派”势力,在中国政治舞台上处于势不两立的对抗状态。斗争的结局决定中国的命运,黑暗还是光明。整顿合乎逻辑的趋势既然是否定“文化大革命”,也就否定了毛泽东自己概括的一生中两件大事中的一件,将导致对毛泽东晚年的否定。毛泽东当然不能容忍。

这场正义与邪恶的搏斗中,毛泽东把政治天平的砝码放在比他还“左”的“四人帮”一边。

他发动了“批邓、反击右倾翻案风”。毛泽东英明潇洒一世,但他的晚年,却是充满谬误的、悲剧的晚年。1976年1月,周恩来满怀悲愤地与世长辞。

邓小平和他所代表的正义力量失去一个巨大支柱。邓小平再次被打倒。他、夫人卓琳、他的孩子、亲属,又一次陷入困境,邓小平和卓琳又一次被软禁在北京宽街的家中。但这一次被打倒和“文革”初期被打倒截然不同。如果说“文革”初期由于“左”的狂热和长期矛盾积累,使民众兴奋于大造“走资派”的反而对邓小平被打倒没有什么反映的话,这一次人们普遍对邓小平寄予同情。十年的大动乱,人们对毛晚年的谬误已开始深深的反思,“四人帮”的倒行逆施已天怒人怨。丙辰清明节前后以天安门事件为代表的全国抗议怒潮,最清晰地表达了人心的向背。1976年4月5日,即毛泽东错误地把天安门广场群众的正义行动定性为“反革命政治事件”,“四人帮”进行暴力镇压的那天下午3时,邓小平被“四人帮”派来的人带走。

卓琳的子女亲属作了最坏的打算。因为“四人帮”已经放出谣言:“邓小平是天安门事件的黑后台”,“是中国的纳吉”。

邓小平被突然带走之际,大女儿邓琳哭了。卓琳和子女们安慰她:“别哭!哭有什么用!”他们决心与邓小平同生死,共存亡。邓琳和她的丈夫吴健常把儿子萌萌托付给一个亲戚,切切嘱咐,如果出事,把孩子送到吴健常老家,吴健常也受到一次次盘问。他对邓琳说:“如果我被捕,你怎么办?”邓琳回答:“当然去看你!”“不要来看我!”他担心的正是怕牵连自己的妻子。小平写信给毛泽东,要求和家人一起生活。获得批准,邓小平回到宽街家人中。

唐山大地震,邓小平和卓琳的居室因巨大的冲击而变形,打不开。孩子们急了,拼命撞开门,接出两位老人,却是有惊无险邓家房屋只塌了两个角。1977年7月,经历了毛泽东逝世,“四人帮”粉碎的巨变之后,!邓小平第三次出现在中国政治舞台,73岁高龄的邓小平。和华国锋、叶剑英三人端坐在中共十届三中全会的主席台上。第二次被打倒所撤销的一切职务,全部恢复。

他一生中三次被打倒,三次又复出,而且一次比一次更加引人注目,一次比一次走向更大的成功。他仍旧不改几十年一惯的顽强作风、坚定不移地信念和大胆创新的思维方式。他不是要安度晚年,他要用实事求是的科学态度,集古今中外一切所长,闯出一条中国式的发展道路。什么是社会主义,怎样建设社会主义,这是他反思毛泽东晚年走了20年弯路首先想到的问题。

他带领他的人民找到了这条光明之路:有中国特色的社会主义。

他创立了一个科学的理论体系:邓小平理论。他确立了改革开放的方针,近20年来,中国取得了举世瞩目的成就。1989年,邓小平在完成了有中国特色社会主义的总体设计并初见成效后,毅然离职退休,目的是为废除带封建色彩的终身制作出表率。他开创的事业,以江泽民为核心的中共第三代领导集体全面继承下来。这一年,85岁的邓小平和73岁的卓琳度过了金婚纪念日。1992年,88岁高龄的邓小平仍然为中国的进一步腾飞而奔走疾呼。

1997年2月19日,邓小平逝世于北京,享年93岁。毛泽东和邓小平是当代中国两位最有威望的强人。但二者结局不同。毛以悲剧离去,邓却放心离去。邓公十分了解他的国家、他的政策和他领导下的人民。他深知中国惟一的出路只能是走有中国特色的社会主义道路。他也深知他开创的这条道路深得人民拥护。他坚信在他身后这条道路将毫不动摇地坚持下去。邓公放心地离去。他代表全党全国各族人民的意志亲手选拔、确定的第三代领导集体,经过8年的主政,坚持特色理论率先垂范,坚持基本路线坚定不移,具有完全驾驭全局的能力和水平,是完全可以信赖的。实现四个现代化,建设富强、民主、文明的社会主义的战略目标,把12亿人民紧紧地凝聚在一起。先贤虽已逝去,开拓自有后人。人亡政不息。邓公无牵无挂,安息于祖国的大地,日月经天,山河永在。

她曾是短暂的"第一夫人"

——胡耀邦的夫人李昭

结婚前,他们立下"约法三章"。

她无端受到审查。

他们一家三姓。

他拒绝在诬陷结论上签字,拒绝和康生握手。

他揭开思想解放的序幕,她成了服装专家。

李昭原名李淑秀,1921年生于湖南宁乡。她是中国共产党的同龄人。还在呀呀学语的孩提年岁,母亲就和父亲离异了。自小失去母爱,她是父亲一手带大的,父亲带她离开故乡,辗转来到安徽宿县,她在这里读完了小学、初中。她聪慧好学,成绩总是名列前茅。又尊敬师长,团结学友,老师同学都喜欢她,称她是"小天使"。1937年,李昭年方16,正念高中一年级的时候,神州大地,燃烧起抗日的烽火。国家兴亡,匹夫有责。由帼不让须眉。李昭爱国心切,毅然放弃学业,投身宿县战地服务团,参加抗日救亡运动,或上街演出,或张贴抗日标语,积极宣传抗战爱国思想。

抗日战争进人相持阶段以后,国民党顽固派开始实行"消极抗日,积极反共"的方针,不断制造反共摩擦,耳闻目睹,李昭感到真正的民族救星是共产党,而不是国民党。她于1939年元宵佳节这一天,毅然离开宿县,冲破层层险阻,奔赴延安,进人中国女子大学深造。这时,她将原名李淑秀改为李昭。

在大学里,她潜心攻读马克思主义,认真学习文化科学知识,积极参加各种社会活动,成为一名品学兼优的女大高级班学员,并于1940年加入中国共产党。不久,她转入延安大学学习俄语。延大的对面,就是中共中央的所在地——王家坪。当时,胡耀邦任中央军委总政治部组织部长,常来延大作报告,参加学员的一些社会活动,他俩从此相识了。"红小鬼"出身的胡耀邦1915年生于湖南省浏阳县一个贫苦农民家里。自小就受到革命的影响。1927年9月,他正在文家市里仁学校读高小。毛泽东率秋收起义部队来到文家市,就在里仁学校操场上集合部队讲话。12岁的胡耀邦和姨表兄弟杨勇爬在学校的围墙上听。这是他第一次见到毛泽东,第一次知道红军是穷人的队伍。他开始喜欢红军。1929年,胡耀邦进入浏阳中学读书,他秘密加人共青团。次年,红三军团攻人长沙,胡耀邦就和一个同学离校到长沙去找红军,当时他才十四五岁。恰好被一位堂叔看见了,把他俩送回浏阳。这时,浏阳来了黄公略率领的红军,胡耀邦受党组织的派遣,回乡担任团支部书记。当时具有初中文化的学生在乡村很少，乡苏维埃开大会，文化水平很低的干部们往往请胡耀邦出面讲话。少年胡耀邦喜欢讲演，也很擅长讲演，讲得激昂慷慨，有声有色，感染力强。局面一天天扩大，中共湘东特委急需大批干部，年仅15岁的胡耀邦由乡苏维埃选送，到湘东特委做少共工作，1933年1月，胡耀邦来到中央革命根据地，由共青团员转为共产党员，任少共中央局秘书长。

胡耀邦随红军长征到达陕北。抗日军政大学成立，他担任抗日军政大学政治部副主任，瓦窑堡一大队政委。1939年，23岁的胡耀邦调到中央军委，任总政治部组织部部长。胡耀邦和李昭认识后，共同的革命理想和追求，像一根无形的纽带，把他俩紧紧地联系在一起。每次相见，他们相互倾谈对革命的认识。对人生的见解。随着时间的推移，两人情深意笃，心心相印，真诚相爱，在他俩看来，相爱，意味着随时可以进行感情、精神上的互补和内心秘密的相互托付，意味着随时可以卸下心灵的重负，因而激起双方生活的勇气和对事业的执著追求。一个月明风清的夜晚，胡耀邦和李昭在宁静的迁安郊外畅谈心曲。“李昭同志，我们为了一个共同的目标，来到革命圣地延安。共同的理想和事业，是建立家庭的基础，你说对吗?”胡耀邦富于哲理的倾吐，打破夜晚的沉寂。李昭那白皙的面庞上，霎时泛起一抹红晕，她羞涩地微低着头。两手不自然地放在膝上。沉默片刻，她才鼓起勇气道出了自己的心声：“耀邦，我了解你，你才华横溢，作报告生动感人。对事业执著追求，对党无限忠诚，襟怀坦白，你是一名年轻有为的高级干部，可我——”她的话似清清涓泉。嘎然而止。“你是一位有理想、有抱负的女大学生，来到延安，刚到入党年龄，就成为党的一员，在漫长的革命征途上，让我们携手并进吧。”耀邦坦诚的话语，在李昭心灵深处激起幸福的波澜。遥望皎洁的明月，面对无垠的苍穹，他俩尽情倾吐相互爱慕之情。

“建立婚姻家庭，要靠男、女双方不懈的努力。有些人朝三暮四，高兴时卿卿我我，不顺心时喜新厌旧。对爱情是否忠诚，不是挂在口头上，而是看他(她)的为人和品德。只有品德高尚，情操纯美，爱情才具有生命力。”耀邦发自内心的表白，似为自己立下海誓山盟，他一生都实践着自己的誓言，始终坚贞不渝。到渠成，瓜熟蒂落。1941年冬，胡耀邦和李昭喜结良缘，终成伉俪。婚后一年多，他们就有了第一个孩子，这便是当今中国政坛上担任重要职务的胡德平。婚后，他俩一直遵循婚前的约法三章：首先是志同道合的同志，然后才是伴侣；建立小家庭后，不忘共同的事业，不忘为共产主义奋斗终身的大方向；能经住各种严峻的考验，在任何情况下，都互相帮助，互相鼓励，携手共进。冬去春来，斗转星移，48年的风风雨雨，无论在硝烟弥漫的战斗岁月里，还是身处逆境的凄风苦雨中，他俩一直风雨同舟，荣辱与共，相携同行，谱写了一曲动人的爱情之歌。婚后不久，正值延安整风，由于“左”倾错误的影响，担任中共中央社会调查部部长的康生，在延安整风运动的后期，主持所谓“抢救运动”，他把一些地方的共产党判定为“红旗党”(即打着红旗的假共产党，而实质上是国民党的特务机关)，怀疑一切，认为高级干部的爱人大都是一些钻进来的特务.连延安女子大学毕业、新入党的李昭，也被当作怀疑对象，使她背上了沉重的思想包袱。当时兼任中共中央调查部处长、整风领导小组成员的胡耀邦，内心虽充满矛盾和疑虑，但他却要履行自己的职责，认真执行、贯彻和宣传延安整风运动的精神。一天，他来到延安中国医科大学作报告，主要传达毛泽东一次讲话的部分内容，由于康生的错误情报导致毛泽东决心开展抢救运动。胡耀邦在会上作报告生动风趣，富有感染力，他当然只能按照当时中共中央对于敌情的夸大估计来讲，给人的印象是特务如麻，使听的人十分震惊。但会后却默默暗想：哪有这么多特务?！像李昭这样纯真的年轻知识分子，从小不畏艰难险阻，投奔延安，立志革命，也会是特务吗？夜深人静，残月如钩，他来到李昭居住的招待所。情真意切地说：“李昭，我了解你，你参加革命早，天真无邪。对共产主义事业充满坚定的信念，我相信你能经住各种考验，党组织审查你，这就是一种最实际的考验。你应实事求是，是则是，非则非，不说违心的话，要相信党，相信同志。”一席肺腑言，使李昭增添了无穷的勇气和胆识，她终于经受了严格的审查，党组织给她作出了正确的结论。抗日战争胜利前夕，李昭怀上了第二个孩子，胡耀邦出席党的“七大”后不久，担任冀热辽军区政治部主任，将赴前线参加殊死的战斗，李昭也要求同往。

“耀邦，我不愿因孩子拖累革命，准备实行人工流产，我身体不好，万一流产不成，孩子生下来我也带不了，你看怎么办?”李昭用征询的眼光望着丈夫，诉说着自己的意愿和苦衷。

“还是克服一切困难，将孩子留下来吧。”胡耀邦深情地望着妻子，爱抚地说。“我不具备带孩子的条件，我要与你同上前线，经受血与火的考验。”李昭语意坚决，句句叩击着丈夫的心弦。“怎么办?”夫妻俩经过再三协商. 决定将生下来的孩子送给别人扶养。不久，老二呱呱坠地，又是一个男孩，幸好李昭在中央党校学习时的一个陕北同学，为他们找到南区合作社副主任刘世昌，他只有一个女儿，正好想要一个男孩，欣然答应收养他们的孩子。胡耀邦深情地对刘世昌说：“从现在起，老二就是老区人民和刘家的孩子了，一定要姓刘，名字也由你取。”

刘世昌沉思片刻，兴奋地说：“那就叫他刘胡吧。”

胡耀邦拍着刘世昌的肩膀，笑着说：“那好，不过‘胡，要加三点水，‘湖’水的‘湖’。”在战火纷飞的年代，刘湖在陕北黄土地上茁壮成长，一晃十三个春秋过去，刘老汉才把刘湖送回北京胡家，从此，胡耀邦一家三个姓。胡耀邦夫妇反复叮嘱儿子：“你永远是世昌的儿子，是老区人民的儿子，不要忘记养育之恩。”刘湖不忘党的培育和严格的家教，现在已成为对外经济贸易部的司局长，为我国的外贸工作默默贡献自己的聪明才智。1945 年冬，胡耀邦夫妻即将赴解放战争前线。其时，他任冀察辽军区第四纵队(后改为晋察冀野战军第三纵队)政委，参加指挥保卫张家口战役。出发前，他们夫妇商量，决定将年仅三岁的老大德平留在后方。

可怜天下父母心，每当前线有人去后方，李昭总要给孩子捎去卫生衣之类的物品，胡耀邦对子女要求特别严格，任何时候都不允许有丁点儿特殊化。他严肃地对李昭说：“现在延安还很困难，不能让儿子比别人的孩子穿得好些，一定要顾全大局，对别人的孩子要一视同仁，孟子日：‘幼吾幼以及人之幼，老吾老以及人之老’，我们是党的干部，理应比古人做得更好。”李昭连连点头称是，身体力行，每次给儿子捎去的东西，都同别人一样，甚至自己掏钱，买同样的东西，分送给其他留在后方的孩子。在硝烟弥漫的岁月，胡耀邦夫妇相依为命。甘苦共尝。1947年4月至7月，晋察冀野战军接连举行正太、青沧、保北三次战役。作为纵队政委的胡耀邦。在指挥战斗中立下了赫赫战功。1948年8月，胡耀邦升任十八兵团政治部主任.领导了解放太原、宝鸡的战斗。

在紧急关头，胡耀邦置生死于度外，深入连、排前线指挥，率部连续苦战，身陷重围。他随身携带的文件和香烟全被敌人的子弹打掉。连身上的衣服也被打了几个窟窿，险些丧生。面对连天的炮火和如雨的枪弹。他随时准备以身殉职。他在炮火连天的前沿写信给爱侣：“李昭，战争是残酷的，作为一个军人，随时要准备流尽最后一滴血。假若我牺牲在战场上，你千万要坚定、镇静，永远做一个生活的强者。”

捧读沾满硝烟的家书，李昭泪眼模糊，心潮翻滚，思绪万千：难道这是他阵亡前的先兆？难道是他用血与泪写成的遗书？待到战役结束，夫妻相见，喜悦之情难以言状。谈到那封李昭曾怀疑为遗书的信，胡耀邦风趣地说：“打仗难免要流血牺牲，敌人的子弹从我身上擦过，把衣服打了个大洞，就是打不进我的骨肉，看来洪福非浅，马克思不让我去报到啊！”李昭欣慰地说：“大难不死，必有后福！”中华人民共和国成立后，胡耀邦工作时间最长的就是团中央。从1952年起，他担任团中央书记，第一书记，一干就是10年。这显然和他在战争年代长期在少共中央工作有关。在他主持团中央工作期间，青年团的工作是有声有色的。李昭则几十年在北京市工作，担任北京市纺织局局长兼党委书记。

李昭的平易谦和，是有口皆碑的。胡耀邦曾显赫一时，从1981年起，任中共中央主席、总书记达6年之久，李昭始终没有“第一夫人”的颐指气使，她也从不在公众场合露面，只默默干着自己的工作。

李昭和胡耀邦有共同的情趣：读书。48年的夫妻生活中，他们习惯于各干各的。读书也一样，胡耀邦喜读中外历史、马列理论。他列举了许多书目，总起来有5000万字。他说，每天坚持读1万字，14年，可以成为一个学者了。胡耀邦书海行舟，早已在党内、军内传为佳话。在戎马倥偬的战争年代，无论在马背上，在帐蓬里，只要有点滴空余时间，他总是孜孜不倦地读书；在和平环境的工作之余，他总是如饥似渴地学习着。他记忆力惊人，对一些佳作警句，常能背诵如流。如司马迁的《报任安书》，他读诵几遍，便能全文背下来。因此，他知识非常渊博，作报告，或与人交谈，常能引经据典，出口成章，令人惊羡。李昭则读经济类和技术类书籍。李昭离休前长期担任纺织部门的领导工作，所以对服装设计之类的书籍兴趣尤浓。他们还爱好书法，胡耀邦在台上时日理万机，但总要挤出时间挥毫练字。李昭工作再忙，也往往和丈夫一道挥毫。当他们赋闲在家，练字便成了常事。夫妻俩对老年健身法也有所讲究：李昭学会打太极掌，每天或早或晚，总要练上一阵。她还在庭院散步，观赏各种花卉盆景，以修心养性。胡耀邦每天坚持走10000步，腰间系着一只计步器，准确地记录着他步行的次数，天天如此，从不间断。他当总书记时到西藏考察，海拔3000多米，随行人员都气喘吁吁，头脑发胀，他仍然坚持每天一万步。

胡耀邦夫妇对子女的教育特别严格，并共同制定了许多家规、戒律。改革开放以来，国内出现了“经商热”、“出国热”。然而，这些“热潮”与胡耀邦夫妇家庭无缘。在胡耀邦担任总书记不久。夫妻俩专门召开了家庭会议，胡耀邦严肃指出：谁要是利用他的招牌和地位，在外面谋取私利，干了错事，坏事，谁自己负责，他是毫不留情的。胡耀邦曾经说过为人深省的格言：“公则明，廉则威，正人先正己。”否则，上梁不正下梁歪呵！他为政清廉，一身正气，两袖清风，光明磊落，为子女们和各级干部做出了光辉的榜样。他们共有4个孩子。

长子胡德平，生于抗日烽火的延安。他外表酷似胡耀邦，但多了一副近视眼镜，书生气很重。他从政之前。是一个典型的学者，胡德平1963年进入北京大学历史系，未及毕业，史无前例的大动乱一下子把他打入深渊，胡耀邦在“文革”一开始. 便被打成“黑帮”，遭到残酷的批斗，胡德平成了“黑帮子女”，成了“专政对象”。聂元梓把持的北大造反组织勒令他们接受批判斗争，要他们“揭发”父亲的“罪行”，他从心灵到肉体都受到极大损伤。“文革”结束，胡德平获得他应有的权利和尊严，他考取了中国思想史大家侯外庐教授的硕士研究生，毕业后分配到中国历史博物馆做研究工作，他为设立考古部四出奔走，终于感动了上级主管部门。考古部成立，他任第一任部长。不久，又担任历史博物馆副馆长。胡德平对“红学”也有浓厚兴趣，1983年他发动一批中青年学者，成立“曹雪芹研究会”，他出任会长。为了考证曹雪芹的故居，他亲自到香山一带调查，并查阅大量档案资料，写出《曹雪芹在西山》一部小书。他的结论是：曹雪芹的故居在北京西山正白旗39号。他的观点和传统的权威观点不同，但这些前辈们对他刻苦钻研的精神仍然表示赞赏，同时指出在学术问题上应慎重严谨，结论必须持之有故。1984年胡德平进入政界。他先奉派以中共中央整党领导小组特派员的身份来到湖北。返京后，任中共中央统战部秘书长，1986年任统战部副部长。1992年中共十四大召开，他以较高票数当选为十四大代表。1993年胡德平任全国政协副秘书长。

胡德平的妻子安黎是中共中央前组织部部长安子文的女儿。她毕业于清华大学，她是胡德平的贤内助，与世无争，也没有高干子女的优越感，和群众关系好，曾担任过一段厦门市副市长，后重归学术界，曾去澳大利亚作学术访问。

二子刘湖，三子胡德华，女儿李恒，一家三姓，其原因，前已述及。“文化大革命”中，他们一家人曾有一段时间分居5处，胡耀邦随团中央机关和直属单位两千余人到河南省潢川县黄湖农场劳动。长子、三子均在部队锻炼，女儿在一家偏远的工厂劳动，二儿子则往返于北京、延安之间。只有李昭一人“留守”北京家中，每周，李昭都分别写信给丈夫和其他子女，倾吐衷曲，寄托祝愿和期望。殷殷贤妻情，拳拳慈母心。和大多数高干夫人一样，“文革”中，李昭也受胡耀邦的牵连，受到迫害和折磨。浩劫一起，共青团中央首当其冲。当时胡耀邦已不在团中央工作，他调到西安，任中共中央西北局第二书记，陕西省委第一书记。但因他在团中央工作了10年，仍被当做团中央“第一号走资派”揪回北京，被狂热的红卫兵关押，被“左”倾狂热煽动起来的各大中学校的红卫兵每隔一段时间就涌到团中央机关来“声讨黑帮”一次，胡耀邦便一天数次地被押上批斗台，低头弯腰做“喷气式”，接受“无产阶级专政”。有时一晒就是几个小时，耳边是嘈杂的、无休止的谩骂和侮辱。但无论“造反派”怎样叫骂踏上一只脚，叫他永世不得翻身，胡耀邦就是岿然不动，从不说一句违心的话。于是，他被软禁在一间小平房里，一连批斗十几天不让他回家。李昭当时是北京市纺织局局长兼党委书记，也遭批斗，失去人的自由。“造反派”不让她回家。她心急如焚，日夜思念着胡耀邦的安危。胡耀邦也惦念着遭受磨难的妻子，夫妻在浩劫中度日如年。一天夜晚，苍穹空朦，月牙斜挂，星斗寥寂，李昭回到家里。胡耀邦因痔疮复发也在家养病，只见他形容憔悴，面色蜡黄，两人相顾无言，痛心不已。“李昭，你受苦了！”胡耀邦用爱抚的话语打破令人窒息的沉默。

“耀邦，你受的人身侮辱和折磨我早有所闻。”李昭哽咽语塞，心潮翻滚，任泪水在瘦削的面庞上流淌。胡耀邦愤怒地在室内疾走，他的自尊心被强烈扭曲、无情践踏之后，用流血的灵魂在怒吼：“‘文化大革命’究竟革谁的命？”中国共产党内，彭德怀的刚直不阿，是人人皆知的，其实，胡耀邦也颇有此风骨。几件事，可见其为人。1952年胡耀邦调任团中央书记处书记。他襟怀坦白，坦坦荡荡，宣布施政纲领时讲：“我的工作要是干得不好，你们就到党中央告状！”

胡耀邦早就对康生极左那一套很反感，早在延安时期胡耀邦就不和康生交往。尤其通过“抢救运动”，胡耀邦对康生的冷酷、凶狠有很深的了解。1966年8月31日，中央文革小组成员王力到团中央宣布罢一大批人的官，尽管康生当时担任中央文革小组顾问，权势煊赫。可那天晚上，胡耀邦还是公开讲：“康生是老左。”并谈了对江青、王力等人的看法。党的“九大”前夕，胡耀邦作为“走资派”正接受批斗，周恩来请示毛泽东，要找几个年轻的“八大”中央委员进入“九大”中央，目标是胡耀邦和谭启龙两个“红小鬼”。胡耀邦由此获得解放，参加了中共“九大”。“九大”期间，康生主动伸出手来想和胡耀邦握手，胡耀邦扭头便走。结果，他没能担任“九大”中央委员。

后来，团中央干部集体上书请愿。要求胡耀邦担任人大代表。汪东兴找他谈话：只要你承认反对过中央领导同志，你就可以担任人大常委。胡耀邦绝不“摧眉折腰事权贵”，两次拒绝，他说：“我没有攻击中央领导同志。当时我是‘八大’中央委员，江青什么也不是，怎么说我攻击中央领导同志呢！”胡耀邦在黄湖五七干校期间，军代表曾因他不肯在结论上签字，态度不好，曾决定让他到各连队去劳动，每连呆一个月，接受“群众的批判”，由于多数人的抵制未能实现。在选举一名十大代表和一名四届人大代表时，同志们不顾重重阻力，照样选举他当代表，虽然遭到“上头”的否决，但党心、人心却由此不难看出。1972年4月，军代表对胡耀邦的所谓“问题”做了审查结论，给他定性为反党、反社会主义、反毛泽东思想的“三反分子”。胡耀邦看后很生气，逐条加以反驳。军代表问他：“那你在干校的检查还算不算数?”胡耀邦说：“在干校的检查，一是受林彪路线的影响；二是好多书记的检查都上纲了，我第一书记应当承担责任。”到了10月28日，胡耀邦在《对审查报告的几点意见》中说：“对某些问题的看法，如果难以取得一致的意见，我建议军代表的审查报告直送中央，而不必经我签字。”胡耀邦是个铮铮铁骨的战士，在“文革”的最后5年中，始终没有在审查报告上签过字11975年末，毛泽东发动了“批邓反击右倾翻案”运动，“四人帮”兴高采烈，利用毛泽东的错误，力图把邓小平等一大批复出工作的重要领导人再次打倒，以扫除他们篡夺最高领导权的障碍，江青一伙把邓小平主持中央工作期间定的三个重要文件诬为“三株大毒草”，其中一个就是胡耀邦主持制定的《科学院工作汇报提纲》，这份“提纲”在“文革”极“左”的空气中，提出许多难能可贵的正确观点：“科学技术也是生产力”，“没有现代化的科学技术，也就不可能有工业、农业、国防的现代化”，“不能不加区别地要求任何科研工作都要以‘工厂、农村’为基地”，“我们的科学技术同世界先进水平比，还有不少差距”，“自力更生，又不闭关自守”，“落实政策，把广大知识分子的积极性调动起来”……

邓小平看了《提纲》深有感触地说：“科研是拖整个的后腿。”根据邓小平的指示，胡乔木对《提纲》作了多次修改，送交毛泽东，作为中央文件下发全国。毛泽东未予同意。因为这个《提纲》，胡耀邦被诬为“邓小平搞复辟”的“四大金刚”，再次受到批判、打击。

1976年粉碎“四人帮”不久，中共中央主席还坚持“批邓反击右倾翻案风是伟大领袖毛主席决定的，批是必要的”的时候，胡耀邦就仗义直言：“停止批邓、人心大顺；冤案一理，人心大喜；生产狠狠抓，人心乐开花。”三句话紧紧抓住了人心，受到全党全军全国人民的欢迎。至于胡耀邦在关于真理标准问题的讨论中顶住“两个凡是”的压力，推动中国共产党第二次影响深远的思想解放运动中的中流砥柱作用，更是有口皆碑，家喻户晓。人们习惯上说党的十一届三中全会是历史伟大转折的起点，实质上，这个转变应该从真理标准问题的讨论始。思想解放是人类社会前进的先导，人类每前进一步.都是克服传统保守观念的结果。这么一看，就不能低估真理标准讨论的巨大作用。刚粉碎“四人帮”时，民众的思想状况如何呢？对于大多数民众来说，已习惯于按毛泽东的“最高指示”去判别是非。鲁迅笔下的阿Q，判断是非的标准就是未庄的赵太爷：“赵太爷的话能错嘛？他家地就有二百亩！”林彪虽然摔死了，但他那“毛主席的话威信最高，威力最大.句句是真理，一句顶一万句”的“名言”还发挥着巨大的威力。经过长期的造神运动，人们毫不怀疑，毛泽东的话便是判断是非的绝对真理。思想专制必然造成盲从。这是整整一代国民的悲剧。被称为“毛主席的好学生”的柯庆施公然提出“相信毛主席要到迷信的程度，服从毛主席要到盲从的程度。”当时没有人认为这话有什么出格。于是，刚粉碎“四人帮”的时候，中国便出现了“凡是派”。中共中央主席华国锋是这一派的头，重要人物还有汪东兴。此二人在粉碎“四人帮”的行动中都立了大功。但他们的思想体系都全盘继承毛晚年“左”的一套，又都是在“文革”中提升的，是属于坚持“文革”路线的人，“凡是派”的纲领是这么两句话：“凡是毛主席作出的决策，我们都坚决维护，凡是毛主席的指示，我们都始终不渝地遵循。”由于华是毛指定的接班人，而且当时也没有几个人敢说：“文革”搞错了，所以“凡是派”很得势：

冲破教条主义和个人崇拜的精神枷锁，成了中国社会前进的迫切要求。真理标准问题的讨论，给了“凡是派”致命一击；检验真理的标准，只能是实践，不可能也不应是领袖的只言片语。从此引发了深刻的思想解放。其首功，不是别人，只有胡耀邦当之无愧。胡耀邦生命的最后十年，是他一生最光辉的十年。邓小平是中国改革开放的总设计师，胡耀邦和赵紫阳则是总设计师两位得力的助手。中国政界在80年代有“小平决策，胡赵担纲”的评语，准确地表达了中国改革开放和现代化建设新局面初期阶段三位领导人的地位、关系和作用。从1980年的中共十一届五中全会起，胡耀邦为中共中央总书记。赵紫阳为国务院总理，两位杰出人才直接处在第一线．忠实地贯彻邓小平的决策，胡耀邦于1980年中共十一届五中全会被选为中央总书记时，中央主席还是华国锋，但由于他坚持毛泽东晚年“左”的体系．已令全党全民失望，所以他已不主持中央工作·实际主持中央工作的便是胡耀邦。过了一年，中共十一届六中全会，胡耀邦受全党拥戴和邓小平等老一辈的支持，便正式就任中共中央主席。又过了一年，中共十二大、中央主席改称总书记，顺理成章，此职自然非胡耀邦莫属。华国锋退出中央决策层，仅保留中央委员至今。从中共十一届三中全会起，仅用了4年时间，中共中央领导核心顺利实现由华国锋时代到邓小平时代的过渡。开明、务实、勤业、敬民，是胡耀邦为政的最大特点，他是真正的人民公仆。

胡耀邦主持拨乱反正和冤假错案的平反工作，数以百万计的冤案得以昭雪。“大右派”兼“现行反革命”葛佩琦一案，很具典型意义。1957年“反右派”运动，中国人民大学出了一个全国闻名的“大右派”葛佩琦，当时报导说他在鸣放会上曾公开喊叫“杀共产党人”。果真如此，岂止是货真假实的右派，简直是反革命了。又说葛是国民党少将。1957年末葛佩琦被捕并处无期徒刑。平反冤假错案中，葛提出申诉，人民大学党委两次审查讨论，都认定原定右派结论正确。葛佩琦三次上访中央组织部，也没有结果。山穷水尽之际，葛佩琦到胡耀邦家上访，在胡耀邦亲自过问下，葛佩琦彻底平反：错划右派问题改正了，判处无期徒刑的冤案，平反了，地下党员的党籍恢复了（葛1938年加入中国共产党，长期以国民党少将的公开身份为掩护，从事地下工作）。胡耀邦善于体察民情，他主持中央工作6年，批阅群众来信2000余封，走过中国1500个县（当时中国有2200个县），他任总书记5年，有4年春节是在民间过的。

胡耀邦首倡党派之间的关系，应是“长期共存„互相监督（这是毛泽东提出的），肝胆相照，荣辱与共”。从而形成中共领导的党派合作和政治协商之新格局。他反复强调“顺民心者昌,逆民心者亡。现在中国人心思定、思菅强、思统一”,中共就要“顺乎这一民心”。中国向何处去?胡耀邦坚定不移地指出:“政局必稳,四化必胜,统一必成。”

民主人士千家驹在全国政协会上半个多小时的讲话,被几十次掌声打断。不少党政要人对此者讲话颇有微词。胡耀邦则称赞:“直言不讳”、“千士诺诺。不如一士之谔谔。”对于权位,胡很开明,他说:老的总要一步步退下来,这是自然法则,不可抗拒。1984年,他接见香港《明报》社长查良镛说:中央常委六人,叶帅身体不好,一年前就不管工作了。小平同志身体健康,头脑清楚,一切大事由他掌握。但日常具体工作也不做了。中央常委中,现在是我和紫阳同志共同主持,重大问题向小平、陈云、先念他们请示一下,其余一般就定了。我实际年龄69岁,紫阳同志是65岁,我们搞不了几年,我个人想法,到1987年十三大,要慢慢脱钩、脱身。目前的中委、三分之二超过65岁,如果说有什么危机的话,这就是危机。所以明年要下决心补上年轻而能干的人。自邓小平提出干部要实现“革命化、知识化、专业化、年轻化”以来的20年,人们看到。这方面成果显著,中央委员会、从十二大到十五大,年龄构成一届比一届趋向年轻。其中步伐最快的,莫过于胡耀邦为政的5年。胡对思想意识形态领域主张开明、宽松。他在中共中央书记处会议上首先提出给作家创作自由,指责中央对文艺的领导存在“左”的倾向,他主张改善作家的生活。他说:工农生活水平都翻番了,作家还是白衣秀士,不合理。作家李准写了一个剧本叫《冤孽》,说的是一个中国老太太收养了一个日本孤儿,这个孤儿回国后,说日本什么都有,就是没有老奶奶了。有人向中央告状.说李准的剧本是卖国主义的。胡耀帮不予理睬。著名评剧演员新凤霞多年申请入党不准,写信给胡耀邦,胡马上批复。新凤霞逢人就说:“我很快就入了党”。

中国改革阻力来自何方?胡耀邦说,来自传统与旧观念和小生产习惯势力。他说,改革好像一场按新规则举行的球赛,但裁判员却是只熟悉老规矩的老裁判。胡耀邦主政时最后一个重大贡献就是和赵紫阳一起设计了“七五构想”。构想草案经过1000人大会讨论,八易其稿,才最后敲定,根据当时人们的认识水平,“七五规划”拟定了崭新的模式:七五期间,中国的改革将全面展开,用五年左右或更长一些时间,逐步建立起一整套新的运行机制和调节手段,基本奠定有中国特色社会主义经济体制的基础。1987年1月,在中共中央政治局扩大会议上,他辞去总书记职务。1989年4月8日,胡耀邦出席中央政治局会议时,突发大面积急性心肌梗塞,一位政治局委员当即抱住他连喊“别动!别动!给他服了硝酸甘油。15分钟后,几十名医护人员进入会场抢救,至当日下午4时,病情缓和,转入北京医院。国务院总理李鹏等高层领导人去医院探视。9日、10日,病情继续好转,并能进稀饭。直到14日,长子胡德平答复友人询问时说:“情况稳一些了,但不够好。”不料仅过一天,病情突然恶化。4月15日晨7时,胡耀邦喝了水,吃了西瓜,正准备接受上午的专家治疗,又一次出现大面积心肌梗塞,当时三子胡德华及二儿媳在场,7时45分,夫人李昭赶到医院,见了丈夫最后一面,8分钟后,胡耀邦停止呼吸。风雨同舟48载的结发妻子李昭,凝视着胡耀邦那安详得似回故里的遗容,不禁碎欲绝,丧魂落魄,头昏目眩,全身颤栗,悲伤的泪水沿着清癯的双颊簌簌而下。她要让辛酸的泪水洗去心头的悲哀。然而,任泪水流干,也流不尽无尽的情爱,永远的思念。耀邦,你走得太突然,走得太早了!胡耀邦猝然逝世为导火线,首先从北京开始,中国许多大中城市爆发了令全球为之震惊的政治风波。

胡耀邦逝世不久,李昭向中共中央有关领导提出要求:将耀邦同志的骨灰安葬在他生前寄予热切希望的共青城,其理由有三:一、耀邦的远祖允钦公,自明朝由江西乐浯溪迁至浏阳,江西是耀邦的祖籍。二、耀邦从小参加革命,是大家熟知的"红小鬼",他在江西革命根据地工作,战斗过多年,江西是他革命的发祥地。三、也是最重要的一条,耀邦担任团中央书记时,对共青城的建设起了决定性的作用,那里留有他风尘仆仆的身影和热情爽朗的笑声。共青城所在地的鄱阳湖区,原来是荒无人烟的山地。在团中央的号召下,50年代初,第一批来自上海的知识青年在这里安家落户,开垦荒地,成为新中国第一批垦荒创业者。胡耀邦作为团中央书记,受毛泽东和周恩来的委托,带着党中央的亲切慰问和殷切期望,来到创业者中间,他多次到共青城视察,亲笔题写"共青城"三个催人奋发的大字。如今,共青城英姿勃发,生气盎然。胡耀邦生前热爱自然,酷爱光明,他从大自然中走来,把自己的一生献给了祖国,献给了人民,献给了共产主义事业。他最终要回到大自然的怀抱。这里环境幽雅,没有尘世上的喧嚣,胡耀邦长眠在这样祥和的环境中,必将永远安息。

李昭的要求得到中共中央的赞同。1990年12月5日,胡耀邦逝世一年又八个月之后,中国人民的伟大儿子的骨灰运离北京,由妻子李昭率子女们陪伴着登机南飞。中共中央政治局常委乔石来到机场,为当年的总书记、大地之子送行;中央书记处书记、中央办公厅主任温家宝、副主任杨德中。与胡耀邦的家属一起扶灵到共青城参加骨灰安葬仪式。

李昭的心海随着机身起伏,卷起层层波澜,48年的夫妻恩爱. 化作感情的风暴,在广漠天宇飘荡,催人泪下,感人肺腑。李昭非常感谢墓碑建造者的匠心独具,设计精巧。巨大的墓碑形似红旗的一角,上方刻着胡耀邦浮雕像,旁边依次排列着中国共产党党旗、共产主义青年团团徽和中国少先队队徽,象征着墓碑的主人与这三个政治团体的特殊关系和他生前在不同时期所作的永不磨灭的卓越贡献。"旗角"直刺广袤无垠的苍穹,"旗子"下面还有一块引人注目的黑色大理石墓碑,横跨陵墓的底部,用金色的字体镌刻着中共中央委员会撰写的胡耀邦的生平简介和对他的公正评价。庄重的安葬仪式结束后,李昭伫立在墓前,久久不忍离去。她鞠躬默念:耀邦,你已回到你生前热爱的地方,永远安息吧!你的光辉业绩,彪炳日月,永垂青史!李昭于胡耀邦逝世前6年就已从北京纺织局的领导岗位上离休。但她并没有把自己关在那座四合院里。她比过去更多地出现在一些社交场合,尤其与时装有关的社会活动,她立志要把中国打扮得厦漂亮。她做了北京服装协会的会长。这个协会因连续举办了几届群众性的服装展销和评比,知名度很高。它还乐于在中外服装界之间当“红娘”。由于协会牵线搭桥，王府井大街上的雷蒙服装店和日本著名服装设计师小筱顺子已携手合营。李昭比京城里众多的高干夫人更早地穿起了裙服，她很有几套颜色雅致、款式新颖的时装。不过。她不赞成中国的服装过分欧化，对北京少女一度流行黑色紧身裤，她更是明确地表示“实在不好看”，哪怕被人戏称为“保守的老太太”，她也不肯苟同。她最喜欢的时装设计师或许是李艳萍，因为她常常向别人介绍李艳萍设计的由旗袍演绎出的各式美妙时装。她多次表示：“我的思路是用我们自己的原料，开拓既有中国特色又符合国际潮流的服饰产品。”北京门头沟以及昌平、密云、怀柔等县的农民比城里人还熟悉李昭。从 1985 年开始，她经常下乡，帮助这些地方发展养羊、养兔、养蚕。农民们为卖羊绒、兔毛、蚕茧赚回大把钞票开心，李昭则有更深一层的考虑：如此发展下去，北京的纺织业才会有源源不绝的天然纤维原料。去年这个协会又开始了一个新层次的设计，它把包括面料、服装、鞋帽、首饰、眼镜、皮鞋、皮件、绢花、工艺品等在内的各个公司组织起来，成立了北京服饰研究会，李昭在成立大会上讲话，表示要追赶当今的国际潮流，在追求服装与服饰和谐的整体美中，体现出中国人独特的艺术感。她特意佩戴了一枚美丽的银色胸饰，以示带头作用。

无论胡耀邦在台上还是赋闲家中，李昭待人始终平易谦和，丝毫没有“官太太”的颐指气使，她颇有人望，胡耀邦逝世不久再度当选为北京市顾问委员会常务委员。看来她退而不休，每周有一半时间忙公务的状况将长期继续下去了。

红色戏剧奠基人

——杨尚昆夫人李伯钊

十四岁就坐过北洋军阀的监狱。

她第一个把毛泽东搬上舞台。

她长征经历更奇特。

她在幽禁中坚持创作。《北上》是她献给舞台的最后一部作品。

李伯钊是现代颇有名气的剧作家，以戈丽笔名创作的剧本，即是她的作品。她于1911年生于重庆市一个贫苦知识分子的家庭。父亲原是福建人，为寻出路，远离故乡宦居蜀中。在母亲的熏陶下，李伯钊自小就喜爱文学。1924年，她考入四川省立第二女子师范。四川自20年代初期就有不少早期共产主义知识分子从事革命活动。1923年，杨闇公与吴玉章等就秘密创建了中国青年共产党（因消息闭塞，当时他们还不知道上海已召开中国共产党第一次全国代表大会，及至得此消息后，青年共产党的领导人便决然加入统一的中国共产党，从此，中国青年共产党不复存在。）著名共产党人萧楚女当时在重庆创办《新蜀报》，并担任女二师国文教员。受萧楚女的影响，李伯钊开始接受马克思主义，思想逐渐倾向革命。1925年，大革命的高潮波及到四川。四川革命分子受国民革命潮流的影响，积极组织工人、农民运动和学生运动，由共产党员廖竹君的介绍，李伯钊活跃于学生运动并加入共产主义青年团。李伯钊喜爱戏剧，在女二师学习期间，曾参加演出反映妇女痛苦生活的话剧《可怜闺里月》。因为参加学生运动，1025年她被学校开除。于是，她和几个志同道合的同学一起来到上海。她原准备进上海大学读书，但党组织分配她去办平民夜校，从事工人运动。李伯钊接受组织的分派，她深入工人、市民中，在平民夜校中，她不但教文化，宣传革命主张，还教唱革命歌曲。当时的上海，还在北洋军阀奉系控制之下。她由于从事革命活动曾一度被逮捕，经上海党组织多方营救才出狱，这一年，她只有14岁。

中共中央决定选派一批有文化基础的进步青年到苏联学习，李伯钊也在选派之列。1925年冬，李伯钊进入莫斯科中山大学。当时她年龄较小，又不通俄语，开始遇到不少困难，但她天资聪明，又肯刻苦钻研，不久就跟上来了。老师夸她："这个小姑娘，真是好样的。"教师发现李伯钊很有文学才能，便介绍她加入中山大学俱乐部的文学小组。在那里，她阅读了许多文学名著，有机会观赏许多文艺演出，她也参加一些文娱活动，这为她后来从事文艺活动，在戏剧方面有所成就打下了基础。在中山大学，她认识了杨尚昆。杨尚昆，四川潼南人。1907年生：于二潼南县双汇镇的一个大家族中。族兄杨闇公是中国共产党早期的重要活动家，他是杨氏兄弟走上革命道路的领路人。他1922年即加入共产主义青年团，1923年和吴玉章等组建中国青年共产党，创办《微波》、《赤心评论》等刊物。1925年，杨闇公转入中国共产党，北伐战争时期，担任中共四川地委（即省委）军委书记，1926年冬，和朱德、刘伯承、吴玉章等发动泸州顺庆起义，响应北伐军。起义失败后被捕，1927年4月被四川军阀杀害于重庆，年仅29岁。

杨尚昆在族兄的带领下，18岁加入共产主义青年团，次年（1926年）即转为中共党员。国共合作的北伐战争时期，杨尚昆先后在四川、上海等地从事学生运动和工人运动。大革命失败后，杨尚昆辗转来到苏联，进入莫斯科中山大学学习。这一年，杨尚昆20岁，李伯钊16岁，都是四川老乡，又都是中山大学的同学，又有共同的革命理想，两人很快相识并成为形影不离的爱侣。1929年，李伯钊和杨尚昆在莫斯科结婚。风华正茂的一对年轻小夫妻非常美满幸福。他们住在中山大学简易的房间中，一起学习、一起研讨革命理论，探索中国革命的道路、前途问题。经过几年的学习，他们都成了具有高度文化素质和坚实马克思主义理论基础的优秀革命家。

那时，年幼的中国共产党还深受苏俄和西方无产阶级革命模式的影响。一般认为，工人阶级是无产阶级革命的主力，革命必须先从开展工人运动做起。在中山大学学习期间，他们认为回国后是主要从事工人运动，所以，他们有意识地到莫斯科的工厂去接触工人，在机床前，在纺机旁，都见到过他们的身影。他们也重视军事工作，中国革命的特点，就是武装斗争。当时，中国共产党已在国内开创了十几块革命根据地，红军已有10万之众。所以，他们也练习射击，李伯钊还学过医药和救护。1931年春，杨尚昆和李伯钊从苏联同国。夫妻双双在上海从事秘密的工运工作。杨尚昆任中华全国总工会宣传部长、党团书记.上海工会联合会党团书记，李伯钊则在上海工会女工部工作。这一年，她转为共产党员。

这一年一月，中共六届四中全会召开于上海。这次全会没有任何积极的建树，其惟一“成果”便是开始了王明“左”倾冒险主义对中共中央的统治。由于“左”的危害，上海工会组织损失惨重，就连工作基础较好的法租界电车公司、英租界彩印工会、内外棉十三厂、海员总工会等较坚强的工会组织也垮掉了。“全总”只剩下一个空荡荡的机关。杨尚昆和李伯钊在刘少奇（当时任中共中央职工部长）领导下，在极其困难的条件下，把那些被破坏的工会组织一个一个地恢复起来。上海工人运动又有了一线生机。但是中央既然是“左”的，工人运动便不能不受其影响。有人主张在黄色工会里组织赤色反对派；有人混淆秘密工作和公开工作；有人反对经济斗争，只要求空洞的政治宣传，盲目地提倡：“斗争！斗争！”宋庆龄为声援罢工工人捐来两千块银元，有人竟不同意接受。杨尚昆作为全总和上海总工会的领导人，明确提出，这些“左”的作法，是把“红帽子”带上孤立自己.捐款拒收，是害了“单纯”病，不注意维护工人的经济利益，只能得到脱离群众的结果。1932年“一·二八”事变发生，日资十三个纺织厂几万名工人举行反日罢丁,杨尚昆组织公开的"上海民众反日救国会",上街募捐,买米煮稀饭,救援罢工工人..这种合法斗争形式很有效,扩大了革命的影响。但李伯钊在上海工作的时间很短,1931 年 4 月,中共中央政治局候补委员、中央特科负责人顾顺章叛变,他知道的党内机密极多,中共中央机关有被一网打尽的危险。当时在上海负责中央工作的周恩来不得不采取一系列紧急措施,转移秘密机关和工作人员。按照党组织的决定,李伯钊先于这年春,杨尚昆后于这年末,离开上海转移到中央苏区。李伯钊于 1931 年秋经香港到达瑞金。她见到毛泽东,有幸在毛泽东领导下从事革命的政治宣传和文艺工作。在瑞金,她担任过红军学校政治教员,中央苏区《红色中华》报的编辑兼校对。赵博生、董振堂等人率领第二十六路军举行宁都起义后。李伯钊又奉毛泽东的派遣,参加宣传队去进行慰问。李伯钊回忆当时她和胡底等人一起去见毛泽东的情景时说:"毛泽东同志当时是中华苏维埃共和国主席,所以大家习惯地称他毛主席。他指示我们,你们去慰问,要使起义官兵感到,共产党是真诚欢迎他们的。你们的任务是通过宣传工作,启发士兵们的觉悟,使他们懂得为谁打仗,为谁牺牲。唱歌也好,演戏也好,都不要离开这个主题。"她说,当时毛主席还嘱咐他们,走时要带上雨伞、雨鞋。毛泽东的指示,她一直记在心里。后来,她和钱壮飞、胡底等人连夜合作,编写了话剧《为谁牺牲,为谁打仗》。他们在二十六路军起义官兵中演出时,台下鸦雀无声,当演完幕落耐,突然响起一片口号声:"打倒国民党反动派!""红军万岁!"中央苏区高尔基戏剧学校成立,李伯钊先在那里当教务主任,不久即当了校长。这所学校在两年间,为红军各兵团培训了不少文艺骨干,也在苏区的地方上撒下了不少革命文艺的种子。由于王明"左"倾教条主义的错误领导,中央红军第五次反"围剿"失败,不得不进行长征。

李伯钊和丈夫杨尚昆双双踏上万水千山艰险路,同在长征路上,夫妻却难得见面,她在中央工作团,杨尚昆在红三军团。杨尚昆到达中央苏区后,历任中央红军高级领导职务:红一方面军政治部主任(总司令朱德,总政委毛泽东,总参谋长叶剑英)、中国工农红军总政治部副主任,红三军团(总指挥彭德怀)政治委员,他是人民军队早期政治工作的杰出领导人。李伯钊领导的高尔基戏剧学校.便是总政治部属下的一个单位,夫妻同在一个系统工作。红军开始长征时,杨尚昆正和彭德怀一起指挥红三军团。长征中,杨尚昆参加了著名的遵义会议,他为王明集团开始瓦解而高兴。当年参加遵义会议今尚健在者,仅剩他和伍修权二人。1934 年 10 月,李伯钊在中央苏区担任高尔基戏剧学校的校长。有一天,组织上通知她立即到苏区中央局开会。当她赶到中央局时,那里已到了许多人。中央局组织局长罗迈(即李维汉)宣布:中央红军马上要撤离中央苏区。李伯钊和蔡畅、邓颖超、康克清等三十来位女同志一起,编人中央 r 作团,在团长董必武、副团长徐特立带领下,与卫生部一块行动。出于对王明路线的怨愤和对中央苏区的感情,当时许多同志都哭了。董必武、徐特立鼓励大家:根据地丢了还要重建,将来我们要得到的是全中国!两位老同志的话,鼓起了大家的信心和勇气。长征路上,中央工作团主要是做宣传鼓动工作。快到遵义时,组织上调李伯钊到红军总政治部任宣传部干事,在总政治部代主任李富春。宣传部长陆定一直接领导下工作。

1935 年 6 月,中央红军即一方面军在四川懋功与四方丽军会合,李伯钊曾奉命到四方面军的三十军进行联络,见到了三十军政治委员李先念。几天后,她与陆定一合写了一支《庆祝一、四方面军会合》的歌:“一个英勇善战不怕困难多,一个战略战术很不错,我们一起来会合,真快乐……”这支歌在两个方面军联欢会上演出后,曾流传一时。红一方面军和红四方面军懋功会师岳,两大红军主力混合编队,分成左路军和右路军,左路军由红四方面军为主,红一方面军的红五军团编入左路军。由红军总司令朱德、总政委张国焘(懋功会师后,周恩来的红军总政委职务改由张担任)、总参谋长刘伯承率领;右路军以红一方面军为主,红四方面军的四军、三十军编入,由中国工农红军前敌总指挥徐向前、政治委员陈昌浩、参谋长叶剑英率领,中共中央主要领导人毛泽东、周恩来、张闻天、博古等随右路军行动。伯钊因为两大主力会师时奉命和红四方面军联络,也随左路军行动。从此她和杨尚昆分开了,直至 1936 年 10 月红军三大主力会师甘肃的会宁、静地区夫妻才又一次团聚。

在长征路上,李伯钊也和其他长征战士一样,经历了千难万险。其中“过草地”尤为艰苦,而李伯钊前后往返了三次。第一次,她是在一方面军工作,跟党中央一起走的;第二次,她被张国焘裹胁着回过头走过草地;第三次。她随着二方面军重新过了草地。也就是说,这个时期,她先后在一、四、二三个方面军都呆过,有着一段极不平凡的经历。李伯钊描述过草地的情况时,就好像当年的景象还历历在她的面前:“草地壮观极啦,一眼望去,像一块广袤无垠的绿色地毯。每天早上四五点钟,红彤彤的太阳冉冉升起,映照着绿茵茵的大草地,真使人兴奋。但到上午八九点钟,往往就风云突变,大雨滂沱。这里的草一墩墩地长养,草下面就是黄汤水,不小心掉下去就会越陷越深,空身就够难走的了,红军战士每人要背几十斤重的东西,那个艰难劲儿就别提啦。由于累、病、饿,我们失去了许多战友……”说到这里,老人眼角挂了泪花。第一次过草地后,李伯钊随部队到达。这时组织上通知她,决定派她到四方面军工作,在那里办一个文艺训练班。她二话没说,背上背包就走了。在四方面军工作近一个月,有一天李伯钊收到了杨尚昆(时任红三军团政治委员)的一封信,要她请假回一方面军北上抗日。当时,张国焘反对北上的事,李伯钊已有所闻,便立即请假,由阿西向巴西走去,与在四方面军进行慰问结束后返回一方面军的刘志坚等人结伴同行。走到半路,就被四方面军的人追了回去。不久,四方面军重返懋功.这样李伯钊就第二次过了草地。在懋功,李伯钊见到了早年在莫斯科便熟悉的张国焘,责问他为什么要南下,张国焘反而攻击党中央和毛泽东。李伯钊又气又恨,便去找她早就熟识的张琴秋,但张琴秋也只能送了她一件上衣,略表友情。不久,张国焘在松岗召开会议,公开与党中央对抗,还威逼正在四方面军的红军总司令朱德跟他一起走,遭到朱德的拒绝和严厉的批评。李伯钊说,她在瑞金时就与朱总司令熟悉,总司令既是领导,又是长辈,大家都十分尊敬他、热爱他。这时,李伯钊除担心朱德的健康与安全外,也想向他请示今后怎么办。于是，有一天她在罗炳辉指点下，找到了朱德的住地，只见朱总司令一人戴着眼镜在看书。总司令见她去了分外兴奋。她问总司令，为什么康克清同志不在，总司令说康克清被调到党校教书去了。李伯钊又问："她每天都回来吗?"总司令说："不能回来，路远哩！"总司令的回答使李伯钊明白：张国焘为了隔离朱德，连康克清也调开了。"总司令，我今后怎么办呢?"朱德站起来踱了几步，又走到李伯钊的身边，严肃地说："张国焘要是还打红旗，就跟着走；他要是打白旗，就跟他斗！"这简短的话，使李伯钊一下子感到了问题的严重性。总司令叮嘱说："我今后要注意身体，你也要特别注意身体啊！"李伯钊明白总司令话中的意思，会意地点点头。她知道在朱德这里不便久留，便站起来要走。总司令紧紧地握住她的手，半天没有说什么。李伯钊告辞出来，一面走一面流泪，连总司令送她出房门都没有察觉。

过了几天，李伯钊被安排担任了工农剧社社长，带着演出队到各部队演出。1936年6月的一天。李伯钊等在邯孜、炉霍一带行军时，忽然遇上了任弼时、贺龙、关向应等红二方面军领导人。任弼时是她在瑞金时就熟识的老首长，关向应是1925年在上海搞工运时的老领导，李伯钊意外地见到了他们，就像见到了久别的亲人一样，向他们诉说了自己的经历和在四方面军中的所见所闻。

贺龙、任弼时决定留李伯钊在二方面军，不久就又跟着二方面军第三次过了草地。第三次过草地后，李伯钊生了一场大病。病刚好，她就坚决不坐担架，要求骑马行军。有一天，在甘肃洮州，突然遇到了彭德怀。原来，彭德怀是代表党中央来迎接二、四方面军去陕北的。

彭德怀告诉李伯钊："党中央想搞到一份张国焘在松岗开会另立'中央'的会议记录，你能不能找到傅钟同志将这个记录要来交给我?"李伯钊很快找到傅钟，说明了中央代表彭德怀的意思，傅钟表示，这个记录应当交给党中央。于是，傅钟将记录交给李伯钊转给了彭德怀。李伯钊曾在陕西的云阳镇接待了斯诺前妻韦尔斯的来访。她们同睡在一个炕上，彻夜聊天，后来韦尔斯把同李伯钊的谈话写进了《续西行漫记》。李伯钊说："后来我看了这本书，材料基本上是准确的，但个别地方也有些出入。造成这种情况，可能有几个原因：一是当时谈话翻译得不够准确；二是当时我干了一整天的工作，晚上聊着聊着就困得不行，活没有讲清楚。"

李伯钊来到陕北保安后，西安事变爆发，第二次国共合作初步形成。中国革命进入了一个重要的、也是很特殊的阶段——全民族团结抗战阶段。抗日战争和解放战争期间，李伯钊曾在山西临汾办过学兵队，在延安鲁迅艺术学院、中共中央宣传部、中央党校工作过。曾主办过晋东南鲁迅艺术学校。她参加了延安文艺座谈会，参加过土地改革。1948年，她到了石家庄，任华北局文委委员兼华北文联副主任。北平解放后，她担任了北京市文化局局长，华北人民文工团团长等职。建国初期，她曾率中国文工团赴匈牙利布达佩斯，参加世界青年联欢节。在匈牙利期间，无论她走到哪里，都受到当地人民的热烈欢迎，欢迎人群呼喊着"中国"、"毛泽东"的口号，表达出强烈的钦敬之情。李伯钊在异国他乡深切体验到中国革命在世界上的影响,心中强烈荡起一个念头.长期跟着老一辈革命家艰苦创业的文艺工作者,有责任把中国革命丰功伟绩和艰难历程用文艺形式反映出来,介绍给世界,留给子孙后代。

像她这样,经历了红一、红二、红四方面军三大主力红军长征过程的人实在少见。长征留给她的印象太深了。她想把这震撼世界的悲壮行程用歌剧的形式表现出来。她的想法得到许多老一辈的支持。是,50年代初,歌剧《长征》轰动了中国舞台。它以宏大的气势,再现了红军爬雪山、过草地、跋涉两万五千里的伟大历程,剧中表现的不畏艰难险阻,乐观主义、集体主义、英雄气概深深打动着观众的心。特别可贵的是,《长征》第、一次以艺术的形式在文艺舞台上塑造了人民领袖毛泽东的光辉形象。这是新中国戏剧创作中第一次意义非凡的勇敢尝试。

《长征》一上舞台,就引起强烈反响。许多观众说,非有亲身经历,写不出这样感人的作品。特别是剧中出现毛泽东的形象时,整个剧场掌声雷动,一片欢腾。许多亲历长征的老战士纷纷向她表示感谢和祝贺,鼓励她再接再励,写出更多反映革命的好剧本来。毛泽东捎信给李伯钊:写革命,写长征,都很好,我都赞成。但可不要拿我毛泽东当菩萨拜哟!党内有那么多的同志,还有许多人牺牲了性命。就拿长征来说,有几个方面军哩,有那么多领导同志,应当写总司令,写恩来同志.写弼时同志等等。要写几个方面军的同志,没有他们,我毛泽尔独龙能下雨吗?毛泽东的意见令李伯钊看到了剧本的不足。也为剧本得到了修改的方向。个人写得太突出,几乎成了冲菩萨,终究有个人崇拜的味道,她决定按毛泽东的意见加以修改。刘少奇、彭真给予热情地鼓励和支持,聂荣臻提出了具体的修改意见。

她决定把歌剧改写成话剧。让更多的领袖人物在舞台上出现。1960年,她带上歌剧《长征》原作到了成都(当时中央正在成都开会),找到自己的老上级李富春,汇报了修改的设想。李富春祝她早日成功,并批准她到中央档案馆查阅长征时的文电、资料,以充实她的感性知识。经过再创作和反复修改,话剧脚本《长征》创作完成。但还没来得及排练上演,"文化大革命"便兴起来。由于杨尚昆被打下去,李伯钊受到牵连,连人身自由都没有了,话剧《长征》不仅不能上演,反因剧中表现了"文革"中被迫害被冲击的老一辈革命家而成了"大毒草"。"文化大革命"是一次腐朽封建残渣的大泛滥。封建专制时代的"株连"又再现于中国社会。只要某一领导人被"揪出"、"打倒",其亲属子女必跟着遭殃。进入人类文明的20世纪,又号称最民主的政党和政体,这应该说真是咄咄怪事。

李伯钊受迫害,源于杨尚昆被"揪出"。杨尚昆是在"文革"序幕阶段就遭贬黜的重要领导人。抗日战争时期曾任中共中央北方局书记,解放战争时期担任中央军委秘书长。新中国成立后长期担任中共中央办公厅主任,同时兼任中共中央副秘书长,还是八届一中全会选出的中央书记处候补书记。还在1965年11月,即姚文元发表《评新编历史剧<海瑞罢官>》,总参谋长罗瑞卿被林彪以突然袭击的方式打倒的前后,杨尚昆就以"在毛主席身边安装窃听器"、"进行地下情报活动”的罪名被贬黜。轰出中南海，轰出北京，调到广东，担任省委书记处书记。但还没有完全打倒。加给他的罪名够吓下人的，在毛主席身边安装窃听器，这还了得！岂不是为某个政治集团的需要探测毛泽东的动向？果真如此，岂不是反革命行为？但事实并非如此。50 年代末。只有大型会议，毛泽东重要讲话才进行录音，一般的谈话，只作记录。用笔记录，毕竟不完整。中央办公厅为了完整地记录毛泽东的谈话，留传后人，便在他的会客室、专列等处安装了微型录音设备，专门配备了录音员。生怕毛泽东反对，没有告诉毛泽东。1959 年，毛泽东乘专列前往湖南。火车上，毛泽东跟专门负责冲印照片的小胡聊天。小胡从毛泽东的车厢里出来后，遇上录音员。录音员对她说“刚才你在主席那里说了些什么，我全知道。”接着说了一点他们谈话的内容。

小胡非常惊讶，报告了毛泽东。毛泽东也很震惊。追查下来，才知道详情。毛泽东进行了严厉的批评。刘少奇召集有关人员开会，转达毛泽东的批评，并把处理情况写成报告，送呈毛泽东。毛泽东表示同意，事情就了结了。但是后来毛泽东的想法发生了变化。自 1964 年以来，毛泽东对国内政治状况和党内状况作了灾难性估计，认为全国基层政权 1/3 不在共产党手里，资本主义、修正主义复辟的危险极为严重，甚至中央形成了“资产阶级司令部”，它以刘少奇、邓小平为首，多次杞人忧天地提出，“中央出了修正主义怎么办”的警告。到“文革”发动前夕，毛泽东甚至认为有可能发生“反革命修正主义政变”。为此，他依靠林彪、江青一伙，决心清除所谓“混进党里、政府里、军队里和文化领域各界里的资产阶级代表人物”。因为杨尚昆不肯附和“左”的一套，自然在必须清除之列。于是，已过去数年的安装录音设备一事又被翻出，而且上纲为“安装窃听器”，“进行特务活动”。成为预谋“反革命政变”的“阴谋”事件。于是，彭真、罗瑞卿、陆定一、杨尚昆便被生拉硬扯，拼凑成“反党集团”，林彪还给他们取了个绰号为“四大家族”，要一起合谋“搞政变”：罗瑞卿掌握军队，彭真掌握党权，陆定一负责造舆论，杨尚昆负责搞情报。无中生有，血口喷人，人为地制造紧张恐怖气氛，为打倒更多的党政军领导人造舆论。

如果说打倒陆定一、罗瑞卿主要是林彪捣鬼，打倒彭真主要是江青捣鬼，那么，贬黜杨尚昆则主要是毛泽东的多疑。早在建国初期，就发生过一件事。建国前夕，中共中央还驻在西柏坡时，政治局就决定成立政治秘书室。它是中央书记处各秘书集体办公的地方，经常性工作是为毛泽东和其他领导人处理各界、各团体和群众来信等事宜，室主任是师哲。已经工作了 4 年。1953 年夏的一次政治局会议上，毛泽东忽然质问：“从哪儿来的这个书记处政治秘书室，又把它安在我的身旁？”与会者把研究的经过向毛泽东作了说明，并强调是 4 年前中央政治局决定设立的。毛问：“那我为什么不知道呢？”大家说：“你大概忘了。”毛泽东说：“我只要一个秘书小组就行了，不要那政治秘书室。”主席发了话，当然无条件照办。于是当即决定成立秘书组，还是原来那班人马，只是组长由师哲换上江青。接着，毛泽东又专门宴请了秘书组的组长、副组长。事后，杨尚昆（当时任中央副秘书长)向师哲传达这一决定时说:“你看这老人家,大家都说知道,只有他说不知道。”①显然,这里有江青的作用,她不甘心只是“主席夫人”的身份,她要有一个名正言顺的职务。由于毛泽东的迁就,她的目的达到了。过了一段时间,江青向毛泽东提出:“送给主席的戏剧、电影、舞蹈等文艺类材料,由她批阅。”她的野心,随着地位的升高而发展。杨尚昆就背着这样的罪名被打倒,直到12年后,党的十一届三中全会,冤狱才得平反。

由于野蛮的株连政策,“文革”一起,李伯钊也被扣上“走资派”的帽子,受到残酷的迫害,并失去人身自由,被长期幽禁。旷日持久的暗无天日,李伯钊患了脑血栓,身体致残了。但她始终没有放弃再次修改《长征》剧本的心愿。她坚信,是非曲直自有公论,乌云总是遮不住光辉的太阳。她回顾自己几十年革命生涯,没有任何损害党和人民的行为,问心无愧,心境安然。她也相信自己的丈夫,几十年出生入死,决不是什么“特务”、“反革命修正主义”,是忠诚的无产阶级战士。但是,在那种是非颠倒的年月,含冤去世的人在在皆有,’她不知道丈夫的下落,未免忧心忡忡。

1975年,邓小平在毛泽东和周恩来的支持下,主持中央工作。李伯钊当时还幽禁在山西临汾,邓小平的复出,使她看到了希望。。她不顾身残多病,不顾隔离封锁,毅然握笔在手,再次修改《长征》。幽禁中,没有底本,没有任何资料,只靠记忆和高度的责任心,这实际上是一次再创作。她说,长征在我脑子里,革命印在我心上,稿子被抄丢了,我有条件再写。粉碎“四人帮”,李伯钊获得新生,从幽禁地返回北京,不等生活安顿好,她便临纸挥毫,继续修改剧本。为了坚持写作,她每天清晨起床,练习走路、写字、读书,以顽强的毅力同疾病伤残斗争。鉴于她的身体状况,组织上给她派来助手。经过数年的艰辛耕耘,剧本四易其稿,于1982年完成,定名《北上》。部话剧问世,距离歌剧《长征》整整30年。这部大型话剧生动地再现了毛泽东和他的亲密战友周恩来、朱德等运筹帷幄,以无产阶级的雄伟胆略和气魄,领导红军突破国民党反动派的围追堵截,战胜张国焘右倾逃跑和分裂主义、胜利北上抗日的伟大决定。场面宏大壮阔,情节生动感人。《北上》同《长征》相比,无论从内容上还是艺术手法上,都具有更高的水平。它获得1982年中国剧协优秀创造剧目一等奖。它一发表,剧团争相上演,还拍成电视连续剧。一位戏剧界人士说:“此剧描写领袖人物的手法高人一筹,刻画反派人物入木三分,不熟悉这些人物的作者,就达不到这样的境界。”记者问李伯钊:为什么能写出这样激动人心的好剧本?她说:“因为我熟悉剧中人物,熟悉剧中反映的生活,我亲身尝过那些酸甜苦辣的滋味!”其实,剧中人物就有作者的影子,那位女宣传队员康小梅,从红一方面军来到红四方面军,在四方面军中她不顾受张国焘打击的危险去看望红军总司令朱德,后来又将张国焘的情况报告给红二方面的任弼时、贺龙. 为最终战胜张国焘的逃跑、分裂行为,立下功劳。剧中的康小梅,就是现实

① 师哲:《峰与谷》,红旗出版社。

生活中的李伯钊。伯钊的主要作品，除了《长征》、《北上》外，还有与吕骥、向隅合作的歌剧《农村曲》，自己创作的话剧《老三》、《母亲》，小说《女共产党员》、《桦树沟》和秧歌剧《送红袄》等。她的作品是革命的产物，她是红军文艺工作的开拓者之一。

十年浩劫极大地损害了她的身体，她已难以坚持正常工作。80海代以来，她担任过中央戏剧学院顾问、中国戏剧家协会副主席等职务，她虽然顽强地同病魔搏斗，以期争取更多的为改革开放和社会主义现代化建设大业贡献力量。但长期残酷的迫害完全损害了她的身体。在《北上》问世后3年，她被病魔夺去了生命.享年74岁。她的老伴杨尚昆还健在。

"文革"中，杨尚昆被撤销一切职务，长期监禁，中共十一届三中全会彻底平反，就在监禁地恢复工作，初任广东省委第二书记、副省长、广州市委第一书记、市革委会主任。由于他在全面拨乱反正中的杰出作用，和万里、赵紫阳等一批改革派人物进入中央，成为党和国家的重要领导人。1980年任全国人大常委会副委员长兼秘书长，1981年任中央军委秘书长，1982年任中央军委常务副主席（军委主席邓小平），成为中国军界仅次于邓小平的实权人物。1988年4月七届全国人大一次会议，当选为中华人民共和国主席，是继毛泽东、刘少奇、李先念之后第四位荣任国家元首的人物。可惜因年事已高（81岁），杨尚昆只担任一届国家元首，1993年和万里一起辞去国家领导人职务（万里辞全国人大常委会委员长，杨辞国家主席）。到此为止，以邓小平为核心的中共第二代领导集体的重要成员，全部离开政坛，以江泽民为核心的第三代领导集体，全面担负起党政军各个方面的领导职务。

李伯钊和杨尚昆有一个儿子叫杨绍明，1942年生于延安，北京大学历史系毕业。他现在的行政职务是中共中央文献研究室副主任，还兼任中国国际友谊促进会副主席、中国国际友好联络会长助理、中国人民对外友好协会理事。杨绍明最大的业余爱好是摄影，达到入迷的程度。这来源于他的父亲杨尚昆，父亲是他跨入摄影门槛的启蒙老师。当他在北京育英小学读书时，就玩起了摄影机。大学毕业后，曾担任过新华社摄影记者、编辑。由于他在摄影方面的成就和名气，现在是中国摄影家协会副主席、中国当代摄影学会主席，由于他具有别的摄影爱好者无法比拟的特殊环境，他以拍摄党和国家领导人的生活照见长。《邓小平》画册、他是特别摄影师、副主编。

他所摄的有关邓小平的照片中，有两张照片最受邓小平的喜爱，一张叫《乡情》，照片上，邓小平在爬峨嵋山路上碰到一位求香休息的老太太，邓小平向这位老太太问路，旁边是玉米地；另一张是《八十二加一》，照片上是邓小平抱着孙子，小孙子亲吻他的情景，富有生活情趣。

1992年1月，杨绍明在赴香港参加"华人摄影家艺术研讨会"期间，接受了《中国时报》采访，我们现在将这次采访的录音转摘以飨读者。问：请问杨先生是怎样选择以摄影作为终身职业的？答：我没有把摄影作为终身职业，那是一种误解，我是把它作为我的职业的一部分，不是最大的一部分，却是最费力气的一部分。问：你是怎样学摄影的？答：解放之后，我才 14 岁，那时候因为我父亲会照相，他就当了我的启蒙老师，当时在北京，一开始我就觉得摄影很有意思。我是在 1942 年生的，还没有进北京前，我已看过不少照片，我们在延安时候，就常常有人来来往往，拍了很多照片。当时中国有几个人，包括叶挺、王若飞等人乘飞机赴重庆进行美国居间调停的国共谈判，飞机撞上重庆黑茶山坠毁，称为“四·八事件”。当时有人照了相，我也看到了那些照片，我们也让在延安的美军观察组看了照片，我就觉得照片可以记录很多人大大小小的事情，14 岁那年，我还在北京育英小学念书，就想以摄影来做职业。当时我父亲在革命战争的年代，缴获的战利品中，包括有日本的、国民党的相机、胶卷，就用来照部队的生活，或是同志们的结婚，但当年留下来的照片不多。在鲁艺时，我就替毛主席拍照，给领导人拍照。

问：有没有开过展览？答：没有开过展览，当时他们把照相作为一种记录。在他们开会的时候，我就去拍照。问：你还记得拍摄的第一张照是怎么样的呢？

答：我想第一张拍的是家庭照，而第一张比较得意的照片，我记得好像是在 1950 年毛泽东去苏联的时候拍的。当时在北京的机场，我们在送行时，毛泽东没有带帽子，穿着一件大衣服，正跟大家握手，我就拍了一张他跟大家握手的黑白半身特写照片。我有这种机会，是 60 年代的时候，北京通过大使馆从苏联进口了一批胶卷，刚开始的时候，人家就告诉我，学摄就要先懂暗房技术，那时暗房也比较容易，自己可以放大，但冲洗仍不能够。

问：那一张得意的照片有没有保存下来呢？答：没有啦。我的照相也是很有历史特性的。在“文革”的时候，所有的照片统统被红卫兵烧掉，很可惜。但也保留了那么几张，包括邓小平的。我记得，有一张是毛主席在中南海接见全国各方面的代表，有一名农村妇女，她从没有见过毛主席，终于见到毛主席觉得很高兴。那一张照片还在。我当时也找了很多老师，新华社当时有专门驻在中南海里面替中国领导人拍照的记者。他们有暗房，我是先看他们做，然后才想办法买一些摄影设备，都是业余的，买回来后自己配药、放大，是很有趣的。我一开始拍的都是新闻照，别人看我是个小孩，也不当我一回事，1958 年我开始上高中，就替学校拍照，拍学校开运动会、联欢会。我也很喜欢参加活动，那时有许多游行示威活动，我记得最清楚就是“要古巴、不要美国佬”，那时正在声援古巴，我就跟着一些新华社记者去拍这些场面，我还记得埃及为争苏伊士运河主权跟英国打仗的时候，我们的群众到英国的代办处去示威，反正我就爱参加一些活动，在新闻性事件上拍照，能引起我的兴趣。

问：你是否对新闻人物特别有兴趣？

答：当然喜爱，我也很愿意做一个记者，去拍照。我在北京第四中学念书时，新华社到学校来招聘摄影记者，我各方面条件都很符合，他们就想找我去。但我的父亲说：“你的文化基础不够，你的底子不够，做什么记者？只能做一个半吊子的记者！”由于他说的有道理，我就没有去。念完了高中，我考上了北京大学。我本来想学新闻,但当时北大没有新闻系,就考虑应该学一些比较深层次的文化知识学科,后来就选择了历史系。当时毛泽东的女儿李讷,也在北大,她比我高一年。

问:念历史跟摄影有什么关系?

答:奠定了我用摄影来记录历史,或者是用摄影手段手法去参与社会建设的基础。在北大的时候,我也爱拍摄,就拍同学下去劳动、做社会调查,参加"四清运动",拍过很多照片,也做过很多展览。

问:有没有扩大至大学之外的社会呢?

答:有,当然有,那时候若有重大的活动,只要跟我的课没有冲突,我都会去,所以我拍了很多中国领导人的照片。当时我大学还未毕业,新华社就从我处收集了很多我拍的资料,这个我正在整理,资料有不少。

问:许多人认为,因为你家庭的关系,所以你可以像外国的皇室摄影师一样,给中国最高的领导层人物拍照,你同意此说法吗?

答:这跟皇室摄影师不一样,他们是专业的职业摄影师。我只是作为业余的记录,但你说的有一点是对的,老一辈看着我长大,所以没有任何拘束,我拍出来的照片是最自然的,我们就好像老朋友一样,不介意,所以人也好,照片也好,愈自然愈好,丝毫没有一点掩饰,丝毫没有感觉有人替他照相时,拍出的照片最理想。我后来受到布列松的影响,完全是走布列松的路线。布列松跟我谈过。那时我得到荷兰的一个奖,去荷兰演讲,路过法国,我就要求拜访布列松。我的一位朋友找到布列松,但布列松不喜欢被采访,更不喜欢人家照他的相,他的理论是,如果大家知道了他的模样,他出现在社会上时,就会被发现,就会使人家有心理感应。所以他不喜欢被人拍照。我去他家里就将我在荷兰、法国拍摄的幻灯片,求教于他,受到他的赞赏。1988 年我参加"世界新闻摄影比赛",以 1987 年拍的"退下来的邓小平"照片,获得了第三等奖。第一等奖是拍教皇,第二等奖是拍撒切尔夫人,评委会主任是英国人,我这张照片虽然很精彩,但是也受到某种西方人的"排斥"(大家笑起来),不过。能挤进去也不容易在改革开放 10 多年,也只我一个人拿了这个奖,现在还是"零的突破"。

三次离合岂无缘

——彭德怀的三位夫人

(一)周瑞莲

她和他青梅竹马,两小无猜。

他去找穷人的出路,她贞情待他归来。

债主要卖她抵债,她喊着他的名字,纵身跳下悬崖……

周瑞莲是彭德怀的表妹,姑母的女儿,自小和彭德怀青梅竹马,两小无猜,瑞莲从小死了爹娘,孤苦无依,是彭德怀的舅舅把她抚养大的。瑞莲对她的表哥——真伢子(彭德怀乳名)很喜爱,真伢子对表妹也处处关怀。插秧、莳田、割禾、或上山砍柴,或下塘捉鱼,两人并肩携手,天真无邪,形影不离,舅舅看了,格外欢喜。几年过去了,两个人渐渐长大了,相互爱慕之情越来越深。

彭德怀平日沉默寡言,见人没有多少话,甚至在舅舅面前,也从不多言,但在表妹面前,他的话匣子就打开了,不是诉说人间的不平和痛苦,就是谈论自己的理想和抱负,滔滔不绝,瑞莲往往听得入神,偶而也插上几句,说到痛快处,两人相视而笑;讲到悲哀处,瑞莲则陪着落泪。心心相印,休戚相关。他为表哥的不幸而叹息,也为他的不屈而敬慕。她为他烧饭、织布、缝衣、做鞋……他是她的依靠。是她的希望和寄托,她生命的意义和存在的全部价值,就在于有了她的真伢子。

1913年,彭德怀的家乡乌石一带闹天灾,官府、地主、商人囤积粮食,抬高粮价,饥饿威胁着穷人的生命。真伢子虽只有15岁,却领头闹粮,聚合饥民,强制豪绅富商平价粜粮。团防局派人来捉,家里人劝他赶快逃走。他有一位本家堂叔,刚卖了一只猪崽,得了1000文钱,让他拿去做了路费。真伢子逃到湘阴县的西林围,做了挑堤工。黑心的包工头敲骨吸髓,真伢子干了两年半,仅得三担半米的工资。他无时无刻不思念着热恋着他的表妹。1916年春,18岁的真伢子回到故乡。这一年,在舅舅家,他和瑞莲定下婚事。当瑞莲拿出亲手缝就的粗布衣给他换上时,无意中看到他肩头被挑河扁担压出的伤痕,她难过得流泪了。未婚妻的泪水,撞击着真伢子的心灵。他悲愤地问舅舅:"如今这世道,究竟哪个怕哪个?"舅舅回答:"没钱的怕有钱的,有钱的怕有势的,有势的怕有枪的。"真伢子觉得这话有理,当时的湖南"七八个总司令,四五个镇守使",谁有枪,谁就是称霸一方的土皇帝,要想不受欺压,手里就得有枪。他认为穷人只有这条出路。真伢子告诉表妹,他要出去当兵。表妹不愿意他离去,又觉得留在乡下除了受苦受穷,也没有出路,她同意了。

阳春三月，表妹送真伢子上路。他们并肩走着，恋恋不舍，送了一程又一程，真伢子不忍心叫她再送了，他深情地对未婚妻说："我走了，要去找穷人的出路。这一去不知哪年哪月才能回来，你能等我吗？"瑞莲眼含泪水，打开小包袱，拿出两双亲手做的鞋袜，鞋底上绣着"同心结"。她悲凄地对真伢子说："表哥，你去吧，我不拦你，永远等着你！"说着，眼泪再也抑制不住。望着青梅竹马的未婚妻如此伤心，真伢子实在难受。但是，不出去闯，就在家乡受苦终生吗？他心如刀绞。此时，令人心酸的往事一幕幕涌上心头。他永不会忘记，就在10岁那年的大年初一，家中无粒米下锅，他和二弟外出讨饭，没讨到两升米，黄昏才回家，一进家门，就饿倒在地上。他也不会忘记，年过70的老祖母，为了一家活命，扭着一双小脚，带着两个孙子，拄着棍子在凛冽寒风中出门讨饭的悲惨情景。他更不会忘记，为了挣口饭吃，下煤矿背煤，煤矿亏本，矿主逃跑，一年辛苦全付流水……想到这里，真伢子怒视苍天，对深情的未婚妻说："守在家里也是死路一条，莫如出去，或许闯出条路来，你放心等我吧，不出三年两载，我就回来接你！"瑞莲流着泪默默点头。真伢子咬紧牙关，大步向山外走去。从此，他再也没见到日日夜夜盼望他归来的表妹。彭德怀入湘军当兵，当时还不满18岁，用他的话说，是"勉强收录的"。入伍三四年，由二等兵、一等兵、副班长、班长而到排长，到1921年，已经是代理连长了。彭德怀无时不在思念着未婚妻，瑞莲的音容笑貌常入梦乡。身为湘下级军官的彭德怀，已经有了一定社会地位，他准备把表妹接出来完婚，但他万万没有想到，传来了令他万分悲痛的消息：瑞莲已被地主老财逼死了！瑞莲家借债无力偿还，债主逼得紧，走投无路，养母气死了。狠心的债主要卖瑞莲抵债，瑞莲至死不从，呼喊着"真伢子"的名字，纵身跳下悬崖！得此噩耗，彭德怀心碎肠断。他发疯一般冲上一座山头，两眼射出悲愤的目光，面对家乡的方向，久久地凝立着。

（二）刘坤模

她是乡间货郎的女儿。

她意志薄弱，竟登报声明和"共匪头子"脱离夫妻关系。

她虽已另嫁，但怀着和八路军尉总指挥恢复关系的幻想，投奔延安。

他断然拒绝复婚："我不能同别人共老婆。"

表妹的死，在彭德怀的心灵上留下极大的创伤。自小青梅竹马，情深意笃，刚刚有了出头之日，却是这么悲惨的结局。未婚妻的影子一出现在脑际，总要引起许久的悲哀和愤怒。他恨死了恶霸乡绅，发誓要为穷苦人铲除天下的不平。

当时中国共产党已经成立，听说共产党反对军阀豪绅，主张穷人解放。赤贫出身的彭德怀本能地心向共产党，他想找共产党，但是没有门路，不知共产党在哪里。德怀当连长，很得士兵拥护。他对士兵极其爱护，废除肉刑，士兵犯纪，只处以记过、罚站，连里有了公积金，他分文不沾，全部用于士兵的公益事业。此外，他还在连里组织救贫会，济助有难士兵。

南县有一个恶霸欧盛钦,无恶不作,为害乡里甚于土匪。1921 年秋,彭德怀派了三名救贫会士兵,将欧盛钦秘密处死,并张贴匿名布告,宣布欧的罪状。为百姓除一恶霸,乡里拍手称快。过了三四个月,事情暴露了,彭德怀被湖南督军赵恒惕派人逮捕.解往长沙。押送的士兵同情彭德怀,暗中把他释放。此后,彭德怀颠沛流离,时而湘潭,时而长沙,时而广州,时而惠州,时而山乡,时而城市。1922 年秋,彭德怀改换名字(原名彭得华)考入湖南陆军讲武堂。毕业后,在湘军鲁涤平部当连长。这时,他认识了后来著名的红军将领黄公略。国共合作开始,北伐战争兴起,湖南实力派唐生智投奔国民政府,声势大振,彭德怀所在的湘军被唐生智收编为国民革命军第八军第一师,彭德怀担任营长,加入北伐行列,这是 1926 年的夏天。从此,彭德怀接触了许多共产党员,思想观念发生质的飞跃。“等贵贱、均贫富”的朴素农民意识迅速升华为共产党的革命主张。1927 年秋汪精卫叛变革命,国共合作分裂,大革命失败。这时彭德怀已升为团长,他痛恨国民党右派的叛变,决心走共产党的路。这年 10 月,他在一片白色恐怖中,秘密加入中国共产党。

1925 年,彭德怀已经 27 岁了,经人介绍和刘坤模结婚,这实际是彭德怀第一次结婚,他和表妹周瑞莲只确定了婚姻关系而未正式结合。刘坤模是湘潭人,生于 1908 年,是乡间货郎的女儿。尽管彭德怀永远不能忘情于深恋他的表妹,但现实必须正视。他把对待表妹的真情倾注到新婚妻子的身上。刘坤模读过几年书,彭德怀供她继续上学,教她待人处世的道理,向她灌输解救社会的主张,还为她在湘潭县找到一个小学教员的职位,帮助她走向社会,期望她不仅仅是妻子,还能成为探索革命道路的伴侣。婚后几年,随着彭德怀军内职务的提升,刘坤模对彭德怀也越来越倚重,她庆幸找到了一位好丈夫。但是,刘坤模本质上是个意志薄弱,贪图安逸,朝三暮四的女人。1928 年,彭德怀领导了著名的平江起义,创立红五军,开辟湘鄂赣边区,率部上井冈山和毛泽东、朱德会师。他自然成为国民党反动派的通缉对象。刘坤模为这些惊心动魄的消息吓坏了,她不顾夫妻情义,竟昧着良心登报声明:同“共匪头子”彭德怀脱离夫妻关系,以此来换取苟且偷安。

彭德怀胸怀宽广,极能体谅别人,尤其是比他地位低下,孤弱无助的人。他认为那是她的不得已,多少共产党人的眷属,由于白色恐怖的袭击,家破人亡,四处漂流,甚至被抓被杀。毛泽东的夫人杨开慧,甚至他们年幼的三个孩子,国民党不是都没有放过吗。为此,他并不去责怪刘坤模,甚至为此感到一丝歉意,是他给她带来的不幸。此后 10 年,彭德怀戎马倥偬,南征北战,鏖兵于苏区,浴血于长征路,继而又和日寇酣战于华北。他实在顾不得考虑个人的婚姻问题。抗日战争爆发,国共再次合作,红军改编为国民革命军八路军和新四军。报纸上刊出国民政府军事委员会的任命,彭德怀为国民革命军第八路军副总指挥,名闻中外,国人敬仰。刘坤模懊悔不已,她恨自己太没有远见,不该在 10 年前刊登劳什子的什么“启事”,更不该和另一个男人组合成一个新的家庭,而且还生了孩子。但是,彭德怀和自己究竟有过结发夫妻的缘份呀,他能不念旧情嘛?再说,他也有对不住我的地方,平江暴动,他拉起队伍走了,撇下我,担惊受怕,我一个弱女子,无依无靠,不走那条路,能安生吗？这些，他应该能够理解吧。对！我应该去找他。可是，他要忌恨我，不理我，不是自讨没趣吗？我该怎么办呢？心中七上八下，没有主意。

这时，大批热血青年，为着抗日救国，从四面八方奔赴延安。刘坤模是生在社会底层的知识分子，一般知识分子所具有的爱国、追求光明的特点，她还是具备的，她也赞成共产党团结抗战的主张。她决定到延安去，更何况，那里还有吸引她的另一个因素：和彭德怀恢复关系的幻想。于是，她踏上去延安的旅途。她要去找彭德怀，当然，再婚、生子这两件事，是必须瞒着的。首先来到长沙，那里有不少共产党的人。国共再次合作之初，两党关系还很少后来的那些摩擦。在大后方的许多地方，特别是大城市，共产党是合法的，可以公开活动。周恩来以国民政府军事委员会政治部副部长的身份，当时率领一批共产党人，就驻在长沙。听说她是彭德怀的夫人，自然倍受优待，她很容易地取得去延安的介绍信，经西安进入革命圣地。

她见到了彭德怀，悔恨、担心、委屈和内疚交织在一起，她流泪了。她诉说了10年来的艰难，委婉地解释了10年前背叛他的“苦衷”，她向他忏悔.要求他谅解，并信誓旦旦，表示今后不管遇到什么风浪，决不再离开他。最后，她明确提出，要和他复婚。当然，她隐去了又一次婚姻和生了孩子的实情。刘坤模突然出现，彭德怀甚感意外，分别10年，彭德怀几乎忘却了她。此刻，彭德怀的思绪纷繁。他已年届40，还是单身一人，他确实希望有一个满意的家，至少也有人照顾他的生活，他是太忙了。她能来到延安，不是说明她还是追求进步和光明吗？10年前，她固然有负于他，但那种环境下，似乎也不无可原谅的理由。但10年了，她的政治表现如何，他是毫无所知的。像他这样的高级干部和一个10年之久的历史并不清楚的女人复婚，是要经过组织上的调查和批准的。因此，彭德怀没有立即答应复婚的要求。他告诉她，这事需组织部门调查、批准。调查的结果令彭德怀失望，也很生气。刘坤模不仅政治上不坚定，而且背叛了彭德怀后，又同另一男人结婚，还生了一个孩子。彭德怀断然拒绝了复婚的要求。他郑重地对刘坤模说：“你对革命事业是不坚定的，而且你已经同别人结了婚，还生了孩子，我不能同别人共老婆。你回到你丈夫身边去，莫让孩子失去娘。”彭德怀态度如此明朗、坚决，刘坤模不再作任何非分之想。她知道，这面破损的镜子不能重圆了。

（三）浦安修

陈赓为他们当红娘。
他们的生活有如清教徒。
毛泽东的失误给他们带来悲剧。
他说：“这不能怪她，也不能怪我。”

浦安修是江苏嘉定（今属上海）人。1918年生。是浦洁修、浦熙修之妹。三姐妹在中国现代史上都很有名气，尤以浦熙修为最。浦熙修是富有正义感的进步记者，也是中国最大的民主党派——中国民主同盟的重要干部。她不顾个人安危，冒着生命危险，以犀利的笔，同国民党的专制独裁进行顽强的斗争，在新闻界赢得了巨大威望。她是中国共产党亲密的朋友。可惜,由于毛泽东指导思想的失误,错把朋友当敌人,“反右派”运动中.毛泽东亲自点名,称她是右派中“能干的女将”,以此她的“右派”帽子,便在劫难逃。浦安修受到这两,立姐姐的影响,很早便走上革命道路,读中学时,便参加了震动全国的“一二·九”运动,1936年考入北平师范大学历史系,同年加入中国共产党.一面读书,一面从事党的地下交通工作。三姐妹中,浦安修最小,比大姐浦洁修小11岁,比二姐浦熙修小8岁,但其政治面貌,在三姐妹中则最激进。大姐长期担任大学教授,又是卓有成效的企业家,抗日战争胜利后加入民主建国会,并成为民主建国会的重要干部,中共十一届三中全会以后,担任民主建国会中央副主席。二姐是民主同盟中央候补委员、北京市委常委兼秘书长。惟有小妹浦安修,18岁即加入中国共产党,至今,为党的事业奋斗了60多年。“七七”事变后,按党组织的安排。放弃学业,进入延安。在陕北公学任教员。

浦安修和彭德怀的婚恋,是陈赓牵的线。1938年,彭德怀40岁了,由于前妻刘坤模离他而去,他曾说过决不再娶,加上他那八路军副总司令的威名,许多想为他牵线做媒的热心人在碰了几回钉子之后,都是敢想不敢提,只能望着孑然一身的副总司令干着急。就在大家束手无策之际,陈赓来了。陈赓是八路军三八六旅旅长,他不仅足智多谋而且诙谐幽默。每当谈到彭德怀的婚事,他总说:“我们都成家了,总不能让副总司令当一辈子和尚呀!”他毛遂自荐要当彭德怀的红娘。彭德怀举止端庄,不苟言笑,除了打仗和工作之外,别的无暇顾及。怎样才能引起彭老总的兴趣呢?这可让陈赓费了一番思量,陈赓眉头一皱,计上心来:彭总喜欢打球,何不组织一场女子球赛,给他一个挑选的机会?

一切准备就绪,陈赓来到彭总办公室:“老总,今天有场精彩的球赛,你是不是去看看?”我没时间,你代我看吧!”陈赓是个机灵鬼,他孩子气地说:“那,再开生活会的时候,我可要给你提意见了。”“提什么意见?”彭德怀认真起来。“说你官僚主义,架子大……”陈赓这一激还真灵,只见彭德怀把笔一丢,站起身来:“我有什么架子,走!”比赛开始了。彭德怀正沉浸在兴奋之中,陈赓趁热打铁:“首长,怎么样?”“精彩极了。”

“你看哪个队员好?”“那个戴眼镜的细高个不错。“噢,她叫浦安修,北师大学生,现在陕北公学教书,学问、人品样样都好……”“胡扯!谁要你介绍这些?”彭德怀似乎意识到什么,马上阻止陈赓继续说下去。“我是介绍人嘛!”陈赓哈哈大笑,彭德怀也笑了。不过一个舒畅,一个腼腆。在陈赓的精心导演下,一个皓月当空的夜晚,彭德怀和浦安修见面了。“我是个大老粗,能配上你这个大学生吗?”彭德怀说。“不!你首先是受人们爱戴的大将军,你的英雄业绩,是我所仰慕和崇拜的。”

“我爱发脾气,修养不到家。我命苦,你跟着我是要受苦的。”“我想这种苦很有意义,我情愿。”这样的倾吐有多少次,他们谁也记不清。一次次畅谈,一回回交心,像是最佳的粘合剂,把两颗淳朴、真诚的心,紧紧地粘连在一起了。延安,这个黄土高原里的一座古城,朝东坐落在凤凰山下。它的东南是宝塔山,东北是清凉山。此外.还有许多诸如杨家岭之类的小山峁,矗立在凤凰、宝塔、清凉山之间。

这些山峁向阳的一面,排列着密密麻麻的窑洞。1938年年底,彭德怀和浦安修在这里的一孔窑洞里举行了婚礼。窑洞是极为简朴的,窑洞里所有东西也是极为简朴的:一张粗糙的桌子,几把木制的凳子,一副木板床,两床延安土布做的被子,全部结婚用品似乎就是这些了。然而,在这简朴的窑洞里,在这大喜的时刻,却是出乎意外的热闹。彭老总的老战友、老部下,浦安修的同事和同学,能来的几乎都来了。小小的窑洞里,呈现出一派喜气洋洋的气象,荡漾着一片庆贺的欢笑声……这时,浦安修在中共中央组织部妇女科工作。稍后,又担任八路军总部直属队政治处教育股股长。1939年,她随彭德怀来到太行山。彭德怀作为八路军副总司令,率数十万八路军健儿与日寇浴血奋战,浦安修则在中共北方局工作,任妇女委员会专职委员,这个职务,她一直担任到1943年。这个时间的生活,浦安修曾作过生动的回忆:"那时候,我们过着清教徒式的生活。像那时的许多同志一样,我不愿在自己爱人领导的单位工作,想独立地在实际工作中经受锻炼。对这一点,德怀很支持,不要求我留在他身边照顾他。我只有星期六才抽空到他那里去,见他总是和战士们过着一样的生活,有盐同咸,无盐同淡。同志们劝他不听,大家委托我去劝他,他也不听,谁也拿他没办法。……1938年冬,一个大雪纷飞的夜晚,望着炉子里闪动的火焰,他向我讲述了他的家世和青少年时代,那是一个充满血泪和反抗的时代啊!他激动地说:'我什么时候也不会忘记我彭德怀是个什么人!不能忘记我为穷人打天下的使命。我怎么能在战士和人民面前搞任何特殊化呢?'从那天起,我更了解他的为人,也更爱他了……"1942年,抗战形势进入了极为困难的阶段,日寇频繁地封锁和扫荡,使根据地人民的生活陷入困境。在一段时间里,抗日军民几乎没有盐吃,没有纸张用,没有布做衣,甚至吃粮也成了问题。彭德怀和大家一样,生活也极端艰苦,他连衬衣都没有穿的了。有一天,浦安修左找右找,找不到一块布料,只好拿彭老总的破纹帐裁剪了两件衬衣,在闪亮的油灯下一针一线地缝了起来。小油灯结出了朵朵蕊花,通红的火苗在扑扑地跳动。她的心,也像蕊花一样在微微跳荡。在这个万籁俱寂的夜晚,她想起了亲爱的丈夫德怀,想起了他那英勇无畏的英姿,那耿直坦荡的胸怀,那平易近人的风度,那艰苦朴素的作风……她觉得他值得爱,她对他爱得更加真切,爱得更加深沉了!爱情迸发出力量,只用了一两个晚上,她就把两件"蚊帐"衬衣做好了。她把它送给德怀,他笑呵呵地穿了一件,另一件送给了警卫员。他们的生活是十分和美、幸福的,但也有互相冲突的时候。那是在太行山,有一次彭德怀要求浦安修自己背着背包回到她的工作地点去,浦安修则说怕在几里路长的山沟里遇上野兽,希望他派人送她一程,他却取笑她,并且断然拒绝:"等你自己有警卫员的时候.自然会有人送你的!一结果她哭了,并赌气说以后再不到他这儿来,后来,彭德怀还是主动把她接了过来。也是在太行山,那年逢灾荒,彭德怀要求浦安修每天和她领导的妇救会员们一起上山挖野菜,甚至每天都检查她是否交够了规定的数量。

有一天浦安修觉得腰酸腿痛,不想去,彭德怀朝她大发雷霆:“如果明天妇救会员都不去,我就要来追查你,给你处分!”还是在太行山,那次敌人来扫荡,他们夫妻被敌人冲散。后来浦安修回来了,听人说,彭德怀这几天常常念叨:“我的天,她死了不要紧,可不要落到敌人手里啊!”她听后,气哭了,骂他没良心。他却笑着解释:“要说你特殊,就特殊在一个地方,你是八路军副总司令的老婆,你不能当俘虏,你当俘虏丢的是八路军的脸。”矛盾归矛盾,争吵归争吵,但夫妻二人仍然情深意笃,特别是浦安修面对丈夫的过度操劳,甚感不安,她要尽到一个妻子的责任。浦安修回忆说:“在解放战争中,彭德怀独挡一面,日夜操劳,运筹帷幄,连打胜仗。艰苦的战争生活.使他更消瘦了,眼皮微肿,周围一圈黑晕。他太疲劳了,我心里深感内疚,觉得没有尽到做妻子的责任,决心留在他身边照料他的生活。中央批准了我的请求,调我到一野工作,任西北野战军司令部秘书。”

在这些日日夜夜里,她无微不至地照顾着他,为他做可口的饭菜,洗衫浆衣,缝好衣袜。他呢,对她也是一往情深,相敬如宾。他俩常在一起商讨大事,谈论解放战争的形势和前途,家里充满了宽松、融洽、和谐的气氛。每当有彭老总的老战友、老部下来家相访时,他总要郑重地把妻子请出来,和客人见见面,有时有点空闲时间,他还帮助妻子做些家务事。他在爱情上,对妻子爱得真,爱得深。在长期革命斗争中,彭老总英勇奋斗,南征北战,为新中国的创立做出了卓越的贡献。全国解放以后,他该过过安定生活。享点家庭的天伦之乐了,然而事实并不是如人愿,浦安修回忆说:全国解放了,我们好不容易才在西安安下一个‘家’:西北军政委员会的一间小房子,一桌一床俩椅子,再加两张大地图。可是,我们没能好好享受这个‘家’,朝鲜战争爆发了,不久,他就统兵人朝作战了。

“人朝后,他很少给我写信。我知道他打起仗来不顾一切,常常几天几夜不合眼,也不怪他。但我多么思念他啊!1952 年,组织上派我参加赴朝慰问团,我心想这次可以见他一面了。谁知一见到他,就让他当众骂了一顿,说司令员的老婆来了,一百万志愿军指战员的老婆怎么办,谁叫你来的?当时我心里很委屈,泪水不由得流了出来。但我不怪他,我为有这样的好丈夫而自豪!结婚这么多年,我们离多合少。但我深深地知道这是为了什么。“为了伟大祖国的尊严,为了亿万人民的幸福。“这,就是我们之间的爱情。在他对祖国对人民无限深沉的爱中,我领受了其中的一份。而我,是深深地爱着他的……”国以后,浦安修先在西安工作,担任西北国营企业党委副书记。抗美援朝开始后,浦安修来到北京,历任轻工业部劳资司司长、北京师范大学党委副书记、纪律检查委员会书记、校务委员会副主席等职务,并当选为第二届全国人大代表。朝鲜停战协定签字后,彭德怀从朝鲜回国,夫妻刚刚过了 6 年的团圆日子,无端的厄运便降临到他们头上。1959 年庐山会议,由于毛泽东护短和认识上的失误,对彭德怀进行了错误的批判和斗争,随即撤销了他的国防部长职务,并给他加上许多可怕的罪名:“反党集团的首领”,“军事俱乐部的主帅”,“里通外国”……一心为党为国为民的元帅,平空遭此不白之冤,陷入极度苦闷之中,他在周围的冷漠和白眼中,多么渴望得到妻子的理解啊!但是,浦安修所承受的精神压力，也是彭德怀难以想象的。庐山会议不仅造成党的悲剧，人民的悲剧，共和国的悲剧，也拆散了这对患难夫妻。浦安修以泪洗面。她看不出也确实不曾看到彭德怀反党、反毛主席，她答复不了彭德怀提出的问题，她害怕这样的问题。每当彭德怀问她的时候，她总是不住地重复着那句已不知说了多少遍的埋怨彭德怀的话："你是管军事的，为什么要去管经济上的事呢？"

彭德怀开始只是默默地听着，久而久之就免不了不耐烦听她的哭泣和埋怨，终于，20 年和睦的夫妻生活出现了不和。其实，彭德怀十分不安，他们曾共同度过了一般人难以想象的艰苦岁月，虽然也有过一些冲突，但浦安修最终还是理解了他，可现在，她责怪他，说他骄傲，要他向毛主席检讨认错，这使他更加烦躁。他有时大声反问她："我是共产党员，为什么看到党受损失不应当说真话？"浦安修陷入了矛盾与恐惧之中。960 年 9 月后，彭德怀在"反党集团"之外又有了一个可怕的罪名——"里通外国"，原因便是 1960 年 7 月中苏关系破裂之前彭德怀曾访问过一次苏联。

"里通外国"四个字又在彭德怀夫妻间投下了可怕的阴影，浦安修重新陷入了惶恐之中。回到家里，她质问彭德怀："这到底是怎么回事？" 彭德怀愤怒地回答妻子："你不要再问了，我不明白他们为什么要给我加上这个丑恶的罪名！"这时的浦安修已无力承受巨大的压力，她大声地追问："你究竟和赫鲁晓夫谈了些什么？"那时候，浦安修是北京师范大学党委副书记，平常住在学校，只有周末才回家与丈夫团聚。而在这种背景下，周末团聚已不再有战争年代的温馨，几乎每次都是以争吵和哭泣告终。再次见面时，常常又是彭德怀先安慰妻子："是我连累了你，你很单纯，你对党内的事情不懂得，还是不知道为好。

1962 年 9 月中共八届十中全会召开前后的一段时间，浦安修很少回家。一天，彭德怀在卧室里翻书，发现浦安修的一个专用书柜差不多已经空了，检查了一下，她的用品也没有了，而自己的书籍还留在那儿。他回想、分析，确认是她星期日回家逐渐搬走的。空空的书柜伤了彭德怀的心，而彭德怀的做法和态度也同样使浦安修伤心。那是 1962 年 10 月下旬的一个星期天下午，浦安修回家。晚饭后，彭德怀坐在桌旁拿起一个梨，削了皮，把梨切成两半，递一半给刚吃完饭坐在饭桌另一侧的浦安修，说："你要想分离的话，咱们就分梨（离），这个梨我吃这一半，你吃那一半。"

说完，他把梨送到嘴边。浦安修也拿起另半个梨，默默地吃了下去。彭德怀已决心不再连累她，因为她才 44 岁。浦安修也认为这是在党和丈夫之间做了不得已的选择。晚。彭德怀送浦安修回学校。以后，浦安修就长住在学校。当时。尽管人们已知道浦安修和彭德怀分居，但仍小心地与她保持着距离。北师大在新的党委候选人名单中已划掉了她的名字。怎么办？浦安修陷入了极度痛苦之中。她渴望为党工作，但却因为和彭德怀的关系不能如愿。再三犹豫之后，她还是将写好的离婚报告交给了北师大党委。北师大党委将浦安修的离婚报告交给了北京市委第二书记刘仁，刘仁又将报告转呈给中共中央办公厅主任杨尚昆。杨尚昆说:“划清界限并不一定要离婚呀!”报告转到周恩来手中。周恩来说:“彭德怀同意吗?离不离应由他们自己定。”转来转去,报告又转到了中共中央总书记邓小平手中。邓小平看后在报告上批示:“这是家务事,我们不管。”就这样,问题搁下了,浦安修和彭德怀的夫妻关系终未正式解除。后来,彭德怀知道了浦安修写离婚报告的事,他久久地坐在沙发上,双目紧闭,脸上的肌肉微微颤抖。过了很久,他才站起来对他的侄女彭梅魁说:“我的问题没有结束,她的压力太大了,这几年她陪着我遭了不少罪,她受不了这个苦。唉!离就离吧,这也是迫不得已,是政治需要,她只好这样选择了。唉!”一个星期天下午,浦安修又回家了。开始夫妻二人强装笑颜,无话找话。晚饭后,彭德怀故作平静地说:“你要走就走吧,我理解你,是我连累了你。请你以后多保重……”浦安修心头一颤,背过脸去,哭成了泪人。良久,她才转过头来,哽咽着说:“德怀,我对不起你,我希望你能理解我,我以后还会来看你的……”“文化大革命”开始后,彭德怀又成了被重点批斗的对象。当然,浦安修的日子也绝不会安稳。1966 年 8 月,浦安修被一伙红卫兵押到校内教学楼前参加陪斗。骤然间,她看到人群围着的一辆三轮车上押着一个人。纵然是面貌全非,她还是一眼认出了是他——分别两年的彭德怀。批斗会开始了,在一大串“打倒……”之后,一个红卫兵的头头宣布了下一个批斗议程:“现在由彭德怀的臭老婆浦安修交代、揭发彭德怀反党反社会主义反毛主席的滔天罪行!

浦安修站定了,她似乎很乐意地说:好,我说,我要说年,我气他,恼他,怨他……”她又一次泣不成声,中咽下几回泪水之后,她接着又说,“那是因为我不理解他。虽然我们合不来,但我从没发现他有一点反党言行,没有!没有!没有!”她终于嚎啕大哭。有人把她推到一旁,许多人朝她挥拳、吼叫,以后她便什么也不知道了。她后来听说,当别人向她进攻的时候,彭德怀说过:“你们不要这样对她,她没有责任……”

很多年之后,浦安修在谈到那次批斗会时,依然止不住心痛肠断般的悲戚。她说:“我终身遗憾啊!我没有把我的话全说出来,没有能让他理解我。事实真是这样,过去我们闹过,闹得不可开交。只有到了‘文化大革命’的时候,我才真正认识他,理解他,也更爱他,敬他!”次批斗会是浦安修和丈夫的最后一次见面,以后直至彭德怀去世,他们也未再相见。1978 年 12 月,中共中央为彭德怀平反昭雪,如何看待彭德怀和浦安修的婚姻关系问题被提了出来。中央领导在仔细研究了有关情况后,对她曾提出和彭德怀离婚一事给予谅解。当彭德怀受到错误批判的时候,浦安修因为和彭德怀“划不清界限”而受审查、挨批斗;而当彭德怀平反之后,又有一些人责备她不该和彭德怀划清界限。参加过批斗彭德怀、揭发过彭德怀“罪行”的人能得到谅解,而她没有批判过彭德怀,并用生命顶住了要她揭发彭德怀“罪行”的压力,却要背上历史的十字架。

浦安修负着沉重的十字架走完了她生命的最后旅程,于 1991 年 5 月因患癌症离开了人世。到底如何来评价浦安修和彭德怀的婚姻呢?大概只能沿用彭德怀曾谈到他和刘坤模的婚姻悲剧的那句话:“这不能怪我,也不能怪她。”

毛泽东鼓励她离婚

——乔冠华夫人章含之

15岁的她，宣布和家庭“划清界限”。

她气冲冲地责问父亲章士钊：当年为什么迫害鲁迅，镇压学生！

反右中，四载同窗好友平空划出一批“敌人”。

她成了毛泽东的英文教师。

毛泽东批评她：“你的男人已经跟别人好了，你为什么不离婚！”

……

章含之是我国著名外交家乔冠华的夫人。著名民主人士章士钊的养女，1935年生于北平。但她的童年和少年的绝大部分时间是在上海度过的。1937年“七七”事变爆发，章士钊离开北平迁居上海。上海沦陷后，El本人诱迫章士钊和El本合作，章士钊严词拒绝，不得不秘密出走，先往香港，1939年又到重庆，直到1945年以后才回到上海。章含之和母亲（章士钊的第二个夫人）在日本铁蹄下的上海苦熬了8年。

章士钊的书法极负盛名，向他求字的人极多，朋友为求“墨宝”送来的宣纸堆成小丘，章士钊稍有空闲，就写几张“还债”。

每当这时，章含之便被叫去，先替父亲研墨，再替他拉纸。对于一个小孩子来说，这种枯燥单调的差事简直是一种惩罚，因为父亲一写往往就是一两个小时，小含之必须全神贯注替父亲拉纸。当然，父亲往往奖给女儿“辛苦钱”，这对小含之来说，总算有些吸引力。

1949年4月，章含之正在中学读书，父亲章士钊作为南京政府和谈代表团的成员，随张治中去北平。小含之朦胧地意识到战争波及到了自己的家庭。一时父亲的音信全无，母亲和小含之都非常替父亲担心，国民党特务又不断前来骚扰，说共产党要杀她全家，要她们去台湾。

此时张治中和章士钊已宣布脱离国民党，投向人民方面。中共上海地下组织冒着危险来到章家，叫她母女不要听信谣言，父亲很好，不久会安排她们一家团聚。章含之的母亲深明大义，坚决拒绝了去台湾的飞机票。

得知父亲受共产党礼遇，小含之很兴奋，希望共产党早点进上海。只是母亲还对国民党特务的反动宣传将信将疑，既企盼又不安。

上海解放后，陈毅立即派战士来章家站岗，以防止国民党残余势力的暗害。章含之的母亲再三道谢。当4名战士前来站岗时，小含之感到非常新奇，站在二楼的洋台上偷偷观察他们,见他们喝自己水壶里的水,吃干粮袋里的炒面,母亲给他们送菜送饭送点心,他们坚决不要,说这是纪律。和国民党军队真有天壤之别。这是章含之对共产党的第一个直观印象。解放军战士用行动给小含之上了一堂生动的启蒙课。

1949 年 11 月,章含之和母亲按父亲的吩咐迁居北京。年仅 14 岁的小含之对北京的一切很不习惯,加上没有很快联系好进入中学读书,便对父亲产生埋怨情绪。整天躲在房间里看小说,父亲要教她中国传统文史知识,她也不肯学。以至后来为周恩来当翻译,连“越俎代庖”这句成语都茫然。

章含之在北京贝满中学(后来改为五一女中)读书时,抗美援朝开始。这原是美国人办的教会学校,因此领导特别强调反帝爱国思想教育。章含之来自受西方影响很深的上海,便成了重点帮助对象。

小含之思想变化很大。她不顾父母的反对,坚决要求参军入朝。名单报到北京市委,考虑到章士钊的社会名望,章含之又是独生女,没有批准。章含之却认为是家庭阻止了她参加革命,她要和家庭“划清界限”,坚决要求搬到学校去住。父亲默默不语,母亲落泪了。年仅 15 岁的小含之却头也不回地搬进了学校的集体宿舍,连周末也不常回家。

不久,章含之又和父亲发生了一场更大的冲突。

肃反运动中,学校号召学生揭发自己周围及家庭中有反革命嫌疑的人和事。当时章含之大哥章可担任私立的北京京华美术学院的院长。他的一个学生找到章含之,要她“揭发他们的院长的反动言行”。章可 30 年代在欧洲生活了 10 年,对希特勒和墨索里尼有些模糊认识,平时和章含之闲谈时讲过。被革命热情激发的章含之认为应该“大义灭亲”。她揭发了,结果,章可被隔离审查,还要他交出纳粹党证!章可当然交不出来。最后章可丢掉院长的职务,愤愤不平的大哥向父亲告了章含之一状。章含之则理直气壮地认为自己是忠于革命,绝对正确。

章士钊叮嘱儿子,以后在妹妹面前不要谈论政治。老人又对女儿说:“你跟共产党走,我不反对。我和共产党、毛泽东几十年的关系了。我没有把你送到台湾、香港,就是要你跟共产党走么!不过你无论对自己家人或别人都不可随意乱讲,危害于人。你说是‘大义灭亲’,但你哥哥可是坏人?他埋头艺术,不问政治,但他可是纳粹党员?你知道不知道希特勒的大日尔曼主义是根本不吸收外国人参加他们的纳粹党的?我只希望你与人为善,切莫加害别人!这是我一生信奉的为人之道啊!”章含之不服气地争辩不休。章士钊疲倦地挥挥手:“你不必讲了!”从此,章可 10 年不和章含之说话,只要章含之在,就是吃饭时,他也埋头吃饭,不发一言。

章含之和哥哥的僵持关系,直到“文革”发生才“解冻”。

中学语文课文中有鲁迅的《纪念刘和珍君》。老师讲解课文,当说到章士钊任北洋政府教育总长镇压学生运动时,同学们都用异样眼光偷偷斜视章含之,这使她如坐针毡,羞愧惶恐。16 岁的她认为有这样的父亲是终生的耻辱,气冲冲地跑回家责问父亲为什么当年迫害鲁迅、镇压学生？

章士钊并不生气，平静地对女儿说："一个人的功过是非，历史自有公论。现在对你讲，你听不懂，也听不进去。我和鲁迅之间，有些事情是误会。你长大了以后自己去读历史，自己去判断吧！"

1953年，章含之高中毕业了。当时一五计划开始施行，国家掀起经济建设高潮，章含之渴望将来投入经济建设第一线。恰好，这时水电部部长钱正英做了一次国家水电发展前景的报告，章含之大受影响，想学水利，将来到三峡、三门峡去。临近高考时，学校党组织找章含之谈话，希望她报考外语专业。她当时思想很矛盾，不愿报外语，又觉得应该服从组织需要。她征求父亲的意见，章士钊说："我看你学工科不一定合适，说不定学外语倒是蛮好的呢！"

既然如此，那就只能服从组织的意见。尽管她的考分很高，足以考入清华，却因第一志愿而"优先"被外国语学院录取。她哪里会想到，正是因为学了外语，对她以后的道路，产生了至关重要的影响。

1956年，周恩来去看望章士钊，问有什么困难。章提出女儿即将从外国语学院毕业，希望留在北京两个老人身边。过了几天，学校领导把这件事对章含之讲了。她听了很生气，跑回家，冲父亲母亲发脾气，说我正争取入党，你们却要求照顾，这不是个人利益至上吗！我的事你们别管。我要靠自己，毕业后也不留北京。

1957年1月，章含之光荣的加入中国共产党，她激动异常，父母也倍感欣慰。不久，整风运动开始。章含之是班级的党支部书记，她觉得应该响应党的号召，帮助党整风，在年级的争鸣委员会上，鼓励团员积极向党提意见。反右派斗争开始后，章含之因此受到冲击，虽未带"右派"帽子，但被认为"严重右倾"，不得不进行检讨，还因此受到延长候补期一年的党内处分。

章含之的心情十分沉重，同学中，不少人被批判，有的最终定为"右派分子"，顷刻间四载同窗学友平白分出一批"敌人"。她第一次在猛烈的政治运动中感到茫然不解。但她还是努力从好的方面去理解"反右派"运动，而且自己也有"错误"，不得不激昂慷慨地去批判"右派"，检讨自己。

经过这次政治风暴的冲击，章含之和父亲的感情大大接近了，她天真单纯的头脑开始复杂起来。

1957年夏，章含之从外国语学院毕业，去农村劳动锻炼一年，又经过两年研究生学习，1960年留外国语学院任教，一干十几年，直到70年代初调外交部工作。

这期间，章含之也经历了常人一般必走的过程：恋爱、结婚、生育。1961年，女儿出世，这给年届80(章士钊生于1881年)的父亲增添了无限的家庭乐趣。

1963年对于章含之来说，是值得永远纪念的一年：她成了毛泽东的英文教师。

章含之获得如此幸运的机遇，完全根源于她父亲和毛泽东的关系。诚如章士钊所说，他和毛泽东是几十年的朋友了。

毛泽东和章士钊的交往,可追溯到20年代初。1920年,毛泽东为筹备湖南共产主义小组和送一部分有志青年到法国勤工俭学,急需一笔钱,去请章士钊帮忙。章立即动员社会名流募捐,共筹集银元2万元,全部交给了毛泽东。1963年,毛泽东和章含之谈话时提起此事,说要以10年为期,每年2000元,归还这笔“借款”。几天后,毛泽东果然派秘书送来2000元。章士钊十分不安,表示决不能收此厚赠,当时的钱是募捐来的。毛泽东说,这是找个借口给行老(章士钊字行严)一点补助,他给共产党的帮助哪里是能用人民币偿还的呢?从此到1972年,每年2000,年年不断,一直累计满2万元为止。从1973年起,毛泽东提出,“还要还利息”,实则还要继续给章士钊以补助。不过,章士钊在这一年病逝,“还息”计划也就终止。也就是这一年.章士钊以92岁高龄,仍然心系祖国统一大业,欣然接受毛泽东和周恩来的委托,飞赴香港,为国共和谈奔走。可惜3个月后,这位和毛泽东相知数十年的著名学者和早期民主革命家,就长逝于香港。

现在回过头来再说1963年。

这年12月26日是毛泽东70寿辰。除了亲属,毛泽东又请了程潜、叶恭绰、王季范和章士钊四位湖南老乡去赴家宴。邀请时特意说明:不带夫人但可带一名子女。章士钊便带了章含之去。

这是章含之第二次见毛泽东。第一次,还是13年前的事。1950年国庆节,毛泽东举行了一次国庆招待会。那时章含之才15岁,随父亲去了中南海。因为是小孩子,对大人的谈话不感兴趣,毛泽东看出来了,说:“小孩子和我们在一起没意思吧?你们都到外面去耍,吃饭时再回来。”于是江青笑着要章含之跟她走。十几个孩子就跟江青在中南海兜转,一直玩到吃饭。

这次不同了,章含之已是年近30的英文教师。毛泽东问了她的工作情况后说:“章老师,你愿不愿意当我的老师啊?我跟你学英语。”

章含之以为毛泽东是在说玩笑话。但她还是惶惶然:“主席,我哪敢当您的老师!您是我们大家的老师。”

毛泽东却很认真:“教英语我就当不了老师了,还要拜你为师啊!”

章含之正不知如何回答,她的父亲来打圆场了:“主席什么时候要含之来,告诉她就是了。”

毛泽东说:“那好!”

一周后,毛泽东的外事秘书林克打来电话要章含之定个开始教英语的日期。

于是,从1964年元旦后的那个星期日开始,章含之到毛泽东那里教英语,每次一个多小时,一般是下午4时开始,读完英语,或散散步,或谈话,最后总是留她吃晚饭,这样持续了半年。

夏初的一天,读完英语后,毛泽东说:“我的老师啊,有件事要同你商量。我的英语课恐怕要暂停了。党内出了点大事,我最近要处理很多事,很忙,顾不得学英语了。等忙完了再接着学,好不好?”

章含之自无不从之理。她不知道,一场为害10年的大风暴,正在开始酝酿。

每次读完英语，毛泽东往往要和章含之谈论一会儿别的。这些谈话，给章含之印象最深的，是对他父亲的评价。

毛泽东问起章含之和父亲的关系。章答："生活上是一家人，政治上是两条路。他是旧官僚代表剥削阶级，我是共产党员，要和他划清界限。"50～60年代，章含之所受的阶级教育，就是这么说的。

毛泽东不赞成"划清界限"的想法。他对章含之说："你父亲一生做的好事很多，历史上做过几件错事，那是很早以前的事。他当教育总长，不喜欢学生闹事，雇了一批老妈子硬是把罢课学生架出去了。学生有气，砸了他的家。"

说到这里，毛泽东和章含之都笑了。

毛泽东继续说："至于和鲁迅打架，你也不要太认真。打架嘛，总会言过其实，行老为《苏报案》坐过牢，流亡日本，和孙中山一起推翻清王朝，这些都是革命的。你参加共产党，我高兴。章行老的女儿1957年就参加了共产党，这是共产党挖了行老的墙角。这是好事。不过行老自己也高兴嘛，他很为你骄傲，可见行老相信共产党，把女儿交给共产党放心。"

毛泽东点燃一支烟，语重心长地说："我高兴你参加共产党不是要你去造行老的反，去和他斗争。你要好好了解他的一生，要代表共产党去爱护他，照顾他。你既然是共产党，那你在家里就是党代表了嘛！"

章含之又一次忍不住笑了。

还有一次，章含之和毛泽东发生了争论。

毛泽东问英语教材以什么题材为主。章含之答以文学题材为主，也有新闻、政治等内容。毛泽东主张应以政治题材为主。章含之坚持应以文学题材为主，还举了很多例子说明她的观点。毛泽东说："七分政治三分文学，可不可以？"章含之坚持七分文学三分政治。毛泽东说："你这个章老师好厉害，不让步，还蛮讲策略。我们可以休战，实践一段再看。你可以告诉学校领导，要增加点政治题材，对学生将来工作有好处。"

章含之把毛泽东的意见对学校领导讲了。"文革"中，章和毛的争论被捅出来，铺天盖地的大字报贴满章含之宿舍外的墙壁，说她"胆大包天"、"对抗毛主席"，还挨了多次斗争。1970年章含之又见到毛泽东，提起此事。毛泽东笑道："啊呀！那是受我牵连了，我来给你平反！那是自由讨论，我的意见也不能强加于人嘛！"

"文化大革命？开始后，章含之受到冲击，给她贴的大字报不少，骂她是"黑帮爪牙"、"修正主义苗子"、"黑五类"。她被踢出"革命群众"队伍，打人"另册"。自行车也被红卫兵"征用"了。面对疯狂的"打、砸、抢、抄、抓"风，她整天惶惶不安，还牵挂年迈的父母。

红卫兵的"红色恐怖"使章含之不寒而栗。30年来她第一次感到家庭给她的安全感。那期间她特别想家，一有机会就往家里跑。

但是她的父亲章士钊也遭到厄运。

1966年8月29日,北京大学一群"红卫兵",闯进章宅,强迫85岁高龄的章士钊"低头认罪",骂他是鲁迅笔下的"落水狗"、"老混蛋",把他拉到院子里,强迫他在初秋深夜的冷风中站立两小时,然后翻箱倒柜,大破所谓"四旧",还把辱骂章士钊的对联和横幅贴到大门上。

章士钊极为愤怒,当夜写信给毛泽东,反映了"红卫兵"无法无天的"革命行动"。信于8月30日早晨送出,仅过了一天,就收到毛泽东的回信:

行严先生:来信收到,甚为系念。已请总理予以布

置,勿念为盼!顺祝健康

毛泽东 九月一日

同一天,总理办公室也来了电话,说已严厉批评了北大"红卫兵",命他们立即送回被抄物品。

毛泽东还在章士钊的信上批示:"送总理酌处,应当予以保护。"周恩来立即拟定了一个应予保护的名单。这样,章士钊住进了高干医院。

面对全国的大动乱,章士钊极为痛心。他对章含之说:"这个运动再搞下去,国家要完了。不能打倒刘少奇。"1967年3月,在全国反击所谓"二月逆流"的喧嚣声中,章士钊毅然上书毛泽东,其中说道:自新中国成立之后,国家兴旺发达,全都仰仗共产党之英明领导。而毛、刘团结乃共产党领导核心坚强的保证。若刘公确实犯了错误,望毛刘两位领导能赤诚相待,好好谈谈,刘可做检讨,但切不可打倒刘少奇。

稍后,章士钊又给刘少奇一信,但这封信当时不可能到达刘少奇手里,而是被造反派"缴获"(信附于后)。

不久,收到毛泽东的回信。

行严先生:惠书敬悉。为大局计彼此心同,个别人情况复杂,一时尚难肯定,尊计似宜缓行。敬问安吉!

毛泽东 三月十日

毛泽东明确拒绝了不要打倒刘少奇的建议。

"文革"之初,章含之极为惶惑,她曾给毛泽东写信,要求接见。毛泽东的秘书打来电话:"主席说现在不便见你。他要你经风雨,见世面。他还说要你'今日有酒今日醉。明日忧来明日愁,。要你多保重,等他空一点再见你。"章含之无所适从,一直在全国大动乱的政治风暴中沉浮。1968年秋,军宣队和工宣队进驻学校,章含之日子更难过了,她被列为审查对象,搬到学生宿舍接受监督.眼看要被定性为"二月逆流,里通外国"。

无可奈何中,章含之又上书毛泽东:军宣队工宣队支持极左,迫害坚持实事求是的师生。毛泽东在信上批示:"看来外语学院的问题,北京市解决不了,还需派八三四一部队进去。"1969年10月,由8341部队组成的军宣队进入外语学院。章含之的处境顿时改观,由阶下囚一变而为军宣队的座上客。"里通外国"云云,也就不了了之。

1970年5月,外国语学院教职员工大部离开北京前往湖北沙洋五七干校。因有年迈的父亲,章含之留在北京,去针织总厂劳动。然而,毛泽东没有忘掉他的英语教师。于是章含之的生活又出现了"柳暗花明"。

1970年6月14日,毛泽东把章含之召到中南海。这次召见,决定了她后半生的命运。

毛泽东先同她谈了教学改革的问题。章含之谈了外语学院请外籍教师任教的必要性,毛泽东表示赞同。他们谈了恢复高校招生的问题,新教材编写问题。毛泽东决定派章含之负责外语学院的教学改革。

谈完这个问题,毛泽东说:"我还有一个建议和你商量,你搞完外语教改之后就不要呆在学校了。中国需要女外交家。我看你就可以。你这位女同志蛮不简单,能说还能写'。你还很有点勇气,你给我的信我都看了,写得不错,有说服力。我们需要这样的女同志去搞外交,所以搞完教改你就去外交部报到。你要是同意,我去告诉外交部。"

这样,1971年3月末,章含之走进了外交部。先在亚洲司四处做一般工作,而后是副处长,而后又提升为副司长。更经常性的工作是在各种外事场合担任英文翻译。特殊的工作岗位,她见到毛泽东的机会又像在中南海教英语那样多起来了。但时过境迁,再也找不到60年代那种坦诚、宁静的气氛。每次见毛泽东,总有人警告要小心谨慎,不可多说乱说,因此这一段历程,章含之很感茫然。

但她也得到了一生中最为珍贵的一段见识,那就是近距离内亲眼见到70年代初期中国对外关系在毛泽东、周恩来等伟人点拨下发生的巨变。

自40年代末以来,中美20年长期交恶,美国被视为不共戴天的敌人。因此,当章含之得知1971年夏基辛格秘密访华时,极为震惊,认为这太不可思议了。

基辛格秘密访华的最大成果,是中国正式邀请美国总统尼克松访华,为此发表了公报。

几个月后,章含之又担任接待黑格将军的主要翻译。黑格率领尼克松访华的先遣队,于1972年1月来华,为美国总统访华作全面准备。黑格先遣队的使命是:进一步商谈尼克松访华公报要点;全面落实尼克松访华细节;沿着尼克松访问路线访问上海、杭州。周恩来亲自和黑格会晤,难点逐一解决。凌晨3时半,章含之、王海容、唐闻生三位女外交家奉命向毛泽东汇报会谈细节。毛泽东听得很认真、很仔细,也十分高兴。他得知章含之将全程陪同美国客人,特别关照章含之要这些美国人多看看,多了解中国。

1972年9月,章含之准备随中国代表团前往纽约出席第二十七届联合国大会。毛泽东给了章一项特殊任务,要他去看望国民党前外交部长、驻美大使顾维钧,并请他回大陆看一看。顾维钧和章士钊交往很深,章含之以晚辈名义看望比较合适。毛泽东很敬佩顾维钧的外交才华及为人。毛泽东显然希望顾维钧在祖国和平统一大业方面有所贡献。

在纽约,顾维钧极有兴趣地询问了大陆的许多情况,但回避了访问大陆的邀请。章含之回国后，向毛泽东作了汇报，毛泽东理解顾维钧的心情。

章含之一生有过两次婚姻。第一个丈夫有了外遇，关系破裂，夫妻分居已经几年。但章含之受传统观念影响，怕别人议论，迟迟不办理离婚手续。毛泽东知道了，批评章含之"没出息"。

那是1972年9月29日晚上，日本首相田中角荣刚离开北京，毛泽东听取中日首脑会谈情况。在座的有周恩来、姬鹏飞、乔冠华、廖承志和几个工作人员，章含之也在座。谈话气氛很轻松，79岁的毛泽东心情很好，谈笑风生，古今中外，谈了很多。

忽然话锋一转，说起了章含之，毛泽东说："我的章老师，今天我要批评你！你没有出息！"

章含之以为毛泽东在开玩笑，笑嘻嘻地说："我一定接受批评，是没有出息！"

毛泽东说："我说你没出息是你好面子，自己不解放自己！你的男人已经同别人好了，你为什么不离婚？你为什么怕别人知道？"

突如其来，说到伤心事，章含之哭了："主席，别说这事，好吗！"

毛泽东："我今天就是要说，你好面子，怕别人知道，我就要说给大家听。"

在场的人都很惊讶，谁也不好插话。章含之鼓起了勇气："主席，你批评得对，我回去就办。本来也是完了的，早晚的事。主席讲了，我一定解放自己。"

毛泽东对章含之的批评，在刚刚死去夫人的乔冠华心中引起波澜。过了不几天，乔冠华问章含之："那天主席说的情况是确实的吗？"章含之一时没有反应过来，问："什么情况？"乔冠华："就是主席讲的你个人生活的情况。"章含之一时有些慌乱，简单介绍了自己婚姻的不幸。一种心灵感应在这对未来夫妻的心中撞击，爱情萌芽了。

以后，两人来往多起来，在章含之未正式办完离婚手续之前，她和他就每周要通几次电话，深深触动两颗心的感情已经难以抑制。终于有一天，乔冠华在电话里坦诚地表白了："I 10ve you. Willyou marry me?（我爱你，愿意嫁给我吗？）"为什么用英文讲呢？因为乔冠华的子女反对父亲和章含之结合。他们不经与父亲协商就把家里的东西搬空。

其实不光是子女反对，社会舆论的压力也非常沉重。章含之和乔冠华组成新的家庭时，一个已60岁，一个只38岁，相差22岁。很多人的眼光中，章含之是为了高攀蜚声中外的中国一流外交家，为的是戴上"外长夫人"的桂冠。他们恋爱的消息如决堤洪水般传遍外交部，传遍北京城。就连外交部的一位"通天人物"也向章含之发出了警告。她对章含之说："毛主席鼓励你自己解放自己，是希望你以后能好好工作，没让你马上跳到'乔老爷'的船上去谈情说爱。"言下之意是章含之不该如此放纵感情，"令主席失望"。

章含之和乔冠华的爱情得到毛泽东、周恩来慈父般的关怀。

毛泽东得知章含之办完离婚手续，派人送来一筐红苹果，来人说"主席祝贺你自己解放自己"。

当有人把章乔恋爱的事当个“大新闻”讲给周恩来时，周说：“有什么大惊小怪的，我早有预感了。”周恩来还告诉乔冠华的子女，要他们支持父亲的婚姻。

章士钊去香港前夕，已经知道女儿准备和乔冠华结婚，他很高兴。1971年章士钊的《柳文指要》出版，周恩来指示送一万元作为酬金，以慰问十年著书之辛劳。这一万元，章士钊叫女儿办了一个存折。此时，他对章含之说：“这张存折送给你们，去买你们喜欢的礼物。”乔冠华显得颇窘，连声推说不要。章士钊执意要送。后来乔冠华身处逆境，又患了绝症，经济拮据，这笔钱倒成了医药营养的主要来源。

1973年12月11日，章士钊去世后半年，乔冠华迁入史家胡同24号。从此章宅又成了章含之和乔冠华的新家。他们在这里共同经历了十年的风雨，有欢乐，也有凄苦，但苦多于乐，用章含之的话说，叫“苦中作乐”。岂止是苦，有时简直是灾难。章乔二人真诚相爱，不亚于少年情人，一般的家庭都难以达到他们那样的程度。章含之从来没有照顾别人的习惯，和乔结合后，却产生了“为所爱的人需要就是最大的幸福”的感觉。乔冠华则“用自己的方式”无时无刻地关怀着自己的爱侣。一次新西兰大使举行宴会，席上摆出一种新鲜水果，乔冠华竟然不考虑礼仪，拿了两个装在衣袋里，为的是叫章含之尝尝。

这方面，他们很幸福，幸福得令人羡慕。

但二人酌政治命运却很糟。情形极为复杂。既有当时政治环境（大气候）的制约，也有个人的懦弱和患得患失，还有几十年“左”的惯性的作用。毛泽东晚年的20年，中国是一个极其重政治的国家，又受“左”的禁锢。他和她伤害过别人，但更多的是被别人伤害。

章含之说：“我一生经历过三次惊涛骇浪，每一次都险遭灭顶之灾。”第一次是“文革”初期和中期，我先被打成“黑帮爪牙”遭批斗，后又被打成“里通外国”、“二月逆流”被半隔离。第二次是1976～1978年，遭遇更加残酷。这两次打击都是毁灭性的，足以使我丧失生活下去的信心。我的同窗吴朴就是在我们第一场共同灾难中无法忍受屈辱和绝望、投进了外语学院后面的运河。然丽无论哪一次，我都从未想到过死。第一次是我少年气盛，不甘心步吴朴的后尘，此生就这样完了。实在没有活路时，我给毛主席写了信，求他申张正义。那一次找不仅活过来了，差不多还是胜利者。第二次更要痛苦得多，对我的毅力也是无可比拟的艰巨得多的考验。但我仍未屈服于命运。每当我精疲力竭，再不想斗争时，对冠华的思念鼓励了我。终于，我也挺过来了。想置冠华与我于死地的人并未得逞，反倒自己的处境也不妙了。这也倒是应了陈毅的话：“善有善报，恶有恶报，不是不报，时候未到。时候一到，一切报销。”

这两次风浪都是政治性的。章含之都挺过来了。第三次打击，则是乔冠华病逝。那是1983年，章含之在生与死的边缘上挣扎了一年多才抗拒住死神的诱惑。她对乔冠华爱得太深了，没了乔冠华，她不敢设想还能活下去。

乔冠华病逝于1983年9月22日，终年70岁。章含之痛不欲.生。这不单是因为失去心爱的丈夫,也因为盖棺定论之际,是褒是贬,还深深令人悬念。乔冠华曾任外交部长,是十届中央委员,被世界公认为第一流的外交人才。他在外交战线上奋斗了几十年,为新中国的外交事业作出了杰出贡献。但他病逝时,只在当天由新华社发布了一个只有40字的消息,并于次日见报,没有照片,没有评价,没有生平介绍。

什么原因呢?粉碎“四人帮”之后的两年,即章含之所说的第二次惊涛骇浪中,笔者听到的说法有:乔冠华和“四人帮”有牵连,陷得很深。“陷到只剩下两只耳朵听一听群众的批判了”,“反对总理”,“对抗中央”,“蔑视中央领导”;特别说他“秉承‘四人帮’旨意把‘按既定方针办,塞进联大报告”。

这些显然都极为夸大,当时“左”的惯性尚不能静止,动辄上纲上线,还是人们习惯的思维方式。问题在于,乔冠华病逝的前一年,即1982年,中央曾委托习仲勋,陈丕显约乔冠华和章含之在中南海谈话,习、陈告诉他们夫妇:“过去的事情一风吹了,一笔勾销。你是党内老同志,受点委屈要想得开。我们入党几十年,差不多都经过这样那样的挫折,受过委屈,你也不要计较了。你有那么丰富的外交工作经验,还要为党的外交事业多做工作。”并说:外交战线需要他发挥作用,工作问题,十天半月就可以定了。

但对乔冠华的看法和工作安排问题存在分歧,最后乔冠华只担任了对外友协顾问。

乔冠华去世后,章含之不想在原单位工作了。经过朋友的介绍,她去了蛇口,遇到一些老朋友,他们由衷地欢迎章含之来蛇口加入特区建设的行列。但仅在蛇口停留了一周,她就被莫名其妙地召回北京。

1985年,章含之已达“知命”之年。几经周折,她终于在杜润生领导的国务院农村研究中心找到了新的工作,在那里协助国际交往工作。当时正是我国政治经济体制改革之初,干部的流动主要还是组织分配和调动。杜润生的帮助使章含之摆脱困境,开始了并不轻松的新探索。

[附]章士钊1967年3月给刘少奇的信

少公主席座右

缅维六四年春节元日润公开教育会议于上海,公与钊均列席时,润公缕述北大积弊,心长语重,响彻殿廊。未意言者谆谆听者藐藐,不三、四年,教育体系全体鱼烂而亡,致有今日。回忆前尘,应共扼腕。文化大革命暴发以来,时不过六七月,暴力所至,摧枯拉朽,几于无远不届,无高不达。驯至近日集中力量与公为难。顾细绎 润公历次工作会议谈话意旨类无不于 公优加顾惜,有增无已,如日 少奇同志有责任,我亦有责任;又日对少奇同志不能一笔抹煞;又日错了,说明白,改过来就行,我无意推翻任何人。如此等等,都是惩前毖后,治病救人之公心亮质,与天下人以共见。尝论人之欲善,谁不如我宇宙之大,又何所不容。昔苏子瞻与程正辅游香积寺,诗云灵苗与毒草疑似在毫发。钊观近日广众宣布公之十大罪状,若而无产阶级路线,若而资本主义路线,疑似之间易滑而进者往往易滑而退,二者殆不难东西忽而换位，黑白骤尔变色。尤可怪者公所著《论共产党员的修养》一书曾说到有人不懂马列主义而特装模作样，自封为领袖以家长式在党内发号施令云云。此一望而知为指摘陈独秀一流人。然读者谓是谩骂 润公。夫欲加之罪，何患无辞，斯殆别有用心，应置之不论不议之列。窃以共产党起家不易，由草创以至统一全国，前后四十余年之久。两公皆始终其事，相与戳力拼命以底于成，此何等珍贵友谊，岂可等闲视之。以钊揣知公于 润公微论学术即以里闬与年事；论风义原是师友相兼。加以亲随有年，不断耳提面命，即自安部曲而有所尊奉，亦属谊所当然。今外间之所訾警 公者，姑不论是非虚实如何，而 公应执持百鸟不噪空窝之确信，取法廉颇向蔺相如肉袒负荆之诚意，亲诣 润公之门，长跽谢罪，举一切谰言毁语自矢。有则改之，无则加勉，向后在润公统一指挥之下，共同施行无产阶级路线，期于一流而无间，倾怀自誓毫无保留。须知人非圣贤，孰不有过。过而能改，善莫大焉。钊敢信，润公乐于 公之有此一举。立以 公之诚退转达群众，于是约期开一恳亲大会，两公同时出席，相与化豺狼于玉帛，易戟指为交心；由是自 公而下层累蔓延之各项纠纷均相次而得到解决，岂不大快，岂不大快！虽日今之无产与资产两条路线之剧争不比于赵国之两虎共斗，有妨国家之急，独美帝与各国反动派正悻悻同以中国为敌，而共产党解放世界之大任复以各被压迫民族兴起缓慢，吾囿于以一服八之艰苦形势难于一鼓骤成。实不宜于国内延长动乱，阻吾进路。曩朱时元与彭宠书凡事毋为亲爱者所痛而见仇者所快。吾为此惧深有感于斯言。窃惟润公之用心无过犯错误者皆得所改正，仍依岗位而各有贡于国，以符合于人口百分之九十五以上之大团结，以康而国，以崇而民已耳。此由表面窥测似甚难，由间道锲入则甚易。语云解铃还是系铃人，此一易于反掌之转移’形象。两公实在握焉。惟 公先图。利之国家。幸甚。

专肃 顺致 政绥

章士钊谨启

生死相依伉俪情

——吴晗夫人袁震

吴晗的进步史学思想来源于她的影响。

他们是“文化大革命”的第一批受害者。夫妻双双被迫害致死。

她和他的悲剧，还有另一方面的因素……

袁震，原名袁震之，1906 年生于湖北老河口的一个知识分子家庭。父亲 16 岁中秀才，以教书为业，民国初年担任过小学校长。深重的民族灾难，唤起中国知识界的强烈爱国意识。袁震的父亲还在少年时期，就受到康有为、梁启超变法图存思想的影响，立下挽救祖国危亡的志向。父亲的爱国意识强烈地感染着少年袁震。“五四”运动中，年仅 13 岁的袁震就和姐姐一起走上街头加入游行行列。她激动地听年纪大些的男女学生发表讲演。她积攒了一串制钱，当爱国学生来募捐时，她慷慨地献了出去。父亲担任老河口国货维持会长，号召爱国民众抵制日货，小袁震帮助父亲，到处宣传爱国主张. 推动民众加入抵制日货的行列。

生长在开明知识分子家庭，袁震很幸运，从小父亲就教她读书识字。给她讲历史故事，袁震受到这样的熏陶，从小就对历史发生浓厚的兴趣，她记忆力极好，天资聪颖，父亲讲过的历史故事，能从头到尾复述出来，各门功课，在小姐妹中也是最好的。

1921 年，袁震和姐姐跟随叔父一起来到武汉，考入湖北女子师范。这年她虽然只有 15 岁，但成绩比她大的学生还好，各门功课都名列前茅，尤其是文史课，教师也非常器重和喜欢她。当时，董必武、陈潭秋等湖北共产主义小组创始人就在女师任教。在革命先驱的影响下，觉悟不断提高。女子师范学校校长思想保守，当袁震和几位思想激进的同学不顾舆论压力毅然剪掉长发时，校长指斥她们“惊世骇俗，有伤风化”，决定将她们开除学籍。她们据理力争，董必武、陈潭秋等进步教师也支持她们，女学生们也给予同情。这场头发风波终以校长收回成命而结束。

袁震在董必武等引导下，更热心于社会活动。1922 年，她和一些激进女性发起成立湖北女子参政会，她起草了《成立宣言》。

1925 年袁震考入武汉大学中文系，因为交不起昂贵的学费，经老师介绍，回女子师范学校充任职员，维持生计。这时已是大革命高潮的前夜，袁震在姐姐袁溥之的带动下，投入革命洪流，姐妹二人先后加入中国共产党。为此，被女子师范冠以“危险人物”解聘，袁震一时又陷入窘境。1926 年 10 月，北伐军攻克武昌，大批共产党员从广东来到湖北，经过党组织的帮助，袁震进入国民政府管辖下的湖北教育厅工作。在此期间，她的马克思主义理论水平有了显著提高。她参加中共湖北省党组织的革命活动，发动妇女界同胞支援国民革命和北伐军，热情非常之高。1927 年汪精卫叛变革命，武汉一片白色恐怖，叔父、婶母相继牺牲，姐姐也被捕入狱，袁震和党组织失去联系。

1930 年袁震通过女子师范的老师张佳敏的介绍，来到北平，进入清华大学历史系读书。她求学的费用由张佳敏的表兄吴之椿负担。吴之椿是清华教员，后来吴转青岛任教，临行委托老同学梁方仲照顾袁震。

袁震在清华大学读书时，不仅打下了坚实的史学功底，而且初步掌握了马克思主义理论，因而对许多问题都能提出清新的见解，这对后来的吴晗不无影响。到 1934 年，袁震在清华已经读了 4 年，离毕业时间越来越近了。但非常不幸，就在这时，她得了肺病，被迫停学。袁震在北平举目无亲，又不能挣钱养活自己，贫病交加，几乎走投无路了。

就在此时，她认识了吴晗。

吴晗原名吴春晗，字辰伯，比袁震小 3 岁，1909 年 8 月生于浙江义乌县吴店乡苦竹塘村的一个书香世家。幼年吴晗酷爱历史，少年时代即能写出简短的历史评论。文史老师称赞他有才华、有文采，有关历史的学问水平远超常人。吴晗酷爱读书，手不释卷，用力勤学，且肯动脑。他把家里的书看完了，就学清代著名学者袁枚的“借读法”，到亲戚朋友家借书看，凡能借到的不分昼夜，不读完不止。有时人家不让带走，他便蹲在人家门檐下苦读，以致忘食。他读书速度极快，借到一本书，用不了多久即还，亲朋很惊疑，试着提问书中内容，他便对答如流，令人目瞪口呆。

随着年龄和学识的增长，吴晗已不满足于在义乌就学，想到杭州、上海、北平等大城市去读书。1928 年夏，他到上海吴淞，以优异成绩考入胡适担任校长的中国公学大学部，发奋研读各断代史，并与胡适通信讨论疑难问题，他的处女作《西汉的经济状况》一文受到胡适的赞扬，吴晗自此也把胡适当作自己最崇拜的恩师。1930 年 8 月，吴晗决心自费到北平求学，在朋友罗尔纲的帮助下考入国立清华大学史学系二年级做插班生，入学考试时，吴晗的数学成绩极低，但历史成绩极为突出，加上胡适的赞赏和推荐，终被录取了。吴晗在学习期间又受到著名学者蒋廷黻和郑振铎等的赏识，接连发表杂文、史学论文、诗歌等，在做学生期间即与巴金、冰心、朱自清等当时名士一起编辑《文学季刊》，并参与筹备清华大学史学研究会。

和袁震认识以前，吴晗有过一次失败的婚约。吴晗在金华上中学时，父亲吴瑸珏就给他和一个世交的女儿订了婚，对方是当地有门第的富户，女孩子长得很漂亮，也在读中学。她家所以选中吴晗，主要看吴家是书香门第，经济状况还过得去。后来，吴晗在学校违反校规，抽烟、赌博，受到学校的处分。女家认为把女儿嫁给这样的人。怕将来靠不住，就和吴家退了婚。当时正是“五四”运动后，反对封建婚姻、争取恋爱自由，风靡一时。千千万万的男子把未婚妻或已婚妻抛弃，外出寻求出路；而女方将未婚夫抛弃，在当时则是极少见的。这件事对吴晗震动很大。吴家受此“大辱”，吴晗的父母十分生气，要找女方讲理，吴晗劝父母：“我受校方处分，人家解除婚约，是我对不起人家，不能怪人家。”

吴晗决心改正错误，慢慢地他认识到婚约的解除，也不值得惋惜，因为女方条件虽然很好，可双方没有感情，是由父母包办的封建婚姻，由此决心自由恋爱。

吴晗十分珍惜到北平求学的良机，认为必须学有专长再考虑婚姻问题，而清华大学这块园地又为他发挥才干提供了十分有利的条件。他学识广博、文笔又好：仅1931年下半年到1932年上半年，就在《清华周刊》上发表了近20篇文章。在教授和同学中都颇有点名气。他为人谦虚、勤奋、热情，也博得了许多女大学生的青睐。而他好像除了与“史学”做伴外，对婚事“无动于衷”。

1934年8月，吴晗大学毕业，留在清华任教。这时，由清华大学外语系的蒋恩钿和经济系的陈谦受介绍，吴晗认识了袁震。

吴晗自认识袁震后，从内心里对她的才学、美貌、谈吐感到惊异，他没有想到，这个只比自己大3岁的女孩子，分析问题之透彻、知识面之宽广，很多地方超出了自己。他顿生艳羡之心，并开始在生活上认真照顾袁震。由于所学同为一个专业，两人经常在一起研讨问题，互相争论，慢慢地双方的了解加深了，感情也融洽起来。可是没过多久.袁震由于生活条件极差，饮食不足，营养不够，病情加重，肺病之外，又得了骨结核病，被一副石膏壳固定在病床上，饮食起居都不能自理。但此时的吴晗已对这个缠绵病榻的姑娘一往情深，坦率地向她表白了爱慕之心。袁震深知自己的病情，不愿意拖累这个才华出众的年轻学者，没有接受吴晗爱的表白。可是吴晗并不气馁，仍不断来找袁震。当时袁震的姐姐袁溥之和堂妹袁熙之来北平和她住在一起，3人生活无着落，吴晗和袁震的关系还没有确定，他就以请袁溥之帮他抄写《李朝实录》中的有关中国史料为名，每月给袁震姐妹40元，以解决袁震的医疗费用。

吴晗认识袁震这一年是25岁，风华正茂，在史学界已是小有名气，正是青云得志的当口。他虽然是个穷学生，但因学有专长，得到了当时学术界两位名人——胡适与蒋廷黻的青睐，他毕业时，两人曾争相要把他罗致门下，胡适再三要吴晗到北京大学任教，而蒋廷黻（清华大学历史系主任）则破格提升吴晗为清华大学教员，破格让他担任研究生的课。这时的吴晗年轻、壮实，学术声望正是扶摇直上，如果是一个对爱情不坚定的人，对袁震这样一位既病且穷的姑娘，早已断绝关系，丢弃不管了。但吴晗精诚专一，绝不旁骛，他到袁震的病榻前探望的次数更多了，并和她谈论学术和文艺问题，以丰富她的精神生活。由于袁震被固定在高高的病床上，吴晗只有站着才能同她谈话，一谈一两个小时也毫无倦意。用轻松的言语、风趣的故事来减轻袁震肉体的痛苦。

袁震早年在湖北参加过革命活动，较早地接受了马克思主义教育，加上她博闻强记，思路开阔，在许多方面都能发表清新的见解，吴晗与袁震交往，不知不觉中. 也受到进步思想的影响。吴晗在30年代能写出一些思想上倾向进步的文章，与袁震的影响有直接关系。

袁震运用历史唯物主义观点提出的独到见解使吴晗十分佩服。对理想的探求、时势的分析、学问的研究，使两个人的心更加接近了。他们一起争论问题，还争论过对胡适这个人的评价。有一次，他们争论一个学术问题，吴晗引证了他所崇拜的“适之先生”的观点，但这个观点却被袁震驳倒了，吴晗也心悦诚服，认为难得。袁震笑着问吴晗：“你常提起胡适，是不是因为胡适比你高三尺?”吴晗风趣地回答：“若说胡适比我高三尺，那么袁震要比我高二丈!”

吴晗对袁震的执着追求，开启了这位才华出众又缕遭不幸的姑娘的心扉。她不能再拒绝吴晗对她的爱恋，其实，她何尝不喜爱吴晗，只是怕重病之躯给心爱的人带来不幸和痛苦。

袁震在婚姻问题上有自己的独特见解。不中意的，她决不含糊。中学时代，由父母包办和一个家财万贯的独生公子订了婚约，袁震坚决不依，婚约只好作废。在清华读书期间，她又拒绝了清华大学教务长(年轻的留美博士)的追求，而把最纯真的感情，托付给尚未完全成名的吴晗。

对吴晗来说，与袁震的交往和恋爱，使他放弃了许多陈旧的观点，思想逐渐倾向进步，他的史学研究也迈上了一个新台阶。解放后，他曾对陈郁和袁溥之夫妇说：“袁震对我倾向党、倾向革命，皈依马列主义起了很大作用。”

这时，吴晗的父亲已经去世，母亲得到儿子已有爱侣的消息，高兴万分。及至听说未来的儿媳竟患有肺病且卧床不起，犹如五雷轰顶，痛哭不止且几次昏厥。她托人写信给吴晗，要儿子和袁震坚决分手。吴晗回信婉言解劝，母亲毫不回心，她不顾旅途困苦，亲赴北平说服儿子。

吴晗是个极孝顺的人，一见老母冒着风险独自一人千里迢迢来到北平，心中着实不安。为不使母亲痛苦失望，他与弟弟吴春曦把固定在石膏床上的袁震抬出藏了起来，安慰母亲说：“袁震已到外地出差去了，所以不能与您老人家相见。”既然能出差外地，可见健康状况不像传闻的那样严重，母亲便放心地返回了老家，到家后还对吴晗的妹妹说：“你那没过门的嫂子能出差到外地，可见身体还可以，我放心了!”自此，她一心盼望儿子早点结婚。

母亲被哄走了，而吴晗的许多好朋友也反对他与袁震恋爱。1936年春，吴晗得了肺病住在疗养院，他的朋友罗尔纲劝他中断和袁震的关系。罗尔纲反来复去劝解，吴晗睡在病床上，只是闭着眼睛一言不发。罗尔纲就拿自己和吴晗类似的婚姻问题，责备吴晗伤害老母，实为不尊不孝。吴晗睁开微微湿润的眼睛对罗尔纲说：“我和你的情况两样，追你的那个女子没有病，袁震有重病，你可以从母命，我不能从母命。”以前，罗尔纲觉得吴晗抗拒母命，是由于他爱袁震才高貌美，此时才知道最主要的原因还是因为袁震有重病需要人照顾。罗尔纲再也不催他与袁震中断关系，反而称吴晗“超凡人圣”，从内心里敬佩吴晗的高尚情操。

吴晗和袁震定情后，仅3年时间，便成为驰名中外的明史专家，其代表作《朱元璋传》在中国史学界享有盛名。吴晗声誉鹊起,对袁震的爱情日笃。只是袁震卧病在床,尚不能结婚同居。

“七七”事变爆发,平津危在旦夕,吴晗应云南大学校长熊庆来之邀,赴昆明任教。不久,清华大学、北京大学、南开大学南迁昆明,成立西南联合大学,吴晗又回到清华,同时在云南大学兼课。

袁震因卧病在床,不堪长途颠簸,不能和吴晗同去云南,暂留北平继续治病,由她的姐姐袁溥之和堂妹袁熙之加以照护。

此时吴晗28岁,袁震已31岁了。不少女大学生听说吴晗教授尚未结婚,纷纷写信求爱,吴晗一一婉拒。

纯洁的爱情是强大的精神力量,袁震在吴晗执著爱情的鼓舞下,对生活充满了信心,一年多以后,身体较前大有起色,到1939年上半年,袁震终于可以从病床上下地行走了。这时,她想到的第一件事就是去昆明找心上人吴晗。不久,由袁溥之和袁熙之护送,袁震从北平到天津,然后搭船到越南海防,再转赴昆明。来码头迎接的吴晗第一次看到重新站立起来的恋人,心情无比激动。

那时吴晗的母亲和弟妹早已从浙江老家来到昆明,袁震三姐妹和吴晗家5口共8人住在昆明市白果巷4号。袁震没到昆明前,吴晗的母亲天天盼望早日见到儿媳,并催儿子快点儿把婚事办了。及至见到袁震,她看到的是面色苍白,步履艰难,生活不能自理的久病未痊之躯,大吃一惊,知道原来儿子在骗她,坚决不同意吴晗与袁震的婚姻。

她百般劝说吴晗:“她的病是要传染人的,是不治之症,她这样的身体也肯定不会生育,要断子绝孙。”

吴晗对母亲很孝顺,每日下课后,总要去母亲房里坐坐,问寒问暖。那时,日本飞机一日数次轰炸昆明,袁震因病情日益恶化被重新固定在石膏板上.不能行走;母亲年迈裹足,步履维艰;她们根本无法躲“警报”。每次空袭.吴晗就把弟妹赶出家门,到郊外去躲,自己则陪着母亲和袁震闭门静坐,置生死于度外。遇到这种情况,吴晗就再三向母亲解释,极言袁震的人品学问,解除老人家的担心,并向母亲表示,其他任何事情都可依从,惟独这桩婚事不能半途而废。

吴晗对妹妹吴浦月说:“母亲的用心我何尝不知。但你还太年轻.我们的事你现在还不懂。简单地说,我们在学术研究上、在政治上有许多问题,看法是相同的,就是说有共同的语言、观点和感情,我们是志同道合的朋友。再说你二姊学问渊博,对一些问题的见解比我还高明呢!你也要向她好好学习才是呢。”

吴晗又以教育妹妹的口吻说:“一个人的为人,不仅在别人顺利时对人好,更重要的是在别人遇到困难的时候更应关心爱护人家,对朋友要患难与共,否则,那就是不义.就是市侩,你愿意让你大哥做个不义之人,做个市侩吗?”吴晗这一席话,严肃、恳切,发自肺腑,吴浦月被深深地感动了。

这时,袁震的姐姐袁溥之已于1939年9月去重庆(后辗转到了延安),堂妹袁熙之也在西南联合大学当速记员,住在联大宿舍。吴晗的母亲觉得袁震在昆明没有经济来源．吴晗若不照顾她，她就很难生活下去。所以她想说服儿子另找对象'，而保证对袁震尽道义上的责任。她对吴晗说："袁姑娘端庄大方，彬彬有礼，是个好姑娘，但她病成这个样子，又不能为我吴家传宗接代，你怎么能同她成亲呢？只要你答应不同她成亲，我可以把家乡的房屋、田产全部变卖了给她治病，替你尽心！"

吴晗拒绝了母亲的建议，满含热泪地对母亲说："妈，您老为我操碎了心，儿子一生一世都感激您的大恩，在这件事上我不能听您的，请妈原谅。"吴晗抹了抹眼角的泪水，又激动地说："人的精神是不能用金钱换取的，我们相爱是因为我们今生今世互相不可缺少，我不能没有她，她也不能没有我。这种同生共死的感情，是一万两黄金也买不到的！我们结婚与否，不决定于我，取决于她。她病好了，愿意结婚，我一定和她结婚。如果她不愿意结婚，我也要照顾她一辈子。"儿子铁了心，再说也无用，吴晗的母亲只好答应了这桩亲事。但老太太心里总是不痛快，不久，便让二儿子吴春曦送自己回了浙江义乌老家。

袁震在吴晗一家人的精心护理下，病情也有所好转。1939 年 10 月，吴晗和袁震在昆明城内的一个旅馆里住下来，第二天，昆明报纸上登载了他们的结婚启事，一对有情人，终于结成了终身伴侣。

袁震虽然重病在身，但在学术上是吴晗的得力助手。她只要身体条件允许，便为吴晗搜集资料、整理文稿，还和吴晗一起切磋史论、辩析史料，代吴晗收发信件，解答读者、学生提出的问题。吴晗一生著述甚多，每一部著述、每一篇论文，都凝聚着袁震的心血。夫妻经常一字一句地推敲文章，严肃而又亲密。人们都知道吴晗的大名，但很少知道他身边有这么一位学识渊博、见解独到的"家庭学术顾问"，为了协助丈夫的学术事业，袁震拖着多病的身躯，孜孜不倦地阅读大量的史学书刊，她的史学水平与日俱增。她所以能够成为吴晗的得力助手，这种在困顿中勤奋刻苦的精神，起了决定性的作用。

特别是建国以后，吴晗、袁震的家庭条件大为改观，党和政府为这对生死相依的夫妻给予无微不至的关怀和信任。吴晗担任北京市副市长，主管文教工作，袁震也获得更好的医疗条件。建国后的十几年间，吴晗在繁忙的公务之余，撰写、出版了大量文章、著作：《历史的镜子》、《史事与人物》、《灯下集》、《春天集》、《投枪集》、《三家村札记》等多种，如果加上整理出版的著作，那就更多了。其中每一篇都凝聚着夫人袁震的心血。

从结婚到 1949 年的 10 年间，是吴晗和袁震夫妇最艰难清苦的时期。

首先是生计艰难，经济拮据，有时甚至到了难以维持的地步。

抗日战争后期，国民党统治区出现全面的政治、经济、军事危机，物价飞涨，通货膨胀。吴晗作为著名史学家，收入虽然不薄，但也到了捉襟见肘的地步，他要寄钱奉养老母，照顾弟妹上学，还要分出收入的不小部分为袁震治病。有一段时间，袁震又得了子宫瘤，出血不止，吴晗瞒着袁震亲自为她输血，自己一度得了脑贫血，几次晕倒。实在没有办法，吴晗忍痛把自己珍藏多年的好书卖给清华大学图书馆，得到一部分钱来解燃眉之急。他的朋友、植物学家蔡希陶为此曾书赠他一幅对联：“书归天禄阁，人在首阳山”。吴晗后来写文章回忆这段时间：“‘身份’是早已没有了，穿得破破烂烂，除了自己的学生，谁都以为我是个难民。”

困难压不倒患难与共、生死相依的夫妻。每天晚饭后，人们经常看到吴晗搀扶着袁震在林荫道上散步，直到日落西山。每天晚上，吴晗照顾袁震上床安睡后，自己还要备课、写作。但夫妻甘之如饴，淡泊为之。

生活如此艰难，袁震和吴晗仍以“贫贱不移’’的铭训保持正直史家的气节。

1941 年，国立编译馆约吴晗编写一部《明史》。书稿完成最初部分后，送到编译馆。但过了几天稿子被退回，退笺上附审核意见：“‘红军之起’，拟改‘民军之起’，以下一律照改。”（按：元末起义军中有“红巾军”），并说明可预先支付稿酬之一部分。但袁震和吴晗认为把“红军”改为“民军”，太不符合史实，这与她和他做学问的一贯良知相悖，回答审核者：“宁可不出此书，此字万不能改。”

西南联大，当年被誉为大后方的“民主堡垒”，1943 年 7 月，吴晗经周新民、潘光旦介绍，正式加入中国民主同盟，这是吴晗政治生活中的重大转折，在他的思想上起了质的变化，从此他接受了中国共产党的领导，为争取中国的光明和进步开始奉献自己的一片热心。

吴晗除了每天提着筐子买菜、上课教书、照顾卧病在床的妻子、研究明史外，还以更大的热情参加各种政治活动、发表演说、主编刊物、发表政论、征集签名、组织秘密印刷所，锋芒毕露，无所畏惧。1945 年抗战胜利，吴哈和朋友们欢庆胜利，迎来的却是国民党发动内战的枪声。吴晗拍案而起，与闻一多、李公朴、张奚若、楚图南、罗隆基一起不顾安危，毅然走上讲台，义正词严地斥责国民党反动派。特务将他列入“黑名单”后，他毫无惧色，支持学生罢课，参加学生大游行，带领西南联大教授罢教。当闻一多、李公朴被暗杀的噩耗传来，吴晗悲愤填膺，撰写了大量痛斥反动派的文章。特务们仇恨地说他与闻一多是苏共、中共的“喉舌”，竟将他的名字改为“吴晗诺夫”，把闻一多的名字改为“闻一多夫”。

1946 年，清华大学准备迁回北平，这时，袁震的子宫瘤发作，急需手术，在中共党组织的帮助下，袁震由人护送来到上海，住在吴晗弟弟吴春曦家里。

袁震急需住院治疗，割除瘤子。这时国统区物价狂涨，法币一文不值，医院不收法币，要收金条作抵押。吴晗在重庆托人买飞机票还是借别人的钱，哪里有金条作抵押。实在没有办法，最后还是靠清华大学校长梅贻琦的帮助，才把妻子送进了一家私人医院。手术很顺利，医院还为袁震特制了一件钢背心，这样袁震靠钢背心终于能支撑着站立起来。袁震终于告别了整天枯卧床褥的日子，夫妻二人兴奋之情，可想而知。

清华大学迁回北平后，吴晗一家住在清华园西院 12 号，房子相当陈旧，但他们夫妇非常喜欢它。1946 年，北平依旧满天阴霾，而吴晗、袁震的家里却不断发出爽朗的笑声、热烈的争论，“民青”、“民盟”的同志和地下党的交通员经常在这里聚会，有多少次运动的宣言、声明、通电都是在这里起草的。然后，吴晗带着稿子出去征集签名。为了协助党把青年和进步人士输送到解放区,吴晗、袁震做了大量的工作。

国民党“华北剿总”已将吴晗列入“黑名单”,随时准备暗杀他.李维汉、徐冰、刘仁几次催他到解放区去,可他总想利用自己的条件多工作一天。“华北剿总”大逮捕之前,吴晗偕同袁震奔赴西柏坡,受到毛泽东和周恩来的亲切接见。吴晗、袁震在解放区生活了几个月,大量的新生事物使他们的思想更进了一步。1949年2月,吴晗等受党中央之托,以军管会副代表身份接管北京大学、清华大学,担任清华大学历史系主任、文学院长、校务委员会副主任委员等重要职务。50年代中期,吴晗又被任命为北京市副市长,主管文教工作,他的担子更重了,1957年,吴晗加入中国共产党。

吴晗一向嗜烟,酒有时喝得也很多。有一次北京市军管会几位领导人一起饮酒,大概是“酒逢知己”的缘故,吴晗喝得酩酊大醉,回来后次日还不能同袁震一起商定一篇文稿。袁震劝诫吴晗应该爱惜身体,烟少抽。酒少喝。为了使这件事引起其他领导同志的注意,袁震还提笔给军管会主任聂荣臻写了一封信,提出了从吴晗饮酒误事想到其他领导同志切莫饮酒误事的建议。聂荣臻看了信很高兴,称赞吴晗有位好夫人！这也是他们结婚以后袁震惟一的一次“干预外事”。

吴晗、袁震同甘共苦20余年,因袁震身患重病,不能生育。新中国成立后,他们的家庭生活比较安定,袁震的身体也慢慢好了起来,他们都希望有个孩子。

康克清建议他们从孤儿院去领养。吴晗接受了这个建议,从孤儿院抱回了一个小女孩,取名小彦。小彦长得很机灵,也很漂亮,很懂事,吴晗夫妇心理上得到了极大的安慰。后来又从孤儿院抱了个男孩,取名吴彰。吴晗、袁震自有了这两个孩子后,生活增添了乐趣,4口之家过得很温暖、很幸福。

从1965年冬天起,一场史无前例的浩劫正向他们迎面扑来。

原来早在1959年4月,吴晗响应毛泽东的建议,研究并写成了有关海瑞的几篇文章,登报后引起了文史学界的重视,吴晗又将海瑞的故事编成新编历史剧《海瑞罢官》。这本是一出好戏,然而吴晗竟成了随之而来的“文化大革命”的第一个受害者。1965年11月10日,姚文元在上海《文汇报》抛出了《评新编历史剧(海瑞罢官>》的文章,诬陷吴晗“攻击毛主席”、“反党反社会主义”、“为彭德怀翻案”等等,后来又给他扣上“叛徒”、“特务”等莫须有的罪名,关进监狱。他们把吴晗跪绑在烈日下的枯树干上,往他脖子里灌晒得滚烫的沙子,用反带抽、拧耳朵,极尽摧残侮辱之能事。从1966年下半年到1968年3月吴晗被捕入狱,将近两年的时间,他几乎每天都要被揪斗,迫害逐步升级,他的身心健康受到极大的损害。

林彪、江青一伙不仅对吴晗进行目不忍睹的批斗,而且袁震和两个孩子也惨遭迫害。当时,在全国声讨“三家村”的叫嚷声中,一批批暴徒往吴家扔石头,辱骂吴晗。袁震气极了,说:“简直比对待敌人还厉害,吴晗也不是敌人。”仅仅由于她替吴晗说了几句不平的话,她也受到了株连。1968年4月,袁震被送进“劳改队”实行群众专政,他们的一双儿女小彦、吴彰连照顾他们的权力也被剥夺了。

袁震本来长期卧病.怎能经得击己折腾。她有时夏天还须穿棉衣,现在却让她住在潮湿的旧浴池里,一个潮湿的酷暑和阴冷的严冬下来,她双腿瘫痪了。直到1969年3月17日,袁震才被允许回家看病,次日突然病发,小彦和吴彰把她送到医院,医院知道是吴晗的家属,怕人家说划不清界限,没有认真抢救,3月18日袁震与世长辞,双眼半睁,面颊上还残留着几滴泪珠……,

更大的不幸还在等待着小彦和吴彰。1969年10月11日,然有人来接姐弟俩去看吴晗,姐弟俩到医院后,发现爸爸早已断气,终年60岁。

吴晗由于受到太多的揪斗,他l临死时,仅有的稀疏头发,已经被造反派和红卫兵在批斗会上拔光!

吴晗冤狱是共和国的耻辱。这起骇人听闻的文字狱就是江青一伙为了打倒刘少奇、邓小平、彭真等一大批党和国家领导人所选定的“突破口”。因为吴晗是北京市副市长,受到以彭真为首的中共北京市委的保护。整倒吴晗,目的是整垮北京市委,然后把矛头指向刘少奇、邓小平。

吴晗被揪斗期间,经常遭到毒打,大口大口吐血。但他意志没有消沉,他对女儿吴小彦说:“我只要不死,就要与姚文元斗争到底。”他还尽量抽时间阅读马列著作.(这些在吴晗被抄家时留下),并尽可能在抄家后残存的史籍里搜集有用的史料,他还天真地想和姚文元“文斗”下去。

光是一个《海瑞罢官》,还不足以致吴晗于死地,江青一伙施展了更大的阴谋。1968年3月,江青集团骨干谢富治利用手里把持的公安大权,以“叛徒”罪名将吴晗逮捕。但吴晗建国前并非中共党员,他也从未被反动派逮捕过,何来“叛徒”问题!就是江青一手控制的中央专案组,也无法“坐实”吴晗的叛徒罪名。逮捕吴晗时所依据的“证据”,实际是另一个姓吴韵上海人,名字与吴晗相似。

然而,康生却对“专案组”说:“吴晗没有叛徒问题,还有特务问题,。你们查去。”于是,吴晗又由“叛徒”变成了“特务”!

吴晗和袁震的养女吴小彦,由于惨烈的变故深受刺激。她和弟弟断了经济来源,生活无着。她哭喊着要和姚文元拼命,她写信给周恩来,托周荣鑫转呈。万里恢复工作后,尽可能给她姐弟以照顾。袁震的堂妹袁熙之,每月都接济吴小彦。

1975年8月,吴小彦给专案组写信,要求给吴晗作结论,发还被抄去的书籍财物,领回吴晗的骨灰。结果,吴小彦被关进监狱。在狱中,她受到非人的折磨,阑尾炎发作了,仅给吃止痛片,哭就注射冬眠灵,她的门牙被打掉,头上伤痕累累。但吴小彦不屈服,她在狱中写道:“爸爸真是好人,是最好最好的人,我永远爱您——亲爱的爸爸。”“您和妈妈是:生前不能共罗帐,死后天上成双对。”“我敢大声说:我爸爸妈妈是最好的,天底下再没有比爸爸、妈妈更好的了。”她在“犯人家属”送物收据单上,写着“胜利”,署名“吴晗”,然后又将“晗”字划去,写上自己的名字。由于长期的折磨、刺激,吴小彦最后精神失常。1976年9月23日,粉碎“四人帮”的前十几天,吴小彦自杀身亡,她死于曙光将现的时刻!

1979年9月14日,即吴晗、袁震夫妇被残害致死后的第十个年头,北京市委在八宝山公墓礼堂为吴晗、袁震夫妇举行了隆重的追悼会。其中，一幅挽词写道：

《罢官》容易折腰难，
忆昔《投枪》梦一般。
《灯下集》中勤考据，
《三家村》里错帮闲。
低头四改《朱元璋》，
举眼千回未过关。
夫妇双双飞去也，
只留鸿爪在人间。

吴晗和袁震结合于颠沛流离之中，惨死于沉冤未白之时，甘共苦，患难与共，三十年如一日。在恋爱、婚姻上所表现的高尚情操比起历代传颂的忠贞爱情故事毫不逊色。

但是吴晗和袁震的悲剧还有另一面。这另一面的因素，有社会大气候的，也有其个人方面的。这另一方面是什么呢？就是建国以后，吴晗或被动地或自觉地跟着政治风向转。他已成为富有造诣的马克思主义史学家，但他建国后的史学著述，已没有了早年的激情，也没有了当年细致的考证。他已经习惯于研究历史、解说历史时，贯穿领袖的思想；他也习惯于以领导者身份发表着指导性的报告，但那不过是重复别人的声音。他的身份，他的倾向和态度，都决定了他不会超越那个“现代经学”的时代。这样的大环境，人们当然很难听到历史和现实在他心中的回声。

我们还是看看事实吧。

吴晗惟一的一部历史传记《朱元璋传》，完成于40年代，那时他在昆明西南联大任教，后来不断修改，1964年最后一次修改再版。前后二十几年的变化，很能说明吴晗悲剧的另一面。

有对东林党人的同情和敬意，有对文字狱的憎恨，有对生与死的忧虑，吴晗写于40年代的那本《朱元璋传》，始终贯穿着悲切与苍凉。

在《朱元璋传》中吴晗花费最多笔墨的是对文字狱的叙述。他对做皇帝后的朱元璋的刻画，全是围绕这一点展开。他曾用文学笔墨，生动地描写了朱元璋对文人的杀戮：“网罗布置好了，包围圈逐渐缩小了。苍鹰在天上盘旋，猎犬在追逐，一片号角声，呐喊声，呼鹰唤狗声，已入网的文人一个个断肚破胸，呻吟在血泊中。网外围的在战栗，在恐惧，在逃避，在伪装。”

不过，写得最精彩的还是对朱元璋之所以大兴文字狱的性格分析。传记的最后一节是《晚年的悲哀》，他这样描绘出朱元璋“高处不胜寒”的精神状态：“母族绝后，妻族也死绝了。到文正被杀后，诸子幼弱，基业还未稳定，孤零零一个人，高高在上，找遍周围，没有一个人可以寄托心腹的，得撑持着，时刻警戒着，提心吊胆，不让别人暗算。正如驶着独木船，水把独木船冲得团团转，几十年到不了岸，看着水是敌人，礁石是敌人，连天空飞的乌鸦也是敌人，谁都要害他，都在讥笑他，讽刺他。从得了大权,做了皇帝之后,害了高度的紧张病,猜疑病,恐惧病。”在书写这样的词句时。年轻吴晗的心,一定揪得很紧很紧,他在为几百年前的那些蒙难的文人们叹息。

年轻吴晗便是以这样的姿势走进了明史研究,不,应该说他以这种方式开始了与历史的拥抱。历史加深他对人的认识与理解,历史让他感觉到生命的沉重。

这是他留给我们的惟一的一部历史传记,早年吴晗所有的学识、热情、勇气、激愤、深沉,都浓缩在这部传记中,当时还没有人能够像他那样把朱元璋的性格刻画得如此透彻。看得出来,他很看重自己的这部作品,在后来的岁月里,他不断地修改它,重写它。不过他的修改一般被认为是失败之举。随着身份和地位的变化,随着环境的变化,他一次又一次将传记的文学性、批判性消解。读 1964 年最后一次重写本,我们几乎再也见不到早年吴晗的身影了,他的那些因年轻而激发出来的对文字狱的激愤、敏感、犀利,不再是作品的重要组成部分,上面所引述的片断及其类似描述几乎都荡然无存。如果把年轻吴晗和老年吴晗放在一起审视的话,我们会因为彼此之间的巨大差异而感慨万分。何以如此改动《朱元璋传》呢?显然和领袖的态度有关。吴晗在对朋友的谈话中,曾表露出对毛泽东的感激和钦佩,感激和钦佩什么呢?便是毛泽东对他提出的修改意见。

吴晗对胡适的态度,同样能说明这种变化。

胡适算得上吴晗的恩师。是胡适,年轻的吴晗才选择了明史研究,从而确定了自己一生的学业。他的建树,他的荣耀,他后来的悲剧,都是从这里起步。

1930 年在上海中国公学念书的吴晗(当时叫吴春晗),给担任校长的胡适写信求教,开始了他与胡适的交往。他所写的学年论文《西汉经济状况》,颇获胡适赏识,后来胡适把吴晗推荐给清华大学史学系主任蒋廷黻,使因为数学只考零分而不得入北京大学的吴晗,得以进入清华大学学习。从那之后,吴晗便在胡适的指导下,开始了明史研究。

读最近出版的《吴晗自传书信文集》(苏双碧主编,中国人事出版社),看到了吴晗和胡适 30 年代的通信。“文革”中被作为“反面材料”的这些通信,今天成为了解吴晗治学经历的史料。

刚刚开始历史研究时,吴晗的兴趣是在汉代,但正是因为蒋廷黻和胡适的诱导,他把重心移到了明代,并按照胡适的指点,开始治学方法的训练。

在保留下来的胡适致吴晗的两封信中,最重要的是 1931 年 9 月 12 日的一封。信中写道:“蒋先生期望你治明史,这是一个最好的劝告。秦汉时代材料太少,不是初学所能整理,可让成熟的学者去工作。材料少则有许多地方须用大胆的假设,而证实甚难。非有丰富的经验,最精密的方法,不能有功。明代历史,材料较多,初看去似甚难,其实较易整理,因为处处脚踏实,但肯勤劳,自然有功。凡立一说,进一解,皆容易证实,最可以训练方法。”

胡适还具体告诉吴晗,应该先细细点读《明史》,并指导他如何作笔记,特别强调应该作“专题研究”之类的小论文,题目越小越好,要“小题大做”,千万不要一开始就做大文章。

对赫赫有名的胡适能够如此详尽地指点自己，吴晗无疑深受感动。同月26日吴晗给胡适写信，表示自己的感激之情："上次先生所指示的几项，读后恍如在无边的旷野中，夜黑人孤，骤然得着一颗天际明星，光耀所及，四面八方都是坦途。"按照胡适所说，吴晗买来了《明史》。逐日点读，还做了几千卡片分为人名、书名、纪事三种，准备按类填写。在随后几年里，胡惟庸党案、锦衣卫和东西厂、《金瓶梅》、晚明仕宦阶级的生活、殉葬制度等等，一个个明史的专题，便出现在吴晗的视野。他不厌其烦地小心求证，他按照胡适的教诲严格地训练自己，一个具有开创性的明史专家，由此脱颖而出。

尽管后来投身于革命的吴晗，与胡适分道扬镳，尽管吴晗后来的历史观与胡适大大不同，但他应该不会忘怀最初从胡适那里得到的教益。在50年代初写的《吴晗自传》中，吴晗就没有隐讳自己与胡适的这种师承关系，他承认自己过去"立场基本上是胡适的弟子"(《吴晗自传》)。甚至有人指出，在1954年展开的对胡适思想的批判中，作为胡适的弟子，吴晗并没有发表过批判文章，这在当时真是不可思议的事。

随着时间的推移，随着对胡适思想的批判，随着政治运动的逐步升级，也随着政治地位的变化，吴晗不能不日益处在尴尬的境地。他无法回避自己与胡适曾经有过的学术关系，他不能不主动或被动地强调自己后来的分道扬镳，从而表现出今天的进步。于是，他对这些往事的回忆，便随之有所改变。

在千家驹的记忆中，吴晗对胡适一直是敬仰的。可以证明的是，他在吴晗的书房里，看到总是挂着胡适写的一副对联，大意是"大胆假设，小心求证"之类的话。这是胡适当年专门为吴晗而写的，但人们怀疑这个回忆的准确性。时间、环境、身份、性格，种种因素，使吴晗已经不可能这么做。很可能，千家驹所忆，也许是在西南联大时期的印象。

1962年，吴晗两次接受《北京日报》记者的采访，畅谈历史研究和学习。此时的他，回顾自己的学术历程时，强调的是自学，而不再是胡适、蒋廷黻之类人物的教诲。他似乎并不困难地就把那些往事换了一种叙述，或者说在历史画面上，他根据需要涂反动抹上别的颜料。

他这样说："胡适之做过我的老师，没给过我什么。我没从蒋廷黻那里得到什么知识。我之有些知识，主要是靠自学。""清华大学原来是留美预备学校，买办性很强，1936年才改成大学的。当时史学系主任是蒋廷黻，一个十足的洋奴，他上课用英文，连对老婆讲话也用洋文，中文不通，不能写。他的文章都是由胡适改了发表，因为不通。他们外国历史知识有一些.但中国历史知识很少。在这种情况下，老师讲的不合我的需要，我需要的他们不教。我跟陈寅恪先生还学了三年，听他讲隋唐史。他研究得很细，如唐代李姓考，也没学到什么。"

以往他所看重的一切，现在似乎都不值一提。他的语气也似乎轻轻松松。可是，谁又能知道他的内心到底是怎样一种状态。他到底是真地否认了一切，还是有难言之隐?

不管是什么,这里不是分明地表现出吴晗性格中的软弱面吗?

吴晗晚年的劫难,从他个人方面说,源于写《海瑞罢官》,其实,这恰恰是他响应毛泽东号召的结果。

1959年初,毛泽东在上海召开的中共中央工作会议上,提出尽管海瑞攻击皇帝很厉害.但对皇帝还是忠心耿耿的,应该提倡他那种刚直不阿的精神。会后胡乔木找到吴晗,请他为《人民日报》撰写一篇有关海瑞的文章。庐山会议前发表的《海瑞骂皇帝》,就是这样问世的。

更能说明问题的是,庐山会议刚刚结束,吴晗就发表了一篇《论海瑞》(1959年9月7日《人民日报》)。在文章的结尾部分,他特地加上一段与现实有关的话。这段话应该说颇能说明作为北京市副市长的吴晗,在政治上的明确态度。这段话是这样写的:

“有的人自命海瑞,自封‘反对派’,但是,他们同海瑞相反,不站在人民方面,不站在今天的人民事业——社会主义事业方面,不去反对坏人坏事,却专门反对好人好事,说这个搞早了,搞快了,那个搞糟了,过火了,这个过直了,那个弄偏了,这个有缺点,那个有毛病,太阳里面找黑子,十个指头里专找那一个有点毛病的,尽量夸大,不及其余,在人民群众头上泼冷水,泄人民群众的气。这样的人,专门反对好人好事的人,反对人民事业的人,反对社会主义事业的人,不但和历史上的海瑞毫无共同之点,而且恰好和当年海瑞所反对而又反对海瑞的大地主阶级代表们的嘴脸一模一样。广大人民一定要把这种人揪出来,放在光天化日之下,大喝一声,不许假冒!人民群众看清他们的右倾机会主义的本来面目,根本不是什么海瑞!

“这样看来,研究海瑞,学习海瑞,反对对于海瑞的歪曲,是有益处的,必要的,有现实意义的。”

《论海瑞》后面那段批判“右倾机会主义分子”的文字,同样与胡乔木有关。文章写出后,交给了胡乔木,胡乔木忙于去参加庐山会议,回京后才看文章。他向吴晗提出一些意见,并告诉他说,在庐山会议上毛泽东曾经这样说过:提倡“左派”海瑞,不是“右派”海瑞,是真海瑞,不是假海瑞。吴晗所写的那些话,便是在这样的背景下临时加上的。

不管怎么说,这是一段颇值得玩味的话。

是出于长期以来已经形成的政治表态的习惯?还是一种潜在的忧虑,还是不愿意人们把自己宣扬海瑞与彭德怀罢官联系起来?

两种因素或许都存在。熟悉吴晗的人,都曾回忆到他如何满腔热诚投身于革命,如何在不同场合感激和钦佩毛泽东对他的《朱元璋传》提出的修改意见,并由此而直接感受到一个伟人的伟大。这样一个早就与老师胡适分道扬镳的学者,一个担任政府要职的领导人,一个以崇拜心情仰望毛泽东的人,说他有意识把海瑞和彭德怀联系起来,用几百年前的往事影射现实,于情于理都难以成立。

吴晗是一个历史学家,文学从来没有涉猎过。可是,他却破天荒地在撰写大量文章之外,创作了招致人生悲剧的新编历史剧。这个戏从戏剧文学的角度来看,并不被认为是成功之作,而当时舞台演出的效果也不理想。有的京剧行家就曾指出,《海瑞罢官》由于是新编的,匆促上演,唱做都没有经过锤炼,所以没有什么好听好看的。演员虽然是第一流的,可是让善于演诸葛亮、以台风潇洒飘逸著称的马连良去演刚正不阿、敢于冒死上谏的硬汉海瑞,让善于演包公戏、唱做醇厚稳重的裘盛戎去演老奸巨滑的巧宦徐阶,在角色上来了个阴阳颠倒,那怎么演得好?

但是,对于吴晗这并不重要。在他看来,他在履行一个革命史学家的职责,他在用历史和文学的双重方式体现自己的现实作用。他乐意这么做。那个时候,艺术并没有成为所有文学艺术形式的决定性的因素,创作者也好,欣赏者和称赞者也好,看重的常常是政治的需要,甚至是政策演绎的需要。

北京市副市长张文松是吴晗的朋友,他说他当时曾对吴晗写这样一个历史剧感到不解:写历史和写历史剧毕竟不是一个行当,为什么一个历史学家偏要跳行呢?不过后来,另外一件事似乎让他对此有所明白。

他发现在写过《海瑞罢官》以后,吴晗似乎对于写京剧更热衷了。有一次他去看吴晗,看到吴晗正在修改一本以《水浒》为题材的京剧脚本。"我问他写什么?他说是一个中央负责同志交给他一个任务,要他在这个剧本添写一个女角色,因为那剧中人物全部都是男角色,太单调了。我听了很诧异,难道剧中人物可以凭空添撰吗?但他却是兴趣盎然地接受了任务,居然添写了一个武旦的角色。这剧本的名目是什么,早已忘却了,此后也似乎未曾演出过。"

年过60岁的人,大概不会忘记1957年"黑云压城城欲摧"的阵势。由于毛泽东的"阳谋",决定了50多万知识分子的"右派"命运。吴晗在"反右"运动中,表现了少有的革命热情和斗争的坚决性。毛泽东在那年7月的《文汇报的资产阶级方向必须批判》的文章中,主观武断地提出"罗隆基——浦熙修——文汇报编辑部"是"一个民盟右派系统",说中国民主同盟在鸣放和整风中的"作用特别恶劣":"有组织、有计划、有纲领、有路线,都是自决于人民的,是反共反社会主义的。"又说:"整个春季,中国天空上突然黑云乱翻,其源盖出于章罗同盟。"①

风向陡变,吴晗便按着毛泽东的思路,激昂慷慨,"大揭大批",成为民主党派中"反右"运动的先锋人物,他当时是民盟北京市委负责人,除了系统地揭露章罗历史和现实的"反动言行"之外,还控诉章伯钧、罗隆基如何给他气受。把章罗比喻成"恶婆婆",把民盟北京市委和自己比成严厉婆婆下的"小媳妇"。以此来表明自己不但不和章罗是一个系统.而且早就和章罗"对着干"的。

正是由于吴晗在"反右"中的坚决和热情,很有几位长期和他共事的文人,蒙

---

①.章伯钧、罗隆基,当时均为中国民主同盟副主席。章伯钧同时还是中国农工民主党主席。

受了20年“右派”帽子的磨难。

当时人们都以一种惊疑的眼光，对吴晗侧目而视。

由于错把“章罗同盟”作为“右派”组织上的统帅，因而民盟中央和不少地方组织的负责人被打成“章罗同盟”的“军帅”、“谋士”、“代理人”、“骨干”、“急先锋”，民盟在“反右’，运动中共划“右派”6000余人，占当时全部盟员的1/5。①

而吴晗在“反右”运动后，却升任民盟中央副主席，并于1957年加入中国共产党。

1962年吴晗发表了两篇文章：《论历史人物评价》和《论历史知识的普及》。这时，他已热衷于领袖和导师语录的引用。第一篇文章中引用多达15处，字数近1500字；第二篇文章中引用7处，字数也将近1300字。他也和郭沫若一样，按照领袖的好恶，作起为曹操、武则天翻案的文章。在这类文章里，已看不到正直史家的理性寻求，充其量也只是别人观点的诠释。读来令人乏味，好像呆板地读着秘书为他起草的宣言。

人们大抵把吴晗的悲剧归结为他写了《海瑞罢官》，其实根源不在于此。

“文革”主要是针对“刘少奇、邓小平资产阶级司令部”发动的，首当其冲的便是以彭真为首的北京市委，这便是问题的要害。假如吴晗不是北京市的副市长，即便创作了《海瑞罢官》，他也绝不会成为“文革”的第一个众矢之的，也无须姚文元从评《海瑞罢官》这里“揭开文化大革命的序幕”。

可以对比一下建国后和吴晗性格极为相似的郭沫若，便可见此观点的正确。

郭沫若的一些观点不为毛泽东所赞成。人们都熟知“文革”中的“批林批孔”，毛泽东有两次提到郭沫若，说郭是“尊孔反法”的，还写了诗。其一是：

郭老从柳退，不及柳宗元。
名曰共产党，崇拜孔二先。②

其二是：

劝君少骂秦始皇，
焚坑事业要商量。
祖龙魂死秦犹在，
孔学名高实秕糠。
百代都行秦政法，
“十批”不是好文章。
熟读唐人《封建论》，

---

① 胡愈之：《中国民主同盟第三届中央委员会工作报告》，1979年10月15日。

② 孔子排行老二，先即“先生”，为绝句字数所限，省却一字。

莫从子厚返文王。①

毛泽东还说:"郭老在《十批判书》里自称人本主义,即人民本位主义,孔夫子也是人本主义,跟他一样。郭老不仅是尊孔,而且是反法。尊孔反法,国民党也是一样啊!林彪也是啊!我赞成郭老的历史分期,奴隶制以春秋战国之间为界。但是不能大骂秦始皇。"②

尽管如此,郭沫若在文革中虽也曾受冲击,在"批林批孔"运动中多次受到江青的奚落和侮辱,但却安然渡过,绝没有吴晗那样悲惨的结局。

其原因,一是郭沫若和北京市不沾边,再就是郭沫若建国后习惯于按照毛泽东的思路去"逢场作戏"。③

"文革"之初,红卫兵大破"四旧",演出中国历史上规模最大的"焚书坑儒",郭沫若便出来表态:"我过去的那些作品哪,严格地说起来呀,都应该烧掉。"

最令人惊诧的是郭沫若在"批邓反击右倾翻案风"中的表现。全国全党全军绝大多数人都对邓小平又一次遭难感到不平,以各种方式抵制这一倒行逆施时,郭沫若却出人意料地发表了大批邓小平的词作:

四海《通知》遍,文革卷风云。阶级斗争纲举,打倒刘和林。十载春风化雨,喜见山花烂漫,莺梭织锦勤。茁茁新苗壮,遍地凯歌声。

走资派,奋螳臂,邓小平。妄图倒退,奈"翻案不得人心",三项为纲批透,复辟罪行怒讨,动地走雷霆。主席挥巨手,团结大进军。

通篇是政治口号堆砌,人们有理由相信,这里除了"逢场作戏",紧跟风向而外,根本找不到郭沫若真实的心声。

---

① "十批",即《十批判书》,郭沫若早年史论著作,其基本倾向是尊孔反法。祖龙指秦始皇。子厚是柳宗元的字。《封建论》为柳宗元所著。

② 1973年7月4日毛泽东同王洪文、张春桥的谈话。

③ 郭沫若晚年自己这样说。

不尽哀思水东流

——潘汉年的两位夫人

(一)许玉文——无悔的悲剧

他懦弱不敢逆命,也由于地下工作的需要,他和她痛苦地凑合了二十年。

她和别人发生关系并生有后代,他和她就此分手。

他蒙冤后,她不落井下石,反倒是惟一敢说公道话的人。

潘汉年的第一位夫人名叫许玉文,1907 年生,和潘汉年是同乡,都是江苏宜兴人。她和潘汉年,由父母包办定下亲事,终因潘汉年对她毫无感情而痛苦地分手。

潘汉年出生于 1906 年。他在家乡读完小学、中学,然后来到上海,在中华书局《小朋友》周刊当校对员。他 17 岁即参加进步文艺活动。1924 年,他仅 18 岁,'就和叶灵凤等参加创造社,主编过《洪水》杂志。

潘汉年和许玉文的父亲都是乡村塾师,互相关系密切,由他们做主包办,为潘汉年和许玉文定下婚事,潘汉年事前一无所知。两家老人倒是心满意足,认为这是一桩门当户对的美事。许姑娘是封闭乡村的女性,接受的是三从四德一类封建伦理道德,婚姻大事自然任父母包办。她对未来的夫婿也没有什么额外的要求。

1924 年底,潘汉年接到家中快信,说父亲病重,催他立即回去。到家后他才得知父亲要他和许姑娘完婚。

潘汉年被骗回家后却对这桩婚事表示了强烈的反抗。他不仅有着远大的革命志向,而且一直崇尚个性解放,极富叛逆意识,在他的心目中,他的人生伴侣绝不是像许玉文这样封闭的农村妇女。但由于他继承了为妾的母亲那种特有的忍气吞声的性格弱点,反抗的方式仅仅是简单的躲避。他躲到临近的一所小学,不肯参加婚礼,却马上被他父亲派人找回并强迫成了婚。婚后第二天,潘汉年就执意要离家返回上海,遭到父亲阻拦。直到按当地乡俗在家住了 3 天后,父亲才勉强让他只身回到上海。

潘汉年于 1925 年加入中国共产党。当时正是国共合作时期,他离开上海,先到广州,后随北伐军在南昌、武汉等地编辑《革命军日报》,同时担任国民革命军总政治部宣传科科长等职务。大革命失败后他再次来到上海,重新以中华书局为掩护,开始从事党的地下工作。

短短3天的新婚生活,使许玉文深深地感觉到,潘汉年不爱她,或者说是她自己配不上潘汉年。但她是在传统的东方道德意识中长大的,那些“三从四德”、“嫁鸡随鸡,嫁狗随狗”、“从一而终”的封建伦理在她的思想中是根深蒂固的,她惟有服从丈夫,而别无其它选择。

两年后,中华书局成了中共地下党活动的重要场所,潘汉年也成为这一场所的重要成员,还曾被推为代表参加地下党领导的罢工斗争。由于他父亲一再逼迫他和妻子同住,加上工作需要家庭作掩护,潘汉年便将许玉文接到上海,住在海宁路附近的一条里弄内。

住到上海后,许玉文满以为夫妻生活在一起了,感情会慢慢培养起来的。谁知,潘汉年除了工作,根本就无心顾及家里,无心顾及这个他根本就不爱的女人。许玉文失望了,她彻底地失望了。作为一个女人,她有获得感情的需要,她有得到爱的要求。然而,她得不到,她只好在冰冷的夫妻生活中向潘汉年寻衅。这样一来,夫妻俩陷入了经常吵架的恶性循环中,许玉文甚至还跟踪潘汉年吵到了中华书局。

从1927年到1933年,潘汉年和许玉文在上海共同生活了6年。这期间,潘汉年先是负责党领导下的进步文艺工作。1928年在中共中央宣传部任文化工作委员会书记,和许许多多的左翼进步文化人有密切的交往。从1930年起,还担负保卫自由反帝大同盟和国际互济会的工作,还曾任左翼文化总同盟的中共党组书记,是左翼文化运动的创始人和领导人之一。1931年以后,党内连续出现顾顺章、向忠发等叛变事件,党的地下组织破坏严重,急需加强驻在上海的中共中央保卫工作,周恩来便把潘汉年调入保卫情报部门,代号小K。从此,“潘汉年”在上海滩消失了。过去熟识的进步文化人在街上忽然相遇,潘汉年也像对陌生人一样不理不睬。为了工作的需要,潘汉年不断变换身份和装束,忽而长袍礼帽,忽而西服革履,忽而又扮成苦力,而且行踪不定,出入无常。这也令许玉文产生很大误解。

潘汉年呢,他一方面不爱这位没有感情基础的妻子,另一方面,他作为一个大孝子,又不敢逆父母之命断然和妻子离婚,这使他精神上极度痛苦。同时,他所从事的情报工作也不允许他因离婚而暴露身份,他惟有痛苦地过着这种生活。在这样的痛苦中,他们整整生活了20年。

人有了痛苦,必然要寻求解脱的方法。而婚姻生活上的痛苦,凡人的解脱方法除了离婚和出家之外,大概只有另找感情的寄托。

潘汉年和许玉文结婚后次年夏,他的表妹中学毕业了,要到北京去考学校,姑母不放心年轻的女孩单身远行,便写信给潘汉年要他送她去北京。潘汉年向中华书局IJ缶时请了半个月假,专程送表妹赴京,他把表妹送到北京报考后又在那里陪她玩了一些日子。在这些日子里,他们形影不离,如痴如醉。但这仅仅是他们追求的一种单纯的所谓“精神恋爱”,事实上都还受着家庭、礼教的管束,不过是一种明知不可为的暂时陶醉罢了。

不仅是夫妻从来就缺乏感情,而且潘汉年行踪不定,一分别就是几年,也给许玉文带来许多困难和苦恼。看一看1933年到1944年潘汉年行踪的时间表：

1933年秋，潘汉年进入中央革命根据地，任中共苏区中央局宣传部长、赣南省委宣传部长。1933～1934年，两次作为中共苏区的代表和蔡廷锴、陈济棠谈判，商讨建立抗日反蒋统一战线问题。1934年10月随中央红军长征，1935年遵义会议后，又被派驻苏联做联络工作。1935年11月，国共两党秘密谈判，潘汉年又从苏联回国，作为中共代表，奔走于南京、延安之间。这期间，他还奉命和宋庆龄建立联系，也曾在上海工作过短时间。1937年9月，潘汉年任八路军驻沪办事处主任，时间不久，上海即告沦陷，潘汉年回到延安，在中共中央社会部工作。1939年4月，潘汉年患眼疾，组织决定他到香港治病，顺便了解和兼顾那里的情报工作。临行前，中央社会部长康生交待，如果需要，就留在那里主持情报工作。1939年秋，中共中央任命潘汉年为社会部副部长，直接在第一线主持情报工作，是年冬初，中共中央又指示潘汉年组建华南情报局，统一领导南中国的情报工作。同时，他又受命建立上海的情报据点。从此，潘汉年就往来于香港、上海、苏北、淮南、南京、延安之间，一直到1945年到延安参加中共七大。

结了婚的女人，最怕自己的男人有外遇，许玉文作为一个难以自食其力的家庭妇女，更是担心潘汉年另有新欢，而她这种担心又实实在在成了现实。在这样的事实面前，一般的女人有三种选择：一是离婚，二是忍受，三是报复。许玉文痛苦到了极点，她选择了第三条路，在潘汉年离开上海赴香港等地把她一个人丢在了上海这个花花世界之后，她在各种红男绿女的影响下，和她的堂姐夫发生了暧昧关系，并于两年后公开地为她的堂姐夫生下了一个男孩。

1944年底，潘汉年又回到了离别近3年的上海，回到了那个由许玉文看守的原本属于自己的家。回家后，他看到了妻子许玉文，看到了原是妻子堂姐夫的男人，还看到了妻子和那个男人的小男孩。

本来，他完全可以就此解脱，但他却感到自己失去了一个男人应有的自尊。他一句话也不曾说就离开了家门。

从此，潘汉年再也没有同和他做了20年夫妻的许玉文联系过。

凭心而论，许玉文实实在在还是爱着潘汉年的。到上海后，她对潘汉年的革命活动提供了许多帮助。就是到了1955年潘汉年被捕入狱，在全国掀起揭发、批判潘汉年"反革命内奸罪行"的时候，她不仅没有落井下石，而且对前来调查的公安人员说了这样一段话："老潘做了许多革命工作，做些错事是难免的，哪里能算反革命呢？他做情报工作本来就容易得罪人……我们党样样都好，就是有时没有调查清便大张旗鼓地整人，而且连多年的老同志也不在乎……"对此，有人曾发出感叹：在上海揭发声讨"反革命分子"潘汉年的浪潮中，是没有第二个人敢说出这样的话的。翻遍当年几乎所有的揭发材料，也只有这惟一的一份材料有这样的公道话。

就是这样一段公道话，使许玉文受到了"潘案"的牵连。她历经磨难，到了"文革"期间更是受到残酷迫害，于1969年含冤去世。

（二）董慧——安危甘苦任飘零

她是他的得力助手。

潘汉年蒙冤后，她不要党籍，不要工作……

她在他的骨灰罐上写着“肖淑安”的名字。

两年后，她也随他而去。

董慧原名董奉献，祖籍广东，1918年生于香港。父亲董仲伟是一位富有正义感的爱国实业家，是香港道亨银行总经理，曾担任过香港商会会长。

抗日战争爆发后，董慧抛弃优裕的生活条件，不远万里来到延安，进入马列学院学习，不久便加人中国共产党。

1939年夏，董慧从马列学院结业。因为她在香港的社会关系，组织决定她到中共中央社会部系统，回香港从事统一战线和情报工作，受潘汉年领导。那时潘汉年在香港治眼疾，同时正奉中共之命着手组建华南情报局，董慧的到来，潘汉年得到一位得力的助手。从此到抗日战争结束，她和潘汉年在一起工作6年之久。共同的工作，共同的爱好、情趣和追求，她和潘汉年之间的爱慕越来越深。潘汉年和许玉文的夫妻之情永远断绝之后，董慧和潘汉年在香港举行了隆重的婚礼，这一年是1945年。

6年中，她和潘汉年一起，在隐蔽战线上为党和人民立下许多功勋。解放战争时期，董慧利用各种社会关系，和潘汉年一起，安排了几百名民主党派领导人和骨干、爱国工商业家、进步的文化人经香港前往东北、华北，进入解放区，参加新中国的创建。

在敌人控制区从事情报工作，生活极不安定，而且随时都有生命危险，凭着对党对革命的无限忠诚，董慧和丈夫一样，把生死置之度外，默默地战斗在龙潭虎穴。

新中国成立后，董慧随潘汉年一起在上海工作，潘汉年担任许多重要职务：华东军政委员会委员、中共中央华东局和中共上海市委社会部部长、中共上海市委第二书记、上海市副市长兼上海市人民政府党组书记。董慧一直在潘汉年领导下工作，在上海市委社会部担任处长，她对丈夫崇敬、爱恋，也深切了解丈夫的为人。她面前展示的是阳光和幸福，她内心充满了喜悦。

但是，她美好的时光只过了6年，就被突然降临的灾难打断。从潘汉年被捕到病逝，到她继潘汉年之后离开人世，长达22年的时间，伴随她的始终是屈辱和黑暗。

1955年4月3日晚8时，潘汉年在北京饭店突然被捕。

逮捕场面有点戏剧性。

当时正在召开中国共产党全国代表会议，潘汉年作为上海代表团负责人之一，下榻于北京饭店301号房间。晚饭后，他正在房间休息，有电话说一楼客厅里有人找他，请他立刻下楼去。他完全没有思想准备，穿着拖鞋匆匆下楼。等在那里的是公安部长罗瑞卿和几名便衣公安干警。罗向他宣布了逮捕审查的决定。然后把他带上一辆小车向城北方向急驰而去，潘汉年提出回房间取些衣物，回答是“不必了”，一刻钟后，来到功德林监狱——公安部看守所，一切都早已安排妥当。监狱的管教科长领着潘汉年走进一间单人监房：15 平方米的面积，一张单人沙发床，一整套全新的被褥床单，地上铺着深色的地毯。有一张用来读书写字的小书桌，一把软面坐椅，墙边有抽水马桶、洗脸池，还有暖气设备，不亚于中等旅馆的档次。这是专为高干犯人预备的。管教科长很和气地说：你就住在这里了。墙上贴有注意事项，希望你遵守。身上有什么小刀、钥匙之类的金属器具，请交给我们保存。你有什么困难和需要，请随时向我们提出。潘汉年只默然地摇摇头。他除了身上穿的衣服，什么都没带。随后，管教科长带上房门，从外面加上锁，就悄然离去。

从接到电话下楼到进入这间单人牢房，前后不过半小时。潘汉年似乎失去了一切思想和感觉的能力，大脑中一片茫然，像木偶似地任人摆布：签字、走路、上车、下车，进入监房，听管教科长交待……

只有他一人留在房间里时，才开始恢复思维，他意识到是被捕了。委屈、困惑、痛苦、恐惧一齐袭来，心脏狂跳的声音，听得清清楚楚。

他从事地下工作 20 多年，所遇险情不可缕指，但都一次次化险为夷，从未有过被捕和坐牢的经历，他自己都认为这是奇迹。他做梦也没想到在他付出那么多的代价为之奋斗的共和国里，会由自己所尊敬和信赖的领导决定将他逮捕，关押在为敌人而设的牢房里。

他的“罪名”是什么呢？公安部提出的逮捕报告中说：抗日战争时期，潘汉年背着党同汪精卫秘密勾结，并长期隐瞒，欺骗组织。在担任上海市副市长期间，在饶漱石、扬帆“包庇掩护”特务和反革命问题上，负有直接责任。1943 年最高人民法院的刑事判决书中说他在“抗日战争期间，秘密投靠了日本特务机关，当了日本特务，并与大汉奸汪精卫进行勾结”，“上海解放后，掩护以胡均鹤为首的大批中统潜伏特务和反革命分子……”又说他“在 1936 年的国共秘密谈判中，就投降了国民党，充当了国民党特务，暗藏在中国共产党内从事内奸活动。”一句话，他是暗藏的“内奸”。

得知潘汉年被捕，董慧顿时惊呆了。她本能地感觉到，丈夫决不是坏人，他在几十年革命生涯中绝对没有做任何对不起党和人民的事。这肯定是中央误解了他在特殊环境下从事特殊工作的一些方式和手段。

为了使丈夫的案子早点澄清，董慧毅然北上进京。令她失望的是，不少战友和领导在此时此刻都非常为难地劝她：“要相信党组织，不要搞个人义气，不要感情用事……”

然而，令她更意想不到的是，在连续碰了多次钉子之后，她也受到了丈夫的牵连，于 5 月 19 日被逮捕了，并和潘汉年关押在同一所监狱。能成立的逮捕理由大概只有一条：她是潘汉年的战友和妻子。从此，夫妻俩患难与共，相依为命，一起渡过了蒙冤22载的余生。

1962年6月，董慧被结案处理，决定“免予追究刑事责任”，予以释放。1963年1月9日，法院对潘汉年作出刑事判决，判处有期徒刑15年，剥夺政治权利终身。后又宣布假释交公安部门管制。

就在董慧被释放后至潘汉年被假释前这不足一年的时间里，董慧又经历了几乎比恋爱、结婚更为艰难的第二次选择。

有一天，某负责人找她谈话，告诉她：“只要你和潘汉年离婚，即可恢复党籍和组织生活，还可以去香港和家人团聚，过上安逸的生活……”

董慧听了，轻轻地摇了摇头，果断地拒绝了：“要享清福，当年我就不会去延安！”

后来，这位负责人又多次找她谈话，意思差不多，但不管怎样讲，董慧压根就不相信潘汉年是什么“反革命分子”和“内奸”，她坚信她所崇拜的潘汉年是一位久经考验的革命战士，她永远也不会离开她心爱的丈夫。她要等待，等待着与丈夫的团聚。

不久，董慧在香港的母亲经过有关方面批准，派人赴京欲接董慧去香港休养或定居。

来人问她：“你愿不愿意回香港和母亲团聚？”

董慧毫不犹豫地拒绝了：“我不能让汉年一人在此受罪，我要永远和他在一起。”

潘汉年案件是百分之百的冤案。

冤狱何以形成？谁作出了逮捕潘汉年的决定？

逮捕潘汉年的决定是毛泽东作出的，时间是1955年4月2日晚，即潘汉年被捕的前一天。毛泽东作出决定后，立即通知公安部长罗瑞卿执行。罗瑞卿一面匆忙地向最高人民检察院提出请求批准逮捕报告，一面调派人员做好当晚执行逮捕任务的准备。

毛泽东决定逮捕潘汉年的直接原因，是这一天他得知了12年前（即1943年）潘汉年在上海从事地下情报工作时曾经秘密地会见过汪精卫。而这一重大事件，潘汉年事前既没有请示中共中央（当时事起突然，来不及请示），事后也没有向中央报告，直到1955年4月1日，在有关当事人已被逮捕的情况下，处于被动状态的潘汉年才向陈毅（当时任上海市长，是出席中共全国代表会议的上海代表团团长）说明了详细情况，并说明了这么长时间没向中央说清楚的原因，同时向陈毅递交了一份说明情况和检讨自己的详细材料。

陈毅听了潘汉年的说明，看了他写的材料后，感到确实是个重要问题，答应一定代他向中央转递，同时还安慰潘汉年不要形成负担。

4月2日，陈毅亲赴中南海向毛泽东报告，毛泽东当即作出逮捕潘汉年的决定。

但这仅仅是直接原因，冤案之所以形成，其因素甚为复杂。既有1955年的政治环境，又有毛泽东“左”的错误，同时也有潘汉年性格上的弱点，还有整个案件审理过程中缺乏实事求是、客观公正的态度。“潘汉年是内奸，而且罪大恶极”，这一先人为主的成见支配了整个审理过程。毛泽东在1956年4月说：“什么人不杀呢？胡风、潘汉年、饶漱石这样的人不杀，连被俘的战犯宣统皇帝、康泽这样的人也不杀。不杀他们，不是没有可杀之罪，而是杀了不利。”①可见，在毛泽东看来，潘汉年是死有余辜的。

潘汉年何以去秘密会见大汉奸汪精卫？事前为何不请示？会见了又为何不敢向中央汇报？这就必须从头说起。

前面已提到，1939年中共中央命潘汉年组建华南情报局和上海情报工作据点，并任命他为中央社会部副部长，直接在第一线主持情报工作。为此，还派了董慧去协助他。

抗日战争时期的情报工作，范围增大，敌我友、国内外，政治、军事、经济、文化、方方面面，都在视野之内，都必须努力搜寻。当时的上海，是各种政治势力开展大规模情报战的战场。这里有日本的情报机关、汪伪政府的情报机关，重庆方面则利用它原在上海的情报基地，也派出人员积极活动。西方大国英、美、法等在上海拥有自己的情报机构，苏联和第三国际的情报人员也在这里活动。中共中央当然特别重视这种情况。

在这个情报战场上，各方力量的配置呈现极其复杂的状态。相互交叉，彼此渗透，你中有我，我中有你。有时，一人往往兼有二重甚至几重身份，兼有几个不同的职务。一项情报的获得，往往需要付出一定的代价。相互之间的利用、策反以及收买等，也司空见惯。

情报来源的关键，是建立内线关系。否则，只靠公开的搜寻或收买，是远远满足不了情报的需要尤其是重要情报的需要的。要在敌人营垒中建立内线，无论是派遣进去还是策反出来，都不是轻而易举的事。其中，最为可取的途径，就是在敌人营垒中寻找动摇分子，使他们成为“两面人物”，甚或“身在曹营心在汉”，为我所用。潘汉年认为，在这场斗争中，我们有政治优势，我们为民族解放而战，有真理与正义在手，可以用民族大义去感召一些良知尚未泯灭殆尽的人物；还可以利用敌人内部矛盾，予以分化瓦解。

还在离开延安之前，潘汉年就和中央社会部的领导人共同研究过这个问题。特别提出两个人，一个是李士群，是汪伪汉奸特工头子，和丁默村、周佛海等大汉奸有矛盾，大革命时期曾参加过共产党。大革命失败后还曾在中共中央保卫机关工作过，1932年被国民党逮捕后叛变，抗战爆发后叛国投敌，可以列为争取的对象。因李在敌伪中身份较高，关于争取他的问题，还特别请示了中央领导人，获得了同意。另一个准备争取的对象是袁殊。袁殊30年代参加左翼文化活动，后来参加中共情报工作，和潘汉年熟悉。1933年到共产国际远东情报局工作。这期

① 毛泽东：《论十大关系》。见《毛泽东著作选读》，下，人民出版社。

间，他和日本驻上海领事馆的岩井英一建立了情报关系，并接受其津贴。1935年袁殊被国民党逮捕后自首。此后，袁殊便和中共、国民党、日本三方的情报机关都保持情报关系，公开活动则是和左翼文化人士接触。因为他同各方面都有联系，又主动提出愿意继续为革命效力，所以也把他列入争取的对象。

潘汉年回到上海后，首先去找袁殊。他决定充分利用袁殊这条内线，以获取更多、更有价值的情报。袁殊作为“岩井公馆”的内线，每隔一段时间就向潘汉年提供若干战略情报。例如，日本外务省决定同苏联进行互不侵犯条约的谈判，东条英机的战略意图是南进而不是北进，少壮派白鸟敏夫等同苏联驻日外交人员的接触情况等，都是十分重要的战略情报。这些情报都由潘汉年领导的地下电台发往延安，为此潘汉年多次受到中共中央的表彰。

当时，袁殊还主办汉奸报纸《新中国报》，潘汉年还将中共党员翁从六和进步记者从桂林调来上海，帮助袁殊办报，使这张公开的汉奸报纸，尽可能减弱其有害于中华民族的宣传。又通过袁殊的关系，把我方情报骨干刘人寿派入严井公馆担任机要秘书，并在公馆内秘密设立电台，准备在敌人认为最安全的地方进行地下工作。但因敌人防范甚严，没有充分发挥作用。但不论如何，总是打进了敌人的心脏部分。这样，袁殊表面上为日本人效力，实际上更倾向于中共，听命于潘汉年的指挥。当然，为了取得日本人的信任，袁殊也必须从潘汉年这里取得一些我方的情报提供给严井。

“不入虎穴，焉得虎子。”为了争取李士群，潘汉年决定亲自去做李士群的工作。在延安时，潘汉年曾和中央社会部的领导人分析过争取李的可能，并报请中央同意。

李士群在汪伪政权中地位显赫，他不仅是伪特工头子，还兼任汪伪的江苏省省长，他当了大汉奸之后，并没有把事情完全做绝。他不能不为自己的前途着想，善于投机的他，不仅不和国民党中统特务系统切断联系，还想和共产党建立关系，以便一旦形势有变，不至死路一条。

和李士群打交道，潘汉年所担的风险是不言而喻的。在敌人心脏部位，深入虎穴狼窝，对手是没有信义的政治流氓，稍有不慎，就会遭暗算。

1939年秋，李士群通过关系向中共地下组织表示：愿意同中共方面建立联系，提供一些情报。但他提出一个要求，希望他的朋友胡绣凤能到他那里工作，由胡来担任他和中共方面的联络人员。上海地下党将这一情况迅即报告上级。中共南方局决定按李士群的要求，派一联络人员去。但李士群要求派去的胡绣凤因在大后方工作离不开，南方局便决定派地下党员关露（原名胡寿楣，是胡绣凤之妹）去，关露是一位女作家，1932年加入中国共产党，一直在上海从事进步文化活动和地下工作。抗战爆发后，她留在上海坚持斗争。

潘汉年叮嘱关露：“派你去汪伪特务机关工作，是为争取李士群，争取他为我们做一些事情。你在那里只能用耳朵和眼睛，不要用嘴巴。”又提醒她：“如有人说你是汉奸，你千万不要辩护，一辩护就糟了。”

但是两年过去了，李士群没有提供什么有价值的情报。1941 年 12 月日本偷袭珍珠港，太平洋战争爆发，上海公共租界区完全被日本占领，环境更为险恶，为了保证中共地下组织和情报机构能在上海坚持下去，潘汉年决定亲自去见李士群。通过关露和袁殊的试探，获知李士群同意会见潘汉年。

1942 年 2 月，潘汉年第一次会见李士群于上海李宅（李士群窟穴甚多，在上海、苏州、南京等地都有住宅）。其实说第一次并不很准确，李未当共产党的叛徒之前，和潘汉年并不陌生。这是李自当大汉奸以来，第一次和中共重要人物见面。

这次会见并未谈实质性的问题。因为两年前就通过关露和李建立了联系。这次见面，是希望把联系放在更高层次上，希望李士群有实际行动的表示。礼节性的寒暄之后，李士群半是得意半是玩笑地说："过去当共产党，常说要夺取政权。我现在已经夺得政权了。而你呢？现在新四军担任什么呢？"

潘汉年只淡淡一笑，李觉无趣，便转了话题："以后有什么需要我帮助的，我一定尽力帮助。也希望你们能够对我多帮助。"

潘答："我们欢迎你的这一态度。"

会见时，还有汪伪特工骨干——特工总部副厅长兼江苏实验区区长胡均鹤。李士群指定胡和潘汉年联系。

两个月后，李士群通过胡均鹤第二次约见潘汉年。这次会见李向潘表示"实际行动"。李士群透露了日伪即将对苏北根据地进行"扫荡"的军事计划，希望新四军有所准备。潘对此表示谢意。

李又取出一本上海储备银行的支票簿交给潘，说随时可以取用，潘为了不给对方造成难堪，收下了，但一直没有动用。

太平洋战争爆发后，中共中央指示驻在上海的地下江苏省委向新四军根据地撤退。但省委负责人刘长胜在撤退途中于瓜州被扣。这给撤退工作敲响了警钟，必须妥善安排好交通路线。

1942 年 9 月，中共中央电示仍留上海的江苏省委书记刘晓和主持情报工作的潘汉年，由他们自己决定是否撤退。刘、潘商量的结果，决定退到根据地去。为保证安全，刘晓提出可否利用李士群的关系，潘答应试一试。

于是潘汉年第三次会见李士群，希望他对路上的安全给予保证。李士群满口答应，他派胡均鹤亲自安排护送。李士群主动建议，潘汉年回根据地后，互相用电台保持联系。随即由胡均鹤编了密码本交给潘汉年。胡均鹤专程前往镇江布置，汪伪镇江特工站长刘毅亲自把潘汉年一行五人送到新四军根据地。

潘汉年向新四军军长陈毅、华中局书记饶漱石汇报了在上海和李士群联系的情况。陈、饶肯定了潘的行动，和李士群提供情报的积极作用，指示潘汉年继续和李士群保持联系。

但这次利用李士群提供的保护安全撤退的行动，在潘汉年被捕后，竟被歪曲成"反革命的镇江事件"，说是潘汉年、刘晓等勾结叛徒、特务叛变革命的"证据"。

不知何故。胡均鹤提供的密码不起作用，李士群发来的电报译不出（也只收到过一次短报),发出的电报无回音。

1943年4月,各种迹象表明,敌军又有“扫荡”淮南根据地的意图。饶漱石提出加强情报工作,要潘汉年作出具体部署,潘建议再亲赴上海去会李士群,摸清准确情况,饶批准了。于是,潘汉年带着交通员再次冒险前往上海。

这次去上海,出现了潘汉年意想不到的情况。潘先见胡均鹤,提出和李士群会面,胡说李在苏州,潘便由胡陪同前往苏州,到了苏州,其家人说李在南京。

潘汉年觉得李士群的态度有些异常,不像以前那么积极主动了。但不管怎样,此行主要目的是会见李,只要还有可能,到哪里也得会会他。于是,潘又由胡陪同来到南京。

到了李士群在南京的家,李又不在,而由汪伪“特工总部”的另一头目杨杰出面招待。杨杰向一些汉奸头目介绍潘汉年,并称潘是李士群的朋友,并由那些人坐陪宴请潘汉年。潘本想秘密会见李士群,这样一来,便公开化了。这显然是李士群有意耍的手段。

此后事情的发展完全出乎潘汉年的预料。

第二天,李士群终于露面了。他对潘汉年说:“汪先生现在心情不好,他打算搞议会政治,。听说你来了,很高兴,他想和你谈一谈。”

问题突然提出,潘汉年毫无思想准备。他必须马上作出决断:见,还是不见?请示是来不及了。

见不见汪精卫,是关系党和民族利益的大事。潘汉年必须慎之又慎。此时世界反法西斯战争正朝着有利于反法西斯阵营的方向发展。意大利法西斯即将垮台,苏军和美军都分别在欧洲战场和太平洋战场转入反攻。德国、日本的处境越来越不妙了。汪伪政权展顾前途,也有不寒而栗之感。为了寻找出路,汪伪政权的周佛海正在日本人指使下和重庆搞热线联系,想通过重庆来搞“和平运动”,中国共产党正密切注视事态的发展,不断揭露“日蒋汪合流”的阴谋。

如果潘汉年和汪精卫会见,被国民党利用,将在政治上对中共造成不良影响。后来的事实证明,果然出现了这种情况。这是潘汉年当时没有料到的。

潘汉年当时的想法是:事情到了这一步,硬性拒绝去会见汪精卫是不明智的。见汪精卫肯定是李士群早已策划好的,他耍个手段把自己弄到南京来,看来主要目的是要和汪精卫会面。如果不见,李士群在汪精卫面前大丢面子,就有可能恼羞成怒,翻脸扣人,死心塌地的反共。自己的安危事小,但搞到敌人“扫荡”的情报事大,不能把事情弄僵而失去继续争取、利用李士群的机会。

潘汉年也分析,汪精卫愿意和自己会面,是要向日本人显示他在政治上的能量。此时日本人正通过周佛海和重庆方面暗中联络.幻想实现“体面的和平”,即表面上结束中日战争,实则由日本继续控制中国,这一招棋若奏效,对汪精卫很是不利。汪便想借共产党以牵制日本,增加在日本人眼里的比重。同时,也可以借此加剧国共两党之间的矛盾和磨擦。至于汪精卫耍什么手段,只要自己头脑清醒,掌握好原则和分寸,那就没有什么对付不了的。

当天下午,潘汉年就由胡均鹤陪同去见汪精卫。

汪精卫说:"我认识你们的毛泽东先生,过去我是主张联共的,以后发生误会了。你们和蒋介石联合是没有什么搞头的。蒋是独裁的,我是要搞民主的。我要搞议会政治,成立民主联合政府,吸收各党派参加。也请共产党参加。"

潘汉年说:"共产党是不会来参加你的议会政治的,来的也是假的。上海的共产党是不会代表延安来参加的。但我可以把汪先生的话转达给延安,我认为延安方面不会退出重庆的参政会来南京参加你们的议会的。"

汪精卫又说:"现在是个好机会。我们合作起来可以异途同归。希望共产党不要和蒋介石搞在一起,只有同我们合作才能救中国。"

潘汉年最后对汪精卫说:"新四军的发展是肯定的,如果你将来感到同日本人合作有困难,要另找出路时,新四军不会同你过不去,会给你一个转身的机会。"

会见结束时,汪对潘说:"你回去联络一下,以后的联系仍找李士群。"

和汪精卫的会见很短促,也没有谈什么实质性的东西。但问题即在于这次会见的政治影响。

和汪精卫会见后,由李士群安排,潘汉年又会见了李的军事顾问、日本华中派遣军谋略科长都甲大佐。李士群要潘去会见都甲,主要是免去日本人对他的猜疑,因为他刚刚安排了潘汉年和汪精卫的会见。同时,李士群也希望潘能从都甲那里套出一些日本人进行"扫荡"的情况。李对潘说,这个日本人是专管津浦线和沪宁线的"清乡"的。正是出于这个考虑,潘汉年同意会见都甲。

都甲说:希望新四军不要破坏津浦线南端的交通,日本方面希望和新四军之间建立一个缓冲地带。他还说了新四军纪律很好之类的奉承话。

潘汉年对都甲说:新四军发展很快,人很多。日本方面要让新四军能够生存,否则,游击队随时可以袭击和破坏交通线的。

几天后,潘汉年仍由胡均鹤和刘毅护送,返回淮南根据地。

潘汉年这次上海、南京之行,收获不大,却有被李士群欺骗和利用的感觉。自己被敌人搞了突然袭击,半是要求半是挟持地会见了头号汉奸汪精卫。尽管潘汉年对汪精卫是虚与周旋,但会见本身毕竟不是一件小事。而且由于李士群的手段,潘汉年的身份半公开化了,这便会对共产党产生很不利的政治影响。

果然,事隔不久,国民党的特务机关就放出这样的空气:延安派李富春、华中派潘汉年到南京与日方谈判,并会见了汪精卫。

潘汉年和汪精卫的会见,成为国民党攻击诬蔑共产党的一个口实。周佛海派人去重庆和戴笠勾搭的事,早已满城风雨,中共和进步舆论也有强烈反应,纷纷抨击国民党当局。现在国民党有了一次大捞稻草的机会,岂能不好好利用一番。

中共中央对国民党的大肆张扬,自然要给予严正的驳斥。毛泽东和中共中央不相信国民党的宣传,自是情理中事,既然延安派李富春之说纯系无稽之谈,华中派潘汉年也自然是国民党的造谣。中央相信自己的干部,果有此事,岂有事先不请示、事后不报告的道理!

那么,潘汉年为何不事后及时向中央报告呢?这便是他性格上的弱点。潘汉年机敏有余,魄力不足,优柔脆弱,患得患失。他给董慧的信中,对此曾作过剖析:"大丈夫不能投机,更不能取巧,自以为是更为下贱。我熟思一切,我发现我确有特性,决非常人所能了解。我的长处不在做什么大事,而在发掘人们所不注意的东西,换言之,我有灵敏的感觉,而无泼辣之手腕;我有高人一等的辨别知识,而乏驾驭旁人之野心。因此,我只能多用我的智慧,不善运用手腕。"

他没有及时向中央报告,便是这些性格上的弱点在作怪。当时他的想法是:用电报汇报三言两语说不清楚,容易引起误会,不如等机会当面口头说明。

为什么不向华中局汇报呢?因为潘汉年对华中局书记饶漱石颇有了解。饶是个心胸狭窄、嫉贤妒能、权欲重、喜欢抓住点把柄打击别人的人。

当时饶漱石正在排挤打击新四军军长陈毅。他利用陈毅曾在某个问题上对毛泽东表示过不满,便利用1943年淮南根据地整风的机会,给陈毅加上"反毛"等罪名,拉拢和挑动一部分人向陈毅进攻。事情闹得沸沸扬扬,直到这年11月陈毅离开淮南去延安才作罢。这件事后来称做"黄花塘事件"。

潘汉年素知饶的为人,对陈毅很是同情,对饶的不正当做法表示不满,并在干部中谈论过,饶漱石得知后大为恼火,指责潘"自由主义"、"搞小广播"、"违反纪律".正在寻找机会狠整一番。在这种心术不正的领导人面前,潘汉年怎能向他汇报再给他送去打击自己的炮弹呢?

恰好,这时发生的"扬帆"事件,电令潘汉年心有余悸。扬帆原名石蕴华,毕业于北京大学,抗战前曾在南京国立戏剧专科学校任职。1943年是新四军第三师保卫部长(师长黄克诚)。延安"抢救运动"中,一个原南京戏专的学生供出经扬帆介绍加入过地下"救国会"组织。康生便给饶漱石来电,指示将扬帆逮捕审查。扬帆在"黄花塘事件"中和潘汉年一样,对饶的一套不正当手段表示不满,这下便给了饶漱石报复的机会。他立即将扬帆逮捕,带上手铐,关押审讯。扬帆回忆说:"我被捕后,饶漱石第一个亲自出场审问,奇怪的是饶的审问根本不查我的历史,劈头就说:'原来你是特务。我问你,你和陈毅那么接近,你在我与军长之间挑拨离间了些什么?快交待出来!"

地下"救国会"本是抗日爱国团体,扬帆因介绍别人加入而被关押审查,那么,和汪精卫会面这样的大事,又将如何呢?惴惴不安的潘汉年不能没有疑忌。

事实上,饶漱石并不想放过潘汉年,他给中共中央拍去电报,提出种种"怀疑",认为潘在敌占区可能"有问题",居心极其险恶,为此,毛泽东亲自批发电报给饶漱石,电文是:

饶:(一)汉年三九年自延安出去时,中社部曾要他设法争取和利用李士群在敌伪特务机关内为我方作情报工作。香港沦陷汉年到沪后,潘曾经过袁殊关系与李士群在上海会面一次,进行过争取工作。此事在事先事后潘均电告了延安中社部,而且当时上海党负责同志刘晓也知道的。以后潘由沪撤至华中时,华中局决定派遣他到南京与李第二次会面,此事你们都晓得。至于敌伪及国民党各特务机关说汉年到南京与日方谈判并见过汪精卫等等，完全是造谣诬蔑。在利用李士群的过程中，汉年也绝无可怀疑之处，相反的还得到了许多成绩。这类工作今后还要放手去做，此次汉年去延安，毛主席向他解释清楚。

（二）刘晓、汉年由沪撤退至华中时，确系利用李士群、徐汉光（即刘毅）的关系作过掩护，当刘晓到延安后即向中央讲了敌后交通工作常常利用敌伪关系，许多华中干部由彰德至集总，也是如此。

（三）国民党的中统局经常制造谣言说延安派李富春、华中派潘汉年到南京与敌伪勾结，又常造谣说汉年已被华中局扣押，极尽造谣挑拨之伎，望告情报系统的同志千万勿听信此种谣言致中敌人奸计。

中央越是辟谣，潘汉年也就越没有报告的勇气。

陈毅去延安之后，潘汉年也奉召前往延安，参加中共第七次全国代表大会。潘到延安之前，饶漱石怀疑潘有问题的电报也打到延安。

如前所说，中共中央并不相信饶漱石的告状材料，毛泽东认为那是饶不了解情况。因此，当潘汉年向毛泽东汇报工作的过程中正考虑如何解释和汪精卫会面一事而显得有些诚惶诚恐、吞吞吐吐时，毛泽东大概误认为这是受饶漱石告状的影响而引起的紧张，没等潘汉年说下去，便和言悦色地说："你的工作中央是了解的，中央是信任你的。外面的谣传我们并不相信，你也不用害怕。总之，中央对你是信任和了解的。"

这番亲切而热情的话，即使潘汉年深为感激和欣慰，也更加重了他的惶惑不安。知识分子的虚荣心、莫名其妙的侥幸心、害怕被误解的担心等种种因素的综合作用，潘汉年完全失去了对毛泽东说明实情的勇气，时间越久，勇气越小，一直拖到10年之后，结果真就引起更大的误会。

潘汉年是在怎样被动的情况下向陈毅汇报了会见汪精卫的经过的呢？直接原因是胡均鹤被捕。

前已述及，胡均鹤是汪伪特工骨干，潘汉年会见李士群和汪精卫，均由胡陪同。

1949年2月，国民党政权土崩瓦解的前夕，潘汉年正在香港，原汪伪特工人员刘毅（即当年两次护送潘汉年从上海回新四军根据地者）来找他，表示他和胡均鹤愿意起义投诚，并说他们可以策动一部分国民党军队向解放军投诚。想请潘汉年介绍他们去同长江以北的解放军联络。潘汉年答应了，并通知华东局领导人饶漱石和负责情报工作的扬帆，请他们接洽处理。

由于胡均鹤起义投诚有功，上海解放后，经中央情报部门同意，胡均鹤留在上海公安部门，协助肃反工作。同时，还有为数不少的起义投诚人员留在公安部门工作。

上海解放初期，这批起义投诚的敌特工人员在肃反中起了积极作用。胡均鹤为了表示立功赎罪，向公安部门提供了一份《已予运用及可予运用之沪地伪两统人员表》，协助公安机关清理、登记了一批自首的反革命分子，而且提供线索协助公安机关侦破一些敌特潜伏组织和地下电台。当时轰动一时的敌特谋刺陈毅案，就是在投诚的敌特工人员配合下破获的。起义的原敌特工人员厉培明，直接提供的敌特潜伏组织和地下电台就有26处之多。当时利用这些人，是党的政策允许的，也经过了中央和华东局的批准。但把一些人任用于内部要害部位，则是错误的。一批原敌特骨干担任了侦察、情报、审讯组长．胡均鹤则被委任为上海市公安局情报委员会主任和专员。但这是饶漱石批准的，扬帆（时为上海市公安局长）直接经手的，潘汉年并无直接责任，而且这些错误早在1951年就已纠正。

高岗、饶漱石事件出现后，扬帆被捕．胡均鹤也被捕。饶漱石已定性为“帝国主义和国民党反动派的代理人”。解放初期上海使用起义投诚的敌特工人员一事，便被上纲为“包庇敌特人员”的“罪行”。

1955年3月，中国共产党召开全国代表会议，其中一项内容便是关于“高岗、饶漱石反党联盟”问题。一些受过高、饶影响或者和他们有牵连的人，在会议进行中作了检讨和交待。毛泽东对此作了讲话。他说：凡是受过高、饶影响以及和他们有牵连的人，都应当主动向中央把问题讲清楚。会上没来得及讲的，或不想在会上讲的，会后可以写成材料，现在把问题讲清楚，中央一律取欢迎态度。”

参加会议期间，潘汉年心情一直不好。一方面，会议印发的材料中，饶漱石、扬帆在上海公安工作中的问题，已成为他们罪状的一部分，潘汉年做为主管公安工作的上海市领导人，就已在这个问题上和饶漱石、扬帆有牵连了。另一方面，当年陪同自己去会见汪精卫的胡均鹤已经被捕，会汪一事再不能拖延了，否则，胡交待出来，自己则更被动。

忧心忡忡的心境中，潘汉年听了毛泽东的讲话，决心向中央讲清有关问题。

但为时太晚了，再加上当时的政治气氛，悲剧便难以避免。

中共中央在为潘汉年平反昭雪、恢复名誉的文件中，明确指出：“潘汉年同志被错定为‘内奸’，最主要的原因，是在他被逮捕时的历史背景下，违反了不同质的矛盾只有用不同质的方法才能解决的原则，严重地忽视了对敌隐蔽斗争的特殊性，混淆了是非界限和敌我界限，以致做出了错误的决定。”

这是中共中央对潘汉年冤案形成原因的结论性分析。

潘汉年被假释后，董慧怀着“永远和他在一起”的决心，来到丈夫的身边，夫妻在凄凉的气氛中，团聚于北京郊区的一个农场里。

然而，好景不长，“文革”开始后，凭着陈伯达的密谕，潘汉年和董慧又重新被揪出来关进监狱，这一关又是8年，直到1975年5月，他们才同时走出监狱。紧接着，专案组又将他们送到了位于湖南省茶陵县境内的省公安厅第三劳改农场。

当时，潘汉年年已七旬，董慧也年近花甲。他们没有子女，也就没有什么后顾之忧，只要夫妻能团聚在一起，就是他们最大的快乐。潘汉年虽然面容消瘦，身体虚弱，但他还常常用手推车推着白发苍苍、下肢行动不太方便的董慧外出散步，所以有时董慧还开玩笑说：“潘汉年的劳改任务就是照顾我。”

为了维持潘汉年夫妇的生计，上面每月还是拨给了他们生活费用．生活待遇还算可以。但之后不久，潘汉年在 1967 年 10 月就已确诊的肝病又加重了，生活自理能力越来越差，董慧也因受到强烈刺激，导致间断性精神失常。

在此情况下，场部决定派出一位干部家属去帮助他们料理生活，同时也兼管上面下发的当时来说算得上是十分可观的每人每月 100 元的生活费。

尽管生活都不能自理，但潘汉年仍极力保持着温和谦恭、文质彬彬的学者风度，对人非常和善而有礼貌。然而，他的和善反而遭到一些人的非议和冷嘲，因为周围的人早已被告知他是一个"大反革命"、"大内奸"，未经许可禁止任何人和他们接近。

1976 年的一天，广播里突然传来了粉碎"四人帮"的消息。潘汉年和董慧心中顿时升起一线希望，潘汉年还挥笔赋诗一首："沉冤二十载，欣闻四害平。翘首望云天，何日见清明？"

可是，他们没等到见清明。上面派人来了解姚文元之父姚蓬子的入党情况时，潘汉年又令人啼笑皆非地与"四人帮"挂上了钩。潘汉年的病情迅速恶化。场部经请示省劳改局，被允许送茶陵县医院。潘汉年从昏迷中醒来后，要求见一见董慧。吉普车路过他们住的小屋时，董慧和潘汉年见了一面。他安慰董慧："放心吧，我会尽快回来的。"

1977 年 2 月 24 日，潘汉年的病情进一步恶化，经省委批准，于 3 月 24 日转长沙湖南医学院附属第二医院。检查后，才发现他不仅早已患了慢性支气管炎、类风湿性关节炎、贫血，还患有肝炎、消化道出血、肺部感染等症。至此，一切抢救措施都晚了。

弥留之际，潘汉年只要神智稍微清醒，口中便不由自主喃喃地唤着"阿慧，阿慧……"

在潘汉年人院的第 22 天，即 1977 年 4 月 14 日下午，有关方面将董慧接到了潘汉年的病榻旁。潘汉年的手无力地握着董慧的手不放，一小时，两小时……当晚 19 时，潘汉年那双原本非常粗壮有力的手永远也无力握住他心爱的阿慧了……

4 月 17 日，潘汉年的遗体在长沙火化。10 天后，董慧亲手将丈夫的骨灰盒埋在金盆岭西侧墓地，并亲手书写碑文："肖淑安之墓……"就这样，她送走了她的老伴。

极度的悲痛日复一日地困扰着董慧，她常常念叨着："他会复活的，他会复活的！"她还满怀深情地对旁人说："我为潘汉年改名换姓，是为了替他保密，老伴怕他的病吓坏我，而我却怕他死后没有人照顾……"

潘汉年去世了，董慧已没有必要再留在劳改农场了。她本来就不是犯人，仅仅因为她是潘汉年的妻子而人狱的。于是，农场向省公安厅打了报告。董慧没有等到研究结果，于 1979 年 4 月 24 日在农场默默地故去了。直到临死，她的枕边还放着潘汉年 1959 年在狱中写给她的诗："不知生死第五年，总活人间亦可怜。莫谓夫妻不到老，三生不止订良缘。一点灵犀岂有根，梦中底事唤卿卿。风寒人醒铁窗下，脉脉此情何处寻。”

值得欣慰的是，1982年8月23日，中共中央正式发出了《关于为潘汉年同志平反昭雪恢复名誉的通知》，向全党宣布：“把潘汉年定为‘内奸’，并将其逮捕、判刑、开除党籍，都是错误的。这是建国以来的一大错案，应予彻底纠正。为此，中央决定：一、撤销党内对潘汉年同志的原审查结论，并提请最高人民法院依法撤销原判，为潘汉年同志平反昭雪，恢复党籍，追认潘汉年同志的历史功绩，公开为他恢复名誉。二、凡因‘潘案’受牵连被错误处理的同志，应由有关机关实事求是地进行复查，被定性错了的应予平反，并将他们的政治待遇、工作安排、生活困难等善后问题，切实处理好。”并对潘汉年一生作出了很高的评价，指出：“潘汉年同志几十年的革命实践充分说明：他是一个坚定的马克思主义者，卓越的无产阶级革命战士，久经考验的优秀共产党员，在政治上对党忠诚，对党和人民的事业作出了重要贡献……”

1982年9月7日，最高人民法院发出文件，宣布撤销1963年原判，宣告潘汉年无罪。

与此同时，有关方面对董慧的冤案也重新作了审查，其结论说：“……董慧从1939年到上海解放止，在潘汉年的领导下从事党的情报工作，是有成绩的，对革命事业作出了一定贡献。董慧同志是忠于党的好党员……蒙冤20余年，应予平反昭雪，恢复名誉，消除影响……”

1983年4月15日，中共上海市委、市人民政府等单位的负责同志及潘汉年和董慧的亲友代表来到湖南，分别将潘汉年夫妇的骨灰盒取出，直送北京八宝山革命公墓。潘汉年、董慧一对患难夫妻，终于永远地相伴在一起了。

含恨终生·中途分手·死同穴

——林彪的三位夫人

（一）汪静宜

林氏宗谱上，称她为“聘妻”。
错把林彪的敷衍当真情。
“生是林家人，死是林家鬼。”
林彪的负情，令她含恨终生。

按中国的习惯，汪静宜不能称为林彪的夫人。因为她没有“正名”，即没有结婚，像正常夫妻那样同室而居，同床共枕。“名不正则言不顺”，称“夫人”颇显得不伦不类。严格地说，汪静宜只是林彪的未婚妻，即林氏宗谱上说的“聘妻”。

既然如此，为什么还把她列入林彪的夫人行呢？因为，这个未婚妻的情况特殊，大有别于一般的未婚妻子，起码在汪静宜看来，她已不折不扣是林家人了。况且。她终生不嫁，死后列入林氏宗谱，其“夫人”地位，似亦为林氏宗族承认。

汪静宜和林彪同乡，都是湖北黄冈人，还同生于1907年。

汪静宜的父亲名叫汪友成。汪家原是回龙山镇有名的大地主。田地百亩，山林数处，高墙深院，高屋数十间，雕梁画栋。据说有一年两名盗贼潜入汪家，吃住1个多月尚无人发觉，可见汪家房屋之多。

但到汪友成这一代，家境已经衰落。

汪友成只好放下“相公”的架子，做起了教书先生。他文化功底颇厚，字又写得好，颇受乡里尊敬。

林彪的父亲林明卿在回龙山镇杂货店当店员时，与汪友成结识。林明卿也有一定的文化素养，所以二人很投缘。天长日久，关系越来越密切，逢年过节，两家互相拜访。

汪友成育有3子3女；汪静宜排行第四。她的大哥汪绍铎，与林育南是好朋友，早年跟林育南一起从事革命活动，参加过“二七”大罢工，可惜过早地病逝。

汪友成见林彪与女儿汪静宜年岁相当，两家又颇门当户对，便提议两家结亲。

林明卿自然高兴。

1914年1月29日（农历正月初四），林明卿在家里办了两桌酒席，邀集林、汪两家至亲好友，为儿子举办了订婚礼。

汪静宜五官端正，肌肤较白，而且长得不高不矮、不胖不瘦。她说话低声细语,举止文雅,见过她的人都说;她虽算不上最漂亮的女人,但比林彪要胜许多。

她惟一不足的是没有文化。汪友成一生教书,因受旧礼教的影响,认为女子无才便是德,没有让汪静宜读书识字,这是老先生的一大失误。

为这事,他很后悔。他去世前,曾对人说:“我的女儿如果有文化,林彪不会这样对待她。”

林彪与汪静宜订了婚,两家大人的关系更为密切。由于他们两个还小,汪静宜一直未过门。

1922 年,林彪在堂哥林育南的帮助下,离开家乡去省城武汉读书。他到武汉后眼界扩大,对汪家这门亲事很不乐意。

据林家大湾的老人讲,1924 年冬,林彪放寒假回家期间,曾与母亲陈氏谈过要与汪静宜解除婚约。陈氏觉得儿子的想法不对,马上告诉了林明卿。

林明卿是个很重信义、感情的人,他一听说儿子要与汪家解除婚约,大发脾气,骂林彪说:“混帐东西,哪有退婚的道理!”

林家的“家法”一向很严。林彪自幼怕父亲,林明卿这一骂,林彪便不敢作声,只在肚里暗打主意。

1924 一年林彪回家过春节,父母要两人完婚,他借口“书还未读完”拒绝了。

1925 年,林明卿捎信叫林彪回家成亲,他又借故推托。

林彪考入黄埔军校后,眼界更为扩大,接受的新思想比前几年更多,对父母包办的这门亲事更不感兴趣了。

在军校,教官、同学问他订婚没有,他不是避而不谈,就是说没有订婚。

林彪远走高飞,汪家有些急了。

老先生几次托人在林明卿夫妇面前探问林彪有信回没有,耕家打算何时办大事。

林明卿明白亲家托人来问的意图,他心里想,媳妇暂时接不成,要把个硬话给人家,免得亲家老担心。他对来人说:“你带个口信给我亲家,我家育容一回来便与静宜成婚。”

林家给了肯定的答复,汪友成放心了。

1927 年,林彪随北伐军到武汉。

战斗的空余,他很思念父母。他给父亲写了一封信,告知他已到了武汉,如有时间,就请假回来一趟,回家日期,要看情况而定。

林明卿收到了这封信。

对儿子婚事特别关切的陈氏问林明卿:“育容没有说回家多长时间吗?”

林明卿说:“没有。”

陈氏说:“育容今年 20 岁了,汪家的静宜也成了大姑娘。这次回来,一定要催他把婚事办了再走。还不办,是我俩的一块心病,汪家也不好做人。”

林明卿叹了一口气说:“还不知他回不回。”

“他信上不是说要回吗?”

“部队的事情很难说,军令如山倒,一说走马上就要走。”

“那怎么办呢?”陈氏着急地问。

“急有什么用,”林明卿给陈氏宽心说,“等几天再说吧。”林明卿和陈氏想了一个催林彪回家的理由:你祖父年纪大了,身体一天不如一天,怕不久于人世,快回来看看。

林彪很快回信,春节期间回来看看。

随后,林明卿又叫长子林庆佛将林彪的信送给汪友成看,并嘱汪家做好嫁女的准备。

汪友成看了林彪的信后,认为林彪这次回来必办婚事。他这样想也没有错,因为林明卿从不在他面前说假话。

他给所有的亲戚通了气,告知女儿汪静宜马上要出嫁。他家的亲戚很看重这位老先生,都提前给汪静宜送了礼。

汪静宜也做好了出嫁的准备。

林彪终于回家了。林明卿高兴地请了许多亲戚朋友来家里欢聚。

但一提到婚事,壳就卡住。

林彪的理由也满冠冕堂皇:我已投身革命,仗还没打完,北伐任重道远,生死难卜,如果匆匆完婚,有个三长两短,岂不害了人家的终生?再说,军令如山,假期有限,期满必须归队,现在不能完婚。

不管怎么劝,林彪就是不答应。

父母只好让步,这次不完婚可以,但须到汪家拜见岳父岳母。

林彪再没有理由拒绝,只好备了些食品和衣料,去岳家拜见。

大年初二,林彪来到汪家。

汪友成问:“办婚事的日子看了没有?”

林彪料到岳父要问,心里早有准备:“汪伯,我这次只有5天假。办不成婚事,请伯父伯母谅解。”

汪友成大吃一惊:“年前,你父亲捎信来,说你要回来完婚,亲戚好友也通知了,人家礼也送了,那可怎么办呢?”

汪友成心里极为不快,过了好一会儿,才开口:“育容,我与你父亲是多年好友,看你父亲至诚忠厚,才将我家静宜说给你。我们一不图钱,二不图官,只图有个好人家。现在静宜这么大了还不出嫁,我和你伯母很不好做人。你是读书人,知书达礼,千万不要叫我们为难,也不要误了静宜的青春。”

话说到这份儿上,林彪无辞以对,只好假意应承:“汪伯,待北伐胜利,我一定回来与静宜完婚。”

本分老实的汪友成,未识破林彪这番口不对心的敷衍话。

汪静宜没有和林彪直接见面,但她偷偷看到了一身戎装的林彪,心里既高兴又紧张,她错把林彪的敷衍当真情。

林彪按期返回部队。他一去不返。

痴情的汪静宜不相信林彪负情，凄苦伴着期待，等着林彪回来，等了一天又一天，等了一年又一年。整整10年，终于得着林彪的消息。

1937年初，林彪在延安的消息传来。平型关大捷，汪静宜又知道林彪在共产党那里做了大官。

林明卿心里有愧：人家女儿30岁还未接过来，太令汪家难堪了。

他给林彪写信，告诉他马上把汪静宜送到延安，要林彪作好准备。

林彪决心抛弃汪静宜，他要赶快结婚，杜绝家里送汪静宜来延安的念头，也叫汪静宜彻底死了心。在部属们的撮合下，林彪很快与抗大女学员刘新民结为夫妻。刘新民是陕北米脂人，生得十分漂亮，有抗大“校花”之美称。

林彪照了结婚照寄往林家大湾，这时是1938年5月。

汪友成得到消息，惊得目瞪口呆，汪静宜听说了，几乎晕倒在地，一连几天，没有起床，整天以泪洗面，妹妹汪金宜为姐姐的不幸痛心，为林彪的不诚实愤怒，她日夜守在姐姐床边，给孤苦凄楚的姐姐以难得的安慰。汪金宜因为个子太矮，只有1.1米，虽早定了亲，但夫家拒娶，汪家于是出了两个老姑娘，所以，她也能比别人更理解不幸的姐姐。

40年代，汪家生活很困苦，林家一直认为是林彪负情害了人家姑娘，常送些钱米来。汪静宜拒收，她说：“吃这些粮，不如饿死。”妹妹却不以为然：“你口口声声说是林家的人，为啥不理直气壮地吃用！”

1949年5月，林彪率大军南下，驻在武汉。林家大湾的亲友们纷纷前去看望。林彪得知汪静宜还在等他时，只轻轻地一笑：“她还在等我？她为什么还要等我呢？”

到了这种地步，汪静宜为什么还要死死地等他？

她受封建礼教的束缚太深了。不断有好心人劝她不要再死等林彪了，要往前走一步。还有一些热心肠的人主动为她介绍对象，她都不理不睬。她说：“育容找了人，我不找。他给人留下话柄，我不能让人家指责。我玉碎不改洁，竹焚不改节。生是林家人，死是林家鬼。”

林明卿劝儿子：“汪家的静宜苦等你那么多年，很伤心，我们对不住人家。你不要她，可不能不管她，她一个弱女，日子很艰难，你是不是把她接出来，安排点事做。”但林彪未理会此事。

林明卿又对叶群说起此事。

叶群原名叶宜静，福建人，和陈伯达是同乡。曾就读于北京师范大学，抗日战争时期奔赴延安。1942年和林彪结婚（林彪在苏联养病期间因性格情趣悬殊太大和刘新民分手）。

这时，叶群生的两个孩子还小，（林立衡5岁，林立果4岁）正需要人照顾。汪静宜又是不识字的乡下女，林彪根本不喜欢她，不会带来麻烦。经征得林彪同意，叶群打算把汪静宜接来当保姆。

谁知派人去接时，汪静宜断然拒绝了。派去的人怕不好交差，极力劝说。汪静宜回答："我冻死迎风站，饿死不弯腰，你别劝了。"

民政部门应林明卿的要求决定给汪静宜定期补助。汪静宜说："这样的钱，我不要，它没法子补得了我心里的苦！"

不幸的女人，刚强的女人，自尊的女人，令人尊敬的女人；也因为她拘泥于旧礼教而令人惋惜的女人。

汪静宜一直留在乡下，穷困凄苦，晚年（她只活了56岁，算不得真正的晚年）成为人民公社的"五保户"。

孤苦凄楚的汪静宜，将她三哥的儿子汪培天看作自己的儿子。

汪培天回忆道：林彪未娶我的姑姑，给我姑姑造成的痛苦是很大的。她是一个正常而且是很不错的女人，却不能像其他女人一样出嫁成家，而且还常听到别人的冷言冷语，寂寞、孤独伴随她一生。

到了50年代，她已50多岁了，与她同龄的女人大多儿孙满堂，而她仍是孤单一人。她心里的苦处，可想而知。

她一生未婚配，没有子女，便将爱和希望全寄托在我身上，把我当作她的儿子。我小时候的吃饭、睡觉、穿衣基本由她料理。三年自然灾害时期，她自己没有吃的，却生怕我饿坏了。她有两口饭，也要分一口给我。

我小时长得很白，又很乖。她有空就逗我，带我看戏，看电影，还常带我到街上的商店去玩，给我买糖果、饼干、芝麻饼吃。可以说，我出生后，给她增添了不少乐趣。要不，她还活不到56岁。

对于她与林彪的婚约，因我是晚辈，她从未向我谈过。但有时，曾说："我要是不与这个没有良心的订婚就好了。我是小姐身子丫环命。"从这两句话可以看出，她对林彪未娶她很有意见，但又没有办法，是一种无可奈何的心态。

1963年秋，汪静宜病逝于黄冈县香炉山。

林家大湾保存着一本《林氏宗谱》。在林彪的名字下，写了3个妻子，第一个是汪静宜，第二个是刘新民，第三个是叶群。

只是汪静宜的名字下，多了个"聘"字，聘妻就是未婚妻。

尽管林彪拒娶汪静宜，但林氏家族已将她当林家的人看待。

（二）刘新民

"米脂婆姨绥德汉"，米脂的水土养育了她。

快速恋爱，仓促结婚。

她和他因性格、爱好差异太大而分手，只做了五年夫妻。

刘新民是陕北米脂人。陕北民谚说："米脂的婆姨绥德的汉。"是赞美米脂的姑娘美，绥德的小伙儿漂亮。刘新民就是米脂水土养育出来的靓女。她生长于小康之家，有一定的文化，受革命思想的影响，早就向往共产党。抗日战争爆发后，她和许多进步青年一样，进入延安抗日军政大学。刘新民生性好动，天真活泼，喜歌舞，爱结交，许多社会活动场面，往往都能见到她俏丽的身影，因此有"抗大校花”之称。

林彪当时是抗日军政大学校长,刚刚30岁,年轻有为,虽然个头不高,身材瘦小,但椭圆的脸型,高高的鼻梁,深不可测的双眼,显得清秀聪慧。平型关大捷后,更是名震中外,其将才令人刮目相看,自然也赢得未婚女性的青睐。林彪在战场上是杰出的将才,其战略战术非常人可比,可在“情场”上,林彪却有些”木”,甚至显得很拙。

前面提到,林彪为了杜绝家里送汪静宜来延安的念头,急于结婚成家。他那样的条件,追求者、说亲者自不乏人。

有人给林彪介绍了一名抗大女学员,见面前介绍人没跟女方讲明,只是将女孩子带到林彪处就离开了。女孩子尚不知道是怎么一回事儿,只当是林校长找她有事,静静地坐在那儿等着校长说些什么。可等了一会儿,林也没说活,两个人尴尬地坐着,林彪突然说话了,当头一句就是“我们结婚吧?”一点思想准备也没有的女学员顿时愣住了,当她明白过来确是林校长向她求爱时,“哇”的一声,哭着推门而出,边跑边嚷:“我不干! 我不干!”就跑掉了。

事后,同事开林彪的玩笑,埋怨他太直太急:“情场不比战场,哪能直来直去,猛打猛冲,也要讲点战略战术呀,结婚的话可以以后再说嘛。”可林彪有他的道理:“这话反正早晚都得说,晚说不如早说。”

又有人介绍刘新民,林彪自然很满意。这回林彪吸取了上次的教训,采取了迂回战略,不再直来直去。

最初,刘新民对和林彪恋爱不无顾虑,她说:“每次和你接触,我心里都不踏实,总觉得咱们之间差距太大,你是长征过来的老革命,水平高,我是刚进抗大的学员,水平低……”

“老革命也是人,也要吃五谷杂粮,也要生孩子。”林彪讲得很实在,“水平高低是相对的,只要努力学习,水平低也会高起来。咱俩在一起我会帮助你。”年仅18岁的刘新民很快被林彪牢牢吸引,经过快速恋爱,俩人于1937年底结婚。当然,林彪和汪静宜的那段情缘,刘新民是一无所知的。

和林彪结婚以后,刘新民化名张梅。

1938年3月2日,林彪率十几名官兵从阎锡山的晋军防区路过,当时他们穿着缴获来的日军大衣.骑着高头大马,晋军哨兵以为是日军,开枪误伤了林彪。在此之前。身经百战的林彪还从未受过伤。这一枪打得很重,打中了林彪的胸部,伤着了脊神经。它给林彪带来了很多后遗症。

阎锡山闻讯,急派医官给林彪疗伤,但医官发现弹头紧挨着脊神经,怕担风险,不敢动手术,林彪只好回到延安医治。但延安医疗条件同样很差,1938年冬,林彪在张梅陪同下前往苏联。这是林彪第一次出国,住在莫斯科近郊的库契诺。这是十月革命前的一座封建主庄园,当时是共产国际党校所在地(亦称共产国际七部),林彪在苏联住了三年多,他一边养伤,一边阅读中外军事著作,军事理论水平大有提高。

在苏联期间，林彪和张梅生了一个女儿，取名林小琳，后来林彪与张梅分手，林小琳留在了父亲身边。林小琳的继母叶群是一个心地极其狭窄的女人，她常给林小琳冷眼，林小琳从小就没有得到家庭的温暖。“文化大革命”开始时，林小琳正在哈尔滨军事工程学院读书，她参加的群众造反组织名叫“八·八战斗团”，中央文革认为那是保守派组织。

林小琳到处宣传她那派群众组织的观点，消息传到北京，引起了叶群的不安。她对秘书说：“小琳太不像话！她到处宣传保守观点。大家都知道她是首长（指林彪）的女儿，还以为是首长支持她，这都是首长自作自受。谁让他把小琳惯成这样，谁的话都不听，我这个后妈更不放在眼里。”

叶群越说越气，她要秘书以林彪的名义写一个声明：“小琳一贯反对我（指林彪）。她在外的一切言论行动并不代表我，我概不负责。从现在起，我与她脱离父女关系。”

这个《声明》大量印刷，通过国防科委的渠道传到哈尔滨，到处张贴。不出几天，“八·八战斗团”便被压垮。

但林小琳不服气，她到处宣传《林彪声明》是假的，是对立面组织捏造的。她吵嚷着要来北京找林彪、叶群。

叶群一不做，二不休，指使吴法宪派了一架飞机，以接林小琳回北京为名，把她骗到西北大沙漠中一所国防科研试验场，那里几百里人烟稀少，几乎与外界隔绝。林小琳发现上当，以大哭大闹来摆脱流放式的生活，但无济于事。

后来，林小琳找个机会回到北京，叶群又把她打发到西南地区的一个部队里，所以，林小琳实际上早已不是林彪家庭的一员了。

林彪天性好静，不抽烟，不喝酒，不社交，不跳舞，不参加任何形式的聚会，整天闷在家里。读书、默想、吃饭、睡觉、循环往复，周而复始，没有一点变化。林彪不喜欢运动，很少户外活动，库契诺猎场从未去过。如果说他还有一点爱好，那就是没完没了地踱步、转圈，研究地图。

林彪爱好和习惯过这种安静、单调和有规律的生活，还要求张梅也这样做。他认为，中国妇女的基本美德就是温柔顺从，夫唱妻随，所以要求张梅不要乱交朋友，不要乱串门，不要乱说话，不要参加各类政治活动，本本分分地呆在庄园里，陪他看书散步。张梅生性好动，个性很强，难以忍受这种禁锢和约束。与林彪呆在一起，她感到压抑、孤独，缺少人情味，没有活力，像僵尸一样。林彪越不让她出去，她就越是出去；林彪越不让她交朋友，她就越是要交朋友，还要交很多的朋友……夫妻之间，裂痕愈来愈大，关系愈来愈僵，到后来竟如同水火，一个星期难得碰面，连周末也聚不到一起。早已习惯了沉寂谧静的林彪也开始感到冷清。

两人越闹越僵，最后只好分手了事。林彪1942年回国，张梅留在苏联。

林彪和张梅关系恶化时，曾经苦苦追求过才貌双全的孙维世。

孙维世生于1921年。父亲孙炳文是周恩来的挚友，也是朱德的入党介绍人。1927年蒋介石发动反革命的“四·一二”政变，孙炳文惨遭杀害。当时孙维世只有6岁,母亲任锐历尽艰辛把她抚养成人。“七七”事变后,周恩来把她送到延安。1939年,又把她送到苏联学习。

孙维世天生丽质,明艳动人,又聪颖好学,十分讨人喜爱。当时她只有18岁,就读于莫斯科戏剧学院。

林彪和张梅的关系越来越恶化,他感到苦闷、孤独,便把目光转向孙维世。他经常邀孙维世散步、闲谈、吃饭,还参加孙维世等年轻人组织的活动。

林彪直截了当地提出要和孙维世结婚,事业心极强的孙维世一心扑在学习上,拒绝了林彪的自求。

(三)叶 群

生性风流的女子。有崇拜“大人物”的癖好。

她因妒冒用大首长名义打电报。

她是毛家湾的女主人,“接班人”的每件坏事,都有她的份儿。

“首长紧跟主席,我要紧跟江青”是她的行为准则。

她不爱他,自称“我们是政治夫妻”,她心迷“黄叶热恋时”。

她是“庐山风波”的总指挥,策划谋害毛泽东的元凶。

她和他葬身异国,达到了生前预言:“死同穴。”

叶群原名叶宜静,福建闽侯人,生于1917年,比林彪小10岁。她的父亲叶君琦曾任国民党少将,叶群是叶君琦和他第三房爱妾所生。30年代中期,叶群随父亲来到北平,就读于北平师大附中的初中部。

受“一二·九”抗日救亡运动影响,叶群加入了“民先(民族解放先锋队)”。后转入天津师院附中。芦沟桥事变后,她加人中国共产党,从天津流亡到南京,曾在国民党的电台里当过播音员。1939年辗转流徙来到延安,在中央组织部训练班学习。1943年人中央党校二部学习。

少女叶群算不得上乘女子,但也楚楚动人。她的身高只有一米五四,但身段十分苗条,不像中年以后形如水桶,属于娇小型女性。她有一双会说话的眼睛,更有一张巧嘴巴,说起话来优美而动听。她的脑瓜子反映特别快,是个善解人意的“人精”,《红楼梦》里的王熙凤“少说也有一万个心眼”,叶群并不次于她。

和江青一样,叶群是一个生性风流的女子。当她还是一个初中生时,就开始谈恋爱。在南京时,曾和一个国民党的CC特务教官眉来眼去,用薛明的话说,“关系暧昧”。到延安后,她又爱上了一个山东青年,两人曾山盟海誓要结婚。后来那男子被派到山东后,背弃了诺言。叶群一直想他又怨他。1970年夏,叶群在北戴河曾填了一首《望江南》词,倾诉自己的一腔幽怨。词中的“红绳难系负心人”,“揉碎苦心君负我,因循隐忍我怜君”,写的就是她当时的心情。叶群还对人说:“我记得夜晚相会时,他常常拖着我趟过延河。词中有‘延河水,水涨洗苔痕。云拥月深波影乱’,就是当年的写实。”

贺龙的妻子薛明曾与叶群一起从天津流亡到南京,又和她一起到达延安,对和林彪结婚前的叶群比较了解。

在南京，按照党组织的决定，叶群和一批流亡青年加入国民党组织的青年战地服务训练班，以此为掩护，开展救亡活动。任性的叶群不顾党组织的决定，擅自离开训练班，通过舅舅的关系，进了国民党中央广播电台当了一名播音员，虚荣心极强的叶群对这一职位非常满意。地下党支部批评了她，她才不情愿地离开广播电台。

在训练班，叶群不仅和国民党的教官关系密切，而且参加国民党组织的讲演比赛，她自选题目，内容是"振兴中华，只能一个政党，一个领袖，一个主义。"(一个政党即国民党，一个领袖即蒋介石，一个主义即三民主义。)这本来是国民党顽固派借国共合作抗日之机为了限制、消灭共产党的谬论，作为共产党员的叶群居然在大庭广众之中大讲特讲，而且以讲演比赛获奖为荣，不能不令训练班中的共产党员不安了。

薛明批评叶群，叶群不服："党组织叫我参加训练班，而训练班就是这么讲的。"

薛明反驳道："共产党是叫你拿了他的钱还得造他的反！你可倒好，拿了他的钱就替他宣传开了。"

薛明把叶群的表现向党支部汇报，得到的指示是：注意叶群，关心她，帮助她，引她走上正确道路。

随着战线的后移，训练班转移到南昌，按党组织的指示，叶群和薛明去找新四军驻南昌办事处，见到办事处负责人贺怡和陈少敏。叶群和薛明表示不想在训练班呆下去，那里的反共气味很浓，愿意到进步的抗日团体中去工作。

于是，她们来到江西省妇女生活改进会，这是雷洁琼领导的抗日进步团体，任务是发动妇女起来参加抗日战争，为战胜日寇作贡献。团体里有国民党员、共产党员和中间状态的妇女，党组织指示她们要和一切愿意抗日的人士合作，坚持团结抗战。叶群和薛明被分配到距南昌 60 公里的丰城县开展工作，她们热情很高，整日讲演宣传，十几天下来，皮肤晒黑了，嗓子喊哑了。

在南昌，叶群听过蒋经国、熊式辉的讲演，对他们很表崇拜，在丰城，她和国民党县长李林的关系也颇密切。

实事求是地说，刚刚 18 岁的叶群，凭着一股热情加入中国共产党，还不曾有多少坚定的政治信仰，她的那些应该批评的行为，说明了她不成熟的一面。刚刚涉世的幼稚青年，也容易迷信和崇拜"大人物"。但她毕竟没有脱离共产党的队伍，她的工作热情很高，特别是她感兴趣的事务。抗日战争初期，国共合作刚刚建立，两党关系尚好。共产党的力量太小，因此不少人(也包括一些共产党员)把抗战的希望寄托于国民党，甚至受了"一个政党、一个领袖、一个主义"调门儿的影响，也不足为怪，共产党中央在《为公布国共合作宣言》中也说，"三民主义为今日中国所必须，席党愿为其彻底实现而奋斗。"为了团结抗日，中华苏维埃共和国取消了，陕甘宁边区成为中华民国的一个特别行政区，形式上隶属于国民政府，红军改编为国民革命军，表面上受国民政府军事委员会的统辖。延安还喊出了“拥护蒋委员长领导抗战”的口号。

考虑到这样的背景，对叶群当时不成熟的表现，似乎不必大加指责。中国女子大学成立，她到这所新型的红色大学工作，任政治处干部科副科长。

叶群和林彪相识于1942年。这年2月，林彪从苏联回国。林彪的大名，叶群早有耳闻，她知道她是毛泽东的爱将，用兵如神，令国民党将军们胆寒，红军时期，就获得“常胜将军”的美名，而且知道，在红军高级将领中，年纪是最轻的，27岁就担任军团长。平型关大捷，更是威震中外，名满中华，蒋介石都发来了嘉奖电。她还听说，林彪的军事才能得到斯大林的欣赏，想用三个师换林彪，叫他留在苏联，指挥卫国战争……有崇拜“大人物”癖的叶群，自然也把林彪列入她崇拜的名单中。

很巧，1942年春天，林彪突然出现在叶群面前。那时叶群在马列学院工作。她正在校部翻阅杂志，突然来了一位30多岁的首长，自报家门地问：“我是林彪。柯庆施到哪里去了？”

叶群一怔，心目中崇敬的英雄突然活生生地出现在面前，惊喜、兴奋、仰慕、夹杂着几分羞涩，迅即涌上她那白皙的脸。林彪也为眼前娇小玲珑楚楚动人的妙龄女郎所动心。俩人一见钟情。

叶群此时已25岁了，和男性交往的经验颇丰，他从林彪的眼神中看出他对自己的感情。她在求爱方面是勇敢的；她主动去追林彪，此时和张梅分手，又遭孙维世拒绝的林彪也正需要女性的温存。俩人很快进入甜蜜的恋爱境界，虚荣心极强的叶群还把林彪的求爱信展示给女伴：“我不在乎，你们看吧，这是林彪给我写的情书。”叶群此举是为抬高自己，看见女友们羡慕的神情，心中充满了欢畅和甜蜜的惬意。

当时的延安，爱侣从相爱到结婚，间隔期一般都很短，但林彪和叶群结婚，却是在一年多以后。因为从1942年9月起林彪奉中央和毛泽东的派遣，去执行一项特殊的使命：到重庆去和蒋介石会谈，直到1943年7月才回延安。这次会谈虽没有任何成果，但蒋介石压中共让步的企图也没有达到。

林彪和叶群分别10个月之久，互相思念之情更深。久别重逢，俩人都分外激动。

这年秋天，林彪和叶群结婚了，毛泽东、朱德、许多重要领导人都出席了他们的婚礼。婚后不久.叶群怀孕，第二年，生下他的女儿：林豆豆。

审干运动兴起，薛明抱着对党负责的态度，提出对叶群的怀疑：她是哪年入党的？履行入党手续了吗？介绍人是谁？在训练班时，为什么和国民党教官关系暧昧？在江西丰城县和国民党县长又是什么关系？

既然是一起工作多年的朋友，薛明决定找叶群当面谈谈，她把叶群请到延安南门外自己住的窑洞里，拉着她的手说：“刚到延安时，我们一起填表，我填了三五年参加革命，三六年入党，介绍人任树荣，你也填了三六年入党，介绍人是谁？三六年你是在北平还是在天津?

刚说到此,叶群就变脸了。"反正我是三六年入党,这要由组织上审查,用不着跟你说!"

两人谈崩了,而且吵起来。薛明把那些疑点写成书面材料,交到中央组织部。

贺龙从前线赶回来,批评薛明:"你搞的什么名堂?都是鸡毛蒜皮的琐事。"

林彪从前线赶回来,把马鞭子摔在桌子上,骂道:"老子在前线流血打仗,你们在后方搞我老婆。"

林彪的发怒起了作用,对叶群的审查不了了之,组织部门为她做出"政治历史清白"的结论。

现在的年轻人对薛明的举动可能不以为然,以为是小题大作。但在当年那种大规模的急风暴雨式的阶级斗争中,这些疑问就绝不是小事,任何一个疑问都有足够的严重性。那时的斗争尖锐、复杂、剧烈,敌中有我,我中有敌,稍有疏忽就要付出大量的鲜血和生命。出一个叛徒或混进一个敌人,很可能会葬送一个地区甚至一省数省的党组织,很可能使一支部队一个战略区蒙受惨重牺牲甚至是毁灭。所以,那时人们的警惕性不能不格外地高,审干不能不格外严格。

从现有资料分析,叶群不算是"假党员",那特定历史时期,没有正式履行入党手续的共产党员不在少数,就连罗瑞卿大将这样的高级将领,党和军队的领导人.也没有正式介绍入党。在参加革命后,大家认为他是共产党员,他也以共产党员自认,毕竟,那时参加共产党不含有任何物质利益,联袂而来的只能是斗争、流血和牺牲。没有革命的愿望是不会"自找倒霉"去冒险去讨苦吃。共产党里未必都是好人,好人也未必都是共产党员。共产党追认过许多优秀分子为党员,也开除了大量坏分子。叶群曾是共产党员并无损于我们党,若因为她后来成为反革命集团的主犯。便不承认她曾经是共产党员,那又何必要将其永远开除出党?既然开除,说明她曾经是这个组织中的一员。有些文章一再想证明她不是共产党员,实在是画蛇添足没有任何意义的说法,读后只能叫旁观者反感。

但是,薛明和叶群从此结下怨仇。20多年后的"文化大革命"中,林彪、叶群那么狠毒,把贺龙置于死地,这个怨仇无疑起了大作用。叶群是个睚眦必报的心胸偏狭者。1971年林彪和叶群叛逃前,烧毁的材料中,就有一份是当年薛明在延安给中组部的揭发信。这封信没烧完,残留下一部分。从中可以看出,叶群对薛明的怨毒有多深!

1945年8月15日,日本宣布无条件投降。国共两党的对立和斗争,立刻成为国内外注目的焦点。

中共中央决定林彪到山东解放区工作,以接替因病需要到延安治疗的罗荣桓。

林彪先于8月20日借驻延安美军观察组的飞机把叶群和刚一岁的女儿豆豆送往太行山八路军总部,随后也搭乘一架美国运输机离开延安。同机离开的还有邓小平、刘伯承、陈毅、陈赓等,他们是奉中央命令分赴各解放区迎接新的战斗的。

8月下旬,林彪和叶群在太行山八路军总部住了一周后,向山东进发。9月19日,林彪一行到达濮阳,突然接到十万火急的电令,要他改道向东北前进。当时中共中央的设想是:“独霸东北”,背靠苏联,和国民党争天下,需要派得力人物去东北。

1945年10月,林彪和叶群抵达沈阳。林彪任东北人民自治军(1946年又改称东北民主联军)司令员,率10万大军和2万干部,大力经营东北。出于当时苏联和国民党政府外交关系的考虑,东北我军不便用八路军的名义。

1946年5月,东北民主联军总部设在哈尔滨,叶群是总部的一名干部,林彪和政委罗荣桓各住一套相当高级的俄式洋楼里。林彪的住处曾是出兵东北的苏军元帅马利诺夫斯基的官邸,罗荣桓认为住这样高级的房子不符合艰苦奋斗的作风,便搬出和谭政同住一宅。当时林彪正在前线,叶群见罗荣桓搬出,也十分不情愿地搬出俄式洋楼。不久,罗荣桓的夫人林月琴利用叶群腾出的洋楼办了干部子弟学校,叶群便向林彪告状,说林月琴变相逼她搬家,林彪不问情由,便对罗荣桓不满。

1946年9月,孙维世从苏联经哈尔滨回国,前去看望林彪,结果在叶群和林彪之间掀起轩然大波。

林彪见到孙维世,极为热情,当即让家人安排晚宴。宴会榜其丰盛,用东北特有的珍禽异兽烹制的美味佳肴,摆满了一桌子

通过几句交谈,当林彪得知孙维世至今还没有结婚,仍是单身一人后,一种不可名状的异样情绪,顿时涌上他的心头。他看看孙维世,刚刚25岁的年华,是那样的谈吐潇洒,风度翩翩,美丽动人,而对比自己的妻子叶群,虽说也还不到30岁,但哪一方面都不能同孙维世相比。回想在莫斯科和孙维世相处的日子,林彪手托着筷子,冷眼对比桌前这两个女人,越看越懊悔,越想越没有食欲,最后他放下筷子,坐在那里暗生闷气。

叶群不知其中的奥妙。她见林彪情绪不佳,不想吃饭,还以为他是哪儿不舒服,于是随手夹了块鹿肉放到林彪的碗里。她知道这是林彪最爱吃的,满以为林彪会很高兴,但谁知林彪索性把筷子一推,沉着脸说:“我又不是没长手,吃你的吧,我饱了!”

这一举动,不仅使叶群感到难堪,对林彪来讲也是反常。结婚之后,他还从未这样当着别人让叶群下不来台,也从未这样大发雷霆,可这次,直到孙维世告辞之后,林彪仍然唉声叹气,拍桌打凳,发着邪火……

事后几天林彪还是吃不好,睡不安,叶群为此很着急,可又害怕林彪,不敢言声。后来,她才拐弯抹角地打探到,原来林彪在苏联时曾热烈地追求过孙维世……这时,孙维世完全是无辜的,她在苏联本来就没有答应林彪,而且委婉地拒绝了,可林彪临回国时,一厢情愿,信誓旦旦,表示要等待孙维世,但他一回国就同叶群结婚,并一气生了两个孩子。这次,孙维世对林彪也仅仅是出于友谊,礼节性的拜访。林彪的懊恼本来都是缘起于他自身,但叶群却莫名其妙地一古脑都迁怒到

孙维世身上。

孙维世在哈尔滨逗留的那些天,叶群寝食不安,只要谁一谈及孙维世,她立刻绷紧了那根敏感的神经。东北民主联军政治部宣传部长萧向荣曾想留孙维世在东北工作,叶群得知,更是惶惶不可终日。过了几天,孙维世和林伯渠的女儿林莉离开哈尔滨后,叶群立即盗用李立三的名义,给孙维世拍发了一份电报,电令孙维世不得再返回哈尔滨。此事,不仅孙维世如坠五里雾中,就连李立三夫妇也被蒙在鼓里。

不久,林莉又返回哈尔滨时,仍住在李立三家里,李立三夫妇一见林莉单独归来,便询问:“孙维世怎么没有跟你一起回来?”

“怪了,我还要问你们呢。”林莉余怒未消地反问他们:“不是你们打电报不许孙维世再返回哈尔滨吗?”

李立三十分惊奇,指着夫人李莎说:“你问问她,我什么时候打过这样的电报?再说,我怎么可能打这样的电报呢?”

林莉转向李莎,只见这位善良的苏联籍夫人耸耸肩,摊开了双手,频频地摇头,满脸疑虑。

后来,他们寻踪觅迹地仔细分析和了解,才知道这是叶群因吃醋而干的丑事。为此,叶群受到罗荣桓的严厉批评。叶群醋劲之大,真可称作醋海波澜了。自那以后,她不仅不许孩子们在家中提到孙维世的名字,后来连孙维世导演的话剧都不许观看,再到后来,甚至不许在家中谈论话剧,她惟恐因此而勾起林彪对孙维世的怀念。

孙维世后来与著名的话剧演员金山结婚。“文革”中,江青、叶群沆瀣一气,给孙维世罗织了“苏联特务”的罪名,由江青批准逮捕入狱。孙维世在牢房里经过了7个月惨无人道的精神与肉体摧残,于1968年10月悲愤地死去,年仅47岁。直到死时,她的手铐都没有取下来。据同狱人讲.她的尸体遍体鳞伤,让人目不忍睹,死后被焚尸灭迹。一解放战争时期,林彪统帅东北野战军,从白山黑水一直打到海角天涯,叶群带着几个孩子(包括刘新民所生的林小琳)跟着林彪,过松花江,渡辽河,入北平,达武汉,直到进入广州。海南岛解放以后,林彪调中央军委工作,叶群又跟着来到北京。从此林彪一家在北京定居下来,先后住在南草场、景山东街、翠花湾等地。后来,高岗将东北人民政府驻京办事处的房子送给林彪当官邸,这便是人们熟知的位于西皇城根的毛家湾。林彪从此再未搬家,一直住到“九·一三”事件发生。但林彪和叶群并不长住北京,每年都有几个月住在外地,“文化大革命”开始的那几年,每到炎夏,林彪和叶群常带着秘书等工作人员住进人民大会堂的浙江厅,那里空间大,顶厚壁宽,凉爽宜人。当然,在北戴河、苏州、上海、广州等地,也有林彪的专有别墅。

在广州时,叶群曾经挂名当了一名局长,也曾一度离开军界。1959年庐山会议后,林彪代替彭德怀当了国防部长,她又回到军界,当了林彪办公室的主任。这个职务,她一直干到葬身温都尔汗。

50年代中期军队改供给制为薪金制，干部需要定级，叶群开始被定为17级，有些偏低，叶群不满意。此时叶群还在军界，定级的事归总政治部主任兼总干部部长罗荣桓管，罗荣桓感到叶群是抗战前夕参加革命的老干部，17级是低了些，经过协调，给她提高到15级。可是叶群还不满意，她鼓动林彪出面去给她找级别。

从不串门的林彪破天荒地来到东交民巷8号院"拜访"罗荣桓。他拿出一张干部定级表，直截了当地提出要求：给叶群定7级！

叶群在延安时是科级干部，和林彪结婚后没干多少工作，主要是照顾林彪的生活。定7级简直不可思议，但为了不把关系闹僵，罗荣桓也作了妥协。他亲笔写下定级意见：正团职，13级。然后连解释带做工作："这个级别既便于叶群同志看文件，开展工作，也不会受到下面的过多议论，造成不良影响……"软中带硬，合情合理，13级以上算高干，林彪虽不满意，也不好再说什么。

1955年实行军衔制，给叶群定的是上校，叶群又不满意，要求定大校（正师级），这次没有得到满足，叶群很恼火，所以她几乎没穿过上校军服。

待到"文化大革命"兴起，林彪成了毛泽东"可靠"的接班人和"亲密"战友，叶群的职位便坐了火箭：先是担任全军"文化革命小组"组员，继而又跃升副组长，不久又成为林彪把持的中央军委办事组成员、中央碰头会成员，直到中共第九次全国代表大会，她被"选"为政治局委员，进入中央领导核心圈。至此，她的虚荣心和权势欲，得到了极大满足。

建国以后，林彪和叶群之间的夫妻生活，对叶群来说，是极不满意的。林彪由于1938年受伤，留下终身后遗症。身体不好，经常地病病歪歪。到北京定居于毛家湾后，林彪和叶群各住各的卧室。

林彪性情孤僻，沉默寡言，几乎从不和人闲聊，超脱、高傲、冷漠而极少发脾气，喜怒不形于色。他讨厌叶群的自作主张和讲话口罗嗦，要工作人员写了一个条幅挂在叶群卧室："做事莫越权，说话莫口罗嗦。"

叶群爱活动，爱热闹，不甘寂寞，性格与林彪完全相反。林彪虽然讨厌她的唠唠叨叨，对她假借林彪之名在外面搞一些名堂不满意，但自己身体不好，许多事情需要叶群出面。尤其在"文革"中，很需要从她那里了解到钓鱼台（中央文革驻地）的动向、信息。林彪因年龄较大又体弱多病，夫妻生活有亏于叶群，多少又有负疚感，曾当众写了"发不同青心同热，生不同衾死同穴"，以"书赠爱妻叶群"的条幅。

叶群和林彪在生活上矛盾很深。1961年11月，叶群在家乡写了一篇不短的日记，通篇以最刻毒的语言咒骂林彪，说他"毁了她的青春"，跟着林彪"如同伴着僵尸"，又说林彪是一个"专门仇恨人，轻视（友情、子女、父兄一无意趣）人，把人想得最坏最无情，终日计算利害，专好推过于人们，勾心斗角互相倾轧的人。"（编者注：原文如此，文字不通处不加改动，以存其原貌）

但是，她必须靠着林彪，依靠林彪的地位，她才能作威作福，去填她永远填不满的私欲。她在"文革"前虽然只是个林办主任，但林彪的意见、指示、批示要由她把关，下面求见林彪请示问题，必须得她允许。因此实际上她权力极大。有时她还能向林彪提出"更好"的建议，所以林彪也乐于叫她控制整个毛家湾。

看叶群的卧室，就能了解她的部分精神世界。房间布置得富丽、庸俗、杂乱，活像个暴发户的姨太太家：豪华的家具，五花八门的小摆设，各式各样的字画，把本不算小的房间挤得满满的，林彪手书的条幅"天马行空，独往独来"，挂在显眼处。屏风上则挂着陈伯达手书"克己"二字。门上贴着白纸，上面写着她自选的三条"座右铭"："山穷水尽疑无路，柳暗花明又一村"，"充其量坏不到那去"，"少吃多餐"。当然林彪警告她的话"做事莫越权，说话莫罗嗦"她也挂在床头。

贪婪、虚伪、报复心强，权迷心窍，自以为是，酷爱背后捣鬼，以别人的痛苦为乐趣，叶群是个无聊、空虚又阴毒的女人。

林彪的最后下场，固然主要是咎由自取，但这样一位"内助"，也给他帮了不少倒忙。

建国以后的10年间，林彪小病大养，很少在公开场合露面。叶群也随着林彪处于蛰伏状态。庐山会议打掉彭德怀，树起已"发了转业费"的林彪、叶群这两只蛰虫便感到了春的气息。他们蠢蠢欲动了。

林彪的第一个亮相，就是大讲"顶峰论"，大讲"活学活用毛主席著作。"

1959年9月，批判彭德怀、黄克诚的军委扩大会议上，林彪讲话："我们学习马列主义怎么学呢？我向同志们提议，主要学习毛泽东同志的著作，这是学习马列主义的捷径，是一本万利的事情。"于是，"带着问题学"、"急用先学"、"活学活用"、"立竿见影"等极富林彪个性的"二十九字真言"便广泛传播于全党全军全国人民中。

过了一年，他又抛出"顶峰论"："现在的马列主义就是我们毛主席的思想。它今天在世界上站在最高峰，站在时代的顶峰。"

元帅出马了，夫人便紧密配合。于是，她精心培育了一个："活学活用毛主席著作"的典型——顾阿桃。

顾阿桃50多岁，是江苏省常熟县太仓公社洪泾大队的一位极普通的女社员，善良朴素，出身很苦，一字不识。在林彪吹起的"活学活用"之中，她依靠画图代意，学了几篇毛泽东著作。叶群带着几个人在太仓搞"四清"，为了捞取政治资本，叶群派人帮助顾阿桃总结"经验"，经过节节拔高，一吹再吹，顾阿桃和洪泾大队都成了叶群亲自培养的"活学活用毛主席著作"的先进典型，经过报纸的宣传，顾阿桃出了名。

"文化大革命"中，叶群为了让这个"典型"按照她的政治需要发挥作用，便指使吴法宪派空军司令部的秘书何汝珍（和叶群同在太仓搞过"四清"）常去太仓活动，按照毛家湾的需要、指挥顾阿桃和当地群众表态拥护什么，反对什么。顾阿桃表态支持张春桥、姚文元、王洪文在上海掀起的"一月风暴"，反对当地支左的六十军和许世友的南京军区，都是奉了叶群的旨意。

“活学活用毛主席著作”是和推行个人崇拜紧紧连在一起的。在这方面，林彪的“创造”不少。从1961年5月起，他指示《解放军报》每天都要在报头上刊登一条“毛主席语录”，三年过去了，总政治部按林彪的意图，将刊出的语录汇总，编辑出版《毛主席语录》。叶群就乘机鼓动林彪在《语录》的扉页上题词，以显示对毛泽东的“忠诚”。

一天，叶群看林彪练字兴头很高，提醒秘书：“不是有几个要题词的吗？今天首长精神好．你们赶快汇报。”要题什么，叶群早向秘书作了交待。于是一位秘书提出：“《毛主席语录》要出版了，请首长题个词。”

“题什么好呢?”林彪问。

“就题你讲过的：读毛主席的书，听毛主席的话，照毛主席的指示办事，做毛主席的好战士。”

于是，林彪歪歪斜斜的墨迹，就出现在每一本《毛主席语录》的扉页上。

1964年。毛泽东提出“突出政治”，林彪紧紧跟随，发明了“四个第一”：“人的因素第一，政治工作第一，思想工作第一，活的思想第一。”把空头政治推向了顶点。

毛泽东为“四个第一”叫好：“四个第一好。我们从前也未想到四个第一，这是个创造。”

但贺龙、罗瑞卿在1964年热心于全军大比武。

这下林彪找到了整人的借口。他说：“贺龙搞大比武，大练武，罗瑞卿最积极。全国大比武十多次，贺龙参加八次，罗瑞卿恨不得一次不落。他们就是不相信突出政治，就是要另搞一套。”

叶群立刻附和：“贺龙几次提练为战，不是练为看，我看问题就在这里。”叶群念念不忘延安时的旧怨，借机整倒贺龙，薛明也就跟着倒霉了。

林彪沉默片刻，不动声色地崩出几个字：“结论要在调查研究之后。”

于是，叶群带领一个工作组，“深入”广州军区“调查研究”去了。一个月后，《调查报告》炮制出来，罪名有二十几条：重军事技术，轻政治思想；追求锦标，弄虚作假；歪风邪气，庸俗下流；移苗并丘，拼凑尖子；简单粗暴，影响团结；军事压倒一切。挤掉了政治思想；练为看。花架子；四个第一受冲击．败坏了部队作风；木头兵，木头官，整天忙于扣眼，扣米，扣一二三，扣一条线……

不愧夫唱妇随，连语言风格都是林彪的。

这里需要解释一下，扣眼指打靶。扣米指投弹，扣一二三指单双械，扣线指队列。

有了叶群的调查研究，林彪便有了结论：“罗瑞卿这个人不好，总参叫他搞（庐山会议后，林彪亲自提名罗瑞卿代替黄克诚，任总参谋长），他搞到贺龙那里去了。”

放出了要整人的信号。

整人得有打手。这不难找，被对手批评过的，恨对手的，可以为我所用。还有视为嫡系的下属,也可以成为打手。

空军司令员吴法宪是一个。空军连连出现政治事故:一个驾驶员投台湾去了,还发生矛盾激化,开枪伤人的事……主持军委工作的贺龙(彭德怀罢官后,毛任命林彪为军委第一副主席,贺龙为第二副主席。林彪常请病假,毛说:林在林主持,林不在贺主持。)叫吴法宪去汇报。吴法宪一见贺龙的影子,就放声大哭。贺龙见他那熊样子,顿时来火,猛批道:"哭什么?你个没出息的笨蛋!等你哭完了再汇报。我真该打你的屁股!"

吴法宪向林彪那里寻求保护。叶群在太仓搞"四清",吴法宪亲自赶去献殷勤,叶群说:"你要顶住,不要害怕,贺龙实际上是冲着首长的。他说要打你的屁股,他这是打了林彪的屁股。"

海军领导班子闹矛盾,强调兵种特殊不贯彻执行军委指示,政治委员李作鹏心术不正,把海军领导机关闹得乌烟瘴气。贺龙批评李作鹏:"海军的问题,主要是对军委指示没有认真贯彻。总是强调海军特殊。你们有特点,其他兵种就没有特点?不能借口特殊就不认真执行上级指示!领导班子不团结,没有形成集体领导。有人说老虎屁股摸不得,一摸就跳,一摸就叫,女人屁股摸不得,老虎屁股我是主张摸的!"贺龙的批评颇有自己的特色。

当夜,叶群就给李作鹏打电话:"彪就是虎,老虎就是林彪!他这是冲首长来的,摸林彪的屁股,你们要顶住!"

叶群此时甚为活跃,她派亲信了解贺龙抓各军兵种和各大军区领导班子建设的情况,收集空军、海军、装甲兵、政治学院等单位"状告"贺龙的材料,还注意那些干部"日子不好过"的情况。她把搜集来的东西一古脑都向林彪报告,结论是:贺龙到处伸手。

林彪听完,默然良久,咬牙挤出四句话:"大将点火,元帅升帐,残酷斗争,无情打击!"

隔了一会,林彪又说:"大将、元帅不能一勺烩。"意思是先稳住贺龙,拿罗瑞卿开刀。

罗瑞卿对"顶峰论"公开提出批评:"把革命导师的理论说成'顶峰',这本身就是违背毛泽东思想,""'最高最活'难道还有'次高次活'?毛主席知道了也不会同意。"

军委开会,很多人对叶群给"大比武"罗织二十几条罪状的四份"调查报告"极不满意。叶群对林彪说:"那么多人敢闹事,反对四份调查报告,罗瑞卿是搞了动作的。"她还进一步煽动说:"罗长子(罗瑞卿个子高)接近主席机会多,能直接递话,总是越过你找主席,所以有很大迷惑性,军委的人都以为他讲话代表主席的意思,所以敢合起来闹,敢顶你。"

罗瑞卿从外地回到北京,林彪叫他来汇报。罗瑞卿正主持会议,回话说:"开完会就来。"林彪认为这是轻慢他,在白报纸上愤怒地写下几行力透纸背的话:

大捧别人,大跟别人,回京后根本不来见面。让他做绝——当作又一彭黄也。

从此决心整掉罗瑞卿。但罗瑞卿很得毛泽东信任，要先拿一个比罗瑞卿级别低的人开刀，由此挂上罗瑞卿，不怕毛泽东不舍出他曾经极为信任的总参谋长。

军委办公厅主任萧向荣未经过林彪，列出30本马列著作书目，要军以上干部学习。林彪说"要把老三篇（指毛泽东写的《愚公移山》、《为人民服务》和《纪念白求恩》）当做座右铭来学。"又说"老三篇最容易读。"萧向荣则把"老三篇"喻为"白开水"。

于是萧向荣被扣上"反对学习毛主席著作"、"反对毛主席"的大帽子，受到批判斗争。而且深挖后台。结论是：萧向荣的后台是罗瑞卿！

毛泽东正在策划一场"史无前例"的"政治大革命"，矛头主要是刘少奇、邓小平的"资产阶级司令部"，他需要借助林彪，况且他也不能容忍对他的"突出政治"提出挑战。

1965年12月2日，毛泽东为整罗瑞卿开了绿灯。他批示：

"那些不相信突出政治，对于突出政治表示阳奉阴违，而自己又另外散布一套折中主义（即机会主义）的人们，大家应当有所警惕。"

1965年12月8日，对罗瑞卿突然袭击的会议在上海举行。会议前，林彪派叶群向住在杭州的毛泽东去告罗瑞卿的状，得到毛泽东的同意。

这次不正常的会议极为神秘，只有毛泽东、林彪、叶群等少数人知道会议的内容。连刘少奇事前都不知道，他向贺龙打听，贺龙回答："奇怪！你都不知道，我怎么会知道？"贺龙以为是关于东南沿海军事方面的会，接到通知后，吩咐参谋带上军用地图和敌情资料。

会议头3天对罗瑞卿进行"缺席批判"，叶群唱主角，她滔滔不绝地讲了10个小时：

"我过去对罗瑞卿是毕恭毕敬的，没想到罗瑞卿同林彪同志的关系搞得这样紧张，以后我发现了一些问题，又不敢轻率上报……

"罗瑞卿掌握了军队大权，又掌握过公安大权①，一旦出事，损失太大。他的个人主义已经发展到野心家的地步，除非林彪同志把国防部长让给他当，他当了国防部长又会要求更高的地位，这是无底洞……

"一九六四年后，罗瑞卿就逼林彪同志让位。国庆节后，罗到家中来见林彪·大声说："病号，不能干扰，让贤，让贤！"出门后又声色俱厉地大喊："不要挡路！"林彪同志气得昏迷过去。我们家里的人从走廊上路过，听到罗讲的这些话。

"下面我再揭发一个问题：刘亚楼病重时，我去看他。他对我说，一九六三年以来，我几次和你谈四条意见，是罗总长交待让我谈的，一直找不到机会，现在我抓紧跟你说说吧。一、林彪早晚要出政治舞台的，不出也要出，现在不出，将来也要出政治舞台；二，你要好好保护林总的身体；三，林彪不要再管军队的事情了，由罗总长去管好了；四，一切由罗去管，要放手叫他去管……"

① 当时罗瑞卿为总参谋长兼中央军委秘书长，这以前，长期担任公安部长。

整个会场都震惊了。共产党内伸手要官者不乏其人,但这样公开叫着要取而代之的却闻所未闻。且不说对炙手可热的林彪,就是对任何领导都不会出此下策,做出这等愚蠢的举动,何况精明强干的罗瑞卿?

1962年以后,林彪生病,毛泽东任用贺龙主持中央军委工作,在那种形势下,刘亚楼提出四条不足为怪。但这里的要害是"罗总长交代让我谈的",这性质就全变了。

"同志们看看,"叶群骤然提高声音,作激愤状:"这是刘亚楼夫人翟云英同志签了字的一份记录,刘亚楼谈话时林立衡也一起去了。主席就是听了林彪同志和我汇报的这个情况后决定由总理主持召开这次会议。你们看看这四条,这件事不是充分说明罗瑞卿向党伸手和夺取军队的野心吗?"

十几年后,中共恢复了实事求是的思想路线,通过调查,所谓四条完全是叶群、吴法宪搞的鬼.她指使吴法宪出面,连哄带骗并加以威胁,逼翟云英在事先伪造好的"四条"上签了字。但在1965年的政治气候中,这份伪证足以使与会者信以为真而表示"极大的义愤"!

1966年3月,解决罗瑞卿问题的会议在北京继续举行,罗瑞卿被定性为"反党反毛主席"。宁折不弯的大将不能容忍如此无中生有的诬陷,他愤怒地提出见毛泽东、林彪,又被无情地拒绝。他决心以死相争,从三楼跳了下去……

1966年5月,中共中央政治局扩大会议通过《五·一六通知》,全国大动乱开始,"文化大革命"的第一个战役,是揪出所谓"彭罗陆杨反革命集团",这4位重要领导人中,叶群尤恨陆定一。陆定一的夫人严慰冰,在延安时代就认识叶群,她对叶群的生活作风很反感。当时,正值芳龄的叶群在男女关系方面很不检点,一些人称她是"王实味的情妇"。从1962年起,严慰冰在精神不正常的状况下,写了匿名信20多封,谴责叶群,后来被发觉,陆定一对此并不知情,但林彪、叶群认定这是陆定一的指使,便借毛泽东错误地批评中宣部(陆当时是部长)是"阎王殿"之机,把陆定一打倒,给严慰冰扣上"反革命"的帽子。

在1966年5月的中共中央政治局扩大会议上,林彪当面责问陆:"你跟你老婆勾结在一起,用写匿名信的办法,长期诬陷叶群同志和我的全家,目的是什么,讲清楚!"

陆定一说:"严慰冰写匿名信,我不知道。她既没跟我商量过,也没有给我看过,我也没有发现。"林追问:"你老婆的事,你会不知道?"陆答:"丈夫不知道老婆的事,不是很多吗"

这话刺痛了林彪,他气急败坏,恼羞成怒,脱口骂道:"我恨不得一枪毙了你!"

随后就出现了下面的奇闻:

1966年5月20日,中共中央政治局扩大会议继续举行。这天是由陆定一作检查,当参加会议的70多人进入会场后,惊疑地发现每个座位前都放了一份"证明"的复印件:

我证明

(一)叶群在和我结婚时,是纯洁的处女,婚后一贯正派;

(二)叶群和王实味根本没有恋过爱;

(三)老虎、豆豆是我与叶群的亲生儿女;

(四)严慰冰的反革命信,所谈的一切全系造谣。

林彪

一九六六年五月十四日

堪称天下奇闻!如此重大的中央政治局会议,堂堂的中央副主席煞费心机为自己的夫人作贞操证明,自古以来未曾有过。

实在是此地无银三百两!林彪如此不顾身份,不顾后果和影响,迫不及待地亲自出面作此类证明,本身就说明人们对叶群的生活作风已经是怎样的看法。

淫荡成性的叶群,根本没有贞操观,无贞操可言。当然,这类事,作为丈夫,林彪未必知晓,即便听到些风声,也未必确信其有。

林彪写了证明,但叶群太不给他长脸,就在林彪成为中共中央惟一的副主席和"接班人"之后,她就和林彪亲自提拔的总参谋长黄永胜发生了"那个"关系。下面是叶群和黄永胜一次近3个小时的长时间通话的一部分,读者不难从中发现点什么。

叶:我觉得,哎呀,我太晚了,认识得太晚了,时间流逝得太多了。对你,广东是有机会认识的,为什么失之交臂呀?

黄:嗯!

叶:到前面的人就错过了,一过就是一两年。当时就觉得,我多不幸啊!第一次惋惜自己,也惋惜对方。我回来大哭了一场。我觉得我为这么好的一个人,赴汤蹈火都不在乎。你知道我讲的目的吗?

黄:我知道!

叶:我再就是怕你要追求生理上的满足闯出祸来。我跟你说。我这个生命是同你联系在一起的,不管政治生命和个人生命。

黄:我觉得,我完全像你一样了解,请你放心。

叶:你知道一点我的疾苦,如果我病了,你问我一声,你那里是一声。在我这里就是千斤万斤的黄金,比金刚钻还宝贵啊!

黄:你不要这样讲了。

叶:在北戴河都没讲。而且我又采取了那个措施。万一要有,如果弄掉的话,我希望你亲眼看我一次。(哭声)

黄:我一定来!一定来。你不要这样,这样我也难受。

叶:再就是你不要因我受拘束。你对周围的人,可以开开玩笑。我不能老陪着你,我这里也忙。我心胸不狭窄,你跟别的女人,可以跟她们热一点,不要顾虑我,我甚至把她们当小妹妹一样。

黄:那我不赞成。我只忠于你一个。

叶:你喜欢别人,也可以。但有一条,嘴巴要特别严。如果她讲出去,把我牵连上.那就会发生悲剧。我家也会发生悲剧。

黄:……

叶:我跟你说,你知道我这个环境。能打开这个堡垒不容易的。你知道这个轻重吗?另外,我听了关于你那么多坏话。我们发生6月21日那个事情,是很不容易的。

黄:那我知道。

近3个小时的电话,中间夹杂着叶群哼歌曲,作媚音之类的表演,还有断断续续的抽泣声。

60年代末,叶群成了"第二夫人"。权势和地位之显赫,已少有匹敌,但林彪的身体状况,却给她房中带来冷落,极为淫荡的叶群孤寂难耐。她虽已年过半百,但性的欲火不减当年。林彪满足不了她的性饥饿渴,她便向别处去寻吃喝,季是她选申了夫妻不和又是情场老手的黄永胜。

这段电话保存下来,竟是叶群的儿子林立果的"功劳"。自古帝王之家少亲情,为了争夺皇帝的宝座,父子、兄弟、夫妇间,演出过几多互相残杀的悲剧。当代阴谋集团核心的林彪一家,夫妻、母子之间,也颇类此。林立果为掌握叶群的"把柄",偷录了黄叶之间这段电话。

母亲偷情,已经廉耻丧尽,儿子把它偷录下来,准备用作要挟母亲的手段,也只有林立果这样的败类,才能干得出来。

黄永胜和叶群之间的不正当关系,还可以从黄永胜赠给叶群的诗里表露出来:

缠绵五周月,亲手折几枝;

虽是寒冬日,黄叶热恋时。

陆定一被打倒后,江苏无锡的红卫兵抄了他的老家。抄家者派了两个红卫兵代表,把他们抄到的东西拍成照片送到北京。叶群对这两个红卫兵代表待如上宾,亲自安排她们住高级招待所,带她们上天安门去"见世面";她们送来的照片,叶群视为珍宝,亲自请公安部的谢富治协助,复制几十套,分送中央文革和一些单位的人。即便这样,她还不解恨。1966年10月下旬,东郊体育场开10万人大会批斗陆定一等人,叶群以为被斗者一定有严慰冰,便拉着林办工作人员去看"热闹"。

为了不被人认出,她特意带了大口罩和眼镜,还用围巾把头包起。北京的晚秋并不冷,她这样怪模怪样令现场群众很感可笑。可惜,不知什么原因,众多被批斗的人中,没有严慰冰。叶群感到很扫兴,一直到回来的路上,还不断的叨念:"太可惜,怎么没见严慰冰呢?"

中共八届十一中全会以后,林彪从"小六变老二",成了"副统帅"、"接班人",叶群也就成了中国的"第二夫人"。她利用这个特殊身份,和汪青一伙狼狈为奸,干尽了伤天害理的勾当。

诬陷迫害贺龙和薛明，是“文革”初期叶群的一大罪行。

原来林彪就说过：大将、元帅不能一勺烩。意即要有先有后、辨点策略。罗瑞卿已倒，林彪、叶群便开始打贺龙的主意了。

1966年8月，总参作战部贴了代总长扬成武的大字报，作战部长王尚荣也签了名。王尚荣是贺龙的老部下，林彪认为这是贺龙的指使“要夺总参的大权”（此时林彪尚较信任杨成武），并报告了毛泽东。他又对亲信说：“贺龙有野心，到处伸手，总参、海军、空军、政治学院都插了手。”又恐吓吴法宪：“贺龙要派人夺你的权，你要警惕和防备。”

林彪又对李作鹏说：“要注意贺龙，他实际上是罗瑞卿的后台，池采取卑鄙手段拉了一批人来反对我。”

吴、李心领神会，立即编造了诬陷贺龙的材料交给林彪。

1966年9月，叶群又口授诬陷贺龙的材料给中央军委办公厅警卫处长宋治国，要他以自己向叶群反映情况的口气写“揭发唐”。根据叶群的授意，宋写了4封所谓“揭发信”。为了掩人耳目，叶群当着林办三位秘书的面，故弄玄虚地对宋治国说：“你写的这些材料是否都是事实？是，我们就送；不是，我们就不送了。”宋心领神会，当即回答：“完全是事实，我完全负责。”

作贼心虚的叶群至此仍不放心，生怕有人怀疑她授意，又指示三位秘书当场写下宋治国是主动揭发的“证明”。

下面是诬告信的一部分：

一、“罗瑞卿的家里办公桌，玻璃板底下压着一张照片，其中贺（龙）、薛明、罗（瑞卿）、郝治平四人合影，天天看，但没有主席的照片。”

二、“我觉得贺（龙）与罗（瑞卿）、彭真、杨尚昆反党分子来往很密切。他们经常密谈。”“常去他（指贺龙）家的人神态不正常。”

三、“贺（龙）本人自己房间里亲自保管着一支精制进口的小手枪，夜间睡觉时常压在自己的枕头底下，外出带上。不知为了什么？”

四、他对警卫人员的教育不是以政治挂帅，而是业务挂帅。如教育人家如何将枪法练好．并要求每个警卫人员要练得百发百中。

五、“听说体委自动销毁了一百二十部电台，此事甚为可疑”。

六、据说贺龙家曾经“在电话上安过一个窃听器。”

有了这些“炮弹”，林彪要开始“炮轰”了。

他主持召开了军委常委会，说奉主席指示，就“贺龙”问题打一下招呼。他说，有证据表明，贺龙有野心，想在军内伸手夺权，他列举了总参的大字报，吴法宪、李作鹏的“揭发”和驻京军事机关的一系列“炮打”事件，说都与贺龙有关。

这样的会，当然不会通知贺龙参加，贺龙发现自己的处境反常，想找林彪当面谈谈。由于毛泽东这时对贺龙的态度还是“一批二保”。林彪对贺龙求见的要求无由拒绝，便答应贺龙来见面。

叶群于是非常紧张。他担心贺龙会带手枪来，一怒之下向林彪开枪。他吩咐警卫秘书带几名警卫荷枪实弹埋伏在幕后，叶群亲自将帏幕拉开一条缝，屏息观察，如果情况紧急，立刻发令叫警卫冲出。

结果是，贺龙从容而来，从容而去，叶群虚惊一场。满肚子害人坏水的叶群就是这样的以己度人，结果闹了大笑话。

既然毛泽东尚不想打倒贺龙。林彪便顺水推舟，还想拉一下他本想整倒的对手。他对贺龙说："你的问题可大可小，今后要注意一个问题，'支持谁，反对谁'"。明显带有威胁和拉拢的口气

正大光明的贺龙对此不能没有反感，也没有完全了解林彪的特殊地位和可能起到的特殊作用，对林彪的凶狠也缺乏防范，只淡淡地回答："谁反对毛主席，我就反对谁。"

这一回答不仅距林彪的期望相距甚远，也被林彪理解成贺龙已窥知他两面派的奥秘。这大概是林彪最大的忌讳。二者的关系，不但没有因这次会见而缓和，相反裂痕更大了。

不久，贺龙就遭到林彪、江青、叶群一伙的残酷迫害，于1969年6月含冤逝世，与此同时，薛明也被关押，受尽折磨。贺龙逝世后，叶群仍不放过薛明，下了一道命令："还有个薛明，把她弄走，送贵州去，越远越好，不要叫人知道，要防止她乱说乱动。"

"文化大革命"开始的几年，是林彪、江青一伙相互勾结、相互利用、合伙作恶的时期，林彪、江青间的牵线人便是叶群。江青住在钓鱼台的十一楼，叶群便成了"十一楼"的常客。叶群常说："首长紧跟主席，我得紧跟江青。"据当年林彪的秘书讲，如果叶群不在家又有事需要找她，往"十一楼"或"十五楼"（陈伯达住处）打电话，大半能找到她。

叶群到江青那里去的次数太多了，林彪都有些反感。有一次，叫秘书打电话，硬逼着叶群回来。叶群后来便想出一个蒙骗林彪的法子。她嘱咐秘书，以后如果她在"十一楼"，林彪要找她，就说她休息了。而且要求所有工作人员必须众口一词。次数多了，林彪也起了疑心："叶群怎么一天老是睡个没完呢？"有一次就露了馅。叶群去了钓鱼台，林彪找她，秘书照例说她在"休息"。恰巧这时她从林彪的正门进来了。林彪迷惑不解的问："他们都说你在休息，你怎么这么快就从正门进来了？叶群却笑起来："谁说我在休息，我刚从钓鱼台回来！是我叫他们这么说的。"又兴高采烈地说："我带来了好消息，你听了就不会生气了！"

1966年2月出笼的《林彪同志委托江青同志召集的部队文艺工作座谈会纪要》是林彪和江青勾结的开始。

此后，林彪一伙和江青一伙就开始了既互相勾结、狼狈为奸、合伙作恶又勾心斗角、尔虞我诈、互相倾轧、互相争夺的错综复杂的过程。

大体上以1969年的中共九大为界。九大前，勾结多于矛盾，共同的利益多于分歧；九大后，矛盾多于勾结，逐渐势不两立。1970年的九届二中全会，矛盾终于表面化，但由于毛泽东的作用，材彪集团翻了车，败给了江青一伙。

《纪要》出笼不久,“文化大革命”的狂风就呼啸而起,林彪和江青一伙在“文革”中的互相勾结,合伙作恶,不胜枚举。

30年代,江青在上海有不少丑行,一些文艺界人士知道底细,乘“文革”打砸抄抓风盛行的混乱之际,叶群出面。指使亲信吴法宪、江腾蛟等组织人马伪装成“红卫兵”抄了郑君里、赵丹等人的家,把载有江青丑行的材料拣出,派专人送到北京,江青亲自过目后,由叶群和谢富治亲自监视,在毛家湾烧毁。

江青30年代和唐纳等的合合离离闹得满城风雨,招致社会的议论和谴责,为了洗刷自己,江青在杂志上登了《我的一封公开信》。“文革”中,这个公开信被找到。就是这样一件并不表明江青多么光彩的平平常常的信,因为有毛泽东的亲笔批字:“我就是从此认识江青的性格的”,居然被叶群视为“一件珍品”,是江青在“30年代”就“不愧是一位无产阶级革命家”的证据。林彪在上面也歪歪扭扭地批了:“向无产阶级革命家江青同志学习、致敬!”几个红字。

1967年1月,林彪任命江青为中央军委文革小组顾问,同年9月,又任命她为解放军文化工作顾问。

1968年3月,林彪一下子把江青的级别由行政九级提到行政五级。

同一时间,林彪在接见部队干部的大会上,这样吹捧江青:

江青同志是我们党内的女同志中间很杰出的同志,也是我们党内干部中间很杰出的一个干部,她的思想很革命,她有非常热烈的革命情感,同时又很有思想,对事物很敏感,很能看出问题,能发现问题并采取措施。过去由于她多年身体不好,所以大家不了解她。在这次文化大革命期间就看出她的伟大作用。她一方面是忠实执行毛主席指示,在另一方面她有很大的创造性,能够看出问题、发现问题。文化革命中间树立了许多丰功伟绩。固然是毛主席的英明领导,中央文革同志的努力,党中央同志的努力,但是她有她独特的作用,她始终站在这个运动的最前线。

林彪讲话时,叶群则领头高呼口号:“向江青同志学习!向江青同志致敬!誓死保卫江青同志!”

与会者多数人都感到太肉麻。

林彪看重江青,自有其醉翁之意。对他来说,得毛泽东的欢心才是至关重要的。

陈伯达和江青吵架时当面奚落她:“不是毛主席,谁瞧得起你!”

这才是问题的本质。

投桃报李。江青在关键时刻也支持林彪。

中共九大把林彪定为接班人写进党章,江青的“功劳”很大。

她独霸的“中央文革”在整理修改党章的意见时写道:“许多同志建议,九大要大力宣传林副主席是毛主席的亲密战友,是毛主席的接班人,并写入九大的报告和决议中,进一步提高林副主席的崇高威望。

1968年10月,中共八届十二中全会提交九大的党章草案时,江青说:林彪

“很有无产阶级革命家的风度”、“他那样谦虚，就在党章上写他。”“这一条不写上，我们通不过。”简直有点无赖要挟的作风了。

1969年4月，九大召开在即，江青又吵嚷：“林副主席的名字还是要写上，写上了，可以使别人没有觊觎之心。”

“小人以利交，利尽则交疏。”林彪和江青一伙就是如此。同是野心家、阴谋家集团，没有真理、不讲道义。“政治生活，全系权谋，主于道义，则不可复问矣。”是他（她）们共同的信条。真正的友情，是不存在的。羽毛未丰，需要互相吹捧；利益的诱惑可以合伙作恶。

表面上他们非常亲热，不断互致“关心”、“问候”、“保重”。1969年~1971年9月上旬，仅两年零九个月中，江青和林、叶之间电话往来达470余次，平均每隔两天，就通话一次。叶群更是“十一楼”的常客。“十一楼”是江青在钓鱼台的住地，久而久之，就成了江青的代名词。

但暗地里他们又勾心斗角，互相拆台。在合伙施展阴谋诡计于他人时，又互相提防，生怕对方将阴谋也施于自己。所以他们互相勾结的历史，也是不断地明争暗斗的历史。

黄永胜出国问题，爆发了林、江两个集团间的利害冲突。

黄永胜是林彪的老部下，和叶群的关系密切，原是广州军区司令员。1968年3月，出了“杨、余、傅事件”，代总参谋长杨威武被突然打倒，林彪亲自提名黄永胜任总参谋长，并担任改组后的军委办事组组长。他在“文化大革命”中，成为林彪的死党。

黄永胜调来北京不久，“北京文革”派出的一名记者（江青从部队调来团以上干部100多名，以“记者”名义派往全国，搜集运动的动态。成了江青的“触角”）写信给江青，反映中南数省“中央文革”支持的“造反派”受压，保守派得势，“中央文革”派出的记者有的被当作“坏头头”揪斗或受压制。信中说，根子在广州军区，而广州军区的后台又在上头。

江青认为广州军区的后台是黄永胜，对他十分反感。叶群曾对秘书们透露过：“黄批出的文件，钓鱼台都不愿意看。”1968年夏，江青在一份文件的批语中怒气冲冲地说黄永胜“有政治野心，是夺了我的权。”

中共八届十二中全会（召开于1968年10月）前，曾经内定黄永胜率代表团参加阿尔巴尼亚的党代会，但江青提出异议，坚决反对黄永胜出国，理由很简单：他不配！

江青明里打击黄永胜，实际是给林彪、叶群点颜色看看。毛家湾和钓鱼台的关系一时颇为紧张。事情闹到毛泽东那里，毛泽东点了头，黄永胜才率团出国。

钓鱼台拿黄永胜开刀，是对毛家湾的报复，因为半年前，毛家湾暗中操纵了一场对张春桥的“炮打”。

那是1968年4月的事，林彪和江青合伙以突然袭击手段打倒杨成武、余立金和傅崇碧（即所谓杨余傅事件）之后仅十几天，上海忽然出现了这样一些醒目的大标语："揪出杨余傅在上海的黑后台"、"狄克攻击鲁迅，罪该万死！""狄克＝张春桥、打倒张春桥！"

这里的"黑后台"，指张春桥，他当时是上海市委第一书记，上海市革命委员会主任。30年代。张春桥曾以"狄克"为笔名，写文章攻击鲁迅。

这场"炮打"浪潮，来得很猛．张春桥有些招架不住。因为暗中操纵的是毛家湾。

据林彪的秘书回忆：就在这次"炮打"浪潮的前一天，叶群忽然交给秘书一项任务：审查一下张春桥1967年在南京军区党委扩大会议上的讲话，看有什么问题。根据惯例，人们知道这是叶群要作张春桥的文章了。

紧接着，叶群又叫秘书李春生打电话通知在江苏常熟县太仓公社蹲点的林办秘书赶快撤回来，这又是一个毛家湾要打张春桥主意的迹象。

也就在此时，叶群一反过去对许世友的冷淡态度，在电话中公然讲："主席是保你的，林彪同志也是保你的。""反对你的就是你东边的那一位"。许世友当时是南京军区司令员，他"东边的那一位"指上海的张春桥。许世友历来对张春桥没好感，张春桥被任命为南京军区第一政委，第一次去南京军区讲话．许世友就不买他的帐，带着人外出打猎去了。

现在，叶群一反常态，拉拢许世友。为的是增加"炮打"的威力。

过了一天，叶群和从上海来的亲信江腾蛟密谈，指使他制造揭发张春桥的材料，叶群亲自修改后。由林彪署名，一份送毛泽东，一份送"中央文革"。

张春桥似乎察觉到了这次"炮打"的来头，他向江青求救时说："这一回的主要炮打口号。说我是杨、余、傅的后台。杨、余、傅都是军人，只有以林副主席或中央军委的名义，给上海发紧急电报，才能最有效地制止这一次的炮打。"

原来在15个月前，张春桥遇到一次猛烈的"炮轰"但那次"炮轰"的主要发起者是复旦大学的红卫兵——一群没有任何背景的娃娃，张春桥并不怎么往心里去。尽管他和姚文元曾被"红卫兵小将"围攻了整整6个小时，他也没有惊慌．江青发来一个"中央文革特急电报"，就为张春桥解了围，平息了"炮轰"

这次不同。张春桥给江青挂电话："这一回光用'中央文革的名义，恐怕还不行。"江青明白了此中奥秘，回电话说："好吧．我马上转告林副主席。"

吴法宪衔林彪之命．亲赴上海去平息这场"炮打"浪潮。后台出面制止，一场如火如荼的"炮打"。立刻偃旗息鼓。

张春桥"圣眷正隆"，又有江青来保．林彪不能做得太绝．前后不过10天的炮打，骤然而起，戛然而止。

若在过去·不要说张春桥不会善罢甘休．就是钓鱼台也不会轻饶"炮打"的当事者和后台。上次"一·二八炮打"，张春桥就施展了血腥的手段；打击迫害2500余人（不包括一股的"请罪"、"检讨"），其中隔离审查200多人，被办"学习班"审查的40多人。5人被逼死、6人被逼疯，更多的人被打成残废。参与"炮打"者被扣上吓人的帽子：炮打张春桥—炮打中央文革—炮打以毛主席为首、林副主席为首的无产阶级司令部—现行反革命!

这次炮打之后,各方都装聋作哑,若无其事,毛家湾的操纵者自然不便继续做作;钓鱼台的老板也乐得将张春桥的小辫子抓在手里,不怕他不更顺从;张春桥也知道自己历史不干净,何况“炮打”来头不善,与其铤险自绝,不如顺水推舟,逆来顺受。毛家湾对张春桥更猛烈的一次“炮打”是两年以后的中共九届二中全会。那次“炮打”,给林彪集团招来了灭顶之灾,影响十分巨大,后面将会说到。

林彪、江青一伙的明争暗斗,还有一件颇为滑稽的事,那就是温玉成的浮沉。温玉成是林彪的老部下,原是中国人民解放军广州军区副司令员,很为林彪器重。“文革”初起时。温玉成遭到炮轰,日子很不好过。林彪当即表态,说“温玉成是高举毛泽东思想伟大旗帜的,突出政治的,有革命干劲的”.把他保了下来,不但保了他,还加以重用。1967年,温玉成调来北京,任副总参谋长兼总参作战部部长。“杨、余、傅事件”后,温玉成又兼任北京卫戍区司令,并跃升中央文革碰头会成员,列名“无产阶级司令部”之中。

1968年关于国庆节的报导中这样写道:“同毛主席、林副主席一起在天安门城楼检阅的有:周恩来、陈伯达、康生、江青、张春桥、姚文元、谢富治、黄永胜、吴法宪、叶群、汪东兴、温玉成同志。”扶摇直上的温玉成,对林彪忠心耿耿。但他也被江青看中,委托他代管样板团。江青喜怒无常,对以前代她管过样板团的几个人,都是热乎一阵子就一个一个地踢开。

初进最高权力阶层的温玉成一下得到毛家湾和钓鱼台的双重信用,未免受宠若惊。他不了解毛家湾和钓鱼台之间的磨擦和纠葛,天真地为二者表面的亲密所迷惑。一方面绝对忠于毛家湾。另一方面又竭力讨好江青,身不由主地夹在两个既相互利用又相互倾轧的阴谋集团之间。给人以“脚踏两只船”之嫌。他戎马半生,对军事并不陌生,但作这种政治游戏却不在行。温玉成对江青的接近引起毛家湾的猜忌。

有一天,叶群很神秘地和几个林办秘书谈起温玉成来。

叶群说:“有个情况,你们帮助分析一下,我听到有人反映,半夜三更里,经常有穿便衣的人,有男有女,有老有少,到温玉成家里去。你们说说这是些什么人呢?”

一个秘书回答:“可能是样板团的吧?江青委托温玉成管样板团,这些人有事还不去找他?”“那为啥不在白天找?偏偏夜深人静时去找?”叶群追问。

“样板团白天睡觉,晚上演出,半夜还在工作。这不稀奇。”一个秘书这样解释。叶群虽不再追问,但看得出,她的怀疑没消除。

1969年3月,珍宝岛事件发生。温玉成任总参作战部长,理所当然地向林彪报告作战情况。每次林办秘书记录温玉成的电话报告,叶群都把温的名字勾掉,写成《总参作战部电话记录》。并说,这是为的“突出集体,不突出个人”。其实谁都明白,这是叶群故意冷落温玉成。不久,中共九大召开。温玉成作为大会主席团的常务主席之一,赫然在主席台前排就坐。但在九届一中全会选举中央政治局时,温玉成出乎意料地没有列人政治局委员的候选人名单,其他常务主席都列人。温玉成吃不住劲了,他神情沮丧地给毛家湾打电话,叶群在接电话前带着轻蔑嘲笑的口吻说:“这种人自作n受.不值得理他,但不能不理,听听他说些什么吧!”

最终,温玉成没有进入中央政治局。把他从政治局委员候选人的名单中拿掉,毛家湾起了决定性作用。原因简单,就是毛家湾见他和江青接触多些,疑心生暗鬼,以为他倒向钓鱼台了。林彪和叶群以为此举打击了钓鱼台,但不久就发现,错打了自己圈里的人。

其实温对毛家湾的忠诚从未动摇过,有一件事足以说明。黄永胜的一个秘书听黄永胜和叶群通电话时骂过江青,天真地以为黄永胜是在反对“以毛主席为首的无产阶级司令部”,就写了一封揭发信,托温玉成转给江青。他满以为温玉成代江青管样板团,托他代转是绝对可靠的。温玉成得知信的内容后,把信转给了叶群,叶群又转给了黄永胜。结果,这个秘书立即被黄永胜、叶群以莫须有的罪名投入监狱,受尽折磨,至到“九·一三”事件后才被释放。

九大以后,温玉成被降格到成都军区任副司令员,同他先前的显赫地位相比,是大大受贬了。温玉成动身之前,林彪亲自接见安慰,叶群又和他亲亲热热地密谈了两个多小时。毛家湾此刻才明白,温玉成不仅是自己人,而且是一个难能可贵的心腹。但木已成舟,也只能暗暗叫苦。

从那个《文艺座谈会纪要》开始,到“九·一三”事件为止。林彪、江青两个集团间,有合作也有争斗,有利用也有拆台。二者的关系犹如微妙循环的圆周转了一圈又一圈,直到林彪集团土崩瓦解。林彪成为“副统帅”以后,为了实现更大的政治野心,招兵买马,搜罗党羽,形成了一个“团伙”。黄永胜(总参谋长),吴法宪(空军司令员)、李作鹏(海军政治委员)、邱会作(总后勤部长)、陈伯达(中央文革小组组长),是这个集团的骨干,把这几个人捏在一起,效忠于林彪,叶群发挥了极其特殊的作用。

叶群和黄永胜的关系,前已述及,中共九大前夕,黄永胜把叶群给他的题字:“不信今朝无古贤”挂于自己的卧室,表示甘当林家王朝“古贤”的决心。吴法宪原是空军副司令。1964年叶群去江苏常熟县太仓公社参加“四清”运动,拉吴法宪同行,意在扶植亲信,1965年5月空军司令员刘亚楼病逝。林彪对吴法宪说:“空军司令这个职务很重要,谁都想当,我考虑由你担任。”叶群则故作神秘地说:“不要传出去,还没报告毛主席批准。贺龙知道了,他会提别人。”吴法宪立即表示:“我一定不辜负林总的期望”。由于林彪的关照,吴法宪这个“草包”就当上了空军司令。

“文化大革命”开始,吴法宪受到冲击,林彪、叶群两次保他。这使吴感激涕零,当着林彪、叶群的面大哭一场并高呼林彪。“万寿无疆”(比“永远健康”又升一格)。后来,林彪提升吴为副总参谋长兼军委办事组副组长。从此,吴死心塌地为毛家湾效劳,是黄吴李邱四大将中最忠实的走狗。

为了把邱会作紧紧拉住,叶群亲自出面采取了“紧急救援”行动。邱会作很早就是林彪的部下。1959年林彪出任国防部长，亲自提名邱为总后勤部部长，并不顾总后和总政党委的反对，强行指定邱会作为总后党委第一书记。邱会作道德极为败坏。1965年总后党委就开会批他，邱感到有压力，林彪给他吃定心丸："他们要开会还是要他们开，方针由我来掌握。"为保邱会作，林彪制造了"小节无害论""有的干部小节不那么好，但拥护毛主席，突出政治、有革命干劲。""还有一种干部，没有什么男女关系问题，他也不偷鸡摸狗，但是他反对毛主席、反对突出政治，如果有这样的干部，我们的军队就会变成修正主义的军队。我们的干部政策，要注意大节。"

"文化大革命"一起来，林彪就急忙为邱会作定调，说邱是"高举"的、"突出政治"的、"有干劲"的、"信得过"的干部。但邱的道德品质太坏，民愤太大，总后的广大干部、群众愤怒地揭发斗争了他，把他关进"牛棚"，还不断地"触及皮肉"。

邱会作的妻子、办公室主任胡敏，几次来电话向叶群求救，叶群都不理。胡敏吃了叶群的冷眼，只好向林办秘书哀求帮助。"张秘书啊！"胡敏电话中的声音又低又弱："请你转报叶主任，我们老邱被二医大红纵抓去好多天了，听说还挨了打。他身体很不好，这样对待他，他可受不了啊！希望叶主任在林副主席面前讲句话。放出我们老邱吧！"秘书把胡敏的电话内容报叶群，叶群冷笑着说："活该！邱会作的小姘头一大串，现在人家都起来揭他，叫我们怎么说！"但是胡敏的呼救电话还是不断打来，她的声音颤抖，语调凄伤。"我们老邱天天挨打，现在快不能动弹了，快被折磨死了！他平时对林副主席一贯忠诚，对叶主任处处尊重，林副主席和叶主任快想办法救救他的命吧！"胡敏说着，已经泣不成声了。秘书又把胡敏的电话报叶群。叶群这回没冷笑，也没再骂邱会作。她显然被胡敏表白忠诚的话语所打动，立刻把电话记录要了去，找林彪商量对策去了。

晚上九点前后，叶群来到秘书办公室，一进门就拿出一张白纸条放在办公桌子上。

"首长决心要保邱会作。"叶群情绪激昂地说。她指了指那张纸条："这是首长和老夫子亲笔写的。老夫子今晚来见首长，我把他也抓住了。你们都来看看！"几个秘书都上前看那张纸条，只见上边写着几个鸡蛋般大的草体字：

立即放出邱会作

林彪

陈伯达

前面几个字都是林彪的字体，在林彪的签字后边，是陈伯达的亲笔签名。"老夫子是中央文革组长，有了他的签字，就更好办了。"叫群说。"这个事我得亲自出马。邱会作是首长的老部下，能够见死不救吗？"叶群接着布置，让几个秘书以及负责警卫工作的人员陪她一起去总后大院，另外还要带上几名警卫中队的战士，以便应付"意外"。她还叫人在毛家湾守住电话，一旦她在总后被学生围住不放，就要立刻打电话给北京卫戍区司令员傅崇碧，让他派部队去"解围"。

布置已毕，叶群领着几个人分乘两辆小汽车向总后大院进发。叶群会见了总后的造反派,先说了几句客套话,就点明来意。"对同志们造邱会作的反,林彪同志非常支持。"叶群继续对学生们说。"但听说邱会作现在的身体不太好。林彪同志的意思是:放他出去把病治一下,这样如果他病情恶化了,大家也没责任,你们看好不好?"学生们想不到叶群这次来的用意是叫他们放出邱会作,心里蛮不高兴,但又不敢顶。几十个人屏住呼吸,谁也不吭声。

叶群见学生们默默抵制,脸部表情顿时显得不悦。她终于拿出了林彪、陈伯达给的"尚方宝剑",把那张纸条从口袋里掏出来,但还是按捺住了她想发作的火气。"不瞒同学们说,我这次来,是执行林彪同志和陈伯达同志给的一项任务。"叶群说着,把那张纸条递给学生负责人看了看,然后又赶紧收了回去。她又故意把纸条向四周展示一下后说:"这是林彪同志和陈伯达同志亲笔写的字:立即放出邱会作。大家不会怀疑吧?"

在场的学生和总后机关造反派的头头们,全被惊呆了。一张纸条虽小,但它是出自威慑全国的林彪、陈伯达之手。这份量确实不轻啊!学生们无可奈何,只好把邱会作交给她带走了。

汽车出了总后大院。一直向市内开去。"下车以后,叶群命令几个警卫人员扶着邱会作进了一所房子,邱会作一进屋里,就给叶群下了跪,痛哭流涕地说:"叶主任,你可救了我啊!……"时间是 1967 年 1 月 24 日深夜 12 时,邱会作称之为"零点得救"。他把这一天定为"终生纪念日",每到这一天,他都带领全家举行"纪念"活动,向毛家湾表忠心,称林彪、叶群为"再生父母",发誓:"永远忠于林副主席"、"海枯石烂不变心"!他还写了"得救"后的感想:"我一听说林副主席派人来,就知道得救了。林总挺身而出派夫人接一个人,以我所知全军还是第一份。"

从此,邱会作跟林彪更紧了,对总后干部群众的报复、迫害也更疯狂了。李作鹏原不在海军工作,为了控制海军大权,1962 年林彪以加强海军领导为由,派李作鹏任海军常务副司令,借以排斥肖劲光(海军司令)、苏振华(海军政委)。李在林彪支持下,在海军内部不断兴风作浪。1966 年 5 月,李作鹏利用海军党委三届三次扩大会议,策划夺权活动,遭到中央批评后,海军党委准备揭发批判,林彪利用职权强令"立即收兵停战",把李保护下来。李由此对林彪感激不尽,说:"生与林总同生,死与林总同死。"

1965 年 12 月的上海会议,为了整倒罗瑞卿,由林彪指挥、叶群出面联络,黄、吴、李、邱诸大将一齐上阵,互相配合,狼狈为奸,终于除掉了实现其篡权野心的一大障碍。如果说上海批罗是林彪集团勾结的开始,那么,"五·一三"事件便是林彪集团的势力和影响扩张的转折点。

1967 年 5 月 13 日,北京发生了"五·一三"武斗事件。武斗的时间很短,规模也不大,但它的影响,却远远超过事件本身。林彪集团从这次事件中,得到了非同寻常的收获。

这一年是毛泽东《在延安文艺座谈会上的讲话》发表 25 周年。驻京部队文艺团体的两派群众都在排演文艺节目,举行庆祝活动。总政治部发出通知,要求两派群众组织消除对立,同台演出。但吴法宪、李作鹏策动海、空军文工团中他们支持的一派联合演出,不搞两派同台演出。这种不利于群众联合,只能加深对立的演出报告,总政拒绝批准。但吴、李由于有林彪、叶群的支持,不理会总政的决定,于5月13日晚强行举办了一派群众组织的演出。对立一派的群众组织向上一冲,于是发生了武斗,叶群称这一派为"冲派"。毛家湾支持一派,下压一派。5月14、15日,叶群带着吴法宪、李作鹏、戚本禹等到医院看望受吴、李、邱支持的一派武斗受伤群众,而对"冲派"的受伤群众置之不理。毛家湾护短,林彪乘机封吴法宪、邱会作、李作鹏是"三军无产阶级革命造反派"的领袖,大大提高了他们的身价。显然,这是林彪扶持党羽的恶劣手段。

5月16日晚,支持吴、李的一派再次在海军大院举行演出,向对立派示威。吴法宪、李作鹏及二炮、北京军区的领导都前来观看,以示"集体亮相"。6月10日,根据叶群的授意,支持吴、李、邱的一派群众组织出动几千人,到总后大院游行,支持邱会作站出来"亮相"。"亮相"是"文革"中特有的词儿,指曾被批斗、冲击获得解放的干部重新出来工作,往往是表示自已站在那派群众组织一边。邱会作虽已被毛家湾搭救出来,但民愤太大,还没有出来"亮相"。被叶群称为"冲派"的那一派群众组织在巨大压力面前更加互相靠拢(以前,他们大体上虽属同一派,但具体的群众组织之间仍常有矛盾),自称"首都三军"(一般称为"新三军",和他们对立的一派称为"老三军")。

新老三军都准备在"七一"那天举行更大规模的演出,以比个高低。胜负的关键,取决于号称"无产阶级司令部"的支持。两灏在不同地点演出,且都向"无产阶级司令部"发出邀请,争取支持,压倒对方。当时,这个支持是命运攸关的,得到支持的说明是"革命"的,否则,会被认为是"保守"的。但林彪只看了"老三军"的演出,"新三军坐了冷板凳"。这下"老三军"宣告胜利,"新三军"因为得不到"无产阶级司令部"的支持,很快瓦解。

不论哪一派胜利,真正的受益者都不是群众,只能是林、叶、吴、李、邱等幕后操纵者。对于这样的结局,叶群十分满意。她说:"解放军内这么大的动乱,首长(指林彪)没讲一句话,只看了一场戏,就把'冲派'压垮了。"因为总政不同意一派群众组织单独演出,并且发生了武斗事件。"老三军"诬陷总政主任肖华是"五·一三"事件的黑后台,"打倒肖华"的大标语贴遍北京城。随即掀起"砸烂总政阎王殿"狂潮。邱会作擅自成立"批斗总政领导干部小组"。几乎所有总政的领导干部都被揪斗,戴上"阎王"的帽子,正副部长戴上"判官"的帽子,正副处长戴上"牛头马面"的帽子,下面还有若干小鬼,这些都是叶群、林彪一手导演的。彪、叶群在"五·一三"事件上如此费尽心机,大作文章,不仅是排除异己,打倒肖华;更主要的,是为了保护吴法宪、李作鹏、邱会作等亲信,扩大自己的势力和影响。

"五·一三"事件前,吴、李、邱的日子都不好过。吴法宪在空军造反派面前不敢露面,跑到一个山洞里躲风头。"五·一三"事件过后不久,恰好空军击落一架台湾的无人驾驶飞机。叶群跑到"冲派"面前说:"你们知道这架飞机是怎么打下来的？是吴司令指挥打下来的！你们天天要揪斗他，以为他吓得躲起来了，其实，他是奉了主席和林副主席的命令，在战备指挥所里指挥作战。”叶群为吴法宪解了围，从此吴法宪趾高气扬了。邱会作虽然在1月24 Et就被叶群救出，但劣迹太多，民愤太大，打倒邱会作的呼声仍然很高，他还不敢公开露面。如果没有“五·一三”事件，邱会作即便不倒，要出来显威风也很困难。李作鹏也一样，4月份还受到围攻。是叶群亲自给批斗会场打电话，谎称林彪要找李谈话，才为他解了围。

“五·一三”事件以后，吴、李、邱的处境大变。不仅成了“三军造反”派的领袖，而且成了军委‘‘看守小组，，的成员。这个小组列席“中央文革碰头会”，负责处理驻京部队、机关的“文化大革命”问题。从此，吴、李、邱不可一世。“五·一三”事件不但开了解放军打解放军的恶例，也使林彪集团稳住了阵脚，得到迅速膨胀的机会。

如果说，拉黄、吴、李、邱时，叶群还只是配合林彪的行动，那么，拉陈伯达人伙，则几乎百分之百是叶群的功劳。

陈伯达和林彪原没有什么渊源。在延安时代，陈伯达曾是叶群的老师。“文革”中，陈伯达成为党内第四号人物，又是“中央文革小组”组长，响当当的“左”派出于政治上的需要，叶群时常往陈伯达那里跑，陈也来过毛家湾。但还说不上陈伯达已加入林彪集团。文革初期，一起打倒刘、邓，一起打倒陶铸，一起制造动乱，陈伯达和江青一伙曾有过亲热时期。陈也为江青登上政治舞台吹过喇叭。但陈伯达在毛泽东身边担任多年政治秘书，对江青的心胸狭窄、志大才疏、刚愎自用、心狠手辣的品质颇为了解。因此，他对江青恭敬中总带着警戒。毛泽东提他为“中央文革”组长，他再三推辞，因为他知道，他领导不了这位第一夫人。果然，江青那个“第一副组长”把持了“中央文革”，陈伯达也得退让三分。江青不把陈伯达放在眼里，嘲笑他是“刘盆子”（傀儡皇帝），“文革”的新贵张春桥、姚文元等也就常常给他白眼。一场冲突，促使陈伯达迅速倒向林彪。那是中共九大召开前，由谁来起草九大政治报告？陈伯达和江青一伙发生了激烈冲突。

毛泽东指定陈伯达、张春桥、姚文元起草，而且陈伯达名列最前，看来，要以陈伯达为主，陈伯达也认定非他莫属。因为九大政治报告要由林彪来念，所以毛泽东指定林彪主抓政治报告的起草工作。

1969年2月，林彪把三位“大秀才”召到毛家湾，谈了起草政治报告的一些意见。张春桥、姚文元对陈伯达说：“你先动笔吧，需要我们时，就随时找。”

陈伯达已和江、张、姚格格不人，乐得一人起草。这时他早已搬出钓鱼台，就在米粮库胡同自己的家中写起九大政治报告来。他向中央请假一个月，全力以赴地埋头写作。

张春桥、姚文元借口陈伯达写得太慢，会影响九大开会，便拉了康生，决定另起炉灶。陈伯达得知，便把自己写的提纲和已完成的三个部分，拿到钓鱼台去讨论。陈起草的政治报告，标题是《为把我国建成强大的社会主义国家而奋斗》，全文准备写十个部分。结果,张、姚批评陈写的稿子是“唯生产力论”,陈伯达非常恼火。张、姚二位“大秀才”赶紧撇开陈伯达,另行起草。他们花了一个星期,就突击出草稿。康生给林彪打电话:“我最近生了病,没有直接参加政治报告的起草。春桥、文元写的稿子,我看了一遍,我觉得,作为接班人向九大作的报告,这个稿子的份量是不够的。但是在这样短的时间内,他们就能拿出有一定水平的初稿来,还是不易的。我看它可以作为进一步讨论修改的基础,因为它的基本思路是能够站住脚的。”陈伯达也不甘落后,他把写出的部分和提纲送给毛泽东审阅。

毛泽东谈了一些意见,其中有的很重要。如陈稿中是刘邓路线,毛泽东说:“邓小平同志打过仗,同刘少奇不一样,报告上不要提他。”

毛泽东的意见,陈伯达没告诉康生、江青、张春桥、姚文元,这下江青气坏了!他给陈伯达扣上“封锁毛主席的声音”的罪名,开了陈伯达的批判会。

陈伯达回忆说:

在九大前,江青和康生出谋划策,以所谓我“封锁毛主席的声音”为借口,在东大厅搞了一个大会,到会

的人在大厅里几乎坐得满满的。江青自己宣布:她是会议主席,“陈伯达做检讨”。她同康生二人“你唱我和”。我只说一句话便被打断。江青说:“陈伯达不做检讨,不让他说了。”她也不让参加会议的其他人发言。当时工作人员一般都穿军装,我在会上穿的也一样,江青提出要摘掉我衣帽上的帽徽领章。我看,这个会是为打倒我而开的,没有什么可辩的,大喊一声:“大字报上街!”(即赞成打倒我的大字报上街。)叶群在会上高呼:“拥护江青同志!”

不过,一散会,叶群就悄悄和“老夫子”打招呼:那种场合,她只能那样喊!

江青为张春桥、姚文元撑腰,多次安排毛泽东和两人谈话,撇开陈伯达,说陈伯达“封锁毛主席的声音”。但陈伯达却开不成批判江青的大会。

江青的活动起了作用,毛泽东决定采用张、姚起草的稿子。陈伯达不甘心,他非要争这口气。钓鱼台和米粮库胡同展开激烈的拼搏——九大帷幕还未拉开,陈伯达和江青一伙已经“刺刀见红”了。陈伯达把精心撰写的政治报告,亲手封入一个牛皮纸口袋,并恭恭敬敬地给毛泽东写了一封信,派人送往中南海。他幻想毛泽东会采用。

陈伯达在家里焦急地候盼着。很快有了回音,牛皮纸口袋退回来了,上有毛泽东的批字:“退伯达同志 毛泽东”。

原封不动。毛泽东连封都未拆!对他的稿子不屑一顾!陈伯达伤心地大哭。哭罢吩咐秘书:“送中办印刷厂排印!”秘书不解:“主席不用了,还排印?”“印吧,印吧,留个纪念也好!”陈伯达深感毛泽东对他的信任已不如从前。

陈伯达有野心而无原则。他为讨毛泽东的欢心拼搏了几十年。因投毛泽东所好而跃升第四号人物,今后呢?他有点不寒而栗。他要找新的靠山,改换门庭。好在他那富态的肚子装了好多东西,站在哪一方面都能找出一百二十条理由。雄心勃勃的林彪此时武将济济,正缺少“文臣”,也很欢迎陈来入伙。从此,陈伯达

和毛家湾的电话分外多了起来，有时一谈一个多小时，毛家湾在陈伯达失意苦闷时，不断送去“温暖”。有一次陈伯达在电话里诉苦，叶群则竭力安慰：“你好，老夫子。”叶群接过电话后说：“几天没见了，真有些想念你。……你讲吧，这里就我一个人。”叶群说这里就她一人，可是实际上还有秘书在旁听，还是秘书先接的电话，秘书正想离开，叶群又作手势，再次示意秘书作好记录。“……啊，你想来毛家湾，还有点怕，你怕什么呢？……啊，你说不是怕林彪同志（叶群故意重复对方的话），你对林彪同志还是完全信任的。啊，……你说你怕的是你周围的环境。……你的心情一直很不舒畅，甚至有时候一个人在暗地哭过。……怎么搞的？那几个小的（大概指王、关、戚）过去对你不好，不是都已经处理了吗？……啊，你说问题不是那样简单，……嗯，你说主席对你是好的，林彪同志对你是好的，可是还有人对你不好。谁呢？……总理吗？……那又是谁呢？你不好说。……江不是对你很好吗？……嗯，江不像过去了。……她批评你政治上不成才。……你说心里难过，总想哭。……你想到毛家湾来，又不敢来。……你暂时不来也好。你放心，林彪同志是关心你的，支持你的。……对，一组那里对你的看法也还好，你别伤心。你要注意保重。……你放心，我不会对任何人讲，绝不会。再见！”叶群放下电话后，立刻把秘书作的电话记录收了去。她站起来说：“对你们当秘书的，保不了密。你知道就行了，但不准对别人说。老夫子现在处境很难，总想找我帮助，可是我能帮什么呢？我得找首长去！”

叶群找林彪去了。不难看出，钓鱼台内部以及毛家湾与钓鱼台之间的关系变得更加错综复杂了。

“我是陈伯达。我想和叶群同志讲个电话。”陈伯达给林办打来这样的电话越来越多，尽管他的福建口音很难懂，但他吃力地吐出的这几个字，几个秘书都听熟了。

秘书的责任是每当接到陈伯达这样的电话之后即转报叶群，叶群则是有来必接，一接就同陈伯达在电话上一谈多时。叶群不再让秘书旁听她与陈伯达讲些什么，也不再让任何工作人员代她记下陈伯达对她讲了些什么。这表明，陈伯达在钓鱼台受了冷遇之后，已经得到毛家湾的青睐。“老夫子最近来电话多一些，我本不愿意接，但不接又不好。”叶群大概是以为她与陈伯达通电话过于频繁，会引起林办工作人员的疑心，所以才这样主动到秘书们面前来表白。“他的家庭生活不幸，心情不大愉快，总希望我能给他一些安慰。”叶群又说：“老夫子想吃鲜螃蟹，老郭能想办法帮助弄点吗？”“现在不是吃螃蟹的季节。”一位秘书说。“要吃河螃蟹，还可以帮助想想办法。”“老夫子不要河螃蟹，”叶群说，“你最好给他弄点海螃蟹。”

为了陈伯达能吃上活螃蟹，不惜动用飞机。

不过两天，螃蟹运来北京了。

陈伯达吃上了鲜螃蟹，这自然又使他从毛家湾得到了几分“温暖”。但说“螃蟹有政治”，螃蟹还不就是政治。在毛家湾与陈伯达结下的政治缘分中，又经受了一次新的考验。“文化大革命”以来,河北省保定地区的形势一直很乱。那里分成了两大派:一个叫“红楼派”,另一个叫“工总派”,当地驻军在“支左”问题上也出现了分裂:河北省军区支持“红楼”,三十八军则支持“工总”。所以造成这种两派严重对立和两军对立的状况,原因是错综复杂的,但最直接的原因是陈伯达乱插手。不久前陈伯达曾到保定地区活动过,公开表态支持“红楼”,反对“工总”。还批评了支持“工总”的三十八军。这样。就使趋于联合的两派更加对立了,武斗一再升级.形势更加混乱。“保定地区最近的情况怎么样?”叶群有一次问一位秘书。“还是很乱。”

“有人造谣说首长是三十八军的后台,老夫子是北京军区、河北省军区的后台。在文件中有这种反映吗?”

“在正式文件中还没见到。”

“正式文件指什么?”叶群又问。“指北京军区、河北省军区或三十八军的正式报告。”“非正式文件中有这样的反映吗?”“在当地群众组织的小报中,在个别群众来信中,有过这种反映。”“也难哪!”叶群叹息一声。“老夫子是中央常委、中央文革组长,他支持的.首先也要支持。可是三十八军是首长带过的部队,也不能眼看着不理呀?!两边都支持,在老夫子那里又通不过.说这是和稀泥;只支持一边吧,又过意不去,怎么办好呢?”“毛主席说。两派革命群众组织应当实现革命大联合。”秘书回答说。“部队支左也一样.应当对两派做得对的都支持,使他们联合起来。”

“你说得轻松!”叶群冷笑了一下。“现在我想的不是什么两派联合,而是对老夫子怎么表态。老夫子就是拿那个谣言来将我,问我‘林彪同志是不是三十八军的后台?’我说不是。可是他又说:‘如果不是.林彪同志为什么派自己的秘书去三十八军工作呢’?”“首长什么时候派自己的秘书去三十八军了?”林办秘书不能容忍陈伯达造谣。“可能是指周××。”郭连凯在旁解释说。“就是指的周胖子!”叶群说。“老周这个人也尽给我们找麻烦!他从总政出来后,到哪去工作不好,为什么偏去三十八军呢?都是你老郭搞的!”

“也不完全怪我,是老周自己要去的。”郭连凯笑着解释说:“老周1964年离开林办后,在总政工作得还不错。但‘文化大革命’开始后,总政瘫痪了,老周要求调动一下。他来找我,我报主任,主任也同意。他要去三十八军,是因为这个部队过去能打仗,住得离北京近一些,比较方便……”

“过去的事甭提了!”叶群不让郭连凯再解释下去。“现在的问题是:不能因为一个秘书,叫老夫子为难;也不能为了一个军,丢了一个常委。老郭你去办,把周胖子从三十八军调出来,放到离北京远一点的地方去!”由于叶群的一句话,周××被从三十八军调到了山海关以外的另一支部队。对这次突然调动,周自己在数年之后还感到莫名其妙。周××的调开,对于保定问题的解决没有丝毫帮助。但它是毛家湾向陈伯达作的一种姿态,这姿态意味着什么.陈伯达是不会不懂的。,陈伯达在钓鱼台的冷落中,感受到毛家湾的温暖,又为林彪挥舞起他的笔杆子。陈伯达对林彪最大的一次效忠，是在1970年九届二中全会上，不过. 这是后话。

叶群操纵着这个集团中的文臣武将，在十年动乱中的每一次重大事件中，都以百倍的疯狂，“冲杀”在前面，惟恐落后于人。

在反击所谓“二月逆流”中，叶群代表林彪参加，每次批判会必到，肆无忌惮地对叶剑英、陈毅、徐向前等老帅“开炮轰击”，会后，她向林办的秘书们炫耀道：“我是代表首长参加会议的，不能保持沉默，我说明，叶帅、徐帅在处理‘青海事件’和‘四川事件’等问题上，都是背着首长干的，首长不能替他们承担责任。我还揭露了叶帅背后反对中央文革的言论，叶帅在我发言时怒冲冲地冷眼看着我，准是把我恨死了，但我不怕……”武汉发生“七·二〇”事件时，叶群在毛家湾狂叫：“这简直是翻了天！王力是中央文革成员，打了他就等于打中央文革。主席正在武汉，这也是把矛头指向了主席。”中央文革给当时武汉军区司令员陈再道、政委钟汉华等扣上“七·二〇”事件的“罪魁祸首”的大帽子，弄到北京残酷地批斗。在批斗会上，吴法宪活像一条疯狗. 当着那么多高级干部的面，亲手打了陈再道的耳光。批斗会前，成队成队的军内造反派聚在陈再道、钟汉华被看管的京西宾馆外面，高呼“打倒陈再道，打倒钟汉华”的口号。

叶群说：“这是革命行动，我们应该支持。”她拉着陈伯达和中央文革的几员大将. 亲自坐车到京西宾馆，绕街道转圈，以表示对“革命造反派”的支持。

1968年3月，林彪、叶群和中央文革一起，又以突然袭击的手段打掉了杨成武（代总参谋长）、余立金（空军政委）、傅崇碧（北京卫戍区司令员）。说他们是“王、关、戚的黑后台”、“二月. 逆流的新反扑”，是“反革命阴谋”。

为了造声势，叶群和江青等在北京工人体育场组织了十万人的大会，当众宣布了撤销三人职务的命令。全国各大中城市闻风而动，声讨、示威、游行、铺天盖地的大标语，场面之壮观，声势之浩大，超出事件制造者的预料。这就是震惊全国的“杨余傅事件”。强加给三人的罪名，纯系随意捏造，一条都不能成立。真实的原因，是这三个军队的重要领导人对林彪一伙不顺从，被认为对林彪不忠。林彪要借机排斥异己，安插亲信，把这三个人掌握的军队大权转移到其亲信手里，扫除篡权的障碍；同时，以此为引线，打倒陈毅、徐向前、聂荣臻、叶剑英等老帅，由他们完全控制军队。

我们还是看看事情的内幕吧。

林彪原想把杨成武拉到自己一边，打倒罗瑞卿后，是林彪推荐杨为代总长的。但林彪想进一步观察、考验杨成武，便加了个“代”字，1967年9月成立军委办事组，杨成武又担任组长。但仅过半年，杨成武便被打倒，根本原因，是林彪认为他“不忠”。杨成武崇敬毛泽东。开始，对“文化大革命”的战略部署，他也尽力紧跟，但随着“文革”的深入，杨成武处在“夹缝”中。林彪、江青一伙同周恩来和老帅们的矛盾斗争日益尖锐。周恩来和老帅指示这样干，林彪、江青却指示那样干，毛泽东有时站在这一边，有时站在那一边。他这个代总长常感到无所适从。但从感情上，他更倾向于毛泽东、周恩来和各位老帅，和江青、林彪保持距离。他自觉不自觉地帮助周恩来处理一些问题。1967 年 7～9 月，毛泽东巡视大江南北，毛泽东指定杨成武随行。一路上，毛泽东不断地和各方面的人物谈话。自然，杨成武也不例外，毛泽东和杨成武议论过林彪。他手指着林彪“四个伟大”的题辞说：“谁封我四个官啊！”“什么永远健康，难道还有不死的人吗？”毛泽东又转过身来，语重心长地对身边随行者说：“你们不要宣传这些，要讲马克思主义万岁，讲马列主义万岁，不要宣传个人，否则将来要吃大亏。”

回到北京，叶群问杨成武：“主席最近讲到林总什么事没有？”杨成武没对叶群讲，却对周恩来和几位老帅讲了。林彪、叶群后来得知此事，对杨成武十分反感。

1967 年底，京西宾馆礼堂举行文艺演出。邀请中央文革碰头会的人出席观看。杨成武叫秘书打电话给叶群，希望她也去。如果很忙，由她自己定是否出席。因为江青也出席了，叶群回来后大骂杨成武，问为什么不通知林彪去？认为杨成武有意制造“林彪慢怠江青”的印象，是在“无产阶级司令部”内制造猜疑。她大骂杨成武：“你杨成武的眼下还有一个林总吗？你没有看到罗瑞卿、肖华的下场吗？你要走罗瑞卿、肖华的老路吗？小心我打断你的脊梁骨！”更可笑更荒唐的是，毛家湾对杨成武的不满竟来自空军党委办公室工作人员之间的矛盾纠纷。他们分成两派：一派是党办主任王飞、科长周宇驰、副科长何汝珍等，另一派包括副科长卫某和吴法宪、余立金的秘书等人。他们都想压垮对方，关系非常紧张。卫某在闲谈中说过，林彪讲“毛主席健在，我们是大树底下好乘凉”这句话不科学，王飞便给他扣上“反对林副主席”的帽子，把他打成“现行反革命”。不久，杨成武的秘书先后接到两封匿名信，揭发王飞等依仗吴法宪，整人于死地，玩弄少女致孕等丑行。杨成武知道王飞等和林立果的关系非同一般，把信转给林彪处理。叶群把信转给吴法宪，吴法宪交给了王飞等人。王飞见有人告他们，火冒三丈，经过核对笔迹，他们断定是余立金的秘书所为，便挖空心思寻找借口把他整倒。杨成武的女儿杨易在空军报社工作。因为刚来，人地生疏，余立金叫自己的秘书多照顾她，因此二人接触多些。王飞等人利用这一点，叫秘书的爱人写证明，诬二人有“男女关系”问题。秘书的爱人坚决不干。他们又逼吴法宪下令把那位秘书隔离起来。吴法宪开始还犹豫：“余立金是空军政委，抓他的秘书，不经过他，行吗？”吴也知道王飞等和林立果的关系，又说：“你们逼我签字，不是要夺我的权吗？”

王飞通过林立果，把事情告诉了叶群。叶群大骂吴法宪：“谁要夺你的权？告诉你，杨成武和余立金勾结，要夺你的权！”

吴法宪是毛家湾的走狗（吴曾亲口说过此话）自然不能违背主人的意志，果然下令把余立金的秘书“隔离”起来。余立金要吴法宪放人，吴不理；杨成武要吴放人，吴因有毛家湾撑腰，仍有恃无恐。

本来是工作人员间的矛盾纠葛，于是演变成吴法宪和杨成武、余立金之间的斗争。毛家湾完全站在吴法宪一边。林彪和叶群早把杨成武视为异己，对余立金也为何不满呢？原来，余立金也不顺从毛家湾。1967年春天，空军党委调研小组写了一篇文章，标题是《以林副主席为光辉榜样永远忠于毛主席》，执笔者是林立果和林家死党周宇驰、刘沛丰。余立金审阅文章时提出："这样提法不妥，还是改一改。"毛家湾对此十分反感。967年7～9月毛泽东南巡时，余立金也是随行人员。回京后，余向周恩来报告了毛泽东的一系列指示。周关照余，对主席的指示，你没有传达任务。吴法宪一夜三次来找余立金，要他传达毛泽东巡视时的指示，最后一次抬出林彪，说："林副主席要听"，余立金都没有答应，这也招致毛家湾的疑忌。

这里引述几条林彪、叶群搜集来的"罪证"，于此可见余立金不容于林彪的原因。：

——一九六五年，余立金在南京毛主席著作集训班疯狂叫嚣："毛主席也有缺点，.也可以提意见么。，，公然把矛头指向毛主席。

——余立金在传达林副主席关于三八作风的指示时，刷有用心地诬蔑攻击说："这不是三八妇女节啊！""我是不懂啊！林副主席的话很深奥，什么灵活机动的战略战术，我更不懂了！"

——北京空军党委给中央文革的报告中提出："一定要把大权集中在以毛主席和他的亲密战友林副主席手中"，余立金狗胆包天，竟敢把"和他的亲密战友林副主席"删掉。

——一九六四年十二月，余立金对空军政治部下部队检查工作的三个工作组长讲："突出政治，对农民来说，就是多打粮食；对工人来说，就是要多增产钢铁；对飞行部队来说，就是要完成训练任务，保证飞行安全。"公然反对林副主席关于突出政治要落实到思想革命化的指示。

——极端仇视、反对江青同志。南京空军党委关于"九大"问题意见的报告中提到：群众一致建议"把江青同志选入中共中央委员会"。余立金极为不满地说："写的水平不高，'把江青同志选入中央委员会'这段话不要了。"

——一九六二年，刘少奇在七千人大会上抛出所谓"三分天灾，七分人祸"的黑报告，余立金竭力拥护，得意忘形地说："刘主席的话，很有道理，使人听起来心服口服。这样一来，可以不被一比九限制了。"……

至于林彪一伙急于打倒傅崇碧，是嫌他不听使唤，给他们迫害打击老干部制造障碍，"坏了他们的事"。他按周恩来的吩咐，保护过贺龙；他叫警卫战士给关押着的黄克诚买过水果；他把"'七·二〇事件'的罪魁祸首"锁在电梯里，切断电源，躲过了"造反派"的疯狂迫害；他把30多位国务院部长级以上的干部，神不知鬼不觉地送到卫戍区在京郊的营房保护起来，免受动乱的冲击；他曾向毛泽东反映运动中老干部遭受的种种体罚和折磨，引起了毛泽东的注意；他在力所能及的范围内，尽量沟通毛泽东和老同志之间的联系，让毛泽东多听听他们的声音。

这一切都令毛家湾和钓鱼台咬牙切齿。他保护的那些"老家伙"，都是横在他们阴谋道路上的障碍，都在他们预谋清除之列。傅崇碧既然被林彪和江青一伙所痛恨，北京卫戍司令那样关键的位置，岂能由他担任！这便是问题的本质。什么“武装冲击中央文革”、“勾结杨成武要夺谢富治的权”，都是无稽之谈。“杨余傅事件”后，林彪的几员大将都得到提升：黄永胜为总参谋长兼军委办事组组长和中央专案组第二办公室主任；吴法宪为副总参谋长兼空军司令和军委办事组副组长；李作鹏为副总参谋长兼海军政委；邱会作为副总参谋长兼总后勤部部长；李作鹏、邱会作、叶群都成为军委办事组成员。新的军委办事组成立后，军委常委便停止活动，不再开会了，叶剑英等各位老帅的文电都停止发送，军委办事组取代了军委常委会，林彪集团把持了军队的领导权。1969 年，林彪对他的几员大将说：“军队的权力就集中在你们几个人身上”，“不要把权交给别人”。

林彪集团向着夺取党和国家最高权力的目标，大大前进了一步。光明灿烂的前程，似乎已向他们招手了。

又过了一年，中共九大召开，锦上添花，林彪、叶群都达到了膨胀的顶峰。中共九大于 1969 年 4 月 1 日至 24 日在北京召开。这次大会，没有任何积极建树，应当说是中国共产党的历史上最糟糕的一次代表大会。九大的最突出的特点，是自始至终为极“左”思潮和个人崇拜的狂热气氛所笼罩。毛泽东一个简短的开幕词，竟被高呼“万岁”的口号声打断几十次。彪集团在九大得到的收获，真正是“最大最大最大的”。林彪以接班人的身份，向大会作政治报告。林彪的几员大将，包括叶群，全部进入中央政治局。

九大开幕的那天，主席台前排的排法很别致，给人留下强烈的印象。毛泽东居中（别人当然没有资格），左侧依次是：林彪、陈伯达、康生、江青、张春桥、姚文元、谢富治、黄永胜、吴法宪、叶群、汪东兴、温玉成。右侧依次是：周恩来、董必武、刘伯承、朱德、陈云、李富春、陈毅、李先念、徐向前、聂荣臻、叶剑英。其寓意明显：左侧的都是“左派”，右侧的呢？九大前毛泽东对陈毅说过：“你可以当右的代表。”

林彪的两员大将李作鹏、邱会作虽未在前排就座，但他们在九大选举后的职务超过除周恩来以外的右侧所有的人。九大最引人注目的事莫过于正式规定了林彪的接班人地位，这在所有各国共产党的历史上，都是“史无前例”的，以当今之世界潮流目之，大概也是“绝后”的。

九大通过的《中国共产党章程》在“总纲”中写道：林彪同志一贯高举毛泽东思想伟大红旗，最忠诚、最坚定地执行和捍卫毛泽东同志的无产阶级革命路线。林彪同志是毛泽东同志的亲密战友和接班人。犹如封建皇朝之“建储”，完全违背了马克思主义“发展、变化”的根本原理，也把民主集中制的组织原则完全丢诸脑后。九大对林彪集团来说，收获虽是“最大最大最大的”，但在大会的最后阶段，叶群却渡过了一段惶恐不安的日子。

在党的“九大”上，林彪、叶群的“紧跟”都得到了相应的高额报酬：林彪成了正式载入党章的主席接班人，叶群成了中央政治局委员。但外人很难知道，就在政治局委员选举的这个当儿，他们的“紧跟术”险些失灵。

"九大"还没开完,叶群就在林办内部放空气说,"这次开过'九大',我就要退下来了。我其实也没作什么大的贡献,只不过是被运动推上来的。这样也好,参加上层会议活动少了,我也该抽空好好学习了。"一向目空一切、狂妄自负、贪婪权位的叶群,此时忽然变得谦虚而老实起来了,这不是有点怪么?考察一下她说这些话的背景,也并不奇怪,起因在江青身上。一段时间以来,毛泽东对江青的作为非常不满,甚至有些气愤。

每当江青在毛泽东面前的日子不好过时,叶群就去"和稀泥",实际上是替江青找台阶。叶群回到毛家湾,也常不加掩饰地透露毛泽东说她是"八级泥瓦匠"。到了召开"九大"时,毛泽东几次提出"不准江青进人政治局"。这个动向,叶群知道得比谁都更清楚。她曾为江青辩护,但无济于事。江青如果被挡在政治局门外,叶群还值得一提吗?如果叶群进不了政治局,她曾在林办工作人员以及其他一些人面前大摆的"党和国家领导人"的架子怎么能容易放得下呢?但事已至此,她不得不作点"舆论准备"。不怕一万,就怕万一。因此,她在政治局委员选举前夕故作"退出"姿态就不足为奇了。

在绝望之下,又产生了转机。酝酿政治局委员候选人名单的工作班子,使江青、叶群又产生了某种希望。这个班子共有三个人:周恩来、康生和黄永胜。康生是钓鱼台的喉舌,黄永胜是毛家湾的代理人。因此尽管有周恩来作中流砥柱,但在这个阵容里很难改变二对一的局势。1969 年 4 月的一个下午,即九届一中全会进行政治局委员正式选举的前一天,毛泽东召集这个工作班子最后商定政治局委员、候补委员候选人名单,江青、叶群都名列其上了。这一消息,很快便传到毛家湾。

一天下午四点多钟,吴法宪兴冲冲地给林办来电话:"我想请叶主任接个电话!"

"她正准备休息",秘书说,"请吴司令员在叶主任起床后再来电话吧!""那么,请你转告也行。"吴法宪说,"最好现在就转,不要等她起床。""现在就转告,会影响她休息。"叶群早关照过,她休息时,除了毛泽东、林彪外,其他任何人的电话都不得转给她。"不会,她听到这个消息后会高兴的。"吴法宪满有信心地说。"你就讲我来电话说,黄已从主席那里出来,一切都很顺利。根据叶主任的嘱托,我已经向黄咬了耳朵,请叶主任放心好了。……你就报告这么几句就行了。"

"吴司令的这几句话,我听不大懂。""你如实转告,叶主任是会听懂的。""叶主任明白你讲的'一切很顺利'和'咬了耳朵'是什么意思吗?""她会明白的,她也会高兴的。"吴法宪可能嫌秘书啰嗦,把电话挂上了。

秘书在去叶群卧室的路上,心中琢磨吴法宪这个不明不白的电话的含义。他在这样的时候向叶群作这样的通风报信,又说叶群听后会"高兴",这肯定与即将举行的政治局委员选择一事有关。莫非叶群想进政治局的美梦有指望实现了?叶群的卧室还开着灯,几个内勤正在帮助她作各种睡前准备,但她显然已经上床了。"张秘书来了。"一个内勤报告叶群。

“你有什么事？不能等我起床再说吗？”从屏风后传来叶群的声音，这声调是有几分恼气的。“吴司令来了电话，让立即转告，并说主任听后会高兴的。”“你说吧，吴胖子来电话说了些什么？”叶群的口气顿时变得温和了些。秘书把吴法宪的电话内容照原话转述一遍，然后故意加上一句：“我对吴司令说，我对他的话听不大明白，他说主任是会明白的。”“你去吧。如果我还有不明白的地方，直接问吴司令好了。”叶群明显带着激动和高兴的腔调。当天晚上，林办的几个秘书正在办公室议论关于政治局委员选举的事，林立果气喘吁吁地跑了进来。“各位秘书大人，我告诉你们一件事，你们快帮我出出主意。”林立果歪着头，斜着眼睛扫了一下在场的郭连凯、李文普、张益民、李春生和张云生等几位秘书，笑眯眯地问：“你们肯帮忙吗？”“老虎，你说吧！”郭连凯说。“主任刚才对我讲了个秘密，她还央求我帮忙呢！”林立果还歪着头，但他收起斜眼看人的神气，话中露出一点乳臭未干的天真味道：“主任对我说，老虎，明天就要进行政治局委员的选举了。这是妈妈的关键时刻。如果妈妈当不上政治局委员，就什么都完了。你爸爸虽然地位很高，但他身体不好，最近还怀疑得了癌症，还能活多久？妈妈还年轻，将来你就得依靠妈妈了。你如果能帮妈妈一把，使妈妈能够顺利地渡过这一关，将来妈妈当上了政治局委员，你要什么就给你什么。”“主任让你帮她什么忙呢？”郭连凯问。“是啊，我也问她，我能帮你什么呢？她说，老虎，现在除了你，谁也不行了。她又告诉我，她前些天和首长吵了一架，正巧，吵架后，主席就约首长去参加一次会。在会上，主席生气地说，不能让江青进政治局。首长也说，主任也不行；首长还说了主任的一些坏话。这些情况，后来由参加会议的黄永胜告诉了主任。主任现在很后悔，说早不吵，晚不吵，偏在这个当儿吵，弄得一连几天不敢和首长照面，今天她听说，最后商定的政治局委员候选人名单又有她了，所以特别高兴。可是她又听说，总理和黄永胜受主席的委托，要在今天晚上到毛家湾来，征求首长对候选人名单的意见。主任特别担心总理前来，因为怕首长一气之下把她的名字从候选名单上勾掉，那就彻底吹了。主任说，无论如何要阻止总理到毛家湾，只要不来，那个名单就成定局了。可是怎样阻止总理呢？惟一的办法就得靠首长亲自发话，假装说首长现在正出汗，首长完全尊重主席召集小型会议商拟的候选人名单，请总理不要来了。这个活，主任现在不敢见首长，是说不上去的，而让我去帮她说。她让我帮忙，就是帮干这个事，你们说我能帮吗？”秘书们听罢林立果的这番暴露叶群丑恶原形的叙述，一个个目瞪口呆。但没有人敢明确表态：“这个忙不能帮！”

这一夜，一直到天明，也没见到周恩来到毛家湾来。不难推想，这是叶群玩弄的“帮忙”把戏奏效了。

清晨五点多，林办收到周恩来致林彪的一封亲启信，信封上标有“特急”字样。这很可能是关于政治局委员选举问题的材料。由于“九大”以前林办讲文件的秘书可以在“特急”情况下拆开彬彪的“亲启”件（叶群的亲启件、特别是标有“他人勿拆”字样的亲启件，工作人员一律不得代拆），秘书把这封亲启件拆开，一看果然是印好的政治局委员、候补委员候选人名单（选票清样），并附有周恩来亲笔写给林彪的一封信。宿的大意是，主席在昨天下午召集小型会议，最后商拟了政治局委员、候补委员候选人名单。会后，主席委托我和黄永胜到林彪处征求意见，但听说林彪身体不适(!)，就没有前来。现在，把这个名单印成选票清样送林彪过目，如果林彪有不同意见，望速告；如果同意，即照主席原定方案，于当日下午召开九届一中全会进行正式选举，对名单中提出的21名政治局委员，4名政治局候补委员的人选，周恩来在信中没作具体说明。但名单中的字形大小和姓名排列，是很不寻常的。25名候选人的名字分成三种字体：毛泽东和林彪排在最前，用的是一号铅字；周恩来和陈伯达、康生，用的是三号字；再以下，以叶群为首(因以姓氏笔画为顺序)，用的是四号字。秘书看过文件后，急忙到林彪、叶群那边看看动静，以便及时讲上去。这时，林彪刚刚起床；叶群则一夜没睡，还在忙着什么事。照毛家湾的规矩，这样的文件须先报叶群，因此秘书到了叶群的卧室外。"主任还没休息吗?"秘书问一位内勤。"没有。"这位内勤说。"一整夜都在打电话，现在也不犯困，可精神呢!" 秘书进去后，向叶群报告周恩来的信和那份候选人名单。

"首长起床了吗?"叶群问。她通宵忙碌，但似乎没有一点倦意。"起床了。"

"那好，你去给首长讲讲吧。"叶群显然很兴奋，但还有点不放心。"你给首长讲过后，首长如果说画圈，那就算了；首长如果要批什么，你要先告诉我，不能急于批。这是主席定的名单，首长随便批什么不好。"秘书来到林彪客厅。林彪见秘书这样早就找他，惊奇地问："有什么事吗?"秘书先报周恩来的信，后念那份名单。为了使林彪注意叶群的名字和这名字在名单中所处的前茅地位，秘书特意把"叶群……江青"之间的几个名字重复了两次。

"政治局委员候选人的名字，是按姓氏笔画排列的吗?"林彪问。

"一般是的，但不全是。"秘书说："主席、首长在最前，用的是大号铅字；总理、陈伯达、康生用的是三号字，这以前都不是按姓氏笔画；叶群以下，用的是四号字，全按姓氏笔画。"林彪抬起右臂，用食指在空中画了个圆圈，示意秘书代他把文件圈退总理。林彪再没吭声。林立果散布的那个"可能一气之下"的幻影，此时完全破灭。秘书又回到叶群的住室，报告林彪听讲文件后的表态。叶群正在她的卫生间打电话，卫生间的门是半掩着的，叶群打电话的声音清晰地传了出来，听得出和她讲电话的是周恩来。只听叶群喋喋不休地在说："总理不到毛家湾来是对的，这是林彪同志亲自叫我劝说总理不要来的，他不会有什么感觉。他说他有点汗，又说总理实在很忙，他完全尊重主席召集小型会议提出的候选人名单。……是的，他是这么说。……他虽然有点汗，但问题不大，不会影响参加今天下午的选举。"叶群说的全是谎话。昨天晚上，他何曾见过林彪呢? 叶群讲完电话后走出来，见秘书坐在这里，问："你等半天了吗?"

"我刚从首长那里来。"

"首长怎么表态的?""首长只让画圈，没说什么。"那好!"叶群心上的一块石头落了地。"总理刚才在电话上说，只要首长没有不同意见，文件就不用圈退了。”一夜没睡的叶群,次日上午又没合眼。下午三点就要举行正式选举,她的兴奋加不安的情绪已达极点。怎能睡得着呢?中午,叶群找林彪的警卫秘书李文普问:“首长下午要去参加中央全会,你做好准备了吗?”

“准备好了。”“你要备好车,但不要动身太早,按时到达就行了。”“不会动身太早。”李文普说。“每次去参加会。首长一般都提前到十分、八分钟,先在休息室坐一下,等主席到.然后再进会场。这次也准备这样。”“这次不必这样。”叶群说:“这次只按下午三点到会,只要路上的时间够用就行。到后就进入会场,不必留下休息时间。”李文普对叶群的这种布置感到有些奇怪,因为他不知道这其中的奥妙。叶群的用心是:她曾在电话上说过谎,编造林彪“出汗”以阻止周恩来前来毛家湾,生怕林彪到场过早,周恩来万一问起他“出汗”的事,叶群就会大出其丑。如果真成了那样,林彪再来个“一气之下”,叶群是承受不起的。

下午的选举结果,可想而知。中共九大,林彪集团的势力达到顶点。但正如中国一句极普通的话:“物极必反”,九大后不到一年,林彪集团开始走下坡路。

此中原因极其复杂,它的许多内幕,至今还令人深感扑朔迷离。从表象来看,有林彪野心膨胀的因素,也有因此引起毛泽东警觉的因素。不管怎么说,林彪集团感受到一种威胁:接班人的地位可能不稳,江青集团的势力有超过他们的可能。1969年10月17日,林彪背着毛泽东,以“加强战备、防止敌人突然袭击”为由,擅自发布“林副统帅第一个号令”,调动全军进入紧急战备状态,黄永胜于18日将此令下达全军。19日,林办用电话记录方式,以急件传阅报毛泽东。这样大的事,事先不请示最高统帅,这意味着什么呢?靠长期战争打下天下的毛泽东当然比任何人都懂得军权的重要性。林彪那么狂热地制造个人崇拜,毛泽东不能不警惕它背面的含义。还在1966年“文革”之初,毛泽东给江青的信中就表示了“很不安”。九大新党章和政治报告的初稿,都写上了林彪的一段话:“毛泽东同志天才地、创造性地、全面地继承、捍卫和发展了马克思列宁主义、把马克思列宁主义提高到一个崭新的阶段。”这是林彪在《(毛主席语录)再版前言》中的一段话,毛泽东在审阅九大文件时,把“天才地、创造性地、全面地”三个副词删掉了。这个情况,林彪、江青两个集团的成员当然都知道。1970年3月,毛泽东提出召开四届人大和修改宪法的问题。讨论这个问题的政治局会议上,陈伯达、吴法宪坚持新宪法要写上“三个副词”,康生、张春桥则表示反对。设不设国家主席,林彪集团主张设,江青集团主张不设(这也是毛泽东的主张),因此会上发生争吵,特别是吴法宪和张春桥吵得很厉害。陈伯达、吴法宪甚至给张春桥扣帽子,说他“反对称毛主席为天才”,“是蓄意贬低毛泽东思想”。当时,这是大得吓人的帽子,足以引起“全党共诛之,全国共讨之”的。会后,叶群给吴法宪打气:“林总说,你抓住了眼镜的辫子,这一炮放得好,有劲头,你立了一大功。”生争吵,其实不在于争论的问题本身,林彪集团是想以此打击江青集团,巩固接班人的地位。

1970年8月,中共九届二中全会在庐山召开。林彪集团想利用这个机会,狠整江青集团一下子,至少揪出张春桥“千刀万剐”,不叫江青一伙的势力超过自己。为此,林彪集团作了认真的准备。他们认为“称天才”(继续高举个人崇拜的大旗)和设国家主席这两件武器,最易争取多数,致张春桥等于灭顶之灾。于是,由叶群指挥,林彪集团的成员一齐上阵,用重炮猛轰江青、张春桥一伙。

会议一开始,林彪集团就按照事先商量好的口径,紧张行动起来。会议原定议程两项:一、讨论和修改将要在四届人大提出的新宪法草案;二、讨论国民经济的年度计划。8月22日的政治局常委会,毛泽东建议增加一项:谈一谈当时的形势问题,说这个问题大家有兴趣。全会即将开幕前,九大选出的中央政治局常委,毛泽东、林彪、周恩来、陈伯达、康生在礼堂小会议室集合,毛泽东问周恩来、康生:“你们谁先讲啊”?(原来毛泽东提议周讲形势·康讲修改宪法问题,故有此问。)毛泽东话音刚落,林彪突然说:“我要讲点意见。”议定九届二中全会议程时,并没有林彪讲话一项。但副主席和接班人要讲点意见,也是顺理成章的事。毛、周、康都同意·但林彪要讲什么,几个凿丞由.事先只有陈伯达知道。于是,毛泽东宣布开会后,林彪首先讲话。林彪讲了开场白之后,逐渐转入正题。他说:

——毛泽东同志是最伟大的马克思列宁主义者,毛泽东同志天才地、创造性地、全面地继承、捍卫和发展了马克思列宁主义,把马克思列宁主义发展到一个崭新的阶段。

——我们有今天的胜利,决定性的因素就是毛主席。

——这次我研究了这个宪法草案,表现出这样一个特点,就是肯定毛主席的伟大领袖、国家元首、最高统帅的地位,肯定毛泽东思想作为全国人民的指导思想。这一点非常重要,非常重要。

——我们的工作的前进或是后退,是胜利或者是失败,都取决于毛主席对中央领导地位的巩固还是不巩固。这个领导地位,就成为国内国外除极端的反革命分子以外,不能不承认的。

——我们说毛主席是天才的,我还是坚持这个观点。

——毛主席个人的这种天分、学问、经验来创造出新的东西来。

——你们大家是不是觉得老三篇不起作用呀?我觉得这个东西还是起作用。

——有人说毛主席对马列主义没有发展,这种观念是不符合马列主义的起码原则,是反马列主义的。这是值得我们同志们深思的,尤其是在中央的同志值得深思。因为他那个中央不同。

林彪反复讲他的那些观点,讲了一个半小时,与会者大都认为他是代表中央讲话。因为毛泽东多次明确表示,不设国家主席,他不担任国家主席,所以林彪不敢直接提出,而较隐晦地提“国家元首”实则还是坚持要设。晚上,周恩来召集政治局和各大区的负责人开会,安排各组讨论会议原定的内容,吴法宪按着林彪集团的预先布置,提出要播放林彪讲话的录音,各组进行学习、讨论。大多数人附和吴法宪的意见。周恩来根据大家的意见,决定24日上午播放林彪讲话录音,下午分组讨论、学习。24日上午8时,除毛泽东、林彪外,参加九届二中全会的全体人员听林彪讲话录音,反复听了两遍。在播放录音过程中,又有人提议将林彪的讲话稿印发给大家,到会者都鼓掌表示支持,请示毛泽东,毛也同意,并说:“由林彪同志审定后印发。”

分组学习讨论之前,叶群对四大将和陈伯达说:你们要在各组带头发言。她又为发言规定统一口径:“要表态拥护林副主席讲话,坚持天才观点。坚持设国家主席,但暂时可不提,以免被动,发言中集中攻“陆定一式的人物”,但不要点名,不要涉及康生,以免打击面太宽。发言中绝不要涉及江青,否则就要碰壁,发言时要用眼睛表示自己的感情。”下午,毛家湾各大将:叶群、陈伯达,果然按照林彪的统一号令,一齐出动,发出一串串炮弹,对着张春桥猛攻。

为了增加攻击力,陈伯达发挥理论家的才能,选印了“恩格斯、列宁、毛主席称天才的语录”,要各大将在发动攻击时引用、宣讲。伯达在华北组发言:

——我完全拥护林副主席昨天发表的讲话非常好、非常重要、语重心长的讲话,林副主席说,这次宪法中肯定毛主席的伟大领袖、国家元首、最高统帅的地位,肯定毛泽东思想作为全国人民的指导思想。这一点非常重要,非常重要,写上这一条是经过很多斗争的,可以说是斗争结果。

——现在竟然有人胡说“毛泽东同志天才地、创造性的、全面地继承、捍卫和发展了马克思列宁主义,把马克思列宁主义提高到一个崭新的阶段”这些话是一种讽刺。

——有人利用毛主席的谦虚,贬低毛泽东思想。

——有人说世界上根本没有天才,但是他认为他自己是天才。我们知道,恩格斯多次称马克思是天才,他的著作是天才的著作。列宁多次称赞马克思是天才,斯大林也称马克思、列宁是天才。我们也称过斯大林是天才。否认天才,是不是要把马克思、列宁全盘否定呢?

更不要说要把当代最伟大的天才一笔勾销。我看这种否认天才的人无非是历史的蠢才。

——有的反革命分子听说毛主席不当国家主席了。高兴得手舞足蹈。

陈的福建乡音太重,别人听不懂,能听懂的人不断替他“翻译”。说到“手舞足蹈”时,他还站起来比画一番。

中南组,叶群发言:“林彪同志在很多会议上都讲了毛主席是最伟大的天才。说毛主席比马克思、列宁知道得多、懂得多。难道这些都要收回吗?坚决不收回,刀搁在脖子上也不收回。”法宪、李作鹏、邱会作都按叶群布置的统一口径,分别在各个小组会上带头出击。黄永胜没有上山。那是因为周恩来要他留守北京,说会议后期派人来换他,他只好不情愿地留下。但他打来长途电话,要秘书代他写书面发言:“要指出有人说天才地、创造性地、全面地发展了马列主义是‘讽刺’,是反毛泽东思想,反党的八届十一中全会公报。”除了带头炮轰之外,各大将还分别串联三军的中央委员、候补中央委员,跟着他们一起轰。各组不明真相的人听说有人竟敢贬低毛泽东思想,竟敢否认毛泽东是天才,都非常义愤,纷纷发言表态。一时形成了要张春桥灭顶的狂浪。

其中华北组的发言火药味极浓。长期在毛泽东身边的汪东兴也没有识破林彪集团的诡计。他在华北组作了长篇发言："拥护林副主席的讲话，中央办公厅机关和八三四一部队在讨论修改宪法时，热烈希望毛主席当国家主席，林副主席当国家副主席""建议在宪法中恢复'国家主席'一章"。汪东兴还激动地说："刚才陈伯达同志的发言，我也同意，这种情况是很严重的。我们党内还有这样的野心家，这是没有刘少奇的刘少奇路线，是刘少奇反动路线的代理人。"华北组还出了由召集人李雪峰、吴德、解学恭三人签发的第2号简报。从中可以看出那些中委、候补中委们是怎样的被林彪一伙煽动起来：——大家热烈拥护林副主席昨天发表的非常重要、非常好、语重心长的讲话，以为林副主席的讲话，对这次九届二中全会具有极大的指导意义。

——特别是知道了我们党内，竟有人妄图否认伟大领袖毛主席是当代最伟大的天才。表示了最大、最强烈的愤慨，认为在经过了四年文化大革命的今天，党内有这种反动思想的人，这种情况是很严重的。这种人就是野心家、阴谋家，是极端的反动分子，是地地道道的反革命修正主义分子，是没有刘少奇的刘少奇反动路线的代理人，是帝修反的走狗，是坏蛋，是反革命分子，应该揪出来示众，应该开除党籍，应该斗倒批臭，应该千刀万剐，全党共诛之，全国共讨之。"——大家忠心拥护宪法第二条增加毛主席是国家主席、林副主席是国家副主席和宪法要恢复国家主席一章的建议。林彪听秘书念了这份简报后说："听了那么多简报，数这份有分量，讲到了实质问题。"华北组2号简报一出，会议整个气氛大变。会上会下议论纷纷，"揪出万恶的反革命"的呼声大有响遍庐山之势，会议的日程全被打乱。

此时的叶群，兴奋得两眼闪着火一样的光，三个月前，她曾赋诗一首，其中有"相将奋起卫红旗"，叶群对这句十分得意，说是"警句"。她解释道："我们有相也有将，相就是陈伯达，将就是黄、吴、李、邱，现在要将相一起奋起，保卫林副主席。"现在看到这"相将奋起"的局面，叶群得意地笑了。但笑过后，她又有一丝惆怅和不安："三个副词"是最高几次圈掉的，设国家主席是最高明确反对的，现在虽然借助群众的力量形成一种巨大的声势和压力，令对手江青、张春桥、康生们一时处于被动，但在具有绝对权威的最高统帅那里，就通过吗？叶群最担忧的事，果然发生了。绝大多数与会者"揪出万恶的反革命分子"声浪中，江青一伙一时不知所措，8月25日，江青带着张春桥、姚文元紧急去见毛泽东："主席！不得了哇！他们要揪人！"

居然有人向毛泽东的绝对权威提出挑战，而且"蒙骗了200多个中央委员"。

如果听任这种趋势持续下去，局面就会不可收拾，毛泽东的主张会被否定，林彪一伙就会更加猖狂。毛泽东采取了"急煞车"。8月25日下午3时，毛泽东召集中央政治局常委扩大会，政治局委员和各个区召集人参加。毛泽东作了三项指示。、立即休会。停止讨论林彪在开幕式的讲话。二、收回华北组第2号简报。三、不要揪人，要按九大方针团结起来。陈伯达在华北组发言是违背九大方针的。

毛泽东还十分严厉地说："你们继续这样，我就下山，让你们闹。设国家主席的问题不要再提了,要我早点死,就让我当国家主席。谁坚持设国家主席,谁就去当,反正我不当!”他还对林彪说:“我劝你也别当国家主席,谁坚持让谁去当!”毛泽东又写了《我的一点意见》,对陈伯达进行总清算,说他的发言是“谣言”和“诡辩”,“根本不懂得马克思”,说他“煽风点火,唯恐天下不乱”,要“炸平庐山,停止地球转动”。会议决定,对陈伯达进行审查。风向陡转。有毛泽东支持,江青一伙稳住了阵脚。林彪、叶群一伙狼狈败退。

周恩来受毛泽东委托,要几员大将检讨,叶群极力打气,要他们顶住。叶群几次给吴法宪打电话:“你为了捍卫毛主席思想,主观动机是好的,不要检讨。”后来,看到吴法宪不检查过不了关,又对他交底:“你犯错误不要紧,还有林彪、黄永胜嘛。只要不牵涉到他们二人,大锅里有饭,小锅里好办。林总在主席那里说话了,你的职务不会动。”

林彪也出面保自己的死党:“军队的老干部都是炮筒子,说话走火,本来是好事,给他们弄遭了。这些老干部是经过几十年枪林弹雨的,国家还得靠他们。”他又对吴法宪说:“你没有错,不要检讨。”有一次康生对林彪说:“吴法宪讲假话。”林彪立即顶了回去:“他不是说假话的人,他跟我几十年,没有听到他说过假话。”

8月31日晚,叶群和黄、吴、李、邱密谈了4个小时,订立攻守同盟:

第一,山上山下(林彪一伙在庐山,黄永胜开始在北京)没有联系。叶群说:“现在他们还没有发现黄总长同我们在庐山的活动有联系。我们要坚持上山前没准备,山后没联系。”第二,发言时不要涉及林彪、叶群、黄永胜。叶群特别关照吴法宪说:“林总说你不讲假话,你就要顶住,不能承认说了假话。不然,林总的话就站不住脚了。”第三,吴、李、邱只讲自己,互相之间不涉及。

最后,叶群强调:“这场斗争有得有失,大家不要着急,锅里有饭不愁碗里空。”第二天,黄永胜把各大将的秘书召集一起,指示道:“这次会上的问题,回去谁也不能说。上不传父母,下不传妻子儿女,谁泄密,按党纪国法处理。”

为了保住林彪集团的基本骨干,叶群带着黄、吴、李、邱四员大将硬着头皮去给江青“负荆请罪”。“哎呀!太劳驾了!”她迎上前去,同叶群又搂又抱:“本来是我要去看望林副主席的,可是,林副主席说你们要来。我没法,恭敬不如从命啊!”叶群说:“江青同志,当然是我们应该来看您。一来是向江青同志告别,二来是听取江青同志的批评。这次我们上了陈伯达的当,犯了错误,林副主席多次批评我们,辜负了主席的教导,对不起江青同志。一定要我们来向江青同志道歉,请江青同志原谅。”江青拉着叶群的手,紧挨着坐到沙发上,笑着说:“叶群同志,你这话就见外了。你们这次犯错误,我心里也很难过。”她掏出手绢,装模作样地擦了擦鼻子,“我们是一条战壕里并肩战斗的战友。这事都是夫子(指陈伯达)搞的,他同小张(指张春桥)、小姚(指姚文元)有矛盾。他们是文人相轻,利用我们。我们不能上他的当。过去是亲密战友,今后还是亲密战友。”

叶群话中有话地说:“林副主席讲,江青同志是在关键时候帮助我们,总是给我们说好话。所以,要我约他们四位一起来向江青同志表示感谢。”江青显然听到了叶群的言外之音:“我们都要向林副主席学习,我们都是林副主席的小学生,要更好地紧跟毛主席和林副主席。”她转过脸来,向着黄、吴、李、邱,拿出了教训人的口吻:“这次,你们听信了夫子的话,所以犯了错误。今后,我不会把这事放在心上,决不把你们当外人,你们听我的话就是啦!”酸溜溜的几句话,不仅叶群听着反感,四员大将也觉得很不是滋味。可是他们不得不强装笑脸,连连点头称是。

“会见”的时间不长。叶群就站起身来告别:“快零点了,别影响江青同志休息。”江青说:“林副主席和你们天亮就要下山,我也就不留了。”其实是,话不投机半句多,双方都觉得没有什么好讲的了。从江青那里告别出来,叶群老大不高兴。她回味着江青最后几句话,脑子里又重现出江青那副高傲、自负的神情,很愤然。

“我们诚心来认错,她倒摆起架子来了。”她狠狠地说:“姑奶奶这次倒了大霉,还有下次。看谁笑到最后,走着瞧!”9月7日早晨,林彪、叶群动身下庐山,直接回北戴河。黄、吴、李、邱都到九江机场送行。气氛是沉重的。最爱唠叨的叶群,也很少讲话——所有的话都在山上讲过了,而所有的事似乎都还没有见到结果。四员大将把林彪送上飞机。叶群还是老习惯,在这样的时刻,不能不有所表示。在她的导演下,林彪和“四大金刚”一起在机舱里照了相。所有的嘱咐和希望,都在这张合影之中了。飞机就要起飞了。叶群把四员大将送下飞机,一一握手道别。李作鹏紧紧握着叶群的手说:“一定要照顾好林总的身体,叫林总放心,我们一定照林总的指示办。”林彪一伙在九届二中全会上的活动,引起了毛泽东的警觉,他对林彪的不信任感,大大增强了。毛泽东最厌恶的,莫过搞阴谋,林彪一伙在庐山会议上不管矛头对着谁,恰恰是不折不扣的阴谋活动。而他们从事阴谋活动所打着的“设国家主席”和“称天才”两面旗号,又是和毛泽东的观点尖锐对立的。他们究竟要干什么:毛泽东不能不深深忧虑。林彪一伙都是掌握枪杆子的。毛泽东不能不预作防范。

他首先采取“甩石头”、“掺沙子”、“挖墙角”三项措施,来扼制和防范林彪集团施展进一步的阴谋。甩石头——写了《我的一点意见》批判陈伯达,实质也就是揭露林彪一伙的阴谋活动。发动批陈整风,进一步批判林彪集团几个大将的错误。掺沙子——改组军委办事组,派纪登奎、张才千等人加入,改变林集团一家独霸的局面。挖墙角——改组北京军区。派李德生任北京军区司令员,纪登奎为政委,把北京的军事大权放在忠诚可靠的人手里。

同时,决定在1971年4月中旬召开批陈整风汇报会。进一步揭发批判陈伯达,并要五大将——黄永胜、吴法宪、叶群、李作鹏、邱会作进一步检查,对林彪,则加以保护。几个大将中,吴法宪最叫叶群不放心。他是个见压就垮的主儿,庐山风波之后,林立果曾说:“陈伯达是英雄,吴法宪是狗熊。”庐山会议以来,吴法宪总觉得心神不定。他恨自己当时没有多长一个心眼,在庐山暴露得太多了,如今后悔莫及。现在,陈伯达被抛出去了,但事情并没有完。江青、张春桥抓住他不放,想通过他进一步“扩大战果”,林彪一伙则把他看作一道重要防线,千方百计稳住他,要他顶住,不准他牵涉别人,尤其是不能涉及林彪、叶群。吴法宪感到自己处在夹缝之中,不知如何是好。林彪是他的靠山,要保住自己,就必须保住林彪,这正是叶群反复向他说明的道理。但他又担心,万一林彪、叶群也稳不住阵脚,来个丢车保帅,自己很可能成为第二个陈伯达。与其被林彪抛出来做替罪羊,还不如自己主动,争取个"坦白从宽"。思前想后,他觉得左右为难,拿不定主意。

在这种极度的紧张和矛盾之中,他惶惶不可终日,甚至要跳楼自杀,被老婆拉住了。叶群知道后着了慌,不断在电话上做他的工作。"吴司令,你可不能自杀。你要自杀了,林副主席就白保你了。"她软一句、硬一句地对吴法宪又打又拉:"你怕什么,林副主席还能不管你?只要他在台上,就是把你关进监狱,也可以保出来!"吴法宪尽管是草包,对叶群的心事却一清二楚。"叶主任,您放心,请林副主席放心,我决不会忘恩负义,连累别人。"他赌咒似地一再表白,"我犯了错误,自己承担,杀我的头也不牵涉别人。"半年多过去了,真是度日如年。庐山的问题不但没有成为过去,而且越来越压得他透不过气来。眼前,批陈整风汇报会又是一个难关,他心里乱糟糟的,感到灾难即将临头。"吴司令,你好吗?林副主席很关心你,总是惦记着你。"从北戴河传来叶群的声音,平静而亲切。但是,吴法宪却从那动听的语调里,听到了令人不安的弦外之音。"我很好,林总和你都好吗?"他忐忑不安地说。"我和林副主席都很好,照样吃饭,照样睡觉,天塌下来也不怕。"吴法宪听得出来,叶群就要讲到主题了。赶紧表态说:"是的,我不怕。有林副主席,我们什么都不怕。"可是,他自己也觉得讲得不够有力。

"是嘛,那有什么可怕的,不就是开个会吗?国民党税多,共产党会多。又不是没有参加过,有什么了不起?!在延安的时候他们不就开过我的会吗?姑奶奶照样活到现在!"叶群愤愤地说。的,是的。"吴法宪使劲地点着头,也不管叶群是否看到。"你要记住,不管他们换什么新花样,我们反正是外甥提灯笼,给他来个老一套。反正就是那几条,再多吗,对不起——没有了。你可别东拉西扯,给自己乱上纲,自己上的纲,别人没法帮你下,那可得靠自己往下撸了。"叶群威吓地说。

"叶主任,您放心,我决不会东拉西扯。""吴司令,我们对你很放心。林副主席和我都表示了,我们和你们几个,生在一起,死在一起。""是——是的,我们同——同生共死!""这次会开得怎样,就看吴司令了。"叶群说到这里,把电话挂断了。吴法宪放下话筒,抹一把头上的汗,躺在沙发里,掂量着这最后一句话的分量。

实际上,叶群对吴法宪仍不放心。给吴法宪打电话的次日,也就是召开批陈整风汇报会的前一天,叶群又在幕后布置黄永胜、李作鹏、邱会作要做好吴法宪的工作。他们三人同吴法宪一起密谋,会议期间分开住,以避免嫌疑。会上不要多讲话,不要做"越轨的事",以免节外生枝。他们要吴法宪当"闭口道士",不要有问必答,发言要先写好稿子,以防"走火"。4月15日,批陈整风汇报会开始举行。当天下午,叶群又给吴法宪打电话,要他每天通报一次情况。可是,叶群即使能控制住吴法宪,却捂不住所有参加会议的人的嘴。会议刚开始,吴法宪就向叶群告急:有人在分组会上揭发了吴法宪在庐山会议上同他们串联的情况。

叶群十分惊恐,立即报告林彪。当天晚上,林彪让叶群打电话告诉吴法宪:"林副主席听说有人揭发你,在外地呆不住了。为了保你,决定回北京坐镇,必要时好出来说话。"她要吴法宪在第二天早晨8点,派飞机到北戴河接他们回北京。4月19日,林彪、叶群回到北京,立即指派周宇驰到揭发吴法宪的人的家里,警告说:"林副主席要你不要再讲了。"同时又进行拉拢说:"首长对你还是信任的。"4月29日,批陈整风汇报会结束了。林家王朝虽然没有翻船,却也溅了一身水,吓出一身冷汗。于是.他们进一步加快了反革命武装政变的步伐。批陈整风汇报会前后,林彪集团策划武装政变的步伐也在加紧,这个阴谋行动主要通过林彪的儿子林立果建立的"联合舰队"——以空军为主的反革命别动队来着手实施。他们把这次行动称为《'五七一'工程纪要》(取武装起义的谐音)。这个罪恶的《纪要》,林彪是否知道,现在已很难断定。但不管怎样,杀害毛泽东,夺取党和国家的最高权力,林彪是赞成的。其证据便是半年后的林彪手令:"盼照立果、宇驰同志传达的命令办。"毛泽东决定在1971年9月召开中共九届三中全会,然后开四届全国人大,林彪集团认为这又是一个大难关,可能要把林彪端出来,至少林彪的国防部长和国务院副总理当不成了。定在9月间召开的九届三中全会和10月间召开的四届人大,越来越临近。为了对付可能出现的"摊牌",不能仅仅依靠林立果的:'小舰队",还必须协调"大舰队"的行动。而要完成这个任务,林立果终究太"嫩",还是得叶群披挂上阵。8月5日,叶群借口"治病",回到北京。到北京的当天晚上,邱会作的老婆陪叶群到301医院点了卯,做出了"治病"的样子。此后,叶群再没有去医院。然而,到毛家湾"探视病人"的人,却接踵而来了。日晚上,邱会作带着老婆来见叶群,谈到深夜。

陪着江青在青岛活动的吴法宪,6日晚上接到老婆的电话,告诉他叶群回北京"治病"来了。要他回北京"看看叶群"。深夜23点15分,吴法宪从青岛给叶群打了电话,7日上午便匆匆回京。下午3点,便带着老婆到毛家湾,与叶群密谈。8日下午,黄永胜来到毛家湾,与叶群密谈近三个小时。日晚上,吴法宪、邱会作又来到毛家湾,与叶群密谈,直到9日凌晨3点。这些"探视病人"的人,与"病人"谈了些什么呢?这里,不妨通过他们自己所作的交代,介绍其中一次(8月8日晚上至9日凌晨)密谈的情况。

首先,我们看一下吴法宪在1972年3月1日所作的交代:

8月8日晚上,开完政治局会议后,我邀邱会作一起从人民大会堂直接到叶群家去,到叶群家时大约11点左右。当时叶群接待很多人在那里看电影,我看见有胡敏、项辉芳、张清林、林立衡,还有其他一些人。我和邱会作没有看电影,就在旁边一个小屋子里谈话。开始我和邱会作、叶群三人,以后胡敏也来了。一共四个人在一起,一直谈到下半夜三点才回家。这次谈话交换了情况,诬蔑总理和政治局一些同志,分析了形势,叶群提出了搞反革命政变的方案,安排了部署。

……

叶群还说,林彪的身体和毛主席比较起来,差得远,怎么拖也拖不过毛主席。

这个话叶群在70年庐山会议以前就说过一次，我当时意识到林彪要抢班。这次又讲，证明林彪要搞反革命政变的阴谋野心已亮出来了。

重点议论“四届人大”过关问题。首先我和邱会作提出“四届人大”这一关怎么过，……叶群说，这次比华北会议大得多，不是那么容易过关，事情无法预料，那么多代表，你们不端林彪，别人要端，要追问下去怎么办。……

叶群又说：办法总会有，天无绝人之路，豁出来（我当时内心想叶群这句话就是硬干的意思）。叶群还说，“不是只保林彪的问题，林彪和你们分不开，黄、吴、李、邱都要保，你们靠林彪，林彪也靠你们，就是这么几个“老战友”死也死在一起，不能再受损伤。叶群交代邱会作，要他和××军区继续保持密切联系，同他们搞好团结关系。叶群说：要同你们信得过的人做工作，经常保持联系。叶群说，要我除了整好整个空军外，特别要抓好广州军区空军和武汉军区空军的工作，搞好领导班子的团结。过了两天，吴法宪对他的上述交代作了如下补充：

当叶群说到“天无绝人之路，要豁出来”时，我顺着叶群的话说，我们这些人搞文的不行，搞武的行。我这个话是响应林彪、叶群搞反革命政变的话，这句话来源于林彪。

参加8月8日深夜毛家湾密谈的另一个当事者邱会作，在吴法宪作出交代后几天，对这次密谈的情况也作了交代。他提供的实质性内容不多，但是也可以证实吴法宪交代的基本情况。现摘录两段如下：

吴、叶、邱（胡敏在场）那天晚上临走前谈论的黑话是从谈论要过关的问题谈起的。……

叶群说，要端就端嘛。把林彪端出来就下台了！现在大家都把问题好好想一想，看怎么过关。林彪总是关心大家的，只要林彪没有事，锅里有饭就不愁碗里空。比起邱会作来，他的老婆胡敏的“记性”比丈夫好多了。她虽然没有参加谈话的全过程，交代的情况却比邱会作多得多。下面是她在1972年2月11日所作的交代：

1971年8月8日晚10点左右，我带301医院一些人到毛家湾，叶群请他们看电影，对给她看病表示感谢。看完电影后，301的人先走了，我到会客厅里，看见叶群正与邱会作、吴法宪谈话……。叶群说，我们的关过得去过不去还是个问题，怎么办？叶又说，这就看主席保林的情况。从现在看，主席保林是有个限度的。许多迹象表明，可能要把林的问题往外端。……

叶群说，这次开会要早点做与咱们观点一致的人的工作，经过一场斗争，再向主席“请愿”整他们，若主席不答应，再向主席“示威”，求得解决。

胡敏在三天后又对这次密谈情况作了补充交代，这里也摘录如下：

叶群说：看来咱们是过不去了，主席要把林往外拿了，把林往外拿了，咱们就都保不住了，咱们得想个办法。吴法宪说：只有斗争。

邱会作说：斗争还得有斗争艺术，不然会露出马脚。要取得胜利，还得给下面做工作。……叶问吴、邱，串联工作，准备工作做得怎么样了。邱会作是负责××

的,他说,××没有问题,是自己人,开会时一定能替我们说话。吴法宪是负责空军的,他说,北空及空军本身没有问题。

1971年8月9日,即毛家湾深夜密谈后10多个小时,叶群匆匆乘飞机离开北京去北戴河。次日,叶群又从北戴河打来电话,叮嘱吴法宪一定要收紧嘴巴,不要把密谈的内容泄露出去。

批陈整风过程中,毛泽东进一步掌握了林彪集团的一些地下活动,更加警惕起来。1971年7月9日,一个偶然的机会.毛泽东发觉黄永胜等人在总参部长一级干部中封锁庐山会议的消息,他们的检讨居然不按指示在总参各部部长一级干部中传达,决定采取进一步措施——南巡。

毛泽东是怎么发觉林彪一伙竭力捂盖子的呢?这多少有些偶然。1971年7月9日,为了打开中美关系大门,美国总统国家安全事务助理基辛格博士秘密飞抵北京。老资格的外交官熊向晖以国务院总理助理的名义参加会谈。熊于1970年至1972年被调到总参谋部任主管国际形势研究的副部长。他随周恩来和基辛格举行第一轮会谈之后,和周一起到毛泽东那里汇报。因为熊曾在总参任职,汇报之前,毛泽东和他谈起了总参批陈整风中的问题。在批陈整风中,熊向晖写了一篇批陈文章有水平,有分量,引起了毛泽东的注意。

因为黄永胜的严密封锁,熊向晖只知道陈伯达被揪出来,其余情况一概不知。所以,当毛泽东说到林彪的几员大将在庐山会议搞鬼时,熊向晖大吃一惊。毛泽东又问黄永胜在总参作了检讨没有,熊向晖如实回答:“没有”。毛泽东随即问周恩来:“那五个人的检讨,发给总参没有?”周答:“发了,总参和军委共发了60多份。”那是应当发到熊向晖这一级干部的,而他竟毫不知情。黄永胜封锁消息,掩盖罪行,继续对抗毛泽东的批评,一下子暴露无遗。毛泽东沉思片刻,用手拍了一下茶几,提高声调说:“他们的检讨是假的,庐山的事情还没有完,还没有根本解决,这个当中有鬼,他们还有后台。”毛泽东又说“实践证明,他们的检讨是假的,是阴谋,连熊向晖这样的干部都不让知道,这不是阴澡?我历来主张,党内允许有公开的反对派,绝不允许暗藏的反对派,黄永胜他们搞阴谋,搞分裂,他们是暗藏的反对派。搞阴谋.搞分裂,就是搞修正主义。真正搞马克思主义的人,就要讲团结,就要光明正大。黄永胜他们光明正大吗?完全不是,总而言之,庐山的事,根本没有完。”1971年8月15日13时,78岁高龄的毛泽东开始了他一生最后一次,在共和国历史上也是最关键的一次南巡。南巡就是揭盖子,让更多的高级干部了解林彪一伙的阴谋,别盲目地跟他们跑,毛泽东在南巡中,有意找几个同林彪、黄永胜等关系密切的人谈话,叮嘱他们,步凋一致,一切行动听指挥,即在于对他们进行分化瓦解。这在很大程度上起了作用。1971年11月,毛泽东说:“我讲了一路,一路都讲,无非是讲了一点材料。陷得比较深的是广州,他们现在搞得比较好。其次是武汉。”

林彪一伙控制了军队那么多部门,而毛泽东、周恩来只发布了几道命令,就平息了这场特大的武装政变,因素固然是多方面的,但毛泽东的南巡讲话确也不容忽视,尽管毛泽东不了解林彪的武装政变计划,但凭一生丰富的军事、政治斗争经验和锐敏嗅觉,防患于未然,主动外出巡视,向一些高级干部吹风,对粉碎林彪的反革命武装政变起了特殊作用。

南巡历时近一个月,9月12日13时10分回到北京。途中,毛泽东同各地党政军负责人谈话,每次都涉及到林彪集团的问题。下面是有关林彪集团的谈话的内容:

他们先搞隐瞒,后搞突然袭击,五个常委瞒着三个,也瞒着政治局的大多数同志,除了那几位大将以外。那些大将,包括黄永胜、吴法宪、叶群、李作鹏、邱会作,他们这样搞,总有个目标么?他们的突然袭击,地下活动,是有计划、有组织、有纲领的,纲领就是设国家主席,就是称"天才"。

有人急于想当国家主席,要分裂党,急于夺权。林彪同志那个讲话,没有同我商量,也没有给我看。他们有话,事先不拿出来,大概总认为有什么把握了,好像会成功了。可是一说不行,就又慌了手脚,起先那么大的勇气,大有炸平庐山、停止地球转动之势。可是,过了几天之后,又赶快收回记录,既然有理,为什么收回呢?说明他们空虚恐慌。这次庐山会议,只提出陈伯达的问题,保护林副主席,没有作个人结论,他当然要负一些责任。

庐山的事情还没完,还没有根本解决。对林还是要保。回北京以后,还要找他们谈谈。如果林彪承认错误,还可当政治局常委。这一次,又是两个司令部的斗争。陈伯达后面还有人。

犯了大的原则的错误,犯了路线、方向错误,为首的,改也难。我一向不赞成自己的老婆做办公室主任,林彪那里,是叶群当办公室主任。我就不相信我们军队会造反,我就不相信你黄永胜能够指挥解放军造反!你调动军队来搞坏事,听你的?二十几岁的年轻人捧为"超天才",这没有什么好处!什么人民解放军是我缔造和领导的,林彪亲自指挥的,缔造的就不能指挥呀!缔造的,也不是我一个人呦!华北组二号简报,究竟是革命的,半革命的,还是反革命的,我看是一个反革命的简报!毛泽东的南巡讲话,已是向林彪公开摊牌。

对林彪一伙在九届二中全会上发动的突然袭击,定性更高,指责更严厉,是"路线、方向的错误",是"两个司令部的斗争",明确指出以林彪为头子的又一个司令部。他们的目的是"分裂党,急于夺权。"

反对林彪集团的斗争还要继续下去,"庐山的事情还没有完,还没有根本解决。""回北京以后,还要他们谈谈。他们不来找我,我去主动找他们"。矛头直指林彪。"陈伯达后面还有人","他们后面还有后台",多次点出林彪的名字,还点了叶群、林立果的名,一家子点了三个,并痛斥了林彪的一套谬论。明确指出这是一次"路线斗争",头子是林彪。林彪集团处理的总方针,是"惩前毖后,治病救人"。"对林还是要保",林尚且保,更不用说几个大将了,但毛泽东也表示了对林彪一伙停止作恶的怀疑:"犯了路线,方向的错误,为首的,改也难。"如果怙恶不悛,他们可能铤而走险,发动军事政变,这一层,毛泽东警觉地想到了,"你调动军以来搞坏事,听你的?”“现在我要管军队的事”,明确表示要把军又抓住,不叫林彪一伙的阴谋得逞。9月12日,在丰台车站,毛泽东命令李德生调一个师的军队来南口,显然是作了防止林彪发动反革命武装政变的最坏打算。毛泽东的南巡讲话,意义深远,为粉碎林彪反革命武装政变奠定了基础。

毛泽东的南巡讲话通过几个渠道很快为林彪、叶群掌握。他们决定孤注一掷,在毛泽东南巡途中发动武装政变,杀害毛泽东,夺取最高权力。9月7日,林立果向“联合舰队”下达了一级战备的命令:准备动手。9月8日,林彪下达了反革命武装政变手令:

盼照立果、宇驰同志传达的命令办。

林彪 九月八日

林彪的手令从字面看很笼统含蓄。具体内容是什么呢?后来据案犯交待,就是发动武装政变谋害毛泽东,南边在上海地区动手。得手后,北京由王飞负责率空司警卫营攻打钓鱼台。

当晚9时,林立果带着林彪手令飞回北京,将林彪的手令向林彪死党和“联合舰队”成员展示,“现在的情况紧急,我们已决定在上海动手。”他们研究了谋杀毛泽东的三种方案和动手的地点。但由于毛泽东的崇高威望,林立果很难找到具体执行谋杀行动的凶手。即使“联合舰队”中林立果的死党,事到临头,也推委不前,都有此心而无此胆。表态时个个慷慨壮烈,落实到人头时人人躲躲闪闪。

叶群急了,她要亲自出面给实施政变方案的“联合舰队”成员打电话,催促他们赶快下手。

9月11日11点多,周宇驰给王飞打来电话说:“情况有变化,昨天我们研究的不行,通不过。叶主任给林立果打了电话,发火了,你赶快来研究一下。先到空军学院礼堂前面,我派人来接你。”这个电话刚打完,林立果又来了电话:“主任刚才打电话给我们抽鞭子。她还要给你打电话,少不了也得抽几下,先给你说一下,好有个思想准备。现在势在必行,不能再动摇了。先告诉你一下,以后称呼要用代号,你的代号叫‘阿飞’,周宇驰的代号叫‘铜铃’。”王飞听了很紧张:“知道了,我马上到你那里去。”话刚讲完,还没放下话筒,总机说。请不要放,叶主任来话。接着,电话里响起了叶群的声音:

“王副参谋长,你好吗?爱人孩子都好吗?”“都很好。谢谢叶主任关心。”“我们对你们是很关心的。你们的每一点我们都为你们考虑了。”叶群假惺惺地说,“林副主席对你很信任,托你们办的事要抓紧,我们全家的身家性命都托给你们了。”“叶主任,请放心,我们一定抓紧办。”王飞惶恐地应着。听说你有很大的顾虑,总想‘抽梯子’。”叶群的语调变得严厉起来,“怕什么?就是死了也是烈士嘛!我们是为了革命的利益么!形势逼人,不能不这样搞么!”王飞连忙分辩说:“不是怕,我参加革命的时候还没有想到会活到快50岁呢!是不好搞。人家队伍很整齐,搞得很严密,怕搞不好把你们也连累了。”

“林副主席历来说话一句算一句,不考虑成熟,不会要你们办的,办了不会亏待你们的，什么问题都好办。你们将来都是‘常’字号的”。在作了一番利诱以后，叶群又拿出了威胁的一手，阴险地说，“你们忙活了这几天，现在就是不搞也好不了。人家也不会饶过你们的，你们也跑不了。现在是一根绳子把我们的命运拴到一块了，想脱也脱不了。只有同生死、共命运，不能把我们当‘省油灯’！”王飞听了更加恐慌，辩解说：“我考虑的是有困难，怕搞不好把你们也连累了，不是别的。”

叶群紧接着说：“有困难想办法克服哈！哪有不困难的事？你们想想办法哈，还有人帮助你们呢！江腾蛟那里是千载难逢的好时机，他（指毛泽东）到了我们根据地里了，不要坐失良机，要当机立断。”飞连忙表态：“我马上去同他们研究，一定尽力去办。”这时，叶群又变了腔调，假装亲密地说：“你家里有什么困难？钱够不够用？”

“没什么困难，钱是够用的，还有积余。”“你孩子多，带不过来，我帮你们带吧。”

“孩子都大了，就不麻烦您了！”王飞敷衍道。叶群再一次表示了对王飞的关心和信任，要他把她的意思告诉江腾蛟。最后她说：“我们一切都托给你们了。你们赶快研究一下，下午6点钟给我一个回答。”但是，心怀鬼胎的“联合舰队”骨干议了半天，也定不下个具体方案。这时，死党已从上海发来暗语：毛泽东的专列离开了上海！

林立果痛哭流涕：“全完了，首长把生命都交给了我，我没有完成首长委托的重任，拿什么去向首长交待呢？”在上海地区谋杀毛泽东的企图落空，林彪一伙又策划南逃广州。南逃广州干什么呢？原来他们在密谋武装政变时，估计了几种可能，定下了上、中、下三策。上策是：以奇袭手段杀害毛泽东后，林彪立即按党章规定，宣布“接班”，夺取全国政权。中策是：杀害毛泽东不成，在广州实行武装割据，逼中央表态，形成对峙局面，联合苏联，南北夹击，再和平谈判。下策是：逃往境外，或北逃苏联，或南逃香港。现在上策已经落空，便着手实行中策。他们‘的方案是“林彪南飞广州后，立即召集师以上干部会议，宣布另立中央，争取苏联的承认和帮助，和北京摊牌。”为此，林立果、刘沛丰等于9月12日晚乘256号三叉戟飞机飞往山海机场准备接林彪、叶群南飞广州。同时，其他死党紧急调用飞机，准备枪支弹药，保护在北京的黄、吴、李、邱同飞广州。飞广州的时间定在9月13日。恩来发觉林彪一伙私调的专机已经飞临山海关机场，亲自打电话给叶群查问，并说亲赴北戴河看望林彪。林彪、叶群听说周恩来要来北戴河，更加惊慌，决定立即起飞，改南逃为北叛。林彪的红旗轿车以时速100公里的速度，冲过阻拦的岗哨，甩掉追赶的吉普狂奔到机场停机坪前。

1971年9月13日零点32分，林彪、叶群、林立果和刘沛丰不等飞机加油完毕，领航员、报务员都未登机，两个驾驶员只上去一个，飞机起落架没有安放，就从驾驶员弦梯仓惶登上飞机，强行起飞了。由于过度紧张和慌乱，林彪的帽子和叶群的围巾都散落在地上。

1971年9月13日凌晨2时25分,256号三叉戟飞机在蒙古人民共和国的温都尔汗紧急迫降时坠毁,机上8男1女全部死亡。

以前,如林彪父子乘飞机外出,叶群从不叫他们同乘一架飞机,为的是防止万一。可就这惟一的一次,包括叶群在内,果真就落得“折戟沉沙”的下场。蒙古政府向中国驻蒙大使馆提出抗议,并进行交涉。最后按照蒙古的习俗,蒙古士兵在温都尔汗山野挖了一个长10米、宽3米、深1.5米的墓穴,9具尸体分别放入9口白茬棺木,上覆红、黑两色布,缓缓葬人墓穴。是1971年9月16日的上午,当时使馆人员不明死者身份(国内当时也只有毛泽东、周恩来等极少数人知道),在封墓之后,还对墓穴三鞠躬以示哀悼!应了林彪给叶群的题辞:“生不同衾死同穴”!葬于同一幕穴的9具尸体是:

1号尸体——林彪坐车司机杨振纲;2号尸体——林彪之子林立果;3号尸体——“联合舰队”成员刘沛丰;4号尸体——机械师邵起良;5号尸体——“副统帅”林彪;6号尸体——机械师张延奎;7号尸体——空勤机械师李平;8号尸体——“副统帅”夫人叶群;9号尸体——驾驶员潘景寅。当时外交部副部长乔冠华得知林彪飞机坠毁后,活剥了一首唐诗:

月黑雁飞高,
林贼夜遁逃,
不用轻骑逐,
大火自焚烧!

时林彪64岁,叶群54岁,他们永远“安息”在他乡异国。

夫唱妇随

——康生夫人曹轶欧

她抛却前夫和有妇之夫的他结合于上海。

她是一棵藤萝，树荣而荣，树枯而衰。

她到哪里，哪里就不得安宁。她点拨了聂元梓的大字报，是全国大动乱的肇事者。

丈夫是迫害狂，是党内头号权奸，她则夫唱妇随，劣迹累累。她在惶惧、紧张和不安中结束了一生。

曹轶欧1904年生于河北大兴县（现属北京市）大红门村一个富有的家庭。她15岁时，正在中学读书，受"五四"运动影响，萌发爱国意识。当时马克思主义已在中国传播，受新思潮的影响，曹轶欧思想倾向革命。但革命道路是什么，她感到茫然，列强主宰中国，军阀横行霸道，国家积贫积弱，社会一派萧条。刚成年的她，追求个性解放，追求自由平等，但又处处感到压抑，苦闷中她曾写信给在北京的鲁迅，倾诉自己的郁闷心情。

国共合作成立后，国民革命逐渐走向高潮，北方在北洋军阀统治下，政治黑暗，空气沉闷，曹轶欧来到上海，进入中共党员主持的上海大学读书。

1925年"五卅"运动爆发，空前的反帝爱国风暴席卷十几个省市，受大革命潮流的影响，曹轶欧的思想发生激变。1926年，她在上海加入中国共产党。

在上海，曹轶欧认识了康生。

康生1898年生于山东胶县利民区大台庄的一个大地主家庭。他的父亲张发祥，清末中过秀才，家有土地近两千亩，房屋几十司，在胶县是有名的大地主，居室号"南树德堂"。自幼受旧文化的熏陶，康生的文史功底极厚。康生用过的名字甚多，原名张宗可，字绍卿，20岁时执教诸城高等小学堂，易名张叔平，还使用过赵容、赵云、赵耘、桂生、张雯、仲康等名字。在苏联工作期间，还使用过俄文名字：皮恃尼斯基。不过，使用时间最长的还是康生。那是1933年他和曹轶欧一起赴苏前取的。后来就一直使用下来，直到1975年病死。

少年康生放荡不拘，父母深以为忧。为了笼住他，还在他17岁那年，就由父母包办，娶了胶县财主的女儿陈宜为妻，生有一女一子。子名张玉珉，后改名张子石。不过，康生对这桩包办婚姻很不满意。

康生19岁那年。家里遭到土匪抢劫，康生的大哥当场被打死，不敢在胶县住了，张家举家迁往诸城。所以，后来往往说康生是诸城人。康生入诸城师范讲习所学习。毕业后执教于诸城高等小学堂。

次年“五四”运动爆发,康生受进步潮流影响,决心出外闯世界。他来到上海,进入中共党员主持的上海大学社会学系。在这里,他认识了瞿秋白等许多著名共产党人,受他们的影响,他于 1925 年加入中国共产党。他一边学习,一边做革命工作,在上海总工会任干事,从事工人运动。

1926 年,康生任中共上海大学特支委员会书记,这期间,他参加了上海三次工人武装起义。

1927 年蒋介石、汪精卫先后发动“四·一二”和“七·一五”反革命政变,国共合作破裂,国民革命失败,一片白色恐怖,在革命低潮的 1927 年底,康生和曹轶欧在上海结婚,这时,康生 29 岁,曹轶欧 23 岁。曹轶欧也结过婚,这时她离开了原来的丈夫。

婚后,夫妻二人同在上海做地下工作。

李立三主持中央工作时,王明刚从苏联回国,康生和曹轶欧曾站在李立三一边反对过王明,支持李立三给王明以党内处分。1931 年 1 月,王明在共产国际代表米夫的支持下,通过中共六届四中全会,取得了对中共中央的统治。康生和曹轶欧又投到王明门下,康生当了王明“左”倾教条主义中央的组织部长,曹轶欧也受到王明的重用。

1931 年,连续发生顾顺章和向忠发叛变事件,上海地下党损失惨重,害怕白色恐怖的环境,王明离开上海去苏联,以中共驻共产国际代表团团长的身份,遥控中共中央。

由于推行“左”的冒险主义,上海地下组织破坏殆尽,博古为首的“左”倾中央难以在上海立足,不得不于 1933 年春迁入中央革命根据地。临行,成立中共中央上海局,康生和曹轶欧留在上海局工作(上海中央局只存在两年,至 1935 年 2 月被敌人破坏)。

形势越来越险恶,康生和曹轶欧惶惶不安,三十六计走为上。1933 年 7 月,得到王明允许,康生偕曹轶欧离开上海,前往苏联。

康生被委任为中共驻共产国际代表团副团长,和曹轶欧住进康华的宅邸——沙俄时代一个贵族的公馆。厚厚的地毯,雕着图案的硬木家俱,宽敞明亮的办公室、卫生间、客厅、书房、健身房、餐厅,应有尽有,门外还有持枪的警卫。康生和曹轶欧很惬意。夫妻二人养尊处优,在这里一住就是 4 年。直至 1937 年 11 月,抗日战争爆发,共国再次合作,白色恐怖的环境消失了,康生和曹轶欧才回到国内。

康生被任命为中央党校校长。这时,他认识了江青。江青是 1937 年 8 月进入延安的,这时正在中央党校学习。江青是山东诸城人,其母曾在诸城康生家当过佣工。老乡相见,真有他乡遇故知之感,从此康生和江青的交往日密,特别是江青和毛泽东结婚后,康生出于个人目的,更千方百计讨好江青。

但若说这以前康生就认识江青,则是不正确的。

江青曾在康生当校长的诸城高等小学堂读过书。有人以此为据,肯定江青在此时就认识康，而且说得活龙活现："那时的蓝苹叫李云鹤，自幼聪明，长相端正，身材窈窕，她在诸城高等小学上小学时，康生这个二十几岁的有妻有子的少爷，总找机会以贪婪的目光打量着蓝苹。"①

然而这只能是文学性的虚构，却经不起推敲，因为康生当高小校长时，江青才4岁（生于1914年）。康生26岁（1924年）离开诸城时，江青才10岁，即便相识，也说不上有什么交情，说康生和江青相识于上海也不可能。江青第一次到上海时，康生已经去了苏联。

不过，这些都无关紧要，反正这两个老乡自从延安认识以后，近40年的时间里，关系是非同寻常的。

在延安中央党校，康生是江青的靠山。

江青成为毛泽东夫人，康生曾助了一把之力。广为流传的江青通过康生结识的毛泽东，至今找不到有力的根据，但康生确实扣压了反对江青和毛泽东结婚的意见，这就帮了江青的大忙。

江青1938年和毛泽东结婚后，消息很快传出，国民党报纸也对此大加渲染，各地共产党人从爱护党爱护自己的领袖出发，曾以不同方式表达过反对意见，反映过江青的种种问题。因为康生当时是中共中央社会和情报部部长，所以这些电报都直接拍发给他。

其一是来自新四军军部的电报，明确地写着"此人不宜与主席结婚。"

伟斯、兆琼的《"神剑"与沉镣——扬帆传略》一文②披露：

"1939年，扬帆来到皖南新四军军部。副军长项英有次看了一张报纸上登载蓝苹（江青）在延安的一些新闻报导，他指着报纸问扬帆：'蓝苹在上海的情况怎样？'

"扬帆如实谈出了他的看法，还声明'蓝苹被捕是实，是否自首不清楚。'项英则要扬帆把讲的情况和意见写一份书面材料，并拟了一份电报打给康生，电文末尾他加上：'此人不宜与主席结婚。"'

扬帆，50年代曾以"潘扬案件"震惊全国，"潘"即潘汉年，"扬"即扬帆。

扬帆原名石蕴华，江苏常熟人氏，1912年生。他出自名门，自幼喜爱诗画，1933年以初中文化水平考入北京大学中文系。1935年夏在南京国立戏剧学校任训导处秘书，介入戏剧界。

1937年3月，他改名殷扬来到上海，8月加入中国共产党。

扬帆在上海影剧界活动，跟唐纳等均熟悉，所以知道蓝苹。他也认识蓝苹。

1989年出版的《扬帆自述》③一书中，他这么谈及往事：

那是1939年，第三战区国民党办的一个小报上登载了蓝苹（即江青）在延安

① 林青山：《红都女妖》，载《大时代文学》1997年4月号。

② 1989年第4期《大江南北》杂志。

③ 《扬帆自述》，群众出版社1989年版。

的一些所谓新闻，我当时担任军部的秘书，和项英同志经常接触。项英同志问我是否知道蓝苹其人，我如实地说明我在上海时认识她，而且和她原来的丈夫也认识。唐纳曾是《大公报》副刊编辑，也是电影演员，经常写电影评论和介绍话剧等文艺活动；唐纳还参加了我任主席的"上海影评人协会"的组织，我们每周都要碰一次头或在一起聚餐。江青是一名影剧演员，原是党员，被敌人逮捕过，但是否自首我不清楚。我也讲了关于她个人生活作风等情况和一些看法。项英同志要把我讲的情况和意见写一份材料，并拟了一份电报给延安的康生，电文上他最后加上："此人不宜与主席结婚"的一句话。这件事，我再也没有对别人讲过。

当时项英打电报给康生，是因为康生兼任中共中央社会和情报部部长。

为了这份电报，扬帆后来吃尽苦头。

除了项英、扬帆的告发之外，其二是当时的中共江苏省委也发来电报。

1937 年扬帆在上海影剧界从事地下工作是受沙文汉领导的。沙文汉在解放后任中共浙江省委书记，也曾受"潘扬案件"的株连。沙文汉夫人陈修良，曾任中共南京地下党委书记。她在 1990 年发表《刘晓在上海》①，忆及刘晓的情况：

1979 年，他到上海治病，我几乎每星期都去看望他一二次。在这期间他还能记起旧事，断断续续地同我谈了他的遭遇和历史上的一些问题，从他的谈话中我了解了不少过去不太清楚的问题。

他说："我们弄到这种地步（引者注：指刘晓在"文革"中被整），是同江苏省委时期反对毛主席和江青结婚的事有关。"1939 年周总理（引者注：这是人们对周恩来的习惯称谓，尽管他在 1949 年才成为总理）曾打来一个电报给省委，问江青的历史情况。我们省委负责人联名回电，一致反对，认为江青历史上不清白，生活腐化，毛主席不宜同她结为夫妇。这个电报落在康生手中，江青

当然会知道，于是种下了深仇的根。

刘晓是湖南辰溪人。1927 年在上海参加过三次武装起义，和周恩来颇熟。此后他在上海从事地下工作多年。1932 年被派往福建，曾任中共福建代理书记。他参加了长征。1937 年 5、6 月间，奉中共中央之命，前来上海，重建遭到严重破坏的中共上海党组织，建立中共上海临时委员会。"临委"之下，设立群众工作委员会。"群委"由 5 人组成，其中之一便是陈修良，另一位则是王洞若——江青正是通过王洞若这一关系，得知徐明清在西安的地址，从上海来到西安的。1937 年 11 月，鉴于上海已被日军占领，根据中共中央指示，成立了中共江苏省委（当时上海市属江苏省），刘晓任中共江苏省委书记，张爱萍、沙文汉、王尧山为领导成员。周恩来为了了解江青政治历史情况，理所当然发电报给中共江苏省委书记刘晓，刘晓等中共江苏省委负责人也就联名回电，反映了江青的问题，同样认为"毛主席不宜同她结为夫妇"。刘晓还注意到了江青在上海时跟崔万秋的来往。

康生不但扣下这些对江青不利的电报，还通过曹轶欧，把告发她的人都透给

---

① 1990 年第 1 期《大江南北》杂志。

江青。因此,“文革”中江青权势倾天时,那些向中央反映过江青历史、不同意她和毛泽东结婚的人,都一一受到狠狠的报复。

后来,江青曾亲口对师哲(长期担任毛泽东的秘书)说过:“这个过程(指来到毛泽东身边)的每一步都是在康生、曹轶欧的指导下进行的。”

由于康生惯会观测风向,见风使舵,从抗日战争到解放战争.他的地位不断上升。1942 年开始整风运动,中共中央成立总学习委员会,作为运动的领导机构,主任毛泽东、副主任即为康生。虽然在审干工作中,康生发动了“抢救失足者”运动,使审干工作中出现的严重偏差进一步扩大,造成大批冤假错案,也没有影响。他的地位。中共第七次全国代表大会.他仍然人选中共领导核心——中央政治局,而且排名颇为靠前。

1945 年 6 月 19 日,中共七届一中全会选出的中央政治局由 13 人组成,他们是:毛泽东、朱德、刘少奇、周恩来、任弼时、陈云、康生、高岗、彭真、董必武、林伯渠、张闻天、彭德怀。康生排在第 7 位。

随着康生的升迁,夫人曹轶欧也妇随夫贵,待到解放战争后期,康生任中共中央山东分局第一书记兼山东军区政委,曹轶欧也被任命为山东分局组织部副部长,她从一般干部上升到局一级,进入高级干部阶层了。

不过,山东分局第一书记这个职务,在康生看来和他“应有”的地位太不相称了。从此闹起“病”来,而且一“病”就是 6 年,夫人曹轶欧,也随着他“养病”,青岛、杭州、北京,不大在公开场合露面。而且,他还疑神疑鬼,怀疑是中央不信任他了。他认为,以他在党内的资历和地位,起码应是中共中央华东局第一书记,但他却只挂了个副书记的名,第一书记的职务被他从未看上眼的饶漱石抢去了。他不知道,这在不小程度上是饶漱石捣的鬼。

早在 1948 年初,康生偕夫人曹轶欧结束了山东渤海地区的土改复查工作之后,就接到中央通知,任中共中央华东局副书记,做第一书记饶漱石的副手,他感到很不是滋味。在莫斯科时,他是中共驻共产国际代表团副团长,第三国际执行委员,饶漱石不过是他属下《巴黎时报》的主编,中共七大,他已是排名第七位的政治局委员,距进入常委会(那时叫政治局书记处)也只隔着陈云一人(当时 5 个书记是毛、朱、刘、周、任),而饶漱石仅是一名中央委员。充其量也只能给自己当一名副手,现在却来了上下大错位。

这是中共中央的决定,为什么又说是饶漱石的手段呢?原来饶漱石深知康生为人。他和康生同在上海大学学习,差不多同时人党,康生老谋深算,诡计多端,专靠整人为乐事,同这样的人一起共事,需处处提防,而且他又是中央政治局委员,在中央的地位比自己高得多,与这样的人在一起共事,甚危险。所以他挖空心思要把康生从自己身边弄走。他想出一个釜底抽薪的计策。他向中央报告,建议将占山东省三分之二面积的鲁中、鲁南、滨海、泰西等区合并成一个大区,派一个有地位有能力的人去兼任书记,康生是再好不过的人选了。表面看。似是重用康生,实则饶有自己的如意算盘:随着大军南下,华东局肯定南迁沪宁,至时康生留在山东，华东局副书记一职就形同虚设，这就把令人可畏的康生甩掉了。

中共中央批准了饶的建议，成立山东分局。以康生为第一书记，后上海解放，华东局迁至上海。康生就留在了济南。

这一层，开始康生不清楚。他只怀疑中央不信任他了。1950 年他在杭州“养病”时，陈毅和饶漱石前去看望，他对陈、饶说：“我工作上可能有错误，但决不是奸细，现在党对我不信任，我想不出有什么理由。”说到这里，他激动起来：“如果组织上不信任我，可以审查我。”

为此，饶漱石专门给毛泽东发了电报：“我偕陈毅同志于华东局扩大会议结束后，即赶往杭州看望康生同志的病。他反复向我说：‘我工作上可能有错误，但决不是奸细。现在党对我不信任，我想不出有什么理由。’康生同志离沪赴京时，我又在他处停留一个小时。康生同志又进一步要求我，向主席说明，他决不是特务奸细，请组织上不要误会他。”

中共中央和毛泽东没有任何反映。康生和曹轶欧大为不快，他们搬到青岛，选择风景区荣成路 4 号一栋德国式的建筑，隐居起来，他和曹轶欧每天在看书、写字、画画、雕刻、养花中打发日子。有人来访，他还要装出愁眉苦脸的样子，以示人以“病”。

这一对夫妻在书法、金石、篆刻和古文物鉴赏方面，确有不寻常的功底。康生的书法苍劲有力，而且左右开弓，还能用左手写字。曹轶欧的书法清秀隽永，在高干夫人中，曹的书法无人匹敌，曹轶欧曾应叶群之求，为她写了一幅草书《蝶恋花》，叶群找人托裱后珍藏起来，还曾在毛家湾林办秘书面前显示过。康生曾对下属夸过海口，我用脚写的字，也比郭沫若强！

知道他的这个特点，同他见面，如果不先谈政治，而是从书画、金石说起，他总是口若悬河，滔滔不绝。如果乘势再赞他两句，他更眉飞色舞了。摸透他们夫妻脾气的人，都用此诀窍，讨他们的欢心，在这个时候，他们就显得平易近人，和蔼可亲。

在青岛住了一年，这夫妻俩又想到人间天堂的杭州西子湖畔去享受一番。他们在政治上原是不甘寂寞的人，曹轶欧说：“这里有点深山古刹的味道，出家倒是个好地方，就是消息太闭塞了。时间长了，人家还不把咱们忘了。”她向康生说，咱们应该到北京去。

恰好陈毅、饶漱石前来探望，曹轶欧乘势提出要求：“这里的医疗条件差，最好组织上能安排我们去北京医疗。老是这么养病，我们心里也着急。大伙都在热火朝天地工作，而我们却在这……”她委曲地哭了起来。

耿直豪爽的陈毅说：“那就建议中央，让康生同志去北京治疗吧！”

1950 年 7 月 23 日，康生在曹轶欧陪同下，住进北京医院，这里靠近中央，信息灵，有什么风吹草动，马上就能知道，他们在这里一住就是 5 年。

因为康生是政治局委员，曹轶欧又不需要整天住在医院疗养，所以组织上给他们在景山东街找了一所房子。曹轶欧除了在医院陪住之外，就住在这里。

不工作，常年闲呆，也感到苦恼和失落，曹轶欧不满足于局级干部待遇的空衔，也想干点实际工作。她去找中央组织部。

也是冤家路窄，恰好这时大行政区撤销，饶漱石奉调进京，当了中央组织部长。曹轶欧十几年都是在组织部门工作，对组织工作熟悉，论理应进中央组织部，但饶漱石不可能同意，所以经中央组织部副部长安子文联系，她来到中共北京市委当了入学工作部部长。这是1952年夏天的事。

她对这个工作是陌生的。北京是全国大学最集中的地方，她要一所一所地去熟悉。工作很忙，她给自己定了行动准则：1. 与领导搞好关系，不说三道四；2. 同左邻右舍搞好关系，对同级和下级都搞好团结；3. 处理问题要慎重；4. 决不摆老资格。

她的行动准则，收到良好效果，人们都亲切地称她"曹大姐"。但时间一长，曹轶欧的霸道本性就暴露出来。

有一次，研究一个大学领导班子的配备问题。曹轶欧和一化副部长发生冲突，那位副部长不同意曹提出的人选，当众顶了回去。这使曹轶欧有点下不来台，她沉不住气了："熟悉情况我不如你们，可是，我不存在任何私心和偏见，能公道办事，按党的原则办事。"

"曹大姐，您指的是谁有私心，谁有偏见了？"这位副部长也沉不住气了，针锋相对地质问道。"谁有私心，谁有偏见。谁心里明白。"曹轶欧还是头一次碰上这样的场面。一个副手，居然敢在大庭广众面前一点情面不留地问自己，唇枪舌剑的争个高低。

顿时，她气得脸色煞白，我曹轶欧在山东分局组织部工作时. 是说一不二的，哪个胆大包天之人敢给我下不来台！早在她脑子里便有一个北京市委"排外"、"欺生"和"有山头"的印象。果真不出所料，火一下冲到脑门上来。她丧失理智了。原来给自己制定的"行动准则"，都忘到九宵云外了。她提高了嗓门："你是审问我吗？"她用刀子似的眼睛，狠狠地瞪着副部长，"你还没有这个资格。"

"曹大姐，我一向是很尊重你的。"副部长虽然口气缓和，但却没有让步，据理力争；"因为你毕竟来的时间不长，恕我直言，你对情况还不太熟悉，我们毕竟在这里工作多年了。……"

一向霸道惯了的曹轶欧，岂能忍受得了！她忽地站起来，气得脸都变了型，猛一拍桌子，大声道："你凭什么教训我！我是对情况不如你熟悉，这我承认。可是，正因为新来乍到，所以我对干部才没有任何偏见，也才能一视同仁。"

不欢而散。曹轶欧认为北京市委在排挤她。她要寻机离开这里。不久，时机果然来了。

1954. 年，党内出了"高饶"事件，高岗利用两面派手段，联合饶漱石，拉笼、吹捧一些人，想拱倒刘少奇或周恩来，由他担任国务院总理或中共中央总书记（甚至中央第一副主席)①。结果阴谋败露,高岗自杀,饶漱石关押。

除去了饶漱石,康生和曹轶欧很高兴。她离开北京市委的愿望快实现了。

中共八大前夕,由康生亲自出面,经过中央党校校长杨献珍、副校长侯维煜同意,曹轶欧调到中共中央党校。

曹轶欧离开北京市委时,她的虚荣心得到了满足,北京市委第一书记市长彭真、第二书记、副市长刘仁和其他几个市委领导,亲自在北京饭店宴请康生、曹轶欧夫妇,为曹轶欧饯行。席间,少不了"照顾得周到,舍不得离开"的客套话,骨子里却是:"咱们走着瞧!"

人来了,怎么安排她,却令党校的领导很伤脑筋。她是康生夫人,康生又是中央指定的专管中央党校的顶头上司,对她轻慢不得。但她没有理论素养,像她这样的局级干部(行政九级),在

中央党校成群结队,安排副校长不行,杨献珍是行政五级、副总理、部长级别,副校长侯维煜也是行政六级。安排教研室主任,她又没有任何专业理论造诣。想来想去,想出个妥贴办法:让她担任校党委委员兼短训班班主任。校党委委员一般级别都较高,但为了有代表性,级别低的也需安排两个,叫她挂个名,也算合适。怕她一人担任短训班主任太累,又给她配了一个副手,"三八式"的老干部岳昭来当副主任。

1956 年 9 月,中共八大召开,因为除掉了饶漱石刚兴奋了一阵子的康生,脸又拉长了。八届一中全会选举结果,他由原来的政治局委员降为候补委员。1957 年中央设立文教小组,他也只是个副组长,有什么办法呢,已年近 60 的他,只好接受这个现实了。但他的心境,是灰溜溜的。他在自己的客厅里挂了一方匾额,上书"三洗堂",他则自号"三洗老人"。有客来,他常一本正经地说:"我自号三洗老人,每天要洗目、洗耳、洗心。"摆出一副反思过去的虔诚姿态。

但当客人肃然起敬,认真领悟"洗目、洗耳、洗心"的自我修养意境时,康生却明智地拉住那位《老生常谈》的作者、天津市市长胡昭衡,有些尴尬地耳语:"老夫子,你满腹经纶,我知道瞒不过你,我这三洗,其实是洗脸、洗脚、洗屁股。早晨洗脸、晚上洗脚,拉完屎洗屁股,不洗不行,坐卧不宁,痔疮太严重了……"

1957 年,中国政治生活中出现了一次"左"的重大失误,"反右派"运动。

"反右派"之前的"大鸣大放"中,中央党校短训班的一个学员画了一幅漫画,画面上一个年过半百、头发披散的老太婆,又刁又泼的样子。

曹轶欧认为这画的是她,是用漫画挖苦讽刺她。开始不动声色,"反右"运动一起,她就给漫画定了性:疯狂地向党进攻,而且认定是有人背后指使、支持,她不但要把画漫画的学员打成右派,还要追查幕后指使者。

---

① 1954 年,将召开第一届全国人民代表大会,原拟仿照苏联的政治体制,设立部长会议(相当于国务院)。又准备在将要召开的中共八次全国代表大会上,设立中共中央政治局常委会,由中央主席、副主席和总书记组成。总书记主持书记处,处理中央一线日常工作。

这时已快要放暑假,学员来自四面八方,彼此了解不深,与其在党校参加运动,不如回原单位参加运动。为此,杨献珍和其他校领导决定短训班放假,回原单位参加运动。

曹轶欧认为这是杨献珍有意包庇"右派",她不动声色地回到家里,对康讲了,康生虽然出面指示杨献珍短训班暂不放假,但是杨献珍感到这么多人暑假留在党校不好安排,也没有必要,没有按康生的意见办,这就引起了康生和曹轶欧的不满。

中央党校哲学教研室副主任陈仲平,因为替画漫画的学员辩护了几句,曹轶欧便认定他是漫画的背后主使者,曹轶欧不仅坚持把陈仲平划为"极右分子",还要在哲学教研室揪出"以陈仲平为首的反党集团"。因为杨献珍的抵制,陈仲平才没有划"极右",但他的"右派"帽子带了20年,行政上由十级降为十四级,开除党籍,流放山西。"文革"期间,曹轶欧还不放过他。有一次,康生和曹轶欧接见山西省造反派时,康生说:"你们那里有个陈仲平",曹轶欧接着说:"这个人我了解,很坏,是杨献珍的走狗、黑爪牙,你们应该把他揪出来!"

人们都知道林彪鼓吹个人崇拜不遗余力,其实康生在这方面也毫不逊色。他发明了一个帽子,叫"分庭抗礼",那是在审查中国革命历史博物馆展品时,他认为其他领导人的照片、文物太多了,没有突出毛泽东的伟大作用,是把其他人和毛泽东并列了。

1958年"大跃进"的狂热,杨献珍打心眼里反感,他在1959年一次几个省市的理论工作者座谈会上,直率地说:"去年这一年,是意志论大泛滥的一年,吹牛起哄,什么荒唐的事都发生了。我们不是破除了迷信,而是破除了科学。我们犯了穷过渡,急过渡、穷折腾、穷骄傲的错误。我们的骄傲,是乞丐的骄傲。什么跑步进入共产主义,那是叫花子共产主义。现在是浪漫主义百分之九十九,现实主义百分之一。这简直是拿着国家命运当儿戏。"

杨献珍的讲话记录,传到曹轶欧手里,曹交给康生,康生交给毛泽东。不久,毛泽东和周扬谈话时说:"杨献珍说我是浪漫主义百分之九十九,现实主义百分之一,恐怕在杨献珍看来,那百分之一的现实主义也没有,是百分之百的浪漫主义……"

于是,庐山会议批彭德怀时,山下也批起杨献珍,曹轶欧在批判会上,显得不可一世,句句上纲上线:

"你心里也明白,这次批判你,是毛主席亲自批下来的,毛主席说了,山上山下,一武一文,互相勾结向党猖狂进攻。山上的武将是彭德怀,山下的文人就是你杨献珍。我知道你杨献珍是把我当成康生坐探对待的,事事对我进行封锁,你们派特务监视我。你在中央党校也是一霸哩!你58年6月的讲话,外省也有强烈的反映,辽宁省委书记黄火青一看到你讲话的稿子,便大吃一惊,一下意识到问题的严重性,立刻派李荒同志专程来北京,把稿子交给了中央。并旗帜鲜明地向中央表了态:"辽宁省委不同意杨献珍的观点。黄火青你总该认识吧,那是你的老朋友嘛!”

三句话不忘康生的曹轶欧,又为康生吹虚道:“毛主席曾同康生作过长谈,毛主席说:杨献珍给我们打分,说我们是百分之九十九的浪漫主义,只有百分之一的现实主义。杨献珍的分数是不是给得太低了?多给一点,百分之二行不行?同志们,由此可以看出,我们的主席是多么气愤,而杨献珍这个右倾机会主义分子是何等猖狂!他都不把主席放在眼里了。”

对杨献珍的批判持续了一年。最后,中共中央批准了康生的建议,杨献珍降为副校长,王从吾为中央党校校长。

对杨献珍的降职处分墨迹未干,国民经济严重困难的局面就到来了,“大跃进”不得不被迫停止,在中央领导集体的主持下,对“反右倾”运动中错误处分、错误批判的人甄别平反。耿直正派的王从吾(还兼中央监察委员会的负责人)为杨献珍的平反奔走。从毛泽东起所有中央政治局常委都在杨献珍的平反报告上签了字,康生见此阵势,虽然极不情愿,也不得不签上自己的名字。

王从吾不顺康生的意,仅当了一年多的中央党校校长,就被撤换了,新上任的林枫,对康生十分谨慎,事事请示报告,结果也没逃出“文革”的厄运。

自1962年毛泽东在中共八届十中全会提出“千万不要忘记阶级斗争”起,康生的所有兴奋点都被催动起来,“左”的气候使长期蛰居的他感到春的气息,还在这次全会上,他的一张纸条“利用小说进行反党,是一大发明”,经毛泽东一宣布,小说《刘志丹》就无中生有地定为为高岗翻案的“大毒草”,小说作者和许多人(包括重要领导人习仲勋)都被打成“反党反社会主义”。

1964年,康生和曹轶欧又掀起了一场批“合二而一”的恶浪。

这年5月29日的《光明日报》哲学版,刊登了艾恒武、林青山的文章《一分为二与合二为一》,这两人都是中央党校哲学教研室的教员。康生认为这是杨献珍指使写的,文章经过康生送到毛泽东那里,毛泽东批复:“‘一分为二’是辩证法,‘合二而一’恐怕是修正主义,阶级调和”。

当时中共八届十中全会刚过去两年,毛泽东提出“千万不要忘记阶级斗争”,而且在农村和城市许多单位开始了“以阶级斗争为纲”的社会主义教育运动,国际上中苏关系公开破裂,中苏两党正在展开大论战。在这种气候下,毛泽东便认为“合二而一”是鼓吹调和主义,是反对开展反修斗争。

7月10日,毛泽东接见康生、艾思奇等人时指出:“杨献珍就是一个,他们出来搞‘合二而一’,反对我。”

这场声势浩大的批判“合二而一”运动,各种报刊先后发表了五六百篇文章,不仅批杨献珍,还批了杨献珍的秘书,批了著名哲学家冯定国,批了中央党校哲学教研室的三位教员。结果是,杨献珍被撤职,降为中国科学院哲学研究所副所长,反出来的80多个“合二而一”分子,都受到不同程度的处分:有的开除党籍,有的下放劳动,有的赶出北京。冯定国不堪屈辱,跳中央党校从工湖自杀,哲学教研室组长黎明“文革”中受到疯狂迫害,投井而死。

中央党校反出那么多的"合二而一"分子，绝大多数都是中层干部、一般教职员，康生并不认识，灾难怎么降临到这些无辜的普通人身上的呢？

16年后，曾经担任过中央党校校长，当时任中央组织部部长的安子文回顾当年的情形时说："康生本来就够坏了，可是，曹轶欧所起的作用就更坏了，因为康生对中央党校的中层干部，他毕竟不太熟悉。而曹轶欧在党校呆了四年之久，他认识的人多，恨的人也多。凡是她看着不顺眼的，她都在康生面前告'枕头状'。实际上，她在中央党校，等于是康生安了个'坐探'、'内线'和'特务'。而康生对这位喜怒无常、带有神经质的女人的意见，又往往是言听计从，他们狼狈为奸便迫害了一大批干部。中央党校的后期，完全在曹轶欧一手控制下。"

安子文又意味深长地道："1964年康生打着批判'合二而一'的幌子，迫害一大批人，休说是我这组织部长阻拦不了，就是刘少奇、邓小平和中央书记处的话，他也不会听的，因为他是直接从毛主席那里得的指示。可以说，他手持毛主席的尚方宝剑，有恃无恐，他把任何人都不放在眼里了。"

有人问安子文："你和杨老是老战友的关系了，康生把冯定国赶出北京，那是项庄舞剑，意在沛公，目的是整杨老。这步棋，你们在上层里会看得清楚的。可是，康生想迫害谁，却畅通无阻，难道就没人抵制他一下，别人不说，你跟杨老关系那么密切，也不保护一下自己的老战友？"

"我不是见死不救，我也是无能为力！"安子文无可奈何地说："康生是打着毛主席的招牌，谁敢抵制！尤其是'合二而一'一案，是毛主席亲自拍板的，根本不经过书记处讨论。康生知道，书记处里的成员不会都听他的，所以，他就千方百计地绕过书记处。幸好，在最后对你们这些同'合二而一'沾边的人，在组织处理上，毛主席没有完全按照康生的建议做，对你们还算宽大一些。当然，现在看来也不宽大，把你们都流放了，处理得也就够重了。"

安子文还愤愤地说："曹轶欧这个刁妇，神经病，坑害了多少人！"

1965年，康生又多次在毛泽东面前进言：《海瑞罢官》的要害是罢官，是为彭德怀翻案，吴晗和彭德怀有组织上的联系。谗言打动了毛泽东，以姚文元《评新编历史剧〈海瑞罢官〉》为导火线，揭开了"文化大革命"的序幕。

1966年4月，康生参与起草集中体现毛泽东晚年错误的极"左"文件《五·一六通知》，多次参与策划"文化大革命"的机密行动。

1966年的五月政治局扩大会议，林彪唱了主角，主要帮腔者，一个是张春桥，一个就是康生。

中央文革小组成立，康生任顾问，他开始进入核心领导圈。他成了中国共产党历史上头号权奸。

1966年5月14日,康生从钓鱼台8号楼回到鼓楼西大街小石胡同24号宅邸①,向曹轶欧面授机宜:

"搞一张有份量的大字报,从北大点火,往上烧。写大字报的人选,我已替你选好了。"

"谁?"

"你的老朋友聂元梓!"

曹轶欧心领神会。早在1966年3月4日,她就亲率一个调查组,来到海淀区西颐宾馆(现友谊宾馆),又在北大未名湖畔的招待所设了一个点,不动声色地静观北大文化革命的动静。

聂元梓当时是北大哲学系党总支书记,在延安时代就和曹轶欧熟识,她认为,凭她的资历(聂元梓1946年即任哈尔滨市委理论处长,"文革"前,她的行政级别是12级,比叶群还高),仅当个系主任级干部是学校的领导不信任她,因而对北大领导十分不满,在北大社教运动中,她就兴风作浪,想把北大校长兼党委书记陆平搞掉,是一个有政治野心、不安分守己的女人,陆平对他的评价是:"一贯'左'得可爱",邓拓则说她是"害群之马"。有人曾提出疑问:"由这样一个女人出面写大字报好不好?"康生恶狠狠地说:"是王八蛋也要支持"。

1966年5月22日,曹轶欧把聂元梓找到西颐宾馆。

曹轶欧和康生一样,在这类事关大局的问题上非常谨慎,她不直接了当地先下指令,而是叫聂元梓先谈谈对北京大学"文化大革命"的看法。开始,她只在聂元梓不很精练的汇报中不断插话、暗示、点拨、策动,最后才点出要害。

聂元梓说,她认为北大以陆平为首的校党委是北京市委的黑干将、黑窝子,压制文化革命。聂元梓一边说,一边翻开笔记本,那上面记载着5月14日陆平在党员干部会上的讲话。陆平说:"北大不宜贴大字报,群众要贴,要积极引导。"

听完聂元梓的汇报,曹轶欧点明了意图,但口气很平淡,很注意分寸:

"《五·一六通知》是总纲,你们要好好学习,认真领会。"

"可以写大字报。"

"可以写大字报!"短短的6个字,就点出了曹轶欧的主要意图。陆平说"北大不宜贴大字报",曹轶欧说"可以写",分明是告诉聂元梓,陆平的话,不是上边的意思。聂元梓当然知道曹轶欧的背后是谁。一个阴谋就这样看似平淡地策划出。

聂元梓在曹轶欧的指点下,回到北京大串联了6个人,于1966年5月25日下午2时在北大东饭厅贴出题为《宋硕、陆平、彭佩云在文化革命中究竟干些什

---

① "文化大革命"期间,"中央文革"要员大都住钓鱼台国宾馆,因此钓鱼台成了"中央文革"的代名词。康生、曹轶欧嫌景山东街宅邸临近大街,太吵,从60年代起,迁入小石胡同24号,康生在这里一直住到离开人世。

么?》的大字报。

大字报的签名有7个:聂元梓、宋一秀、夏剑豸、杨克明、赵正义、高云鹏、李醒尘①。

这是全国第一张把矛头直指校党委的大字报,影响极坏。

大字报首先描述北大"文化大革命"的形势:"按兵不动,冷冷清清,死气沉沉,广大师生的强烈革命要求被压制下来,这究竟是怎么回事?原因在哪里?这里有鬼。"

接着是逐字逐句批驳北大校长陆平5月14日的讲话:"这是党中央和毛主席制定的文化大革命路线吗?不是,绝对不是!"

"你们为什么到现在还这么干?你们到底是些什么人?"

"老实告诉你们,这是妄想!"

"你们引导群众不开大会,不写大字报,制造种种清规戒律,这不是压制革命群众,不准群众革命,反对群众革命吗?我们坚决不答应!"

最后是几句口号:"打破修正主义的种种控制和一切阴谋鬼计,坚决、彻底、干净、全部地消灭一切牛鬼蛇神,一切赫鲁晓夫式的反革命修正主义分子!"

"鬼计"应为"诡计",一直到后来《人民日报》公开发表这张大字报,"鬼计"一词依然原封未动。这最后几句口号,是聂元梓在大字报第三稿后,觉得不带劲,贴出前临时用钢笔加上的。

大字报点名的三个人,陆平前已提到,宋硕是中共北京市委大学工作部副部长,后被迫害致死;彭佩云是北大党委副书记,解放前是清华大学地下党负责人,后来一边挨斗一边"劳动改造"运煤球,全家人被轰到东城区小雅宝胡同39号的一间小平房里,她本人不得回家。陆平、彭佩云熬过了"文革"的灾难。

大字报底稿由康生报给毛泽东,毛泽东6月1日批示:"此文可以由新华社全文广播,在全国各报刊发表,十分必要。北京大学这个反动堡垒从此可以打破。"下午4时,毛泽东的批语从杭州电传给北京的康生、陈伯达。

当晚,中央人民广播电台全文广播了聂元梓等7人的大字报,全国为之震惊。

6月2日,《人民日报》以《北京大学七同志一张大字报揭穿一个大阴谋》为题,全文刊登了这张大字报,并配发评论员文章《欢呼北大的一张大字报》。

6月3日晚,中央人民广播电台广播了两条重要消息,中共中央决定改组北京市委和改组北大校党委,以李雪峰、吴德为北京市委第一、第二书记;撤销陆平、彭佩云的一切职务,由张承先为首的工作组代行校党委职权。

这一连串叫人眼花缭乱的事件,立即把极"左"狂热煽动起来。全国的大动乱就此开始。

6月2日,一直在幕后活动的康生终于从幕后走到幕前,他满面春风地来到北大,雄赳赳地东走西串,在30号楼和32号楼之间的场地上,操着浓重的山东腔

---

① 后来,6人都不再跟随聂元梓,其中杨克明、李醒尘最早和聂元梓分道扬镳。

向师生发表演说:“聂元梓的大字报是巴黎公社式的宣言,是20世纪60年代的北京公社宣言。”“大字报一广播,聂元梓解放了,我也解放了!”

康生如此拔高这张大字报的意义,连聂元梓听了都吓了一跳。但,这个乱世狂女胜利了!她和伙伴们弹冠相庆。从此,她成了举国闻名的“大左派”,以更加疯狂的行动去干着一个一个地罪恶勾当。

“北京看北大,全国看北京。”从这个角度看,曹轶欧是“文革”发端的直接肇事者。

两个月后的中共八届十一中全会,中共中央领导机构改组,刘少奇从第二位降到第八位,林彪则“小六变老二”,代替刘少奇,成了毛泽东的“亲密战友和接班人”,康生、陈伯达成为中央政治局常委,1973年中共十大,康生又成了中共中央副主席。毛泽东发表《炮打司令部——我的一张大字报》,公开宣布刘少奇、邓小平是所谓“资产阶级司令部的代表人物”。

曹轶欧成为康生办公室主任,又过了3年,中共九大,曹轶欧进入中央委员会,达到她一生权势的顶峰。

当上康办主任的曹轶欧,干的第一件大事就是因妹妹自杀而疯狂迫害医务人员。

1967年4月中旬,曹轶欧的妹妹,时任北京政法干部学校政治部副主任的苏枚自杀身亡。

苏枚从30年代就居住在康生家中,康生和曹轶欧去苏联,也把她带去,又一同回到延安,一同来到山东,一同来到北京。

康生和曹轶欧怀疑是有人进行阶级报复。在他们指使下,由公安部、北京市公安局、政法干校三家成立联合调查组,查明苏枚的死因。

调查结果很快出来,苏枚胃液里有大量安眠药,她是服毒自杀。医生相信科学。

曹轶欧用哭红了的眼睛盯住汇报人:“说苏枚是自杀,这对她是侮辱。她为什么自杀?她又没有做见不得人的事,有什么必要自杀?你们谁能回答?”她越说越激动,越有气:“她根本不可能是自杀,这是坏人有意陷害,必须查清凶手!”

换了医生检查,结论仍然是自杀。

此时政法干校分成两大派,苏枚自杀也成了他们攻击对方的材料,大字报、传单铺天盖地,互骂对方是杀人凶手。在混乱中,逮捕7人,其中1人死亡,4人精神失常。

最后苏枚自杀一案,不了了之。

康生在“文革”中,最大限度地表演了他野心家、阴谋家、迫害狂的劣行。曹轶欧则夫唱妇随,跟着摇旗呐喊。

1968"年9月,康生在给江青的一封信中毫无根据地给刘少奇戴上“大叛徒、大内奸、大特务、大工贼、大卖国贼、大汉奸”六顶大帽子,并由此推断说:“我觉得他这样早、这样久的作潜伏的内奸活动,似乎很早就受到帝国主义的特务训练的。”

为了替林彪一伙篡党夺权制造舆论，康生同陈伯达修改审定了1966年5月18日林彪那篇大讲中外古今政变史的“政变经”。不仅如此，康生还紧密配合行动，在1966年7月前后，接连捏造所谓“二月兵变”事件，陷害彭真、贺龙，捕风捉影地大讲所谓彭真贺龙策划“二月兵变”的经过，说这“是千真万确的事情”。许多人为此受牵连，遭到无辜迫害。

康生还伙同林彪、江青等人，篡夺中央各部门和各省、自治区、直辖市的领导权。“文化大革命”开始不久，康生就煽动“踢开党委闹革命”，把中央各部门和各省、自治区、直辖市说得漆黑一团。他声称：“一个党校、一个组织部、一个联络部。基本上原来的领导人都是坏家伙，都是叛徒、特务、走资派”，“在我们党的历史上，监察委员会没有起什么好作用”等等。他进而提出：“党校不能要”，“总的方针，斗批走，斗批散也好”；“撤销中监委、中组部，只留少数人，其余下放。”就是在康生等人的直接指挥下，中央机关搞大换班，大批干部“下放”、“劳改”，许多人被打成“反革命”，遭受残酷迫害。1967年1月，康生伙同江青等人，指使王效禹篡夺青岛市和山东省党政大权。同年3月，他又紧密配合林彪对李井泉的诋毁，把四川省诬蔑为“黑司令部的大后方”，并伙同江青等，为早已被开除党籍的刘结挺、张西挺翻案。支持刘结挺、张西挺篡夺四川省领导权。同年11月前后，康生还造谣说：“陕西是刘少奇、彭德怀、安子文、杨献珍的后方基地”，“西安是敌人潜伏的一个黑窝子”；“内蒙敌人是有很多的，有苏修的，有蒙修的，有日本的，有伪满的，有边疆的，有傅作义的，内部有乌兰夫的”，等等，为进一步篡夺各地区的领导权大造反革命舆论。

为了把全国搞乱，以便于林彪、江青一伙从乱中插手夺权。康生还极力煽动派性，挑动武斗，制造镇压群众的流血事件。在“文化大革命”初期，他就向中央党校的“造反派”头头们鼓吹“越乱越好”，并把这些人的打砸抢行为夸为“群众革命”。他挑动许多省的两派群众组织大搞武斗，导致发生血洗郑州烟厂的惨案，当场打死10人，伤残100多人。同年8月间，康生把宁夏回族自治区的一派群众封为“造反派”，要进驻宁夏的部队坚决支持这一派，必要时可发枪自卫，而把另一派划为“保守派”，并说他们“性质变了”要“武装镇压”，结果酿成青铜峡地区的流血事件，当场死伤各100来人。

他首先发明“唯生产力论”的帽子。早在1 966年12月间，康生就公然诋毁国务院主管生产的领导同志“多年来只抓生产，不抓革命，已经成了职业病”，胡说“这本身就是修正主义的东西。”经过康生这一番胡诌，批判“唯生产力论”变成康生和林彪、江青一伙的得力武器，康生在“文化大革命”中诬陷和迫害的干部，其数量之多，范围之广，危害之大，是我党历史上前所未有的。康生在“文化大革命”的初期和中期，一直掌握中央专案组的大权，许多重大冤案，都是由他直接点名、指使逼供，以及定性定案的。

据查证，仅在“文化大革命”中，被康生罗织罪名，直接点名以及由他批准诬陷和迫害的干部，就达839名，1968年5月16日，康生对专案人员讲话时，诬陷贺龙说："由贺龙的历史投敌叛变。联想贺龙现行反革命活动绝不会没有，可以由历史这个此，到现实这个彼。""贺龙与刘、邓的关系也是由此及彼。"给贺龙戴上了"国民党"、"军阀"、"土匪"等一大堆帽子。康生还伙同江青、陈伯达、谢富治、吴法宪等，诬陷陆定一是"叛徒"、"内奸"、"军统特务"。

被康生点名诬陷的800多人中，有党和国家领导人33人，八届中央委员和候补中央委员120人，中央各部门和各省、自治区、直辖市的主要负责人以及人民解放军高级干部200多人，还有不少各界知名人士。康生随心所欲，凭空捏造，任意给一些高级领导干部加上"叛徒"、"特务"、"走资派"、"里通外国"、"死党"、"帮凶"、"败类"、"坏人"、"反革命"种种罪名，甚至把反他也作为"反党"的一条罪状，加害于人。他对革命同志心狠手毒，还表现在他写的一些所谓"定罪"批语上。这些批语使用了"罪该万死"、"死有余辜"、"突击审讯"、"送监狱"、"铸起来"等许多恶毒字眼。一道令下，就置大批干部于死地。已查明，被康生直接点名迫害致死的党政军领导干部和知名人士就达80多人；致残致病的，更是不计其数。

在党的"九大"和四届人大召开之前，康生勾结江青等人，为了实现他们"改朝换代"的阴谋，从组织上抢先人手，连续干了几桩罪大恶极的勾当。一件是，1968年7月21日，康生亲笔写了一封绝密信给江青，信中附上他亲自排列的党的八届中央委员、候补中央委员的名单。在这个名单中，康生把中共八届中央委员、候补中央委员定为"叛徒"、"特务"、"里通外国''和"有政治历史问题"的，竟达总数的71%。再一件是，1968年8月23日，康生和他的妻子曹轶欧指使当时中共中央组织部负责人编造报告，把八届中央监察委员会委员、候补委员中60%以上的同志分别诬陷为"叛徒"、"特务"、"反革命修正主义分子"。第三件是：19681年8月28日，康生、曹轶欧指使当时中共中央组织部负责人，把三届全国人大常委和四届全国政协常委的政治情况分类排队，开了个名单。在这个名单中。全国人大常委和政协常委划分为"叛徒"、"特务"、"反革命修正主义分子"、"有严重错误"的，竟占50%左右。这几个骇人听闻的政治陷害名单，在十年动乱中，成为残害党政领导干部的"凭证"；同时，它也成了康生所犯罪行的铁证。

康生诬陷和迫害干部其特别恶劣之处，就是他明明知道这些人的情况，却为了篡党夺权的政治需要，利用权力。捏造罪名，制造冤案，蓄意陷害。下面列举的，只是其中几个最突出的事例：

薄一波等61人1936年出狱，是由当时中共中央北方局决定，经党中央批准的。这一点，康生1943年亲自参加过中央讨论这个问题的会议，1944年他向延安党校作报告时，也专门讲过。可是，"文化大革命"一开始，他为了打倒一大批党政军领导干部，竟闭起眼睛说瞎话，硬是诬陷这些人为"反共叛党"，并由此在全国范围内刮起了一股"揪叛徒"之风，陷害了一大批同志。

所谓"新疆叛徒集团案件"，也是康生一手捏造的。1942年9月，新疆军阀盛世才制造了所谓“四·一二阴谋暴动案”,将我党在新疆工作的一百几十人全部拘禁,以后又关进监狱。绝大多数被捕人员在狱中坚持斗争,表现很好,有的牺牲在狱中。1946年,张治中任国民党新疆省政府主席时,经我党中央营救,除公开叛变的十多人外,130多人无条件释放,予同年6月回到延安。中央对这批同志被捕后的表现和出狱的经过,是完全了解的。他们回到延安时,受到党中央领导同志的热烈欢迎。那时候,康生甚至跳上汽车,同一些同志热烈拥抱。但是,1967年,这批从新疆回延安的同志,陆续在各地被揪斗和审查。康生明知此案一切情节,不但不说明真相,反而无中生有,诬陷他们“投敌叛变”。“有组织有计划向党隐瞒”,是“叛徒集团”,唆使专案人员大搞刑讯逼供,使许多同志身陷冤狱达8年之久,大部分同志身心受到严重摧残,26人被迫害致死。

康生伙同谢富治等利用挖所谓“内人党”,在内蒙古自治区诬陷、迫害了大批干部、群众,严重地破坏了民族团结。1968年2月4日,康生说:“内人党至今还有地下活动,开始可能揪得宽点,不要怕。”1969年2月4日,康生又说:“军队也有内人党,这个问题很严重。”在康生、谢富治的唆使下,因“内人党”等冤案遭到诬陷、迫害的干部、群众达34万6千多人。其中16222人被迫害致死。

原中共北京市委第二书记刘仁,30年代在苏联就认识康生,抗日战争期间,曾在延安中央党校和康生共事过,以后他到华北白区工作的情况,康生也是了解的。可是,“文化大革命”一开始,康生就亲自指使专案人员,搞了大量假材料,制造了一个所谓“大特务刘仁案件”,陷害和株连了一大批人。1968年1月,康生在一份捏造的报告上,杀气腾腾地加上批语“刘仁、崔月犁、冯基平、徐子荣等这伙反革命敌特分子,出卖党政核心机密,叛党叛国,罪该万死”;“应将他们铐起来,进行严厉地突击地审讯工作”。从此以后,刘仁被戴上手铐脚镣达四五年之久,受尽残酷折磨。刘仁在1973年10月含冤而死,徐子荣1969年惨死于狱中。

康生陷害干部,竟然荒唐到单凭他的一次“相面”就可以定案的程度。原中共云南省委书记赵健民和内蒙古自治区党委书记王逸伦,就是这样被迫害的。

1968年1月21日,在北京京西宾馆一个会议室,康生当众对赵健民作了一次既是十分滑稽又是卑鄙无耻的谈话:

康:赵健民,……你支持炮派,出了许多坏点子,是不是?

赵:我没有支持炮派的错误行动。

康:你不要骗我,刘少奇才骗我们,叛徒特务才骗我们……我问你,你在白区工作是哪一年被捕的?

赵:1936年。

康:你在监狱里怎么自首的?

赵:我没有自首。

康:你还骗大家。你是个叛徒!

赵:我不是。

康:我再重复一遍,你是个叛徒!

赵：事实不是，我保留意见。

康：好！你保留吧！你写个条子！你的行动不是偶然的。一个叛徒、一个叛徒分子混进我们党里来，想乘文化大革命把边疆搞乱。国民党云南特务组（注：这是康生凭空捏造出的一个政治假案），我看了他们的计划，你的行动就是执行他们的计划……我凭40多年的革命经验，有这个敏感，……你对我们有刻骨的阶级仇恨。

赵：中央可以审查。

康：一定要审查，一定要审查。你是比较疯狂的，疯狂地向无产阶级司令部进攻！你还要求中央审查吗？

赵：我要求。

康：你写一写。

赵健民写了保证自己没有问题，要求中央审查的条子后，康即指使谢富治当场将赵逮捕。这是发生在一个多小时之内的事情！赵健民被投入监狱达8年之久，直至1978年7月才得到彻底平反。在康生、谢富治的煽动下，云南大批干部、群众被扣上"执行赵健民国民党云南特务组计划"的帽子，遭到诬陷、迫害，1万4千余人被迫害致死。

1967年4月，康生在一次接见内蒙古代表时，信口开河，凭空诬陷王逸伦是"特务"。他说："我不认识王逸伦，但是在一次自治区常委会议上，我见了他，见面的中间，使我一看觉得这个人根本不是一个共产党，而且也不是一个普通的人，他的一些表现，他的一些做法，他的一些神态，……总觉得这个人像个特务。"就这样，由于康生的"一见定案"，把王逸伦关押了6年，直至1978年底才得以平反。

康生对人，是当面一套，背后一套，看政治气候行事，需要你时可以把你捧上天堂，不需要你时可以把你打入地狱。原中央宣传部一位副部长，曾经长期跟随康生写文章，经常朝夕相处，康对他十分了解。可是，"文化大革命"一开始，康生就立即把他抛出去，诬陷他是某某人"专门派来监视我的特务"，并要他的秘书跑到中央宣传部一次大会上宣布，逼得这位同志当天就含冤而死。还有中央党校一个人，"文化大革命"初期，造反反对林枫，深得康的信任，还调他到中央文革小组搞宣传工作。后来，他对康生在党校"打倒一切"、"彻底砸烂"的一套做法，提了不同意见，康批他"左的要命"，并反咬一口，把他同所谓"资产阶级司令部"的"小爬虫"扯在一起。明明调他去中央文革，是康生同意的，这时康却翻脸不认帐，硬说是背着他调去的。

在中央党校，康生还阳一套、阴一套搞了许多鬼名堂。1966年10月，康生派他办公室工作人员到党校，召集几个"造反派"头头，秘密布置他们贴刘少奇的大字报，并且要他们一定抢在其他单位前面贴出去。还传达康生的意见说："你们贴出刘少奇的大字报，中央领导同志可能有人出来劝阻，你们不要理他，尽管贴。"还特别关照："对外可不要说是康老让你们贴的。"1967年秋，康生策划撤销林枫的中央党校校长职务，他亲自对一些"造反派，"头头说："你们把林枫放了那么长时间，也不向中央写报告要求撤林枫的职，你们不向中央写报告请求，我不好办啊！”那些“造反派”心领神会，立即借用群众名义给中央写报告，送给康生。不久，林枫就被撤掉了校长职务。

康生自和江青认识后，关系一直非常密切，特别是“文革”期间，狼狈为奸，所干坏事罄竹难书。到了1975年春，他看到邓小平同志出来主持中央工作。又听说毛泽东批评了“四人帮”，就假装要揭发江青的历史问题。其实，他30年代就认识江青，对江青的历史最清楚。为什么现在才来揭发呢？就是他投机本性的又一次暴露。他认为，既然毛泽东批评江青，大概江青要倒霉了，他要赶快出来和江青“划清界限”。

康生在“文化大革命”中侵吞大量珍贵文物、善本图书，也是采取两面派手法。一方面，他多次通知北京市文物部门：“查抄文物图书，不再归还本人，一律归公。”另一方面，他却偷偷跑到北京市文物管理处30多次，拿走大批珍贵文物，善本图书。特别是1970年5月2日那一天。他伙同陈伯达、叶群、黄永胜、吴法宪、李作鹏、邱会作等人，到北京市文物管理处库房，翻箱倒柜，各揽一摊，又当场互相赠送，然后用汽车拉回，据为己有，库存的珍贵文物，几乎被洗劫一空。同年11月6日，康生又亲自陪同江青，到北京市文物管理处窃取名贵印章和砚台，总计被康生和林彪、“四人帮”一伙掠夺的图书达34000多册，文物5500多件。

康生明明是盗窃和破坏文物的祸首，却又标榜是为国家收藏文物，将来要“归公”。其实，这都是骗人的鬼话。他在掠夺的大量图书上都加盖了“康生”的私章，有些窃取来的名贵印章被他改刻成康生图章，还把一部分印章、砚台和图书分送了他的亲友。

1975年12月16日，康生结束了77岁的生命，病死于北京。悼词中给他带上“无产阶级革命家”、“马克思主义理论家”、“光荣的反修战士”等三顶桂冠。

1980年11月16日，中共中央决定开除康生的党籍，撤销对他的《悼词》，并把他的反革命罪行向全党公布。

骨灰也从八宝山革命公墓撤出。

康生一死，曹轶欧六神无主，又过了不到一年，“四人帮”被粉碎，曹轶欧一度惶惶不安。

可是，经过一阵魂不附体之后，曹轶欧留意报刊上文章和广播，都是对“四人帮”口诛笔伐，对康生连一个字都没有提过。她认为化险为夷了，她心花怒放了，中央对康生和“四人帮”是区别对待的，康生倒不了，自己也就不可能倒。她煞费苦心地终于想出，可以大做康生同张春桥和江青进行“斗争”的文章。

她把康生临死前出于投机目的揭露江青、张春桥的历史问题有计划、有步骤、有目的地向心腹们散布，康生是一向同“四人帮”进行斗争的。心腹们也心领神会，便在一些单位放出口风：康老和曹大姐是长期同“四人帮”进行斗争的。

她的行动迷惑了一部分人，居然有人建议中央：由曹轶欧担任中央党校校长。

中共中央对康生作出严正的裁判，曹轶欧犹如五雷轰顶，她真正从颠峰上跌落下来。

当工作人员来清理康生生前保存的文件时，曹轶欧又哭又闹："康生究竟犯了什么错误了，这样对待他，难道还要抄家吗？"曹轶欧究竟是真神经发作，还是假装的，这就是个不解之谜了，她又是哭，又是闹，嘴像机关枪似的，把一肚子不满，都一古脑儿发泄出来。她冲着两名工作人员大喊大叫："康生干了一辈子革命，把一生都交给党安排了。最后落了个开除党籍的下场。骨灰连八宝山革命公墓都没资格呆，给扔出去了！这公道吗？"

她转过脸，冲着两位收拾文件的工作人员，用着质问的口气道："你们说说，康生究竟是哪里错了？把天下大乱等等责任，写在他一个人账上公道吗？"

"你不必跟我们说这些，我们仅仅是一般的工作人员，我们管不了这样的大事！"一位工作人员不慌不忙地冲着曹轶欧道："你不服从中央开除康生党籍的决定，你可以向中央反映你不同的看法嘛！

曹轶欧又撒泼了："我现在受这么大冤枉，我是有冤无处诉呀！你们毕竟是在中央部门里工作，你们有义务向上反映一下我的意见！"

"恕我直言，你不冤枉！"另一位工作人员实在看不下去了，过去只是听说曹轶欧是个横竖不讲礼的刁妇，这次是亲自领教过了，他毫不客气地道："众所周知，康生比'四人帮'还'四人帮'，他赴死的早，他如果是晚死上一年，他和'四人帮'是同样的下场.照样也得锒铛入狱，受刑事处分。他做了多少恶，造了多少孽，害死了多少人，你心里应该有数。你还闹腾个什么！……"

1981 年，曹轶欧从小石胡同 24 号迁往木樨地路南 22 号楼，里面住着王光美和一批"文革"中受过迫害的离休老干部。他们的不幸很多是康生和曹轶欧直接造成的。

冤家路窄，她不敢出门，整天生活在痛苦、紧张、忧虑、不安之中，久而久之，精神失常了，她常常语无伦次，说些出格的话，做些正常人之外的动作。有一年夏天，她居然赤裸着身体在屋里跑来跑去，家人无不目瞪口呆。

1991 年，曹轶欧在永远无法摆脱的紧张心理中死去，终年 87 岁。

驼铃声声伴征程

——任弼时夫人陈琮英

她和他是指腹为婚的“娃娃亲”。

他是她的领路人，她是他的贤内助。

叶剑英称赞他是党和人民的“骆驼”，毛泽东称她是“革命的贤妻良母”。

天下底定时，他却永远地去了。

任弼时和陈琮英的婚姻，是典型的包办婚姻，而且是包办婚姻中最落后的一种——指腹为婚的“娃娃亲”。虽然如此，他们夫妻感情深厚，甘苦共尝，携手并肩，经历了几十年的风风雨雨，堪称夫妻的楷模。

他们是怎样由长辈指腹为婚的呢?

任弼时的父亲任裕道是个乡村教师，前妻是长沙陈家的女儿，两人结婚后，夫妻感情深厚，可惜陈氏不久病故。任裕道非常重感情，为了纪念亡妻，保持两家的往来，双方家长约定，任裕道续弦后，如果生下男孩，就与陈氏侄女结为娃娃亲。后来，任裕道娶朱宜为妻，生下第一个男孩不幸夭折，生下第二个孩子就是任弼时，小名二南，与陈琮英订了亲。

陈琮英比任弼时大2岁，生于1902年。出生后仅4个月，母亲就去世了。父亲常年在北平教书，只得将襁褓中的小琮英托付给婶母抚养。小琮英长到12岁，父亲便把他送到任家，实际上做了童养媳。陈琮英在婆家很幸运，公婆待她如亲生女，绝没有一般童养媳所受的虐待。

1915年任弼时考入长沙第一师范附属高小读书。当时，全家依靠父亲教书得来的微薄薪金已难于度日，要支付任弼时求学的费用则更为困难。翌年，任弼时回乡度假时，家里又遭湖南督军汤芗铭溃兵的洗劫，更是元气大伤，任弼时打算辍学。陈琮英主动提出出去打工挣钱，资助任弼时读书。14岁的陈琮英来到长沙北门西园一家小袜厂，当了一名织袜女工。每次发薪水时，陈琮英首先给任弼时缴学膳费。这样，任弼时才得以继续求学。

在长沙，任弼时结识了毛泽东，从此走上革命道路。为了寻求救国救民的真理，1920年任弼时离开长沙，去上海外国语学社学习俄语，准备赴苏联继续学习。临行，他对陈琮英说：“你从小没有机会上学，今后要在社会上自立，一定要学习文化，不然，连我给你的信都看不懂”。

陈琮英点头答应，拿出两双袜子送给即将远行的未婚夫，两人依依惜别。这一年,陈琮英已是18岁的少女,任弼时也已16岁了,男女之间的恋情,已开始萌发起来。

任弼时走后,陈琮英按照未婚夫的吩咐,进入长沙一所半工半读的职业学校,一边学习缝纫技术,一边补习文化。未婚夫的嘱咐,深深打动了陈琮英,学文化学缝纫都很刻苦,因此进步很快。任弼时得知了,由衷地感到高兴。

任弼时在上海学习了一段时间,由党的早期组织派遣赴苏联学习。临行,他给父亲写信告别,信中还特意叮嘱一定要陈琮英有继续学习的机会。

1924年,任弼时结束了苏联4年的学习生活回到国内。这时,国共合作已经建立,国民革命已经兴起。任弼时来到上海,到培养革命干部的上海大学任教。他本想回家一趟探望阔别4年的双亲和仍在长沙袜厂做工的未婚妻,尤其想了解她的文化水平达到什么程度了,但因为工作太忙,始终抽不出时间。就连父亲病逝的噩耗传来,他也无暇回家奔丧,只能通过书信表达对父亲的哀思。

直到1926年,任弼时担任共青团中央书记,为了便于开展工作,也极需一个助手,才经中共中央批准,回湖南去接未婚妻。

"一别就是6年了。"任弼时想到这里,眼睛有些湿润了。

"家里有急事,请你赶快下船,回去处理"。熙熙攘攘的人群中急匆匆地挤过来一个人,气喘吁吁地对任弼时说。家里,是暗语,指团中央机关。当时北伐战争还没开始,上海还在北洋势力控制之下。

轮船马上就要起锚了。任弼时二话没说,回到船舱取出行李,立即下了船。这时,"呜——"的一声长鸣,轮船起航了。任弼时这次家乡之行又告吹了。

任弼时回到团中央机关后,党中央要他去北京参加一次特别会议。任弼时立即改换装束,起程北上。安排陈琮英的事,只好委托王一飞代为办理。

待任弼时返回上海时,王一飞已将陈琮英接来。任弼时与陈琮英分别6年后,再次相聚。4月,两人即在一个简陋的小亭子间举行了简朴的婚礼,结为革命伴侣。从此,陈琮英在任弼时的引导下,由一个织袜女工,成长为…名坚强的共产主义战士,成为任弼时的得力助手。

由于蒋介石、汪精卫两个集团的叛变,轰轰烈烈地大革命失败了,共产党在白区的组织被迫转入地下。白色恐怖笼罩下的上海,巡捕暗探四处活动,地下工作者外出上街必须非常谨慎。由于工作的需要,任弼时每次出去都要化装,或长袍马褂。或西装革履。陈琮英刚到上海时,身体瘦弱,眼窝凹陷,双手粗糙.一口浓重的湖南乡音,一副乡间妇女的穿戴,在十里洋场的上海人眼里,不免显得土里土气,在街上常遭少爷淑女们的冷眼。

任弼时不但不嫌弃,反而温存地安慰说:"琮英,你初到上海,对这里的环境陌生,慢慢会习惯的。我们的工作很重要,反动势力又很强,我们时刻都有危险,你可不要害怕。"

"二南,我听你的,你工作很忙,可我又帮不上,你说咋办?"

"我正需要人帮助哩!"任弼时上下打量了一下陈琮英说:"党中央的领导人

都隐蔽在上海工作。我出去活动不方便,你这身打扮敌人不注意,你就帮我送信,担任交通员吧。”

从此,陈琮英担任了秘密交通,从事机要工作。陈琮英常将任弼时写好的书信和起草的文件送给中央领导同志,或是交给党中央的秘密印刷厂。

陈琮英每次出门,任弼时都再三叮嘱:“琮英,早去早回,免得我惦念。如果发现有人盯梢,千万不要急着往家里跑,得把尾巴甩掉。万一敌人盘问,你就来个什么也不知道。”

任弼时和陈琮英为了不引起敌人的注意,经常变换住址,他们住在上海人称之为亭子间的又矮又小的房子里,连头都抬不起来,放上一张床,一张桌子,就没有转身的地方了。生活上也极为艰苦,党中央的活动经费拮据,地下工作者只有很少的一点补助金,尽管任弼时和陈琮英非常节俭,也只能靠啃大饼、油条,喝白水度日,有时,甚至要饿肚子,但是,他俩相濡以沫,坚持地下斗争。

1928 年秋,任弼时奉命去安徽巡视工作。临行,他叮嘱陈琮英:“我一到安徽,立即写信给你,你千万注意安全,有事与邓颖超联系。”

在共青团安徽省委书记林植夫的陪同下,任弼时来到南陵县,决定 10 月 15 日下午在南陵公园召开党团员会议。公园里有座古刹香油寺,还有传说中的东吴大将周瑜夫人小乔的衣冠冢,党团员们以游园为掩护,到公园聚齐。

任弼时按约定时间来到南陵公园.一边假作游园,一边警惕地观察周围动静。他见有几个行迹可疑的人,正要走开,突然从香油寺里冲出一群荷枪实弹的团丁,不由分说便将任弼时等 4 人逮捕。

第二天,敌人审问任弼时。他早编好了假口供:“我叫胡少甫,长沙伟伦纸庄的伙计,来南陵催收帐款。”伟伦纸庄是陈琮英五哥开的一个纸厂。

任弼时非常镇静,敌人除了从他身上搜出 80 元现款外,未搜出任何证据。而且原定的会议尚未召开,其他人不知道任弼时的身份,唯一知道他的林植夫又矢口否认认识任弼时。“既是来收帐的,来香油寺干什么?”主审官逼问道。这问的太没水平,谁不可以到公园游览?

“我初来南陵,顺便去逛一逛小乔墓和香油寺,谁知被不明不白抓来。”“胡说,快招出你与共产党的关系。”主审官喝道,“用刑!”

几个刑警一拥而上,将碗口粗的木杠压在任弼时的小腿上。任弼时只觉得眼前金星乱冒,疼痛难忍,昏了过去。任弼时被冷水浇醒后,仍坚贞不屈,不改原供。

南陵县审不出什么名堂,只得将任弼时作为“共产党嫌疑犯”押往安庆警备司令部。任弼时被押上船时,遇见原长沙中学的工友,现在长江各码头贩运丝线的彭佑亭,他趁法警不注意,托彭佑亭带信给在长沙任恒丰纱厂工程师的堂叔任理卿。任理卿闻讯后,立即电告上海的陈琮英。

陈琮英一直为任弼时的安全担心,日夜盼望他的来信,她曾去中央机关询问,中央收到 10 月 4 日任弼时从芜湖通过地下交通转来的一份报告后,就与任弼时失去了联系。陈琮英突然收到任理卿发来的要她速去长沙、有事要相商的电报后，深感情况不妙。她向组织上作了汇报，组织上派人陪同陈琮英一起去长沙。

为了争取时间，陈琮英抱着襁褓中的女儿小苏明爬上了一列开往长沙的敞篷煤车。强劲的冷风吹着母女俩，尘土、煤屑也落满她们的身上，一路折腾，小苏明病了。

陈琮英找到任理卿后，才得知任弼时被捕的消息。陈琮英在任理卿的陪同下，找到长沙颇有名气的律师…任弼时的远房姐夫何维道，商量营救任弼时的出狱计划。由于任弼时未暴露身份，最好的营救方法是通过正常的司法途径.请律师辩护，由伟伦纸庄担保释放。

陈琮英与何维道一起奔赴安庆。何维道利用社会关系，将任弼时的案子由警备司令部移到省法院。

安徽省法院开庭审判时，任弼时在2名法警的押送下，戴着手铐，一瘸一拐地拖着遍体鳞伤的身子，神态自若，气宇轩昂地走上被告席。任弼时看到坐在旁听席上的陈琮英，明白组织上正在营救他。

法官照例问过被告的姓名、籍贯和职业。任弼时照原供复述了一遍。

法官厉声喝问："胡少甫，你图谋反乱，危害民国，从实招来。"

"本人素来遵纪守法，这次去南陵收帐，图谋作乱，危害民国从何谈起？"任弼时理直气壮地驳斥道。

"你为何参加共党会议？"

"我去公园游玩，参加什么会议？纯属捕风捉影。"

"不许狡辩。"法官喝道。

何维道在法庭上侃侃而谈，为任弼时辩护。何维道驳斥了所谓图谋作乱、危害民国的罪名，要求出示证据，并派人前去伟伦纸庄核查口供。

法官拿不出证据，理屈词穷，只得以案情重大，必须进一步调查为理由，宣布休庭。

陈琮英立即赶回长沙，与五哥商量，让他暂时避让，她暂任老板，以便应付法院的调查。开往长沙的敞篷煤车。强劲的冷风吹着母女俩，尘土、煤屑也落满她们的身上，一路折腾，小苏明病了。

陈琮英找到任理卿后，才得知任弼时被捕的消息。陈琮英在任理卿的陪同下，找到长沙颇有名气的律师…任弼时的远房姐夫何维道，商量营救任弼时的出狱计划。由于任弼时未暴露身份，最好的营救方法是通过正常的司法途径.请律师辩护，由伟伦纸庄担保释放。

陈琮英与何维道一起奔赴安庆。何维道利用社会关系，将任弼时的案子由警备司令部移到省法院。

安徽省法院开庭审判时，任弼时在2名法警的押送下，戴着手铐，一瘸一拐地拖着遍体鳞伤的身子，神态自若，气宇轩昂地走上被告席。任弼时看到坐在旁听席上的陈琮英，明白组织上正在营救他。

法官照例问过被告的姓名、籍贯和职业。任弼时照原供复述了一遍。

法官厉声喝问:“胡少甫,你图谋反乱,危害民国,从实招来。”

“本人素来遵纪守法,这次去南陵收帐,图谋作乱,危害民国从何谈起?”任弼时理直气壮地驳斥道。

“你为何参加共党会议?”

“我去公园游玩,参加什么会议?纯属捕风捉影。”

“不许狡辩。”法官喝道。

何维道在法庭上侃侃而谈,为任弼时辩护。何维道驳斥了所谓图谋作乱、危害民国的罪名,要求出示证据,并派人前去伟伦纸庄核查口供。

法官拿不出证据,理屈词穷,只得以案情重大,必须进一步调查为理由,宣布休庭。

陈琮英立即赶回长沙,与五哥商量,让他暂时避让,她暂任老板,以便应付法院的调查。塞。敌人不由分说,将任弼时以“共产嫌疑”的罪名抓走。

任弼时以假口供应付敌人:名叫彭德生,是失业青年,来上海谋职业,因记错了朋友的门牌号被误捕。敌人从任弼时身上没有搜出任何证据,只搜到一张月票,上面贴有相片(任弼时称这就是他要投奔的那位朋友),写有培德里培德路某号的详细地址。这是任弼时为了应付万一而特备的,实际上,这个住址早已毁于大火,根本就找不到,万一敌人去核对,也无从下手。

敌人想用严刑逼出真实口供,先是用皮鞭抽打,继而又灭绝人性地使用电刑。任弼时痛得几次昏死过去,始终不吐一字。

任弼时一夜未归,陈琮英料定出了事,第二天,她去中央机关打听,才得知任弼时被捕的原因。

原来,“反帝大同盟”党团书记张永和参加一次会议时,遇上巡捕搜查行人。他趁敌人不注意,将写有竟业里地址的一张纸条塞进口里,想吞咽下去,不料被另一巡捕发现,卡住他的脖子把纸条抽出来,于是在竞业里预先埋伏了巡捕,任弼时一到,自然落在敌人手里。

实际主持中央工作的周恩来据此情节,知道敌人没有掌握真凭实据,便指示中央特科,一边疏通办案人员,一边请律师辩护。陈琮英则在培德路培德里布置了一所小商号的房子,以便应付敌人前来核查。

因为没有确凿证据,又加上打通了关节,最后法庭只以“危害治安”的罪名,判处任弼时徒刑40天,张永和徒刑60天。

12月25日,任弼时被保释出狱。看到丈夫背上留下两块拳头大的电刑烙印,陈琮英心疼的哭了。

任弼时在不到一年的时间里两次被捕,身体备受摧残,严重地损害了他的健康。组织上准备让他休息一段时间,任弼时却摇摇头说:“我在监狱里已经休息过了,我现在需要的是工作。”

不久,任弼时担任中共长江局委员兼武汉市委书记和湖北省委书记,被派往武汉开展地下工作。

1930年5月，任弼时化名伯棠，身穿长袍马褂，头戴瓜皮小帽，俨然一副封建世家子弟的打扮，与陈琮英一起，搭乘开往武汉的长江轮。沿江两岸，草绿花红，莺飞燕鸣，任弼时和陈琮英却无心欣赏这幅江南春景。

任弼时与陈琮英谨慎地穿过军警密布的汉口码头，找到法租界中山路的华中大药房，他俩站在不远处仔细观望，发现二楼窗台上有一盆鲜花，是表明平安无事的联络暗号，才放心走进药房

华中大药房是中央军委长江五省的秘密联络机关，由医生贺诚和夫人周月华主持，专门负责传递文件，来往接头，以及为红军采购药品等物资。

任弼时和陈琮英接上关系后，省委的同志在汉口的一个偏僻的小巷为他俩找了一所房子，便于隐蔽和指导工作。

任弼时认为太偏了，不太合适。他说："只有出敌不意，攻其不备，才是最好的隐蔽，偏僻不见得就很安全，也不便于开展工作，还是在人多的地方找个住处可能更好，更便于隐蔽和工作。"

于是，任弼时和陈琮英在法租界边上的闹市区租了一个居民小楼楼下的两间房子。小楼位于一条不宽的马路边，离英租界不远，后面就是一个穿堂胡同，附近有许多杂货店及小商小贩的摊点，上异常情况，便于在群众的掩护下隐蔽，或穿街越巷躲过敌人。

任弼时和陈琮英刚搬讲去时。房东好奇地问："你们是做什么的？"

"我们是画像的。"陈琮英回答。

任弼时买了炭笔、铅笔、画笔等一大堆画像的东西，堆满一桌子，墙上挂着各式各样的人物画像，有忸怩作态的少女，也有道貌岸然的社会贤达，以及花翎顶戴的社会遗老，任弼时自己只画了一幅人物画像，挂在墙上，另外画了一幅未完成的人物画，一直放在画桌上。陈琮英每天为这些画清除灰尘。

任弼时从小就喜欢绘画，中学快毕业时，他曾经想以绘画为，业，谋求生计，但是，谋个人生计易，图国家弧兴难，任弼时最后还是选择了革命的道路。只是任弼时万万没想到，自己会以开画像馆作掩护，开展革命工作。

画像馆连牌子也不挂，连一个顾客也没有。

"伯棠一手好丹青，为什么不挂个牌子呢？还怕招揽顾客吗？"房东疑惑不解。

"我们刚学画，还不太好。我们想过一个时候再挂牌创字号，免得影响以后的生意。"陈琮英搪塞说。

房东无意问说的话，引起了任弼时和陈琮英的注意。具有丰富的白区斗争经验的任弼时果断地说："看来，如果长期不开业，就会引起特务暗探的注意。那咱们就把牌子挂出去吧！"

陈琮英担心地问："如果真的来很多画像的人，怎么办？"

"那你就大大地要价，他们就不会画了。"

果然，牌子挂出后，不少人前来画像。陈琮英一边热情地接待，一边漫天要

价,把来人一一打发走。自然,画像馆的生意冷落,门可罗雀。

任弼时和陈琮英在武汉工作期间,由于受李立三"左"倾冒险主义错误的影响,准备全国总暴动,使党刚刚恢复起来的一些组织及刚积蓄的一些力量,再次遭到严重破坏。党派往武汉工作的30多位同志,大都被国民党杀害了,他们被捕后,不出卖同志,视死如归。任弼时沉痛地对陈琮英说:"他们用生命和鲜血保卫了党的事业,永远值得我们怀念。"

1930年底,中共中央通知任弼时和陈琮英撤回上海,他俩登上长江轮,顺流而下,告别了血与火锤炼中的武汉三镇。

"总有一天,我们还要回来的。"

望着在视野中渐渐隐去的黄鹤楼,任弼时紧紧地握住陈琮英的手,暗暗发誓。

1930年12月,中央苏区和红一方面军在"肃AB团"问题上的严重错误,逼出了"富田事变",由于以项英为首的中共苏区中央局和以毛泽东为首的红一方面军总前委对"富田事变"的定性存在原则分歧,加上地方和军队各级党组织的认识也不一致,众说纷纭,影响了党的团结和红军的行动,听取了"富田事变"发动者的申诉后,中共中央政治局决定派出中央代表团,全权处理"富田事变"及其他重大问题。中央代表团由任弼时、王稼祥、顾作霖3人组成。

1931年3月,正是乍暖还寒时节。任弼时收拾好简单的行李鹰,望着挺着大肚子的陈琮英,心里总放不下心。任弼时深情地说:"琮英,本来你应该和我一起走,可是,你的预产期快到了,万一途中分娩,路上行程曲折,对你和孩子都不方便,只好暂时让你留下了。临产时,组织上会派人来照顾你的。"

"你放心上路吧!"陈琮英宽慰任弼时说,"只是……你得先给孩子起个名字。"

"不知道生下来的是男是女?"任弼时想了一下说:"那就叫远志吧,一来希望孩子长大后有远大的志向;二来也是纪念我这次远行,你看好不好?"

陈琮英点了点头说:"这个名字好,男孩女孩都合适,还有纪念意义。"

"现在蒋介石正派重兵攻打苏区,我到苏区安顿下来后,再请求组织把你调过来。那时,孩子可送回湖南老家去。"

"希望这个日子快些到来。"

最后,任弼时叮咛道:"明天你就不要来送我,免得发生意外。"

任弼时与陈琮英依依难舍。

任弼时穿着黑色长袍,脖子上挂着耶稣基督受难的十字架,与王稼祥、顾作霖仨人扮成牧师,坐小轿车来到上海16铺码头。任弼时等人提着轻巧的小皮箱,举止庄重,不苟言笑,登上舷梯,大摇大摆地走进一艘远洋邮轮的头等舱位,前往香港,转赴潮州,改乘韩江小轮船,到达闽西永定,进人中央苏区。

任弼时走后一星期,陈琮英就在上海生下女儿远志。

1931年4月,中共中央总书记向忠发被捕叛变,供出一些党的秘密机关。陈琮英和刚出生100天的女儿远志一起被捕。

在巡捕房，向忠发见到陈琮英开始有些慌乱，接着就指着她说："她就是任弼时的老婆。"向忠发的湖北话敌人一时没听清，也许是陈琮英一身乡下人打扮没有引起敌人的重视，所以敌人一时没有过问她，就把她关人龙华监狱。

任敌人怎么审问，陈琮英都以预先编好的假口供应付："我刚从乡下来，什么也不知道，要我讲什么？"

不久，向忠发被国民党枪毙（向从被捕到处死前后不过数天），敌人更无法了解陈琮英的真实身份了。

陈琮英在狱中关了半年，吃了许多苦头，不满周岁的女儿远志饿得面黄肌瘦。敌人抓不到可靠证据，经党组织通过各种关系营救，这年秋冬之际，陈琮英获释出狱。不久，她收到周恩来从瑞金发来的电报：要她进人中央苏区。

陈琮英想带女儿远志一起去苏区，但一想到工作，她又犹豫了。陈琮英从小失去母亲，女儿出生不久又跟着自己坐牢，她何尝不想给自己的孩子更多的母爱呢？为了党的事业，陈琮英不得不忍痛割爱，将远志送回湖南，托婆婆照看。

1932年三八妇女节那天，陈琮英辗转来到中央苏区，在瑞金与任弼时相聚了。两人分别已一年了，劫后重逢，百感交集。

任弼时是1931年12月从刚来到中央苏区的周恩来那儿得知陈琮英母女俩被捕入狱的消息。任弼时无限感慨地对陈琮英说："我知道你被捕后，心里很难过，但没有影响工作，我相信你会挺过来的。我们革命夫妻，同是党的儿女，我们的爱情是融化在对党对人民的感情里的。"

陈琮英刚到苏区时，见任弼时的身体仍很虚弱，她便把从白区带来的几件衣服拿去换了鸡蛋，给他滋补身体。

任弼时和陈琮英在苏区度过了一段难忘的岁月。

1933年5月，任弼时离开中央苏区，派往湘赣边区工作，任湘赣省委书记兼军区政委，领导那里的红6军团和党组织，配合中央红军的反"围剿"斗争。

由于王明"左"倾教条主义的统治，1933年10月开始的第五次反"围剿"失败了，红军不得不准备撤出中央革命根据地，进行大规模的战略转移。为了给中央红军大规模战略转移开路，1934年8月，中央命令任弼时、肖克、王震率红6军团突围西征，去会合正向湘黔边界转移的贺龙所部红军。

当时，陈琮英刚生下的小儿子"湘赣"只有几个月，带着婴儿随军突围实在不便，只得忍痛将孩子寄养在老乡家。全国解放后，陈琮英花了一个月的时间，跑遍了整个湘赣地区，也没有找到惟一的儿子。任弼时安慰她："不要难过，为了革命事业，有多少同志失去了亲人。"

1934年11月末11月初，红6军团和贺龙、关向应领导的红2军团会合。此后，两军团统一行动，转战于湘鄂川黔边界地区。

1934年10月中央红军开始长征，突破湘江后，由于毛泽东力主放弃会合红2军团和红6军团的打算，中央决定改道向黔西北遵义地区前进。这样，中央红军1935年10月到达陕北后，红2军团和红6军团仍在湘鄂川黔边转战。1935年11

月,朱德和张国焘(时任红军总政委)电令红2军团和红6军团向红四方面军靠拢。于是,这两个军团在任弼时、贺龙的率领下开始长征。1936年7月,他们和红四方面军在四川甘孜地区会师。随即,中共中央决定红2、红6两军团合编为红二方面军,任弼时任政委,贺龙任总指挥,和红四方面军共同北上。1936年10月,三大主力红军(红一方面军、红二方面军和红四方面军)会师于陇东。震撼世界的长征终于结束。

长征路上,任弼时率司令部在前面开路,陈琮英随机要科走在后面。任弼时身体虚弱,经常生病,部队进入贵州境内时,任弼时感染了疟疾,时冷时热,常冒虚汗,面色发黄,30出头的人似50岁的老人一样。但是,任弼时仍坚持拄着拐杖行军,他心里始终想着战士,想着陈琮英,一路上,体贴入微地照顾妻子和战友。

红军进入西康阿坝地区时,陈琮英正怀着孩子。当陈琮英随部队趟过一条齐腰深的河,拖着疲倦的身子,走进一个苗家的羊圈,想休息一下时,一阵阵腹痛,一时紧于一时,陈琮英实在支持不住,倒在地上。几个红军女战士立即将陈琮英扶上附近一个苗家的竹楼.刚蹬上两阶竹梯,她又因力乏摔了下来。这样,孩子就在苗家的羊圈呱呱落地了。

任弼时为女儿起了"远征"这样一个富有纪念意义的名字。任弼时将缝衣针改成鱼钩,去河边钓鱼,给产后的陈琮英做鱼汤。任弼时还抽空去打猎,弄些野兔、山鸡给陈琮英滋补身子。任弼时摘的野菜。也是老的自已吃,而把嫩的留给陈琮英和远征。

陈琮英产后几天,部队又要开始艰苦的行军。任弼时对陈琮英说:"把孩子留给菌家兄弟吧!"

陈琮英紧紧地抱着女儿,默默垂泪。前几个孩子,不是死了,就是失散了,只有一个女儿送往湖南老家抚养,现在还活着。此刻,陈琮英多么想带女儿一起行军啊!可是,这将会给部队带来很大的麻烦。

红军战士闻讯后,坚决反对将远征留在苗区,争着要求背远征行军。这样,远征留下了。

任弼时担负着繁重的领导任务,又重病缠身,但他尽量自己承担照顾陈琮英和女儿的责任,任弼时缝了个布袋,把远征背在背上,一手搀扶着产后孱弱的陈琮英,一手拄拐杖,跟着部队前进。战士们过意不去,争着要替他背孩子,任弼时说什么也不肯。任弼时与陈琮英互相勉励,以惊人的毅力:走过了万里征途,胜利到达陕北。

刚到延安时,陈琮英把女儿委托给奶妈照看,一年后,又将远征送回湖南老家。

1938年初,中共中央决定任弼时前往苏联,担任中共中央驻共产国际代表。3月5日,任弼时和陈琮英从延安出发,乘卡车到西安,经兰州、哈密到乌鲁木齐,换乘苏联军用飞机,安抵莫斯科。陈琮英又在苏联生下女儿远芳。1940年3月,任弼时结束共产国际的工作,奉命回国时,为了便于参加国内抗日战争,任弼时和陈琮英把女儿留在莫斯科,送入国际幼儿园。

回到延安,任弼时进入中共中央书记处;当时相当于现在的中央政治局常委会。从此,任弼时成为中共中央领导核心成员之一。1943 年中央机构作较大变动,中央书记处由毛泽东、刘少奇、任弼时 3 人组成,他成为仅次于毛、刘的第三位中共领导人。

这期间,陈琮英生下儿子远远。

抗日战争胜利前夕,中国共产党第七次全国代表大会选出毛泽东、朱德、刘少奇、周恩来、任弼时 5 人组成中央书记处,以毛泽东为核心的中共第一代稳定的领导集体基本确立。这是对中国革命有重大意义的事件。

抗战胜利了,陈琮英非常想念留在湖南老家的两个孩子。这一年,任远志 15 岁了,任远征也已快 10 岁了。夫妻俩决定把姐妹俩接来延安,送到学校学习。

姐妹俩在延安只过了一年多安定的日子,全面内战就爆发了。1947 年 3 月,国民党军队大举进犯延安。中共中央一分为二,刘少奇、朱德率中央工作委员会东渡黄河,担负中央委托的工作。毛泽东、周恩来、任弼时留在陕北,组成中央前敌委员会.指挥全国解放战争。

中共中央撤离延安前,远志、远征正在学校读书。因为两个孩子年龄还小,学校建议她们随父母一起转移。陈琮英不同意:“还是让她们跟学校一起走,吃点苦对她们有好处,不能把孩子养成娇小姐。”陈琮英只带着小儿子远远转移到晋西北的小山村。她又和任弼时分开了。一家五口分成四路撤退。

临分手了,远志拿着一个小本子要毛泽东题词。毛泽东想了想说:“大女儿,你要过河了,就给你题个‘光明在前,吧。”任弼时也为女儿题了“努力学习”。铭记着革命前辈的殷切教诲,两姐妹告别了爸爸妈妈,踏上了转战的征途。

这年 5 月,任弼时率中央直属队进驻王家湾,形势不那么严峻了,两姐妹才又回到父亲身边。

中央直属队在王家湾住的时间较长,条件也比较艰苦。前委住一座大窑洞里,中间一间住周恩来和陆定一,西边一间住毛泽东,任弼时住东边一小间。这间的土坑只能睡一个人,两个女儿来了,任弼时便把她们安置在炕端一口土坑里,这原是老乡储放粮食的,睡在里边腿都伸不直,而且较深,不好爬上来。任弼时说,需要时我去拉你们上来就是了。

任弼时还再三嘱咐两个女儿:“住在这里,千万不要大声说话和打闹,走路也要轻,不然会影响毛伯伯和周伯伯他们的工作和休息。”姐妹俩发现,父亲有时起床早了,就不走窑洞的正门,而从东墙上的窗子爬出去。要咳嗽,也是走得远远的。伯伯和父亲之间也互相关心,吃一份好菜,互相推让;天凉,一件大衣你让给我,我让给他;一家孩子有病,家家都跟着忙活。有一次,远志到冰冷的河水里洗被子,患了感冒,毛伯伯、周伯伯都过来问候,还叫警卫员去找退烧的药吃。

1948 年 3 月,陈琮英带着小儿子从晋西北赶来,和中央直属队会合,一家人又团聚了。这时,解放战争的形势已发生了根本变化,延安收复了,战略决战快要开始了。中共中央完成了转战陕北的历史使命，陈琮英带着孩子们，随中共中央一起渡过黄河，辗转来到河北平山县西柏坡，与刘少奇率领的中央工作委员会会合。

三大战役结束后，北平和平解放。1949年3月，陈琮英和孩予们随中共中央进入北平。陈琮英一家住在景山东街一所旧房子里，这儿面临大街，人声嘈杂，车马喧闹，影响工作和休息。组织上另选一所较好的房子给他们，任弼时说："那里住着一个机关，我只是一家人，怎么能以一家人牵动一个机关呢？"组织上又准备另买一所房子，任弼时和陈琮英也不答应，因此，房子始终没换。

任弼时两次被捕入狱，加上艰苦的战争生活，致使他的身体极为虚弱。进入北平后，任弼时的血压升高，病情日益加重，但他以惊人的意志，与病魔作斗争，夜以继日地工作。4月，任弼时抱病参加了在北京召开的中国新民主主义青年团"一大"，代表党中央作政治报告，因身体实在支持不住，报告仅作了一半，只好请荣高棠代读。

1949年10月1日，毛泽东、朱德、刘少奇、周恩来登上了天安门城楼，毛泽东用浓重的湖南口音向全世界庄严宣告："中华人民共和国成立了！"此时，中共中央五位书记之一的任弼时，却因病住在玉泉山疗养院休养，没有登上天安门同人民一起欢庆这举世瞩目的开国大典。任弼时身穿睡衣，坐在藤椅上，与陈琮英及孩子们一起，聚精会神地收听一架座钟式的收音机转播的开国大典的实况。任弼时为自己30年来奋斗的理想终于实现而感到无比欣慰，他铺开宣纸，挥动饱含浓墨的羊毫笔，抄录从小就能背诵的《木兰辞》，脸上流露出平时少有的喜悦之情。

晚上9时，任弼时和陈琮英就焦急地等在大门口，盼望随学校参加开国大典的儿子任远远回家，任远远刚踏进家门，任弼时就拉着他的手，急切地问："五星红旗是怎样升起来的？"

任远远详细地讲述了开国大典的每一个细节。

任弼时听后，兴奋不已，感慨地说："几十年的革命斗争。多少革命先烈流血牺牲，才换得这伟大的胜利。胜利来之不易啊，要珍惜它。你们要好好学习科学文化技术，将来当一名工程师，把祖国建设得更加繁荣昌盛。"

任弼时与陈琮英越谈越兴奋，全家一起唱起了《你是灯塔》和《没有共产党就没有新中国》的歌，任弼时一边唱，一边用钢琴伴奏。欢乐的歌声在小院里荡漾，直至深夜。

任弼时因病情加重，不得不离职休养，于11月赴莫斯科治疗。任弼时在国际幼儿园见到了女儿远芳。自1940年任弼时与女儿一别就是9年，远芳已经11岁了。远芳懂事后，不知道自己有父母，父母是谁，从事什么工作。新中国成立后，任弼时和陈琮英才给远芳写了一封信：

卡秋莎（远芳的俄文名）：

中国已从帝国主义和国民党手中解放出来了，中国今后的任务是恢复和发展工农业。为此，需要许许多多的各种各样的专家和干部，望你更加努力学习，成为一名优秀的专家。

你的爸爸和妈妈

任弼时将远芳从国际幼儿园接出，详细地给她介绍了祖国百废待兴的形势，谈了陈琮英及姐姐弟弟的情况，还教她写中文字，教她说中国话。

任弼时在苏联惦念新中国建立后的各项建设事业，疗养了一段时间后，病情略有好转，便带着女儿远芳乘坐苏共中央安排的火车回国。当火车停靠在中苏边境的一个小站时，远芳下车走进一个商店，一个售货员用俄语问她："你跟谁一起来的？"

"任弼时。"远芳也用俄语回答。

售货员又问："他是干什么的？"

"不知道！"远芳摇了摇头。

上车后，远芳问任弼时："爸爸，你从事什么工作？"

任弼时谦虚地说："我是一个普通工作人员。"

1950 年 4 月，任弼时回国后，虽然疾病限制了他的行动，但他仍在病中继续研究和考虑城市规划、财政工作、知识分子政策、组织建设等一系列问题。中央原来决定任弼时休息一段时间，可是，任弼时的病情有所好转，便立即给中央写信，请求工作。

毛主席及书记处各同志：

这次去莫斯科治病算是有很大收获，主要是使血压降低并稳固在 170（高压）左右（过去是在 200～225 左右）。回国时，医生嘱我经两星期休息后即可每日开始作 4 个钟头工作，将来逐渐增加到 6 点钟至 8 点钟。我回抵北京后已近 1 个月，血压尚继续下降中（160 左右），身体也觉得坚实一些。因此，我觉得还是照医生意见开始每日工作 4 小时为好。前日（上星期六）会诊时，我曾提出"继续休息两个月，过了暑期，9 月开始二作为好，还是照莫斯科医生所嘱，现在开始每日 4 小时工作为好？"他们（傅连暲同志也在）认为现在开始工作（如夜晚开会则白日多休息，到晚 11 点退会）为好，到 9、10 月时，可再休息 1 个月，这样不但对身体没有坏处，而且对于巩固身体，恢复工作能力，反会有某些好处。我也很同意他们的意见。最近几天内，每日看电报、文件及报纸总共在 4 小时左右，尚能支持得住，不感觉太疲倦。自然初期不要过分疲劳，但做点工作如分管组织部和青委，我想是可以的，请加考虑。

敬礼！

弼时

6 月 26 日

中央经过慎重讨论，同意了任弼时的请求，规定他每天工作 4 小时。可任弼时刚恢复工作，却要求医生把工作时间增加到 8 小时，尤其是朝鲜战争爆发后，任弼时关心战局的发展，常在深夜批阅电报，研究文件，查看地图。头痛得厉害时，就叫女儿轻轻地捶一捶，再接着继续工作。因过于疲劳，任弼时必须服安眠药才能休息，有时服过安眠药刚躺下，电话铃响了，任弼时马上起来问是不是开会，如果是开会，他就立即赶到毛泽东的住处。

陈琮英看到任弼时在深夜仍紧张地工作，为他的健康担忧，着急地劝说："明天再忙不行吗？"

任弼时却摇摇头说："不行啊！明天还有明天的事呢！"任弼时笑了笑安慰陈琮英说："没有关系，我们都是共产党员，肩负着革命的重担，能坚持100步，就不该走99步。"

1950年10月25日，是中国人民志愿军出国作战的日子，任弼时非常激动。26日，他仍在认真研究朝鲜战局，27日，因劳累过度，突患脑溢血，抢救无效，与世长辞，年仅46岁！

毛泽东、刘少奇、周恩来、朱德都亲自到病榻前向遗体告别，全国各地遍设灵堂，举行了隆重的追悼大会。

叶剑英沉痛地说："他是我们党的骆驼，中国人民的骆驼，担负着沉重的担子。走着漫长的艰苦的道路，没有休息，没有享受，没有个人的任何计较，他是杰出的共产主义者，是我们党最好的党员，是我们的模范。"

"你在不应该逝世的时候逝世了，这是党和人民的一大损失。作为你的妻子、同志和学生的我，有说不出的悲痛！然而，你对党对人民无限忠诚的精神永在，你给我们的伟大教育永在，你是不朽的。"陈琮英挥洒热泪，痛悼任弼时，她暗暗发誓："我一定要好好抚育子女，让他们继承你的遗志，继承你的事业，你安息吧！"

任弼时逝世时，4个孩子大都没成年，最大的女儿远志也只有19岁，最小的儿子远远只有9岁。党和政府及中央领导人非常关心他们，任弼时逝世周年祭日，周恩来亲自去看望了陈琮英和孩子们。陈琮英感谢组织上的关怀，但她不愿给组织上添麻烦，从不要求过多的照顾，她强忍悲痛，独自挑起了养育子女的重担，对他们倾注了双倍的爱。孩子们没有辜负父亲的遗愿和母亲的养育之恩，一个个上了大学、参军、入党，走上工作岗位，并且组建了幸福家庭，有了自己的孩子。

陈琮英一如既往地从事社会工作，她负责中央的机要工作，曾任机要局处长，还当选为全国政协委员、全国妇联常委。陈琮英几十年如一日，勤勤恳恳、默默无闻地工作。毛泽东感慨地说："琮英同志搞机要工作，不为名，不为利，她是革命的贤妻良母。"

文革期间，江青诬蔑陈琮英是"寡妇集团"的成员，并借陈琮英曾被捕入狱一事大做文章，趁机整陈琮英，还把她的大女儿远志关入监狱达4年之久，大女婿也蒙冤入狱。在那天低云暗的日子里，陈琮英母女不为"四人帮"的淫威所屈。一位好心人劝任远志给江青写封信，也许有些用处。但她傲然不屈："我是任弼时的女儿，是共产党员，是现役军人；我不反党，不反毛主席，我怕什么！宁可站着死，不愿跪着生。"她像父亲一样，在恶势力面前坚贞不屈。

周恩来闻讯后，在人民大会堂的一次报告中，详细地叙述了陈琮英被捕入狱的经过。周恩来说："陈琮英在监狱里表现不错，态度坚决，什么也没说，后来是组织上保释出来的。"周恩来仗义执言，洗刷了陈琮英的不白之冤。

1980年4月，叶剑英不顾83岁的高龄，来到正在广州休假的陈琮英一家的住处。叶剑英紧紧地握着陈琮英的手说："我时常挂念你们一家。"叶剑英详细地询问了他们的工作、生活近况，畅谈了同志、战友之情。叶剑英望着坐在身边的任远远，动情地说："长得多像弼时同志啊！"

1984年国庆35周年之际，体型、容貌酷似父亲的任远远在大型历史舞台剧《中国革命之歌》中，成功地扮演了任弼时的角色，再现了当年任弼时的精神风貌。身子骨硬朗，头上已见缕缕白发，82岁高龄的陈琮英端详着儿子的剧照和丈夫的遗像，心里久久不能平静，热泪不禁滚滚而下。

满载血泪的《报告》

——贺龙夫人薛明

她和叶群是同学、战友，却因对组织负责而结怨叶群。

贺龙对她说：咱俩工农结合，你看多好。

“监护”中，她闹不清改过多少名字，成了“神秘的老太婆”。

江青对她说：“你好威风嘛，还有站岗的。”

贺龙骨灰安放仪式，总理鞠了几个躬？薛明说：“我的感觉是八个。”

薛明，原名王爱真，母亲姓薛，参加革命后使用母姓，改名薛明。她于1916年出生于河北霸县，自小失去父亲，与守寡的母亲和妹妹苦度生活。薛明的父亲有兄弟7人，只有六弟因天资聪明，由其他六兄弟挣钱供他一人上学读书。这位薛明的六叔靠着文化知识进了中东铁路给苏联方面管理人员当了翻译（当时中东铁路由中苏共同管理）。

薛明小学毕业后，家里太穷，拿不出钱来继续供她上学，由六叔的帮助，她住到天津叔婶家中，考入天津市三八女中。

女中校长张秀井，是彭真夫人张洁清的姑姑，担任中共中央北方局妇女部长，教师中也有几名是共产党员。在她们的影响下，薛明开始走上革命道路，她19岁那年，爆发了“一二·九”运动，北平、天津大中学生站在运动的前列，薛明第一次受到革命的洗礼，上街游行，呼口号、撒传单，参加读书会、歌咏团、妇救会，后来又成为学生运动的秘密联络员。各校园里闪动着她不知疲倦的身影，大街小巷响彻她和同学们激奋的歌声。

1936年3月，20岁的薛明秘密加入中国共产党。她和几个秘密党员、进步同学创办了一个进步刊物《天津妇救会》，薛明几乎担负起组稿、出版、发行的全部工作。她向各校送刊物时，结识了许多学生运动的骨干，其中就有辛亥革命著名领袖人物黄兴的儿媳妇王玉林。

薛明要王玉林介绍一些运动骨干。王介绍了叶群（当时名叫叶宜敬），叶群在北平师大女附中读书，转来天津不久。薛明和叶群从此相识，开始了她们之间几十年的恩怨纠葛。

7月下旬，日本调集重兵向北平、天津大举进攻，并出动大批飞机狂轰滥炸，薛明和叶群都参加“天津流亡同学南下抗日请愿团”。没有路费，薛明和其他几名同学卖了三辆自行车，得了90元钱，就和十几名同学上路了。

请愿团路经济南，山东省主席韩复榘下驱逐令："你们到别处宣传抗日去，别把日本人给老子引进山东！"把学生们押上火车，送到浦口，似乎日本人侵入山东是学生"引进来"的。

来到南京的流亡学生汇集了全国各地的救亡骨干，他们开展了大规模的逼蒋抗日的请愿活动。此时日本侵华战争已全面爆发，老蒋已无退却余地，被迫表示抗战决心："只要战端一开，就地无分南北，年无分老幼，皆有守土抗战之责，皆应抱定牺牲之决心……。"南京政府给每个流亡学生发了一本开展"新生活运动"的书和 5 元钱生活费，把他们编人"战地服务训练团"。薛明对几个同学说："咱们是拿他的钱，造他的反。"

南京沦陷前夕，训练团撤往江西，在南昌，经新四军驻南昌办事处负责人陈少敏的介绍，薛明和叶群到雷洁琼领导的江西省妇女生活改进会工作，这是一个进步的抗日团体，任务是发动妇女投入抗日战争，团体中各色政治观点杂处，有国民党员、共产党员，也有中间色彩的妇女，薛明按照党的抗日民族统一战线政策，团结各种政治派别的妇女，宣传抗日救国，发动妇女，工作很出色。

薛明向往延安，经组织同意，她告别雷洁琼，和叶群等一起于 1938 年夏进人全国进步青年向往的革命圣地。薛明人中央党校学习。1939 年，薛明又转人中国女子大学，这时薛明 23 岁，性情温和，做事细心周全，有大姐之风，所以学校委派她做了女大特别班的指导员。这个班的学员大都是经过长征的女兵，出身苦，也能吃苦。吃发霉的小米，她们还乐呵呵地说："比长征吃草根树皮好多了。"薛明很感概："不愧是经过长征的，精神境界就是不一般。"

这些长征过来的女兵文化水平都较低，但对党赤胆忠心，别看年纪都不大，她们也有"老革命"的优越感，遇到看不惯的事，往往插腰大叫，对学生出身的学员，一张口就是"你们这些大小姐"，学习时她们可犯难，抓耳挠腮，如坐针毡，嘴里不时冒出"日他娘"。劳动时，她们便如脱兔，割柴草，薛明总想以身作则，多干一些。但如何敌得过那些长征过来的女战士。每到这时，她们总是抢过去：好了好了！干这些大小姐们是不行的，以后多教我们文化就是了。

薛明很喜欢这些女同学。她们虽然文化素质差，但值得学习的地方很多很多。

从女大结业，薛明参加陕甘宁边区参议会。又担任清涧县选举工作团团长，稍后，她又担任中共延安县委组织部长，由于工作出色，被评为中共西北局系统的模范干部。

这时，经人介绍，薛明和贺龙开始恋爱。

贺龙是中国革命史上叱咤风云的人物。

他 1896 年生于湖南桑植，原名贺文常，字云卿，父亲贺士道是秘密农民组织哥老会的头领，会武功。贺龙 4 岁学拳，5 岁读书，6 岁下水田劳动，7 岁被父亲从桥上一脚踢下澧水，无师自通学会游泳。他喜爱武艺，7 岁打"保董"，8 岁打"堂勇"，14 岁敢跟税警动手，12 岁打翻武秀才，13 岁便当上许多成年人都望而生畏的“骡子客”(做贩马生意),能够在山恶水险、盗匪出没的去处讨生活。他由农民武装的领袖成长为革命将领,民间流传他的故事极多,有的甚至带有神话色彩。

有一次贺龙在川东赶骡马市,一位云南马客牵着一匹好马。贺龙自小爱马,因而渐渐也颇能相马。他不住赞叹:“好马!好马!”

那马客对只有十几岁的贺龙说;“你敢骑上它跑两圈,这匹马分文不取,白送给你,但有话在先,你要逞强,摔死摔伤可跟我不相干。”

贺龙制服了烈马,马客豪爽地大手一挥:“送你了!”

“那我就不客气了!”贺龙从怀里掏出一把银元拍在马客手里“这算我的一点心意。”

“小老弟够仗义。”马客赞许道。

1912年,16岁的贺龙就成了哥老会的十排老幺(龙头大哥)。那又是一段传奇故事。

那天,原来的龙头大哥在家里摆下酒宴,遍请哥老会众弟兄,“闲散大爷”贺士道领着贺龙(那时人们叫他“贺常伢子”)也来赴宴,觥筹交错之际,忽然一声巨响,桌摇地颤,杯盘倾跌。原来龙头大哥事先在桌子底下安了土炮,乘酒酣之际点燃。与宴者大惊失色,碗丢酒洒。看看贺龙,烟尘弥漫中酒碗依然在手,滴酒未洒。

原来这是龙头大哥试一试贺龙的胆量,也好叫众兄弟心服。“果然是包天的胆!”龙头大爷一声喝彩,众声响应,贺龙就这样当上十排老幺。

第二年,哥老会在贺龙领导下,收集土枪土炮,在鱼鳞寨山坡上安营扎寨,打富济贫,建立了农民武装。

又过了一年,即1914年,18岁的贺龙由老同盟会员陈图南介绍,加入孙中山的中华革命党,开始举起反袁旗帜。

那时马克思主义还未传人中国,十月革命还未发生,中国共产党也未成立,像历史上许多农民起义一样,反抗常常以宗教或帮会的形式,迷信和宗教色彩不可避免的,也表现出散漫、无科学纲领的弱点,但他们无疑具有反侵略、反压迫、反剥削的进步性。那时他们尚不懂得轰轰烈烈地发动群众,还只能是少数勇敢分子的秘密行动,突然袭击,往往是有效的手段。

这个特点,又引出了“两把菜刀闹革命”的佳话。

袁世凯复辟帝制,孙中山通知中华革命党各地成员武装反袁。贺龙接到指示,率领30多名“八义团”(那是贺龙组织的农民团体)骨干秘密来到桑植县泥沙镇,准备夺取团防局的枪武装自己。有人主张拿大刀,有人主张拿长矛,也有人主张拿齐眉棍,贺龙说,那些家伙不好隐藏,都不用,就用家家都有的菜刀。用智取不用力取。

贺龙带了弟兄来到团防局,哨兵横枪喝问:“干什么的?”

“你看看这是什么?”贺龙满脸笑容从怀里掏东西,哨兵习惯于索钱物,以为他拇的不是洋钱,就是鸦片。他还没反映过来,贺龙手疾眼快,掏出菜刀砍去,哨兵一声不响便倒下了,义士们一挥而入,干净利索地掏了团防局的20条枪,又捉了团防局长。

近千人的泥沙镇轰动了。贺龙率领弟兄们共夺得枪40条,聚集300多人,建立"湘西讨袁独立军"。

他联络附近民军万余人,两次攻打石门县城,但由于武器恶劣,组织涣散,最后失败。参加泥沙夺枪的30余名骨干,被当地团防武装杀害29人。

贺龙并未因失败而灰心,1 916年,贺龙又发动第二次"菜刀革命",聚集兄弟,夺了盐税局的1 6条快枪,拉起数百人的队伍再举"讨袁护国军"义旗,攻占桑植县城,宣布独立护国。又奔袭兹利三官寺,擒获屠杀29名义士的都团总。这支武装编人程潜的护国军序列——湘西护国军左翼第一团第二营。

不久袁世凯病死,护国战争胜利,刚20岁的贺龙任醴陵镇守使,但贺龙的队伍又在军阀混战中散掉了。

1917年,贺龙又举行了第三次"菜刀革命"。这一次,他和另外两名弟兄,仅用两把菜刀,缴了两名县长护兵的枪。又买了一支快枪,三人三条枪,可以称为"众"了,凭这仅有的几条枪,贺龙集合起几十人,缴了散兵游勇的二十几条枪,再次拉起队伍,加入孙中山护法运动的行列。

民间传说的"贺龙两把菜刀闹革命",说的就是这一次,第一次,用了8把菜刀,第二次,用了3把。

这一次贺龙在川东湘西站住脚跟,而且队伍越来越大,到了1924年国共合作实现,队伍已有几千人马,孙中山委任贺龙为建国川军第一师师长,授中将衔,征讨站在北洋政府一边的四川军阀。这一年,贺龙29岁。

可惜,一个月后,孙中山就去世了。

此时,贺龙对苏联、列宁、社会主义已有初步了解,当然,他也知道中国出现了共产党。在这些因素的影响下,贺龙开始反思过去走过的道路。

当年曾在贺龙麾下任团长的刘达武回忆道:

一次,我问贺龙:"你觉得广东政府怎么样?"贺龙说:"孙中山是个伟人,可是,他依靠的还是军阀队伍,早晚是靠不住的。要革命就要有本钱,不像经商可以借钱做买卖。"他反问我:"你听说过俄国革命没有?"我说:"前几年就听说过,只是不太清楚。"贺龙说:"听说沙皇、贵族、资本家统统被打倒了,由工农当家搞'共产'。我很想知道这个共产党怎么'共产'法,和孙中山的平均地权有什么不同?中国也有共产党了。我想,不管怎么'共',要有'产'才'共'得成,穷人反正不会吃亏。"

又有一次,贺龙问我:"你认为我走的路子对吗?"我说:"你常讲,要为受苦人打天下,谁能说这条路子不对?不过打来打去,还没有打出天下来,你也还在摸夜路呀。"贺龙说:"你说对了。清朝倒了,袁大头死了,全国还是乱糟糟的。大小军阀各霸一方。我们在四川打了3年,真是神仙打仗,百姓遭殃,吃亏的还是四川老百姓。中国地方这么大。为什么这么穷?这么弱?就是给这帮军阀、官僚搞乱了。不打倒他们,老百姓能指望过好日子吗?可是这么一个大烂摊子,哪个能收拾?我们这几千人的队伍又能怎样?我天天都在想这个问题。"

救国、救民,是贺龙一贯的宗旨,在他苦苦探索的时候,他遇到了中国共产党。国共合作后,忠于广东政府的武力统编为国民革命军,仿照苏联,国民革命军实行政治工作制度,设立党代表和政治部。贺龙部队的政治部主任是共产党员周逸群,和周逸群朝夕相处,贺龙对共产党有了深刻的了解,他认定共产党的路就是真正救国救民的路,决心跟共产党走。

蒋介石叛变革命,发动"四·一二"反革命政变。

贺龙对周逸群说:"翻手为云,覆手为雨,蒋介石屠杀工农是王八蛋!"

贺龙的威名,蒋介石早有所知,他多次派人游说贺龙。第一次,派南京国民政府秘书长李仲公,许贺龙一个军长、一个江西省主席,贺龙不为所动,反把李仲公押送武汉国民政府。第二次,蒋派朱绍良来,除上次的许诺外,又加上许多好处:国民党中央委员,武汉卫戍司令.南京、上海各给一栋小洋楼,汉阳兵工厂,外加300万大洋。贺龙严厉回答:"我在想,要不要把你抓起来送军法处!"朱绍良吓出一身冷汗溜走了。拉拢不成,就想下毒手。

贺龙部队(此时改番号为国民革命军独立十五师,拥有万余人马)的参谋长就是介绍他加人中华革命党的陈图南,十余年患难与共,贺龙敬之若师。但在蒋介石发动"四·一二"政变,革命处在危机关头,陈图南反共反国民革命的态度也明朗起来,蒋介石通过朱绍良来找陈图南,贺龙拉过来最好,不成就由陈取而代之。

陈图南设计了一个很毒的"闹饷"风潮,企图借士兵的手,除掉贺龙。

因为贺龙日益靠拢共产党,唐生智已有好几个月不发给独立十五师军饷。贺龙受武汉国民政府之命,即将统兵北伐,进军河南,和冯玉祥部会师,陈图南就乘此机会煽起了闹饷风潮。

贺龙察觉出闹饷背后有名堂,决定集合队伍讲清情况,处理公开挑头的。他命闹饷最厉害的一团徒手集合于达智门火车站广场,为防万一,贺龙带了手枪连,结果,部分闹饷士兵在反动军官煽动下哗变,朝贺龙开枪,千钧一发,贺龙跳过2米高墙才得以幸免。本来部队中就流传着贺龙"刀枪不人"的神话,那么多乱枪居然没打中,哗变的士兵也吓散了。

贺龙戎马一生,大小千万仗,不要说负重伤,连一片皮都没擦过,真是神奇得很。

事后贺龙查明真相告诉周逸群:"你向共产党中央报告,如何处理,我坚决照办。"结果是,陈图南等执行枪决,朱绍良押送设在九江的军事法庭。

蒋介石不胜感叹:"为求一将,我还没有花过这么大的代价。"

平息了闹饷事件,贺龙率军北伐,1927年6月初,攻占河南,与冯玉祥会师。

独立十五师扩编为国民革命军第二十军,贺龙任军长。6月下旬,贺龙率部回师武汉。

7月上旬,周恩来在武汉会见贺龙。从此开始两位革命家长达40余年的深厚友谊。贺龙坚定地表示:我跟共产党走,和蒋介石、汪精卫拼到底。

汪精卫"分共"前夕,贺龙收容大批共产党员和工农运动骨干人二十军,把他们保护起来。

按周恩来指示,以"东征讨蒋"为名,贺龙率部抵达九江、南昌。

1927年8月1日,他和周恩来、叶挺、朱德、刘伯承发动著名的南昌起义,开始了共产党独立领导革命战争、创建红军和根据地的阶段。起义军撤离南昌南下,经过瑞金时由周恩来介绍,贺龙加入中国共产党。

南昌起义失败后,贺龙经香港来到上海。1928年2月,贺龙奉中共中央之命和周逸群回到桑植,发动湘鄂西起义,创立红二军团和湘鄂西革命根据地。

由于王明"左"倾冒险主义的错误,红二军团和湘鄂西苏区损失惨重,贺龙被迫率红军转移到湘鄂川黔。

1934年8月,任弼时、肖克、王震率红六军团奉命西征,10月同贺龙红军会师,两支红军成立统一的指挥机构,贺龙任总指挥,任弼时任政委。

1935年11月,贺龙、任弼时率红二、六军团开始战略转移,1936年7月,和红四方面军会师于四川甘孜,同时奉中央之命,红二、六军团合编为红二方面军,仍由贺龙任总指挥。同年10月,红一、二、四方面军胜利会师陇东,长征胜利结束。

抗日战争爆发,国共再次合作,北方红军改编为国民革命军第八路军,下辖一一五、一二〇、一二九三师。以贺龙的红二方面军为基础,组成一二〇师,贺龙任师长。洛川会议后,贺龙率部挺进敌后,开创晋绥抗日民主根据地。

1942年春,贺龙受命回到延安,担任陕甘宁晋绥联防军司令员。

这时,贺龙与夫人蹇先任感情不合而离异。

贺龙和薛明的爱情,就是在这以后不久开始的。热心当红娘的很多,有西北局的陈正人(组织部长),西北局书记高岗,还有曾担任过中共中央北方局书记的彭真。

当时薛明担任中共延安县委组织部长,归中共中央西北局领导,常到西北局去汇报工作。

有一次,薛明到西北局去汇报工作,陈正人有意在她和贺龙之间撮合,留她在西北局住了十几天。当时人们开玩笑说"薛明被扣在西北局"。

薛明对大名鼎鼎的贺龙当然充满敬佩,也听说过许多关于他的传奇故事,想到就要和这样一位大英雄永远生活在一起,心中感到无比幸福。

经过多次交谈、接触,两人的感情、思想越来越融洽,薛明答应了贺龙的求婚。

交谈中,贺龙风趣地说:"我们之间至少有五个共同点。"薛明问那五点。贺龙说:"第一,我们都是共产党员,都讲党性。第二,我们都是带兵打仗的。你是民兵,民兵也是兵。不过用的武器不同,有机关枪和红缨枪之分。第三,你姓王,你父亲叫王锦发,我母亲也姓王,咱们两家都是姓王的。第四,你母亲是做衣服的,我父亲是裁缝,我们俩也都懂缝纫。还有第五条,你母亲姓薛,你现在也姓薛,说明你尊重母亲,我们家是'母系社会',母亲和大姐最受尊重,这也是共同点。"

"可我们还是有许多不同点……"薛明说。

"不同点可以在生活中协调。我家老红军多,你家抗日军人多,我家种地,你家做工,咱俩工农结合,你看多好!"

1942年8月1日,薛明和贺龙结婚。这一年,贺龙46岁,薛明26岁。

婚礼的来临很有趣,贺龙和薛明事先都毫无思想准备。那天,西北局和陕甘宁晋绥联防军司令部都在开会。薛明离开西北局,想回延安县委机关。途中她去看望李井泉的夫人肖里,两人顺山坡散步。遇到王震,又遇到贾拓夫、欧阳钦、白林等一帮同学,前呼后拥,又来到西北局。

陈正人见了,一脸喜色:"今天正好因为开会,首长们都在,一切从简,吃饭时放瓶酒就算意思了。"

薛明又羞又急:"这算干什么,还没谈完吧……"

"谈完了。什么三年五年,不可能的嘛。"

说话间,李富春、任弼时、林伯渠、贺龙等都陆续散会走过来。陈正人将薛明推到贺龙身边:"你们商量商量,看你们说点什么?"

大家欢快地入席、祝酒。

婚礼就这样举行了。薛明后来说,这可能是世界上最简单最奇特的婚礼。

自与贺龙结婚后,薛明就调到贺龙身边,先任贺龙秘书6年,解放战争后期,任陕甘宁晋绥联防司令部政治处主任和司令部机关党委副书记。

1949年5月,贺龙奉中央军委之命率中国人民解放军十八兵团进军大西南,配合刘邓大军以摧枯拉朽之势,解放四川、西康、贵州、云南诸省,昌都之战。痛歼旧藏军,打开进军西藏的门户,解放大西南的军事行动中,国民党部队起义投诚者90万,其数量之大在全国各战场前所未有。当一些国民党官兵尚在犹豫不决时,贺龙一句话就解除了他们的顾虑:"战场上打死人不算血债!"

薛明带着孩子随贺龙进军西南。

大西南解放后,贺龙任中共中央西南局第三书记(第一、第二书记分别为邓小平、刘伯承)、西南军区司令员(政委邓小平)、西南军政委员会副主席。

薛明任西南大行政区妇女联合会常委、福利部长。

夫妻二人在各自不同的岗位发动群众,清剿土匪,分配土地,稳定局面,建立各级人民政权,向西藏进军,日夜不停地操劳。仅剿匪一项,就受到中央嘉奖:"剿匪85万,缴枪40万支,成绩极大,甚为欣慰。"

1952年各大行政区撤销,贺龙调中央工作,薛明也随着调来北京。从此他们在北京定居下来。贺龙先后担任国务院副总理、国家体委主任、中央军委副主席、国防委员会副主席等职务。1955年,获中华人民共和国元帅军衔。1962年后,林彪身体不好,奉毛泽东之命,主持中央军委日常工作。他还主持过国防工业建设,任中央军委国防工业委员会主任。薛明到北京后,先在中共北京市委宣传部工作,任部务委员、卫生处处长,不久即调到贺龙身旁,任贺龙秘书,贺龙办公室主任、中央军委办公厅委员。

这里简述贺龙在发展新中国体育事业方面的杰出贡献。

旧中国是个大烂摊子，体育事业极为落后，中国人被耻笑为“东亚病夫”。建国初期，百业待兴，各方面都要建设人才，加上很多人抱有历史偏见。不把体育当作正式职业，因此发展新中国的体育事业困难很多。贺龙受命后，满腔热情，以高度责任感，强烈的事业心，杰出的组织才能，决心白手起家，艰苦创业，依靠群众，尊重人才，为开创新中国的体育事业竭尽全部精力。使国家体委搭起了架子，配齐了各级领导骨干。

当时，国家体委一无住房，二无体育设施。后在北京市委彭真的热心关怀下，妥善地安排了住房后，贺龙将原在西南有建设经验的万里调进北京，请他领导体育场的建设。经过一段紧张施工，果然很快建成了由训练馆、游泳馆、田径馆组成的多功能体育馆，接着，又在全国各大城市修建了38座可以容纳数万人的体育场馆。

国家体委初建时期，专业教练员和运动员奇缺，有的流落海外，有的因为各种社会关系不敢启用，有的抱有偏见，不愿从事专业体育。据此，贺龙为了开创新中国体育事业，他以无产阶级革命家的气魄和胆略，力排众议，，不拘一格地大胆选拔了一批教练员和运动员骨干。他们中，有当时亲属在台湾的游泳运动员徐广斌，从印尼归国的游泳运动员吴传玉，还有袁世凯政府的外交部长曹汝霖的孙女曹其纬，在香港打败过英国乒乓球世界冠军但负债累累的傅其芳，以及不愿从事体育专业的国内乒乓球冠军孙梅英等等。不久，他们都在贺龙和国家体委的关心下，加入国家体委专业队，为开创新中国体育事业立下了汗马功劳。特别是傅其芳从香港归来后，1954年在国际比赛中夺得了男子单打第三名，为新中国头一次争得荣誉，后来他当教练，培养名将，使中国在第二十六、二十七、二十八届世界乒乓球锦标赛中，获得了男子团体和男子单打的“三连冠”而震惊中外。

贺龙不仅团结了国内一批体育专家，而且吸引了一批海外赤子回归报效祖国，他们中最突出的是从印尼归来的王文教等一批优秀羽毛球运动员，还有50年代从海外归来的乒乓球运动员容国团等，他们都是新中国体育事业的有功之臣。经过贺龙和国家体委的艰苦努力，新中国的体育专业组织，从1954年起，便建立起了国家足球队、篮球队、排球队、乒乓队球、田径队、网球队、体操队、游泳队。后来又发展了羽毛球队、登山队、武术队等等。

为了落实“发展体育运动，增强人民体质”的方针，贺龙十分强调体育要服务于人民健康、经济建设和国防建设，把开展基层群众体育运动和专业训练结合起来。为此，1954年7月，他率领中国体育代表团到苏联参观后，在全国推广了“劳卫制”，并在1958年10月在北京举行了全国工人体育运动大会，这是中国工人阶级历史上前所未有的体育盛会。随之，各级体育协会相继建立，并掀起了全国职工体育运动热潮。1956年，在贺龙的倡议下，国家体委召开了全国农村体育工作会议后，很快在全国农村涌现了“排球之乡”、“游泳之乡”和“武术之乡”等大批先进典型。为使体育服务于国防建设，建立了全国国防体育协会，并组建了航海俱乐部、滑翔学校、射击场等国防体育专业组织，还主办了国际射击友谊赛，召开全军体育运动会，使全军体育运动蓬勃开展起来。

贺龙从1953年至1966年担任国家体委主任的14年中，为发展新中国的体育运动，洗刷“东亚病夫”的耻辱，振奋民族精神，抵制帝国主义的干扰，曾率领中国体育代表团参加印尼的新兴运动会，以优异成绩向党和人民汇报后，先后两次召开全国运动会，检阅新中国体育运动的成果，使新中国在很短时间内全部刷新了旧中国的纪录，打破了100多项世界记录，获得了十多项世界冠军，培养了大批又红又专的体育工作者，有200多名获得了全国体育荣誉勋章，特别是在体育战线，树起了中国乒乓球和中国登山队这两面鲜艳的旗帜，极大地鼓舞了全国各族人民奋发向上的精神。

为使我国篮球、排球和足球三大球迅速赶上世界先进水平，贺龙曾想过很多办法，但仍不尽如人意。他说：“三大球搞不上去，我死不瞑目！”

1965年初，乒乓球小将徐寅生在国家女子乒乓球队讲话后，贺龙将这位“初生牛犊不畏虎”的讲话稿，专程送给毛泽东审阅。毛泽东阅后批示说：“这是小将们向我们这一大批老将挑战，难道我们不应该向他们学习一些什么东西吗？……”贺龙及时组织国家体委学习，并动员全国体育战线认真落实，很快在中华大地掀起了“小球促大球”，专业体工队与群众体育运动相结合的热潮。使我国运动员“心怀祖国，放眼世界”，“冲出亚洲，走向世界”，很快与全世界几十个国家发展了体育友好往来，终于使“小球转动了大球”的“乒乓外交”打开隔绝20多年的中美关系的大门。

贺龙以新中国体育事业突飞猛进和我国即将进入世界体育强国的丰功伟绩，无愧于新中国体育事业的开拓者和奠基人。

1965年12月林彪以突然袭击的手段打掉罗瑞卿后，以“连续作报告三小时不休息”的干劲，活跃于中国政治舞台，贺龙从此不再主持中央军委工作。此时，一场把国家引向深重灾难的政治风暴，正在几个少数人中策划着……

就在这场政治风暴中，贺龙、薛明受到恶意诬陷和残酷迫害，贺龙含冤去世，薛明也差点被死神招去。

发难者是林彪、叶群。

他们为什么必欲置贺龙、薛明于死地？

1964年贺龙主持中央军委期间在全军开展大比武运动，林彪认为是和他对着干的。是“冲击了政治”，“方向出了偏差”。

贺龙和叶剑英、陈毅等老帅关系密切，林彪认为有意疏远他。

1966年8月中共八届十一中全会，批判刘少奇、邓小平，贺龙不发言，毛泽东问：“你怎么不讲一讲哩？”贺龙回答：“报告主席，我上不了纲噢！”8月18日，毛泽东身着绿军装，和“亲密战友”林彪检阅百万红卫兵，刘少奇、邓小平也参加了，贺龙高兴地说：“这样安排就好了。”林彪认为这是贺龙紧跟刘、邓，死保刘、邓。

李井泉的儿子李明清(北京航空学院学生)写了针对林彪和中央文革的大字报,红卫兵认为是"炮打无产阶级司令部",是"现行反革命",要到贺龙家揪人(李明清长期住在贺龙家),贺龙严辞拒绝。林彪认为这是贺龙对抗"文化大革命"。

早在延安时代,贺龙就劝过林彪:"不要让敌人的坦克开到床铺上来"。本是好心,却引起林彪的忌恨。

罗瑞卿被打倒后,林彪公开煽动:"贺龙搞大比武,是单纯军事观点,冲击了政治,是个大阴谋。罗长子的后台就是贺龙。"

中共八届十一中全会后,林彪在中央军委常委会上公然诬陷贺龙"是个刀客,到处伸手夺权,搞颠覆活动。"

上海"一月风暴"前夕,继林彪在军内上层诬陷贺龙后,江青在清华、北大发出了"打倒贺龙"的攻击令.并威胁贺龙的儿女们说:"你爸爸犯了严重错误","你妈妈也不是好人",还扬言:"我可要触动他啦!"果然,她向首都红卫兵煽动说:"贺龙有问题,你们要造他的反!"

在林彪、江青一伙的指挥下,1967 年 1 月上旬,一大批"小将"疯狂地冲进东交民巷贺龙住宅打、砸、抢、抄、抓。使这位身经百战,敌人闻风丧胆的贺龙,头一次碰到不能还击的对手。

东交民巷不能住了,经周恩来安排,转移到国务院某招待所暂住。贺龙仍然不得安宁。造反派扬言:要把贺龙揪走!这时,贺龙火了:"这是搞什么名堂?!"于是,他叫夫人薛明向周总理告急。

1 月 11 日,贺龙在无处安身的情况下,带着薛明来到周恩来所在的中南海家里,当时,总理日夜繁忙,通宵达旦处理"文革"中的问题,经常早晨才能回家。他的秘书为贺龙夫妇在西花厅搭了床,并转达总理的意见,叫他们在这里住下,暂时不要回家。

贺龙遵嘱,在周总理家里连住 10 天,1 月 19 日下午 4 时,由于"文革"的火已经烧到中南海,周恩来、李富春代表中央同贺龙谈话。本来,江青是参加谈话的三人之一,但她故意不来。

周恩来对贺龙直言不讳地说:林彪说你在背后散布他历史上有问题,工作中到处插手,毛主席百年之后,他不放心。还说:洪湖肃反扩大化的错误,你真的要好好想一想。贺龙听后连忙开口答话,周恩来知道他的脾气,有意制止说,你不要说了,毛主席不是说要保你嘛,我也想保你。我本想让你住在中南海,现在中南海也是两派,连朱老总的箱子也被撬了,只能另外给你找个安静地方休息。等到秋天,我去接你,我估计,你一下子不会适应这个环境,你可以利用这段时间,读读马列和毛主席著作,练一练毛笔字,要活到老、学到老、改造到老嘛!

贺龙听了周恩来一番语重心长的谈话,内心感动万分,再三感谢总理的关怀。

谈话后,当晚(1 月 20 日)凌晨 3 时,周恩来派专车把贺龙夫妇送往西山。沿途为了防止"红卫兵"拦车,曾安排在中途换车行驶。

约莫两小时后,贺龙和薛明来到玉泉山下的卧佛寺象鼻子沟一栋平房里住下。

这里戒备森严，人迹罕至。贺龙手握烟斗，漫步四周后，风趣地对薛明说：这个地方好清静嘛！从此贺龙告别了周恩来，告别了军队，告别了体委，也告别了他的亲生儿女……但他始终坚信："我是毛主席身边的人，问题搞清楚了，总理会来接我的……"万万没有想到，他在这里一住就再没回去，两年零六个月后含冤离开人世。

在西山，贺龙遵循总理嘱咐，坚持每天听广播，学习马列和毛泽东著作，练习毛笔字，并且经过认真回忆，含着眼泪讲述了洪湖和湘鄂西肃反扩大化的情况，由薛明执笔，向周恩来和党中央写了《关于洪湖肃反扩大化问题的报告》。这是贺龙在逆境之中向党中央敬献的一份珍贵礼物。因为贺龙敏锐地感到，类似当年王明"左倾"教条主义的东西，已经就在眼前发生，并且正在泛滥。贺龙大声疾呼：不能让历史的悲剧重演。后来，周恩来收到这份报告，曾派人关心他的生活，但林彪、江青、康生一伙却将此视为"贺龙翻案和为自己贴金"的罪证。

但这些"罪名"还没有动摇毛泽东"对贺龙要保"的决心。1967 年 2 月，林彪、江青一伙搜集了两发"重型炮弹"朝贺龙轰来，不明真相的毛泽东对贺龙不敢再保，身经百战的元帅和夫人终被打倒了。

2 月 14 日，江青收到一封诬告贺龙的信。写信人是武汉二十中学的教员晏宗炎，他秉承 30 年代在武汉当过国民党厅长的父亲晏勋甫的旨意，诬陷贺龙早在 30 年代就"里通蒋介石"。证据是 1934 年贺龙处决的蒋介石的说客熊贡卿，是贺龙自己请去的。

当时的真实情况是，熊贡卿游说贺龙，纯属晏勋甫一伙的策划，贺龙将此事报告了湘鄂西中央分局，并由分局书记夏曦和关向应、贺龙集体出面应酬熊贡卿，在摸清情况后，果断将其处决。这件事，事前有请示，事后有报告，白纸黑字，清楚明白地保存在档案馆里。但江青不顾事实，得到诬告信后狂喜，认为这下找到了贺龙历史上企图"叛变投敌"的把柄。

不久，20 年代曾给蒋介石当过秘书长的李仲公又公然伪造了"1929 年贺龙给蒋介石的乞降信"。直接寄给林彪。林彪也如获至宝。

毛泽东见了这两封诬告信，心中大疑，保贺龙的态度，顿时发生动摇。

李仲公的诬告信，更是漏洞百出，无论从纸张、黑迹乃至署名，均与事实不符。他所以要陷害贺龙，是为的报"一箭之仇"。建国初期，李仲公想当贵州省长。由于贺龙向周恩来揭发了他的一桩历史问题（1927 年 3 月，蒋介石派李仲公到武汉策反，被贺龙押送国共合作的国民政府），使他的省长梦未能实现。以此衔恨贺龙。

林彪、江青一伙利用这两发"重型炮弹"，加上一些重刑逼供取得的"旁证"，蒙蔽毛泽东，终于使他画圈同意成立"贺龙专案组"。一代元勋就这样被打倒了。

此案株连之广，也属罕见。贺龙的儿女一律成为"黑五类"，亲属在外工作 48 人，无一幸免，都受到迫害，父亲、姐姐的坟墓，也被炸毁，凡与贺龙来往较密切的干部，都被打成“死党”、“爪牙”、“爬虫”。贺龙带出来的部队，被称为“黑军”，他亲手开创的湘鄂西苏区，被诬为“土匪窝子”。

1969年6月9日，是贺龙在西山监禁两年零六个月的最后一天。本来患有严重糖尿病的贺龙，在经过连续45天断水，夫妇两人经常每天只有一壶水的折磨之后，当天上午9时，又由专案组派来的医生输了一整夜的葡萄糖，致使糖尿病酸性中毒，只好从玉泉山送往301医院抢救，由于院方责任医生多方阻挠，未能及时抢救，致使这位举世闻名的贺龙元帅，在入院6小时后的当天下午3点零9分，便含冤而死，不明不白地离开了人间。

当时，这里除了贺龙去世后赶到的夫人薛明和几个儿女的哭声外，没有哀乐，没有花圈，没有党旗，也没有同志和战友，只有一条床单覆盖着贺龙的身躯。女儿贺晓明用手挑开床单一角，看了看爸爸扎过自己小脸的八字胡，看了看那枯瘦的面容，慢慢咽下欲说未出的话：“爸爸，您是被折磨死的呀！”

贺龙含冤离世后，尸体是秘密火化的，因为专案组指示，要绝对保密，骨灰也要收藏起来，因此，贺龙之名改成“王玉”，在一个价值7元的骨灰盒上，编为“34号”，存放在八宝山革命公墓西边的一个普通骨灰盒寄存的地下室内。

贺龙含冤逝世后，薛明怎样了呢？对此，她有详细的回忆：

在301医院看过贺龙的遗体，与孩子们分开后，我一直在流泪。吉普车走一路，我哭了一路，耳边总是响着晓明和鹏飞追在车外的喊声：“妈妈，再见，再见……”

回到西山的囚室，屋里很乱，我给贺龙留的半搪瓷缸子水还在，他的脚浮肿，我用剪子替他剪开的那双“懒汉鞋”、还有我问他认识不认识那张毛主席像、还有他的遗物……这些东西都在，人却没有了。我抱着他的衣服嚎啕大哭。再也没人叫我：薛明，你替我倒杯水，你替我揉揉腰，你替我干啥干啥了。这些声音充实了我的生活，使我每天有事做，也就有欢乐。没有这些声音了，我的生活一下子变得空空荡荡，心里也变得空空荡荡。

哭着哭着，我忽然想起我保存的那些空输液瓶。忙打开抽屉钮。空瓶不见了。我着急，问哨兵，哨兵摇头；问上级派来的那个“王医生”，他说“不知道”；问做饭的大毛：“你是不是拿走那些空瓶子装东西去了？”他连说：“没有，没有。”

我又放声大哭，依稀又听到孩子们在喊“妈妈”。我留下那些空输液瓶是希望“有朝一日”能证明贺龙的死因，作个证据，现在不见了，我觉得对不起贺龙和孩子们……

晚九点多钟的样子，连长来了，一进门就高声大气说：“给你搬个家。”

“我不搬。”我擦去泪，坚决地说：“我们一直住在这里，我不搬。”

“这个房子我们有用处，你到战士那边住去，我们给你腾出个房子。”

“我不去！”

“你把东西拿上。”连长不容置疑地下令，“把你和他的东西分清。”

“我们的东西分不清，都是共用的……”

“衣服总是分得清，不要多说了，拿上你的东西马上走！”

在强迫下，我只好拿了点衣服走。我说：“我还有点东西，需要时再回来拿。”他说：“好了好了，你先走吧。”

战士们住的五间小平房，腾出中间一间给我住。每天有个人坐在隔壁门口监视我。院子里没有什么闲杂人，他们轮流监视，不扛枪了，坐在椅子上监视。

第二天，通知我以后自己做饭吃，给我一个小煤油炉。屋子小，又有人监视，什么事也干不成。每天坐一会儿，躺一会儿，又站一会儿。一天到晚就是回想、流泪。从文化大革命开始，到上西山，到西山的二年半囚禁生活……

转眼到了冬天，树叶全落了。有天半夜，大约十二点左右，来了几个兵，态度很凶：“走！起来跟我们走！”

“去哪儿？”我问。

“别问，走。”领头的把手用力一挥。

“走就走！”我已经到了这步田地，也没什么可怕可担忧的了，随他们上了吉普车，前后左右都是当兵的，我被夹在中间，吉普车后还跟了一卡车持枪的士兵。一路谁也不讲话，静悄悄地，只听树枝刮过吉普车顶棚帆布的哗啦哗啦声，气氛阴森可怕。我却坦然，枪毙个人也无非如此。

这种“武装押送”足有两个多小时，夜里3点，车停了。当兵的喝令：“下车！”

我下车后才看明白，又回到原来住的房子，进门看时，屋子已被翻个底朝天。他们是怕贺龙或我写下了什么东西，留下了信或遗嘱之类的东西，想统统毁掉。其实我们什么也没留，是他们作恶心虚。作恶多的人据说都是如此。

多少年后，我恢复自由后曾跟刘少奇的夫人王光美谈起此事，她被判过死刑，她说：“好多人都这样‘假枪毙’过，就是从精神上折磨你……”

其实我根本不怕他们枪毙。那段日子，没着没落，空虚、孤独、忧伤，心情非常恶劣，已经不在意死了。只是有个想法在支撑我活下去：如果我死了，贺龙被囚禁、被迫害至死的情况谁来昭告天下？孩子们又该怎么办？……

熬到早春时节，有天夜里又来了一连兵，连长也来了，进门就下令：“走，搬家！”

“往哪儿搬？”

“少问那么多，到了就知道了！”

这次搬家与上次搬家不同，凡是我与贺龙用过的东西，一样不少全搬上车，连剩的小半瓶酱油也拿走，还把我的被子洒污了。连长大声说：“划清界线啊，反革命的东西一样不要留，全弄走！，，

车开了半个小时左右停下来，到了一个陌生的地方。进院门，屋里有人叮叮咣咣钉东西。连长说：“你等等，里面还没准备好。”

叮咣声终于停止了。连长说：“你进去吧，以后再不准出来。门口有蜂窝煤，你自己做饭吃，晚上王医生给你送药。”

我走进屋，发现窗户全用木板钉死了。连长说“没准备好”，原来是要把我钉

死在屋里。过去还可以出门找野菜，现在连放风也不允许了。屋里一盏灯泡是500瓦，不许关灯，外面是荷枪的士兵，动不动就拉枪栓，比贺龙活着时还闹得厉害。我还听到警犬的叫声。住时间稍久，我从钉住的窗户上找到一条缝，顺缝看出去，见到一条“玉带桥”；等到星期天，可以听到游人的嘈杂声和汽划子的嘟嘟声，以及当兵的吆喝声：“走，走，这边不能上岸！”

于是，我明白自己被关在了颐和园。我真盼望能听到熟人的声音，能叫熟人知道我被关在这里。

我曾抗议那只500瓦的大灯泡，照得人精神受不了。觉也没法睡。后来我把衣服里子扯下一条布，双折起来，捡个麻绳做成眼罩。这个眼罩一直保存至今……

过了许久，又有三个干部来，说要给我换住处。

“有许多事你不知道，形势很紧，准备给你换个地方。”

“去哪儿？”

“不知道。上级让先和你通个气，做好准备，雨伞雨鞋都拿着，管他南方北方到时候就走。你看你还有问题吗？”

“有，贺龙究竟是什么问题？”

“现在你还提这种问题，街上大字报你没看？连毛主席都说话了，对贺龙不保了。大字报写得很清楚。他是土匪军阀。”

“我看不到大字报，什么也没看到听到，说他是什么也得拿出正式结论和文件来。”

“你别管那么多了，你先走……”

“我不走，你们必须先给我讲清。”

“他是什么你完全清楚！”一个矮胖子火了，“现在应该我们问你，你跟他睡在一起，应该你交待他是什么人，你倒来问我们……”

“算了算了，”中等个子插进来，“这个问题先不谈了，你看你还有别的什么事？”

“既然外出，那要给我开组织关系。”

“什么？”他们一怔，随即哄堂大笑：“你还想转组织关系？还是没睡醒吧！不行。”

“我还要见见孩子，见一面我才走。”

矮胖子指手划脚：“说你是三脱离，一点不冤你。要打仗，全撤离了。清华已经去了四川，你小女儿在陕北插队，你大女儿在平谷接受再教育，你不要想他们了，他们也不想你。孩子们表现不错，只要离开你们就进步，有出路。跟你们在一起学不了好……”

我气愤地责问：“你有没有孩子？”

“情况不一样么，”高个子打官腔，“不要再提些不实际的要求了。这次走，你要穿黄上衣，蓝裤子。”

“我没有蓝裤子。”

“我们给你想办法吧。”中等个不耐烦地摆摆手。几天后，他们让我穿上黄上衣，蓝裤子，用车拉到丰台，转乘火车，走了两天两夜，直到车窗外出现许多平顶的大山，才知道人了贵州。我在花溪站下车，住进花溪农学院，周围人都是黄上衣蓝裤子，原来是把我弄到空军一所“五七”干校来了。

我这个班，班长是空军保卫部的人，两口子带两个孩子。另外还有两家人，也都是夫妻同在一个班。我与一个姓沈和一位姓陈的女同志住一个房间；三对夫妻另加我们三个单身女人组成这个班。“同是天涯沦落人”，但他们都有“阶级斗争”的观念，不理我，监视我。大家吃大食堂，不许我去打饭，他们打饭回来给我吃。除了劳动，不许任何人接触我。我成了一个“神秘的老太太”。

几天后.他们同我谈话：“来到这里你有什么感受？”

我说：“这里的人都挺面善.还有人笑……”

“啊，有人跟你笑了？你认识这里的人？”

“不，不认识。”

“你认识哪个？”那个30岁左右的女人很凶。曾是空军大院的售货员，不认识几个字，随军家属，只会喊口号，劳动中间也常常犯神经一样喊几声“毛主席万岁”。

我紧张了，忙解释：“不，我不认识。”我三年没见过一张正常面孔了。现在见到几个正常面孔，“我，我就以为面善，她像是笑……”

“胡说！你要老实交待，到底是哪个对你笑了？”

“也许……是对你们笑？我夹在中间，误以为对我笑了。”

“你不老实！这里肯定有你认识的人，你要交待出来！”他们下令：“我吹哨集合人，你去认，把认识的人都指出来。”

“我不去，”我态度坚决：“我不认识什么人。”

“你不愿集合队伍认也行，你到食堂去，躲在棚子里悄悄认。”

“我不去。”

“由不得你，走！”他们把我带到食堂，指点排队打饭的人叫我辨认。我一个劲摇头：“不认识，不认识……”

我确实一个人也不认识，但他们还是把空军副司令员成钧的老婆调离了一大队，因为他们查老底子，说成钧在二方面军干过，就推测我跟成钧的老婆认识。将她调走后，就允许我去食堂打饭了。但不许我跟任何人说话。

有意思的是上厕所也要报告，由那两位监视我的女同志陪我一道蹲坑。我们的女厕所一共只有三个坑，只要我进厕所，那两个必定左右陪着蹲，再进来的人就没坑了。只好憋着在外面转圈等。我心好笑：这是何必呢？占了茅坑不拉屎……

一天，我进厕所，里面已经蹲了一个人。我蹲下后，她好奇地问“你是空军的吗？”我说：“是的。”她又问：“怎么没见过你？你在哪个单位？”我含糊道：“说了你也不知道……”

就聊这么几句，这位好奇心重的女同志就被调走了。

我就这么神秘地住下来，连大队许多干部也不知道我是谁。他们给我取了个名字叫王树芬。那时我牙疼，脸肿起老高，吃不下东西，他们拉我去看牙。听到里边叫："王树芬！"我没动，看守我的女人碰我的膀子："叫你呢！"我说："我不叫王树芬呀。"她说："你就叫王树芬，走。"她把我拉进诊室，说："她就叫王树芬，你们别听她瞎说，神魂颠倒的。"

医生检查过我的牙，叫打青霉素，我说："还得做皮试呀。"那女人说："你还懂皮试？你还想皮试呀，给你打一针就不错了。"

他们没做皮试就给我打了青霉素，幸亏没有过敏。回来的路上，看守我的女人骂声不停："你以后就叫王树芬，记住没有？老太婆，你给我记住，叫王树芬！"

可是过没多久，他们又给我改了名，叫刘春兰，我没理，班长就扛我一膀子："叫你为啥不理？"我愣了半晌才问："你们不是让我叫王树芬吗？"班长恼火地说："已经改了，以后你就叫刘春兰。记住，刘、春、兰！"

我的名字改了多少次，后来连自己也闹不清了，听到叫名字就问："是叫我吗？"这一问，又招来一阵喝斥："谁叫你了？神经病！"

多少年后我才知道，是叶群在贺龙逝世后，下了一道命令："还有个薛明，把她弄走，送贵州去，越远越好，不要叫人知道，要防止她乱说乱动……"所以，我到了贵州，成了"神秘的老太婆"。

随着时光流逝，我感觉周围发生了一些变化。刚到干校时，给我发了一个语录本，话话办事总要先摇六下红本本。我一直被关押，没做过这个动作，不习惯更不熟练。记得第一次摇那个红本子，马上有人将我胳膊肘一托，厉声喝斥："举高点，你不忠于毛主席！"我忙举高些胳膊，"万寿无疆"三次，再"永远健康"三次。

现在，不知不觉中，大家不再举红本本摇六下子，也听不见"永远健康"了。听到的是我们这里要驻兵了……

有一天，两个人来到五七干校，进来就喊："老薛！"

我一愣，没敢言声。好久没人叫我真实姓名了，我几乎忘了自己姓什么了。又叫一声："老薛！"

"你们叫谁呀！"我小心翼翼问。

"叫你，老薛，你是薛明呀！"跟着进来的同志大声说："我们跟过去那些人不是一伙的。"

我茫然问："你们是哪伙儿的？"

"他们是林彪的人，我们是总理派来的人，我们来看你了。"先进来的人握住我的手说："你看你病得多重，压力多大……"

听说是来看我，我本能地伸手从枕头底下掏出语录本，又想摇那个红本本，他们拦住了我："老薛，你不要摇那个小本子了，没用，不要这样，可以放松了。林彪、叶群他们都是坏人，坐飞机摔死了，我们带来五份文件，咱们一起学……"

我怔住很久，做梦般，痴痴地望住他们不语。

见我这个样子，他们眼圈都红了："我姓徐，她姓齐，八三四一部队的，我们是总理派来的！"

"总理……"我喃喃着，终于大梦初醒一般失声叫道："同志！"

"对，我们都是同志！"

"同志！"我又叫，紧紧握住他们的手。

"对，是同志！"

"同志！"泪水顺着我的眼角淌下来。

"对，都是同志。"老徐动情地说；"跟过去那伙人不一样。原来看你的人都换了，都是校部的人。"

1971年11月份，我终于回到北京，住进二里沟新疆办事处，没想到，"四人帮"的死党迟群却想在我和叶群的关系上作文章。

有一天，迟群来找我："有个问题问问你，我想知道你和叶群的关系。"

我心里一下冒出火来："你认为我和叶群什么关系？"

"你自己心里明白。"

"我四三年就揭发过她！"我大声说："你问王鹤寿，我那时就怀疑她不是个好人，希望她坦白，你去调查吧！"

"你们俩不是一个支部吗？"迟群煞有介事地皱起眉头："你们都给谁送过文件？你们执行的任务不是一个任务吗？"

我失声笑道："你知道历史吗？那时只有我一个人掌握《火线》，天津党组织只此一刊，叶群没有，她从没跟我送过文件，她那时还不是党员。"

"现在有人揭发么，我总得问清楚。"

"谁揭发你就带他到我这儿来，我看看这个乱咬人的疯狗。"

"那就不必了。"迟群将手一摆："你也不必这么紧张。"

"谁紧张了？"我气愤地说，"地下党都是单线联络。这是基本常识，什么人能揭出我跟叶群一个支部？这不是乱咬人吗？"

"那好，那好，"迟群连连摇手，"这个问题到此结束，以后有什么事，你就告诉张鲁妮（负责看护薛明的护士）好了。"

转眼过了一个多月。1972年初，接我回北京的老齐喜滋滋对我说："老薛啊，告诉你件喜事，今天你可以全家团圆了。"

我怔怔地说。老总去世了，还有什么全家团圆？"孩子们都到北京找你来。"老齐兴致勃勃继续讲："总理也到处找孩子们，现在孩子都来了，住在钱粮胡同，等着国务院的车去接。"

"是吗？"我终于问出一句。

"什么是吗？我啥时候跟你讲过假话？我们下午2点到院子里迎接，国务院派车送他们来，他们现在都在冯璐家等候着。"

冯璐是原北京市委书记处书记冯基平的女儿，冯基平在运动开始时就被打倒了。"黑"对"黑"，她与贺鹏飞结了婚。生下两个孩子，不能姓贺，一个取名"加加”,一个取名“贝贝”,合在.一起就是“贺”。

下午2点,老齐笑嘻嘻地说:“你别紧张啊,现在我下去接孩子们。”我说:“我不紧张。”实际是紧张兴奋的,老齐下去后,我坐立不安,摸摸脉,每分钟跳120下,心慌得透不过气,索性吃两片安定,就跟着下了楼。

来了一辆面包车,我看到孩子们向我招手,都是吃过大苦,历过磨难的人,劫后重逢,我们都流了泪。当时,鹏飞在甘肃武都修汽车;晓明在贵州雷山县当收发;黎明(又明)在志丹县插队务农,回来梳个大辫子,哥哥对她不放心,把她接到武都便于照顾。当时又明抱个大被子。我问:“你抱个被子干啥?”她顽皮地一笑:“里面还有个东西呢!”打开看时,包着个孩子。我已经既是奶奶,又是姥姥了。

时光在悄悄流逝,孩子们都已长大,陆续结婚生育。鹏飞的妻子是冯璐;晓明的丈夫是海军航空后勤参谋长纪亭榭的儿子纪平;黎明(小名又明)嫁给了廖承志的儿子廖春。廖春也是吃过苦的人,在内蒙放羊时患了肺结核,一累就容易犯病。他们后来也生了一个女儿。鹏飞的两个女儿叫“加加”、“贝贝”,晓明的一儿一女叫“纪龙”、“珂珂”。晓明生了女儿,我给取名:“别再加加,珂珂的摘洋味了,要中国味的,就叫妞子吧。至于姓贺还是姓廖,还是自已定。”廖承志也给孙子取个名,他不多讲话,提笔写下“优子”两个字。于是,我叫“妞子”,他叫“优子”,就这么各叫各的叫下来了。

形势也在悄悄变化。

1973年,我同罗帅的遗孀林月琴去看节目,听到了“洪湖水,浪打浪”的歌声,一时百感交集,恍如做梦一般,后来又在北展馆看到贺龙与白求恩的照片,看来“气候”正在变暖……

没多久,我因高血压,住进301医院十四病室,与贺龙当年去世所住的十七号病房正好斜对面,往事便又浮起脑际。我的隔壁住着301医院过去的卜院长。他被整得很苦,受了刺激,每天一送饭来就作揖,“毛主席,我要吃饭了;先向您老人家请罪……”这是“文革”后遗症。

拐弯的病室用屏风挡着,屏风后坐一名战士。我有经验,这种“待遇”,里边一定住了重要人物。日稍久,一名护士悄悄告诉我:“是罗瑞卿。”我心里咯噔一下:哎哟,是他!当年大比武,他的好多事都与贺龙“同案”,他现在怎么样了?

我强烈地想见他一面。我可以自由活动,在走廊里散步,却无法走进他的三病房。我甚至能听到他的咳嗽声,只可惜隔墙如隔山。有天晚上病人在看电视,我又在走廊散步,忽然听到罗瑞卿的咳声,便留意三号病房。片刻,一名战士推出一辆轮椅,椅中端坐一名戴着大口罩的病人,我忙迎过去,刹那间,我们的目光相遇了,撞出一片火花。推轮椅的战士感觉到了什么,怔怔地停住步。于是,我和罗瑞卿互望了很久,那是一种无言的交流,我们的眼圈都湿了……

战士终于推走了轮椅。我们始终没说一句话,但我们都感觉说过了千言万语。

出院后。陆续有老同志来看我,彼此唏嘘却又不敢多言。这就是那个时期的特点。

迟群的秘书又来了,说住在招待所不方便,为我们找了个地方,可以去居家过日子。于是,我们搬到了前圆恩寺二十二号。那时,我既没油票也没粮票,生活比较困难。在301医院住院时,坐长椅等叫号时,有人挤我,我没在意。回到病房一掏兜,不知谁塞进来许多油票粮票。在前圆恩寺也常有人敲门,开门一看,或者放瓶油,或者放袋米,都是不留姓名。我明白,他们都是好心人,善良的人。人心所向,给了我巨大鼓舞和力量。

1974年秋,邓大姐突然打来一个电话:“薛明吗?我想看看你去。叫你的门卫把门开开,我过十几分钟就到了,你叫门卫在大门口盯着。”

我哪里来的门卫?只雇了一名保姆。我就自己站在大门口等。十几分钟后,车到了,我迎上前,邓大姐下了车,什么话也没有来得及说.我们俩便拥抱在一起,许多心里话都在拥抱中交流着。接着又握住手,邓颖超说:“总理惦记你们,叫我来看看……”

我心里一热,眼圈湿了。当时,周围已聚了很多群众,兴奋地喊邓颖超,我小声说:“不安全,进去吗?”

邓颖超说:“不要紧,和群众在一起最安全。”

我们携手进门,邓颖超说:“我真是官僚主义,没想到是这样,我还以为有门卫呢……”

来到我家,大姐问候一下我的情况,又到各屋看看,和孩子们握手,又抱抱第三代人,说:“哎呀,这么一大家了,三代人了,这么个小地方怎么行啊?总理现在有点病,问题不大。你受了些委屈,总理也不知道你们的具体情况,特意叫我先来看看,有什么困难可以打电话给我……”

在当时的情况下,邓大姐来看我,无疑带有政治性表态。就在那时,京西宾馆住了许多二方面军的老同志,都属贺龙一案的,等待结论。听说邓颖超看望了薛明,都大大松口气,当晚不少人喝了酒。我在家里虽没有喝酒,但也包了顿饺子吃。

1975年元月5日,又接到一个叫人吃惊的电话,江青约我和林月琴去钓鱼台“谈谈”,还要请我们屹饭。

我的心情很复杂。贺龙一案,与江青有直接关系,是她在政治局碰头会上首先提出要造贺龙的反,是她直接对贺鹏飞讲,要“触动”贺龙,是她面对面与贺晓明“辩论”几小时,后来让造反派抓起贺晓明,又由于毛主席的干预而不得不放人……现在江青的地位非同一般,她肯约见我,因而说明贺龙的问题有了转变,但她的喜怒无常,谁知见面后又会惹什么麻烦?我紧张,林月琴也紧张,钓鱼台那边催着去,我和林月琴却迈不开步。我说:“我得上厕所。”林月琴说:“我也得上。”我说:“我得吃片安定。”林月琴说:“吃一片行吗?”我说:“两片别迷糊了,吃一片镇静一下就行。”

于是，我们各吃了一片安定药，然后才去见江青。

到了钓鱼台，谭震林、李井泉、叶飞几个老同志已在那里，我们进门时恰好听到江青在说："我好孤立啊，我内心也是很苦的，你们不知道……"

那天下午，江青反复讲她"好孤立"，后来我才知道，要召开四届人大了，江青见总理病重，她就想组阁，向主席要官，要批文件，要权，结果受到严励批评。毛泽东亲笔批示："不要多露面，不要由你组阁（当后台老板），你积怨甚多，要团结多数，至嘱。"一个月后，即1974年12月，毛泽东再次批评："你不要搞四人帮……"

江青也感到自己的孤立，环顾左右，除"四人帮"外，几乎没一个能团结一心的人。她也想改变这种状况，想找些过去的"老朋友"重修旧好，想来想去，就找了谭震林、李井泉、叶飞、江华几位老同志"谈谈"。这些老同志对她很冷淡，特别是叶飞，始终扭着头不看她一眼。谭震林看在毛泽东的面子上，勉强应付她几句，建议"最好再找两位女同志来一道谈谈"。李井泉就建议找我和林月琴，于是江青就叫人把我们两个女同志召来了。

江青并没打算认错道歉来"重修旧好"，她见我和林月琴进来，只是点点头，架子很大，继续讲她的孤立。她说她一直就很孤立，特别是同林彪作斗争的时候。她用颤抖的声音说："你们是不知道啊，同林彪作斗争，我是始终站在第一线啊！我那时就很孤立，是孤军奋战啊，是很危险很艰难的。"她望谭震林："谭老板，那时候你到哪儿去了？"

谭震林冷冷说一句："关起来了。"

江青又问叶飞："叶飞啊，你那个时候到哪儿去了？"

叶飞扭着头，犟着脖子冲口一句："关起来了。"

江青有点尴尬，忙转向李井泉："你去哪里了？"

李井泉作了一个手势："大家都一样，都关起来了。"

江青尴尬地说："哎呀，你看我这个官僚主义。那时形势很乱，我只知道你们是靠边了。我还以为靠边就是休息呗，以为休息一段也好，等形势稳定了再出来，哪里想到靠边就是关起来了？"她舔舔唇，目光一转，望住我："薛明，你到哪里去了？"

我说："我不但关起来了，门口还有站岗的，端着刺刀。"

江青做作地提高声音："哎呀，你好威风么，还有站岗的，这都是林彪和吴法宪搞的，他们说贺龙身上有枪。毛主席在游泳池里见贺龙，贺龙掏掏兜找眼镜，毛主席看了，哪有枪么？当然还有其他检查办法。其实毛主席是喜欢贺龙的，是保贺龙的，他说贺龙是二方面军的一面旗帜，他还说要当贺龙的保皇派。林彪一伙不干，送了那么多材料，告贺龙的状……。"江青解释一番，马上又转了话题，望住谭震林问："主席写过一首诗'暮色苍茫看劲松，乱云飞渡仍从容'。谭老板，你知道这是指谁吗？"

谭震林停了停才说："是泛指吧，国际阶级敌人包围我们，我们坚持马列主义坚持斗争……"

“哎呀,你就是这样理解的呀?”江青叫出声,转向李井泉和江华等人,他们也都说:“泛指的吧。”江青失望地摇头,高声说:“这首诗是庐山上主席送给我的呀,是说我呢!我同林彪作斗争,虽然孤立,但始终坚持不懈,这首诗是主席专门写给我的……”

当时,我和几位老同志谁都没作声,叶飞始终不肯正脸看一眼江青,江青似乎没什么话讲了,说:“今天是五号,虽然晚了几天,还算我请你们过个年吧。你们就在我这里吃晚饭……”

来到客厅,气氛仍然冷淡,没人多说话。那天吃了一道牛排、一道炒菠菜、一碟咸菜,酒盅大的一碗饭外加一个枣子大的小饺子。江青一刻不忘表白地说:“今天是请你们过年,改善生活,平时我是吃不到这么好的饭。放心,这都是我自己掏钱请客的。”

饭后,江青又请大家看电影,演了个国外爱情片《鸽子号》和《动物世界》。演出中,看到女主角跳下海时,她激动地说:“这要是我,我也跳下去。”并对女人与爱情大发一番感慨议论,说:“爱就应该勇敢,要勇于追求”,什么“女同志要有独立的自我,要有自尊,要有追求”等等。

一次约见和谈话就这么结束了,江青仍然没有摆脱孤立。

1975年春,我又接到叶帅的电话,请我和林月琴两个老太太到他家做客,并说主要是请我,林月琴作陪。

当时叶帅住大柳荫树街那边,挨着后海,后门出去可以钓鱼。房子很高大。比当年我们住东交民巷的房子还大。服务处派车来接我们,送到叶帅家。一进门,工作人员很多,我走进客厅,叶帅从里屋走了出来,先同我握手,很热情地说:“来了啊,咱们今天吃顿饭,我叫我弟弟安排了,他最会闹狗肉,咱们今天吃顿狗肉”边说边又同林月琴握了手。

寒暄中得知,叶帅的弟弟叫叶道英,广东人,讲究吃,会弄粤菜。正聊着天,邓小平夫妇来了,小平穿一件黄上衣,手里拎着一瓶酒说:“叶帅,我这儿还有瓶白兰地,咱们今天就喝这个啊。”

“好,就喝这个。”叶剑英笑着连连点头。

大家松松地坐了一桌,叶剑英和小平挨着,卓琳和我们两个老太太挨着,给弄菜的叶道英留个位置。

“咱们喝。”邓小平举杯,“痛快地喝!”

餐桌上气氛热烈,你给我夹菜,我给你让菜,不时举杯互相敬酒。小平能喝,但是有节制;叶道英能喝,喝得最多;我们几个女同志虽也频频举杯,但喝起来只是意思一下。酒过三巡,互相聊聊家常,叶帅和小平轮流问孩子们的情况,鹏飞在哪里,晓明在什么单位工作,又明到哪里上班,我一一做了回答。

叶帅说:“小平同志,咱们给薛明找个帮手吧?”

小平说:“现在不是帮手不帮手的问题,那么多孩子,他们自己住得都很紧张,住不下,打地铺,还是先帮他们找个合适的房子吧。”

我说:“我就希望安静,有个安定的生活,孩子们给安排个工作,能团圆就好。”

叶帅说:“过去的历史中央都会有个总结的。”

小平说:“现在保养身体,先把身体搞好。”

叶帅说:“你还有孩子,一大群孩子,要教育好孩子,过去的事情要相信中央会作出正确结论。”

小平举起杯,痛快干脆地说:“向前看,喝!”

我也举起杯,同他们碰杯:“祝你们两位身体健康。保重身体。我代表全家敬你们。”

放下筷子时,我满怀感激地说:“谢谢你们。今天看到叶帅和’小平同志。我很激动,感谢邀请我来吃饭,几年没见了,我确实很高兴。”

小平同志说:“以后还会见面,还能见到。”稍停下,他用信心十足的语气说:“可以经常见面了。”

这种话对于搞政治的人来说,是很有含意和分量的。邓小平面容一肃,对叶帅附耳道:“到里面去,有几句话。”

我同林月琴知道他们要谈正事了,便起身告辞,握手道别后,小平同叶帅就前后脚进里屋去了……

回来之后,接到总理办公室秘书的电话。她问我:“贺龙同志的骨灰在哪里?”我说:“不知道啊。”她说:“你要找啊,总理很惦记这件事,提好几次了。”

找骨灰很费了番力气,总理办公室也催几次,找不到骨灰就无法举行安放仪式,问301医院,问服务处,最后在八宝山找到了。一个很差的盒子,贴的名字“王玉”,34号,和301医院病历上的姓名一样。我很气愤地问:“为什么找了这么久没人告诉?”他们还振振有词说:“我们还替你们垫了租金钱呢!”我买块红缎子,请许光达大将的儿媳缝了一个骨灰袋,由鹏飞去八宝山,将骨灰换了新袋子,又换了一个一百元的好些的骨灰盒,准备参加骨灰安放仪式。

中组部长和总参领导人找我谈话,说关于贺龙的平反文件已经在1974年9月下发。这次的安放骨灰,不准备开追悼会,不奏哀乐,不送花圈,不登报,不通知外地亲友……我满耳朵听的都是“不准”,心里的火越烧越高,大声质问:“既然是平反,为什么这么多的不准?国内外都知道这件事,为啥不公开?”有人劝道;“先压着,不要影响平反时间。”我想了想,忍下这口气说:“好吧,可以按你们的要求办。”

可是,中组部长又节外生枝:“不过,你们家的人不能全去。”我吃一惊:“啊!全家人等啊盼啊,盼这一天,怎么又不能参加?你说谁不能参加?”他说:“冯璐和纪平。”

当时,冯璐的父亲冯基平还关在监狱里,因为“态度不好”而戴上了手铐。纪平的父亲纪亭榭被押在外地改造,我把中组部和总参的意见一告诉家,冯璐立刻哭了,晓明没哭,却气得大喊大叫:“我爸爸平反了,我又成了反革命?把我婆家打成反革命，啊，我退出去就成纪家的人了，没资格站我父亲面前了？那冯璐呢？她嫁到贺家怎么又不算贺家的人？株连人也不能这样株连九族啊！”

晓明和冯璐一商量，两个人就要走，鹏飞急了，说；“妈，怎么办？我说她俩不能走。”

我也憋气，就说 z“我再找他们去！”

见到中组部长和总参负责人，我说：“平不成反了。”他们说：“为什么？”我说：“株连太厉害，株连到第二代第三代了！你们去跟总理说，这样株连，平反平不成。”

隔一天，他们又来了，说已经请示了总理，全家人都参加吧。

骨灰安放仪式定在 1975 年 6 月 9 日下午。这天一早我家就挤满了客人。走了一拨又一拨。纷纷向我致意问候，打听什么时间开始，什么规格，什么人来……

总参一位副参谋长来通知：“下午的骨灰安放仪式，由叶帅讲话，致悼词，总理指示：要开追悼会，要送花圈，要奏哀乐，要登报，要通知亲友参加……”总之，将原来中组部和总参定的一大堆“不准”，全都翻过来了。

通知刚完，王震又赶来了。老将军穿一件白衫衣，一条黑裤子，头发长而乱，进门抢上几步，一把握住我的手，握得很紧，还不住地哆嗦，半天说不出话，嘴唇抖了几下，眼里一下子溢满了泪水。于是，我的泪水也流下来。他喘得厉害，我说：“王老，你坐，坐下休息休息。”

王震用力抹一下头发，说出话：“我今天理发去，理漂亮点，我今天要在贺老总面前鞠个躬。我马上到北京饭店理发去，我不坐了，我就告诉你一句，谁参加骨灰安放仪式我也不知道，我就告诉你，如果江青来参加，跟你握手，你就把她甩一边，坚决不握！你就说我不认识你！她若跟我握手，我也会这样！”

我说：“王老，我明白你的意思！”

这时，又有人纷纷赶到。王震便举手告辞说：“我理发去了，咱们下午见！”

我送他往出走，一边说：“王老，你年纪大了，要保重身体呀。”他豪迈地一挥手：“不怕！我这个年纪，死也死得，我不怕，我啥也不怕！”

骨灰安放仪式定于下午 4 点，我去得早，在休息室坐着。来参加仪式的领导人和贺龙的生前好友纷纷到休息室向我问候致意，说几句安慰的话。

邓大姐来了，到各处走走看看，检查一下有什么准备不周到之处，这种事过去都是总理留意关心的，我知道，现在总理病重，所以邓颖超代替了。

“哎，薛明，”邓大姐提醒我道：“呆会儿总理可能来也可能不来，如果来，双方克制点，总理有病。”

邓大姐关照过，刚走，总理就来了。他一进门，并不像有人写的叫“薛明在哪里”，他只是一顿，目光那么一扫，立刻看到我，大步走过来，我是扑过去，一下子就同总理抱在了一起。

总理哭了，说：“我没有保护好老总啊……”

晓明马上抱住了总理的脖子，两眼泪汪汪地说：“总理，你自己要保重身体啊。”

总理愣了一下，凄然道：“我的日子也不多了……”

晓明哇地一声哭了，整个休息室顿时哭成一片。我赶紧把总理扶住。哭声减弱时，总理说：“你们先在这儿休息，我出去商量商量。”

片刻，总理回来了，一进门就问叶剑英：“叶帅，你那个讲话稿呢？”

“在这里。”叶帅拿出讲话稿。

“给我，我来讲。”总理拿过讲话稿，一边看，一边亲笔作了几处修改。这时，有人告诉我，总理来时，一下汽车先到签到簿那里签名，他手抖得厉害，签的字好像无数球子串起来的一般，签过之后说：“我不行了。我本想替邓小平代签，不行，签不动了。他现在正在谈判，把这个送去，叫他签，纪念。留作纪念……”

仪式开始了。总理讲话，我就站在他身边。他拿那么一张薄薄的讲稿，像举了什么重物一样抖个不停。我怕总理的身体支持不住，站他身边，万一他昏倒，我可以及时扶住他。

悼词念完，向骨灰和遗像鞠躬。按惯例是三鞠躬，可那气氛太沉重，哭声一片，总理不停地鞠躬，有人说鞠了七个躬，我的感觉是鞠了八个躬。二方面军的许多老将军嚎哭着都要下跪，被鹏飞、晓明和工作人员拉住了。

由于当时的形势和条件，这次平反不够彻底。粉碎“四人帮”后，习仲勋来看我，我提出了这个问题。我说，主席1973年就讲过贺龙要彻底平反，但上次的平反不彻底。比如明明是被迫害至死，文件却说是“病故”。

这次谈话后，习仲勋把我的意见反映上去。中央很重视，1982年10月16日再次下文件，为贺龙作了彻底的平反，恢复了历史应有的真实面貌。

中共十一届三中全会后，薛明用血和泪写出《向党和全国人民的报告》，贺龙被害真相大白于天下。

贺龙彻底平反后，薛明担任过的职务是：总参政治部顾问、党委委员、总参军事检察院检察长。

现在，82岁的薛明已经离休，但她并不甘心闲居家中，她担当起许多社会工作：北京市校外辅导员协会副会长、中国青年政治学院少年工作系顾问、中国民间中医医药研究开发协会名誉顾问、中国少年儿童基金会理事……

唐棣之华，偏其反尔

——黄克诚夫人唐棣华

她为营救同学，自动跳上捕人的警车。

她和他也有“约法三章”。

他在庐山和毛泽东争得面红耳赤，毛泽东大为不满：“看来你是个右的方面很好的参谋。”

她拒绝和他“划清界限”。

大难不死，她和他的晚年安祥而充实。

唐棣华原名胡富珍，1918年8月生于武汉。唐棣华的祖上很有权势，曾祖父在清朝做过提刑按察使，是和一省的长官巡抚几乎平行的三品大员，祖父当过知县，虽然只是“七品芝麻官儿”，在那封建专制时代，权势也令人生畏了。俗话不是说，“灭门的县令”嘛。唐棣华的父亲毕业于北京交通大学，国民党政府初期，曾当过路局的局长。

胡家很有钱，唐棣华的祖父在银行、水电公司、绸布店都有股份，还有为数可观的田地和房产。曾祖父有好几个姨太太，80多岁，瘫痪在床，还有一个四五十岁的老姨太侍候着他。祖父也娶过4房姨太太。这样的家庭环境，造就了唐棣华的父亲——胡大公子的纨绔子弟习性，他喜结交上层人物，喜欢挥霍享受。他有妻室，也和其父其祖一样。在外面搞女人。

这个封建大家庭，重男轻女的气氛极浓，这就注定了唐棣华母女的命运。母亲夏芳，虽是胡家的大少奶奶，但父亲整天在外吃喝玩乐，家里就全靠她操持，过度劳累，刚生下孩子不久就断了奶。唐棣华偏偏又不吃牛奶，母亲请求雇个奶娘，瘫痪在床的老太爷连眼皮都没抬一下：“一个女孩，不必了。”午是她生得精瘦，“瘦鬼”、“丑八怪”、“哭死宝”，是她挨骂时获得的“雅号”。哥哥们可以得到老太爷的赏赐，她不能。她得不到这个封建家庭的温暖，自小形成孤僻的性格。

1924年，她6岁了，跟着父亲到北京去读书。这可不易，那是她有生以来第一次抗争的结果。父亲要到北京去读书，唐棣华吵着也要去，叔叔们以“女孩儿读书没用”提出反对，她和叔叔们大吵一通，虽然挨了一顿打，但父亲母亲经过一夜的商量，还是带她去了北京。

在北京上小学的那几年，她是快乐的。

1929年，父亲带她回到湖北。省立第二女子中学，出现了这位倔犟的小姑娘的身影。

父亲在外边偷偷和一个女人结了婚。母亲知道后悲痛欲绝，她要和三个孩子一起去死。她把鸦片烟膏倒在杯子里，准备喝下去，但被家里人发现了。这件事给少年唐棣华刺激极深，加深了她对不幸和孤苦无告的人的同情。

胡大公子涉嫌贩运毒品，在武汉呆不住了，逃到青岛。父亲一走，母亲在大家庭中的地位更低了。她无法忍受，带着孩子们去青岛寻夫。

唐棣华考入山东大学学习。她只在山东大学读了两年，深刻的民族灾难就迫使她不得不结束学生生活。

唐棣华在山大期间，结识了进步学生吴倩。唐棣华把她当大姐姐看待。

那时，日本人在制造了"九·一八"事变，吞并了东北以后，正在策划"华北五省自治运动"，并进一步酝酿全面侵华战争。

这不能不激起中华民族抗日救亡运动的新高潮。青年学生走在前列，成为运动的先锋和桥梁。北平发生了"一二·九"运动.影响所及，山东大学的校园里也沸腾起来了。在吴倩的带领下，同学们卷入了救亡运动的浪潮。

但是，山大校长赵太侔压制学生的爱国热情。

警察来拘捕吴倩。唐棣华不知哪来的勇气，她站出来对警察喊道："爱国有罪？你们要是认为抓了学生，日本就不欺负咱们了，那我也跟你们去警察局。"说着，便自动跳上警车。

警察们怔住了："我们也是奉令行事。"

就在警察怔神的工夫，又有6名女同学爬上了警车。

当局的迫害激起山大学生的抗议浪潮，教育部不得不撤销赵太侔山大校长的职务，释放全部被捕学生。

一个同伴提议："坐过牢的同学一起签个名吧，留个纪念，庆祝我们的胜利。"唐棣华和其他被捕的女伴在一张白纸上签下自己的名字。

同学们惊奇地发现，自从坐过牢以后，唐棣华似乎变成了另一个人，过去只知钻书堆的女孩子，变成了救亡运动的活跃分子。

1936年冬，唐棣华加入中华民族解放先锋队。

1937年夏天的一天，吴倩见唐棣华在读斯诺的《西行漫记》，便热忱地启发她："怎么样？感兴趣吗？"

"你是说，我们去延安？"唐棣华兴奋地说。

"我们正要一起去延安，我就是来问问你愿不愿意和我们一起法。"

"愿意，当然愿意。告诉我，你是不是共产党？"

吴倩笑着摇摇头。

这时，唐棣华的母亲已住在重庆，她给女儿拍来电报，要她暑期到四川去。同时，山东大学也正准备南迁。

"妈妈，对不起你.我不回去了，我要和同学们一起去延安。"唐棣华心里默念着，和吴倩等三名女同学登上了北去的列车。

到了北平，刚好碰上芦沟桥事变发生。按着党组织的指示，吴倩和唐棣华三人返回山东，组织抗日活动。

她们回到山大，空荡荡的校园里只剩下几十名学生，学校南迁了。

下步怎么办？听说高密一带活动着一支抗日武装，吴倩和一群“民先”队员决定去高密。但高密游击队并不是共产党领导的队伍，他们号称“一百单八将”，不执行共产党的抗日民族统一战线政策。“民先”队员和“一百单八将”分手了，一部分人投入坚持抗日的东北军，唐棣华和另一部分人投入国民党山东省主席沈鸿烈的部下，从事抗日的统一战线工作。

这时，唐棣华加入中国共产党，她只有19岁。

沈鸿烈任命唐棣华为教导团营政治指导员，随省政府一起行动。唐棣华和战友的行动引起沈鸿烈的怀疑，她们的行动受到限制，经过党组织的许可，她们悄悄地离开沈鸿烈。

中共山东分局分派她们到苏北工作，因为她们是私自离开沈鸿烈的，继续留在山东可能引出麻烦。唐棣华被任命为中共邳县县委委员、妇女工作部长。她在这里仅仅工作了3天，日本鬼子打来了，她又转到八路军南进支队先遣队工作。

1939年秋，中共苏皖区委员会在皖东北成立，金明任书记，唐棣华任金明的秘书兼管总务工作。不久，唐棣华又调到苏北阜宁县担任县委书记。

在这里。唐棣华认识了黄克诚。

提起黄克诚，可是中国革命的赫赫有名人物。他是湖南永兴县人，生于1903年，他在解放军高级将领中有“两多”：其一是外号多，其二是受的批评处分多，而这种批评处分，又多是错误的，关乎他一生的荣辱祸福，最令他难以忘怀，其中有的处分，也给唐棣华带来巨大影响。

他的第一外号是“如拐子”。这绰号，一般都是指腿脚有残疾的人，但在黄克诚的家乡——永兴油麻墟那个小山村，却是对聪明能干的孩子的爱称。他长大了，十里八乡的人还是这样称呼他。

他出身贫寒，对劳动人民有深厚感情，战争年代，无论军务多忙，他都要抽空给驻地的农民干些农活。外出时手里总爱拿只粪铲，肩背粪篓，顺便为乡亲们拾粪。有一次他这副打扮去开会，卫兵以为他是老农，说什么也不叫进去。由此又得了一个“老农”的外号。

他还有“书呆子”、“书虫”的外号，这不是指那种读死书的人，而是形容他酷爱读书。小时候家里穷买不起书，他便借来人家的《三字经》、《百家姓》来读，读到一字不错地背下来，他又将《诗经》、《论语》读得滚瓜烂熟。乡亲们都称赞他有出息，父母也寄予希望，省吃俭用也供他读书。他在村里读完私塾，又进城上了高级小学堂。临行前，父母请识字的人给他取了个名字：黄时暄。

1922年小学毕业，他考取衡阳省立第三师范。在这里，他接受了马克思主义，参加了中国共产党。1925年，国共合作建立的第二年，党组织派他赴广州国民党中央政治讲习班学习。为了保密，他将名字改为黄克诚。

他酷爱读书的特点，和唐棣华极相似，两人都是有名的“书虫”，这个共同性，促进了他们的结合。

他在恶劣的环境里得了气管炎病，反复发作，又得不到有效治疗，咳起来没完，像个体弱多病的老人，所以又得了个“老头子”的外号。

还一个外号叫“黄瞎子”。那是长期在微弱的灯光下看书，把眼睛看成高度近视。眼镜大圈套小圈，离开眼镜简直跟瞎子一样，闹过不少笑话。有一次被敌人包围，他和警卫员被敌人冲散，眼镜也跑丢了，他不知该往哪个方向跑，幸亏他骑的马还在，他翻身上马，紧贴着马背猛抽一鞭，任马飞奔而去。马识途，居然突围回到驻地。

他读的书多，阅历也丰富，讲起故事来一堆一堆的，鼻梁上又架一副深度近视镜，看书看文件时鼻子几乎碰到纸页上，象个乡村塾师，因此又有“黄老先生”的称号。

至于他还有“老右倾”、“老右派”的外号，说起来可就话长了。他是个爱提意见爱挑毛病的人，而且性情坦诚直爽，只要看出问题便直言不讳。这就难免被上级领导，特别是犯“左”的错误的领导所误解，受批评处分，甚至被撤职降职的次数不少。不过，一般干部和群众称他“老右倾”，往往是反意，曲折表达了对“左”倾错误的不满和抵制。

在政治讲习班学习半年，结业后黄克诚到国民革命军总政治部办的政治工作训练班培训了两周，然后分配到北伐军前敌政治部宣传队，随军北伐。北伐期间，宣传队编入唐生智的国民革命军第八军，黄克诚随军北上河南。1927 年 6 月，唐生智部又回师武汉，这时黄克诚是唐部第二师第四团的政治指导员。

这时国共合作即将破裂，汪精卫随蒋介石之后，正准备最后“分共”，黄克诚甚为革命前途担忧。

汪精卫发动“七·一五”反革命政变后，黄克诚逃出虎口，经组织介绍，辗转来到衡阳，找中共湘南特委接头。但湘南特委负责人见他一身国民党军装，起了疑心，不肯和他接头。无奈.他只好回到家乡永兴。在永兴，他集合了一批已参加共产党的老同学，并和湘南特委派来的中共永兴特别支部接上关系。在永兴，黄克诚在党组织的领导下，联络同志，发动群众，准备武装暴动。

1928 年 1 月，朱德、陈毅率南昌起义的余部发动湘南暴动，郴县、永兴的两支农民武装合编为永兴红色警卫团，黄克诚担任党代表兼参谋长。

1928 年 4 月，朱德、陈毅率湘南起义部队向井冈山进发。永兴红色警卫团改编为独立团，黄克诚为团长，也随后来到井冈山。

朱、毛会师后，红四军成立，永兴独立团改编为红四军第十二师第三十五团，黄克诚仍任团长。

这是黄克诚第一次在毛泽东的领导下工作。

这以后，黄克诚经历了湘南八月失败，队伍跑散，到上海寻找党中央，1930 年进入鄂南，找到红三军团，才重返红军部队。此后 5 年中，黄克诚在彭德怀领导下，粉碎敌人五次“围剿”，踏上了艰险的万里征途，直到胜利到达陕北。

抗日战争进入相持阶段后，国民党顽固派不断制造反共磨擦，为了加强苏皖地区的抗日力量，中共中央决定将淮河以北，津浦路以东共产党领导的武装力量统编为八路军第五纵队，黄克诚任司令员兼政委。

1940年10月，黄克诚率八路军第五纵队到达江苏阜宁，司令部设在阜宁东沟镇。

在黄克诚没有率部到达阜宁以前，唐棣华还没有见到过共产党领导的正规部队，她急于看到八路军正规部队是什么样子。

上级指示为八路军南下部队筹集钱粮。完成任务后，唐棣华前去联系。

进入部队宿营区，战士们正在休息，不断地有人往来穿梭。

“我们是地方工作的同志，来给部队送钱粮的。”唐棣华对战士们说。

“黄司令员在那边，你们直接去找他吧。”

顺着战士指的方向，唐棣华看到一匹枣红马旁边站着一位戴眼镜的军人，身后跟着几位干部和警卫人员。

“假如他就是黄克诚的话，也太不像个军官了。”这是唐棣华对黄克诚的第一个印象。

和唐棣华同来的还有苏北二、三区地委书记杨纯，第一次和黄克诚见面，始终是杨纯讲话，唐棣华只默默地观察着这位八路军的大首长，他给她的印象是亲切、随和。

从此，黄克诚和唐棣华经常打交道，来往多起来了。

杨纯是唐棣华的上级，又是老大姐，很关心唐棣华的婚姻问题，这位小妹妹已经22岁了。

杨纯每到阜宁来，往往拉上唐棣华去找黄克诚。

“今天又可以蹭吃的了。”向黄克诚的司令部走去时，杨纯对唐棣华说。

“怎么知道他有好吃的东西呢？”唐棣华问。

“你没见他有一个铁皮箱子？走到哪带到哪儿，那里一定是好吃的。”

一阵谈话后，杨纯拐弯抹角地叫黄克诚打开那只铁箱子。

箱子打开了，哪有什么好吃的？里面原来全是书！

唐棣华高兴地忘记是客，随手翻起那些书来，她素有“书虫子”之称，比起好吃的东西来，书更亲切。

“原来也是个‘书虫子’”黄克诚心里笑了。

“一对‘书虫子’，倒挺合适。”杨纯心里也笑了。

玩笑中，黄克诚知道她们的来意，吩咐警卫员去给她们弄点好吃的东西。警卫员上街转了半天，只买回来猪头肉，在那样艰苦的环境里，这也是难得的一次“奢侈”了。不一会，她们便把猪头肉“消灭干净”！

1941年“皖南事变”后，中共中央命令重建新四军军部，八路军第五纵队改编为新四军第三师，黄克诚任师长兼政委，同时又担任中共苏北区党委书记、苏北军区司令员兼政委。

黄克诚已经38岁了,仍然孤身一人,不少人关心黄克诚的婚事,也提起过唐棣华,通过了解,黄克诚也认可了唐棣华。

黄克诚第一次见到唐棣华时十分惊讶,他没有想到,面前这位县委书记竟是一位年轻漂亮的女大学生。这不能不引起黄克诚的注意。虽然唐棣华并没有说几句话,但给黄克诚留下了深刻的印象。黄克诚一直带领着部队在血雨腥风中与敌人拼杀,从来没有考虑过个人问题,然而见到唐棣华,他心情却再也平静不下来了。

这是一个多么令人钦佩的女孩子啊!告别了舒适的家庭,离开了能使自己获取功名的大学,义无反顾地投身革命。特别是唐棣华那聪慧、单纯的目光,使黄克诚再也忘不掉。他找到杨纯,表示了对唐棣华的好感。杨纯非常聪明,知道黄克诚对唐棣华有好感,就多次到唐棣华面前介绍黄克诚,说他如何无私地献身革命,无暇顾及自己的身体等等。

唐棣华虽然年轻、单纯,但从每次黄克诚看她的目光中也感受到了某些异样的东西。究竟是什么?她也说不准,反正和别的同志在一起时感觉不一样。他不仅是一位难得的好领导,而且……如果能和这样的人在一起生活,该会多么幸福。她天真地想。

有一次,阜宁县长宋乃德和唐棣华一起来找黄克诚谈工作。谈了一会,宋乃德似乎有意叫唐棣华留下多谈一会,起身先走了。

这次谈话,黄克诚和唐棣华的关系明朗了。

黄克诚向唐棣华详细介绍了自己的身世和经历。谈到经常复发的支气管炎,黄克诚说:"陈赓,你知道吧?"

唐棣华当然知道陈赓,但她不知道气管炎和陈赓有什么联系。

"陈赓经常笑我:黄瞎子,你这身体,最多活3年,大家都觉得我活不长。"黄克诚无疑向唐棣华提出了一个值得她认真考虑的问题。

唐棣华并不后悔,她很有信心地说:"你现在不过30多岁,这种病,也不是什么重病,只要注意身体,至少再活20年。"

心爱的姑娘的鼓励和安慰,使黄克诚很感动。他激动地说:

"小唐,我很喜欢你,希望我们能永远生活在一起。"一次,黄克诚忍不住了,小声地对唐棣华说。那憨厚的神态像是一位老大哥。

"我……我……"唐棣华急红了脸,什么也说不出来,这幸福来得太快了,她不敢相信是真的。她低下头,沉默不语。

"怎么,小唐,你不同意吗?"黄克诚见唐棣华不说话,有点着急了。

"不,不,同意,同意。"唐棣华急忙点头,却不敢抬起头,那模样像是一个乡下小姑娘。

黄克诚笑了,吃草根,啃树皮,转战大江南北,他第一次笑得这么开心。

1941年,黄克诚与唐棣华结婚了。

结婚后不久,黄克诚就向唐棣华提出了"约法三章":第一,我们都是党员,生活中一切都要服从党的利益；第二，我的工作比你的工作更繁重些，需要随战调动时，不能要我迁就你；第三，我这里是军事指挥机关，不该知道的事，不要打听。唐棣华严格遵守着丈夫的“约法三章”，直到解放后，黄克诚担任了很高的领导职务，唐棣华仍然如此。

唐棣华回忆这段生活时说：

我们结婚很简单，没有举行任何仪式，没有正式介绍人，没有属于自己的房子，一句话，什么都没有。我把被子抱过去，他把他的被子抱过去，就算结合了。结婚后，我们仍然各忙各的工作，很少能在一起。

那年冬天，我怀孕了。由于条件艰苦，工作繁忙，我不想要这个孩子，有个同志悄悄给我介绍了一个民间堕胎的医生，只要打一针，不要动手术，就可把胎打掉。我跑去一看，这个人很脏，器械也不消毒，但为了能继续工作，我还是下决心做掉。那个民间医生只给我打了一针，就堕了胎。三天后，我就跑去开会，到野外去上厕所。当时很年轻，不知道流产后应该注意保养，自己完全没有当回事。结果十几天后，我的腿发肿，发高烧，膝盖处化脓开了两次刀。医生主张把那条腿锯掉，以免感染全身，但也有人说，她才20多岁，最好能不锯。给我主刀的医生是个大鼻子(外国人)。腿是留下了，但落下了麻烦，我残废了。

老黄尊重我的要求，我不愿要孩子，他从不勉强，我偷偷去堕胎，他不知道，但我得了病，他一句也没有埋怨我，而是积极帮助我想办法治病。

黄克诚和唐棣华的婚姻是美满的、幸福的。在高级干部中，不论是社会的原因、自然的原因还是自身的原因，有过两次以上婚姻的屡见不鲜。而像黄克诚和唐棣华这样白头偕老的夫妻，并不多见。尽管有些责任并不能归咎于本人，但总是家庭生活的不幸，而那些一有了地位就成了“新式陈世美”的，总留给人们以遗憾。

黄克诚和唐棣华的夫妻感情何以如此融洽？关键在于互相理解，唐棣华曾对她的女友杨纯说：“我是个笨虫，完全不会照顾人。但他并不苛求我，他也没有时间照顾我，我也不苛求于他。”

唐棣华又一次怀孕了。她的身子越来越不方便，此时日本人又开始了疯狂的大扫荡。黄克诚便把唐棣华送到上海一家医院去生产。

1943年9月，唐棣华带着只有几个月的女儿黄楠回到苏北解放区，担任黄克诚的机要秘书。在这个岗位上，她迎来了日本无条件投降。

黄克诚接到延安总部命令：率新四军第三师开赴东北。国共两党正开始一场“闯关东”的竞赛。

唐棣华已有两个孩子，又刚检查出尿糖有4个加号，从苏北徒步行军，数千里路程，非常不便。她听从黄克诚的劝告，带着两个孩子回到母亲那里，十年离乱，久别重逢，说不尽的母女情，回到汉口，唐棣华才知道，那个封建大家庭全垮了，除了乡下还有点田地，几乎一无所有了，令母亲安慰的是，女儿走上了革命道路且有了名将丈夫。

唐棣华只和母亲团聚了一周,便留下两个孩子匆匆上路,她不忍心看见孩子哭叫的场面,在孩子还在熟睡的清晨,悄悄离去。果然,两个孩子醒来不见妈妈,痛哭不止,一连几天拽着外婆的手不敢睡觉,生怕醒来连外婆都没有了。

唐棣华经上海、北平、张家口来到中共西满分局的所在地齐齐哈尔。黄克诚在这里担任西满军区司令员,中共西满分局副书记。唐棣华任齐齐哈尔市一区区委书记。她凭着苏北5年积累的丰富工作经验,全身心地投入工作。

东北不比苏北,天气异常寒冷,黄克诚的气管炎常发作,为了照顾丈夫,当黄克诚到哈尔滨东北民主联军总部任副司令员兼后勤部司令员时,唐棣华也调到黄克诚身边,任后勤司令部党委机要秘书。

解放战争时期和建国初期,唐棣华随黄克诚四处奔波,齐齐哈尔、哈尔滨、沈阳、天津、北平、武汉、长沙……都留下过她的足迹。1949年10月,黄克诚出任湖南省委书记、省军区司令员兼政委,唐棣华又来到湖南省工业厅工作,1952年2月,黄克诚担任中国人民解放军副总参谋长兼总后勤部部长,唐棣华也奉调进京,在化学工业设计院担任院长。

至此,忽东忽西忽南忽北的家,总算安定下来。

1955年,黄克诚被授予大将军衔,在十大将中,排名第三,随后,又担任解放军总参谋长、中央军委秘书长、国防部副部长,1956年中共八届一中全会,他又被选为中共中央书记处书记。显然,他已经进入党政军的核心领导圈了。

但是,仅仅三四年后,突然的、不可思议的灾难就降临到这对正直无私的夫妻头上。

这便是1959年的庐山会议。

黄克诚本来没有参加庐山会议。7月14日彭德怀就"大跃进"以来"左"的错误给毛泽东写了一封实事求是的信。毛泽东认定这是彭德怀要借机"向党进攻",决定开展一场斗争,把"右倾机会主义的猖狂进攻"打下去。毛泽东给彭德怀的信加了个《彭德怀同志的意见书》的标题,发给会议讨论,其实是要观察一下"阶级阵线",看哪些人赞成彭德怀的观点。毛泽东还特别打招呼,没有上山的彭真、陈毅、黄克诚、安子文、林彪等都来参加会议。用林彪的话说,意在搬"救兵"。

可惜,不善见风使舵的黄克诚却赞成彭德怀的观点。

他17日奉命上山,19日就在分组会议上发言:"大家都在议论彭老总这封信,我也谈点看法。我看,这封信的观点基本上是正确的,出发点是诚恳的,指出的问题也是大致准确的,至于某些提法、用词,是可以再仔细斟酌一下的。有些看法,他谈得直露一些。比如公社化问题,依我看,人民公社制度固然是优越的,但是搞好呢?还是不搞好?我想搞也可以,不搞也可以。从长远说搞了好,从短期说,不搞更主动。"语气虽然十分缓和谨慎,态度却很明朗。

这不能不令毛泽东失望。在"站在哪个方面"的关头,黄克诚也曾受到过最高的启发,毛泽东还和他共进了一次晚餐,有的负责人也曾明言劝过他。受批判之初,他本人尚未定性,还有转弯的余地,但他都义无反顾地拒绝了:"落井下石也要有石头呀！我没有石头！”毛泽东召见时,他并不剖白自己的忠诚,只一项一项地据理力争,试图驳掉加在他头上的莫须有帽子。他说:如果说在“大跃进”、人民公社等问题上,我和彭总的观点相似,我不反驳。认识来源于实践,对同一事物有同感和认识,这是很自然的。但如果说这是什么“阴谋”,那是完全不能接受的。这次庐山会议,我本来就没参加。彭总在山上,我在山下,相距几千里,他的发言、写给你的信,事前我一无所知,怎么把我扯进去呢？又说什么“湖南集团”,更荒唐了,总不能说湖南籍的人接触多些,就成了集团,说我和彭总是“父子关系”,简直是侮辱人格嘛！去国防部当彭的参谋长是你亲自调我去的,我说我不行,你非让我去,怎么扯上了“父子关系”呢？黄克诚越说越激动,甚至和毛泽东面红耳赤地争论起来。谈话间不知怎地说起解放战争时的四平战役,当初黄克诚就反对过,这次又说起来。毛泽东说:“那是我决定的。”黄克诚竟直率地说:“你决定的也是错误的。”大难临头的当口还要不依不饶地争一桩如今已无关紧要的往昔是非,黄克诚的“迂”和“倔”可见一斑。毛泽东极为不快地说:“看来,你是个右的方面的很好的参谋。”

这就注定,黄克诚无可挽回地被打下去了。他被定为“彭黄张周反党集团”的成员,受到撤销一切职务的处分,从此蒙冤20年。唐棣华也受到牵连,受到党内严重警告处分,并被批判斗争。

在批斗会上,有人发问:“你被捕过,是吧?”

“被捕?!”唐棣华一时没有反应过来。

“你在山东大学的那次。”发问者认真地启发她。

原来是指这个,唐棣华只觉得好笑:“我的同学因为参加抗日救亡活动被抓走,为了表示抗议,我和其他几个女同学自动爬上警车,我那时只是个普通学生,而且只是拘留,并非被捕。”

发问者张口结舌,但仍不死心:“你为什么又在投降书上签了字呢?”

唐棣华有些愤怒了:“那是为了庆祝学生们斗争胜利而签名留念。被拘留的同学都签了字,怎么能说是投降呢!”

问话人对她的态度很不满意:“不要那么盛气凌人。黄克诚是右倾机会主义分子,你要揭发他的问题,不要和他同流合污。”

开始,她还倔犟地辩解,当她意识到已根本不容许讲理时,就以沉默来回答狂风暴雨式的批斗。

批斗会后,有人找她谈话:要揭发黄克诚,和他划清界限。她依然用沉默来回答。

在家里,唐棣华和黄克诚经常默然相对。黄克诚犹豫着是不是该把一切告诉她,怕她没有承受力,经不起这样沉重的打击,唐棣华不知道该不该问,不问,老伴心里苦,问了,怕他更苦。

“过去的老战友,大都不联系了。”唐棣华打破沉默,喟然叹道。

“不联系好,少牵连别人。”

“罚大于罪!”唐棣华这样安慰着老伴。

好心的人劝唐棣华:“你还是替孩子们想想,离婚吧,一是表明立场,二是孩子们也不受牵累。”黄克诚也来相劝:“劝你的人也是真心为了你好,你不必顾虑,真让你在离婚书上签字,你就签好了,我也签……”

她没有那样办,她相信黄克诚对党的忠诚。她虽然住进了化工部的一个小单身宿舍,但每到周六,必定回家和黄克诚聚在一起。

总政保卫部派来一个人,名义上是负责管理黄克诚的生活,实际是上面安在他身边的一个“钉子”,任务是监视审查黄克诚每天的思想行动。但这个“钉子”为黄克诚和唐棣华的忠贞正直所感化,他为自己不光彩的使命而不安,真心实意地关怀照料起曾立下赫赫战功的蒙冤大将军。

“你后悔吗?”有一次唐棣华问黄克诚。

“对于自己今天的状况,我没有什么愧对良心的。倒是你和孩子们跟我受了不少苦。”

“从前,找你的人总是很多,现在可好,谁都不敢来看你了。”唐棣华苦笑着说。

“不要怪疏远我们的人。他们需要保护自己,同时也是保护了我们。”

1965 年秋,稍稍出现转机,毛泽东约彭德怀谈话,就错误地批判彭德怀这件事,含蓄地作了自我批判:“也许真理在你那边。”他要彭德怀去西南建设总指挥部,任三线建设的副总指挥。

黄克诚也被派到山西,担任主管农业的副省长。唐棣华的心情开始走出 6 年的沉闷低谷,她被调到四清工作队,参加了一段四清工作。

但仅仅半年多,更大的灾难袭来。唐棣华利用四清工作队放假的时间,到山西看望黄克诚。到了太原,首先映入眼帘的,是铺天盖地的大字报,她的心又抽紧了。1967 年 1 月,北京地质学院的造反派把彭德怀揪回北京,同时也把黄克诚从太原揪回。

黄克诚受到残酷的折磨,他被囚禁了 5 年。造反派对他拳打脚踢,愤怒的黄克诚也和他们对打。造反派胆怯了:“这老头儿是要拼命了。”由此稍稍加以收敛。

唐棣华也没有逃脱厄运,她被扣上“大黑帮”的帽子,挂上大牌子,揪上批斗台。身材瘦弱的唐棣华站在台上是那样的不起眼,谁也不会相信她就是大名鼎鼎的黄克诚大将的夫人,然而她那副安然自若的神态,那倔强的性格,却有一种震撼人心的力量,使得别有用心的人很恼火,说:“你和黄克诚见面时,俩人为什么要笑?”“见面不笑,难道要哭吗?”唐棣华大声地反问道。

造反派还专门选在“三八”妇女节这天批斗唐棣华,以别人的痛苦,作为自己的乐趣。

本来身体就不好的黄克诚,没多久就被折腾病了,被送进了医院。他向有关方面提出要求,想同家人见一面。唐棣华接到通知,第二天可以探望黄克诚。这个消息使唐棣华又惊又喜.她翻来覆去睡不着觉，望望身边熟睡的孩子们，心里真是百般滋味。由于黄克诚的关系，全家人包括孩子们统统都受到了不公正的待遇。面对这一切，唐棣华并没有屈服，她认为自己没错。

第二天，专案组的车子来接唐棣华。在一个普普通通的部队医院里，唐棣华见到了日夜思念的黄克诚。望着黄克诚那虚弱的身体，她心里一降阵发酸，一个多么坚强的人竟被折磨成这副模样。

然而，她没有哭，她不愿让丈夫看见自己软弱的样子，自己坚强才能给他最大的安慰。

“来来来，留下吃顿饺子。”黄克诚笑呵呵地挽留着这位比自己小十几岁，跟着自己南征北战的结发妻子。

唐棣华留下了，同自己的丈夫一起吃了顿饺子，尽管饺子做得很香，可她没有吃出任何滋味。

1968 年底，唐棣华被下放到河南信阳干校劳动改造。

在干校劳动的唐棣华十分惦记全家人，她的心几乎被撕成两半，一半给了孩子们，一半给了黄克诚。正当唐棣华焦虑不安时，一股谣言传到干校，说黄克诚已去世，听到这个消息，唐棣华半信半疑。

她给中央写了信，要求取回黄克诚的部分书籍。经周总理批示，允许唐棣华回北京拿一封黄克诚的信，到山西省委取他留下的衣服、书籍。唐棣华真是高兴极了，她终于知道黄克诚仍然健在。

唐棣华高兴地准备去山西取东西，谁知，临行前她摔了一跤，造成左腿粉碎性骨折，住进了医院。

唐棣华病倒了，不仅仅是腿伤严重，心情也不好。这种天各一方，四分五裂的生活不知道要持续到多久，几时全家人才能团聚……

1971 年，唐棣华接到通知，可以去看望被囚禁 5 年之久的黄克诚。

唐棣华和儿女去时，黄克诚早已等候在门口了。几年没见，黄克诚明显地衰老了，只是他的精神还好，神态安详、坦然，仍不失大将风度。

唐棣华与孩子们围着桌子坐下了，一直紧张、焦虑的心情似乎有些缓解。

大女儿黄楠把自己刚生下不久的小女儿也抱了来，放在桌子中央。小家伙无忧无虑地睡着，大概是在做梦，不时咧开小嘴笑，非常讨人喜欢。

黄克诚非常高兴。把这个刚刚来到世界上不久的小生命看了又看，亲了又亲。

看到黄克诚心情还好，没有一句牢骚话，甚至连眉头都没有皱一下，大家感到莫大的慰藉。

他问的事很多，很细，问遍了家庭每一个成员，问到了国家每一件大事，然而，他惟独没有谈到他自己，没有说他这些年是怎么过来的，没有说他所受到的那些不公正待遇。

回到家里，大家都对这次相见感慨万千。

1975 年,黄克诚的前列腺再次发炎,痛苦异常。唐棣华给中央写信,经批准后,黄克诚住进了解放军总医院。

作为夫妻,唐棣华很少与丈夫安安稳稳地呆在一起,自从认识了黄克诚,他们就一直为革命工作忙来忙去。战争年代是特殊环境,不仅仅是忙,稍微出点差错就要掉脑袋。

解放后是和平环境,仍然是忙,政治风云变幻莫测,有时还要坐牢。唐棣华认为她与丈夫在一起的机会多半是两人中一人生病了,或者是她生孩子了。现在,两人都老了,特别是黄克诚已到暮年,他们的团聚机会才迟迟到来,这使得两位老人感慨万千。

中共十一届三中全会为彭、黄、张、周的冤案彻底平反,黄克诚恢复中央委员职务,并担任重新设立的中央纪律检查委员会常务书记。

中共十二大,他又当选为中纪委第二书记。第一书记由中共中央副主席陈云兼,所以实际工作由他主持,黄家大院又忙碌起来,黄克诚已 75 岁高龄,且双目接近失明,但他不把这些放在心上,为全面系统的拨乱反正昼夜不停地操劳着。20 年来,黄克诚和唐棣华第一次无忧无虑地工作和生活。

他们的子女也摆脱了困境,大女儿黄楠是高能物理研究所的研究人员;大儿子黄煦从清华大学毕业,是工程师;二儿子黄晴从北京大学新闻系毕业,是人民日报的驻外记者;小女儿黄梅是中国科学院外文研究人员,曾留学美国获博士学位。孩子们都已成家,而且成为有了孩子的孩子。

1981 年 10 月 1 日,是黄克诚 78 岁寿辰。

全家聚在一起,吃过寿面后,照了一张全家福,那照片令人亲切喜悦。黄克诚和唐棣华并肩坐在简易沙发上,女儿、儿媳分坐两旁,儿子、女婿站立于后,4 个孙子、外孙或拥在母亲怀里,或坐于母亲膝头。老少三辈,7 个女性,7 个男性,一个不多,一个不少,恰好相等。

大难不死,黄克诚和唐棣华的晚年是安祥而充实的。

夕阳无限好。

1985 年,黄克诚鉴于身体状况,和唐棣华商量,准备给中央打报告申请辞职。唐棣华完全赞成,她本来就是一个恬淡寡欲的人。她自身的问题平反时,组织上问她有什么要求,她只简单回答两个字:"没有。"

1985 年 9 月,中共十二届四中全会批准了黄克诚的辞职申请,同时给这位历经磨难的老革命家发来致敬信:"具有坚强的无产阶级党性,不盲从、不苟同、坚持真理、刚直不阿,无论身居高位还是身陷逆境,都一心为公、无私无畏……"

1986 年 12 月 28 日,黄克诚永远停止了呼吸。

当时唐棣华也因病住院,人们担心她受不住痛失爱侣的打击,纷纷前来劝慰。

但唐棣华很平静,没有眼泪,她非常豁达,既然这是人生的必然归宿,何必无端地折磨自己呢!况且,长期的逆境、磨难已经铸就她坚毅的性格。

工作人员流着眼泪对唐棣华说:"黄老一生没给自己提过什么要求,他去了,我们应该说话呵！”

唐棣华无言地取过悼词草稿，认真地校读着，她把“突出贡献”的“突出”二字删去。

然后，坦诚地对秘书说：“你说得对，他一生没有给自己争过什么，我们还是尊重逝者的意愿吧！”

黄克诚就是这么一位在个人问题上无争、无欲、无求的人。那么，对于整过他、给他带来灭顶之灾的人，他是什么态度呢？这里提供两例，奉献于读者，一是对林彪的评价，一是对毛泽东的评价。

他长期在林彪领导下工作，对于他的经历林彪非常了解。十年动乱中，黄克诚的历史被人为地歪曲。

黄克诚亲自写信给身为“副统帅”的林彪，希望他说句公道话，帮助澄清史实。但信发出后，不仅石沉大海，反而遭到更加残酷地批斗、折磨。

中共十一届三中全会后，已担任中央军委顾问和中纪委常务书记的黄克诚，在审阅《大百科全书》中关于林彪词条时，即席对秀才们谈了这样的看法：

“大百科全书要具有权威性，要实事求是，经得起后人的检验。写人物词条，就等于为人物立传，评价要正确。你们要学习古时的司马迁，敢于秉笔直书。今天你们来征求我的意见，我就以实相告，绝不隐瞒自己的观点。

“林彪这个词条，我觉得要修改补充。林彪乘飞机叛逃，犯了不可饶恕的罪行，是死有余辜的，这也是不可更改的。

这是他一生中的后一段。但是，他还有前一段：红军时期，他领导的红四军是战斗力最强、战功最大的一支部队。

抗战时期，他打了许多大胜仗，确有指挥才能。解放战争时期，他率 10 万人参加东北战役，东北全部解放，大军进山海关时，已发展到 120 万人，这里有党中央的正确领导，但也不能说没有他的功劳吧！这证明他确是一员战将。如果硬说林彪不会打仗，那只有鬼才相信哩！

“建国后，军队授衔是经过毛主席和党中央领导同志反复考虑、反复权衡之后，才评出十大元帅的，此事国内外都知道。如果把林彪写成一无是处的人，不仅不符合事实，而且也令人难以置信。

“所以说，要分两部分写，都要把问题写明确，不能含糊其辞，这样才符合历史事实。

“你们都知道，林彪在庐山会议和‘文革’时期都整过我，但现在我不能只从个人角度来看待这些问题，总之，不管林彪过去怎样对待我，反正我是公道地对他。”

在中共十一届三中全会开始的全面系统拨乱反正过程中，人们对毛泽东一生的功过是非有了全面客观的认识。特别是在纠正“文化大革命”的全局性错误时，人们都知道毛泽东的晚年犯了严重错误。但一部分人看法偏激，出现了全盘否定毛泽东、否定毛泽东思想的错误倾向，甚至有人提出：“天安门上不要再挂毛泽东的像了。”

黄克诚对此深感不安。1980 年 11 月,在中央纪律检查委员会的一次会议上,就毛泽东的功过是非问题,黄克诚发表了长达两个多小时的讲话。

当时他已双目失明,是被人搀扶着走上讲台的。他说:“今天我特意来参加这个会,不打算讲别的话,只讲一个问题,就是怎样对待毛泽东同志和毛泽东思想的问题。”

他用大量的事实,讲述以毛泽东为首的党中央是怎样领导全国人民经过长期艰难曲折的道路,终于推翻了三座大山,才建立起新中国的。

他又详细叙述了毛泽东如何把马克思主义中国化,创立毛泽东思想,形成中国革命的指导理论,才克服了教条主义,把中国革命引向胜利的。

他说:“根据我个人的体会,每当革命处于危难关头,是毛泽东拨正的革命航向,挽救了革命;而当毛泽东受到排斥的时候,革命就蒙受巨大损失。今天谁否定毛泽东,否定毛泽东思想,就是否定了中国共产党的领导,就是否定了中国无产阶级革命的历史。”

心平气和、语重心长、客观、公正,绝没有因毛泽东对他错误地批判、处分而偏激。大家都被他的讲话所感动,非常钦佩他不计前嫌、公正无私的坦荡胸怀。

尽管毛泽东晚年的严重错误给他带来那么大的不幸,他仍以极其冷静的态度对待毛泽东的功过是非,他说:“那不能同大的原则相混淆。”

个别人转不过弯来:“黄克诚差点被毛泽东整死,想不到今天还讲这样的话!”

黄克诚严肃地回答:“只要我还能讲话,我就要这样讲,对于这样一个关系重大的原则问题,每一个真正的共产党员,每一个关心党和国家前途命运的人,都必须用严肃、郑重的态度,来对待它。决不能感情用事,意气用事,不能从个人恩怨和利害得失出发去考虑问题,更不能开历史的玩笑!”

包办婚姻情亦浓

——许光达夫人邹靖华

她和他由包办而结合，但包办得双方满意。

他一去十年，她等着他，他对提亲者说：她就是死了，也要见到尸首。

他和她曾相距咫尺而失之交臂，因为他改了名字。

夫妻意外地相会于延安。

她对造反派说："我们结婚快四十年了，这个界线划得清吗？"

许光达和夫人邹靖华的婚姻是包办的，而且包办得双方满意，长辈满意，本人满意，情真意切，相伴终生，这在共和国高干的婚姻史上，极为少见，很具特色。

许光达原名许德华，乳名五伢子，1908 年生于湖南省长沙东山乡萝卜冲的一户贫苦农民家里。父亲许子贵，是一位老实的农民。岳父邹希鲁，出生在旧式大家庭中的知识分子，初以教书为业，邹靖华原名邹经泽，是他的二女儿，乳名桃妹子，1913 年生。两家父母怎么包办起这桩门不当户不对的婚姻来，而且都心甘情愿？

来历颇为有趣。

许子贵家很穷，许德华 7 岁就给人家放牛。他天资聪颖，酷爱学习，非常羡慕在学堂读书的孩子。无奈家里没钱供他上学，他只能偷偷站在学堂窗外听着咿咿呀呀的读书声。一次冬天下大雪，许德华在风雪里听学堂读书声入了神，饥寒袭来，全然不顾，竟晕倒在雪地里了。

学堂的先生，便是邹希鲁。他早注意到这个偷偷听书的孩子，现在他居然"立雪邹门"，感动中，他收下了这个学生，不要学费。

半年后，邹希鲁应聘到别地教书。许子贵不同意儿子随先生去，家里拿不出钱来。经邹希鲁和邹德华的两位伯父一再劝说，才同意儿子跟先生去外地读书。

1921 年，年仅 13 岁的许德华考入长沙师范学校。这所学校是邹希鲁的同窗好友徐特立创办的。邹希鲁也应聘来校任国文教员。

穷苦出身的许德华深知学习的可贵，加以天资聪明，在同学中品学兼优。出类拔萃。邹希鲁非常喜爱器重这个学生。

这时邹家出了大事。邹希鲁的父亲族权思想重，硬把 40 多口人的衰败家族捏在一起，维持"四世同堂"的家族门面。1920 年湖南大旱，家族 40 多口人面临断炊的威胁，时老父已死，掌族权的大哥一筹莫展，悬梁自尽。按顺序，应由他执掌族权，但他生性懦弱，又醉心教育，不肯掌权柄，遂由堂弟当家。邹希鲁的薪水不丰，在族里便没有地位。当家的堂弟信奉“盗不入五女之家”的歪论。意思是女孩多了，吃闲饭的多，必穷，强盗都不光顾。现在族里吃饭成了问题，他便以族长的权威逼邹妻卖掉两个女儿，其中包括邹靖华。妻子悲痛欲绝. 把邹希鲁叫回来，但懦弱的他亦无计可施，只呆坐流泪，明天人贩子就要来领人了。绝望的妻子便吊死了。全家嚎啕大哭，哀绝使邹希鲁愤怒得几乎发疯，宁死也不卖女儿。堂弟怕再出人命，让步了。

邹希鲁把还在吃奶的女儿送到已出嫁长沙的大女儿家，又打算尽早给桃妹子找个人家，以免再出意外，于是他想到了许德华。女儿找到这样的夫婿，他也放心了。

央人去许家提亲，自然一提便允。这一年，许德华 14 岁，桃妹子 9 岁。一个少年，一个童年，还不懂得性爱为何物，婚姻大事就这样由父辈决定了。亲事订下以后，邹靖华随父亲去了长沙，进女子职业学校学绣花。

许德华在长沙师范读了许多马克思的书，1925 年加入中国共产党，这一年他 17 岁。1926 年，许德华秘密来到广州考入黄埔军官学校，入第五期炮兵科。许家和邹家都不知道此事，邹靖华也 13 岁了，苦难中女孩成熟早，已对许德华有一层朦胧的爱。大家正疑惑间，许德华寄信来了，还随信附了张照片，身着戎装，腰配战刀，威风凛凛，英俊潇洒。邹希鲁欣慰地点头，他晓得黄埔军校是孙中山办的，跟孙中山走不会错。邹靖华更如获至宝，一直珍藏这张照片，直到去延安的途中。

1927 年夏，许德华从黄埔军校毕业，分配到国民革命军第二方面军第二十五师直属炮兵营当见习排长，去部队报到前，回长沙看望亲人。回部队不久，汪精卫集团叛变革命，许德华随部队参加南昌起义。9 月，起义军在三河坝分兵，已担任代理连长的许德华在激战中负伤，被安置在一家农户中养伤。从此和党失去联系。伤愈后，他到上海去找党组织，街上巧遇廖运周。廖也是共产党员，奉党组织之命打人国民党三十三军做兵运工作，在安徽寿县办学兵团，许德华便到学兵团当了教官。半年之后，受“左”倾盲动错误的影响，安徽党组织准备发动淮南暴动，结果学兵团的党组织暴露，许德华等党员奉命打入西北军冯玉祥部开展工作。

前往冯部途中，许德华顺便回到家乡。

久别重逢，许德华和桃妹子分外激动，把心里话尽数倒了出来。

桃妹子突然提出这样一个问题：“五哥，你说农民运动糟得很，还是好得很?”

这个问题使许德华很兴奋，他多么希望桃妹子能成为自己的同志啊，可是，出于保密原因，他没有向桃妹子暴露自己的共产党员身份。他的公开身份是黄埔学生，这在当时是颇受仰慕的“金字招牌”。

许德华毫不犹豫地回答：“我认为，农民运动好得很!”

桃妹子满意地笑了，她觉得自己同德华是息息相通的。

这时，邹希鲁已去河北清河县当了县长，临走前给许子贵捎来一封信，说如果许德华回来，就为他们完婚。

许德华并不想结婚，他怕自己四处奔波不能守家度日，反而害了桃妹子。许子贵却想用结婚来拴住儿子。在父亲的主持下,1928 年阴历 8 月 20 日,许德华与桃妹子完婚。

新婚之夜,客人散尽后,夫妻二人说起悄悄话。许德华亲切地说:“桃妹子,我是个穷光蛋,你嫁给我,可要吃苦啊……”

“不要这样说,我会种田,也会绣花,我能自己养活自己。”

许德华故作神秘地问:“你知道郭亮吗?”

桃妹子一惊,瞪大了眼睛望着丈夫。郭亮是共产党的大头目,被国民党杀了,头就挂在长沙城的城门口。为这事,爹爹在家里大骂国民党凶残。丈夫问郭亮干什么?

许德华又问:“报纸上说共产党人都是青面獠牙,杀人放火,你相信吗?”

“这可是瞎说!姨父就是共产党,爹爹的学生中也有好多人是共产党,全是些好人。”说到这儿,桃妹子像品出点什么,问丈夫:“你是哪个党的?”

“我哪个党也不参加,我就是黄埔生。”许德华戏谑地反问:“你喜欢哪个党?”

桃妹子小声地说:“共产党。”

“好!那我就争取当个共产党。”许德华用试探的目光看着妻子。

许德华向妻子介绍了自己在外面的见识,从军校里沸腾的生活,到战场上的枪林弹雨;从南国的秀丽山川到风土民情。他绘声绘色地讲着,妻子听得入了迷,心里高兴得很,觉得丈夫确实是出息了,经多识广,知识渊博。如果说她过去爱德华,是遵从古训,奉行“三从四德”,那么现在,她对丈夫多了一层了解,简直就是崇拜了。

婚后,许德华为扩大党在军队里的力量,几乎天天去长沙城联络人。就在许德华结婚后的第十天,由于叛徒出卖,他暴露了共产党员的身份。在长沙警备司令部供职的亲戚托人带消息给许德毕,让他赶快逃跑。

这消息像晴天霹雳,把桃妹子震懵了。她惊恐地问:“德华,你当真是共产党?”

许德华点点头。

“你快走吧,走得越远越好。”她声音哽咽着,“你走的路对,不打倒这些坏蛋,就没咱穷人的活路。”

“桃妹子,你要多保重,我会回来的!”

“我等着你……”桃妹子说不下去了,痛哭失声。

许德华逃出湖南省界,又失去了同党的联系。这时,他改名许泛舟,以避开敌人的注意。暂时无处去,他来到清河县政府,找到了当县长的岳父邹希鲁。邹希鲁不知道他是共产党,留下他做警察局长。许德华想,一时与党联系不上,在这里也可以先为党发展一批武装力量,就答应了。可没多久,长沙警备司令部顺藤摸瓜,打听到许德华的下落,许德华只好演了一场“炸狱畏罪潜逃”的戏,连夜逃走,岳父邹希鲁也以“渎职罪”被革职回乡。

1929 年 7 月,许德华又和党组织接上关系,来到上海,进入周恩来主持的中共中央军事干部训练班。自此,他改名许光达。结业后,奉派来到贺龙领导的湘鄂西革命根据地。

1930年2月,红六军成立,许光达任参谋长。后来,红六军和红二军组成红二军团,贺龙任总指挥,从此许光达跟贺龙战斗在一起。

新婚仅10天,许德华就被迫逃走,几年来音信皆无,邹靖华日夜思念丈夫。她为丈夫担惊受怕,报纸上不断报导"围剿"细军的消息,她担心丈夫也许不在人世了。夜里常常做梦,有时梦见丈夫回来了,醒来仍然一床空帏;有时又被恶梦吓醒。

其实1930年12月,她和丈夫曾近在咫尺,只是双方都没硎到对方会在此地,痛失夫妻相见的良机。

那是在湖南津市。1930年夏,李立三盲动路线统治中央,强迫红军去攻打大城市,提出"打下长沙,夺取南昌,会师武汉,饮马长江"的冒险口号。彭德怀的红三军团曾一度攻人长沙,邹靖华很激动,去向红军打听许德华的消息,没有人知道,她失望的哭了。

红二军团也奉命去攻打大城市,贺龙听说红三军团撤离长沙,主张回归湘鄂西根据地,由于中央代表的反对,贺龙只好率部南征。12月初,攻克津市,与白军展开巷战。

当时许光达担任红二军团十七师师长。突然他发现一间民房墙边站着一名东张西望的姑娘,并不畏惧炮火。他吩咐参谋叫她赶快躲避炮火。他没有想到,那就是他的妻子。

邹靖华怎么到津市来了?她是来参加湖南省中学生运动会的。原来,邹希鲁为了女儿的前途,在许德华离去后,把女儿送进明宪女子中学读书。邹靖华是女中体育代表队的成员。红二军团突然到来,运动会不能照常进行。邹靖华得知红军攻城,不但不害怕,反跑到街上去看,她渴望找到丈夫。

那参谋劝她躲避炮火时,她向他打听许德华。参谋摇头,他当然不知道许德华就是现在的许光达。阴差阳错,失之交臂,真是天大的憾事。

邹靖华回到长沙后,由于家境艰难,辍学进了一家纺纱厂。1932年春,许子贵送来一封很令人费解的信,信封写"长沙县东酾乡萝卜冲许子贵收"。里面却写的是:

德华兄:安徽寿县一别,你说回家成亲。

婚后即归,至今两年有余,不见音讯。

是爱妻扯你的后腿,还是自己激流勇退?

望来信告之。顺致福安!　　廖运周

其实,这是许光达假托别人名字写来的信,以免暴露自己和给家人带来麻烦。信是从上海寄来的,许光达1931年8月战斗中负伤,贺龙特地派人送他到上海治疗。临行,贺龙还送给他一笔银元。

许子贵不解信中意,便来找亲家翁和邹靖华参详,邹希鲁看笔迹很像许德华,

便断定是借他人之名投石问路,便按信上的地址写了回信:运周贤侄:

来信收悉,感谢你的挂念。其实,德华自1928年'秋离家,一直未归。他现在生在何方,死在何处?望来信告之。

又及:他的妻子桃妹子现在工厂做工,苦得很,一心在等他。全家人一如既往,恕不赘述。盼望回信。

许子贵

许光达见信,一块石头落了地。苦苦思念丈夫的邹靖华,也得到莫大安慰。她日夜盼望丈夫的回信。不久,她终于盼来了:

桃妹吾妻,余一切皆安,勿念。托人寄上100元,以作求学之资……

当许光达的第二封信到了桃妹子手中时,她再也控制不住感情的波澜,呜呜痛哭了。丈夫的确还活着!她打定主意,如果丈夫再回信,她就提出要求,到上海去照顾他,再难再苦也不离开他。信被邮差带走了,桃妹子的心也飞到了上海。

几个月过去了,正当桃妹子为没收到丈夫回信而焦虑时,她收到的许光达从苏联写来的信。

原来,医院大夫正要给许做手术,由于叛徒出卖,供出这家医院是我党秘密联络点,组织上将许光达火速转移出医院,送往苏联治疗。

许光达随信邮来10张小纸条,上面用俄文写着收信地址,告诉她只要把其中一张贴在信封上,他就可以收到。10张纸条,寄托着对妻子细腻的感情。

邹靖华欣喜若狂,丈夫在苏联,她心里踏实了。她已有了相当文化水平,而且自丈夫寄来百块银元,她按丈夫的嘱咐,又进入师范学校读书,对苏联已有了不少了解。她连续给许光达写信,10张纸条用光了,还是有去无回。不祥之兆又涌上心头。

1937年,抗战爆发了。举国上下,群情激昂,抗日活动风起云涌。

邹靖华也从师范毕业了,她也跃跃欲试。可她毕竟是受多年封建影响的弱女子,一时无法抉择自己该走哪条路。

一天,家里来了一位客人,是父亲的老友徐特立先生。现在国共合作了,徐老先生来长沙公干,顺便来探望分别多年的老友。

徐老早年做过毛泽东的先生,在湖南教育界是德高望重的前辈。他见邹希鲁让这么个二十四五岁的知识女性在家赋闲,竟批评起他了。

他问桃妹子:"想不想去上大学?"

"想呀。什么学校?"

"抗日军政大学。怎么样?"

桃妹子想,这个大学又能学习,又能抗日,我愿意去。于是,她很高兴地答应了。

"不过,"徐老先生故意要试试她的决心,说:"这地方可很远,在大西北的延安,生活也很艰苦,你敢去吗?"

延安,那可是共产党的地方。去那儿,我不也就成了共产党了?对,我也要走五伢子的路，说不定五伢子也在延安呢。就冲这，我一定要去。

想到这里，她坚定地说："我不怕远，我敢去！"

于是，她和许光达的妹妹许启亮一块投奔延安。

几天后，她们到了延安。远道奔波，十分疲劳，她们正想痛痛快快睡一觉的时候，一位小战士来到了她们的住处。

"谁叫邹靖华？"

"谁找我？"

"我们教育长。"

"你们教育长是谁？"

"许光达！"

一位高大的军人走了进来。借着微弱的麻油灯，邹靖华一眼就看出这是自己思念多年的丈夫！她简直不敢相信这是真的。

许光达也难以抑制自己的感情，无声的泪滴落下来。

许光达是从林伯渠那里得知邹靖华要来延安的。

原来，邹靖华在西安曾向林伯渠打听许光达的下落，林老认识许光达又同情邹靖华，只是林老心细，先打了一个电报到延安告诉许光达，邹靖华要去延安。因为，当时有些人参加革命后解除了父母包办的婚姻，而另组家庭。林老想，许光达会不会也是这种情况呢？

许光达接到电报后，又惊又喜。和妻子已经失去联系 6 年，她不但顽强地活着，居然还要来延安参加革命，这真是喜从天降。他立即给林伯渠拍了回电，欢迎邹靖华到延安。可惜邹靖华没收到电报就驱车来延安了。

许光达夫妻重逢，一时被传为佳话。因为，在延安，许光达的婚事是人们私下里经常议论的一个话题。

许光达是 1938 年初由苏联回到延安的，先任抗大总校训练部长，后来又任抗大教育长。

这位风华正茂，且又吃过洋面包的将军一出现在延安，立即引起了人们的注意，自然也是姑娘们瞩目的对象。

抗大是人才集中的地方，有端庄娴淑的大家闺秀，才华横溢的作家、记者，能歌善舞、俊俏艳丽的演员，还有风度翩翩的女军官……其中也不乏勇敢者，向许光达求爱，但都被婉言谢绝了。因此，有些女同志私下议论："教育长这个人太清高，难接近，不懂得感情。"

其实，许光达是最懂得感情，也最珍重感情的，他心里始终装着自己的结发妻子。从苏联回到延安后，他曾给她去过信。可是，由根据地发到国统区去的信根本就邮不到。到抗大后，他曾查阅了学员的花名册，凡是从湖南省来抗大的学员他都去问过，但没人知道邹靖华。

当时，有人曾劝过许光达："你同桃妹子离散 10 年了，兵慌马乱的年月，倘若她不在人世了，你岂不是白等了？"

"不,我要等。万一她没有死,我另娶她人,岂不伤透了她的心?这些年来,她在死亡线上苦苦地挣扎着,为我做出了那么大的牺牲,盼望与我团圆。假使她真的死了,我也要见到她的坟,添上一把土,否则,我是不会再娶的。"

现在,妻子终于奇迹般地出现在他的面前……

抗大的同事们及学员们来到许光达的住处,向他们夫妻祝贺。其中也有几个是过去偷偷爱过许光达的女学员,在她们看来,邹靖华不过是个平常的女人,貌不出众,语不惊人。然而,这就是教育长苦苦等待的心上人。因此,她们对教育长更加敬佩了。

抗大的生活相当艰苦,可邹靖华心情却十分愉快,能和丈夫在一起革命,再苦也是甜的。

一天傍晚,邹靖华和许光达应邀到毛泽东家去做客。一见面,毛泽东就握住了邹靖华的手,高兴地祝贺她们夫妻团圆。

邹靖华小时候就听爹爹和徐特立谈起过毛泽东,他是爹爹的得意门生。毛泽东跟邹靖华打听了长沙的一些情况.也打听了他老师邹希鲁和长沙师范的情况。看得出,毛泽东对家乡怀有深厚的感情。

毛泽东向邹靖华简要介绍了当前的政治形势,鼓励她努力学习。他还送给邹靖华几本小册子,有马列的,也有自己写的。他风趣地对邹靖华说:"光达是信马列的,你可不要再信佛了。"因为,在谈话中,邹靖华向毛泽东说过,她曾跟爹爹吃过斋,信过佛。

1938 年 10 月 14 日,邹靖华光荣地加入了中国共产党。许光达和妻子又共同迎来了结婚 10 周年的纪念日。许光达激动不已,写诗送给妻子留念。邹靖华把这首诗珍藏起来,她感到十分甜蜜。

1942 年,经许光达一再请求,中央军委批准他到对敌斗争激烈的晋西北,任晋绥军区第二军分区司令员兼独立第二旅旅长。

进入二分区地界时,到处是劫后惨状,他们一天一夜没有吃饭了,到达保德县境时,才到老乡家讨到吃的,许光达夫妇不满周岁的女儿玲玲饿坏了,吃得过多,当晚得了急性肠炎,医生拿不出治这病的药,建议派人护送玲玲回延安。许光达不同意.他刚从延安来,哪能立即又回去呢。他让医生用土方草药给玲玲治病,玲玲泻了一夜,许光达夫妇心疼地守候了一夜,第二天玲玲就停止了呼吸。邹靖华悲痛得昏了过去,许光达紧紧抱着女儿跌坐在凳子上。他亲自给女儿找了一处长眠的地方……

抗日战争胜利后,许光达被任命为纵队司令员,并奉中央军委之命,西渡黄河,参加保卫陕北、保卫党中央的战斗。

1946 年 2 月,许光达接受了一项特殊任务:参加美、国、共三方组成的"军事调处执行部"第三执行小组的中共代表,为方便工作,许光达身着佩有少将军衔的国民党军服装,胸佩"军调部"徽章。

许光达脱下灰色军装,对邹靖华说:"给我好好保存着,执行任务回来后,我还是要穿的。”

“这你就放心吧”邹靖华收好灰军装，打量着穿上将官服的丈夫，感慨她说：“国民党的将官服，倒是满神气的。”

许光达若有所思的点点头：“是啊，相比之下，我们是土气些。惟其土，才保存着我们的本色。当然，也不能老这样土下去，革命成功了，国家有了钱，我们也可以穿将校呢嘛！”

邹靖华有些担心：“你是受过国民党通缉的，他们认出你来怎么办？”

许光达胸有成竹：“都快20年了，谁知道许光达就是当年的许德华！再说，军调人员是享受豁免权的，即便知道我是谁，也干瞪眼！”

邹靖华仍不放心：“国民党特务什么都干得出来，小心遭暗算！”

“放心吧，我的夫人！”许光达开了句玩笑，安慰妻子。

丈夫带着随从人员走了。又一次分手，邹靖华已脱尽了第一次分手时的稚气，那时，她才15岁呀！现在她已是过了而立之年的共产党员，她心系丈夫，也心系革命的前途和命运。不再是生离死别，只有对胜利的信念和对丈夫的祝福。

全国内战爆发，“军调部”的使命被迫结束。许光达撤出军调执行小组，返回晋绥解放区。他脱去少将军服，重新穿起打补丁的灰军装，投入新的战斗。

三年解放战争，许光达指挥了一个又一个战役.取得一个又一个胜利，邹靖华始终陪伴着他。

1949年6月，许光达任一野第二兵团司令员，酉己合兄弟部队，解放兰州城。在兰州，邹靖华和丈夫迎来了开国盛典，夫妻激动得彻夜难眠。邹靖华回首往事，感慨万端：“当年我哪敢想到今天，只盼着能与你团圆就心满意足了。”

1950年9月，中国人民解放军装甲兵司令部成立，许光达任司令员，邹靖华任司令部机关党总支书记。在新征途上，夫妻又风雨同舟，共担创业的艰辛。

在许光达参加的重大礼仪场合中，夫人经常可以陪同前往。但邹靖华却不愿参加这种活动。因为她出身清贫，解放前得过肺病，身体受到严重摧残，参加革命后又随丈夫南征北战，艰苦的生活使她未老先衰。与那些又年轻又漂亮，在闪光灯前彬彬有礼、光彩照人的夫人相比，自然有些逊色。但许光达每次都硬拉她去参加活动，他说：“国家的威仪，不仅仅表现在外表上，而主要是看一个国家的国魂、士气、民风和人民的精神面貌。在这方面，你是可以把那些外国武官的夫人比下去的。‘糟糠之妻不下堂’，这是做人的起码道德，也反映了社会主义的崭新的道德风尚。何况你我是患难多年的夫妻。”

许光达与邹靖华之间的感情，不仅经历了战争年代艰难困苦的考验，也经受住了和平环境的考验。全国解放后，他们身居高位仍然互相督促、互相帮助，在荣誉和名称面前始终以党和人民的事业为重。

建国初期，有几天，许光达突然变得沉闷，不说也不笑。他对妻子说：

“靖华，－－有件事，我要和你商量。中央和军委决定授予我大将军衔。可我受之有愧，好多资历比我深，贡献比我大，当过我的直接领导的同志，却授予上将军衔，相比之下，我的是高了些，心里很不安。”许光达说得很真诚，“我已上书中央军委和毛主席，要求降为上将。可是，被驳了回来。主席讲，这是经过集体讨论定的，是全面衡量的，照顾到方方面面，就这么定了。我给总政治部干部部的宋部长打电话，要求降格。他们回答说，按主席和军委的指示办。我真不知该怎么办才好？你帮我拿拿主意吧。”

“你看这样好不好？军衔降不下来，要求降低行政级别行不行？这样，不就同别的大将有所区别了吗？”

许光达为之一振，连声说：“好，好主意，我马上给中央军委打报告，要求行政级降一级。”他感激地握住妻子的手，“你可真是我的贤内助啊！真乃是生我者父母，知我者靖华也。”

许光达要求降级的报告被军委批准了。他的行政级定为五级，这就是我国十员大将中，其他九员大将都是行政四级，惟独许光达是行政五级的原因。

邹靖华作为机关党组织的负责人，尽力协助丈夫做好思想工作。

装甲兵机关的人员来自不同的单位，思想问题比较复杂。有些同志认为自己是“土包子”，搞技术不行，要求回步兵去；有些人虽然愿意来装甲兵，但接触到技术问题有畏难情绪；也有人闹地位、闹名利。因此，做好思想工作是当务之急。经过邹靖华和党总支同志的努力，很快稳定了机关干部队伍的思想。

许光达一再强调：“没有技术就没有装甲部队。”他号召机关人员每人都要学会一种驾驶技术，或是坦克、或是汽车，至少要学会开摩托车。邹靖华连自行车都不会骑，但她响应许光达的号召，鼓起勇气学骑摩托车。有一次，摩托车翻车，把她摔得鼻青脸肿。回到家，许光达心疼地劝她注意安全，邹靖华笑着说：“你司令员有令，我拼死拼活也要执行啊！我不能扯你后腿。”

邹靖华体贴丈夫，支持丈夫的工作，许光达也非常关心、尊敬自己的妻子。

邹靖华身体瘦弱、多病。许光达尽量地照顾妻子。装甲兵机关每周有一两次电影，每次看电影许光达都要搀着夫人的胳膊，一同走向座位。熟悉他们的人，经常能看到许光达搀扶着老伴的身影。

“文化大革命”中，许光达两次被关押批斗，最后被活活整死。邹靖华多次受到残酷的折磨。

“文革”之初，许光达和邹靖华还没有受到冲击，红卫兵首先把矛盾指向装甲兵政委，诬蔑他“有三反言行和生活作风”问题，要开会批判。许光达说：“开批判会可以，不要涉及生活作风问题，这个问题由党委处理。”经协商，达成协议：开批判会，由红卫兵代表发言，许光达同装甲兵的领导到会听取发言。

但批判会开始不久，红卫兵突然拿出纸糊的高帽子要给政委带。

许光达很气愤，他斥责道：“你们不守信用，还算军人吗？这样无组织无纪律，戴高帽，先给我带好了！”说着上前去抢高帽，心脏病猝发，倒在台上。

全场大乱，批判会无法进行，许光达被送进医院。

红卫兵把气撒在许光达身上，在他家门外贴上“小将造反有理，大将理解支持”的对联。

1967年2月，在林彪死党吴法宪、李作鹏的煽动下，许光达被造反派抓走，家也被抄。罪名是“‘二月兵变’的总参谋长”，“贺龙案中的第二号人物”逼他交待“伙同贺龙搞‘二月兵变’的阴谋”。许光达严正地回击：“谁都知道，搞兵变是要掉脑袋的。我现在就是国防部副部长、大将。我难道还要把脑袋拴在裤带上去抢个总参谋长吗？这个买卖太不划算，我不干！”

后来证明，康生所说的“贺龙搞‘二月兵变”’纯属子虚乌有，造反派只好释放许光达。

许光达最初总是从好的方面去理解“文化大革命”，他怀着善良的愿望，回顾自己的过去，有错误就认真分析批判，吸取教训，加以改正。他的方式很特别，把过去保存的日记、文章、讲话稿翻检出来，又用大白纸划成表格，一边填入自己的言行，一边摘录“最高指示”，中间是批注，两边加以对照，看自己错在哪里。他写出十几万字的检查材料，准备适当的时候在适当的场合，深刻解剖自己。

许光达被关押后，邹靖华也被作为“走资派”和“臭婆娘”受到残酷迫害。她当时担任有色金属设计院政治部副主任。造反派把她押到批斗会场，要她“交待揭发”许光达的“罪行”，还要她和许光达，“划清界线。”

邹靖华义正词严地回答造反派：“许光达只有革命，没有罪行！”一个女造反派诬蔑许光达“历史上一贯反毛主席”，邹清华反问：“那时你还没有来到人世，你怎么知道他历史上一贯反对毛主席！”至于“划清界线”她更以嘲笑的口吻说：“我们结婚快40年了，彼此的心融合在一起，这个界线划得清吗？”

抄家时，红卫兵抄到一份许光达近30年前写给邹靖华的一首散文诗，在批斗会上公布出来，用以证明“走资派”思想颓废，“头发都白了，还写情书”。邹靖华反驳道：“你仔细看看，那上面记载的是什么年月？”“造反派才注意到上面注的是1938年11月14日。全诗是这样的：

我俩结婚整整已经有了十年
然而相聚的时间仅仅只有两个月零二十一天
不知流了多少伤心的泪
也曾受尽了艰苦与辛酸
丝毫也不能摧毁我们铁的心愿
在生命的征途上还会遇着狂风巨浪
像从前一样的冲破
我们永远的骄傲自豪。

这首诗，邹靖华一直珍藏着，那是她面对一切艰难困苦的精神支柱。

1967年8月，造反派又一次抓走许光达。这一次，气势比上次更凶，几个彪形大汉冲到许光达面前，不由分说撕去他的领章帽徽，反扭双臂把他押走。许光达预感到不幸结局，临走，对邹靖华说：“现在看来，很明显，他们不是要我去做检查，而要我的命，你要准备再过十年那样的生活。”邹靖华心碎了，在共产党掌权的国家里,还需一名共产党员再经历_二次被人凌辱的生活?

这次加给许光达的罪名,是"三反分子",即"反党反毛主席反毛泽东思想",还成立了"专案组"。林彪死党吴法宪指示:"要敢于刺刀见红","要连续作战,不给敌人以喘息之机"。有了吴法宪撑腰,造反派肆无忌惮了,他们狂叫:"打倒许光达,向九大献厚礼!""不怕许光达死,就怕完不成无产阶级司令部交给的战斗任务"。他们逼迫许光达交待"三反罪行",经常拳打脚踢,棍棒相加,打得遍体鳞伤,几次休克。歹徒们边打边狂叫:"今天叫你这个大将知道知道革命小将的厉害!"许光达的健康状态急剧恶化,咳嗽吐血,心脏病经常发作。但专案组说他装病,不给他治疗,反而在上报材料上写:"许光达老奸巨滑,每当斗争的关键时刻,他就装病。"有一次,造反派对许光达连续批斗53小时,使心脏病发作,昏死过去,直到这时,他们才把许光达送进医院。还继续折磨他,吴法宪批示:"医疗要为专案服务。"

1969年6月3日,许光达含冤死去,他死在卫生间的马桶上。

惨遭迫害中的许光达,表现出少有的"顽固",他拒绝回答问题。要他写"交待"材料,他往往写上几条《毛主席语录》。且看他_1969年4月10日的"交待"材料:

凡是已经做过坏事的人们,赶快停止做恶,悔过自新,脱离蒋介石,准其将功赎罪。

老实人,敢讲真实话的人,归根到底,于人民事业有利,于自己也不吃亏。爱讲假话的人,一害人民,二害自己,总是吃亏。

只要通通(痛痛)快快承认错误,改正错误,就好了。就取得主动了。越吞吞吐吐、扭扭捏捏,就越会被鬼缠住,越陷越深,老是被动,最后还得解决。

假的就是假的,伪装应当剥去……隐瞒是不能持久的,总有一天会暴露出来。

一切依靠帝国主义的寄生虫,不论如何蠢动一时,他们的后台总是靠不住的。一旦树倒猢狲散,全局就改观了。

刚直不阿,横眉冷对,"白眼看鸡虫"。

许光达二次被抓,邹靖华也再度蒙难。她被造反派关进"牛棚"。后来,处境好一点,允许她晚上回家。她牵挂着老伴。开始,还允许家人给许光达送饭,她就特地买了一个保温饭盒,天天做饭送去。后来不许家人送饭,由看守的士兵到食堂去打饭。每到开饭时间,她就站在食堂外,看见士兵拎着那只饭盒,她就感到一丝安慰:许光达还在人世。

不久,造反派又逼令邹靖华搬家,还扣了她的存折,冻结了工资,只发一点生活费。

只要单位的造反派批斗"牛鬼蛇神",邹靖华都要被拉到现场陪斗。有一次,她站的时间过长,眼前一黑,从台上栽了下去。

她被关进猪圈旁边的一个小房子里,蚊蝇成群,腥臭难闻。她拒绝写"揭发"许光达的材料,不时挨造反派的拳脚。

她是从报纸上得到丈夫去世的消息的。那已是许光达逝世后的二十几天，1969 年 6 月 26 日，《解放军报》刊出许光达病逝的消息。

也许太多的苦难已磨炼出坚强的意志，也许她早料到会有这一天，邹靖华手捧报纸，目光久久地凝视前方，显得异乎寻常的镇定。她没有眼泪，只有仇恨和愤怒。

6 月 30 日，许光达的骨灰盒安放八宝山革命公墓。专案组对邹靖华说："许光达是贺龙线上的人，他跟着贺龙是犯有严重罪行的，由于林副主席的关怀，敌我矛盾按人民内部矛盾处理，所以才放进革命公墓。"

这是无耻的谎言。是周恩来传达毛泽东的指示："许光达同志的骨灰盒，应该放进他应该放的地方。"被迫害致死的人民功臣，才得到些许慰藉。

许光达去了，别有用心的人并未停止对邹靖华的迫害。他们以战备疏散为名，要把邹靖华撵出北京。痛失爱侣的邹靖华已经无所顾及，一切置之度外，她用不容商量的口气说："林副主席第一号令是下达给军人的，我不是军人，你们管不着我。"他们串通冶金部的造反派，给邹靖华施加压力，邹靖华说："我已够退休条件，就在北京退休，给我办手续吧！"

1976 年十月的惊雷驱散阴霾，许光达和邹靖华才得以重见天日。

1977 年 6 月 21 日，中央军委在八宝山革命公墓隆重举行许光达骨灰安放仪式，林彪、江青一伙泼在他身上的一切污泥浊水，全部冲刷干净。

忍了八年的泪水，流过邹靖华的双颊。

"公不离婆,秤不离砣"

——罗瑞卿夫人郝治平

延安流传"郝治平三追罗瑞卿",说的可不是男女情爱。

她对"夫人"一词甚为反感:"如果说我是你的夫人,那你是我的什么?"

为了"打鬼"的需要,毛泽东忍痛同意林彪对他突然袭击。

他和她以自杀来进行抗争,他为此付出沉重代价:永远失去一截左腿。

他出人意料的逝于国外……

1922年5月,郝治平出生于河南省临漳县西南城角村的一户殷实家庭。父亲郝景瑞,出身乡绅之家,民国时期,担任过区长,但没干多久,便因疾恨官场的丑恶腐败而遭人诬陷,被关押起来。贤惠怕事的妻子吓坏了,变卖了一部分田产,又托人求情,才救出丈夫。郝景瑞从此离开官场,做了小学教员。郝家有田地几十亩,由外甥耕种,吃用不愁。郝治平生下来就没有贫穷饥苦之愁,无忧无虑地渡过童年、少年。

郝治平是长女,原名郝宾如。父母都是受过教育的知识型乡民,便很关注子女的学习。60多年以后,郝治平回忆道:"我对我的父亲非常非常怀念,不仅仅是通常的父女间的感情,也是因为我父亲当时并没有多少钱,却坚持让我读书,这对我的一生来说,是太重要、太可贵了。"

1934年夏,郝治平考入开封明伦中学,这年她才12岁,第一次离家,免不了临行的乡愁亲情,她呜呜地哭了,但秉性坚强的她,擦干泪水,告别双亲,毅然上路了。

郝治平开始寄居在父亲的好友家里。但这家的女孩子嫌她是"乡巴佬",瞧不起她。郝治平便赌气搬到学校的集体宿舍,等父亲的好友发觉,无论如何也劝不回她。

在班里,郝治平的成绩总是数一数二,得了奖学金,吃饭不愁了,也因此得到一些女伴的喜欢。到了第三学年,因为学习成绩突出又受到免交学杂费的奖励。中学时代,留给她幸福美好的回忆。

抗日战争爆发这一年,郝治平考入省立第一女子师范学校。刚开学不久,日寇就疯狂地攻入北平、天津,又在上海大打起来,开封省立女一师失去了往昔的平静。女一师每月发给学生5块银洋的补贴,所以考入的贫苦人家女儿多,爱国热情也分外高涨。

郝治平和同学们无心上课，她和同伴们走街头、下乡村，义演、宣传、救护、慰问伤兵，到处可见她健美的身影。

日军的铁蹄临近开封，女一师决定南迁南阳。学校宣告，学生随校回家听便。

“我不随校，也不回家，我只要抗日！”年仅15岁的郝治平被“天下兴亡，匹夫有责”的精神激奋着，决心做一名抗日的女战士。

离开了学校，又远离父母，只身一人，到哪去抗日？她想到中学时代的女友。她来到郑州，女友和她一起上街去“寻找可以抗旧的去处”。

大街上，她们发现一张“抗日民族革命大学”招生的广告。报了名，录取了，女友的妈妈死活不叫女儿走，郝治平只得孤身一人登上“抗日民族革命大学”西去的列车。

到了山西运城，郝治平和同被招录的同伙发现，这是阎锡山办的学校。阎老西为了保住山西地盘，不得不联合共产党抗日。他急需爱国青年为他所用，所以办了这所培养抗日人才的学校。

过了一个来月，这里的抗日气氛不浓，郝治平有些失望。这时，同伴中都传说延安真抗日，郝治平就想投奔延安。恰好，不少同伴也有此意。于是在1938年2月一个漆黑的夜晚，在一位山东大哥的联络、带领下，郝治平和六七个同伴，偷偷离开运城，踏上向延安艰难跋涉的旅程。八个人的小集体在黄河边上转了一个月，找不到渡河地点。两个女伴动摇了，中途离队而去。

他们终于找到一条船和一个撑船的老乡。过了黄河，郝治平和她的5名同伴来到“共产党的天下”。

在延安，郝治平先进陕北公学，后又进入抗日军政大学学习。起初，学校因她文化水平较高，打算叫她学医、学通讯，都被她坚决拒绝。理由是：那只是间接抗日，我要学军事，直接抗日。于是，她分在军事队，结业后，又进入政工班学习。这期间，郝治平加入了中国共产党。

1939年，抗日军政大学奉中共中央之命挺进华北敌后。抗大副校长罗瑞卿率领抗大总校及陕北公学共5000余人东渡黄河，穿越敌占区前往太行山区。行前上级有指示，两千里行程，路途太艰苦太危险，女同志尽量少去，郝治平也在留下之列。

听到这个消息，郝治平急了，找到她所在的二大队队长郭林祥说：“我不怕苦，不怕打仗，不怕过黄河，我投奔延安时，从郑州到运城，从运城到陕北，两次渡过黄河。那时又没有党的领导，又没有组织帮助，多困难啊，都过来了，那时我们才六个人。现在跟着大部队走，我更没有什么可怕的了！”态度如此坚决，而且“蘑菇”起来没完，领导只好答应了。

后来郝治平和罗瑞卿相爱，这段佳话便被人们加工成“第一次追罗瑞卿”。当然，身为抗大领导的罗瑞卿，在数千学员中，当时还不知道有一名叫郝治平的女学员。郝治平呢，当时也不可能把自己和抗大副校长联系起来。

过黄河时,郝治平出了差错。出发前郝治平从抗大结业,担任二大队政治处的"技术书记"(秘书),领导指定她负责保管公章、文件。过黄河时,她把文件、公章打成包裹,捆在牲口背上,自以为万无一失,渡过黄河后,才发现那个包裹不见了,面对滔滔黄河,去何处寻找?为此她挨了批评,受"口头警告"处分。

过了黄河,到达晋绥抗日根据地,郝治平在这里第一次无意中对罗瑞卿有了近距离的观察。晋绥军区司令贺龙是有名的球迷,抗大学员来自四面八方,知识分子很多,球打得不错的大有人在,贺龙提议组织篮球比赛。球场上,贺龙和罗瑞卿生龙活虎,和20来岁的年轻人一样富有朝气,这给郝治平留下了深刻印象。

离开晋绥边区,向晋察冀根据地前进。有一次经过日军严密封锁的地区,必须一夜间行军180里,而且部队必须尽可能隐蔽,不许发出任何大的响声。就是这样,还是被日本鬼子发现了。郝治平在密集的枪声中拼命随部队奔跑,跑过一个山坡,枪声听不见了,大家都又累又饥又渴,或倒或卧,都像散了架,其实并未完全脱离危险。罗瑞卿和其他领导干部督促大家继续前进,他扔掉手中的棍子,率先疾步向前走去。校长的精神鼓舞了大家,郝治平振作起来,跟着队伍前进。

1939年10月,到达晋察冀。在这里,郝治平担任女生队的排长,第一次随部队参加战斗,打了胜仗,还开了庆功会。郝治平认为这才算真正的抗日,激动极了。

晋察冀边区决定留下一批抗大学员,特别是女学员,一来需有文化的干部留下来工作;二来一些老干部,特别是经过长征过来的,由于环境所限,还没有结婚成家,需要在抗大女学员中解决配偶问题。

郝治平认为这还不是最前线,坚决要求跟总校继续前进,不同意留下来。她和连长程克一起去找罗瑞卿,不巧罗校长不在,她们留了条子,说明来意。也许缘份起了作用,罗瑞卿见到她们的条子,同意了。于是,学员中又出现了"郝治平二追罗瑞卿"的佳话。

1940年初,郝治平随总校离开晋察冀。中共中央决定召开第七次全国代表大会,通知各根据地各系统选举出席七大的代表,郝治平作为女生队当选的基层代表之一,有机会常去总校开会。于是,她和罗瑞卿的接触多起来。小范围的会议,讲话便较随便,罗瑞卿生动形象的语言、平易近人的态度,给郝治平留下极深的印象:"抗大抗大,越抗越大。""不要脸上总不高兴,就像借的谷子,还的是糠一样!"郝治平很爱听罗瑞卿风趣幽默的讲话,还不时提出问题要求解答。

美丽热情又朴素文静的郝治平.开始引起罗瑞卿的注意。

1940年2月,抗大总校和陕北公学的5000余名学员,行程2500里,穿越陕西、山西、河北三省的25县,到达太行山区,完成了一次"小长征"。

总校在太行山安营扎寨。

3个月后,中共中央命令,罗瑞9即调离抗大,任八路军野战政治部主任。这时,郝治平已升任抗大女生队副指导员、党支部书记。她和女生队的学员都舍不得罗瑞卿离开抗大,这除了同志间的革命友情和对上级的敬重之外,似乎还有别的感情因素。什么感情因素呢？郝治平也说不准确，但她的确很喜欢这位34岁的副校长。为了表达对罗副校长的情意，女生队员精心绣了一对枕头，派代表送给了罗瑞卿。

罗副校长离去，郝治平感到一丝惆怅。

1940年底，郝治平进入中共中央北方局党校学习。校址离罗瑞卿的八路军野战政治部很近。

18岁的郝治平，清秀的脸庞，一双清澈动人的双眼，匀称苗条的身材，热情大方又不失娴静，高高的个头，整洁的八路军戎装把她颀长的体形展示得恰到好处，妙龄少女与八路军女战士特有的英姿结合在一起。郝治平引来众多的求爱者，有写信来的，有约她出去散步的，还有写来厚厚一本情诗的。她都婉言拒绝了。

有一天，她收到一封称她为"紫萍"署名"洛水清"的信，叫她好费猜详。她终于猜到了，紫萍和治平，四川口音是相同的，洛水清和罗瑞卿.四川人也是这么发音。写信人是罗瑞卿，原来的罗副校长，现在的野战政治部主任，他约她去谈谈。

她失眠了."罗主任单身一人，写信约我谈谈，那一层意思是可能有的……"

她按时赴约。他们谈得很融洽，完全是平等的同志式的，也是深情的、热烈的。

罗瑞卿滔滔不绝，谈的是他自己。随着交谈。郝治平逐渐了解了他的从前。

他生于1906年.四川南充人。祖上本有一些家业，但不争气的父亲吃喝嫖赌样样俱全，家产很快荡然无存，母亲受尽折磨，一身重病，不到40岁，就撒手人寰。

当他17岁的时候，由外公和母亲作主，娶了一个乡间医生的孙女为妻，性林，不识字，罗瑞卿和妻子之间没什么矛盾，可也没什么感情，凑合着过，并生了一个孩子。

母亲死去以后，罗瑞卿对家庭绝望了，他毅然离家出走。这除了受革命思想影响外，母亲悲惨地去世，也使他感到家里没有出路。他先到成都，考上高等蚕桑学校.因为没有钱，录取了也没法入学。恰好这时国共合作的黄埔军官学校到四川招生，他就进了黄埔军官学校，大革命失败后.他加入中国共产党。

他离家时，告诉妻子，不要再等他，他不会回来了，她随时可以嫁人。她哭了。罗瑞卿感到很对不起她，毕竟一起生活了几年，她一天也没有享过福，罗瑞卿走了，她吃了不少苦头，最后嫁了人。

他还向郝治平忠实地介绍了到延安后的两次不幸爱情，因为双方心灵没有勾通，彼此了解太少，最后都忍痛分手了，只把痛苦留在心里。

说到痛苦处，郝治平流下同情的泪水。

两颗心紧紧贴在一起。

1941年4月3日，是罗瑞卿和郝治平终生铭记的日子。这一天，郝治平从党校结业，也是在这一天，他们举行了婚礼。

婚后，郝治平调到罗瑞卿身边，任八路军野战政治部秘书，后来又担任指导员、总分支书记。

抗日战争胜利后，罗瑞卿曾担任过北平军事调处执行部中共代表团的参谋长。全国内战爆发后，郝治平随丈夫转战华北，罗瑞卿担任十九兵团政委期间，郝治平还兼着兵团子弟小学的副校长。他们在战火纷飞的年代共同生活了8年，郝治平担起战士、妻子、母亲的重任，他们的纯真爱情在战火中升华。

1949年5月，共和国诞生的前夜。罗瑞卿和郝治平奉召来到北平。毛泽东亲自点将，要罗瑞卿组建公安部，始称“中共中央军事委员会公安部”，1949年9月中央人民政府成立，改称“中华人民共和国公安部”。罗瑞卿在这个极其重要的岗位上，整整干了十年。他担任公安部部长，还担任公安军司令员兼政治委员等要职。郝治平依然和丈夫在一起，先后担任公安部办公厅秘书、宣教处宣教科长、宣教处长、政治部办公室主任、部党委办公室主任等职务。1959年庐山会议后，国防部长彭德怀、解放军总参谋长黄克诚被罢官，由林彪亲自提名，罗瑞卿担任总参谋长，他又回到军界。1961年，郝治平也回到军界，任总参谋长办公室主任。在这个职位上，她一直工作到罗瑞卿被莫名其妙地打倒。1 955年解放军授衔时，罗瑞卿为大将，郝治平为上校。

因为极受毛泽东信任，所以罗瑞卿一身兼有六个重要职务：中共中央书记处书记、国务院副总理、国防部副部长、国防工办主任、中央军委秘书长、解放军总参谋长。

“文化大革命”前的17年，是罗瑞卿夫妇最幸福、最自豪、最甜美的17年。他们亲眼看到、亲自感受到毛泽东、周恩来等党和国家领导人是如何重视和亲自领导公安部和总参谋部的工作的，他们也为得到毛泽东不寻常的信任而自豪。罗瑞卿曾对林彪说：“林总，我们和主席的关系，是棒打不散的。”罗瑞卿对毛泽东忠贞不二，深以能亲身保卫毛泽东的安全而骄傲。1959年庐山会议时，毛泽东7月23日感情冲动，极不冷静，猛烈批判敢于坚持实事求是的彭德怀、黄克诚、张闻天、周小舟等重要领导干部。讲话的口气令人惊心动魄。对毛泽东无限上纲的讲话，因赞成彭德怀观点同样受到毛泽东批评的周小舟、周惠、李锐等甚感窝火、委屈、不平、惶恐。当晚，他们激愤地来到黄克诚的住所（很巧，彭德怀恰恰和黄克诚住同一栋房子！），发泄心中的不满。三人离去时，正好碰上罗瑞卿，于是，这次偶然的相聚，便被定性为“他们还有小组织活动”，立刻传到毛泽东那里并成为庐山会议重点追查的一个内容。当年坚定地站在毛泽东一边猛批“彭黄张周反党集团”，自认为和毛泽东“棒打不散”的罗瑞卿，仅仅过了六年半，也被无中生有地带上“反党集团”的帽子。“秦人不暇自哀而后人哀之，后人哀之而不鉴之；亦使后人复哀后人也”！

不过这是后话。没有身受其害之前，罗瑞卿和郝治平的心情当然是另一番境界。

郝治平回忆说：“那时候刚刚解放，我们公安部当然是最安全的地方啦。中央领导的舞会活动就总是安排到公安部举行，我们公安部最早是在天安门广场南边的一家旧银行里办公，后来很快就搬到被称作“英国兵营”的地方，就是现在的公安部住址。我们部里有个小会议厅,大约有四间普通房子那么大.当年就算是公安部最豪华的去处了。毛主席、周总理都时常去那里跳舞呢!"

罗瑞卿对郝治平说:"我心里总是很不安,人家夫妻都能一捌领着孩子,一起看焰火什么的,可你……"

"没什么,你是在保卫毛主席嘛,我觉得挺光荣的,谁让我慰公安部长的妻子呢!要说沾光,我就是沾你最大的光了,别人想去毛主席身边保卫他老人家还不成呢!"这确是郝治平的肺腑之言。那年月,罗瑞卿就获得过"主席的影子"的美称。毛泽东醋爱游泳,罗瑞卿当了公安部长以后,特意学会游泳,以保证毛泽东的安全。

郝治平在公安部工作期间,还兼业余大学校长。一批批的公安干警的业务水平、文化素质,由此得到提高和改善。一位不识字的老阿姨,在郝治平的"逼迫"下,每天学两三个字,最后能独立写信、看报。罗瑞卿刚刚"靠边站"时,一些秘书、警卫、司机等人闲着没事,郝治平便督促他们补习文化。在那个年代,这自然成了她一条罪状:不让工作人员学毛主席的"红宝书",是"反对毛泽东思想",为此吃了不少苦头。

由于发展对外友好关系的需要,领导人的出国访问,很多场合需夫人偕行,这在不少高干夫人那里遇到了麻烦,郝治平也不例外。长期艰苦的战争环境,她们养成了艰苦朴素的习惯,这不是坏事。但如穿着战争年代的粗布军衣会见外宾,甚至膝盖上还打着补丁,岂不有损国家形象,对外宾也不礼貌,需要穿得华贵、入时,夫人们所以都不乐意在这种场合露面。尤其"夫人"一词,也很令她们反感,她们都是独立性强的女性,不愿依附丈夫,革命几十年,最后都革成了"夫人",她们总老大不自在。

郝治平也是如此。她对罗瑞卿说:"什么夫人不夫人,你干你的工作,我干我的工作,我们大家都是同志。如果说我是你的夫人,那你又是我的什么?再者说,我们每个人都有一摊工作,都很忙,不轻松,结果呢,今天通知你明天告诉你,什么什么场合,你要以"夫人"身份出席,我从头到脚都要换一遍,理什么发型、穿什么衣服,连鞋袜都要讲究。这一天能安生吗?你还得向组织请假:我今天要当夫人去,今天不能来上班,请批准。狼狈不狼狈?"

罗瑞卿说服无效,周恩来、邓颖超(人们尊敬地称她邓大姐)出面了,郝治平才转过弯来。邓颖超送给郝治平一件黑色丝绒旗袍,上面满是蝴蝶,雅致华贵,极其漂亮。她穿着它随罗瑞卿出席欢迎外宾的招待会,周恩来见了,高兴地称她"蝴蝶夫人"。他还随周恩来、陈毅、罗瑞卿一起访问过缅甸等国家。她是公安战线的女警官,外交战线的"罗夫人"。

1964 年是全军大比武之年。罗瑞卿作为全军总参谋长,是大比武的组织者,他和郝治平多次陪同老帅们下连队视察部队练武情况,还陪同毛泽东、刘少奇、周恩来、朱德、邓小平等核心领导人一起检阅盛大的军事汇报表演。表演成绩几达出神人化,毛泽东等特别高兴,不断地为解放军健儿的非凡身手鼓掌。毛泽东还幽默地对着绘有蒋介石头像的沙袋说:"老朋友,久违了,我也打你几拳。"

水面军事表演现场选在碧波万顷的十三陵水库,表演勾起了毛泽东游水的兴致。他特别通知:王光美和郝治平陪同游水,这两位夫人的游技在高层中是有名的。游到水库中心的小岛上,毛泽东笑问罗瑞卿:"罗长子,你们俩谁游得好些?"罗瑞卿老实回答:"她游得好,我比不上她。"当然,毛泽东不会知道,罗瑞卿是为了毛泽东的安全,任公安部长时虽已四十多岁了,特意学会了游泳,因是"半路出家",那功夫总是略逊一筹。

正当他们怀着无比兴奋的心情,憧憬着锦绣前途时,郝治平凭着女性特有的敏感,觉察到了叶群的"难缠"。她为此感到苦恼,向罗瑞卿提出调回公安部,惹不起就敬而远之。

她这么一说,心地坦诚的罗瑞卿也有了感觉,林彪似乎和他有了隔阂,但问题在哪里,他也说不清。

他们哪里知道,1964 年夏季以后,林彪已对罗瑞卿十分不满。不满来自哪里呢?

林彪迎合毛泽东"突出政治"的观点,提出"四个第一":"人的因素第一,政治工作第一,思想工作第一,活的思想第一。"罗瑞卿却按贺龙等老帅的指示,组织全军大比武,林彪认为这是用业务冲击政治,是方向、路线错误。

林彪制造对毛泽东的个人崇拜,说毛泽东思想是"最高最活"的马列主义,是马列主义的"顶峰",罗瑞卿认为这不科学,他说:什么最高最活,难道还有次高次活?顶峰,不就不能发展了吗!这些马列主义的基本常识,林彪认为是专门和他唱对台戏。

自 1962 年以后,林彪身体多病,毛泽东指示,林彪养病期间,中央军委由贺龙主持。作为总参谋长,罗瑞卿当然要向贺龙汇报、请示。林彪认为这是罗瑞卿疏远了他,和贺龙搞到一起去了,紧跟别人,认为罗瑞卿是又一个"彭德怀、黄克诚"。

1965 年 5 月,罗瑞卿在一次作战会议上作了总结。对于一个参谋长来说,这是很平常的事,甚至可以说,如不作总结,反而是没尽到责任了。但林办莫名其妙地来电话,让收回总结,紧接着又要叶群出面,收回电话记录。还要叫罗瑞卿去林彪那里。

从林彪那里回来,罗瑞卿忿然说:"一个国防部长,一个总参谋长,她叶群夹在中间算怎么回事!"

第二天,林彪又约罗瑞卿去谈,叶群打来电话,要郝治平同去:"他们两个男的干巴巴的,谈不好又该崩了,你来就不一样了。"

到了毛家湾,叶群显得格来亲热,她对郝治平说:"那件事已经过去了,电话记录已经收回了。我还交待他们要消毒,希望你和总长忘记昨天的事情,永远忘掉。就好像它根本没发生过一样。"她还花言巧语:"林彪脾气很坏,但他只同最亲密的人发脾气,总长就是他最亲密的人。好像《红楼梦》里的林黛玉和贾宝玉,因为太要好了,所以就又是好,又要吵。"

林彪和叶群为何又来这一手呢?大概还要看一看,罗瑞卿这位过去的老部下,是否"迷途知返"、"不远而复"。但一心为党为国的罗瑞卿怎么会如此毫无原则、以人划线呢。他在林彪那里,日子仍不好过。林彪表现得反复无常,一会要你这样,一会要你那样;去早了,说你吵得他无法休息,去晚了,说你不尊重他;去多了,他嫌烦,去少了,说你封锁他;明明约好了,他又说你突然袭击。

郝治平已写好了回公安部的报告,可看到罗瑞卿这样左右为难的样子,便不好在他这样处境的时候离开总参。这份请调报告"文革"中抄家被抄去,成了"罗瑞卿想控制军队,想让他的臭老婆去控制公安部"的"罪证"。

得到最高的认可,林彪终于对罗瑞卿下毒手了。

这就是1965年12月8日开始的上海会议。从此开始的厄运,郝治平有很详细的回忆:

1965年12月9日,我和瑞卿一起到了昆明。瑞卿作为全军的总参谋长,每年都有巡视部队的计划。此行是计划的一部分。10日,他和昆明军区的领导干部见了面,还在军区干部大会上讲了话。阎红彦(云南省委第一书记,云南军区政委)、周兴都在场。回到住所,秘书就说中央来了电话,通知瑞卿去上海开会。开什么会,没有讲,我们觉得有点突然,开会的事情怎么事前一点都不知道呢?原来中央开会可不是这样子啊。

那时中央书记处的几个人,小平同志、李井泉本来都是在昆明的,他们想去看看三线的建设情况。知道瑞卿也来昆明,他们就电话联系好了在昆明碰个头,然后一起去看工厂。可是瑞卿还没有到昆明,邓、李二人就被叫到上海开会去了。开会,开什么会,他们事先也不知道。

我们问阎红彦关于会议的情况,阎也说不清楚。为了给会议做些准备,瑞卿只好把电话打回北京问彭真同志。彭说:"只知道开会,不知道开什么会。"

贺老总当时也在北京。接到会议的通知,贺总问:"开什么会?"回答说,到上海就知道了,飞机已经安排了。秘书问贺总,会议上要带点什么文件?贺总说:"带上地图去。"可见,贺老总也是猜想开会是为了军事上的事情。

贺龙到了上海。下午,刘少奇同志就跑去找贺总问开什么会。贺总说:"奇怪,你都不知道,我怎么能够知道呢?"

后来我才听说,参加上海会议的人员范围很怪,既不是政治局的会,也不是书记处的会,更不是军委的会,很多德高望重的同志不知道底细。而一些特殊人物,如没有什么职务的叶群等人却异常活跃,她一个人就在会上作了几小时的长篇发言。

我和瑞卿是12月11日去上海的。平时外出,飞机起飞时间都是由瑞卿定,而这次空军却打电话来,通知说飞机订在10点起飞。瑞卿就问,为什么订在10点啊?回答说,上海虹桥机场上有英国人的飞机要降落,碰上不好办。瑞卿也觉得没什么关系,10点钟飞就10点钟飞吧。

在飞机上，瑞卿还是像平常一样看文件，一刻也没有停。上海市已经在脚下了，瑞卿才让秘书把文件收了起来。到上海的时间是11日下午两点多。

这时，我看到了第一件奇怪的事。机场上，陈丕显同志和吴法宪在等候我们。我们知道，中央规定开会是不准迎送的。平时到上海，也只有市公安局的工作人员迎候。这次是怎么了？

第二件奇怪的事。和我们同行的有一位领导同志的爱人，当我好心安排她坐车一起进城的时候，吴法宪在旁边一连声地说："不要你管，不要你管，有人来接她的。"

第三件奇怪的事。吴法宪这个人有个特点，他平日里见了瑞卿总是"总长、总长"地叫，殷勤得过分。开关汽车门和脱大衣、穿大衣这些警卫员份内的小事，他都要亲自去做，而且次次如此，年年如此。有一次他甚至还跟我说过："苏联人把斯大林称做他们的父亲，其实我们这些人还没资格称毛主席为父亲，我们只能将林总和总长这样的人称做父亲。"我听了十分别扭，就对他有点反感。这次他却一反常态，不仅直挺挺地站着，一个劲儿地催我们上车，而且态度生硬得很。我心想，这个人怎么了，一下变成这样子。

第四件奇怪的事。我们和陈丕显同志同时进城。瑞卿的脾气急得很，总想知道开会的情况。问陈，可他显得很不自然，就是不谈开会，老是和瑞卿东拉西扯地谈什么庄稼啦，雨水啦，工业生产啦等等。我心里就想："陈丕显同志从没有这样过，今天都怎么了？"后来，陈告诉我们.他是奉了命令不准许干口瑞卿谈会议情况的。

第五件奇怪的事。瑞卿这个人平素喜欢和大家在一起，以前到上净开会，我们都住在锦江饭店，那里人多。热闹。这次快进城的时候，陈丕显同志忽然告诉我们说，这次不住锦江饭店了，人住满了，住不下，另外找了一个单独的地方让我们去住。

一连串奇怪的事使我疑虑越来越大，更觉得不对劲了。但我仍然没有多说什么。看看瑞卿，他也沉默。

汽车很快开到了一个小院子（后来知道是建国西路618号，现在是波兰领事馆）。这时，陈丕显才告诉我们说，总理和小平同志都在房子里等瑞卿。

一听到总理和小平同志在等，瑞卿就有些吃惊，我也很紧张。但这时已经不容我们再考虑了。陈的话音未落，车已停在一座两层的楼房前。瑞卿下了车，就直接急步走进了楼下的会客室。

我没有看到总理和小平同志，就被人叫到楼上去了。这时，空气显得十分紧张。会客室、楼梯上站了一些公安人员。上海市公安局副局长王鉴也在场。看样子我们已经被看管起来了。

我在楼上万分焦急，百思不得其解："这是出了什么事？"我想到楼下看看，不准。我只好又回到楼上。过了一会儿，秘书找我说："人家不让安电话。"由于工作的需要，瑞卿走到哪里都要先安电话的。我就说："不让安就别安了。"我心乱如麻，秘书们更感到糊涂。

一个又一个小时过去了，我在楼上等啊，等啊。天黑了，我也没有心思去看表。

大约到了7点钟的样子，才听到院子里汽车发动的声音。我知道，这是总理和小平同志走了。

我什么也顾不得了，就往楼下跑，正好瑞卿从会客室出来要上楼。王鉴同志走上来要扶他，瑞卿推开了。可是他自己怎么也没有力气上楼了，我就搀着他走上了二楼的房间。

我们就那么面对面地坐着，二句话也没有。看着瑞卿的神态，我已猜到了事情的严重性，只觉得像被人当头打了一闷棍。

好一会儿，我终于开口了："到底怎么回事呀？"

"开会了，说我反对林彪，封锁他，对他搞突然袭击，反对突出政治，说我伸手。我没有！我没有伸手，我的工作都是党中央和毛主席任命的。我没有封锁他，我该和他讲的都和他讲了。就是有些问题我向总理、主席直接讲，听他们的指示，这是应该的。而且林彪知道，谁都知道的……"瑞卿痛苦地说。

我看到瑞卿流泪了，男儿有泪不轻弹，他是从来不肯流泪的呀！我心里难过极了。看着瑞卿，又想着这段时期，特别是这一天碰上的一连串莫明其妙的事情，我的思绪完全错乱了，不禁也痛哭了一场。但是，这样决不能使我的心情有一点点的轻松。面对着这个我无法理解、无法排解的突然变故，我的直觉只能告诉我：我们大概是遇上了一生最严峻最严重的事情。

整个上海会议期间，没有让瑞卿参加会议。说是要背靠背。瑞卿曾恳切地向总理要求："我想去见毛主席和林彪，把问题说说清楚。"

总理说："不要去见主席，也不要去见林彪。"解铃还须系铃人，瑞卿当时想见的就是这两个人，不让见，别的人还见谁呢？

所以，我们就哪儿也没去，就呆在那个小院子里。从11号到上海，一直到17号离开，这期间哪里也没有去，就在那儿等着。参加会议的那些领导同志，谁来了瑞卿就和谁谈。我不能参加他们的谈话，只能等谈完了，听瑞卿讲一讲，他说多少，我就知道多少。

短短几天时间，瑞卿苍老了。素来生龙活虎、坚定自信的人，一下子变得无可奈何。不能参加会议，又不能去见主席，受着天大的委屈，无法辩解，也无处辩解，真是说不出的味道。

那几天，我们惟一可以做的事情，就是在小院子里走一走。那个院子有一条不到20米的通道：我们就从住房的门走到院子里的门，到了收发室往回走，就这样一来一回地走。那时已经有人在监视我们了，而实际上我们自己根本没有心思出去。

"瑞卿，我心里想不通，就是想不通。"我反复地对瑞卿说着这句话。

瑞卿一言不发，脚步异常沉重。

后来,总理和小平同志又一次来了,他们对瑞卿说:"主席说了,没有这三条(指反对林彪、反对突出政治、向党伸手),有别的,可以检查别的。"

瑞卿问:"别的有什么呀?"

回答:"你和别人的关系不好。"

瑞卿回来告诉了我。我就对他说:"关系不好,那就检讨关系吧。"

所谓关系不好,就是说瑞卿在工作中不尊重老师,刘伯承元帅听到这个说法,就说:"我这个人身体不好,进城后不能做什么工作,罗长子还是往我这儿跑.有事同我商量,我倒没有什么感觉。"

上海会议上,别的人对这个问题是怎样讲的,我就不清楚了。

16号,总理和小平同志又来了。他们告诉瑞卿:"毛主席对林彪说:'反对你,还没有反对我呢。就是反对我到长江里游泳,还是一片好意。'这是一。第二.主席说:'如果没有这三条,可以把问题先挂起来,中国有很多问题都是挂起来的,挂几百年不行,还可以挂一万年。有什么就检讨什么。'主席还说:'罗瑞卿的工作是有成绩的。这个事,我们也有责任。没有发现,及时教育。'然后,主席就对我们说:'告诉罗总长回北京,回北京再说吧。'"

总理和小平同志来那天,卓琳同志坐同一辆车来看我。他们三个在楼下谈,卓琳就上楼束找我。她劝了我一阵,我就问她:"你们是什么时候来的,发了些什么文件?"

卓琳说:"不要提了,不要提了。一这次开会和过去什么都不一样,非常神秘。我们这些当秘书的都看不见文件,都是小平同志自己装在口袋里。看完了,谁交给他的就退给谁。"

后来,薛明同志回忆说:"贺老总也是这样,发了文件就自己装在口袋里。后来,两个口袋装得满满的,也不让我给收拾整理一下。"

我又问卓琳:"你看到什么人了吗?"

卓琳说:"谁也不走动,不串门,不好串门呀。"

过了一会儿,卓琳又说:"这个问题本来可以不这样办,但是现在已经这样办了,那么就这样子吧。让总长好好注意身体。回北京后家里还有孩子,可以解解闷。"

卓琳还特别对我讲:"我跟你说的这些话,都不是小平同志的意思,也没什么文件,是我自己有这么个感觉。"

我对卓琳说:"我想不通,怎么也想不通。"那时我带着大本的毛主席语录,语录中有一段关于要做老实人的话。说陈独秀、张国焘等等不是老实人,不老实的人没有好下场。马克思、恩格斯是老央人。

我把这一段语录翻给卓琳看,还说:"我这几天就靠这一段语录过日子.要是没有这句话。我这日子就过不了。"

17日,我们和总理、小平同志、李富春同志一道回北京。在飞机上。还碰到了张茜。我问她:"你怎么一个人回来?"她说:"陈老总没开完会就走了,说他有事。”接下来，两个人又没什么话好说了。

到了北京。原来我们因为修房子而暂住钓鱼台。瑞卿很自觉，觉得那里有外宾，不好。我们就搬到西郊的新六所二号楼。因为搬得仓促，只好一一打电话给子女们，告诉他们新的地址。当时还只有14岁的女儿点点，因为不知道新家的具体位置，跑了好多弯路，很晚才回来，把我和瑞卿急坏了。我们那时最大的安慰只剩下孩子了，真怕他们再遇到什么不测。

那一段，孩子们最奇怪的是爸爸忽然间不出门了，这在他们生下来就是从来没有的事。瑞卿长时间地呆在房间里，关着门，有时是我们两个，有时是他一个人。或者，我们长时间地在院子里散步，有时。他一个人也不停地在院里走。

大孩子已经24岁了，小一点的也懂些事了，他们都表示疑疑惑惑的样子。“爸爸到底怎么了？发生什么事情了？”

每当孩子们问我，或者用他们天真的眼神问我时，我的心就像针扎一样的难受，我怎么能跟孩子们说呢？我又能给孩子说什么呢？爸爸妈妈还都弄不懂，更别说孩子了。我只好若无其事地对孩子们说：“你们的爸爸身体不好，你们多陪陪他。”

真的，瑞卿是没有精神，好像老是很疲倦的样子，话也少得多。不过，他能呆在家里，在孩子们看来是太亲切，太难得了。孩子们自然都去亲近他、爱他，这本来是人之常情，只是那些年，时间几乎全部被工作占去了，留给孩子们的少而又少。现在他总可以给孩子一些补偿了，这也是唯一没有人约束得了的补偿，充满了悲哀的补偿啊！

瑞卿变得比较喜欢和孩子们在一起，变得比以前宽和细致。孩子们在院子里或房间里玩、闹、做功课，或是大声地争论什么，总能感觉到父亲在身边，默默地望着他们。父亲是那么好，他们感到幸福。“治平，看到这一群孩子，我心里就有说不出的滋味！尤其是三个小的，那么小，那么可爱，他们一点错也没有啊！我想到自己的事情也许会牵连他们，真是万分痛恨自己，恨不得立刻将自己毁灭掉。”他说着，又流泪。

“别说这些悲观的话，事情总会弄清楚的，就是一旦弄不清楚，孩子们最终也会理解的。”这种时候，我只有忍着，不让泪涌出来，可怜天下父母心啊！

有时，也有一些小小的宽慰。一次吃午饭时，瑞卿轻松地对大家说，“将来我退休了，带上你们都回四川老家去，四川可是一个好地方啊。”

思考得太苦了，瑞卿不能不想到上海会议是主席和林彪对他的误会。总有一天，总有机会，他会解释清楚的。实在不行，带上全家回四川种田。这就是他所能估计到的最严重的后果了。

这段日子里，规定瑞卿还是照样不能外出，对我说是可以出去。但我是搞过公安的，马上就发现身后有人跟梢，我也就不出去了。

要过春节了。我们回到城里的家，南池子缎库后巷甲1号。中央一些负责的同志都来找瑞卿谈，但还是不准见主席.不准见林彪。只让写检讨，说是没有那三条错误，就有什么，检讨什么，例如：关系问题啊，和老帅的关系问题啊，还有什么严重的资产阶级个人主义的问题等等。

瑞卿一面写检讨，一面看毛选，尽量把自己的缺点错误从重检讨。写好，送上去，康生首先就通不过，说是不行，"只检讨了一些鸡毛蒜皮的小事，这个检讨过不了关，还要重写。"

瑞卿万般无奈，实在写不出来，就问小平同志。小平同志说："检讨不出来，就好好读点书，把一些事情好好想想，从思想上提高提高，花上几个月、半年的时间。"

"小平同志这样安排，还是能够接受的，我也想安静安静，想想究竟是怎么一回事。"瑞卿对我说，我也觉得这样也许会好起来，最起码会安静些。

于是，瑞卿开始认真读毛选，还读了一些哲学著作。

可是，这种安排很快就被打破了。因为1966年3月份的会议突然来了。3月3日下午，瑞卿接到通知说，毛主席和军委常委决定，开个会专门解决你的问题。

3月4日上午就开会，瑞卿思想上一点准备也没有。因为小平同志刚刚说了让他好好看书，搞个半年左右，怎么忽然又开会呢？

结果，这个会一开，问题就严重了。瑞卿一下子就被说成"反党反毛主席"。而且，一些从来没听说过的事件也被生编硬造出来。例如说，瑞卿上林彪家去说："病号嘛，就是要休息，不要占着茅坑不拉屎。"还说，瑞卿在林家走廊上把猫踢了一脚，大声说："走开。"这些事情，真像是天外来的，闻所未闻。可这些事硬是有人作证，证人就是林彪的老婆、女儿，还有秘书，统统是这些人亲自听到、亲眼见到。

这还不算，最让瑞卿受不了的是说他反对毛主席，反对毛泽东思想。这真是天大的冤枉，天大的帽子。

本来，林彪说瑞卿反对他，封锁他，瑞卿还是不怕，觉得能顶得住这些问题，我也抱着很大希望。直到三月会议之前，我们都觉得这个事情会弄清楚的。谁能弄清楚，当然只有毛主席。因为我们觉得毛主席是了解我们的。我们记得太清楚了，在上海时毛主席说过，反对你，还没有反对我。还说过，没有就桂起来，可以挂一万年。谁知三月会议一开就完全变了。瑞卿完全成了敌人，成了什么"混进党里来的阶级异己分子"、"军队中的赫鲁晓夫"，还硬说大比武是"擅自大比武"，没有向中央报告。瑞卿当然觉得不是擅自，是写了报告的。但他曾写了那么多报告，这个报告是在哪一天写的，记不清了。让秘书给查一下，秘书拒绝。想找一个文件都不可能了。另外，还有很刺耳的话，瑞卿听了从不跟我说，一是为了守纪律，二是怕我受不了。

三月的会议，瑞卿就是这样处于一种人家说什么就是什么，而且非要你自己承认是人家说的那样子。这样的挨整和整人法，真不知瑞卿是怎么挺住的，可他还要坚持不能说的话就是不说。

3月4日到3月17日，他每天早上起来，吃了饭就准备去，可是回来就不行了，连楼梯都上不动。第二天照样去，检讨照样写。他去开会，我在家就像坐在针毡上，什么事都做不下去，再好的书也看不下去，望眼欲穿地等他回来。一听到车响，我就赶紧到楼梯下面接他，把他扶上来。每天都是这样。问他，他也不说，不吃饭，催急了，吃一点点就放下了，晚上也不睡觉。我怎么放心得下呢？就过一会儿去看看他，他头也不抬，就在那儿写检讨，他把窗帘拉得严严的，谁也看不见。我束手无策，真怕啊！

3月18日，我做梦也想不到，更可怕的事情发生了。那天，孩子们一早都去学校了，家里只有我和瑞卿两个人。吃过早饭，忽然有人打电话通知瑞卿，说会不开了。这么多天来，这个会使瑞卿受尽了折磨，他怕开，可又更怕不开。接了通知后，他一个人失神地坐在办公室里。

"怎么搞的，看东西也看不下去，睡也睡不着，坐也坐不住，这日子什么时候才能完呢？"我走进去，轻声跟他说。

"我也是这样。"他无力地说。

"现在有一本小说，我看还不错。"

我想让他松一松心，就说起别的。

"你觉得那本书好，你就去看吧，我一个人坐在这里想一想。"瑞卿分明声音很轻，而我听来却那么沉重，那么急切。

我无可奈何地拿起书，到隔壁去了。

我走后，瑞卿迅速给我写下了遗书。

之后，他像平常一样推开我的房门，看到我仍然拿着那本小说在看。我抬起头，他只轻轻说了一句："你在这里好好看书吧。"又轻轻关上了房门。这举动太平常了，我甚至都没想到再抬头看他一眼。

整幢房子依然静静的。瑞卿走回自己的卧室，轻轻地掩上门，脱下日常穿的睡衣，换上了一套洁净的睡衣，轻手轻脚地登上通往顶层的楼梯。

顶楼一直没有人住。解放初期，这幢房子是一个逃往海外的资本家留下的。三楼是一个储藏室，长年不见阳光，存放着这幢房子里最原始的一些物件，几个又笨重又阴森的木箱子和黑乎乎的大柜子。通往楼顶的平台，只有一扇狭小的窗子。

那天，天色灰蒙蒙的，四周是无声世界。楼顶上发生的一切，更是悄无声息。我是忽然听到有人喊，这才知道大事不好，当我不知怎么冲到楼下的院子时，鲜血和恐怖已经包围了这个院子，救护车已经开进了门……

在车上，瑞卿一直昏迷不醒。到了北京医院，人们把瑞卿抬上三楼。

我像是做梦，又实实在在看到了，看到的是现实，血淋淋、活生生的现实啊！

没有一个孩子在身边，没有一个人能帮我。我几乎是麻木地跟着抬瑞卿的人往楼上走。

迎面碰上了汪东兴。汪东兴叫住我，对我说："中央让我告诉你，中央和毛主席是爱护你的，是保护你的，是关心你的。"还说，这几条对瑞卿也适用，要我转告他。说着,他还要早点回家,说他有事,要找我谈。

我当时心里揪成一团,答应了一声,就赶紧往上走。

等到瑞卿慢慢苏醒过来了,我就把刚才汪东兴说的那套话告诉了瑞卿。

瑞卿听后,脸上没有什么表情,也没说什么。他只是告诉我说,他的抽屉里放着给我的东西。当时,旁边也有秘书等人。

下午三点多钟的时候,我看到瑞卿的情况平稳了一些,又记挂着抽屉里的东西,就回家了一趟。

家里。汪东兴已经在等候。看到我,他把那一套话重复说了一遍.然后叫我去吃饭。我哪里吃得下东西呢?就谢绝了他的好意。

汪东兴说要到楼上去看看,我就说:"我和你一起去看。"他起先不让我去,可是我固执地坚持要去,我说:"我就是要上去看看,这有什么关系。"一边说,一边就往上走,走到三楼的楼梯口,汪东兴就硬拉着我,说什么也不让我上,我只好作罢,站在楼梯口等着。

汪东兴他们几个人上去看了一下,没说什么话,就坐上汽车走了。

这些人一走,我就急着找瑞卿说的东西。可是在抽屉里翻了几个遍,怎么也找不到。我就去问秘书,秘书支支吾吾,说已经上交了。这时,我忽然想起来瑞卿说这话时秘书也在场。

我一听说上交了就急了,说:"那是给我的东西呀,为什么要交上去?我一定要看看,无论如何要看一看。"那些人没办法,商量来,商量去,还是把瑞卿写的东西拿来了。不过,他们不让我碰,由他们拿着,只准我看一下。这就是瑞卿写给我的绝命书:

"治平,会议的事没有告诉你,为了守纪律……永别了,要叫孩子们永远听党的话,听毛主席的话!我们的党永远是光荣的、正确的、伟大的,你要继续改造自己,永远革命!"

我的泪一下予涌出来,模糊了双眼,我的心真的碎了……

孩子们什么也不知道,虽然瑞卿的血迹是第二天才派人揩去的。孩子们只是被告知,他们的父亲因感冒发烧而住院。作为妻子和母亲的我没有别的路,只有独自承担一切。

那天晚上,我几乎是在窗前站到天亮的……

由于瑞卿以这样的方式进行抗争,三月的会议不得不就此中断。瑞卿哪里知道,这远远不是最后的抗争,而只是更大的苦难的开头啊!

瑞卿的问题又升级了,变成了抗拒党中央、抗拒毛主席,就成了叛党。而此时,"文化大革命"正在全国兴起,瑞卿作为这场"革命"的最早的对象,他的问题已经公开化。孩子们在学校也受到了质问和不公平的待遇。

再也瞒不过孩子们了。可是瑞卿又到底算怎么回事,怎样和孩子们说呢?他们大多都才十几岁呀!

我只好去问领导,领导说,去问瑞卿。问瑞卿,我们相对无言,只有痛苦的沉默啊!

终于,我鼓起勇气和孩子们讲了。作为母亲,我毫无考虑后果的余地。结果,小一点的孩子决定和父亲划清界限。我和瑞卿当然很难过,孩子们受的是正统的教育,党和毛主席在他们心中是至高无上的,我们不也是这样吗?

3月18目的事件以后,瑞卿摔断了左脚的骨头,在医院住了9个多月,这9个多月,我最感安慰的是我可以去看瑞卿。

从感情上讲,我真愿意就留在医院里,天天守着瑞卿。但那时人家正在逼我划清界限,我表面上还得注意"影响"。

我只好忍着巨大的心痛,隔一天去一次医院。每次去,都有人在那里坐着,我就不敢对瑞卿说什么,其实也不知道要说什么。当然有时还是悄悄告诉他一些外面的消息。

当时,是彭真同志在处理瑞卿的问题。我就去找他。我对他说:"瑞卿这种方式当然是错误的。但是,他究竟有什么问题呢?"

我还不知道,彭真同志自己的处境已经很困难了。他无法正面回答我,只能安慰我,让我不要着急。还对下面的人说:"你们收东西,把孩子们的东西收起来干什么? 还给他们。"

4月里,我还是隔一天去看瑞卿一次。

4月3号是我们结婚的日子。我没有按照隔一天去一次的规定,4月2号我去了,4月3号我又去了。

4月3号这天临去医院时,我流着泪,从院子里采了两枝丁香花,还摘了两朵海棠花,悄悄装进了口袋里。进了病房,我一面把花捧给瑞卿,一面背过身去,不愿让他看到我的脸……

"治平,你还记得啊! 我……"他激动得说不下去了。

平静了一会儿。我的思绪仿佛又回到了当年。

"我怎么会不记得。瑞卿,我们结婚的时候,太行山已经开始春耕啦,我们住在一幢二层的在当地算是比较好的房子里。结婚那天,我们俩站在小楼上,太阳温和又明亮。刚下过雨,新翻的泥土让太阳一晒,发出一阵阵说不出的清香味。那天我才知道,泥土真的是香的,是一种一尘不染的清香,那感受深刻极了,什么时候也忘不掉。"

"是呀,还记得那首歌吗? 红日照遍了东方,自由之神在纵情高唱……"

"看吧,千山万壑铁壁铜墙,抗日的烽火燃烧在太行山上……"未等瑞卿再念那歌词,我已经接过来。

很长一段时间了,我们第一次心情敞亮地说了些旧话。事已至此,我们已经深深地知道了,不可能有向毛主席解释的机会,我们已经深深地明白了,"欲加之罪,何患无辞",我们不报任何希望地听凭命运的安排。

5月,中央召开了政治局扩大会议。正式提出了关于彭、罗、陆、杨"反革命集团"的问题。

6月,中直机关在中南海开了声讨"彭、罗、陆、杨""四大家族"的会。他们把我叫去,让我站在台上。我哪里经过这样大场面的公开批判,心里上实在－承受不了。

会议开完之后,又逼我揭发瑞卿的问题,要我交待瑞卿是怎么反对毛主席和林彪的,期限定在7月3日。

我千思万想,实在没有什么可以交待的,以前所有的事情,回想起来都让我觉得瑞卿是那么真心真意地追随毛主席,那么真心真意地爱戴他。越想越对眼前的一切想不通,越觉得冤枉、委屈、痛苦。

这一天正好是7月1日,党的生日。离他们限定的日期只有两天了。可是怎么办呢?晚上,我的心怎么也静不下来,怎么也容纳不下这么大的痛苦。

那时大孩子都住校了,只有最小的儿子了了回家,他住在楼下,我一个人在楼上。我想到大雪纷飞的夜晚去找共产党,想到15岁到延安,4个月就转为正式党员,跟着党20多年,连孩子都生在敌人的炮火下,吃了多少苦。又想到瑞卿更是这样,受过多重的伤,棺材都打好了,死了几次的人。可那是国民党,是日本人,是敌人呀。

"现在,为什么自己人也这样对待我们,把人往绝路上逼?瑞卿已经成了那样,他们竟赶尽杀绝,连一个人也不放过。"再想想我和瑞卿ZO多年如一日,夫妻恩爱情深似海,他们竟不准我去医院看一眼,简直是当敌人对待,简直不拿我们当人看待。还想想,连孩子们都在学校里受欺负,我这个当妈的,连自己的孩子都保护不了,又不让工作,活着还有什么意义呢?真是生不如死啊!

自从瑞卿出事后,秘书们把家里的药都收走了,但我当时多了个心眼.把剩下的安眠药装在一个瓶子里,藏在了厨房里曲冰箱里头。

吃药的念头有好几次了。

这天晚上,再没有什么比这个念头更强烈。

"了了,你才十几岁,妈妈舍不得你啊,就是因为你,妈妈才活到了今天。可是,妈妈今天真的活不下去了……,孩子,原谅妈妈吧,妈妈是永远爱你们的……"想到这里,我心如刀绞,又想再去看孩子一眼,母亲的心啊!

可是当我走到二楼楼梯转弯的地方时,却再也没有勇气走下楼去了。我终于没有去看孩子。我拿了药,就回到屋里,把门锁上了……

这是1966年7月1日,是共产党的生日,郝治平,这位15岁就加入共产党,有近30年党龄的老党员,竟被迫以自杀来解脱痛苦。

但她和罗瑞卿一样,没有死成,她被发现后送医院抢救,她活过来了。这一天是7月3日。

1966年12月20日深夜,罗瑞卿被红卫兵从医院抓走,同一天,郝治平也被从家里抓走,关到总后勤部大院的一座楼上。红卫兵强迫她面壁而坐,墙上贴着丑化"彭、罗、陆、杨"的漫画。

"不管他们又要搞些什么,我反正无所谓了,就不知瑞卿怎样了?孩子怎样了？……”想起丈夫和孩子可能遭到不测，郝治平心里阵阵发冷。

天亮时，郝治平又被拉到高等军事学校，关在三楼的一个房间，外面有红卫兵看守着。由于不知要多久，也不知要干什么．冻得直发抖的郝治平提出要穿上棉衣，可他们不答应。

第二天，关郝治平的房间里来了一个穿军装的人。这个人一进门就很凶地对郝治平吵：你这个人，连买个牙膏和肥皂都说不清楚，怎么搞的？可一进屋见了郝治平，他马上小声说：“我给你把棉衣棉裤送来了。我到你家里去了，孩子们都很好。我去的时候他们还在看电视呢，放心吧。”

这个人是谁呢？郝治平一下子想不起来了，只好愣愣地望着他。

“我去过你家，”他悄悄地告诉她。

“你叫什么名字？”郝治平连忙压低嗓门。这时候，她多想记住每一个好人啊！

“北戴河，钓鱼。”那人摇摇头，不告诉自己的名字，只说了这几个字，仍旧大吵大嚷地喊了些什么大步走去。

郝治平一下子想起来了。原来，这个人曾来郝治平家替过卫士长的班，替班那天正好是星期天，全家人便去北戴河钓了一天鱼。多善良的人啊！郝治平1974年从狱中出来后，曾到处找他，结果保卫部没有，警卫处也没有，又不知道他的名字，终于还是没有找到，只留下了深深的遗憾。

这些棉衣棉裤送得太及时了。

4天以后，郝治平被押往北京东郊工人体育场。那里要召开10万人的大会，批斗所谓“彭、罗、陆、杨反革命修正主义集团”，郝治平是当然的“陪斗”者。

她和彭真、陆定一、杨尚昆等数十人站成一排，脖子上挂着沉重的木牌，牌子上写着碗口大的黑字“郝治平”，名字上还被划上了“×”。身后，两个膀大腰圆的红卫兵扭着她的臂膀，极度的扭曲使她整个头部不由自主地向前弯着。这种非人的“政治待遇”．在场所有的被批斗者无一例外。这就是“文革”期间整人的最普遍最流行的臭名昭著的“喷气式”。

然而，这些屈辱都不是郝治平不能忍受的。

令她心碎的是这样的场面：罗瑞卿被几个穿军装的造反派塞在一个箩筐里，头几乎紧贴着双膝，双脚搭在筐外，那只跳楼跌断脚骨的脚还缠着绷带，绷带一头已散开拖着地面，未愈合的伤口还在一滴一滴往下淌血……他是被这样野蛮地抬上“批斗台”的。

郝治平穿着中式棉袄，领扣扣得很紧，被人揪着脖领子，不一会儿就喘不上气来了，眼看她快要不行了，揪她的人才松了手。可穿着大头皮鞋的红卫兵们还是不停地朝她身上、腿上乱踢。还有人跑上来照相、拍片子，郝治平受不了这种侮辱，就拼命把头埋下去，不让他们照，她越是这样，在后面揪的人就越恼火，死命地扯她的头发。还有人在喊：“给他们合个影吧！”

“抬起头，让他们照！”罗瑞卿见状，大声对妻子喊道。

郝治平听着这熟悉的声音,有如一股暖流涌上心头,不觉眼睛一亮,就把头抬起来了。她心里想:"瑞卿说得对,我们又没有罪,怕什么?"

也许是瑞卿口气里的正义感太强烈了,一个红卫兵不禁火了:"罗瑞卿,你还有什么了不起的!"

"你们要照就照吧!"罗瑞卿还是大声地说道。

真是患难夫妻,任凭风狂雨骤,他们都在互相爱护、互相鼓舞,他们的心,永远在一起……

连续的批斗之后,几乎瘫了的郝治平终于挪回了家里。她首先想到,要到每个房间里去看看孩子,她是母亲,只要一息尚存,她惦记的是孩子。

她却看到只有她的房间里亮着灯。走进屋里,她就看到桌子上放着一杯水,两粒药片,杯子下面,压着一张纸条:

"妈妈,等您等得太晚了,我们先睡了。您吃了药,好好睡一觉吧。朵朵。"

郝治平的泪又流下来,止不住。"懂事的孩子啊,你们在严酷的斗争中真的长大了……"

此后,郝治平家里,不断的有人来冲击,郝治平的身上,不断地有鞭子抽打的血痕。对这些,郝治平一咬牙.全都撑过来了。她时常给自己打气:只要我在,孩子们在,这个家就在,我们一齐等瑞卿,一定等他回来!

但是,她等来的是更残酷的迫害。

1968 年 2 月 29 日,郝治平被关进秦城监狱。

"历史,真的是开了个天大的玩笑啊!真的让党员住进党的监狱吗?"尽管早有了思想准备,郝治平还是吃了一惊。

秦城,是她熟悉的地方。这是她洒下汗水的地方啊!当年,她在公安部工作的时候,曾来参加过修建秦城监狱的劳动。欢快的劳动之余,她和同伴们曾那么新鲜地研究了安置在囚室门上的瞭望孔。她曾从小孔的外面往里面看。居然可以看清里面的一切,而从里面往外看,却只看到很小的一点点亮光。她还和同志们轮换着做过"尝试"呢!

如今,这"尝试"变成了现实。她成了真正的"女囚"。

审讯室。几乎每天都有提审。

对自己,郝治平无所谓。她知道,他们绝不会放了她和她的丈夫,而家里,一大群没爹没娘的孩子,谁来管呀!

入狱不久,郝治平提出了这个问题。

"你们要告诉我,我的孩子们怎样了?不管大人有什么事,小孩没有罪。对孩子,你们是应该保护的。"

"你现在没有资格问你的孩子。你如果想知道孩子的情况,就看你的态度了!"

郝治平顿时沉默。她明白,这个问题再也无须提了。对他们,她的态度能好吗?所以,狱中 6 年,郝治平再也没向他们问过孩子。6 年啊!无时无刻,孩子都在揪着她的心啊!

郝治平一个也不认识那些审讯她的人,或者,一个也认不出来。因为这些人不但经常换衣服,如海军的穿空军的服装,空军的穿海军或陆军的服装,而且一律都带着又大又黑的眼镜。

无休止地提审,无休止地问着同样的问题,无休止地写"揭发材料"。

终于有一天,他们对郝治平彻底失去了"耐心"。

"你这个女人太狡猾!这么长时间了。你说来说去,写来写去,说的、写的都一模一样。你说,你到底还想不想出去了!?"

"我当然想出去。我根本就不该进来,是你们硬要这样做的。"

"你老实说,罗瑞卿擅自大比武,搞反党篡军,你又为什么表现得那么积极?"

"大比武,不是擅自。《人民日报》头版头条那么大的大红字都报道过了的,肯定过的,你们要是有本事,就把《人民日报》统统收回来好了,把历史统统倒回来重写好了,还要我说什么?我说的又算什么?"

"你为什么去看大比武,主要说清楚在十三陵水库游泳那一次,你为什么有那么大的劲头?"

"要看大比武,是毛主席亲自提出来,亲自要求去看的。那一次本来没有我的事,是主席让汪东兴通知我去的,汪东兴告诉我说,'主席让你去游泳。'我就是这样去的。现在这些人还在,你们自己去问吧!我说了,你们又不信,那就问他们好了!"

"郝治平,你不老实,你到现在还在为罗瑞卿说话,还在诬蔑无产阶级司令部的人!你必须把你写的这些东西统统烧掉!"

"我认为我很老实,我没有讲一句假话,至于说烧材料,你说烧掉就烧掉,反正事实是烧不掉的。我告诉你们,我已经看透了,假话我不会说,真话你们不让说,那么,这种审讯还有任何意义吗?"

"你到底要怎么样?"

"反正我是连被枪毙时要唱的歌都准备好了,随你们的便吧!"

这以后,审讯的次数真的少了。成堆的臭气熏天的犯人的被子却被扔进了郝治平住的勉强转身的监房。正是盛夏,监房闷热得让人喘不过气来。他们要拼命惩罚这个不老实的女人。

"这个监狱现在不知关了多少好人,既然是他们的被子,我就好好地拆洗干净。"郝治平心里想着,吃力地洗起来。一天就是5床被子。汗流满面,遮住了眼睛。郝治平就用拆被子的碎线,把头发往上扎起来,马上被看见了。

"不准扎头发!取下来!"有人厉声斥道。

取下来就取下来,郝治平知道说什么也没用。

一连好多天这么拆洗,把被子拆洗了一遍,郝治平被过度的劳累折磨得不会动弹了。一天,胸部猛然痛得支持不住。

于是,郝治平被用黑布蒙上眼睛,戴上手铐,塞进汽车里去"看病"。长期关押，身体极度虚弱，她晕车，呕吐，诊断结果：乳腺癌。医院不得不为她草草作了手术。

郝治平在监狱里整整关了6年。

她的长子被开除军籍，强迫去四川老家做工，次子被专案组囚禁长达5年，两个女儿去了陕北农村，最小的儿子也去了东北边疆。全家10口，除了三个坐牢的外，全被赶出家门。郝治平的父母“文革”中也遭受骇人听闻的迫害。他们都被赶出北京，押送原籍，接受“革命群众”的“监督”，风烛残年的母亲行动不便，竟和罗瑞卿一样，也用箩筐抬着游斗。死后只许用破席裹尸，草草埋葬。老父亲不堪屈辱与折磨，在老屋中悬梁自尽！

林彪自我爆炸后，事情有了转机。1973年11月，罗瑞卿重见天日，结束了长达7年的囚禁生活。但代价极其残酷：他永远失去了一截左腿。

1974年1月5日，郝治平走出秦城监狱的牢房。

“孩子，你们的爸爸在哪里？”这是她恢复自由后的第一句话。

“爸爸在医院里检查身体。”一个孩子连忙回答。

“爸爸精神很好，你去看他就知道了。”孩子似乎很小心，却适时地答复了妈妈。

北京医院。通向病房的长廊里静静的。

郝治平被孩子们搀扶着，稳稳地走进了丈夫的病房。

听到门声，罗瑞卿已欠起身子，四目相对，郝治平扑向丈夫，紧紧地握住了那么熟悉、那么温厚的手。那手在不停地颤抖着。猛然间，郝治平意识到孩子们好像对她隐瞒了什么！

她定定地望着丈夫耶显得苍老、又显得更坚定的脸庞，用自己苍白得毫无血色的双手往下抚摸着……”“啊？”她的手顿住了，她摸到了一条没有骨肉的裤腿，一条空空的裤腿……

“瑞卿，我来迟了，太迟了啊！”郝治平万箭钻心，号啕大哭起来！顿时，病房里哭成了一片……

“不要紧，只要心脏还在跳动，就能继续为党工作下去。”她对丈夫，也对自己说。

罗瑞卿出院那天，建议全家人都到天安门广场去。汽车缓缓地开过天安门广场，在金水桥前，大将艰难地欠起身子，朝着城楼上的毛泽东巨幅画像，端端正正地行了军礼。郝治平和孩子们投来崇敬和惊疑的眼光。郝治平默默地流下了激动的泪水。

毛泽东作了自我批评，承认听了林彪一面之辞，“错整了罗瑞卿同志”。他还向军队的高级干部讲过这样的话：“小平讲，上海会议的时候，对罗瑞卿搞突然袭击，他不满意。我赞成他。”

毛的话传到罗瑞卿、郝治平那里，他们无比激动。

劫后余生的罗瑞卿和郝治平，见到了周恩来和邓颖超，也看到了德高望重的朱德和夫人康克清。周恩来安慰他们:“一切仇恨都要集中于林彪身上,一切恩情都来源于毛主席。”

1974年底,罗瑞卿被准许到福州去治腿,郝治平与女儿点点同往。这是大将夫妇劫后一段温馨柔美的时光。

他们被福州党政领导精心安排在一个美丽宽大、被高高的玉兰和木棉树遮掩的大院子里。每天清早,他们体贴地互相问候。整整一个白天,他们在亲切地、无休无止地交谈,到了晚上,又千叮万嘱依依不舍地道别。每日三餐,他们都很细心周到地互相夹菜,生怕对方没有吃好。

罗瑞卿有了这样的心理和外部环境,加之治疗和顽强的锻炼.竟真的创造了医学奇迹。

那是一个雨后天晴,空气清新的早晨。郝治平和女儿各走一边,陪着罗瑞卿在院子里练习走路。

忽然,罗瑞卿停下脚步,声音发颤地对她们说:“今天,我要试一试。”母女俩一时没有完全明白他的意思。罗瑞卿直直地站在原地,先是不由分说地把架在腋下的一支拐杖递给了女儿,紧接着又利落地把另一支拐杖递给了妻子。

母女俩顿时大惊失色。郝治平连忙想上去扶他,女儿赶紧把手中的拐杖递还给他。

然而,罗瑞卿用坚定的眼神止住了她们。他满面红光,朗声笑着说:“我站起来了。”这奇迹竟使母女俩目瞪口呆。

等女儿点点明白过来时,马上飞跑上楼,取来了郝治平的那架老牌的德国相机,拍下了这珍贵的镜头。

1975年4月,郝治平因事从福建暂回北京。宽大的院子里通常只有罗瑞卿与女儿点点两个人。此时,柔肠百转的罗瑞卿大将写下了他的《忆往事书赠治平》:

“去年十月来闽治病,时近半年,初见成效。近日治平因事回京,这里只留我与点儿两人,颇感大有所失。

我与治平在抗日战争最艰苦的1941年结婚。咬紧牙关,渡过两年,这是当时毛主席对抗日根据地的党政军民的庄严号召。婚后在太行的岁月,确属艰苦难熬的岁月.但也是感到十分美满幸福的岁月。这是我们的骄傲,亦足见我们相爱之革命基础及其情真心挚。打倒蒋介石,全国胜利后,我们先后同在公安部、军队总参谋部工作达17年之久。

1965年12月,林贼因我们坚守主席和党的阵地,拒绝上他们的贼船,竟以突然袭击的卑劣而又奸险的手段对我们横加诬陷,百般折磨,对待我们甚于对敌,致我腿残身病。某些方面,治平所吃的苦头比我还多还大。

“九·一三”事件后,我们重见光明,家人团聚,喜出望外。林彪自我爆炸,我们能见这群逆贼的可耻下场,实为平生最大快事。

本年4月3日为我们结婚34周年,时光易逝,好景却长。我们之间时日愈久，相知愈深，感情愈厚！公不离婆，秤不离砣，水乳交融，牢不可破，此之谓也。”

1976年9月9日。一代巨人毛泽东与世长辞了。这时，郝治平在福州陪同丈夫医治腿疾。噩耗传来，大将夫妇抱头痛哭。他们为此生再没有机会见到主席而悲痛不已。可是，“四人帮”的喽罗们却设置了种种障碍，企图阻止他们夫妇赴京参加追悼活动。

“治平，主席活着时我们没能见上他，已经是此生最大的遗憾了，如今他去世了，我们一定要最后见主席一面，一定要参加追悼会！”担任中央军委顾问的罗瑞卿急得呼喊了起来。“我一定跟着你去！”就这样，他们急匆匆毅然赶回了北京。

站在主席的遗体旁，大将夫妇泣不成声，在走过主席身边时，大将坚持从轮椅上站起来，让亲人搀扶着走过。

9月18日，首都百万人在天安门广场为毛泽东举行追悼大会。郝治平一直陪着丈夫，而丈夫坚持和所有的人一样，从开始一直站到结束，在这半个多小时的追悼会里，大将夫妇不停地流着泪，像孩子一般痛哭失声。

1977年8月，罗瑞卿重新担任中央军委秘书长，由于工作安排很突然，秘书班子来不及建立，郝治平便仓促上阵，担负起秘书的主要工作。一个年过七旬，一个年近花甲，却当起“拼命三郎”。罗瑞卿说：要把72岁当27岁！

1978年郝治平患恶性乳腺癌，并扩散到肺部。重新焕发的青春、老伴和孩子们无微不至的关怀，赋予她奇迹般的力量。她作了肺叶切除手术，康复了。

1978年7月，罗瑞9即决定到联邦德国去做手术，他多么渴望丢掉轮椅，和健康人一样用双腿行走和工作！他失去的时间太多了。

郝治平陪丈夫同去。7月18日，专机降落在波恩机场。

一安顿下来，罗瑞卿夫妇马上给日夜牵挂的儿孙们写了信：

女儿们，媳婿们，并两个小孙孙：

妈妈和我身体都好。只是人地生疏，语言不通，总有些感到不习惯。再加上资本主义的社会，我们虽然接触不多，但也看到一些等级森严，也感到有些看不惯。好在这里气候温和，风景优美，大自然也给了我们远离祖国并且有些想家的人以安慰。

这里是资本主义文明高度发达的国家。确实有科学、有文化，可惜的是这些主要的部分还掌握在垄断集团或大的财团手里。不经过革命，不经过所有制的改变，这种情况是不会改变的。但我们现在正建设着社会主义社会，有些东西应本着马列主义、毛泽东思想，以及党的十一大路线的原则，利用矛盾，使一些东西怎样为我所用，为我服务。这看来是一门很大的专门学问，是值得好好研究和探讨的。爸爸妈妈对此只有肤浅的感觉，而林彪、四人帮的这些蛀虫们，对国家、对人民、对我们这一代及子孙后代犯下的滔天罪行，实在是使人感到：不知应如何处置他们才解恨！

爸爸下星期三就要动手术了。据观察可能如愿以偿，虽然要冒点风险，但大致不会出什么意外的，你们放心！

这里的我国大使及大使馆的同志们对我们很好。他们的阶级情谊实在使人感动。

医院里的教授专家们,因为我们大使馆的工作做得好,虽然我们的世界观不一样。但就医疗这一点,他们是全力以赴的。

其余由妈妈写。亲你们,亲我们的两个小孙孙。

(以上为父亲亲笔)

今天我从大使馆到医院看爸爸(两百多公里,汽车走了两小时三十分)。要他写几个字给你们,他一写就是一大篇。爸爸现在一切情况都正常,有的比在国内还好些。例如咳嗽比在家里少,也容易些。可能与这里的气候好有关系。医生经过各方面检查后说,比他们原来想的要好。二日决定动手术。爸爸妈妈都有信心。

因为,教授、医生说,我们虽然不是上帝,但一定会尽一切努力治好。大使馆的同志都对我们很好,你们也放心好了,一日下午,大使和我就都到医院附近的一个旅馆住几天,这样看护爸爸方便些。等动完手术后妈妈再写信给你们……

在外面的爸爸妈妈很想念你们,祝愿你们工作学习得更好,身体健康!等爸爸动完手术后身体更健康,咱们全家就可以更努力,更多地、更愉快地为人民做更多的工作。

毅贝儿想爷爷奶奶,爷爷奶奶也想毅贝儿,坚贝儿。希望回去后你们两个小孙孙长得更健康,更懂事了。亲所有的孩子们,亲我们的小孙孙。祝你们进步,健康!等候爸爸的好消息。

爸爸、妈妈 1978.7.31

1978年8月2日,接受高位接肢手术的罗瑞卿进了手术室。手术室外,郝治平焦急地等待着。

中午12点左右,又传来消息:“手术顺利完成,人很好,一切正常。”

盼到这个盼望已久的结果,郝治平顿时抽泣不止,继而掩面失声!她是多么高兴,多么激动,多么想笑啊,可是眼泪却不听使唤地流下来。“瑞卿,你真不容易,真不容易啊!”

手术结束了。郝治平要去见丈夫。医生又拦住了,说是怕手术后的感染。

郝治平只好再等。她没有理由不等,因为一切情况都是好的。

傍晚时分。罗瑞卿从麻醉中清醒过来。他高兴地用英语对手术医生说:“晚上好,谢谢你。”

医生替他把术后的左腿搬动了两下,说:“明天你就可以下床了。”两个人都笑了。

此时,郝治平在外面等消息。她已经知道了所有的好消息。

一切平稳,一切正常,一切很好。但郝治平还是不肯离开医院,她要一直等下去,等到可以亲眼见到丈夫的时候才放心。

可是,在场的人们怕她过度劳累,纷纷劝她回旅馆休息。这时,已是深夜十二点多了。

郝治平心神不安地回到旅馆，草草洗漱一遍，就熄灯躺下了。这时，电话忽然紧声响起来，说是病情有变化，不及放下电话穿衣服，接着就有人敲门。

郝治平马上意识到大事不好！慌乱中，她脑海里一片混乱，不知怎样赶到病房的。这时，她看到了最可怕的场面：医生们正用什么仪器在做着无效的努力。丈夫双眼紧闭，心脏已经停止了跳动！

波恩时间8月3日凌晨2时40分。突发的心肌梗塞无情地夺去了罗瑞卿大将宝贵的生命……

抚摸着丈夫慢慢变凉的手，郝治平哀哀欲绝。任人怎么劝，怎么拉，她是死也不肯再离开丈夫一步了！

在场的人们拭着泪，不顾郝治平疯了似的呼唤和挣扎，十来个人连接带架，硬把她从罗瑞卿身边弄走了。

可是，郝治平已经失去了理智，“放开我，你们放开我，我不走，我不能这样离开他，我离不开他，我不能就这样没有他……”医生无奈，只好为她打了镇静剂……

5天之后，罗瑞卿大将追悼会在人民大会堂举行。天安门、新华门、外交部下半旗致哀。

现在年近八旬的郝治平正在安度幸福忙碌的晚年。1978年8月大将去世至今，她以第四、五、六届全国妇联执委、大将夫人、总参谋部正军级干部等特殊身份离休，但她“离而不肯休”，20年来，郝治平先后兼任的社会职务有：中国老年书画研究会副会长，中国中小学幼儿教师奖励基金会特邀理事，中国儿童少年基金会理事，中华老人文化交流促进会副会长，中国老区建设促进会理事……

走马相亲定恋情

——许世友夫人田普

他19年渺无音讯,妻子被迫改嫁。

他是最具传奇色彩的红军将领。

战友们在婚礼上开他的玩笑:"你这少林和尚能讨老婆,我们为啥不能?"

他受了冤枉,她却和他"划清界限"。

他第三次婚姻,才找到情真意切的终身伴侣。

他对"造反有理"特别反感:"造狗屁的反,把老子都造死了,还有儿子吗!"

她劝丈夫:"不要不服老,未来的世界是年轻人的。"

许世友一生中有过三次婚姻。三位妻子:第一位因许世友久无音讯,为生活所迫而改嫁;第二位,长征中并肩携手,因政治风波离他而去;第三位定情于胶东,伴他走完了颇具传奇色彩的人生。

许世友第一次结婚是在攻取新集(今河南省新县县城)以后,这是1981年冬天的事。

打新集,许世友一战扬名。他率敢死队深夜潜入县城(今犹健在的罗应怀将军便是敢死队中的一员),刀劈敌守军团长孟云清,生擒敌县长刘芳,威逼刘芳下令守城敌军向红军攻城部队投降。

新集县城的解放不仅解决了根据地的心腹大患,也成了鄂豫皖根据地的政治中心,被誉为"赤都"。

1931年11月7日,七里坪红旗招展,锣鼓喧天,红四方面军于这一天成立,由徐向前任总指挥、陈昌浩任政治委员。

许世友因军功由营长升为红11师31团的团长。

数日后,许世友率一个由12名战士组成的手枪班回到了阔别3年的故乡许家亲。

这一年,许世友25岁。对于一个终生保持农民本色的将军,在60余年前即使有一点"衣锦还乡、光宗耀祖"的欣喜之情,也是很自然的。

在家乡,许世友仅住了4天。在母亲的主持下,他与3年前便已订下婚约的朱家湾姑娘朱锡明成了亲。迎娶新娘的场面不仅热闹,而且别开生面,吹鼓手在前引导,新郎许世友穿长衫、戴礼帽,胸前红绸披挂,骑一匹高头大马,满脸喜气洋洋。抬花轿的是红军士兵,两旁前后还有全副武装的红军士兵护卫开道。

4天后,许世友离家归队,从此一去不返,朱锡明却怀了身孕。10个月后,生下一男孩,取名许光。上有婆婆,下有幼子,朱锡明望眼欲穿,丈夫却渺无音讯,为生活所迫,她被迫改嫁他人。许光是许家的根苗,婆婆留下自己抚养。

祖孙二人相依为命,过着极为艰难的日子,苦熬了19年,许光长成了大小伙子。

1949年,新中国成立了。有人在报纸上见到了山东军区司令员许世友的名字,消息飞快地传到了许家洼,已经19岁的儿子许光高兴得快发疯了。

几天后,许母托人给许世友写了一封信,让许光揣着.千里迢迢去济南城寻找亲生父亲。

父子俩的见面是极富戏剧色彩的。

1950年的3月,一身粗布衣衫的许光来到了陌生的济南城,一路打听,到了军区大院门前。

就在卫兵询问情况时,一辆轿车从外面缓缓驶进了大院。轿车停下,从车上下来了许世友。

值班军官赶紧上前报告:"报告司令员,河南新集来了一个年轻人,他说……他有重要事情找你。"

许世友一听从家乡来的,大步向许光走去。

"小伙子,我就是许世友,也是河南新集的,你找我有什么事?"

小伙子愣愣地瞪着他,仿佛不相信似地问:"你真的是许家洼的许世友?"

许世友听他说到许家洼,也有些吃惊了。

"这还能有假?"

小伙子喜泪汪汪地叫了起来:"你要真是许家洼的许世友,就是俺的亲爹!"

许世友浑身一震:"你,你有何凭证?"

"有。俺有奶奶写给你的信!"说罢,许光急忙从怀中掏出奶奶托人写的信,交给了许世友。

许世友看罢信,泪如泉涌:"儿啊,俺就是你爹,俺就是你亲爹!"

许光就这样走进了父亲的家庭。令他感到吃惊的是,父亲的家中有他不认识的一位"母亲"和几位"弟弟妹妹"。

正因为第一次走出大别山的许光对此不能理解,故而,在父亲急切地向他询问亲人情况时,他有意隐瞒了母亲早已改嫁的情况,说她早就死了。

许世友安排儿子参军后,又派人去新集接来了老母亲。

从母亲口中,他才知道了结发妻子还活着,只不过早已做了他人之妻。

许光后来从海军部队回到新县武装部工作,除了替父亲侍奉不惯城市生活坚持回老家的奶奶,也有照顾他亲生母亲的意思。

许世友的第二次婚姻成于1934年10月。1932年,由于"左"倾路线的错误,红四方面军离开了鄂豫皖,转战到川陕边,开辟了川陕革命根据地。1934年秋,红四方面军粉碎了敌人“六路围攻”，力量有了很大的发展。全军扩展到5个军8万余人，根据地扩展到22个县，人口500多万，成为川陕根据地的鼎盛时期。

许世友因功勋卓著，名冠三军，由红25师师长被提升为红九军副军长。

环境好起来了，许多从鄂豫皖过来的老红军思乡心切，而且他们大都成了军队的各级指挥员，不少人都想趁战事稍停的时候成个家。鉴于胜利后出现的这一特殊情况，总部下发了允许红军副军级以上的指挥员与当地群众结婚的文件。

许世友为这个文件的首批受益者。

与他同时在通江天主教堂（时红四方面军军需部所在地）举行集体婚礼的还有红九军军长何畏、红三十军军长余天云。

张国焘、陈昌浩、徐向前等总部首长出席了他们的婚礼。

许世友的一帮老战友也来了。看到这喜气洋洋的场面，陈锡联、陈再道两位师长和许世友开玩笑，说：一这不公平，你这少林寺的和尚能讨老婆，我们这些凡夫俗子为啥不能？”许世友哈哈大笑，回敬道：“老子这个副军长是打出来的，谁叫你们不好好打仗，打到我这位置上不就可以结婚了么！”

许世友的第二位妻子叫雷明珍，1916年阴历3月21日生于达县城关南门，家庭小康，粗识文墨。1933年2月参加红军，始在禁烟局工作，与许世友结婚后，调到政治部，在傅钟手下做文秘工作。

虽然燕尔新婚，许世友与雷明珍也难得相聚一次。

此后，夫妻俩一起走上漫漫征途。由于张国焘的错误，红四方面军的广大官兵3次穿越草地，2次翻越大雪山，来回折腾，苦不堪言。许世友也由红九军副军长升任红四军军长，南下红军兵败向丈关，滞留川康高原后，张国焘又派许世友挂帅创建中国工农红军的第一支骑兵部队，以对付凶残的土司率领的五千骑匪。

1936年底，许世友随张国焘到达延安后，进入红军大学学习，雷明珍则被分到延安，担任县妇女部主任。

一场突如其来的风波，使这一桩原来美满的婚姻最终以悲剧结束。

在轰轰烈烈的“批张运动”中，由于采用了极左的做法，把许许多多的四方面军一般官兵牵连进去，激起了原四方面军官兵的强烈不满。许世友第一个站了出来，串连了一帮在红大学习的原四方面军的高中级指挥员，重回大巴山打游击。事情泄漏后，中央大为震惊，中央保卫局局长周兴亲率中央警卫团以迅雷不及掩耳之势冲进红大，将许世友、詹才芳、洪学智、陈再道、陈锡联、朱崇德、刘世模等30余人一起抓去，投入大牢。

几十年后重提这桩历史公案，许世友如此言道：“到延安以后，有人说张国焘如何长如何短，我也不作声，只要你不说到我头上我就不管。以后西路军失败，我非常痛心，半月没休息好。加上反张国焘路线听了不少胡言乱语，有的说我们是托洛茨基，有的说我们是土匪，下面干部也看不起四方面军的同志，我非常生气，气得吐了血到医院休养……在病休中，斗争会一天比一天开得厉害。这时，四方面军的营、团、师、军级干部都来看我，没有一个不哭的。一连这样三天，尤其军、师级干部的哭,对我影响很大,过去都是老同志,现在都感到没有出路。我想了几天想出办法来了,他们来看我时,我对他们说:‘我们回四川去,那里有刘子才,他们有1000多人,又是我们的老部下,在这里毛泽东说我们是反革命,我们到四川去叫他们看看我们到底是不是革命的。愿去的就走,不愿去的也不要告诉中央’,到第三天,有二十多个团级干部、两个营级干部、六个师级干部、五个军级干部,都愿意走。”

长期领导红四方面军的徐向前元帅在《历史的回顾》一书中则直截了当地表明了他的看法:“红大搞出个‘反革命事件’,关押了许世友等数十名高级干部,罪名是‘组织反革命集团’、‘拖枪逃跑’等,其实,这是个冤案。”

作为“反革命武装集团”的首犯,许世友受到了最严厉的惩罚,先给他带上手铐,后来又加上了脚镣。

4天后,身陷囹圄的许世友真可谓雪上加霜,又遭受了一次沉重的打击。他的妻子雷明珍迫于政治气候的高压,站出来和他“划清界限”了。

雷明珍写了一张纸条,叫许世友的警卫员小张送到牢中。纸条上写着:

许世友:我恨你!我决不爱一个反革命分子!为保革命的纯洁性,咱俩的事情一刀两断。我坚决要求离婚!请你看后签字。

党的忠诚战士:雷明珍

许世友看后大怒,立即在纸条上写道:“坚决离婚!许世友。”

组织的误会,妻子的无情,运动积极分子们的穷追猛打,把许世友气懵了。他把这一切全都归咎到毛泽东身上。他豁出去了,索性当着看押人员的面大骂毛泽东,他以为这样一骂,必然有人会报告上去。毛泽东一动怒,就会下令枪毙他。如果真能那样轰轰烈烈地死去,他也算是四方面军的一个英雄好汉了。

当时西安事变早已和平解决,国共合作初步形成,但蒋介石的动向仍堪忧虑,他极力破坏红军、东北军和西北军之间的关系。正全神贯注紧盯着西安、南京动向的毛泽东被惊动了。他把林彪、凯丰和当时担任最高法院院长的董必武叫来,详细了解红大风波的情况。董老提供的情况对于毛泽东亲自出面纠偏起了重要作用。董老说,他已经分别审讯过许世友、詹才芳、洪学智、陈再道等人,也和曾参与策划、事到临头又幡然悔悟、向中央密报的王建安谈过了,他认为根据掌握的情况,红大风波并不是一次反叛行为,只是对批张运动存在严重的扩大化倾向,把整个四方面军的官兵和张国焘捆在一起,也当成了批判对象强烈不满,因此愤而反抗。他们在反抗时说过的那些过激的话,并非本意,似不可以此作为定罪的依据,而应视为一时冲动之下的错误言论。他还强调了最有说服力的一点,这批密谋拖枪出走的高级干部在风波爆发之前都没有和自己指挥的部队取得联系。而当时的情况是,延安地区的红军中,四方面军的九军、三十一军仍占一半以上。

毛泽东听到这里坐不住了,他起身在窑洞里走来走去,大口抽烟,随后停步问董老:“他们想跑的一共有多少人?”

董必武回答:“30多个,已经全部抓起来了。”

毛泽东冲着运动的具体组织者、中宣部长凯丰说道:"你搞的啥子名堂? 弄得这么多红军高中级干部反对我们,你还能说你正确得很么? 凯丰同志,我看你是要把他们逼上梁山嘛。"

凯丰委屈地声辩:"主席,我是认真按照你的指示精神布置的。"

"什么我的精神?"毛泽东火了,大声批评凯丰,"我的精神、中央的精神是批张国焘,你却不分青红皂白,一竿子横扫一大片! 我听说,你还别出心裁,跑到红大、四方面军中去搞什么。究竟是毛泽东水平高还是张国焘水平高',张国焘过去在四方面军中批我毛泽东,就没批一个战士,可现在毛泽东批张国焘,居然连战士都一起批了!"

毛泽东不安了,他要亲自去看看许世友。

可是,鲁莽的许世友一见毛泽东的面,竟然蹦上去要和他拼命,吓得负责毛泽东保卫工作的罗瑞卿,赶紧叫卫士把戴着脚镣手铐的许世友用麻绳捆得像个粽子。动弹不了的许世友仍冲着毛泽东破口大骂:"我要有枪,今天就…枪毙了你!"

毛泽东是领袖,同时也是人,也有人的七情六欲,喜怒哀乐。他一片好心前去,没想反被许世友弄了个没趣,心中自然有气了。所以,当他身边的一些同志提议杀掉许世友,以示惩戒时,他点了头①。

罗瑞卿带着执刑队员前往红大后,毛泽东又心绪不宁了。当罗瑞卿用电话向他报告,说许世友要求枪毙前再见毛泽东一面,要同他理论一番时,他终于改变了主意。他告诉罗瑞卿,马上把许世友带来见他。

没想到,罗瑞卿紧接着又向他报告,说许世友坚持要带上他的手枪,否则他不来凤凰山。

毛泽东马上告诉罗瑞卿:"把手枪还给许世友,告诉他,还可以装上子弹。"

许世友接过手枪,手竟抖了起来。他万万想不到毛泽东居然答应了他这荒唐的要求,还特意让罗瑞卿告诉他,"可以装上子弹"。他的心颤栗了,泪水溢满眼眶。过去,由于他长期在张国焘领导下工作,对毛泽东不仅不了解,受张国焘的影响,对毛泽东还抱有很深的成见。在毛儿盖"南下北上"之争中,他也旗帜鲜明地站到张国焘一方。而眼前的事实,却分明让他强烈地认识到了一位伟大人物光明磊落、无所畏惧的胸怀……

罗瑞卿将许世友带进了毛泽东的窑洞。

"许世友同志,你受委屈了。"

仅一声亲切的话语,就感动得许世友鼻梁发酸,眼中泪花滚滚。他"咚"地一声双腿跪地,将压满子弹的驳壳枪双手高举过头,说道:"毛主席,他们要缴我的枪,我不给,我把它交给你。能在死前见你一面,够了! 我许世友只有一句话,姓

---

① 这一段史实,传说不尽相同,本书取材于《许世友将军的三次婚恋》,载《名人传记》1997年第3期,河南人民版社。

许的不是反革命,王建安、詹才芳、洪学智、陈再道他们也都不是反革命!"

毛泽东双手将他扶起,动情地说道:"四方面军的干部,都是党的干部、党的宝贝,不是他张国焘个人的干部。张国焘是党中央派去的,他的错误应该由他自己负责,与你们这些同志没有关系。"

许世友哽咽道:"毛主席,要早一点听到你这句话,我们就不会犯错误了。"

"你有错,我们也有错,把你许世友打成反革命,是我们的错,你许世友受了委屈就要带上人往川北跑,是你的错。都有错,我们都改,好不好?"

在毛泽东逝世两周年之际,许世友发表了一篇怀念毛泽东的文章,记叙了他当时的心情。"毛主席这句话,一下子解开了我的思想疙瘩,使我感到非常舒畅,非常温暖。毛主席多么了解我们这些工农干部啊!我郁积在内心深处的苦闷情绪,被毛主席温暖的话语一扫而光。"

许世友被释放出来,受到开除党籍8个月的处分,分到红大担任校务部副部长。

雷明珍对当初自己的冲动追悔莫及,多次写信给许世友认错并要求复婚,均遭许世友拒绝。连偶尔在街上迎面相遇,许世友也视为路人,掉头而去。

宙明珍的女友李玉兰,延安时期是后方政治部的秘书,主动去找许世友,希望他们破镜重圆。许世友毫不动心,他说:"小李,你不要再劝我了,我感谢你的好意,可雷明珍我决不能原谅她!我是谁?是她男人呐,她男人遭了冤枉,她不同情,反而一脚蹬掉了,还往男人头上砸石头,这种女人,还能和她继续生活在一起?我这个人就是这样,有恩不报非君子,有仇不报非丈夫!谁劝也不中!"

当时,希望他两口子破镜重圆的首长很多。红军改编为八路军后,许世友随朱总司令去太行山,重新统兵打仗。雷明珍着急得很,跑来找李玉兰商量.李就给她出主意,追到太行山去,要不,隔远了,隔久了,你和许世友的事就真的完了。雷明珍一打报告,上级就批了。可是,没过多久,雷明珍又回到了延安。她到太行山后,首长们都很关心,纷纷找许世友谈话,可全没用,许世友固执得很。有的首长不耐烦了,叫警卫员把他和雷明珍锁在一间屋子里,强行要他俩见面、谈话,沟通一下思想。许世友却不领情,大声喊开门。久喊不开,他一掌就把门砸烂了,对这位首长喊道:"捆绑不成夫妻。我是你的兵,别的事,我听你的,这事,不成。"

这件事,很伤雷明珍的自尊心,她和许世友的情份,就这么彻底断了。

两年后,雷明珍嫁给了陕北公学的一位教师。建国后,随丈夫去了广东。

第三次婚姻发生在山东抗日根据地。

皖南事变后,国民党顽固派发动的第二次反共高潮被打退。但各地的顽军仍蠢蠢欲动,伺机制造新的反共磨擦。投降日本的伪军头目,也乘机活跃起来。在山东,伪军拼凑了"抗八联军",狂叫"配合皇军打八路"。在胶东,顽军乘日伪"扫荡"之机,占领胶东抗日根据地的心脏牙山,并以牙山为依托,向四面扩展。胶东抗日根据地形势急剧恶化。

存亡危机的时刻,毛泽东派许世友来到胶东,出任胶东军区司令员,以扭转胶东局面。

许世友出发之前，毛泽东接见了他。谈完工作，毛泽东说道："听说山东有句俗话：山东的山，山东的水，山东的姑娘胶东美。等你到那里打了胜仗，站住了脚，我还要你完成一个特殊的任务，你这和尚，还要给我领个媳妇回来，我等着喝你的喜酒。"

许世友指挥胶东八路军奇袭牙山，痛歼顽军蔡晋康部和伪军赵保原部。接着，又粉碎了胶东抗战史上日伪规模最大、时间最长的大"扫荡"，胶东根据地恢复了，许世友的名字也家喻户晓。

就在这时，许世友的第三位夫人走进了他的视野。

他的第三位夫人原名田明兰，生于1924年，是胶东贫苦的农家女。她7岁死了父亲，母亲日夜操劳，拼死拼活，养活不了婆婆和年幼的子女。数九寒天，全家人逃荒到阜平府。田明兰9岁那年，家里断了粮。大年三十，奶奶以两斗谷子的代价，把她送给人家去做童养媳。不久，奶奶和妹妹也被贫病夺去了生命。童养媳的生活不如牲口，两眼一睁忙到熄灯，还要挨打受骂。叫天不应，叫地不灵，她真想跟奶奶到另一个世界去。

1939年，八路军五支队来到她的家乡。人民子弟兵唤起了姑娘的希望，年仅15岁的她义无反顾地逃出火坑，找到八路军宣传队："我要参军！"

她进入八路军五支队被服厂当了一名女工。

奇袭牙山胜利后，根据地百姓热情慰问子弟兵，田明兰做了一双军鞋送给部队。出落得花儿一般的她引起了首长的注意。

胶东军区副司令员吴克华的爱人张明就在五支队工作。吴克华有意把田明兰介绍给许世友。他了解田明兰爱好唱歌跳舞，便通过张明把她调到军区机关工作，要她带领一帮姑娘排练节目，在祝捷大会上演出。

祝捷大会上，田明兰的舞姿引起了许世友的注意。他转脸对坐在身旁的吴克华说："老吴，你看那排头姑娘扭得好，人也长得出色。"

吴克华和张明热心搭起鹊桥，他们相爱了。田明兰亲手做了一双新鞋送给许世友，许世友赠送给心爱的姑娘一颗子弹。他说："我一无所有，只有这颗小小的弹头送给你作纪念。你莫看它小，不起眼，我爱惜得很哩。这是万源保卫战时，敌人打进我肩膀里的，我自己用刀尖划破皮肉把它抠出来。这么多年，一直带在身边。"

田明兰理解许世友的含义，这颗子弹她一直珍藏，直到今天，这是极不寻常的定情物。

经过两年的热恋，田明兰完全被许世友传奇般的革命历程所吸引，她对许世友的爱慕与敬佩与日俱增。她从同伴和战友那里了解到许多许世友的传奇故事。她知道他武功盖世，一身拳脚十分了得；她也听说他七次参加敢死队，八次负伤；她听说他在阿坝保卫战中，孤身闯入敌阵，用他那百发百中的驳壳枪，连连击毙白匪；她也听说，十年征战，他击毙的敌人不下1000个，相当于一个加强团；也听说他挥舞少林大刀，一气劈下十几个白匪的头颅。而今，能和这样的英雄生活在一起，她心里涌起无比的幸福。

战争年代的英雄，革命第一，工作第一，就像不证自明的公理。许世友和田明兰深相爱恋。但革命的公胜于个人的私。他们不忙于结婚，许世友还有更重要的任务去完成——消灭胶东最大的一股伪军——赵保原的“抗八联军”。这以前，赵保原虽屡遭抗日军民痛击，还保存18000人的兵力，盘踞在他的老巢——万弟。不消灭他，胶东根据地就去不掉心腹之患。

1943年，许世友亲率胶东军区5个团、4个营和1个炮兵营，对赵保原部发起总攻。血战数日，攻克万弟，击毙赵保原，歼敌1.2万，缴获兵工厂、被服厂、粮库各一座，还有大量枪支弹药和其他军用物资，为胶东打开了前所未有的好形势，受到中共中央通令嘉奖。

万弟大捷后，许世友和田明兰举行了婚礼。这一年，许世友38岁，田明兰19岁。珠联璧合，英雄美人，说不尽的甜蜜。

婚礼极为简单。只有喜糖一包，清茶一杯，出生入死的战友一群。许世友当场表演少林拳，为婚礼增添喜色。

婚礼刚过几天，家乡来人捎信，说田明兰的母亲病重，要她赶快回去。临行。许世友叫她带上…把手枪，以防万一遇到情况。

谁知真的遇到了情况。

两天后，田家一位堂叔火急从乡间赶来报信：“田明兰失踪了！”

许世友惊呆了。

原来，田明兰见到病重的母亲，由堂叔陪着去请医生。她被歹徒发现了，这些歹徒原是赵保原的部下，赵保原部被消灭后，他们东游西窜，成了丧家之犬，因而对许世友恨之入骨。他们埋伏青纱帐中，待田明兰来到，出其不意地把田明兰掴去，准备送到敌人那里请赏。

许世友闻报，派警卫排长带人驱车火速营救。田明兰营救回来了，但落下了脑震荡的病根，终生不愈。

许世友自幼出身贫苦，没有学文化的机会。他深以此为憾。参加红军后，他成长为一员虎将，也不忘记学习文化，只要有机会，他就认真学起来。田明兰和许世友结婚以后，在抗日根据地任妇救会主任，也感到没有文化的苦恼。在丈夫的影响和带领下，白天忙工作，晚上就着油灯学习识字。凭着执着的精神，她读完了解放区的识字课本。渐渐能读书看报。当她第一次写出“跟着共产党，解放全中国”几个大字时，激动得流下眼泪。

解放战争时期，田明兰担任许世友的生活秘书－，许世友转战各地，经常和她分离。生活秘书不能照管生活，许世友并不在乎。他们已经有了两个孩子，家庭的重担，就全部落在田明兰的身上。许世友对此总有一种负疚感。这时，田明兰总是若无其事地说：“战争是人民的公事，抚养孩子是咱们的私事，私事总该服从公事”。牛郎织女式的生活整整持续了6年，直到新中国诞生。

许世友曾到军区党校学习半年。这期间,田明兰给丈夫写了第一封亲笔信:

友,我把对你的怀念化为力量.以笔代枪,学习识字,读完了识字课本,我很高兴,试着写这封信,祝你平安,保护身子,再见。明兰。

虽然歪歪扭扭的几十个字,许世友见了却十分激动。他为妻子的进步高兴,也钦佩她锲而不舍的精神。他立即写了回信,还'赠诗一首:

相别三日刮目看,
难得吾妻书信函,
字扭字歪皆是情,
化作爱焰烧敌顽。

田明兰接到信和诗,久久不能平静。虽然有几个字还需查字典,她完全理解丈夫的情义。

中华人民共和国成立后,许世友出任山东军区司令员。田明兰改名田普。

知夫莫如妻。田普知道许世友是个孝子,时常提起家乡的老母。她主动对许世友说:"我想把大别山的老母接来,安度晚年。"

"好主意。"许世友赞许之极。"你真是我的好妻子。这事就由你操办,我100个支持。"

两颗孝心碰到一起。

但老人操劳惯了,奈不得清闲。5元钱的一桌饭,她嫌太破费了,儿媳给她买的一身新衣,她穿起来不舒服,仍穿她自纺自织的粗布衣,很多老战友老部下来看望老太太,她躲在卧室里不出来,觉睡不着,一天天消瘦下去。

"俺享不了这份福,俺还是要回家种菜喂鸡纺棉花。"

夫妻俩苦劝不从,只好把老人送回大别山。老太太一回家乡,身体又奇迹般地好起来。她照旧劳作不辍,临终时,纺车上还有半个线穗没有纺完,她就倒在纺车旁离开人世。许世友夫妇留下了终生遗憾,老人临终的面容却是微笑安静的。

日理万机的将军无法抽身去和母亲诀别,田普代他在老人遗体前尽了孝道。他敬爱老母,更感谢妻子。

田晋怀孕即将临盆,许世友却由毛泽东点将赴朝作战。公私分明的田普并无丝毫怨言。她只是深情地要求丈夫为即将出生的孩子取个名字,许世友从"抗美援朝"得到灵感,说生女叫"抗美",生男叫"援朝"。待到朝鲜停战许世友归国,小援朝已3岁了。田普流着幸福的热泪看着丈夫亲吻这爱情的结晶。

随后,许世友调南京,任南京军区司令员,田普也随着转移南京,出任江苏省委信访部部长。本来,许世友不同意她出来工作,因为家务已经够累的了。但要强的田普总想为国家多贡献一份力量,她说服了丈夫,在这岗位上一干就是15年。

田普回忆说:"信访工作是个政策性很强、琐碎事很多的工作,反映的情况要核实,来访人员要照顾得周道,谈话还需注意分寸。不像其他工作,规律性强,有按部就班的秩序。说不定哪天蹦出一个新奇事来。有时事多,还得连轴转,加班加点是家常便饭。”

“文化大革命”起来，许世友大惑不解，他对毛泽东忠心耿耿，“事情是那几个狗男女搞坏的，主席手边有坏人！”他这样想。坏人是谁呢？最初他不敢怀疑林彪，也想不到。他认定是江青和那帮笔杆子。他挖苦中央文革那些秀才们：“带眼镜、夹皮包，会总结，会提高，打起仗来往后跑”。他对张春桥特别反感，他用诙谐的语言表达对张的反感：“不要东张西望，左顾右盼”，张春桥在上海，在南京的东面。张春桥被任命为南京军区第一政委，许世友根本不买他的帐，张春桥第一次来南京军区亮相，许世友带人打猎去。南京军区空军政委江腾蛟，是个野心家，想乘“文革”之机把南京军区搞乱，乱中夺权。他挑动造反派攻击许世友，还要开万人大会斗争许世友。

许世友气愤地说：“我是军区司令员，统帅几十万人，也就是说几十万人都听我的，现在叫我听一万人的，就是一万人都来‘领导’我，真是恶毒。这做不到！”

他找来军区几个笔杆子，整了江腾蛟的材料，上报毛泽东，毛由此对江极其反感，在材料上批：“此人不可重用”。许世友“借刀杀人”，江腾蛟丢了南空政委的职位。

他对“造反有理”特别反感：“造狗屁的反，把老子都造死了，还有儿子吗！”

将帅们在京西宾馆开会，造反派冲进来揪人，揪的虽然不是许世友，但他勃然大怒，抓起电话对林彪办公室怒吼：“请保护我们的安全！若不然，我就要犯法，开枪打人！犯国法，国法制裁！犯军法，军法制裁！”

有人把“二月抗争”的实况传给许世友，他高兴地说：“你们斗得好！我代表南京军区几十万官兵支持你们！”

他把许多老干部和他们的子女接到南京军区，保护起来，造反派告到中央文革，中央文革来电话逼他向造反派“认罪”，他斩钉截铁地回答：“认罪就是侮辱人格，批评我可以，辱侮人格不行。”中央文革要他理解造反派，他回答：“没什么理解不理解的。还是那句话. 批评可以，辱侮人格不行！谁侮辱我，我就向谁开枪！”

造反派抓不着许世友，便去揪斗他的夫人田普。南京军区政委杜平得到消息，派人把田普藏在军区大院党委办公室的后楼。造反派在信访部扑了空，到田普家又扑了空。田普在军区大院躲藏了 13 天，才躲过这场灾难。

揪斗许世友的风声越来越紧，许世友采取“惹不起躲得起”的办法。他带着部队悄悄来到大别山区，人山处立一。块“军事重地，严套人内”的牌子，下命令：谁越过禁区线，就开枪。

周恩来得知情况后，发来指示：“不准揪斗许世友！如果造反派揪斗他，我两个小时就赶到南京去！”显然，这是毛泽东的吩咐。

由此许世友和田普获得解放。不久，田普调到南京军区政治部，任干部部副部长。她协助丈夫收拾被文革破坏的残局，-时成为南京市民中流传的佳话。

许世友一生嗜酒如命，已过古稀之年，仍照喝不误，田普多次规劝，许世友应付道：“百年以后，注意就是了！”田普无可奈何，只好由他去喝。

"九·一三"事件后,毛泽东决定八大军区司令员对调。许世友离开南京,担任广州军区司令员。这个职务他担任了近十年,直到1980年调到北京专任中央军委常委。这十年他经历了一系列惊心动魄的大事:邓小平复出又被打倒,周恩来、朱德、毛泽东相继去世,唐山大地震,反对"四人帮"的群众怒吼,江青们的篡权阴谋,1976年10月的春雷,党的十一届三中全会,改革开放,对越自卫反击战……特别是对越自卫反击战,是将军一生最后一次指挥的大战役。这次大战,打出了国威,占领了高平、谅山。吓得越南政府机构纷纷迁出河内。他要求从高平、谅山"再往前拱一下","不到两个小时就能到达河内!"但中央军委严令他撤军。他虽不情愿,但军令如山,他不能不执行。

1980年许世友调到北京专任中央军委常委。1982年中共十二大,决定设立中央顾问委员会,许世友被选为中顾委常委、副主任,从此退居二线。田普力劝丈夫:不要不服老,未来的世界是年轻人的,我们的戏已经唱完了,该谢幕了。只要身体不出毛病,就是我们的幸福。

按说任职在北京,许世友应该把家搬到北京来住,但他执意不肯。他爱家乡的一草一木,但回大别山显然不现实,于是暂定南京。田普和孩子们都不同意他的主张,在家庭矛盾中,他处于完全孤立的地位。但不管怎么劝说,他毫不动摇。秘书只好代他向中央写了一份要求定居南京的报告,理由是不适应北方环境,中共中央破例批准他定居南京。

田普很生气,几个月都不来南京看他,孩子们也不满意。许世友说:"路由你们自己走,都市里长大的,眼高手低。咱们谁也别强迫谁。"从此,许世友住在南京写回忆录,田普和孩子们定居北京。

1981年8月9日,是许世友75岁尺寿。许世友不同意祝寿,他相信毛泽东的话:"寿不是祝出来的。"田普说:"咱们不是祝寿,是全家人借此机会在一起会会餐,让大家都高兴高兴。"许世友才转嗔为喜。

这一天,家里分外热闹,儿子、儿媳、女儿、女婿、孙子、外孙,足足坐了两大桌。老将军和夫人喜得眉开眼笑。

1985年国庆节,南京军民联欢会上,前排党政军领导的席位上不见许世友。他病了,确诊为癌症。田普急忙赶到南京,孩子们也赶来了,见到丈夫,田普惊呆了。

就在两个月前,许世友还来北京看望夫人和孩子,然后参加中顾委会议。仅仅过了两个月,病情就恶化到这地步。

1985年10月22日下午16时57分,弥留中的许世友突然睁开眼,无力地握住田普的手,吐出几个字。虽然含混不清,田普却听懂了。他人生最后一句话是:"我……完蛋了!"

和将军朝夕相伴40余年的田普,完全理解这独特的遗言。

后事的处理与众不同,不是火葬,而是土葬。这是将军的强烈愿望,他要魂归大别山,长眠在家乡的土地上,靠近母亲的墓穴,生没尽孝,死后要常伴老母。

邓小平同意许世友安葬的特殊处理。他说:“许世友同志是一位具有特殊性格、特殊经历和特殊贡献的人物。”邓小平特殊签发的“特殊通行证”,是特殊的特殊!

王震对守候在遗体旁的一些老将军说:“你们和我这把老骨头,再也甭想领到这种通行证!”

1985年11月9日清晨6时,许世友的遗体安葬在大别山。

田普送走丈夫,忍着悲痛,去完成丈夫未竟的遗愿——整理回忆录。她要把将军传奇的一生,永远留在后代子孙中。

坎坷中的幸运者

——吕正操夫人刘沙

她是白洋淀的女儿。

黄敬介绍她和吕正操相爱。

她了解写“第一张马列主义大字报”的聂元梓的底细。一句脱口而出的话，她成了“现行反革命”！

她乐观自信，关在监狱，还有心思研究“文革动态”。

她嘱咐“监护”中的丈夫：“你切不可对毛主席见外。”

1918年刘沙出生于白洋淀边的安新县北冯村。父亲刘绂曾，清末秀才，辛亥革命后，就学于北京高等师范，也曾东渡日本，归国后以教书为业，还任过两任县长。1935年早逝，家境衰落。

少年刘沙难耐大家族旧礼教的束缚，每天做完母亲规定的国文、算术、大字，便和小伙伴们尽情玩耍。母亲出生于诗书门第，受西学影响，对女儿不过分拘管。她倒是告诫女儿：“女孩也要和男孩一样，上学读书，才有出头之日。? 有这样的见识，刘沙的两个哥哥，一个弟弟均从小出外读书。年仅111岁的刘沙，也被母亲送进学堂，乡邻中颇有讥母亲“狠心”的，她回敬道：“读书有出息，才是真正疼爱孩子。”

刘沙入学校之前，她的三哥刘亦瑜已经是共产党员，学校一位国文教师，也是共产党员。从他们那里，刘沙第一次接触到解放劳苦大众等新思想、新气息。13岁的刘沙，满怀对苦难民众的同情，写了一篇作文《年关在即负债人》，描述穷苦农民年关在即被逼债的凄苦。老师大为赞赏，作为范文在课堂上宣读，教室里静极了，隐隐传出女学生的抽泣声。

哥哥给她带来大量进步书刊：高尔基的《母亲》、《我的大学》，小林多喜二的《解工船》、辛克莱的《石炭王》，鲁迅的《狂人日记》，甚至还有党的地下刊物《火线》，都成为她小小闺房中的阅读物。还是少年的她，思想在扩大，在延伸，开始朦胧思考人生和具有社会意义的问题了。

1932年5月，刘沙考入北平师范大学附属女子中学。住在大哥的家里。她的大哥刘亦珩在日本留学期满任教，受聘于北平师大。大嫂是一位日本姑娘，善良而勤俭，待刘沙犹如亲姐妹。在女附中仅读了一学期，她又随大哥来到安庆，入安庆女中。两年后，再随大哥返回北平，入师大女附中高中一年级。

刘沙聪明伶俐，上进心极强，每学期均被评为“三甲”（学习、操行、体育）学生，一如今天的“三好”生。她最爱数学，如果偶而出现未打满分，那怕是 99 分，她也要蒙头大哭。她还是校级排球队员和田径运动员。少年刘沙是家庭的幸运儿。

1935 年，中华民族怒吼“到了最危险的时候”，日本帝国主义在东北制造了伪“满洲国”后，又策划“华北五省自治运动”，妄图把华北变成“二满洲”，“华北之大再也安放不下一张书桌了！”青年学生发出震天怒吼。“一二·九”运动爆发了，刘沙和同学奋力冲出校门，挺进在古老的北平街头。

她的大哥已受聘为北师大教授，不大过问政治，他为刘沙的前途担忧。大嫂是日本少妇，但又是中国教授的太太，她厌恶战争，也同情爱国学生，但作为日本人，她也怀念祖国。因此，三人间的感情关系挺微妙。刘沙打定主意，一旦投身革命，就离开他们找三哥去，“决不牵累教授和教授太太”。

1936 年春，刘沙加入中国共产党的外围组织——中华民族解放先锋队。

“救国高于一切！”满怀爱国激情的刘沙已无心读书。1937 年初夏，刘沙告别古老的北平，重返白洋淀，投身于抗日洪流。刘沙的学生时代结束了。她终于放弃读书救国的幻想，自愿选择了一条荆棘丛生的道路。“虽九死其犹未悔”，刘沙为自己的选择而骄傲。

“七七”事变后，日本发动全面侵华战争，冀中被日军占领，白洋淀在瑟瑟寒风中翻卷着血和泪。

中共洛川会议决定开展敌后抗日游击战争，创建敌后抗日民主根据地。根据中共中央的指示，冀中全体党员立即行动起来，组织抗日武装，开展游击战争。

刘沙的二哥刘亦臻也加入了共产党，并且是中共保属省委军事委员会委员，刘家是保属省委半公开活动的据点，整日人来人往，开会、办训练班，不分昼夜。二哥还开了一座砖窑作掩护，购置枪支，扩展队伍，准备和日寇决一死战。由于刘沙还不是共产党员，二哥只安排她做些辅助性的工作，党的秘密，也不叫她知道。刘沙很不服气，曾多次爬上房顶，看二哥他们都干些什么，她急于参加军队，和日本鬼子作战。

1937 年 9 月，驻在河北的国民党五十三军奉命南撤。六九一团团长吕正操（共产党员）奉党组织指示脱离五十三军，改称人民自卫军，成为坚持冀中抗战的主力军。

吕正操率部队来到白洋淀，刘沙的二哥和其他干部参军走了。火热的大院立刻冷冷清清刘沙焦急地盼望二哥他们回来。

10 月末，吕正操攻下高阳县城. 整个冀中震动了。刘沙兴奋得手舞足蹈。

几天后，刘亦珺带着小股部队回到北冯村，刘沙终于实现了参军的愿望。她随二哥去了。不久，可敬的母亲把小儿子和长孙也送去参加八路军。后来自己和儿媳也成了共产党。刘家成为敌人碉堡下隐蔽可靠的“堡垒户”。

刘沙在部队经过一段时间的学习培训后，党组织分派她去做群众工作，重点是发动妇女起来抗战。她深入农村妇女中间访贫问苦，以极大的热情和一颗赤诚的心，动员妇女起来抗日救国。她走了一村又一村，访问了一户又一户，精诚所至，金石为开，在她的诚挚和感召下，大批女性激发出爱国热情，加入抗战行列。

不久，刘沙正式参加共产党，无候补期，她的表现过硬，无需候补期加以考察。

1938 年 5 月，冀中妇女抗日救国会成立，刘沙被选为七执委之一。

不久，刘沙来到文安县，公开身份是冀中妇救会三分区的特派员、县战地动员委员会副主任，实际是中共文安县委副书记。这时她还不到 20 岁。

1939 年 2 月，刘沙险些遇害。人民自卫军驻在文安县的一支武装叛变了。

叛变部队的头头叫柴恩波，抗日战争爆发后，他感到出头的机会来了。“乱世英雄起四方，有枪就是草头王。”他拉起一支队伍，想乘火打劫，周旋于各种力量之间。后来被吕正操收编，驻在文安县城，在国民党策动下，突然叛变。

这天正是除夕夜，刘沙和几个战友在县政府的办公室谈天。叛军包围了县政府，县大队部，扣押了县长等主要领导干部。刘沙当时的公开身份是特派员和战委会副主任，常和国民党县党部的人一起参加会议，她决定利用这个公开身份留在县城静观事态发展，坚持工作，她一面组织干部转移，一面派人出城和上级联系，请求指示。然后烧毁党的文件，做好应付突发事变的各种准备。

叛军占领县城后，召开大会，攻击共产党、八路军“破坏军令政令统一”。

刘沙针锋相对，在战委大院召开群众大会，坚决反对破坏团结抗日的分裂行为。会后，又组织群众到叛军指挥部请愿，呼吁团结，坚持抗战。她还发动群众写抗议信，要求镇压汉奸，不许汉奸进行反动宣传。

刘沙的表现引起叛军的注意，他们断定她是共产党，决定逮捕她。他们派人来找刘沙，说“我们长官请她走一趟。”来人不认识刘沙，她将叛军派来的人支走后，立刻躲进老乡家里，换上便衣，准备混出城去。叛军到处搜捕，并悬赏捉拿，在全城戒严。幸亏一位开明绅士为她搞到一张通行证和一条船，并派女儿把刘沙护送出城，她才脱离险境。

柴恩波不久公开投降日本。抗战胜利后，又摇身一变，成为国民党河北省六专区保安大队长，解放后隐姓埋名，1953 年被抓获处决。

1940 年 5 月，刘沙进人中共北方分局党校学习。

党校设在阜平县的一个小山村，学员分散在农民家里住宿。学习条件的难苦，是难以想象的。根本没有校舍，课堂不过是向阳的山坡，地面挖一排排二尺深的沟，学员坐在沟沿上，双腿放在沟里，膝盖就是课桌。教员更是辛苦，露天旷野中一站就半天。伙食是小米饭、玉米糊糊、块盐，没有油水，但学员的情绪极高。

刘沙回忆说：“我们这批学员都是在战火硝烟中做实际工作的，渴望提高理论水平，认清国际国内形势。学习积极性特别高。白天听课，晚上讨论，看书直到深夜。既没有“考分”也不要“文凭”，一心想的是汲取知识追求真理。

授课教员都是边区党政军的高级领导。彭真讲中国革命史和党的政策，聂荣臻讲武装斗争，刘澜涛、刘仁讲党史和党的建设，潘自力讲政治经济学，林铁讲群众运动，邓拓讲哲学，还有一些领导人随时作国内外政治形势报告。大家听得如饥似渴、身心专注,手中钢笔疾书,心中热血沸腾,生怕漏掉一个字,少听一句话。

遇上鬼子"扫荡",就四处转移,边走边学。

环境如此艰苦,学员却个个精神饱满。学习之余,他们还经。常举行晚会,表演节目,欢声笑语在山谷中回荡。

1941 年 11 月,历时一年多的党校高级干部学习班结业了,刘沙和学员们依依不舍地话别,各自奔赴青纱帐、芦苇荡、地道中

刘沙虽然年仅 23 岁,但已在抗日战争的烽烟中成熟了。她已不是仅凭一腔热情工作的女战士,而是具有丰富实践经验和较高理论水平、文化素养的共产党高级干部。她如一株红高粱,吸足了营养,在恶劣环境中茁壮成长。

刘沙参加的那期党校班,共 92 名学员,都是负责干部,有区党委委员、行署主任、地委书记、部长、军分区政委、司令员、县委书记、团长、政委,其中女学员 14 人,都是文化、政治素质较高的女青年,粗布军装和村姑装束,掩盖不住矫健而灵秀的姑娘神采。她们特有的魅力,吸引着未婚的男学员。一起学习、谈心、散步,本是千载难逢的择偶良机。

但学校有规定:学习期间不准恋爱,更不准结婚,要集中精力学习。

即便无此规定,刘沙此时也无求偶念。她下了决心:打败鬼子再成家。党校结业时,好几个向她示爱的学友,都被她婉言回绝了,当她准备返回冀中时,正赶上军区召开高级干部扩大会议,她和其他女学员都列席了这次会议。参加会议的高级干部许多尚未婚配或因包办婚姻离家多年不通音信。这批来党校"镀金"的女干部自然成为追求的目标。会下形成择偶求爱的火热气氛,不时佳音迭爆,十几名女干部大多数找到意中人。刘沙面对众多的求爱者,毫不动心,一概回绝。

她的冷漠引起议论:这假小子太不近人情,软硬不吃,碰不得。女友问她什么打算,她说,走着瞧呗,反正不能凑合。

此时,组织决定她留在冀中区任妇救会宣传部副部长。

军区高级干部会即将结束时,冀中区党委书记黄敬让范瑾捎给她一张条子:"老吕想追你,望找他一谈。"老吕,即吕正操。刘沙惶惑了:怎么可能呢?和吕司令能谈到一块去吗?后来,黄敬见到她,笑着说:"老吕不直接找你,是怕挨踢呀!行不行,总得给个面子,找他当面谈谈嘛!"在婚姻问题上只讲平等互敬,不想高攀的刘沙,开始不想去见吕正操,但领导的"面子"不能不给,她去了。

吕正操见她进来,从容镇定地说:"请坐,随便谈谈,相互了解一下吧,这事谁也不能勉强谁。"

刘沙就开门见山:"我认为咱俩不可能。跟大人物在一起,我受不了拘束,恐怕合不来。"

"合来合不来,先摆开自己的观点、想法,再下结论。"吕正操说。

于是,开始摆开了。都能言善讲,先谈大道理:马克思主义的恋爱观,接下来,自由松散的交谈,从《安娜·卡列尼娜》谈到《家》、《雷雨》中的爱情悲剧,谈到各自对爱情婚姻的看法。越谈越接近。刘沙没想到旧军人出身的司令员竟读过那

么多的文学名著，谈得真诚、自然、流畅，而且平等随和，恰似同窗好友谈天说地。刘沙深深地被吸引了，第一次见面，就谈到深夜。

刘沙仍很谨慎，再次去找黄敬，了解吕正操的婚史、生活作风及对爱情的真实态度。黄敬真诚地回答："老吕少年时，被迫当过小女婿，他外出参加抗日后，女方主动离去，不少人给他介绍对象，他都因国家沦丧、异地流亡而拒绝。实际上他的条件相当高，对你进行全面了解后才托我的。实际上，他也是第一次谈恋爱。他1905年生，今年不过36岁，正是英姿勃发，朝气向上的年华。他会格外珍视革命同志间的爱情。你说这门亲事该不该谈下去？"

一席话，刘沙大为感动。他对吕正操的感情，从此急剧升级，固执而矜持的爱情防线终于被突破，由相知到相爱，最终结为伴侣，风雨相伴，半个多世纪了，爱情大树根深叶茂。

但他们的婚礼，尚需等待时日。吕正操这样的高级干部，婚事需中央军委和中央组织部批准。1941年底，朱德和彭真来电，批准他们结婚。

1942年元旦，吕正操和刘沙的婚礼在冀中军区司令部举行。刘沙后来回忆说："真是一场别开生面的闹剧，令人啼笑皆非。"

婚后仅4个月，日本鬼子对冀中进行"五一大扫荡"，区党委决定，党、政干部都分散到群众中去坚持反"扫荡"。刘沙分散到深县农村，这期间刘沙多次遇到险情。一次，刘沙化装成农村妇女躲在野外坟地里，恰遇一队日本骑兵，用刺刀指着问："什么的干活？"刘沙和同行的老太太答："良民的上坟。"应付过去。

还有一次，刘沙住在一村干部家，日本人突然包围过来，来不及转移的刘沙装做这家主妇坐在炕上，手握剪刀用以防身。进来一个日本兵，前来动手拉她，她举起了剪刀并情急地用日语怒斥，说要找他的长官，那日本兵愣住了。刘沙乘机跳下炕去，抱起房东另一间屋熟睡的幼儿。日本兵也跟了过来，指着小孩说："你的小孩的有？"刘沙气势汹汹地说："我的小孩大大地有！"正在这时，集合哨响了，鬼子兵慌慌张张地跑出去了。又一次化险为夷，戏剧性的场面。当年刘沙确有生死置之度外的心情，当"扫荡"被粉碎，战友们重逢时，都亲昵地互相问候："你还活着呐！"劫后余生，夫妻重逢，更是悲喜交集。

稍事休整后，吕正操率领军区司令部及警卫部队穿过敌伪控制区向太行山转移。当时刘沙已有7个月身孕，不便随部队行动，由一位敌工部干部和一位医生相伴，前往一可靠的大户人家分娩。由于几个月的东藏西躲，只9个月，婴儿就降生了。

艰苦的环境，根本谈不上营养，菜粥、窝窝头，连肚子都难以填饱。托人从邯郸捎回一斤粗糙的鸡蛋糕，便是最好的营养品了。还整日提心吊胆，因为是日伪控制区，随时会有人前来盘查。

满月后，上级派人接她们回去。极不安定的战争环境，很多人劝刘沙把孩子寄养在可靠的老乡家里。战争年代，许多女干部都迫不得已选择了这条路。但刘沙固执地拒绝了。"只要活着，就要亲手把孩子养大，要死就死在一起。"她实在不忍心把嗷嗷待哺，没有一点生存能力的小生命丢给贫困山区的老乡家。于是，稚嫩的生命就在背筐里开始了颠沛的征途。

一天黑夜，正在休息，猝然枪声大作，敌人突然包抄过来。危急中，通讯员把背筐拉下了，警卫班长冒着枪林弹雨抢救出来，才保住了小小的生命。

1943年8月，吕正操调任晋绥军区司令，刘沙依依不舍地告别了生于斯长于斯的故土。

1944年冬，中共七大正在加紧筹备，吕正操接到前往延安的命令，作为七大代表的这对革命夫妻，又踏上去延安的征途。

在延安，刘沙见到了毛泽东，夫妻带着年仅两岁的孩子在毛泽东的窑洞里吃了午饭。她还见到了朱德、周恩来、刘少奇等许多领导人。

日本宣布无条件投降，刘沙随吕正操来到东北。这时他们又有了第二个孩子。吕正操率部转战各地，夫妻聚散不定。吕正操十分不安："两个孩子苦累了你！"1946年夏，刘沙随东北民主联军总部来到哈尔滨，开始安顿下来。结婚近5年，至此才有了较安定的家。刘沙要抚育两个幼年的子女，不便担任专职工作，就在驻地协助丈夫，做些文秘工作。

新中国成立后，刘沙怀着激昂的心情回到古老的北京。她担任铁道部翻译科科长、副处长，因为大批苏联专家来华帮助建设，急需翻译人才，她在哈尔滨期间，曾聘请家庭教师学过俄语，这时却派上用场。

1958年，为响应支援高等院校的号召，她主动请求调入北京大学，任校党委委员、数学力学系党总支书记。1965年，又调到第八机械工业部，任教育局副局长。

"文革"前的17年，刘沙一帆风顺。1957年以来，中央指导方针开始出现重大失误。受个人崇拜影响的刘沙按照历史的习惯："跟着毛主席就是胜利"，在这些"左"的失误面前陷入盲目性。她回忆道："1957年'反右，和1958年'大跃进'，自己也感到有些作法不完全符合实际，但还是带领学生砸锅弄铁，风风火火炼钢铁。当时眼看一些业务尖子大学生被打成"右派"，也感到痛惜。还有教师中的'拔白旗'，以及农村中的'放卫星'，公共食堂'吃饭不要钱'等，也感到不大对劲，但又不清醒，拿不准而随大流。我就是这样走过来的。主观上自认为执行党的政策是坚定不移的，实则无知，有很大的盲目性。"

1966年6月1日早晨，刘沙刚刚迈进办公室，突然听到中央人民广播电台广播聂元梓的大字报和人民日报评论员的文章，震惊之余，她脱口说出："怎么又搞到《人民日报》去了，什么人捣的鬼？"

刘沙的这句脱口而出的话，表明这位有近30年党龄的老革命有可贵的清醒头脑。这在"文革"初期，是很少有的。刘沙的话，是有来由的。她曾在北大工作了七八年，对北大的人事比较熟悉，和数力系的教师始终保持联系，对学校政治运动的动向也比较关心。5月25日聂元梓等7人的大字报贴出后，她曾闻风去北大看过。在哈尔滨时，她认识聂元梓，知道她的底细和来历。聂元梓进入北大时，刘沙曾提醒校长陆平，不要接纳此人。她对大字报中无限上纲，煽风点火，横加罪名等极“左”的一套，极端反感。当然，她不可能知道聂元梓写大字报的背景。所以，当她突然听到聂元梓的大字报被《人民日报》赞扬为“第一张马列主义大字报”时，极为反感地脱口吐出快语。

真是祸从口出。脱口而出的一句话，成为别有用心者整人的把柄，灾难立刻降临到毫无准备的刘沙身上。

八机部党组立即决定将刘沙作为重点批斗对象。罪名是“污蔑聂元梓，反对无产阶级文化大革命”，大会、小会点名，大字报围攻，直到批斗大会，还企图从刘沙身上打开缺口，把矛头直指铁道部长吕正操。

惟恐天下不乱，以诬陷整人为乐事的康生乘机给八机部打来电话：“请你们注意一件事，你们那里有一个刘沙，说我让她去北大工作组的，没这回事。请你们告诉刘沙，以后不许假借我的名义到外边招谣撞骗。”

极其阴险恶毒的捏造。刘沙在“文革”之初多次去过北大看大字报，但从未说（也不可能说）是康生叫她去的。康生显然对刘沙那句“什么人捣的鬼”恨得要死，因为捣鬼者正是这个党内大奸。他要借八机部的“革命群众”置刘沙于死地。

中央文革小组顾问直接点名，事情非同小可，对刘沙的迫害陡然升级。刘沙被拉上一辆大卡车，接受全部职工的批判斗争。

刘沙昂首挺胸，面对气势汹汹的质问，回答得铿锵有力：

“你为什么要去北大？”

“我就是关心青年一代的教育。”

“你为什么假借康老的名义？”

“我根本不会那样做，你们可以到北大了解。”

“老实交待，你的后台是谁？”

“我没有后台，如果有，是党中央、毛主席。”

八机部长猛拍桌子：“说这话就是现行反革命，把她关起来。”于是，刘沙被扣上“现行反革命”的帽子，被关押70多天。

将一切置之度外，敢以强硬相抗的，在“文革”中极为少见，女干部中几乎绝无仅有。于此可见刘沙的风骨！陶铸敢和造反派对骂，黄克诚敢和红卫兵对打，贺绿汀在上海坚强不屈，迫使批斗大会的电视现场直播无法继续……，刘沙和他们一样，铮铮铁骨，浩气冲天，以一女性尤其可贵！

被指派看管刘沙的一女干部曾偷偷劝过刘沙：“站在那简直像江姐！你那么硬气，就不怕给家里带来麻烦！”

和屈服于康生压力的部领导人相反，群众对刘沙表示极大同情。有的说：“刘局长好好的，怎么突然就成了反革命呢？”有的冒着“同情反革命”的嫌疑，给刘沙送饭送各种小吃；有的开导她要想得开，谁知刘沙回答：“放心，我不会自杀，还是请你们保护我免遭坏人伤害！”回答得真够令人叫绝！

在“人妖颠倒是非淆”的年月，刘沙的浩然正气必然招致更残酷的迫害。有人唆使不明真相的群众成群结队来八机部声讨，闹剧持续四五天，并且张贴“强迫吕正操督促刘沙交待罪行”的大字报。还纠集北大、铁道部的所谓“知情人”和八机部一起召开批斗大会，强迫年近50的刘沙站板凳。

1967年1月，江青信口雌黄：“当年彭真、林枫和吕正操在东北搞‘桃园三结义’，组织反对林副主席的反革命小集团。”

“女皇”的话虽非“一句顶一万句”，也一言九鼎，能量大得可以，吕正操和刘沙遭受更大的厄运。

先是家被抄，继而吕正操也被揪斗，还给他扣上“经济主义妖风”的大帽子，强迫他打扫厕所，不许回家，到了1967年夏，吕正操被关押在北京卫戍区，实行“隔离反省，防止串供和自杀。”

此后是更加肆无忌惮的抄家和迫害。家里的东西几乎被洗劫一空，自行车全被抢去，女儿腕上的手表也被掠走，仅剩下涂满污迹的四壁。刘沙的小儿子忍无可忍，对造反派以拳相抗，然后逃出家去，刘沙被迫带着小女儿避入老战友家。

1968年1月，中央专案组“二办”开进八机部，逼刘沙“交待吕正操在东北的重大历史问题。”刘沙当场和专案组顶撞、争吵起来。于是，专案组决定对刘沙动用专政手段。专案组为此写的报告至今尚存：

报告

建议对刘沙拘留审讯

谢副总理：

×××：

叶群同志：

刘沙现任八机部教育局副局长（系吕正操的老婆），对吕的问题最知情。特别是1946年8月国民党少将高参秦诚至到哈尔滨策反吕正操等人时，住在吕家二十多天，刘沙在家接待，一起吃饭，交谈，对秦的活动最了解，但刘至今表现很坏，拒绝交待问题。自文化大革命以来，八机部的群众组织没有对刘进行审查，我们几次与八机部军管会商量，打算组织群众审查，但八机部教育局共有二十几个人，分成三派，组织群众有困难。为此，我们意见，对刘沙拘留审讯。以上意见当否，请批示。

解方专案组王宏坤

1968年2月5日

谢富治当天批准了报告：

同意拘留审讯，请总理、康生、江青、叶群同志审批。

谢富治 ×××

2月5日

5天以后，刘沙被戴上冰冷的手铐。家又一次被抄，其时家里只剩下90高龄的婆母和小女儿，吕正操早被关押，大的儿子女儿都逃亡在外。13岁的小女儿拒绝公安人员搜查她的书包。后来，参加搜查的公安人员对刘沙说：“你的小女儿真厉害！”显然，她得自母亲的遗传。

不久，祖孙二人被驱逐出家。老人被接回海城，年仅15岁的小女儿背着一个书箱，只身去了东北克山建设兵团。老人深深了解自己的儿子，而且极富远见，她对造反派说：“闹腾到多会儿，我这个儿子也是好样的。国民党时，官不大，钱花不完，现在官做大了，挣钱不多，累得贼死。凭良心说，还是共产党好！怎么说我儿子也是好人，你们别跟着胡闹，迟早会后悔的！”

因为吕正操的所谓“反党集团案”，不仅全家深受其害，而且株连了大批干部。吕正操回忆说：“该案‘主犯’七人：张学思、阎宝航、高崇民、贾陶含冤死于囚缧，解方、刘澜波因长期摧残过早谢世。牵连700人，加上受株连的亲属、工作人员则不下数千人。姓吕的也遭了殃，我的一个堂兄头上被钉了钉子，说是自杀了。”

刘沙入狱丝毫也没有动摇她的信念。她相信，吕正操的案子，毛主席一定会过问的，到时自然会烟消雾散。她早料到有入狱的可能，因为许多所谓“走资派”都没逃过这一关。因此，她把有关吕正操和自己的真实历史材料缝在吕母的枕头里，以免被造反派搜去。

在狱中，专案人员反复追问的就是“吕正操叛党的罪行”，既然纯系子虚乌有，刘沙自然心地坦然。像平时一样，读书、看报、听广播，甚至还有心思研究“文革”动态，在长宽不足7步的囚室中，她天天坚持原地跑步，锻炼身体。她口中不住地叨念：“坚持就是胜利。”她还写了一首打油诗：“你死我活鏖战急，是人是鬼当自知擎天有柱天勿坠，驱散乌云见红日。”

造反派为了坐实吕正操的“罪证”，还把早已宽大释放的国民党将领杜聿明、郑洞国、侯镜如赵君迈抓来，加以毒打，逼迫他们承认策反过吕正操。杜聿明后来回忆说，在功德林战犯监狱中从不受皮肉之苦，有了公民权了反而没有人身自由。

从刘沙身上捞不到任何东西，只好放她出来。1970年2月，刘沙脱离牢狱之灾。释放前，专案人员对刘沙说：“像你这样恶劣的态度会被革命群众打死的。”言外之意，还得感谢他们“保护”的功德。刘沙并不买帐，冷冷地说：“留在机关群众也不会动我一根手指头！”

两个月后，刘沙被送往河南信阳八机部“五七干校”管制劳动，继续实行“政治隔离”，不恢复组织生活，不准亲属看望。

“九·一三”事件后，刘沙的境遇有所改善，组织生活恢复了，子女也开始联系上了，她还担任了干校办事组的组长。刘沙回忆说：“当时我还有顺民思想。”她时刻牵挂着吕正操，他怎么样了？

1972年3月，刘沙因病回北京治疗。一回到北京，她就给毛泽东写信，要求看望吕正操。

毛泽东亲自批示可以探视。1972年4月26日，刘沙带着一群儿女见到分别6年的丈夫。缧绁多年的吕正操，语言迟顿，表情呆滞，牙齿脱落十几颗。刚见面，连小女儿都认不出来了，问：“他是谁？”

第二次探视，刘沙当着监管人员的面对吕正操说："你应该直接写信给毛主席，把问题如实说清.家里给你送上去。切不可对毛主席见外，我可以请求中央派人来取！"

由于刘沙的奔走努力，经毛泽东批准，吕正操终于恢复了自由，所谓"叛党集团案"就这样不了了之。这已是1974年"八一"建军节前夕了。

刘沙有一位亲密的女友刘淑清，去秦城监狱探视丈夫刘建章（铁道部副部长）时，目睹监管人员的种种暴行，忍无可忍，上书毛泽东。在毛泽东的亲自干预下，才结束了法西斯式的审查方式，狱中生活普遍得到改善。劫后余生的老干部们感激不尽，见到刘淑清都称"大姐"，长揖拜谢。1987年冬刘淑清病逝，吕正操和刘沙寄诗悼念：

悼刘淑清同志

投石天开惊四野，迁客囚友躬折节。

斯人仙去重如山，生者长怀刘大姐。

刘 沙

吕正操 敬挽

一九八七年十二月廿五日

在那些老干部蒙难的岁月里，以刘大姐家为中心，形成一张网络，遇事就到她家，通报信息，商议对策，大家拧成一股绳，悄悄地展开营救工作。用她的话说："扒拉出来一个是一个！"刘淑清家，形成一个特殊的也是悲凉的"营救中心"，许多落难的老干部及其子女得到保护。

1973年9月1日，刘沙接到通知去看组织上对她的审查结论。

八年了，才有个莫须有的结论！

现将原件全文抄录，以使读者了解当时审查干部的结论特色：

关于刘沙同志政治历史审查结论

无产阶级文化大革命中，对刘沙同志政治历史进行了审查，结论如下：

一、入党问题：刘沙同志在河北省安新县工作时，于1937年10月由马桐君、张君介绍参加共产党，无候补期。查证和本人交待一致。其入党问题是清楚的。

二、是否与日特、国特有联系问题：1966年初有人反映，1941年至1943年春，刘沙同志在天津和日特、国特分子有联系。经查，刘沙同志在此期间，一直在解放区，没去过天津。上述反映没有根据，并予排除。

三、有无被捕问题：1942年"五一大扫荡"时，刘沙同志因怀孕。经组织决定同夏风同志一起隐藏转移，10月间回到冀中军区司令部。在这期间.刘沙同志没有被捕。

四、是否被扣问题：1939年初，柴恩波在河北文安叛变。经查，这次叛军主要注意力集中在县政府和县大队方面。刘沙同志当时是战委会副主任，在事变中没有被扣。由于刘沙同志对被扣的同志进行一些营救活动，引起叛军注意，曾被传讯两次，后在群众掩护下，化装出城，回到地委。这段历史是清楚的，无问题。

一机部审干办公室

1973 年 6 月 4 日

把根本就不存在的问题搬出来视为问题,无限上纲,就已经很荒唐了。进一步又兴师动众内查外调,劳民伤财。即使审查,退一万步说,也完全没有必要野蛮揪斗,更无必要投入监狱。这怎能不让人感到是出于某种不可告人的目的的有意整治刘沙呢?

所以,刘沙对此所谓的“结论”一直不予理睬,她说:“一机部(八机部与一机部一度合并,后又分开)审干办公室所谓的‘政治历史审查结论’,显然是后来拼凑了几个莫须有的‘问题’。对关监狱却只字不提,这个‘结论’正是‘四人帮’当权时惯用的自欺欺人手法。”

无论给刘沙的“结论”如何,刘沙终于算是“解放”了。

1974 年 7 月 30 日晚 9 时,刘大姐来了一个紧急电话,要刘沙到她家去一趟。当刘沙赶到时,她全家却在平台上乘凉,她喜笑颜开地对刘沙说:“你先坐下歇歇,有件好事告诉你。”细心的刘大姐怕刘沙过于激动,稍过一会儿,才慢条斯理地说:“有个小道好消息,跟你有直接关系,交通部(当时铁道部与交通部合二为一)值班室接到中央通知,明天吕部长要出来参加“八·一”招待会,赶紧回去抓紧时间准备一下。”

事实上在毛泽东一再催促并限“八·一”见报的情况下,他们才不得不匆忙解除对吕正操将军的监护。同年 5 月专案组“三办”(二办解散后交由纪登奎主管的三办)有过一个“事出有因,查无实据”的结论,始终未和本人见面。当粉碎“四人帮”后复查时才从档案中见到这个荒唐的结论,原件如下:

经我们对吕正操被敌人策反和勾结国民党等嫌疑的问题,进行反复调查研究,认为事出有因,查无实据,根据现有材料,应予否定。建议解除对吕正操同志的监护,恢复党的生活,分配工作。

三办

1974. 5. 25

刘沙气愤地说:“虽然毛主席说话了,但阻力很大,直到 7 月 31 日吕正操同志的解放问题才得以落实,真不知这些人在搞什么名堂,到底想干什么?”

直到好多年后,刘沙才颇费周折从中央的档案里查出一些端倪。以下是档案片断:

1974 年 7 月 30 日下午 3 时,京西宾馆。

纪登奎在研究释放杨成武、余立金、王尚荣、吕正操的会议上说:“政治局 28 日晚上讨论通过了杨、余、王、吕的结论,并决定他们四人明天晚上参加八一建军节招待会。人还没放怎么办?这事本是中央责成东兴同志办,因为东兴同志到外边去没回来。这四人原来是由我经手办的还叫我办。中央文革批示很快就下来。但明天晚上要参加招待会。小平同志昨晚上打电话问我。还关着呢?’人还没有放出来,来不及怎么办?是否你们写一个简单的关于解除监护的报告,中央批一下。”

于是7月31日上午，公安部一副部长来到拘禁吕正操的304医院的病房里，对被关押7年之久的吕正操将军宣布解除监护。就在当天下午3时，到人民大会堂参加“八·一”建军节招待会。在开会前政治局部分成员接见了吕正操将军。接见的场面颇具特色。

江青主动走过来挨近吕正操入座，不知所以地赶着说：“你的问题，主席早就批了，拖到现在，我有责任呐！”接着话锋一转，“咱们过去吵过架，事后各自做了自我批评嘛！”

将军昂然冷漠，不屑一顾地回答：“我早就不记得了。”

张春桥阴阳怪气地插话：“你没有别的问题，文化大革命初期还是有错误嘛！”

将军平静地顶了他几句：“不光运动初期有错误，以往工作中也有错误，今后于工作还会犯错误。”

邓小平平静地一语双关说：“各有各的帐嘛！”

当将军走进小礼堂门时，遇到周恩来，他紧紧握住将军的手，语重心长地说：“过去的事就让它过去吧，不要记在心上。”

“感谢毛主席，感谢党中央，总算把我的问题搞清楚了。”将军说这话时，清楚地看到周恩来两眼闪着晶莹的泪光……

吕正操虽然获得“解放”，恢复了人身自由，但在政治活动、工作上还受到多方限制、无理阻挠。1975年春节期间，吕正操的家乡辽宁海城发生地震。中央当时派出以华国锋为团长的慰问团，周恩来发现名单中没有吕正操，立即决定增派吕为副团长，派专机追送到海城。当时吕正操已届古稀之年，孤身一人匆忙前往地冻天寒的地震现场，幸有华国锋亲自招呼，同车而行，勉力支撑和灾区群众共度春节，以解家乡父老悬念之情。

1975年春“批林批孔”“反经验主义”中，中组部不顾吕正操年迈且经狱中折磨尚未康复，通知他去党校读书班学习，实则是拿几位虽“解放”但不予工作的老干部当靶子，结果他难以坚持集体生活，随即发病，被送进医院抢救。

1975年春夏，铁路百万员工、干部盼望吕正操重回铁路工作，当时中央也有人提议吕正操任铁道部顾问，而纪登奎却假惺惺地说：“已经是人大常委了，当顾问是降级使用，不合适。”当时吕正操最怕接管铁道兵这个派性根深蒂固的部门，却又偏是任铁道兵第一政委，主持中央工作的邓小平找吕将军谈话，告诉他，这是总理的意见，吕将军只好从命。就任后，善于制造派性的造反派忌恨吕正操，咒骂“老头子活不了几年”！不到半年，“批邓反击右倾翻案风”又起，吕正操又一次陷入困境。

1976年周恩来、朱德、毛泽东相继逝世，“馏人帮”加紧篡党夺权的步伐，全党全军全国各族人民，深为国家的前途命运担忧。

刘沙说：“我生来第一次感到大祸临头的恐惧，惟恐国家领导大权沦人‘四人帮'之手!"

10月7日上午,刘沙独自一人在家沉思默想,心慌意乱。突然接到办公室秘书打来电话说,吕将军去西山开会,中午不回家吃午饭。

接了电话,刘沙感到紧张,丈夫此去,会不会凶多吉少?她对"四人帮"的猖狂,不能不有所担心,然而经历了一次又一次凶险的她还是渐渐冷静下来,做了最坏的打算,无非是家再被抄,再次入狱,最多把生命豁出去罢了。不过这次刘沙判断错了。

她在惆怅茫然中等待,下午两点,她突然听到丈夫熟悉的脚步声,急忙站起来往外走,看到丈夫走上楼梯,打着抓的手势大声欢呼:"天大的喜事,都抓起来了!"

刘沙冲下楼,听着丈夫洪亮的嗓音在房间里回荡,简直不敢相信自己的耳朵了,一遍又一遍地问:"真的?是真的……"

确实是真的。10月6日夜,叶剑英及主持日常工作的华国锋出奇兵一举粉碎"四人帮",不费一枪一弹,同时逮捕了王、张、江、姚。

刘沙按捺不住心中的喜悦,顾不得"暂不外传"的纪律,转身跑出家门,首先赶到刘大姐家,报告这个天大的喜事。

"四人帮"虽然垮台了,但"四人帮"的党羽、帮派势力还在盘根错节地把持着部分要害部门,张牙舞爪,继续作恶。原农机部显赫一时的"通天"人物,江青、叶群的亲信党羽刘湘屏,虽然已升调为"四人帮"的中央卫生部长,但是她在一机部(农机部与一机部合而又分,分而又合)的阴魂不散,主管人事大权的副部长也是一贯追随"四人帮"的打手。因此,部机关还是死水一潭,揭发"四人帮"在八机部(即农机部)的罪行及落实党的政策,清查帮派分子的工作阻力重重。直至十一届三中全会后,才匆忙召开一次全部平反大会,全场死气沉沉,敷衍了事。日后经过部领导之间激烈争战,被迫演了一场缺席批判"四人帮"党羽刘湘屏的皮影戏。对"文革"中受迫害、坚持斗争的干部,迟迟不给分配实质性的工作。

刘沙自1972年回京,即写信给部党组、机关党委要求工作,总是有人从中作梗。直到1979年,刘沙已年逾花甲,再也不容蹉跎等待了,遂要求和部领导面谈,在某副部长代表党组面谈时,则以安抚的口吻说:"你在'文革'中受了许多苦,有气是可以理解的……"

刘沙说:"党和国家遭受严重损失,我个人受点委屈算得了什么,我没有任何怨气,只希望能有适当的工作。如有阻力,不好安排,我想去中央党校学习一期。"

1980年8月,刘沙进入中央党校学习。在这里,她遇到不少老朋友,劫后重逢,格外亲切庆幸。这期党校学习班,不是系统学习理论,而是阅读文件、听报告,结合实际进行讨论。更重要的是10月间全体参加了交由四千人讨论的《建国以来党的若干历史问题的决议》。大家开动脑筋、敞开思想认真讨论。和刘沙有着同样切身感受的知心战友们,更是会下充分交谈酝酿,写出发言提纲,会上坦诚发表各自的补充、修改意见。着重探讨"文化大革命"发生的历史原因,以及毛泽东的功过。学员中气氛热烈，经常谈论到深夜。刘沙和不少学员还特准参加公审“四人帮”的大会。刘沙把这期党校学习视为自己的最后一个“加油站”。直至1981年6月党的十一届六中全会通过了这个拨乱反正的《决议》之后，在学习《决议》的一次党小组会上，刘沙又结合自身经历和感受，认真作了否定“文化大革命”的思想小结，她的结论是：“文化大革命”的历史悲剧不会重演。

她三次接近死神

——朱良才夫人李开芬

她被巴蜀女将从“左”的枪口下救出。

西路军覆没，她陷入马家军魔掌。

马家军布告四方：“女共匪李开芬诱骗人员马匹潜逃，抓获者赏银一千元。”

“文革”中她第三次接近死神。

她以宽广的胸怀对待“文革”中想整死她的造反派。

李开芬1917年生于四川达县，年仅14岁，就加入共产主义青年团，16岁参加工农红军，17岁已经是一名坚强的共产党员。父亲是一位饱学的秀才，教书为业，还干过律师，也曾被乡人选任过团总，但他同情共产党，家里曾是共产党的地下联络站。李开芬生在这样一个开明、小康的家庭里．无忧无虑地渡过童年，进入新式学堂学习，加入红军时，已是具有高级小学文化水平，这在民众绝大部分是文盲的旧中国，已算得上个知识分子了。她不是那种“逼上梁山”型的青年战士，是在一位姓余的老师引导下走进革命队伍的。加入共青团时，她仍是未脱稚气的孩子，跳着走路，唱着坐卧，天真活泼，美丽可爱。仍然像儿时那样无忧无虑。但17岁刚到，突如其来的横祸自天而降，她差一点被死神拽走。

那是1934年在川陕革命根据地。从张国焘那里刮起血腥的“肃反”风暴。她被当成反革命五花大绑押到刑场，罪名呢？仅仅是“念过高级小学的知识分子”，“团总的千金小姐”，这样的人参加革命会是真心实意？不过是混进革命队伍伺机破坏罢了，所以该肃该杀，说了归齐，是“唯成分论”而已。

站在土坑的边沿，面对乌黑的枪口，她想哭，想申辩，想叫骂，但终于没有开口。她知道，那是毫无用处的，没有人来理睬，她才17岁，真不甘心就这么死去。被捕后，她曾申辩，曾要求上前线，死于战场，而不是死在自己人的刑场，但毫无用处。

此刻，她闭上眼睛，只是思念着爸爸、妈妈、哥哥……

千钧一发，一发千钧，来了救命人。

刑场外冲进几匹战马，4名持短枪的女战士大喊：“把李开芬放了！”随后，一个穿列宁服的女干部也跳下马来，用马鞭指了指行刑者：“把李开芬放了！”

这位女干部就是张琴秋，红四方面军的政治部主任，极富传奇色彩的女将。

政治部主管肃反，张琴秋审查决定处死的‘反革命’材料时，发现李开芬的履历简单又清白,是个未成年的女孩,还有当时非常宝贵的文化水平,急忙赶到刑场,把她救下了。

李开芬来到列宁小学当教员。学生都是红军子弟和烈士遗孤,每个孩子都有一番不平凡的经历,他们的家庭又大都有特殊的情况,大多数孩子已失去父母或不能常见父母,李开芬不仅教他们文化知识,还要像妈妈那样照料他们,她和孩子们生活在一起,教他们识字,唱歌跳舞,晚上还要照管他们安息,沉浸在孩子们的欢乐天地里。

不到一年,她离开列宁小学,上了前线。不过不是拿起枪打仗,而是当了火线宣传队的队长,主要工作是对敌宣传,阵前喊话,瓦解敌军。火线宣传队连她有7个队员,都是十五六岁十六七岁的姑娘,各有特点,有的能唱歌,有的会吹箫,有的嗓门大,声音传得远……

这支小小的娘子军仅仅经过两天的训练,就开赴前线了。两天的训练真够紧张:学唱红军歌曲、民歌小调,练习对敌喊话,背词儿,还操枪练习瞄准、射击,练习隐蔽动作,还要制定宣传计划,写决心书、保证书……几乎连喘息的时间都没有。

她们来到火线,红军营长为了她们的安全,要她们在火力射程以外对敌喊话。李开芬不同意:"那样敌人能听到吗?"她坚持要和前沿战士在一块。营长只好同意,但还是派了一个排来保护她们的安全。

拂晓和傍晚是对敌喊话的好时机,这个时候当官的不来,当兵的随便,喊话没有干扰。

喊话开始,敌人工事里的响动停止了,看得出,是在静听。有时也啪啪地射击过来。听见喊话是女性声音,对方还夹杂着下流话骂过来,有的姑娘气得流泪。

时间长了,姑娘们摸到了敌人的规律,只要当官的不在,喊话就很少受干扰。她们对白军士兵宣传红军的性质,讲穷人翻身的道理,还给他们唱红军歌,编了《白军士兵苦》、《兵变回老家》等民间小调唱给对方听。

火线宣传队存在的时间很短。红军的战法主要是运动战、游击战,各据阵地相持的机会极少,阵前喊话也很少出现。

李开芬和宣传队的姑娘们来到设在万源的工农总医院。经过短期训练,她成了一名医务人员。

"肃反"的阴影仍然跟着李开芬。一天,两名"肃反"人员来到医院,说发现一条反动标语,怀疑是李开芬干的,要审查她的笔迹,还要把她带走。医院的连长王长德保护了她。王长德对肃反人员说:"李开芬是我连的战士,我对她负责到底。你们调查清楚,拿出证据,我亲自把她捆了给你们送去。你们把她带走了,上面向我要人,我怎么交待?你们能肯定标语是她写的吗?可以先把她的字拿去核对!"

两位"肃反"人员被打发走了。

1935年春,红四方面军开始长征。

工农总医院随红军进入山多地少的少数民族地区,粮食奇缺,饥饿威胁着伤病员,也威胁着每一个医务人员。医院领导决定组成小分队到反动派盘踞的山寨里夺粮。小分队30多人,以女性为主,由李开芬和王秘书带领。

小分队分左右两路进入山寨。李开芬带领十几个人从右路进入寨中,敌人正在熟睡,小分队发现一座磨房,里面堆着粮食和面粉。事情真巧,这时左寨响起枪声,原来那边的红军侦察员被敌人发现了,打了起来。熟睡的敌兵从梦中惊醒,操起枪朝左寨奔去。李开芬乘此机会指挥小分队飞快冲进磨房,装满十几口袋粮食和面粉,迅速撤离山寨。她和几个男兵在寨口掩护,和左路小组汇合后,边打边退,互相掩护,敌人黑夜不辩虚实,不敢追击,李开芬和小分队安全返回医院。

医院沸腾了,饥肠辘辘的伤病员用拐杖点着地激动地说:"这是救命粮啊!"

1936年秋,红四方面军历经千辛万苦之后,到达甘南。这是李开芬终生难忘的日子,三大红军主力会师,长征结束了,她戴了三年的"肃反对象"的帽子,也终于摘掉了。组织上的结论是:"党信得过的红军战士"。她没有狂喜,也无感激之情,她虽然还只有19岁,三年的生死考验,她冷静了,成熟了,对革命的理解更深刻更透彻了。三年考验,得益匪浅,她获得常人少有的精神力量,此后几经风浪,她傲然挺立,实得力于此。

长征结束,她被送进中央党校学习。党校党支书记康克清了解她坎坷的经历后,十分同情也欣赏她的才能。没有结业,她就调到西路军妇女先锋团当秘书去了。

妇女先锋团属教导团领导,教导团政治委员朱良才这时与李开芬结识。李开芬身材颀长,眉清目秀,仪表大方;朱良才年轻英俊,风度翩翩,两人在接触中,彼此都留下深刻的印象,这为他们后来结成终身伴旅,打下了基础。

但是,接着而来的大惨败,不仅把她和朱良才分开了,也差点再次把她推向死神那里。

西路军自1936年11月渡过黄河,血战河西走廊,到1937年春,终因敌众我寡,弹尽援绝而悲壮地失败了。

奉中央电令,西路军两位领导人陈昌浩、徐向前回中央汇报情况,残余人员就地坚持游击战争,等待中央救援。

妇女先锋团的残部,分成几股向东行进,企图渡过黄河寻找中央红军。

李开芬等十几名女战士跟随团长王泉媛向东南方向疾趋。马家军封锁了一切通道,四出搜捕西路军残余人员。李开芬等昼伏夜行,凭北斗辨认方向,艰难地向东南方向摸索。饥饿、寒冷、困顿一齐袭来。她们咬紧牙关,朝东南方向移动,不前进就只能坐以待毙。

疲劳已极的女战士们发现一口窑洞,她们决定在这里休息,夜晚继续行动。不幸,搜山的马家军发现了她们……

李开芬和十多名女红军被关在凉州监狱中。

统治甘肃的马家军头目之一有一个恶毒的计划:'把红军女俘虏中一些有姿色的配给中下级军官做老婆。前后已有30多名女红军被强行拉走了。

李开芬代表被关押的战友给中央写信,诉说了她们所受的种种折磨,要求党中央出面把她们要出去。信是通过到医院看病的女战士带出的。很多女战士在非人的折磨中病倒了，马步青不得不允许她们去医病。

党中央也十分关怀她们的命运。监狱院墙有一道缝。有一天放风的时候，墙缝外有人轻声问道："你们这里有个叫李开芬的吗?""你找她干什么?"墙里问。墙外回答："我叫余民声，是她的老师，请叫她来，我有话说。"这就是把她引上革命道路的那位余老师。李开芬相信他一定是组织上派来的。余老师告诉李开芬，现在国共合作已经开始，西安、兰州都设有八路军办事处，说着塞进一张纸条，上面写着兰州办事处负责人的姓名和办事处住址。告诉李开芬，如能出去，先奔兰州。余老师还告诉她，一定要坚持斗争，组织上正在设法营救她们。

这次意外相见给了李开芬和战友们极大的鼓舞，她们的斗争并非孤立无援，党中央在关怀着她们。

因为国共合作的局面已经形成，马步青对被俘人员也不得不采取些表面宽容的政策。他每隔一定时间，就给她们看电影，让她们洗澡，还给她们做了新衣服，组织她们参观。所有这些，都是为了软化她们，最后服从马家军的安排。

这些活动，李开芬从不参加，新衣服也扔在墙角。她的行动引起了马家军注意。马步青看出，李开芬在女战俘中有威信，是她们的主心骨。如制服了她，别的女俘就好办了。同时，李开芬的秀美和风韵，也为马步青垂涎。他想把她弄来成为贴身秘书。

马步青派人去"请"李开芬，连"请"两次，李开芬不予理睬。马步青发威了：再不来就捆，用鞭子抽！

李开芬下定必死的决心，去见马步青。

马步青表面很客气："你就是李开芬小姐吧？请坐，请坐！"

李开芬站定不动，一言不发。

马步青要显示宽容大度："我看出李小姐是个人才，现在国共合作联合抗日，李小姐这样的人才，大有用武之地，我很想重用你……"

李开芬仍不答腔。

马步青还是强忍怒气："我观察过你，也向人了解过你，你有文化，处事果断，头脑敏捷，有女性的阴柔，也有男性的阳刚，难得呀！"

"李开芬不想再听花言巧语，转身朝外面走去。

马步青现出本来面目，他怒喝："站住！你到什么地方去?"

"回监狱。"李开芬坚决地回答。

"回监狱？不必吧，那地方乱哄哄不利于你休息，我给你另外找个地方。"

"不！我哪也不去，回监狱，和我的姐妹们在一起！"

马步青沉默了一会儿，仍吩咐把李开芬送回监狱。他有自己的"信仰"："烈女怕磨夫"。他想要李开芬为妾，非不得已，不对她下毒手。他认为时间会帮忙。

为了软化李开芬，马步青把她押解到凉州城外一间民房，还从被俘的女红军中挑了一个年仅16岁的沈秀英来陪伴她，又派了一名副官三天两头来问寒问暖，表示关怀。当然，几步外的另一间民房里，安排了一个暗哨。

马步青自以为万无一失，没想到这种安排却给李开芬提供了逃出魔掌的机会。

过了一段时间，李开芬“顽固”如初，马步青忍耐不住了。他派了三名士兵，用棍棒皮鞭毒打李开芬。抱定必死决心的她便和他们撕打，直到筋疲力竭倒在地上。

三个军人甩下一句话：“违抗马军长的命令没有好下场！”

衣服被皮鞭抽烂了，浑身是血，躺在床上动弹不得，幸亏沈秀英的细心照料，她才慢慢地将息过来。

躺在床上不能动弹的李开芬，无时无刻不在寻找逃走的机会。这个机会终于来了。

一位传令兵姓盛，陕西千阳人，常奉命给李开芬送米送柴。几年前家乡闹灾荒，盛和几个同乡出外寻出路，结果走到凉州地界被马步青抓了壮丁，因为他读过几年私塾，有一定文化，从新兵连提到团部当了副官。但他生就一副硬骨头.干不惯奴颜婢膝的勾当，得罪了团长，被撤下来，当了一名传令兵。因为过去给监狱送饭，认识了沈秀英。他听说过共产党和红军，同情革命，乘送米送柴的机会，便和李开芬和沈秀英交谈一会儿。

从交谈中，李开芬了解了传令兵的遭遇和苦恼，一个巧妙逃！离魔窟的计划渐渐成型。

一天，传令兵又来送粮柴，李开芬和他交谈起来。

“盛先生今后有什么打算呢？想回老家吗？”

“怎么不想回家。离家三年，想家想娘，常从梦中哭醒。我是个不孝之子啊！离家那天，我瞒了老母，说是去亲戚家借粮，直到两个月后，才给家人去信说明我的下落，老人大哭一场，责问我忘了养育之恩，撇下老母不管。想到这些就心中惭愧！”

“你想不想回去？”

“想有什么用？请假不许，开小差抓住要枪毙，再说也没有路费！”

李开芬见他这样回答，心里有了底。

“和我们一起走怎么样？”

“一起走?！马军长能放你们？”

“当然不会放。他还梦想要我去当女秘书呢！要走，就得破釜沉舟！”

“怎么个走法？”

“要看你七尺男子有没有胆量。”

传令兵本就是个硬骨头，他被这两个坚强的女性感动了，表示得很坚定：和她们一起走！

沈秀英激动地说：“盛大哥，你这样仁义敢为，我很钦佩，我愿和你结为兄妹，同苦同甜，不知你同意不同意？”

“小妹妹,你们红军是好样的,受这么大磨难,都不屈服,我这个男人不如你们,能与你们相亲,我求之不得。”传令兵义形于色。

三人商定:由传令兵弄两匹马,一身太太衣服和使女的衣服,传令兵扮成护送的副官。假托护送官太太,借此逃离凉州。

为了瞒过那个暗哨,传令兵买来鸡和酒,把他灌醉。

一天黑夜,乘暗哨酒醉酣睡之际,三人乘了两匹马,飞奔出凉州城。

在第一个哨卡,李开芬故意装作趾高气扬地说:“两个兄弟放哨辛苦,赏他们两壶酒钱!”两个哨兵道谢不迭,放行了。

第二天暗哨酒醒,什么都明白了,急忙报告了马步青,马步青大怒,吩咐发通缉令,悬赏捉拿。通缉令上写着“女共匪李开芬拐骗人员马匹潜逃,抓获者赏银一千元。”

李开芬料到敌人必来追捕,通过第一个哨卡后,便拐人小路。这“一主二仆”在乡间走动,不仅保甲长没敢阻拦,连民团也都抬手放行。

她们终于走到兰州北边的黄河渡口。

两匹马跨上黄河大桥,这里已经距八路军驻兰州办事处不远了。李开芬想到既将见到久别的亲人,分外感到激动,也增添了无限勇气。

她对阻拦她们的警察说:“我要见你们所长。”

面对所长,李开芬亮出自己的身份:“我们是红军,要回八路军兰州办事处。”

“红军怎么和马军长的副官走到一起来了?”

“这有什么奇怪,国共合作抗日,两军自然有来往,兰州不也有八路军办事处吗?副官和我们在一起,是为了共同抗日,警官先生,你不愿抗日吗?”

“我当然愿意抗日,现在你想怎么着呢?”

“请你立即通知八路军办事处,我们有要事去办。”

“我们这里和办事处不通电话,警察又少,抽不出人来通知他们。”

“那请你放行,我们自己去。”李开芬说。

“自己去可以,你和盛副官先过桥,到了你们办事处,再回来接这位小姐。”警官指指沈秀英。

李开芬知道,只要和办事处联系上,就好办了。于是回答说:“留下沈小姐可以,你们必须保证她的绝对安全。”

来到八路军兰州办事处,党代表谢觉哉,主任彭加伦,秘书长朱良才全迎接出来,早已逃出马家军虎口的王定国也出来迎接了。李开芬激动万分,只说了一句:“我回来了!”就泣不成声了。

李开芬留在兰州办事处工作,沈秀英和盛副官进人延安学习、工作。就在八路军兰州办事处期间,李开芬和朱良才喜结良缘。

抗日战争时期,朱良才和李开芬先到延安,李开芬任抗日军政大学医院指导员。继又转战晋察冀敌后抗日民主根据地,朱良才先后担任晋察冀军区三分区政委、晋察冀军区政治部副主任、主任,是人民军队一位经验丰富的高级政治工作干部。李开芬则担任过晋察冀军区政治部组织部副科长、晋察冀军政干部学校政治部组织部部员等职务，她以自己的才能，成为丈夫的得力助手。

解放战争中，夫妻二人仍转战于华北，朱良才曾任华北军政大学副政委兼政治部主任。李开芬则担任该校政治部组织部部员、大队政委等职务，夫妻长期在同一单位工作。

难忘的十年，风雨相伴，迎来了中国革命的胜利。

新中国成立后，夫妻二人来到北京，朱良才先后担任华北军区政治部主任、副政委，北京军区政委等要职，1955 年授上将军衔。可惜因病魔缠身，1959 年就申请离休了，此时他还不满 60 岁。李开芬只在军队工作了一个很短时期，先后担任过华北军区直属政治处主任，华北军区司令部通讯处副政委、干部部组织统计处处处长等职，1952 年离开军队转到地方工作。

从此又开始了她新一轮的坎坷历程。

反右派运动中，她受到第一次冲击。

此时她在第二机械工业部工作，任干部司副司长兼党支部书记。

二机部是一个知识分子云集的单位，知识分子一向思想活跃，特别是共产党以高姿态欢迎批评，使这些知识分子心情振奋。他们以会上会下、写信或贴大字报的不同形式，向单位的领导开展了批评。这正是毛泽东——整风运动的领导者所希望出现的那种“生动活泼的政治局面。”

一位普通干部，画了一幅漫画，题为《司长偷花》，贴到墙上。一幅漫画贴在密密麻麻大字报中间，它的形式本身就引起人们的注意，何况画的是一位本单位的司长、高干，而且是一位端着花盆溜走，回过头贼眉鼠眼地窥视有无人看见的领导干部。观者忍俊不禁，都哂笑着夸奖：“画的挺像。”是称赞画家的绘画技巧呢，还是夸奖作者的胆识呢？无人顾得上研究，反正当时吸引了不少观赏者。

司长听说了，偷偷地来看，一股怒气填满胸膛，司长准备报复了。

司长找到了他的上司，首先否定了偷花的事实，然后就谈到作画动机：“对待什么人采取什么方式来批评是关系批评人的立场、观点、方法的大问题。没听说过司长去偷一盆花嘛，这样的方式来提意见就不能说是诚心诚意帮助党整风罗，这是恶意攻击领导，丑化党的干部的形象嘛！”

群众是支持这张漫画的。人民内部矛盾用批评和自我批评方法解决，画一张漫画来批评某些人的错误行为，其动机善意，效果良好，为什么说是攻击党？又不是说党偷花，或说全司的领导都偷花，漫画也是一种批评方式……

全司上下对这件事议论纷纷，莫衷一是，问题提到党支部书记李开芬那里，李开芬进行了详细的调查，然后在党支部委员会上陈述自己的观点：“首先，我不同意把画漫画的同志定为右派分子。批评，或者像某些同志说的是‘讽刺’一位领导干部的缺点和错误，是党内民主生活允许的，也是这次整风运动所号召的，不能说是攻击党。我经过调查，某位领导确实偷了花，这不是漫画作者的捏造，因此不能说是丑化领导。要说丑化，丑化自己的是司长本人，是他的行为使自己变丑的。

另外，一位领导干部不能代表党，因此批评他不能说就是反党。如果一个人就代表党，岂不成了共产党偷花了……偷花的只是一个人，不管他是司长还是什么长，都是错误的。有了错误不允许批评，或者把批评者打成右派，这就不像共产党整风的姿态了。”

支委们都同意支书的观点。可是事情发展到最后，李开芬被撤职了，理由是她“不宜插手此事。”何谓插手？她是支部书记，党内的事她不应该管吗？眼看着一位诚意地帮助党整风，大胆地批评了某一位党的领导干部的错误行为的好同志，不仅不受到鼓励，反而遭受打击，她能无动于衷，顺水推舟吗？李开芬不是那种人。

漫画的作者终于被划为“右派分子”，而且遣返还乡，监督劳动改造了。

然而，像反右那样的气势，那样的规模，许多人都去当“闯将”、当“骨干”去了。打一个“右派”，他们身上就增一份光环，多一份党的信任，添一条发展的路。多数人是照着这种逻辑去待人处事的，像李开芬这样敢于坚持实事求是的作风，敢于为无罪者仗义执言，当面驳斥自己的上司者能有几人？如果像这样的共产党员多一些，或者占了大多数，我们党不是能够少犯许多错误吗？

“文化大革命”兴起时，李开芬是四机部政治部副主任，理所当然地属于“走资派”之列。但运动初期，她竟没有受到冲击。

运动开始不久，群众成立了许多组织，什么“造反团”，“战斗队”等等。打来打去便自然而然地分成两派。对于参加过长征的老革命，又是从部队转业来的，无疑两派都想争取，以便夺权之后能“结合”进他们的临时政权机构之中，作为“革命干部”来装饰门面。然而李开芬却认为自己没有必要介入两派群众组织之间的斗争，她不愿做一个“随大流，不挨揍”的干部。她认定怎样做是对的，便坚决怎样做。这是她的性格——悲剧性格，这个性格决定她又一次遭受磨难。

初秋的一天上午，政治部副主任李开芬的办公室门被哗啦一声推开了，几个四机部机关的年轻干部走了进来。领头的一位似乎很客气，开门见山地说：“我们是造反派，我们对你的历史是了解的，我们欢迎你和我们一起战斗，说得明白些，就是要求你站到我们这边来，不要和老保来往。站错了队是要吃苦头的……”

“好了，你不要再说下去了，我完全明白，你是要我再站一次队，我从 14 岁参加革命，如果说是站队，我早就站到了共产党的队里了，为什么革命了二十多年，又要站一次队？不，我哪个队也不站，哪个派也不入。”

这坚定的态度，铮铮的语言，把造反派的头头气炸了：“别忘了你是当权派，你是运动的重点，咱们走着瞧！”

造反派走了，李开芬关上办公室的门。她知道，运动刚刚开始，更大的风暴还会来临，也许自己会因为得罪了造反派而吃尽苦头，但她不能放弃原则，不能支持一派群众去斗另一派群众。不论为此要付出多少代价，她心甘情愿。

有一天，李开芬坐在家里看书，突然有人来找她。此人过去犯过严重的错误，当时李开芬在组织部门工作，对他的处分是李开芬主持的。

李开芬请他入座，很有礼貌地接待了他。不料这位来客却傲慢地从提包里取出几页稿纸，在手中哗哗地抖了两下说："老首长，你看看吧！"

李开芬问："这是什么？"

"这是几位过去的老首长，老上级对撤销我处分的意见。"此人虎视眈眈地把纸放到李开芬面前，"今天看你的了。"

李开芬愤怒了，一个由组织处分过的人，怎么能由他个人来强迫几个领导干部为他撤销处分呢？这不符合组织原则，如果真的有几个老首长为他写了撤销处分的鉴定或意见，那也是不讲原则的行为，我不能像他们那样。

"你还有什么犹豫的？写吧！"那人竟迫不及待地催逼她了，"你还是主要的当事人嘛！"

"是的，处分你是我负责主持的。处分没有错，因此也不能撤销。我对组织负责，也对你个人负责。这些材料你拿回去，我不要，也不看。"

来人在她这里碰了钉子，悻悻地走了。

南京有个军工厂，是四机部的重点厂。一派在"一月风暴"的影响下夺了权，另一派坚决不承认。两派互不相让，打得不可开交。一时，国防工业所急需的军工生产受到摧残，工厂基本陷于瘫痪状态。消息传到中央，国务院总理周恩来把四机部部长王铮叫到面前："王铮同志，运动要开展，可是国防工业的生产不能停顿，更不能破坏。特别是军用雷达，你这个电子工业专家比我更了解它的重要性。革命要抓，生产也要促. 你这个部长有什么高见。"

"总理，南京××厂已经被一派群众组织夺了权，他们已经不能指挥工厂的生产了。"

"今天找你来，就是要研究一下，如何更换目前夺了权的领导班子。"

"更换领导班子，就意味着把被夺的权再夺回来？"

"是的，这样一个重要的国防工业的领导权，是必须由共产党掌握的。两派组织打得热火朝天，哪有精力来搞生产呢！"

"夺了权的头头们说，北京来的人，准敢到南京我们这个厂插手，就叫他有来无回。"

"那好，就派不怕有来无回的干部去插手，去夺权，去领导革命群众把军工生产搞起来！"周恩来挥了一下手，"你考虑一下谁去最合适。"

"我去。"王铮微微有点笑意，"总理，我倒不怕有来无回。"

"你不怕有来无回，我还怕呢！你这个四机部部长回不来，全国的无线电工业谁来抓？你不能去，从你们机关派个得力的干部去就行了。"

王铮在领导干部中一个一个地排队，最后决定派李开芬去。

李开芬临危受命，她带着几个随员，乘上南下的列车。

到南京刚住下来，便有人通知他们去参加一个大会。这个大会是造反派召开的，他们代表着××厂的新的"政权"，他们指名道姓要求四机部派来的李开芬到会指导。四机部系统北京和南京的造反派，早已通过电话。南京早已知道是谁来了。

去，还是不去？这个由北京派来的几个人的小集体，意见便有了分歧。随行人员有的不赞成参加这个会议，恐怕被造反派扣住回不来。而李开芬则认为既然公开点名让我去，我就应该参加这个会。哪有四机部的代表不敢见群众的。两派现在坐不到一起，上级派来的代表又不愿和一派接触，岂不没有工作可做，无从插手这个厂，抓革命促生产的任务怎么完成。

有位同志担心李开芬去参加大会，很可能被造反派抓起来。李开芬说，如果我被关起来，你们把消息迅速告诉四机部领导。

李开芬走上主席台，台下报以热烈的掌声。这阵掌声有两种含义，一是佩服这位四机部派来的女代表的胆量，竟敢在他们明确宣布“谁敢来南京××厂插手就让他有来无回”之后还敢来；二是不管四机部来了什么人，只要是代表上级机关的，他们都要欢迎，争取支持。毕竟北京来的人离中央文革、中央军委近啊。

不管你是什么动机，不管你是什么派，不管你是真情还是假意，今天你提供了这样一个讲坛，我就要宣传党中央的政策。李开芬从“抓革命，促生产”的重要性讲起，一直讲到这个厂的全体职工在过去所作的贡献以及今后的“促工作，促战备”的历史重任面前应有的姿态。一些关心生产，关心国家的老职工感动了，他们由衷地拥护四机部派来的代表的主张。李开芬来南京××厂的第一炮打响了。

回到住处，李开芬马上给王铮部长打电话汇报了初步感觉到的一些问题，以及她自己对××厂的运动前途的一些看法。她不同意马上就更换目前的领导班子，那样又等于支持了一派，批判了一派。双方争执起来，局势会更乱。真正的好办法是使两派群众在“抓革命促生产”的口号下统一行动，把军工生产恢复起来。至于政治观点上的分歧，对本厂领导干部的看法不同，那可以先搁置起来，慢慢解决，这就是求同存异。

王铮赞同她的分析，命令她摸清情况后就回北京。

李开芬和她的随行人员奉命从南京回来了。这是个敢于去冒着风险完成任务的勇敢的好干部，然而等待她的不是上级首长和在京战友的热情的迎接，而是造反派早已准备好的牢笼。她被关押起来了。

这一天，长安戏院门前乱成一片，大卡车、小轿车来来往往。戴着造反派袖标、躁动不安的男女吵吵嚷嚷，大标语从楼上垂到楼下，大字报连门窗都糊严了。这里要干什么？要开个批斗大会。四机部的造反派批斗四机部部长王铮，李开芬是作为部长的“黑干将”拉来陪绑的。江青也来了，但她不上主席台，不在人前露面，只坐在观众席里，由一批警卫人员在周围保护着。这场面是造反派做给江青看的。

批斗对象还没有押上台，台下的摄影机已经架好，他们要拍下批斗对象“低头认罪”的姿态以标榜自己这一派的战绩。台上灯光亮得刺眼，造反派用“喷气式”把李开芬推上台来，第一个动作就是让她低头认罪。认罪？我没有罪，为什么要低头。李开芬挺胸而立。

“低头!”台上台下的人高声叫喊。

李开芬仍不低头。为什么低头？向谁低头？面对着马步青的棍棒镣铐没低头,面对着张国焘执法队的枪口刀锋没有低头,今天,我也决不在造反派面前低头。

“低头！低头!”

“低头认罪！不低头就砸烂她的狗头!”

喊声、骂声像狂涛暴风。拳头、皮靴向着她的头、颈、腰、膝猛力踢打。头发被揪住拉起来再按下去,按下去又抬起来。但李开芬始终没有“低头认罪”,她自信自己几十年出生人死干革命,有功无罪,无须低头。

李开芬被关在一个大院里的一座高楼上,门上、窗上、墙上都糊着标语:“坦白从宽,抗拒从严。”“死不改悔,死路一条!”“大叛徒李开芬罪该万死!”“打倒李开芬!”这些千篇一律的骇人标语,她看惯了,看厌了,索性不予理会。自己倒要在这个黑暗的牢房里,冷静地思考自己今后如何活下去,斗争下去。

在关押期间,她给党中央毛主席写信,申诉自己的冤情。并以自己在被“群众专政”中的体会,说明这种关押待遇与马步青的监狱生活差不多。心也善良,情也恳诚,可是给中央的信被造反派扣留了,又招来更加残酷的报复。他们说她是反攻倒算,是与革命群众为敌,是破坏毛主席的战略部署！是对抗伟大的无产阶级文化大革命,是反党反社会主义反无产阶级的反革命。接二连三的批斗会便召开了。她们把李开芬用“喷气式”架出来,然后一脚把她踢倒,再逼着她爬起来,尚未站稳,又是一脚踹下,使她摔得爬不起来了。爬不起来,这些人就用手揪着她的衣领把她提起来。摔昏了,限五分钟清醒,接着再斗。李开芬认识了造反派的手段,造反派也认识了李开芬的性格。前者是无论如何我不能无缘无故地死,后者是置李开芬于死地而后快。有一次,造反派把她拖到三楼的一间房子里批斗,她又被打倒在地,头昏脑胀地爬不起来。小头目指着窗户说:“李开芬,这是三楼,不算高也不算低。你跳！窗户开着呐,你跳！跳呀!”

李开芬强制着自己,从昏迷中清醒过来,她心里盘算着:无论如何折磨我,我也不能让他们乘我昏迷之际,治死我,把我当死人抬出去。那样,他们就要说,我是畏罪自杀,是“自绝于人民”。

李开芬仍旧关押着。

一天,来了两名军人,拿出一张照片给她看,要她证实,照片上的人是不是共产党员。

说来真巧,照片上的人恰恰是30多年前在大会上宣布李开芬是反革命并将她绑赴刑场的那个领导干部。

长期做党的组织工作,养成了她严密的政策观念,她非常郑重地问:“你们是哪个单位的？有介绍信吗?”

“什么？介绍信?”军人笑了,“这是什么时候,你还要介绍信!”

“我没听说共产党取消了这个组织制度。说实在的,这个人我认识。但是你们没有介绍信，我没法了解你们的身份，所以关于他的情况，我一句也不能对你们讲，更不会给你们写什么材料。”李开芬讲到此处便一言不发了。两位军人只好悻悻地走了。

外调人员走了，李开芬的心里再也难以平静了：我怎么能忘记这个人呀，30多年前，在那一次党团员大会上，他站出来说我李开芬是反革命，是混到革命队伍里来的！就是他这几句“真情”话，我被送上刑场，若不是张琴秋赶来相救，16岁的少女就成了刀下之鬼了。现在，部队来人外调他的历史，说明这个人在部队里渡过了几十年的岁月，我必须慎重对待他。至于他是不是共产党员，我们没有组织上的联系，但是在大会上他说他是共产党员，我是反革命，这两句话我是刻骨铭心的。从这个角度上，我可以证明他是共产党员。说他是真党员，外调人员也未必相信。而且我自己可能招来麻烦；但是，若说他是假党员，在这样的时刻，他很可能被活活打死。我必须十分慎重，即使为此事要惹来麻烦.甚至招来横祸，我也不能说半句假话。

三天后，又来了两位军官，仍然为那人的真假党员问题，让李开芬写证明。这次，他们按照正常手续，让李开芬看了介绍信。

“你说一说他到底是不是共产党员？”

“我们没有组织上的联系，然而我可以准确地证明他是不是党员。”

“据了解，这个人对你很熟悉，对你的家庭也很了解，你们之间是什么关系，是可以想象到的。”

“嘿嘿，你想象不到我们之间的关系。”李开芬舒了口气，以使自己的情绪平静下来，“我们是在一次会议上认识的，可是彼此留下的印象太深了。”

“你说说是怎么回事？”

“1933 年我参加县里召开的党团员大会，他在大会上忽然站出来揭发我是反革命，我惊奇地看着他，我从来也不认识他，这种‘揭发’从何说起呢？从当时他的表现看，他是非常激动，非常真诚的。他大声宣称：‘我是共产党员，绝不向党隐瞒真情，李开芬是反革命！’我为此戴了许多年‘肃反对象’的帽子，差一点掉了脑壳，我能忘记这位‘共产党员’吗？我恨过他，骂过他，可是他毕竟在部队工作了几十年，战斗了几十年，考虑到当时的历史条件，当时人们的觉悟程度，我谅解了他，宽容了他。”

“你讲这些话想说明什么呢？”

“我想说明他是共产党员，而且在 1933 年就是党员了。”

“你敢证明吗？”

“敢。我愿意写证明材料，把当时的真实情况说清楚。”

“李开芬，你是参加工作几十年的老革命了，而且长期从事政治工作，政治上的是是非非，你见得不少，你考虑过这样写证明。自己会有什么后果吗？”

“我考虑过。但是我相信一点，假的，经不起考验；真实的，是永恒的。我愿承担一切责任，一切后果。”

李开芬写下真实的证明材料。两位军官告辞时，见四下无人，悄悄地对她说："你是个真共产党员！"

李开芬的丈夫朱良才上书党中央，为他的妻子鸣不平，要求公正地处理。

上将上书陈词，引起党中央的重视。在周恩来的亲自过问下，李开芬出狱了。

长时间的群众专政下的关押批斗和监狱折磨，李开芬的身体变得很虚弱了。她回到了那个年久失修，庭院荒芜的家，见到了"十年生死两茫茫，不思量，自难忘"的丈夫和两个因母亲入狱而受到株连的孩子，她流下了辛酸的眼泪。

李开芬出狱了，就要恢复工作了。人瘦了些，但精神尚好，谈笑风生，不减当年……

消息不胫而走，传到四机部机关。一些在"文化大革命"中曾经斗过，打过，骂过她的头头们坐不住了。

他们着慌了，纷纷向她赔礼道歉。

但是，李开芬恢复工作之后，没有利用自己手中的权力去报复那些曾经打过她，骂过她，诬陷过她，甚至逼她跳楼的人。她理解那个荒唐的年代，荒唐的领导，荒唐的政策引导下的一部分年轻人的错误行动。她以宽阔的胸怀原谅了这些人，她向他们指出：做人要正派，要有良心，要真实，不要做可厌的风流人物。

1972年，她又回到部队工作，担任北京军区后勤部副政委。在这个岗位上，她又勤勤恳恳地工作了十多年，直至1983年4月才奉命从第一线退了下来。

北京军区所辖部队分布河北、山西、内蒙和京、津五省市自治区，绵延数千里。而部队的医院也遍布各地。为了全区部队的医疗卫生事业的发展和几十万部队指战员的身体健康，她不远千里奔走在华北平原和塞外边疆，深入各野战医院进行调查研究。每次下去，从不借机游山玩水，连星期天也很少休息。到了下级单位，坚持和干部战士在大食堂排队就餐。群众赞叹说，老红军就是不一样，李副政委有红军作风。

为了搞好"医院工作重点转移"的调查研究工作，李开芬在赤日炎炎的夏季到地处华北"火盆"的石家庄白求恩国际和平医院蹲点，写出了很有说服力的调查报告，经总后勤部批示转发全军。而大雁南飞，李开芬却又顶着刺骨的寒风，奔赴雁门关外的城市大同，到解放军322医院继续搞医院工作重点转移情况的调查。照例，到了哪里也是一个原则：不吃小灶，到大食堂排队买饭；不游山玩水，把时间都用在工作上。

有的同志开玩笑说："别的首长冬天往南走，夏天往北行，既避暑又避寒；你倒好，冬天往北行，夏天往南走，寒暑都赶上。"

不知何时由何人规定，上级机关的人到了下级单位不许特殊招待，只许"四菜一汤"。这个四菜一场也被李开芬否定了。每次出差，她都自带餐具，到了哪个单位就到哪个单位的大食堂自己买饭吃。她从不接受宴请或特殊招待，连"小灶"也不享受。

1990年3月20日，年近八旬的李开芬给孩子们写了一封信，其中有这样一段耐人深思的话：

我疼爱的孩子们，我相信你们对自己母亲的一生有个正确的认识和理解，我以母亲的尊严忠告你们兄妹：你们母亲一生的人格、品德是高尚的，不要被某些谣言、诬控迷惑。挺起胸膛做一个堂堂正正有骨气、有人格的人。

我死后不穿新衣服，买些白布做成睡衣或风衣为宜。我生前的身心是干净的，死后仍为我保持干净。

愿你们继续保持和发扬兄妹之间的手足之情，维护我们家庭的传统友谊。

此情绵绵无绝期

——肖华夫人王新兰

她是9岁的小红军,三次过草地,经历了成人都难以忍受的苦难。

她发报的键声清脆悦耳,收报人说是“百灵鸟在叫”。

林彪策划“砸烂总政阎王殿”,造反派抓不到肖华,便把怒气发泄到她身上。

批斗会上,江青说:“我要看看漂亮的女红军。”

她和他八年不通音讯。

他过早地逝去,她留下永磨不掉的思念。

1924年6月,王新兰出生于四川省宣化县王家坝的一个知识分子家里。父亲王天宝是前清贡生,开明公道,乐于助人,受到乡里敬重。他重视子女的教育,请了一位先生,在家里教女儿读“四书五经”。

王新兰的革命启蒙者是叔父王维舟。王维舟青年时代留学日本,还到苏联学习过,1920年加入朝鲜共产党上海支部。1921年,王维舟利用家庭的资产在家乡办了“宏文小学”,这实际上是党的秘密联络点,也是王维舟传播革命火种的地方。在王维舟的影响下,王新兰的哥哥、姐姐、姐夫中,有4个参加了红军。为了掩护党的秘密工作,王维舟曾打入国民党的内部,在国民党军队中担任过旅长。后来身份暴露,他率一部分受革命影响的官兵组建了红军川东游击队。

游击队的活动震动了敌人,派军队来“围剿”,其中一个连开进王家坝,连部就设在王新兰家中,王家是富户,房多院阔,所以被国民党军的连长选中。敌军四处抓人,给地下党的活动造成很大困难。王新兰的哥哥、姐姐这时都是地下党员,他们把信塞在年仅6岁的王新兰的衣袋里,去给地下党组织送信。敌人不留心这个只6岁的女童,王新兰安全地把信送达目的地。王新兰感到非常自豪,别人也夸她:6岁就开始了革命活动。其实,还有更值得她自豪的,那就是:她9岁就成了小红军。

1933年,红四方面军转移到川东,王维舟的川东游击队编入红三十三军。王新兰的哥哥、姐姐都参加了红军。王新兰非常羡慕他们。

不久,红军被迫转移,王新兰要跟哥哥、姐姐去,因她只有9岁,年纪太小,领导不答应,她急得大哭。姐姐找领导说情:“白匪来了,和红军沾边的都要遭殃,就让她跟红军走吧。”

于是,9岁的王新兰穿上为她特制的军服,戴上小红星帽,分到红四军宣传队，当了一名小宣传员。姐姐也在宣传队，负责照顾生活还难以自理的小妹妹。不久，川陕省军委需要一名文化水平高的女干部去任秘书工作，王新兰的姐姐调走了。要完全独立生活了，9 岁的小新兰难过得常常流泪。第二年，母亲也去世了，父亲早在 4 年前就离开人世。王新兰过早地告别了双亲和童年，烽火连天的环境催动她早早成熟。

王新兰在宣传队学会了唱歌、吹笛、打洋鼓，还学会了跳舞，成为宣传队的多面手。

1935 年红四军开始长征。在恶劣的环境中，王新兰患了伤寒病，伙伴们用树枝搭了简易担架抬着她行军。走出四川时，王新兰头发、眉毛全脱落了，昏迷不醒。有人建议给老乡留下 30 块大洋，留她在老乡家养病。四军政治部主任洪学智说："这孩子演技不错，一台好的演出，就是一股巨大的精神力量。再难也要把她带上。"

10 岁的王新兰在担架上躺了三个多月，到达理番时，才能勉强拄着棍子行走。

爬雪山时。王新兰和小宣传队员在风口上设了宣传站，指战员们为幼小的孩子们所表现出来的顽强精神昕感动，奋力向上爬去，待部队全部通过，她们都快冻僵了。

张国焘的分裂行为给红四方面军带来巨大的灾难。刚十来岁的王新兰不得不随着红军三次通过草地。每过一次，都是生与死的考验。通过茫茫草地，要走 7 天 7 夜，断粮、缺水、陷人的泥潭，连野菜都很难找到。夜晚，就露营在冷风刺骨的原野……

历经千难万险，王新兰经受了成年人都难以承受的考验。1937 年春，王新兰由共青团员直接转为中共党员，当时她只有 13 岁。抗日战争爆发前夕，党组织决定送她进红军大学学习。

她和两个女友向延安进发，步行百余里，来到荣阳镇，一连几天暴雨，她们无法前进，只好暂停在乡间小镇。这里到处都住着即将改编为八路军的红军。为了红军改编的事，国民党派了一个高级军官考察团来到荣阳。欢迎晚会上，滞留荣阳的王新兰和两个女伴都参加了演出活动，王新兰还担任报幕员。

在这里，王新兰认识了肖华。

肖华是江西兴国人，生于 1916 年。他的母亲早就加入共产党，并担任妇女主任。他的家就是党的地下交通站。许多党的干部从这里路过，不少文件、情报经过这里传递。年仅十多岁的肖华，就常常担任送信送文件的任务，这和王新兰幼时极为相似。肖华的母亲忍饥挨饿，送儿子上小学、中学。肖华 12 岁入团，14 岁担任兴国县团委书记，18 岁由周恩来亲自提名任少共国际师的政委，有智有勇，在中央苏区打了不少硬仗。中央红军开始长征，肖华连向母亲告别的机会都没有，就匆匆离开了家乡。一晃三年过去，也不知母亲是死是活……

通延安的公路修了一个月还没修好。王新兰和姑娘们结伴散步，经常碰到肖华。两个人渐渐熟识了,也逐渐了解了对方的身世。也许真的是缘份,两人的经历、身世就有许多相似之处,这使他和她的心灵里都对对方产生了一种特殊的情感。尤其是王新兰,对这位比她大8岁的哥哥又崇敬又喜欢,也感觉到这位大哥哥比别人更关心她、爱护她。

去延安的公路快修通了,红军也改编为八路军,肖华被任命为八路军一一五师政治部副主任,不久即将奔赴抗日前线。不乘此时表白爱情,也许从此一别就再不会相见。

可惜,年仅13岁的王新兰还不懂异性之间的爱情为何物,肖华的试探失败,他要借助外力,帮他打开这位天真单纯的姑娘的心扉。

肖华找到政治部主任罗荣桓。

罗荣桓向王新兰挑明了。在征得她的同意后,罗荣桓说:"你喜欢他,觉得他挺好,我就向你提一个严肃的要求,你到延安学习后,不许再找别的男朋友了!"

"那当然!"王新兰爽快地答应了。

王新兰和肖华的关系,就这样确定了。

要分手了,肖华送给王新兰一床丝棉被,嘱咐她:"见物思人,可不要忘了我!"肖华上马而去,一股从未体验过的甜蜜柔情在心中涌动,王新兰有了男朋友,世界上又多了一个疼爱她的人……

栾阳,王新兰倍感甜蜜的西北小镇。

王新兰来到延安,先进红军大学(后改为抗日军政大学)学习,结业后又到军委通讯学校学习无线电技术。聪明好学的她,只用半年,就学完了通讯学校一年的课程,理论、操作均名列前茅。她被分配到延安的新华总社新闻台当报务员。

在延安,她见到几年不通音讯的叔父。从叔父那里,她才知道参加红军的哥哥、姐姐都倒在红军路上。叔侄抱头痛哭,再也见不到对她体贴人微的哥哥、姐姐了。她要为死去的亲人复仇,烈士的鲜血不能白流。一夜之间,小新兰成熟了许多。

她更加思念肖华。自栾阳分别,她只收到过肖华从冀鲁边区托人捎来的一封信,她给肖华带去她在延安的一张照片,以照片上的微笑表达对爱侣的关切与思念。

晚饭后在延河边散步,王新兰常常遇见毛泽东等中央领导人。她清脆甜美的歌喉给毛泽东留下了深刻印象。得知她和肖华的关系,毛泽东告诉她,中央正准备派一批干部到冀鲁边区去,她如同意,打算把她送到肖华那里。她高兴极了,顾不得害羞,回答:"我没意见!"

在新华社,王新兰是活泼的小妹妹,也很调皮。当时的延安,技术人员待遇"较高":夜餐费3元,技术津贴3元,加上薪金共9元,比高级领导干部的钱还多。姑娘们爱吃零食,有一次,王新兰和同伴们要队长请客,队长说,按平等原则,抓阄,谁抓到写"请"字的谁请。聪明的小新兰对同伴们使了个眼色,把所有的纸条上都写上了"请"字,结果可想而知,大家开心地大笑,队长还被蒙在鼓里。

不几天，王新兰随大批干部离开延安，渡过黄河，向冀鲁边区挺进。过了黄河就是敌占区，王新兰跟随部队边走边打，进进退退，前后整整一年，才到达八路军冀鲁边挺进纵队（肖华任纵队司令员兼政委）司令部所在地乐陵。这已是1939年了。

肖华看望部队去了，秘书接待比他还小的王新兰，一个身挎盒子枪的小战士向秘书耳语几句，冲她一笑，跑了。干什么去了？找首长肖华去了。

王新兰问："他笑啥？"

秘书笑道："他说他认识你。"

"怎么会认识我？在延安？还是别的地方？"

"在照片上。我们首长小本子里夹着你的照片，一有空就拿出来看，叫我们发现了。"

秘书对王新兰说："我们肖司令整整一个星期没露笑脸，你知道为什么吗？"

王新兰当然不知道其中的缘故。

原来，王新兰当报务员时，发报的声音特别清脆，听起来很悦耳。肖华司令部的电台称她为"百灵鸟"。不管她转战到哪里，只要"百灵鸟"一叫，肖华就知道她还在人间。王新兰随部队商冀鲁边挺进中，不断与日伪恶战，一个星期没顾得上发报，肖华以为她遭遇不幸，心情沉重，脸上自然没有笑容。待到"百灵鸟"恢复唱歌，肖华才除去满脸的乌云。

情人相见的场面是令人激动的：

王新兰控制住自己的感情，向肖华行了军礼，用清脆的声音报告：无线电报务员王新兰前来报到！"

肖华冲上前，一下把她拥到怀里："你长大，长高了……"

百感交集的王新兰流出了眼泪。

不久，从截获的敌人情报中，看到这样的内容：延安最近给匪首肖华送来一个美人，此人经过特种谍报训练，能飞身上马，科枪百发百中云云……

这一年，王新兰和肖华结合了。一个15。岁，一个23岁。

1940年，肖华任一一五师政治部主任，王新兰任师政治部新闻电台报务主任。驻在鲁南青蛇寺。

为了提高王新兰的理论水平，1940年底，党组织派她进入中共山东分局党校学习。

1941年11月，日寇对沂蒙山区进行"大扫荡"，一一五师师部在留田一带陷入敌人包围圈。王新兰刚大病初愈，身体还很虚弱，随部队突围。她骑着一匹马向山下飞奔，一发炮弹落在马前，人仰马翻，她被炸得血肉模糊的战马压在下边，失去知觉。待她苏醒过来，在一条山沟里隐蔽了一天一夜，才和零散突围出来的指战员慢慢找到师部。大家发现她的棉衣上有七八个洞，里面竟掏出好几个弹头，但没有一个弹头伤着皮肉。人们都非常惊奇，说她福大命大。

1944年，王新兰的第一个孩子出世了。孩子刚出生的第4天，日本鬼子又开始了大"扫荡"。王新兰舍不得把孩子留在老乡家抚养,决定带着孩子转移。一位民兵挑着一副箩筐护送她母女俩,天上下着瓢泼大雨,婴儿放在盖了油布的箩筐里,居然安稳地睡着。

到了驻地,大家围着这个可爱的小宝宝,争着给她取名字,有的说,山沟里生的,就叫山沟吧;有的说,鲁南临海,叫滨海吧;有的建议叫抗战;也有的说,这些名字都太俗,委屈了我们这么漂亮的姑娘。还是肖华取的名字得到大家赞成。他说:"这孩子出生不久就淋雨,我看就叫肖雨吧。"

王新兰和肖华共有5个孩子:肖雨、肖云、肖霜、肖露、肖霞。·每个名字都有雨字头。(抗日战争时期还未实行简化字,当时云写作"云"),倒也颇有意思。

抗日战争胜利后,王新兰随肖华来到东北,转战于南满、辽东,辽沈决战大获全胜,王新兰又随大军入关,加入平津战役、向南中国进军的战斗行列。

新中国成立后,肖华长期在军队政治机关工作,是中国人民解放军卓越的政治工作领导人,长期担任中国人民解放军总政治部主任。1955年解放军实行军衔制,肖华授上将,王新兰则长期担任肖华办公室主任,她的军衔是上校。

肖华多才多艺,他会弹月琴、风琴、钢琴,会吹箫、吹号、拉胡琴。一次战斗中。号兵正在吹冲锋号、突然中弹负伤,号音中断。紧急关头肖华立即拿起号兵的号吹起来,队伍又继续冲向敌人。他还善于作诗,是《长征组歌》的创作者,那"雪皑皑,野茫茫,高原寒,炊断粮……"的悲壮歌声曾感染了成千上万的读者和观众。

王新兰在红军宣传队中也是多面手,夫妻有许多共同的爱好。工作之余,这对革命伴侣常和孩子们一起随着悠扬的琴声唱起革命歌曲,家中充满了欢乐。

1966年中共中央五月政治局扩大会议,通过《五·一六通知》,成立中央文革,揪出所谓"彭、罗、陆、杨反革命修正主义反党集团","文化大革命"的狂风暴雨骤然兴起。当时肖华和王新兰正在北戴河休养,他们暂时还没受到冲击,但两人的心情是沉重的,彭真、罗瑞卿等人都是革命一辈子的老同志了,怎么一下子就说成是要"由无产阶级专政变为资产阶级专政"的"反革命修正主义分子"?林彪在5月18日杀气腾腾的讲话,他们也百思不得其解。

但是,大动乱很快波及肖华和王新兰。

先是肖华被打倒。

1967年1月19日,江青去毛家湾和林彪、叶群密谈。江青离去后,、叶群对秘书说:"要打倒肖华了!"肖华长期在林彪统帅的第四野战军工作,解放战争时期,曾任辽东军区司令员兼政委、中共中央东北局委员、辽东省委书记、中共中央南满分局副书记、东北野战军第一兵团政委、四野特种兵司令员、十四兵团政委等职务,林彪主持中央军委后,肖华又升任总政治部主任。按照林彪的思维定式,肖华应该是他的人,应该紧跟他走的。但"文化大革命"中,肖华的表现很令他和江青失望。所以林彪和江青要合谋把肖华搞掉。

首先令他们失望的是开中共八届十一中全会。肖华是中共八届中央委员,特地派飞机从北戴河接来北京,一下飞机就直接来到会场。表决时,毛泽东讲要确.

定接班人。轮到肖华表态，肖华说："我不了解内幕。"这使林彪很恼火。

江青想借儿子的问题对老子发难。八届十一中全会后，江青派人送给肖华一份"文革简报"，里面有"肖华的儿子在银川杀了人"，旁边有江青的批示："王子犯法，与庶民同罪。"这完全是造谣，肖华看了，只感到好笑，随手在简报上写："我只有一个儿子，现在清华读书，从未离开我的身边。"并签上自己的名字。这就'又一次触怒了江青。

由林彪和江青策划，先在京西宾馆开小型批判会，接着再在首都工人体育馆开万人批判会。叶群幸灾乐祸地说："好小子！这回姑奶奶可要找你算帐了！"

批判会上，林彪、江青一伙给肖华扣了许多大帽子。陈伯达说："部队执行中央文化革命不彻底，是肖华打了马虎眼。肖华已经把无产阶级军队带到资产阶级边缘了。他本人就像个绅士，而不是战士。"江青则气势汹汹地质问："肖华发文件，把总政和中央军委并列，是什么意思？"又恶狠狠地说："你这个人民愤很大，批你活该。"她还威胁肖华："你回去准备吧，今晚开30万人大会批你。"

肖华想解释，江青不耐烦地说："有本事今晚对30万人说去！"

京西宾馆的批判会正在进行，突然传来毛泽东的指示：赶快制止，总政主任是能乱批的吗？最高保了肖华，批判会就只能停止，原定晚上召开的万人批判大会，也自然流产。

当然，毛泽东说"对肖华要保"，江青们是不会告诉他的。肖华回到家里，对王新兰说："今天的会开得很突然，说我是资产阶级军队的代表，把军队带到资产阶级路上去了，今晚还开30万人大会批我。"

王新兰问："你去吗？"

肖华说："这一去，估计回不来了。你要坚强，我放心不下，你太小，五个孩子都要靠你。要相信党中央和毛主席，总会作出公正的结论。"

王新兰紧握着丈夫的手，强忍泪水说："战争环境我们都过了了。你放心吧，不管什么情况，我一定把孩子带好，不管十年、二十年，历史总会真相大白的。"

北京军区司令员杨勇只参加批肖华会议的前一部分，回北京团的造反派当夜抄了肖华的家。由于肖华和徐向前元帅住处临近，混乱中造反派摸错了地方。嘈杂的人声惊动了肖宅，肖华在王新兰的催促下从后门逃走，才免了一场残酷的迫害。

造反派抓不到肖华，便把王新兰抓走，关押在解放军艺术学间、院子一片狼藉，到处涂抹着"打倒肖华！"的大标语。

待到毛泽东"对肖华要保"的"最高指示"传到北京军区，已经是第二天上午了。造反派很狼狈，就迁怒于杨勇，说他"干扰了伟大领袖毛主席的战略部署"，杨勇因而被"烧焦"，直到1971年"九·一三"事件后，才翻过身来。

由毛泽东出面来保，肖华和王新兰过了几个月平静的日子。

周恩来和老帅们亲自出席总政治部召开的群众大会，落实毛泽东"保肖华"的"最高指示"。会上，周恩来严厉批评了冲击军队、揪斗肖华的恶劣行为。周恩来亲自向与会群众介绍肖华的革命经历,同时安慰王新兰:“你要学会经受住任何考验,你不是过雪山、草地都不怕吗？这也是一场考验。”

代表林彪出席批判肖华大会的叶群,这时又见风使舵,转弯180度。她同样“代表林彪”讲话.说肖华是林彪“一贯信任”的,是“几任总政治部主任中最好的一个”!

但是在背地里,林彪和叶群一伙继续打肖华的主意,一定要把他打倒才甘心。

林彪把中央文革的骨干先锋派往总政治部担任副主任,但改变不了总政不上林彪贼船的局面..林彪的亲信大将吴法宪、李作鹏、邱会作等在“文革”初期受到冲击,林彪、叶群认为和总政治部有关,造谣说“总政采用特务工作方法”。在叶群等人的挑动下,总政系统分成两大派,互相攻击,派仗不断。

1967年5月13日,是毛泽东《在延安文艺座谈会上的讲话》发表2j周年,军队文艺工作者准备举行纪念演出活动。周恩来指示两大派联合演出,以促进群众组织的大联合,消除派性。但是受林彪集团支持的空政文工团、海政文工团和北京军区战友文工团中的那一派组织却撇开对立面单独举行演出。另一派群众组织去冲,还发生了武斗,演出不得不停止。这在当时被称为“五.一三”事件。

叶群在毛家湾大骂:“这些混帐王八蛋,竟敢在太岁头上动土!”事后,她去医院看望武斗受伤人员,她只看望毛家湾支持的那一派,而对另一派,则不屑一顾。“七一”前夕,两派又举行演出,毛家湾只观看支持的那一派,叫另一派坐冷板凳。在她的指使下,“肖华是‘五·一三事件’的黑后台”的大字报,铺天盖地,贴满总政机关和北京主要街道。

肖华和王新兰又一次陷入困境。

三军造反派抓住肖华不放,在京西宾馆连续召开批斗会,日液不停地围攻肖华。持续了一个多月,肖华身体越来越坏,他坚持不住了,去找毛家湾。他天真地以为林彪和叶群会替他说话,但计群根本连面都不见。王新兰去找叶群,叶群也不见。”为此,她告诉秘书:“不管肖华来,还是王新兰来,都说我不在。为此。叶群还演出了一场令人啼笑皆非的恶作剧,林办秘书张云生回忆道:

6月中旬的一天下午,肖华到大会堂来找叶群。

“肖主任在门口,等着见叶主任。”在大会堂负责林彪警卫工作的值班人员进来报告。

这时叶群正在大会堂,我立即去报告她。.“我不能见。”叶群说.“人家说他是‘五·一三事件’的黑后台;我若见了他,人家就会说我是他的黑后台。我才不愿意给他当后台呢!”

肖主任还在门口等着呢。”我提醒说。

“你就说我不在。”

我到大会堂门口,告诉肖主任叶群不在。我由于说这种假话而感到心中有愧,但又不能不说。

“叶主任不在,我就和你谈谈吧,然后你有机会转告她。”

我无法拒绝这种要求。于是,我把肖华请到了新疆厅。他的身体还像我以前看到过的那样健康,但面色忧郁,表情严肃。

"肖主任,你和我谈有什么用处呢?"我已得知叶群正在幕麒策划搞垮肖华,叶群现在又避而不见,肖华本人对这一切可能并不了解,他对林彪和叶群可能还存有幻想,以为既然找不到叶群,一个林办秘书总可以把话传过去,那时林彪、叶群总还是能够绮他一些帮助的。

"怎么会没用?"肖华勉强地笑了笑说。"我和你谈谈,只要像把我的话转报给叶主任就行了。我不愿意打扰林副主席。叶主任很忙,我也不容易见到她。但我相信,他们是了解我的。他们只要了解我现在的处境,是会帮助我想个办法的。……"

我拿起记录用的纸和笔,心想:肖华是个久经战火锻炼的老革命,但在复杂的政治风浪里,却显得过于天真了。

"一些人在大街上贴大字报,说我是'五·一三事件'的黑后台,这是毫无根据的。"肖华继续说:"总政礼堂那次演出受到冲击,和我一点沾不上边。我自己心里有底,所以并不害怕。现在的问题是,军内一些群众组织整天和我纠缠,让我答复他们的问题,接受他们的批判。他们现在不大提、五·一三事件'了,而是说我是执行了资产阶级反动路线。这我也不怕,他们让我去,我也去了。……"

"他们让你到哪去?"我插问一句。

"他们在京西宾馆开批判大会,要我必须随叫随到。我不怕,已去参加几次,这个批判大会,根本不让我讲话,实际上是向我起哄,把我搞臭。……"

"你不去参加不行吗?"

"那就成了对抗群众了!我的意思是,我可以参加,他们提出问题,我可以答复。我有缺点、错误,他们也可以批判,但要摆事实、讲道理,不能无理取闹。另外,天天揪住我不放,我也吃不消。我作为总政治部负责人,还有大量的工作等着做。总政的其他几位副主任,都已难于工作了。我再不能工作,总政就要瘫痪了。我跟毛主席、林副主席干革命这么多年,眼看着因总政不力而使全军工作受损失,将来怎么交代啊!……"肖主任讲到这里,情绪很激动。他像是还有许多话要说,但由于坐在他面前的是一个普通的工作人员,不能不尽量克制自己。他的话音停下了。

"肖主任,你说的话,我全部记下了,一定如实转报。"我抬头望了望他。

"我有点希望。"肖华继续说。"我希望林副主席能有所指示,像京西宾馆那类批判会,我是否可以不参加?如果参加,是否让他们选一些代表,我面对面地回答他们的问题,而不要采取起哄两办法。还有,如果叶主任能抽出空来,最好见我一次,因为我还有好多话对她说。"

……

肖华走后,我去报告叶群。

"你简单点,我还有事呢!,,我刚刚说了几句,叶群就不耐烦了。

我尽量扼要地叙述了肖华的谈话内容和他提出的几点要求。

“我不管!”叶群干脆不想理睬。

“我是否给首长讲讲?”

“不需要。关于肖华的事,首长和我的态度一致。”

“如果肖主任再来电话问,我怎么答复呢?”

“你就说首长最近又出汗了,你们转不上去,我也没办法。”叶群拿出了她的撒谎本事。

我感到很为难。林彪最近没“出汗”,这个谎我怎么说得出口呢?万幸的是,肖华这以后并没来电话催问,我才没陷于这种困.境。

…………

一个傍晚,叶群正在大会堂西大厅听我讲文件。突然,警卫人员进屋报告:“汪主任来了”。

叶群一听汪主任,就紧张地站了起来,摆手说:“我不见!你们就说我不在。”

“他在门口等着呢”警卫人员又说。

“张秘书,你去挡一挡。就说我不在。跟这种人见面,我从心里就烦。”

我随警卫人员到了西大厅另一端的浙江厅门口,见中央办公厅汪东兴主任和空军余立金政委正在那里等候。

“林副主席现在身体怎样?”汪东兴见我说的第一句话就没提叶群,我因不用撒谎说:“叶群不在”而立刻感到一阵轻松。

“还好。”我回答说。我把两位客人让到浙江厅外左侧的沙发上坐下。

“有个事情,我们想当面请示一下林副主席。”汪东兴说。“‘七一’前夕,军内一些文艺单位要在大会堂举行纪念演出,邀请中央领导同志参加。在研究参加的领导名单时,对肖华是否可以参加的问题,出现了不同意见:有的主张应当让他参加,有的不同意他参加。究竟怎么办为好.大家最后推我们来请示一下林副主席。他现在能会客吗?”

我说“能”。也没请示叶群。我就径直把两位客人领进林彪住的浙江厅。这在平时是不允许的。因为叶群曾经规定,林彪会客前必须先报她。但是现在,既然叶群已编造了她不在的假话,而且事情也刻不容缓,我就大胆超越叶群自作主张了。

客人见林彪的时间很短。但客人不走,我因主管接待工作,是不能离开浙江厅的门口的。

待把客人送走后,我回到西大厅向叶群报告。叶群听后意外地火气大发:

“东兴同志来了,你为什么不告诉我?”

“你不是说不见吗?”我据理抗辩。

“你们谁对我说过,是东兴来了?他是主席身边的人,我能说不见吗?”

“刚才警卫人员明明白自地告诉说:汪主任来了!”

“我听的是王主任,以为准是肖华的办公室主任王新兰找我来了,我才说不见。……这是谁报告的?"

"王基山。"

"把他给我找来!"

我去找王基山。王基山是军委办公厅警卫处的参谋,已近40岁。他身高1.80米以上,体形消瘦,略微有点驼背。从个头看,他可以当个篮球运动员,然而他并不喜欢运动,搞警卫工作倒是个好手。

"主任找我吗?"王基山问叶群。

"不找你找谁?"叶群声色俱厉。"我问你,为什么东兴同志来,你却报告个王主任?"

"我报的是汪主任。"

"汪和王你都分不开吗?"

"分得开,我是说汪主任。"

"王主任的王,你怎么念?"叶群在王基山用山东话重复了一句"汪主任"之后说:"你看看,你对汪和王就是分不清嘛!"

我和王基山都忍不住笑了,发了一阵脾气的叶群也笑了。

"算了。"叶群收起笑容,也不想再骂王基山了。这是因为王基山是临时帮助工作的,叶群对待"临时工"比我们这些"固定工"总还客气些。但王基山闯了这一点小祸,并没有得到叶群的宽恕。时间不长,不知是否由此而引起,王基山被打发回原单位了。

由于林彪摇头不同意,肖华被剥夺了参加"七一"晚会的权利。在平时这算不了什么,但在那个一切都已反常的年代,这往往关系到一个领导人的政治命运。"不让肖华出场!"这等于林彪的一种表态。实际情形也正是这样。从此,肖华在政治舞台上消失了①。

武汉"七·二〇"事件以后,林彪、江青一伙乘机"大作文章",在军内四处煽动抓"陈再道式的人物",粉碎"带枪的刘邓路线",狂叫"抓军内一小撮走资本主义道路的当权派"。

毛泽东在一次小范围的谈话中说了一句:"肖华是扶不起来的天子",林彪立刻抓住"大作文章"。他对亲信们说:"你们要战斗,要突击,彻底砸乱总政阎王殿。"

林彪号令一发,群魔立即乱舞。邱会作把实际上已经存在的"批斗总政干部领导小组"公开化、合法化,并以此为幌子招兵买马,组织人力批斗总政各级领导干部。他们还把用逼供信的手段弄来的东西编印成16万字的材料汇集,邱会作亲自修改后,以群众组织的名义铅印3万余册,分发给全军后勤系统。同时,邱会作指使总政个别人窃取总政治部的档案材料,作为诬蔑领导干部的弹药。他还四处宣传"总政文革要把盖子彻底揭开,要乱透",煽动"砸烂总政"的活动。

---

① 张云生:《毛家湾纪实》,春秋出版社。

在林彪、江青一伙的鼓动下，不明真相的群众一哄而起，参加到“砸烂总政”的行列中。肖华和几乎所有的总政领导都被戴上了“阎王”的帽子，正副部长被戴上了。‘判官”的帽子，正副处长被戴上了“牛头马面”的帽子，一般干部群众被戴上了“小鬼”的帽子。

一同年8月23日，在解放军报社工作的江青的女儿肖力（即李讷）与另外二人合作，贴出《反复辟、反保守，誓将革命进行到底》的大字报，揭发了解放军报社“文化大革命”中的一些情况，把报社负责人说成是肖华的“黑干将”。第二天，陈伯达代表中央文革去解放军报社，表示对肖力等人的支持，并扶持以肖力为首组成《解放军报》新总编辑组，为轰垮总政又加了一颗炮弹。

总政这条大船，已是千疮百孔，难以修复了。1968年10月，林彪一伙对总政实行军事管制。对军事单位实行军事管制，这在世界军事史上都算得上奇闻，简直荒唐透顶。

在那样的年月，这一切都再正常不过了，几乎总政所有的部门都被重新“命名”：

秘书部是“阎王殿的黑心脏”，

保卫部是“保卫蒋介石的”，

联络部是“联络敌人的”，

干部部是“配黑班子的”，

文化部是“文艺黑线专政”，

宣传部是“造反革命舆论的”，

解放军报社是“阎王殿的缩影”，

解放军艺术学院是“封资修的大染缸”。

总之，总政干部“一锅黑”，“总政水浅王八多”、“叛徒特务成堆”，总政是“一筐烂梨”……

8月11日，在黄、吴、叶、李、邱的操纵下，~大批人疯狂地冲入总政大院，将写着“总政是刘邓资产阶级司令部设在军内的黑分店”、“肖华是总政党内最大的走资派”等标语大字报贴满各个角落。

在批斗肖华的大会上，两名造反派把他押上前台，强迫他“低头认罪”，要他承认一条条莫须有的罪名，肖华都以沉默来回答。批斗会结束，肖华被押下去了，到了后台，传来“毛主席万岁！”、“共产党万岁！”的吼声，人们听得出，那是肖华愤怒的抗议，他在呼唤真理，呼唤光明……

肖华和王新兰被迫离开景山东街的家，搬到京西宾馆。铺天盖地的大字报，疯狂般的人群，每天不断的揪斗，莫须有的罪名，天天包围着这对苦难的爱侣。已不存在正常秩序的那个年月，他们无法主宰自己的命运。

王新兰忧心忡忡地注视着肖华显得苍白的脸。她把一杯水递到肖华手中，她有千言万语却什么也说不出。她为肖华的身体担心啊，这个大哥哥一样的爱人此刻是多么疲倦。她不知道，抓她的人已经到了楼下，她更不知道，这一别将有八年之久不知肖华的生死。

粗暴的敲门声以后,进来几个陌生的造反派人物。

"你就是王新兰,收拾起洗漱用具跟我们走。"

另外几个造反派已经替她收拾了牙膏牙刷等用物,替她拿着了。

"走吧。"

王新兰镇静地走出了门,走出了肖华的目光。许多年后王薪兰在整理肖华的日记时发现肖华这一天的日记中写道:"我多么想她能够回头看我一眼,但她没回头,她走了。"王新兰反复地阅读这一行字,她哭了。她是多么想回头啊,可她不能回头,她怕泪水夺眶而出。她不想让造反派看着她流泪。她多少次在生死的边缘都没有流泪。她记住周总理的话"抬起头,不要哭。"

王新兰被抓到黄寺,关在一间5平方米的小屋里。一小方窗户很高,靠墙的地方放了一块硬木板算是床。

王新兰躺在硬木板床上.一夜未眠。闷热的八月之夜,小屋里没风,王新兰感到汗水顺着脖子往下流,浸透了衣服。蚊子是最能欺负没有防备能力的人的,它们肆无忌惮地叮咬着王新兰。但王新兰顾不得这些了。她不知道肖华在哪里,孩子们在哪里。

第二天,成千上万的人站在路旁敲盆打碗,高呼口号"打倒肖华!""打倒肖华的臭老婆!"几个彪形大汉押着娇小的王新兰从这些人中走过。王新兰平视着前方,尽量不看周围疯狂的人群。她觉得这条路好长好长。她的脚沉沉的,每走一步都用尽了全身的力。她曾经三过草地,她在革命战争年代走遍了大江南北,但她从没有觉得路这么难走。从门口到总政办公楼广场,王新兰走过了一段炼狱之路。她尤其不知道这些人怎么了,为什么这么激动,这么疯狂。

广场上停着一辆大卡车,卡车车厢上放了一张桌子,桌子上放了一个椅子。王新兰被迫爬到椅子上示众。

她高高地站着,她看见人群在她眼里变小了。她高傲地微笑着,让他们看吧。她和肖华的故事流传得太久了。连江青都说过:"我早就听说这一对儿一个是最年轻的红军将领,一个是最漂亮的红军女兵……今日一见,果然名不虚传。"

下面的人开始发言了。他们一个个像小丑似的跳上台去揭发批判肖华的所谓罪行,人群一会儿又发出狂欢般的口号声,"打倒肖华!""打倒肖华的臭婆娘!"

王新兰站在一方小椅子上,头上的天是蓝的,太阳炽烈地烤着她,她努力地站着,汗水顺着腮和脖子往下流。王新兰咬牙坚持着。她告诫自己:"一定不能倒下。"

若干年以后,她讲到这里幽默地说:"幸好我小时候跳过舞,腿功还可以,要不真会掉下来。"人们听了,却笑不起来,只觉得心里发酸。

批斗示众结束以后,王新兰被造反派从高处拉下来时,腿已经酸得不能走路了。她被押回了关押她的小屋,窗户已经用铁板钉死了。她在黄寺被关了3年,一间没有阳光的小屋,记下了王新兰1000多个日夜的非人遭遇。

白天，不是批斗就是审讯。一群趾高气扬的造反派坐在桌前，问一些莫名其妙的问题。让她交待和那些革命老同志的关系。这是一群毫无常识的人，他们常常把一些历史事件张冠李戴，弄得王新兰哭笑不得。

审来审去。给王新兰定的罪是："混入革命队伍的阶级异己分子，假党员，苏修双料特务，肖华死党。"

在被关押的开始阶段，每天吃饭都是押到饭堂，在屏风后面放一张小桌子，食堂就餐的人一听说肖华的臭老婆在吃饭，都围观着看当年最漂亮的女红军怎么吃饭，有的甚至往她的饭里吐唾沫。

在押送的路上，有些小孩子们用砖头掷她，有时她被打得头破血流。

王新兰看着一双双稚嫩的眼眼里闪出仇恨的火焰，她的心里格外难受。孩子啊，我们拼着命，流着血打出了一个江山，原是要让你们幸福成长，你们这是怎么了？

造反派强迫她去扫楼道。极端虚弱的她，滚下楼梯摔断了腿，躺在硬木板上，她思考了许多问题，也反复回忆了自己一生的经历。

王新兰在延安呆的时间不长，而且她在延安时期年龄也小，并没有介入当时延安的生活，特别是江青、叶群等人的生活，从延安毕业后她就去了一一五师，一直随肖华转战南北，对发生在延安的夫人们中的恩怨是非是没有介入的，甚至知之甚少。但解放后也有些耳闻，由于肖华任总政主任，难免卷人到一些说不清楚的事件中去。"文革"初期，王新兰有一次和叶群一道去看贺龙的夫人薛明。使她对叶群的为人有了进一步的了解。

"薛主任，我陪叶主任来看你啊。"王新兰同薛明握手。

"林总很关心贺总。"叶群望望客厅，然后对薛明说："他要我代他向贺总问好。"

薛明礼节性地点头感谢："谢谢林总，转告林总，我们也向他问好。""过去林总养病，我总得跟着他照顾，忙得也没能到你那走走……"叶群讲话，常有一种感人的真挚神态，让初识者马上对她产生好感，亲切感。但薛明与她不是初识，带了一种令王新兰蹊跷的笑意说："月琴跟我说过，你有时忙得坐不住。"

叶群解释过去不来拜访的原因："你是知道的呀，贺龙爱骂人，听说女同志穿什么衣服也骂，我可是就怕他……"

"没有的事。"薛明淡淡一笑，"贺龙能容。"

"可是我摸不清贺龙的脾气，我就怕贺龙骂我，弄得下不来台。"叶群叹怨道："唉，我也不知道为啥贺老总就老看不惯我。"

"是吗？"薛明望着叶群，不说是也不说不是，因为贺龙确实看不惯叶群的作派。既然当面出于礼节不便点明，薛明又是个不善讲违心话的人，所以干脆不置可否。

"哎，贺老总是有名的直肠子。"王新兰不知道林家和贺家历史上的恩怨矛盾，居中调和道："他看上去厉害，其实心眼最好，从不肯伤害任何同志。"

“其实，我们女人也并不都是只靠丈夫，养尊处优的。”叶群的目光在王新兰和薛明的脸上跳来跳去，闪烁着说：“我在林彪身边也是起了大作用。去东北时，一路过封锁线，打遭遇战，我都是守卫在他的身边，为了保卫他，我差点把豆豆都扔掉了，是扔在一个炸弹坑里了，幸亏被警卫员发现才救回来。在东北打仗，林彪给毛主席的所有电报都是我起草的。现在林彪做事，都是跟我商量以后才决定，我们可不仅是生活上的伴侣，林彪自.己也说，我是他政治上的内助……”

“怎么，林总做工作都是靠你?”薛明不轻不重，含蓄地问一句。

“可不是吗，他什么事也离不开我……”叶群忽然哽住，意识到自己只顾说得痛快，却早就过界了，走得太远了。她本意是吹吹自己，显示一下自身的价值和份量，殊不料，这一番吹，等于大忌，若是林彪让老婆当家的说法由面前这两个女人传出去，那就糟了……

“你知道吧？这次建军节的文章，”叶群急忙把话引向别处：“就是 8 月 1 日《人民日报》上刊登的那篇纪念文章，《中国人民解放军的民主传统》，那是林总决定用贺龙名义发表的。林总跟我说，贺龙是‘八一’南昌起义总指挥，功在史册。考虑贺总在群众中威望高，特别是近几年来在国防建设上有功，以他的名义发表这样的文章最合适。”

但是话锋一转，口气变得有些肃杀：“不过，有些话还请转告贺总，二方面军的人过去我不清楚，近来才摸清，有些是好的，但有些值得注意，需要打招呼。”

“哪些人值得注意?”薛明也严肃了。

叶群将手一划，大而化之地表示：“有的人参加革命本来就目的不纯，又没有改造好，有的人可能是后来变坏了。我只是替你们负责，觉得需要打个招呼。比如出去跳舞，坐汽车一坐一串，就需要警惕了，这就不太好。”

“你说这两种情况的人可能都有，但也不是只在二方面军才！有。每个人都是变化的，谁也不能保证他一辈子，何况，建国都几年了，还分你是哪个方面军出来的，这样讲本身就不好也不对吧?”

叶群张了张嘴，一时语塞了。

王新兰记得叶群不自然地笑笑，然后就告辞了。

回忆到这儿，王新兰苦笑了。她是个朴实的人，而且学技术出身，她实在不能理解江青、叶群等人的权力野心。

王新兰静静地躺在黑暗中，她能听见自己心跳的咚咚声。她把手放在心脏的位置，听着自己的心脏在黑暗中有力地跳动，一下、两下、三下……她坚信自己是无愧于党员这个称号的，她一直在默默地为党工作着，作为一个平凡的党员生活着。她从来没有借助过肖华的权力为自己得到过什么。

夜深了。王新兰在对自己的追问中平静地睡着了。

就在王新兰被关押的时候，5 个孩子都被迫中断学业下放了。大女儿肖雨在山西朔县，儿子肖云被迫中断在清华的学业下放到四川绵阳，三女儿肖霜和四女儿肖霞下放在山西平遥县，最小的女儿才 13 岁，却长了一米六几的个子，下放在黑龙江佳木斯劳动，因为个子高，和大人干一样的活，抬一样重的东西，致使椎间盘突出，留下了一身病。

孩子们一夜之间改变了命运。但他们最关心的还不是自己的处境，他们在异地陌生的环境中，在点着油灯的小屋，在农村寂静的长夜里，无一不想着自己的父母，他们想不通，爸爸妈妈提着脑袋革命了一辈子怎么会成了敌人，怎么会是特务？

王新兰莫名其妙地被抓了，在黄寺关了3年，又不作任何解释地被放了。

放出来以后一开始说把王新兰送到内蒙劳动改造，当时中苏关系紧张，内蒙接收处的人听说送来一个会俄语的人，当时吓得不敢接收，怕王新兰跑到苏联去。内蒙不收只好改送山西，山西方面问询王新兰的组织情况，造反派回答“没有开除党籍。”山西方面问是否按党员对待，回答是不行。既没有开除党籍，又不能按党员对待。那该怎么办？山西方面接收的人为难了。造反派也回答不了这个问题。结果山西也没去成。

后来只好到京郊的虹山口农场劳动了几个月，在虹山口农场的时候重新戴上了红领章，也恢复了组织生活。

在虹山口农场劳动了一段时间后，王新兰被送回北京一处小房子里，没有煤气，没有暖气。这些都可以克服。她从参加革命起就没有打算享福。最让王新兰难过的是没有肖华的消息。而且造反派让她在家等决定，她在家等来等去却没有任何结果。

王新兰开始了她漫长的等待岁月。实际上她仍处于被监视状态，没有人来看她。也没有工作可做，除了等待。她也没有别的办法。这样莫名其妙地等待是最让人难熬的。但她只有坚持，她想必须等下去，等到肖华的下落。关于肖华有许多种传闻，最流行的传闻是他已经不在人世了。但王新兰不信，她凭着相爱的人之间的第六感觉确信肖华还活着。

1971年的春天，仍是春寒料峭，王新兰仍像往常一样按时起床，吃完简单的早餐，然后一个人坐在屋里回首往事。这时候响起了敲门声，王新兰心里有一种特殊的预感，住到这个小房子以来，敲门声已经是遥远的往事了。她整理了一下头发，然后拉开门。一个老人站在面前，王新兰认出是原总政的水暖工。

她说：“有人监视，你不怕吗？”

老人说：“我不怕。”

王新兰心里一热，泪涌满眶。她一把把老人拉进屋。

老人压低声音说：“我昨天看见肖主任了。”

王新兰说：“真的？不可能。你肯定看错了。”

老人说：“我不会看错的。我熟悉肖主任。我昨天去关押肖期任的地方修暖气看到他的。”

王新兰用手按着前额，她忘记了对冒险来报信的老人说谢谢等她镇静下来，老人已经走了。她追到屋外，看见老人的背影消失在路的尽头。她终于流下泪来。

哦，他活着！他活着！

是的，肖华仍然活着。被关押在一间5平方米的小屋里已经4年了。

王新兰相信，肖华只要活着，还有一口气，他们就能再相见。肖华也一定坚持着，他一定能坚持住。

“九·一三”事件后，肖华仍然关在监狱中。

1973年5月，王新兰心脏病突然发作而休克，抢救过来之后，她叫已回到身边的孩子们给周恩来写信，信中说：“在我死之前，我只有一个愿望。见肖华一面，问一问他到底是不是反革命。”

由于周恩来的干预，王新兰获准和肖华见面。见面前，造反派给王新兰和孩子们约法三章：第一，不准谈社会上发生的事。第二，不准哭。第三，不许谈政治上的事。

京郊部队驻地一间像会议室的屋子里，王新兰带着孩子们和丈夫相见了。肖华坐在一张椅子上，面容疲倦，神情有些呆滞。女孩儿们都忍不住哭起来。王新兰不敢让肖华看见她的泪，她对着窗户默默流泪。专案组的人一直坐在那儿，寸步不离。肖云是肖华惟一的儿子，在母亲和姐妹们流泪不止的时候，肖云保持了理智和冷静，他紧张地思考着和父亲单独呆在一起的机会，哪怕是一分钟。在紧张地思考以后，肖云说：“爸爸，你该上厕所了。”被关押了7年之久的肖华漠然地看着肖云，在经过那么多非人的岁月以后，肖华的身体和精神都受到了严重的损害，这个当年红军中最聪明最年轻的师政委，这个最有才情的总政治部主任，却领会不了儿子的意思。看着父亲如此巨大的变化，肖云的心痛苦到了极点，他太想冲上去抱着父亲大哭一场了，但他克制了这种冲动，他冷静地分析了情况。然后再次说：“爸爸，你该上厕所了。”肖华终于点了点头。

在厕所里，肖云拉过父亲的手，在掌心上写下“林彪死了”。肖华顿感天空光明了许多。肖华重新回到会见室里，他看着默默流泪的妻子和女儿们，却又不能说什么，专案组的人就坐在旁边，他们一个个神情冷漠。肖华只是不停地说：“我很好，我很好。别担心。”

一个半小时的见面既漫长又短暂，相隔6年之久的见面都没有说上几句话。在出门之前王新兰终于转过哭得红肿的眼睛久久凝视肖华，她从肖华被损害的容颜中仍然看到了昔日的坚定不屈和温情脉脉。

时间终于到了1974年9月。北京的金秋是最美的，碧蓝的天上飘着洁白的云彩，共和国的25岁生日已经临近了。北京的街上飘着彩旗，已经显出节日的气氛。

共和国的最高领袖毛泽东却并不轻松，秘书把确定好的中央参加国庆的名单呈上，他看完以后退了回来，已经连续退了三次了，谁也不清楚他为什么不同意这个名单。当名单第四次送到时毛泽东拿出笔添上了肖华、刘志坚的名字。

经毛泽东重新审定参加国庆的名单确定以后，造反派一伙慌了神，他们赶快通知专案组，给肖华订作军装。

当造反派的人通知肖华让他出来时，肖华却不出来，他质阁造反派，“为什么抓我？有法律手续吗？”

造反派说：“主席请你出来。”

肖华说：“我要见一个文字结论。”所谓“肖华专案”并没有经过中央审批，肖华和总政一大批领导被打倒关押完全是林彪一伙搞“砸烂总政阎王殿”的直接结果。造反派并没有料到肖华不出去。他们当时很慌急，因为时间实在太紧张了，第二天就是国庆了。

慌乱之中的他们想起了王新兰，王新兰被造反派带到了关押肖华的地方。

王新兰说：“主席叫我们去就去，是非总能说清，孩子也想你。”

面对妻子，肖华点头了，他何尝不想孩子，不想外面的天空和阳光。

肖华一家重新被接到京西宾馆。造反派们赶快给肖华洗澡、理发、换衣服，忙乱了一天。

国庆节，肖华焕然一新登上天安门城楼。他终于结束了被关押的生活，重新获得了自由，和妻子孩子住在京西宾馆。这次的别离是那么久。归来后，已是一对历尽沧桑的老人。

肖华于 1975 年 7 月间到了军事科学院任第二届政委，主持军事科学院的工作。“文革”结束以后，肖华于 1977 年调往兰州军区任政委。

当肖华去西北工作的时候，总政考虑到王新兰的身体不好，曾让她继续留京工作，但她意识到自己工作的时间不多了，希望为党多做一点事。而且，经过“文革”中与肖华的 8 年分离，她再也不愿意离开肖华了，因此，她执意随肖华西去。1978 年 8 月被任命为兰州军区后勤部副政委，分管卫生工作。

已经年过半百的王新兰一踏上西北的土地，立即被西北的辽阔与壮丽吸引了，她的生命重新焕发出青春的活力。兰州军区所属的二十几个医院，几乎都留下了王新兰的足迹，她深入病房，了解医院的医疗设备情况，关心医护人员的苦衷，倾听他们的声音，帮助他们解决具体困难。

王新兰和肖华还到边防哨卡慰问战士，在新疆哨卡了解到战士吃菜难以后，王新兰根据西北的情况，建议采用小暖房的形式解决战士吃菜难的问题。现在，兰州军区的大部分哨卡都解决了吃菜难，战士们在严寒的冬天仍能吃到新鲜的蔬菜，哨卡上流传着肖政委和王政委关心战士的佳话。

在西北，王新兰重游长征故地腊子口，这个当年被称为“鬼门关”的地方，有“一夫当关，万夫莫开”的险境，如今已被公路劈成两半，王新兰站在当年出生入死的地方，看着崖下奔腾的河流，感慨万千。如果当年倒下了就再也没有机会看到今天的新面貌了。为了革命的胜利，多少人倒在了长征路上啊，他们长眠不起，他们的血肉化做了山脉。王新兰相信，他们的灵魂并没有死去。他们一定知道他们用鲜血染红的旗帜经历一场浩劫以后会重新飘扬起来。王新兰流泪了，她在心里说：。我们幸存的人只有生命不息，奋斗不止，才对得起无数的先烈，才能告慰这些死去的英雄。

1985 年 8 月 12 日，是王新兰生命旅途中最痛苦、最难以承受的日子，在风雨人生中和她相伴 46 年的肖华，永远离她而去。

1986 年 12 月，王新兰也因身体欠佳而离休，这时，她已是正军级干部了。

肖华逝世后，王新兰孤独地住在北京西山的一幢小楼里。尽管孩子们常赶回家来，陪伴她身边的工作人员也经常劝慰她，也无法排解她对肖华的思念。实在说，肖华离去得毕竟太早了，还不曾到 70 岁。小楼里处处留下肖华生活的遗迹，睹物思人，肖华的音容笑貌占据了她几乎全部思想。

不得已，晚辈们商量，给母亲换一个完全陌生的院落，那里没有肖华生活的遗迹。换了一个环境，王新兰渐渐平静了。但对肖华的思念，永远伴随她的暮年。

北国女儿的恋情

——杨勇夫人林彬

她这名字，是“抓阄”抓来的。

他曾误认她是小伙子，这却成了他和她的姻缘。

他被打倒的罪名挺滑稽：“干扰了伟大领袖的战略部署”，她“理所当然”也不免受冲击。

“文革”中，他们敢为老大姐们放映“大毒草”。

“谁喊我老太太，我就不高兴。”

林彬原名沙春莲，1921年生于山东冠县城南关一户贫苦的穆斯林家中。父亲沙庆昌粗通文墨，打得一手好算盘，在这个不足万人的小县城颇有些名望。因为这个条件，沙庆昌在牲口行和交易集市上以牵线搭桥、跑腿记账为生，靠赚取微薄的交易差利糊口。母亲沙杨氏善良厚道，街坊邻里有了难处，她总是尽力相助，以此邻里中人缘极好。

沙春莲有一个姐姐、一个弟弟。当时正是北洋军阀统治时期，统治山东的土皇帝横征暴敛，苛捐杂税多如牛毛，风、旱、涝、蝗加上土匪横行，民生萧条、社会黑暗。一家五口人，日子过得很艰难。

沙庆昌懂得识字的好处，家里再穷，也要叫孩子上学。有了较开明的父亲，沙春莲很幸运，7岁那年，她进了冠县女子学堂。这是当地较有规模的新式学堂，教员大部分是毕业不久的青年学生，具有进步倾向，校风好。

沙春莲入学不久，北洋集团最后一个统治者张作霖被日本人炸死于沈阳皇姑屯，国民党新军阀四派联合北伐，1928年6月打到北京，年底张学良宣布“东北易帜”，北洋军阀的统治结束了，国民党在全国的统治确立。此后不久，冠县女子学堂改为师范学校。

1936年，15岁的沙春莲从师范毕业，应聘到冠县城外两公里的元庄小学教书。

学校设在一座大庙里。由家门到学校，要经过一片乱坟岗，这里是处决人犯的地方，阴森凄冷，荒凉颓败，行人稀少。春莲每天去上课，父亲都要亲自接送。

这光景只持续了一年多，父亲因病去世，顶梁柱一倒，家庭立刻陷入窘境。春莲每月的薪水只有两块银元，于全家生计只是杯水车薪，一向刚强的母亲也常常暗地叹气。小弟弟被迫辍学，提篮沿街叫卖。

家境不舒，国难又起。日本人发动“七七”事变，民族危亡迫在眉睫。

沙春莲虽然还未成年，但家庭的不幸和民族的苦难催她早熟。还在冠县师范读书时，就受到进步教师的影响，阅读过进步书刊，萌发了追求光明、自由、心系天下事的种子。日本发动全面侵华战争，沙春莲再也不能平静地教课了。她和师生们一起白天走上街头，宣传全民族团结抗战；夜晚也难以平静，议论时局往往到深夜。

日本人继“七七”事变后，向北平、天津发动进攻，在上海发动“八·一三”事变，调集重兵猛攻上海，全面侵华战争的战火熊熊烧起。中国政府发表《自卫抗战声明书》，得到中国共产党和各党派各团体的支持和响应，一场气壮山河的全民族团结抗战勃然兴起。

1937年10月，日军沿津浦路南下，向山东进攻。中共山东省委指示各地党的组织广泛发动群众，举行抗日武装起义。同时，山东党组织还团结国民党爱国官员合作抗日。中共派遣大批干部到国民党爱国将领范筑先（国民党山东聊城专区行政专员兼保安司令）部工作，帮他建立了一支拥有5万多人马的抗日武装，打开了鲁西30余县的抗战局面。

冠县归聊城专区管辖，也来了上级党组织派遣的干部。1937年秋，沙春莲在冠县师范读书时的老师徐虹（中共地下党员）领来了一位戴着近视镜的精瘦青年——高元贵。他是北平流亡学生，地下党员，是奉组织派遣来冠县领导和发动抗日运动的。

在高元贵的带领和影响下，沙春莲进步很快，先加入中共外围组织，不久，又由高元贵推荐，到鲁西第一期军政干部训练班学习。在这里，沙春莲学到马列主义理论和中共的各项方针、政策，眼界开阔了，思想升华了，她认定只有中国共产党才是中国的希望。在党组织的关怀和培养下，1938年5月，她站在鲜红的党旗下，庄严地举起了柔弱而坚强的拳头……

从军政干部训练班结业，沙春莲和伙伴们加入冠县游击大队。出于安全和工作的需要，党组织要她们改换名字。取个什么名字好呢？一位淘气的姑娘提出：先把取好的名字写在纸片上，用抓阄的办法决定，抓到哪个，就叫哪个名字。

结果，沙春莲抓到的是“林彬”，几个姑娘也各抓到属于自己的那个假名，天真的笑声银铃般回荡在农舍里。

从此，林彬取代沙春莲，新的名字伴随她走过人生旅途。

林彬参加的第一个军事行动，是清剿独龙山一带的土匪，鲁西历来匪患严重，日本发动全面侵华战争后，土匪更加猖獗，“有枪就是草头王”，一股股土匪烧杀抢掠为非作歹，甚至勾结日伪，破坏神圣的民族抗战。其中盘踞在冠县独龙山一带的孙庭轩股匪更加猖狂，不仅作恶多端，民愤极大，还勾结日伪，和抗日武装作对，冠县游击大队就吃过他的亏。

这次清剿行动中，林彬险遭堂兄的毒手。

她的这位堂兄，游手好闲，不务正业，吃喝嫖赌，明拿暗偷，真是样样俱全，长辈苦苦规劝，无济于事，后来干脆跑出去加入孙庭轩股匪，成了穆斯林的败类。一次，他带着两个同伙人室为盗，把那家主人毒打一顿后卷挟着财物扬长而去。林彬的父亲和受害的家主很熟，听到此事，便找到一个机会劝说不争气的族侄把抢来的财物归还人家。结果，反遭辱骂推打，父亲又气又恨，引发旧病，不久就去世了，死时还不到50岁！

也是冤家路窄，林彬和一位女伴追击溃逃的土匪时，恰巧碰上了土匪堂兄。想起父亲的惨死，林彬举起了枪。

堂兄吓得跪在地下哀求："你叔婶就我这么一个儿子呀，看在他们的份上，饶我这一遭吧！"又信誓旦旦，保证痛改前非，改邪归正，重新作人。

想到苦命的叔婶，林彬动了恻隐之心，而且堂兄也并非十恶不赦，或许真能改过自新呢。

这一转念，差点出了大事。林彬和女伴收起枪往回走，刚转身不久，藏在暗处的一个匪伙出现了："别动！两个小娘儿们把枪给我放下！"遇到救星，她的败类堂兄也神气起来："这回该你求我啦！叫声堂哥，我饶了你，不然要你的命，还有这个小丫头。"

千钧一发之际，突然一声枪响，那匪伙应声倒地，原来是游击队的政委杨朝炳赶到了，堂兄撒腿便跑，愤怒之极的林彬和女伴几乎同时举枪射去……

她用复仇的枪声告慰九泉下的父亲。

这年底。日本人占领了冠县县城，林彬和几个女游击队员奉命离开部队，到柳神门一带做群运工作。她们找到当地党组织，负责人显出怀疑和为难的神色：几个十六七岁的姑娘，能干什么呢？

林彬看出了这位负责人的心思，很不服气，她嘱咐几个同伴：一定要做曲象样的事情来，别叫人家瞧不起。没过多长时间，她们就把柳神门、大王庄、周家庄一带的抗日宣传工作搞得热火朝天，工作的出色连她们自己都感到吃惊。人们不再小看这几个黄毛丫头了。

由于国民党的片面抗战路线，形势日益严峻，聊城、济宁、梁山相继陷落。党组织决定把骨干分子撤到外围，到山区去坚持游击战争。

就要离别生活了17年的故乡和苦难中挣扎的母亲，林彬心里很难受。她回到家，黯然向母亲告别。

父亲去世了，姐姐16岁就出嫁，如今跟着丈夫闯关东谋生去了。弟弟还未成年，她这一走，家里就剩下苦命的母亲和年幼的弟弟，林彬紧紧地抱着日见苍老的母亲，泪水不断。

母亲做了她最爱吃的饭菜，送女儿上路。分别在即，林彬怎能咽下去呢？为了不叫母亲失望，她强忍着使劲往嘴里扒拉饭菜，母亲坐在旁边，投来慈祥伤别的目光。

上路了，母亲带着幼弟一直送过两条街。林彬走出好远了，还看见这一老一幼站在晚霞的寒风中不断地挥手，她的眼睛模糊了。

从此，她再也没见到老母的慈祥面容！

林彬回到县大队，在极其艰苦的环境中，随部队转战于馆陶、南乐、莘县、梁山一带。敌强我弱，县大队利用熟悉的地形和良好的群众基础，忽南忽北，忽东忽西，忽聚忽散，和日本鬼子周旋。

一次，县大队随聊城地委分散转移时，突然遇到扫荡的鬼子兵，林彬和一些战士被打散了，待她们冒着瓢泼大雨找到事先约定的会合地点，地委已经提前转移了，只留下一名负责联络的同志。

滂沱大雨好像有意为难，根本没有停止的意思，她们只好分别到老乡家借宿。不想被汉奸告了密，敌人向村子摸来，哨兵示警的枪声把林彬一行人惊醒，分成几股一边打一边往外冲。鬼子不明虚实不敢冒然前进，游击队员也冲不出去，眼看天快亮了，几个姑娘分外着急，鬼子的烧杀奸淫，她们是早有耳闻的。惶急中，她们把头发剪掉，脸上胡乱抹了些灰土，就向村外冲去，趁着混乱，又借着青纱帐的掩护，她们总算冲出了包围，一口气跑了几十里，待到坐下来喘息，林彬才发现身边只有 3 个女战士。

突围出来，辗转找到大队部，林彬看见许多穿灰军装的军人，一打听，才知道是八路军主力部队 115 师的独立团，第一次见到自己的正规部队，林彬喜出望外。

在县大队部和聊城地委的临时驻地，林彬见几位熟悉的领导正和两三个穿灰布军装的人商谈着。其中一位高大健壮，穿着洗得发白的灰军装，腰间挎着手枪，浓眉大眼，胡须很重，年约二十六七，显得英武精干，说起话来又很随和、亲切。

县大队的领导看见林彬，便招呼她进来，关切地询问她突围的情况。又向她介绍那位高大威武的军人："这位是八路军独立团的杨团长。"林彬礼貌地向这位杨团长笑着点头。此时，她当然不会想到，这位杨团长，便是和她 40 余年甘苦共尝的名将杨勇。

林彬简略地汇报了突围的经过，听的人都大加赞叹，杨团长也称赞道："蛮惊险的嘛。"

屋里的小炭盆烧着，人又多，林彬感到有些热，不自觉地把帽子摘掉。这一摘，熟悉的人都哈哈大笑起来。笑得杨团长和其他两位独立团的军人都很纳闷。林彬知道大家笑她剪掉了头发，装扮成小伙子，便显得有些窘。

一位县大队的领导有意开个玩笑，拍着林彬的肩对杨勇说："杨团长，我们这位小伙子怎么样？"

"不错，挺精干利索，就是……"

"就是什么？"

"就是有些面嫩。像大姑娘一样。"

又是一阵哄堂大笑，林彬则羞涩地低下了头。

这下杨勇明白了："噢！我说怎么不像小伙子，怎么把头发剪了？"林彬讲了剪发的原因，屋子里一下子静了下来。杨勇夸奖道："一个女同志为了和敌人斗争弄成这个样子，大家应该尊敬才是。"

这是杨勇留给林彬的第一个印象，心里充满了敬意和好感。

独立团挺进鲁西，很快打开了局面，部队也不断扩大，到1939年秋，扩大成115师独立旅，杨勇任旅长兼政委。年底，郓西专署成立，杨勇又兼任专员。

为了造就培养军政干部，郓西专署决定成立郓西党校，年底正式上课。林彬成为党校的第一批学员。

去党校正式上课以前，县大队政委杨朝炳把林彬找去，向她介绍杨勇的情况，明确表示要当她和杨勇旅长之间的“红娘”。

通过政委的介绍，林彬了解到，杨勇是湖南浏阳人，生于1912年，才二十六七岁，没有成过家，参加过彭德怀领导的平江暴动，1930年加入中国共产党，在中央苏区，先后在红三军团和红一军团担任过团政委和师政委等领导职务，参加过震撼世界的两万五千里长征，人虽然年轻，却是有着非凡经历的老革命了。人品相貌，那是没说的，待人也和气，在浏阳文家市读过书，又肯刻苦学习，文化水平也不低……

介绍完了，杨朝炳最后说：“杨旅长见过你几次，对你的印象很好。你也到了该考虑个人问题的年龄了……”

第一次涉及到这事儿，林彬觉得心口“呼呼”乱跳。从此，一想此事，林彬的心里就激起波澜。她又惊喜又担忧。几次接触，她对杨勇充满敬意，能和他朝夕相处生活在一起，林彬感到幸福。又想到杨勇是大首长，职位那么高，自己能配得上他吗？自己是回民，按宗教传统是不能嫁给教外人的，这件事又无法和母亲商量，将来生活在一起，饮食、习惯能合得来吗？激动中，林彬的心里又显得很乱，理不出头绪。

很巧，党校第一堂课是杨勇讲的。林彬目不转睛地看着杨勇，望着这位年轻、潇洒、充满朝气的“老革命”，听着他幽默生动的讲话，更增加了对他的钦佩和敬重，同时也有一种异样的情感袭上心头，政委和自己谈话的情景，总是拂之不去。

虽然下面坐着四、五十位学员，但杨勇的目光总是有意无意地扫向林彬的座位，两人目光一相遇，林彬赶紧低头回避。这堂课，林彬听得心神不宁，心头总是“呼呼”跳个不停。

像林彬那样有文化的知识分子，在当时的郓城地区并不多见。所以过了不久，林彬就担任党校的文化教员。于是，她在党校便有了双重身份，即是学员又是教员，她在学习之余，教大家识字、唱歌。

一天课后，林彬在场院里教大家唱歌，嘹亮的歌声吸引了附近的老百姓，纷纷聚拢来观看。杨勇到军分区开会路过这里，便带着通信员策马过来，夹在群众中观看。学员发现了，便喊叫起来：“请旅长唱一个！”杨勇本不善于唱歌，但拗不过大家的热情欢迎，只好硬着头皮走到中间唱了几句家乡的山歌。大家欢叫着还要他唱，他情急中找到解围的法子：“林彬同志唱的好不好？”“好！”大家齐声回答。“那请林彬同志给大家唱一段行不行？”“行！”大伙使劲地向林彬鼓掌。

林彬唱罢，杨勇深情地望着她，然后向大家告别，飞马离去。林彬望着远去的战马，除了平日的钦敬，又多了一份亲近、眷恋。

从此，两人的来往日益密切，后来便发展到一起出去散步，彼此了解深了，感情也越来越融洽。杨勇多彩斑斓的经历、宽广博大的胸怀、文武双全的才干和在军民中的崇高威望，深深地吸引着林彬，她对于他，如今只有甜甜地渴望与期盼。

杨勇实在太忙了，没功夫照料自己，也不会照料自己，林彬看在眼里，便常利用空闲时间来到杨勇房间，替他整理内务，还用有限的津贴买补养品带给杨勇。

1940 年初，顽军石友三部发动反共摩擦，向郓西地区进犯，杨勇奉命率部参加反顽战斗，郓西党校的学员提前结业。林彬来到刚刚解放的濮县，负责妇救会工作。

反摩擦行动大获全胜，石友三等率残部逃回荷泽、东明地区，抗日根据地巩固了，杨勇回到濮县。

1940 年 4 月初，杨勇和林彬在濮县举行了简朴的婚礼。

不久，杨勇所部与肖华率领的冀鲁边挺进纵队合编，恢复八路军 115 师 343 旅番号并成立鲁西军区。杨勇任旅长兼司令员，肖华任政委。林彬为了更好地照顾丈夫，从濮县调到鲁西军区机关，担任无线电报务工作。她从没接触过收发报，幸好肖华夫人王新兰在延安专门受过报务训练，两个人年岁也相仿（王新兰小林彬 3 岁），在王新兰耐心地帮助下，林彬很快就能单独上机操作了。

1941 年 7 月，杨勇和林彬来到延安。杨勇是奉命前来参加即将召开的中共“七大”的。由于大会延期召开和随之开始的全党整风运动，夫妻俩便在延安住了下来。

在延安，他们得到爱情的第一个结晶——有了自己的孩子。他们为儿子取名杨鲁平。山东是林彬的故乡，希望将来永远和平幸福。

1944 年 4 月，杨勇和林彬奉中央之命，返回鲁西根据地。

抗日战争胜利前夕，根据形势发展的需要，中共中央决定组建晋冀鲁豫野战军，杨勇任第 7 纵队司令员，下辖三个旅，林彬任 7 纵宣传组织科长。纵队司令部驻河南滑县，在这里，他们迎来了抗日战争的全面胜利。

抗战胜利后，国民党坚持独裁内战方针，破坏“双十协定”，不断进攻解放区，形成“关里小打，关外大打”的局面，全面内战的阴云笼罩中国上空。

中国共产党高举“和平、民主、团结”的旗帜，坚决反对内战，尽可能争取国家走上和平民主道路；同时，确定“向北发展，向南防御”的战略方针，以保证一旦全面内战爆发，革命力量处于有利态势。在此方针下，对国民党军队的局部进攻，进行坚决反击。

1946 年初，杨勇率 7 纵奉命攻打济宁、郓城、巨野等城，林彬留在后方。

1 月 9 日，济宁攻克，杨勇派两名战士把林彬母子接到济宁，刚安顿下来，勤务员拿来一幅新床单，说是一栋房子的财主逃走时留下的，林彬叫把床单送回原处，勤务员不服气：“这东西是羽财主搜刮来的，首长结婚好几年了，连一幅像样的床单都没有，为啥不能用？”

“如果大家都这样，你拿一件，我拿一件，那不跟国民党一样了吗？我知道你的心意，但我们不能丢了人民军队的传统。"

勤务员想通了，把床单送回原处。

1947 年 3 月，杨勇担任中原野战军 1 纵队司令员，随刘伯承、邓小平转战于冀鲁豫地区。这时，他们的第二个孩子杨冀平出生了。家属们不便随大部队行动，留在太行山根据地。一别就是两年。

两年中，杨勇率部千里跃进大别山，参加皖东、郑州战役，决战淮海，强渡长江天险；然后挥师南向，日驱百里，夜驰八十，一直打到江西上饶。此时，杨勇已升任第二野战军第 5 兵团司令。他们奉命休整，准备攻取贵州。

这已是 1949 年夏季，林彬和 5 兵团留守处的家属们离开太行山区，取道洛阳来到江西。

一家人团聚仅两个月，5 兵团奉命向贵州进发，林彬和孩子们留在江西。

贵州解放后，杨勇任贵州省人民政府主席兼贵州军区司令员。林彬任百货公司经理。这时，已是新中国的第一个新年了。

林彬何以干起商业方面的工作来？是因为她在战争年代已表现出理财的天赋。

那还是 1947 年在冀鲁豫边的南宫时，亲人在前方带兵打仗，林彬和一群军人家属留守后方。当时物资匮乏，生活很困难，遇到意外情况，更是棘手，林彬便把家属们组织起来，成立生活福利互助会。每户缴纳一定数额的钱物作为互助基金，逢到谁家有急，便从互助基金中拿出救济。林彬还组织家属们开展生产劳动，种植养殖，"实行生产自济。这个办法挺好，大伙很欢迎，其他地方的群众听说了，也纷纷效仿，大伙公认林彬是互助会的头儿，基金就由她掌握。这样一来，林彬自然获得个"主任"的头衔。每转移到一地，林彬都把这个方法推广开来，她这个"主任"也就一直干下来，连杨勇回来，也戏称她"大主任"呢！

现在杨勇主持一省之政，便想到发挥她的才能，所以由她担任贵州省第一位百货公司经理。

贵州是全国有名的穷省，"天无三日晴，人无三分银，地无三尺平"。国民党留下的百孔千疮的烂摊子，还来不及收拾，物价飞涨，通货膨胀，一些不法商人囤积居奇，哄抬物价，乘机兴风作浪，失业众多，流民遍地，民不聊生。保证人民群众起码的生活需要，是稳定社会、稳定人心，人民政权能站住脚跟的关键。。

当时社会上奇缺的是食盐和布匹，林彬经过调查，千方百计从外地调进，又请求二野后勤部拨出银元，派人到内地采购食盐、棉布。她还把部分资金、物资集中起来，合理使用，以调剂余缺；在无经验可循的情况，她带领工作人员制定一系列商贸、财务方面的规章制度，"全省看贵阳"，林彬下大力气从贵阳抓起，以带动全省。经过几个月的努力，奸商的不法活动制止了。物价飞涨的局面控制住了，人心不再波动，社会也趋向稳定了。

百货公司当时在商业方面居于垄断地位，经手大量财物，尤其是在刚刚解放的贵州，是很令人眼馋的位置。林彬严以律己，不沾用国家一点财物，还处处严格要求工作人员,遵纪守法,不贪不沾。

林彬在这方面干出了名,1953 年调到北京,在商业部从事财贸工作,担任百货局业务处长。她在这个岗位上,一直干到十年内乱爆发。

这期间,杨勇的工作也经历了几次大的变动。他在贵州仅一年,就进入南京军事学院研习现代化作战指挥艺术,后又担任解放军第二高级步兵学校校长。1953 年 4 月,杨勇调任中国人民志愿军第 20 兵团司令员,和政委王平一道,辞别祖国和亲人,踏上抗美援朝的征途。

这是戎马一生的杨勇最后一次指挥作战。

赴朝前 3 天,第三个孩子北北出世了。林彬因一心放在工作上,不注意休息,营养又没跟上,身体很虚弱,杨勇到医院看望刚分娩的妻子,不忍心把即将出征的消息告诉她,林彬见他欲言又止的样子,追问起来,杨勇才告诉她:"中央决定我两天后去朝鲜。"

林彬深明大义,反而安慰丈夫:"那边一打起来,我就知道你早晚会去的。放心去吧,这十几年,咱们聚聚散散,我知道怎么照顾好孩子和自己。"

当时朝鲜战局处于紧要关头。敌我双方在"三八"线形成对峙,双方都希望结束战争,签订停战协定,但美国和南朝鲜集团总希望在停战实现前抢到更多的土地,因为双方已商定,军事分界线以双方实际控制线为准。

已经两次校正军事分界线了,第一次校正是 1951 年 11 月 27 日,由于第一次校正后中朝军队又向前推进 140 平方公里,双方于 1953 年 6 月 17 日又进行了第二次校正。以美国为首的侵略者不甘心失去这么多控制的土地,中断和谈,又向我方发动大规模进攻,企图夺回并进而占据更多的土地。为了打击敌人的气焰,促停战协定早日签字,志愿军司令部奉中央之命决定发起金城反击战。20 兵团担任反击主力,这便是杨勇入朝的背景。

1953 年 7 月 13 日晚,金城反击战发动。20 兵团加上调配的 60 军、54 军和 21 军,向侵略军发起全面反击。这次反击战,前后不到 10 天,歼敌 5 万,中朝军队又向前推进 192.6 平方公里,敌人以失败告终,只好又回到谈判桌上来。

1953 年 7 月 24 日晚,双方第三次校正军事分界线,敌人无可奈何,只好承认现实。3 天后,朝鲜停战协定签字。第二次大战后规模最大的一次局部战争(卷入的国家达十七八个),终于停下来了。

当敌人知道战役的直接指挥官是年仅 40 岁的骁将杨勇时,不得不赞叹称奇。

林彬得到喜讯,立刻写信向丈夫祝贺。

金城反击战中,产生了一个传颂不衰的奇迹:副排长杨育才带领一个 13 人的侦察班,从俘虏口里弄清了口令,化装成南朝鲜兵,接连混过了敌人 3 道警戒线,出敌不意地奇袭敌"白虎团"团部,打死敌团长以下 54 人,活捉 19 人,捣毁敌团部和通信系统,对配合主力全歼"白虎团"起了重大作用。以此为素材,产生了电影、京剧、话剧等艺术形式。

朝鲜停战协定签字后,为防止突然事件发生,中国人民志愿阵继续留驻朝鲜,直到 1958 年 10 月 26 日,才完成历史使命撤回国内。

1955 年 4 月,杨勇接替彭德怀,担任中国人民志愿军司令员,同年 9 月,杨勇获上将军衔。

在朝鲜 5 年,杨勇和金日成友谊深厚。两人同龄,身高相近,威武英姿,气度非凡也很相似。两人成了很好的朋友,金日成访问中国时,多次对毛泽东说“杨勇是个难得的好同志!”

金日成每次来中国,都要邀请杨勇夫妇相聚。还带来朝鲜的特产人参等送给他们。席间,金日成风趣地对林彬说:“我和杨勇是一对‘黑白鬼’,我是‘酒鬼’,他是‘烟鬼’。”金日成能说流利的汉语,大家在一起非常融洽,十年动乱中,杨勇身处逆境,金日成不便和杨勇联系.便托驻华使馆向林彬表示慰问。1975 年张春桥访问朝鲜,金日成打听杨勇的情况,张春桥有些不耐烦:“你问他作什么?”金日成当即回了一句:“杨勇同志是中国人民志愿军司令员,也是我的朋友,对他的情况我当然关心。”这使林彬非常感动。

杨勇从朝鲜回国后,任北京军区司令员兼党委第一书记,委以京畿重地之任,是中央对杨勇的莫大信赖,这使杨勇和林彬都感到非常欣慰。但是过不了多久,他们的心情便感到沉重。

1959 年庐山会议和随后的“反右倾”,杨勇的一些老上级、老战友成了“反党分子”、“右倾机会主义分子”,这使他和林彬感到困惑和痛苦。彭德怀、黄克诚被批判被罢官,杨勇难以理解和接受,接着军委扩大会议,又“揭发”出所谓“邓洪万钟反党集团”(邓华、洪学智、万毅、钟伟——都是军界高级将领),杨勇更觉不可思议,尤其是钟伟,当时任北京军区副参谋长,杨勇是了解他的,怎么一夜之间就成了“反党分子”呢!

紧接着,三年困难,以阶级斗争为纲,中苏论战,突出政治,一系列过火的批判,个人崇拜升级,杨勇和林彬越来越感到压抑和沉闷。

1964 年北京地铁工程动工,杨勇和万里、武竞天受国务院委托组成三人领导小组,杨勇排开胸中的郁闷,把全部心思用在地铁工程上。

从 1965 年冬天起,风云突变。姚文元的《评新编历史剧(海瑞罢官)》发表,接着是对罗瑞卿的突然袭击,杨尚昆被罢官,随后又刮起批“彭罗陆杨反党集团”的狂风,直至 1966 年 5 月政治局扩大会议,通过令人心惊胆颤的《五·一六通知》,成立中央文革小组,广播“第一张马列主义大字报”,改组北京市委,一场为害甚烈的全国大动乱开始了。

习惯于“跟着毛主席就是胜利”的杨勇和林彬,一开始总是从好的方面去理解伟大领袖亲自发动和领导的“文化大革命”。但是不久,厄运就直接降临到他们头上。

事情的直接起因是批判肖华。时间是 1967 年 1 月下旬,肖华当时是中国人民解放军总政治部主任。批判肖华的发难者是江青。她诬称肖华主持的总政治部执行了“反革命修正主义路线”,早就想借群众造反的声势把肖华打倒。但开始由于林彪说“总政治部主任不能轻易点名打倒”，江青见林彪有保留，就暂时把打倒肖华的事搁下了。

到了1967年1月中旬，江青打着毛泽东的旗号，坚持批判肖华，林彪也就同意了。1月19日，批肖华的会在京西宾馆召开，又决定当晚在工人体育馆开万人批判大会。但是批判会正在进行时，毛泽东的秘书来电话通知参加批判会的周恩来和叶剑英等人立刻前去议事，批判会于是暂停，有些与会者就回去了。周恩来、叶剑英会见毛泽东后，召集中央文革小组成员传达毛泽东的指示：“对肖华还是要保，不能批。”叶剑英和叶群还同去毛家湾亲自向林彪传达毛泽东关于“保肖华”的指示。

于是，批肖华的会无形中停止，原定万人的批判大会也自然流产。

但杨勇回到北京军区后透露了批肖华的内容，结果引起北京军区战友文工团的造反派连夜去抄肖华的家；肖华从后门越墙逃走，才免遭揪斗。待毛泽东“对肖华要保”的指示传达到北京军区，已是第二天的事了。那些去抓肖华的造反派，又立即来抓杨勇，理由是他“干扰了伟大领袖毛主席的战略部署”。当然，这仅仅是个借口。杨勇因此被“烧焦”。失去自由达5年之久，林彬和孩子们也受到株连。

这天，林彬永远不会忘记，那是1 967年1月21日。

自杨勇被隔离后，林彬与杨勇的惟一联系就是每隔一段时间，由专案组转来的杨勇一张取物条。一张小小纸条仍然展示着将军在任何情况下都不屈的坚强性格：“衬衣两件，单军装一套，被单一条。”既无抬头也无落款，干净、简明，从无一字涉及到他目前的情况。

每当接到这样的字条，林彬和孩子们都反复地看，想从字里行间寻找出什么。如果一段时间见不到字条，林彬就会心神不定，在那个疯狂的年代，什么可怕的事情都会发生。

一天，专案组的人又来了，但这次没有带来林彬企盼的纸条，却阴阳怪气地说：“以后不要再等他的条子了，也不要再给他送什么东西了。”林彬听了顿觉天旋地转，他相信丈夫，绝不会轻生，但怎么能排除歹徒加害他的可能呢？丈夫的老战友、煤炭部长张霖之惨死的事，他早就耳闻了。她强忍悲痛，质问来人：“杨勇在哪里，他还活着吗？”

“你不要问那么多，还是考虑和他划清界限，揭发他的问题吧！”来人神气活现，说完扬长而去。

焦躁不安的林彬四处托人打听丈夫的下落，孩子们也几乎天天为爸爸的下落而到处奔跑。

一天，林彬的一位老同事悄悄告诉她：“我在中南海的围墙上看见杨司令和彭德怀、黄克诚、张爱萍、王平等老同志同台挨斗的照片了。上面还写着彭德怀与其五虎上将必须低头认罪。”林彬感到一阵酸楚，但总算得到一点丈夫的信息。

正当林彬为丈夫的下落惶惶不安时，灾难又向她袭来。她也被扣上“走资派”、“三反分子的臭婆娘”的帽子被造反派批斗。她痛苦到了极点。白天要接受

“小将们”的批斗，晚上回到家里还要照顾孩子们，又时时牵挂杳无音信的丈夫，她是这个家的惟一支柱了，在孩子们面前，她必须表现出坚强乐观，不叫儿女们难过，可是背后，她不知流过多少泪水。

1968 年冬，造反派通知林彬去宁夏“五七”干校劳动，12 月集体离开北京。

二儿子杨冀平本来是第一批报名去内蒙插队的，但因是“三反分子”的儿子，不能呆在边境地区，把他赶了回来。他不愿在周围岐视的目光中生活，决定随妈妈去“五七”干校，家里只剩下还未成年的三儿子北北和小女儿京京。

在凛冽的寒风中，林彬带着二儿子上路了。从此一家人四散飘零：杨勇下落不明，大儿子杨鲁平在哈尔滨军事工程学院毕业后分配到当地一家工厂当锻工，未成年的小女儿只好自己照顾自己。林彬怀着悲愤的心情登上去宁夏的火车。

1969 年 4 月 1 日，中央“九大”在北京召开。毛泽东在讲话中提到杨勇：“有些地方对干部就是揪住不放，有些人将来还是要工作的，群众理解了，就解放他们，北京的杨勇是怎么回事？……这些人总还是有功劳吧……”

但是，造反派出于卑劣的目的，向林彬和杨勇封锁毛泽东的“最高指示”，所以很长时间，他们不知道毛泽东谈到杨勇的那次讲话。

但是，既然毛泽东讲了话，事情就开始出现转机。“九大”结束后，周恩来向党政口传达了毛泽东的几次讲话，其中就有关于杨勇的内容。

这年底，杨勇的大儿子杨鲁平回北京结婚，林彬也获准回北京探视。

回到北京，母子们商量，先由鲁平去找专案组，提出见爸爸的要求，看情况再走下一步。杨鲁平找到专案组，郑重提出：“我爸爸被抓 3 年，一直下落不明。‘九大’上毛主席对于我父亲的问题讲了话，可是半年过去了，我父亲仍无消息。我现在已经成家了，以后来北京的机会不多，我母亲去宁夏干校也不知何时才能回来，我正式要求走之前看一看父亲！”

专案组的人冷冷地回答：“我们无权答复。”

真不可思议，在人民的共和国里，为人民打江山的战将被关 3 年之久，居然不允许家人探视，封建专制时代也未见此暴政。

无奈，林彬想起老上级李先念，请他转给周恩来总理一封信。信是这样写的：

敬爱的周总理：

我是杨勇同志的妻子，在国务院财贸办公室工作，是第一批下放到宁夏平罗“五七”干校的。当时留下了两个年幼无知的孩子，实在放心不下，这次我来北京决定把他们也带到宁夏去劳动锻炼。以后是否再回北京，何时能回北京，就很难说了。为此，在我和孩子们离京前，想见见久别而又不知下落的丈夫，恳求予以批示。

林彬敬上

见到李先念，这位老上级诧异地说：“你的头发怎么白了这么多？”他安慰林彬：“形势会慢慢好转的，你一定要注意身体，为了孩子们，为了杨勇同志，千万保重啊！”

第二天一大早，李先念就派秘书来传话：信已经转给总理了，总理说一定想办法让你们相见。

林彬听了，激动得流下热泪，只过了4天，她就得到通知：可以去看望杨勇。

孩子们担心妈妈见了爸爸过分激动可能发生意外，力劝妈妈留在家里，由杨鲁平和北北先去探望，林彬只好同意了。至此，他们才得知，杨勇被“监护”在石家庄。

这一夜，全家兴奋得难以入睡。

第二天，在石家庄一家招待所里，专案组安排他们父子相见，不知出于什么动机，见面现场戒备森严，如临大敌。

两个孩子介绍了外面的情况和毛泽东在“九大”的讲话后，急切了解爸爸的情况，杨勇却严肃地说：“关于我的情况，组织上不让讲，你们也就不要问了。他们有些做法我虽然不同意，但是作为一个共产党员，我必须服从组织决定。现在，专案组不收我的党费，不承认我是一个共产党员，那是他们的事，我却不能忘记自己是一名老党员。”

在3年的监禁中，杨勇不愧一个“勇”字。专案组曾连续几个月对杨勇展开围攻。白天，押着他在田间劳动，晚上则整宿地轮番审讯。杨勇被关的地方，四周全是稻田，蚊虫极多。造反派们不许他关纱窗，不许挂蚊帐，还把一盏200瓦的大灯泡悬在他的头上，妄图用困倦、虫咬、灯烤、饥渴、罚站等摧毁他的意志，挤出他们需要的材料。可是，面对杨勇的铮铮铁骨，浩然正气，他们的如意算盘一次次落空。现在，从儿子口里得知毛泽东的讲话精神后，更增加了他同邪恶斗争的勇气。

吃午饭时，久别重逢的父子边吃边谈。杨勇说：“过去我最担心你们生在高干家庭，养尊处优，不能自立，现在我放心了。运动一来，娘老子靠不住了，只好自己动手，这样摔打摔打，你们就知道日子的艰难。干部子女，受点苦，多接触群众好。你们跟妈妈去干校我赞成。”

说到大儿子的工作，杨勇说：“你是学导弹专业的，现在当锻工，这不合理，但在群众中磨炼磨炼，也有好处，不懂得工农，怎么为工农服务？我相信国家迟早会考虑如何发挥你们这些大学生专长的。”

快分别时，杨勇从棉衣口袋里取出100元钱要给两个孩子，这是他3年来从每月只有50元的生活费中攒下来的：“北北和京京随妈妈去宁夏，可能需要，你们带去吧。”

两个孩子则坚持要爸爸留下：“家里生活还过得去，看见爸爸身体还好，我们就放心了。”

不等专案组来催，杨勇站起来神情严肃地说：“回去告诉妈妈，我是不会死的，除非发生意外，那时他知道该怎么做……她自己要多保重。”杨勇好像再无牵挂，从容地说了声：“你们不要送我！”便头也不回大步走了出去，留下的只是威武不屈的身影。

林彬得到丈夫的情况，心里踏实了许多，她带着3个孩子一同去了宁夏。

时间悄悄地流逝，林彬带着3个孩子在企盼中迎来1970年的。秋天。突然有一天，林彬和孩子们欣喜若狂了：他们意外地收到杨勇从邯郸寄来的信。信很长，整整写满了7页信纸。待到拆开展读，发现信纸上涂了一条条墨道。原来这是一封经过专案组检查的信。寄信需要检查，说明寄信人还没恢复自由。林彬和孩子们望着被墨迹涂得支离破碎的信，心又凉了半截。从断字残句中，林彬得知丈夫转移到邯郸一个部队农场劳动，身体很好，要家人不要惦念。信中又一一问到林彬和孩子们的现状，还说也给东北的老大去了信。除了这些，其他内容都被蛮横地涂盖住了。孩子们对着日光照来照去，也无法辨清说的什么。即便如此，一家人还是从中看到了亲人那种乐观向上的精神面貌，林彬的心放宽了许多。

春节前夕，林彬又突然收到杨勇从石家庄拍来的一封长达200字的电报。署名"王长树"后面括号内写着"老杨"二字，电报说，不慎于1月31日将右腿骨摔折，现住白求恩和平医院，医院决定给我开刀。你可否尽快请假来此，若组织上不准假，也打个电报给我，我在医院使用的名字是王长树……

林彬不顾一切地带着女儿京京就匆匆登上东下的列车。

在白求恩医院，林彬见到分别整整4年的丈夫，百感交集，思绪万千。夫妻正轻声交谈着，忽有好心人走来警告：有人监视你们，这里情况复杂，当心遭人暗算，手术千万不要在这里做，要争取尽快去北京！

林彬心急如火，不顾长途颠簸的疲劳，趁着夜色又登上开往北京的火车。

在北京，林彬不放心，每隔一两个小时就发一份电报或打一个电话过去："坚决顶住，不做手术。"她找到军委办事组组长黄永胜家，黄永胜推说不在，让秘书回绝了；又找到曾是杨勇的老战友的总后勤部长邱会作，邱一听说来意，竟干脆推辞，扔下林彬一人在客厅里，坐车走了。

林彬忍着激愤和痛苦，赶到万里家，不巧万里外出，万里夫人边涛，是林彬冠县师范时的同学。边涛提醒林彬再写信给周恩来总理，并由小儿子万伯翱陪同杨鲁平当夜送往总理办公室。

由于周恩来总理的过问，杨勇转到北京手术。当杨勇重新穿上缀着红领章的军装被抬上专机时，他和女儿京京有说不出的轻松和愉快。那边，守在南苑机场的林彬已经5天5夜没合眼了！

杨勇住进北京301医院，林彬和女儿日夜陪护，加上医疗及时，身体恢复很快。1971年5月，杨勇出院，应济南军区司令员杨得志的邀请，前往山东疗养。

"九·一三"事件后，杨勇和林彬都感到，快到柳暗花明的时节了。

1971年秋冬之际，杨勇恢复组织生活。

1972年7月，杨勇被任命为沈阳军区副司令员。

8月1日，杨勇和林彬在北京参加"八一"建军节招待会，公开恢复名誉。

杨勇和林彬刚刚获得解放，就不怕冒风险去帮助那些还在困境中的"黑帮子女"。

著名史学家吴晗和夫人袁震在"文革"初期就被迫害致死，抛下女儿吴晓彦带着幼小的弟弟在苦难中挣扎，吴晓彦和杨勇的女儿京京在患难中结交。

杨勇和林彬将去沈阳任职前，让京京把吴晓彦找来，询问她是否愿意和弟弟一起随他们去东北。吴晗是“文革”的第一个牺牲品，案子属于“钦定”，人们看来是万劫不复的“铁案”，对其子女，避之唯恐不及，一般人谁敢同情关怀她们，甚至还要收养在家中？但林彬和杨勇不怕受到牵累。

原中共中央组织部长安子文，被诬为“叛徒”、“刘少奇的黑干将”而打倒.女儿安黎被发配到东北一个偏僻的小县。林彬和杨勇来到沈阳，费尽周折打听到安黎的下落。

林彬和杨勇亲自去接，那场景令人心酸和愤慨：“文弱的姑娘身着油污斑斑的工作服，正挥着18磅大锤锻打铁坯，干最脏最累的活，还限制她的通信、行动自由。动不动还斥责为“抗拒劳动改造”……

交涉中，县革委命负责人居然不同意安黎调走，理由是“叛徒”的女儿。

林彬极为气愤，当场质问：“就算老子有天大罪过，也不能算在孩子的账上！共产党对俘虏、战犯都可以宽大，为什么不放过一个没有罪过的姑娘？”那位负责人理屈词穷，只好推说只是奉命行事而已。

林彬又找到地区和省里，反复工作，据理力争，终于把安黎的户口和工作关系转了出来，以后又把她调回北京。

一些受到冲击而还未恢复工作的老将军、老干部的子女，在北京安排不了，便找杨勇和林彬求援，杨勇把几个孩子安排在沈阳军区当了兵。

“批林批孔”运动中，“四人帮”为了再次打倒一批老干部，便在这个问题上作文章。“批林批孔”的同时，又夹进了批“走后门”（指靠关系当兵），有人便利用这一点给杨勇贴大字报，说他“恢复工作不久，便在沈阳军区大走后门，自己的两个孩子当了后门兵不说，还要把被打倒的一些人的子女也拉去当兵……”

面对压力，杨勇表态说：“我们这些人挨批斗，蹲牛棚，这算不了什么，值得同情和可怜的是那些无辜的孩子，他们被看成“黑五类”，“狗崽子”，不能上学，不能就业，还到处受欺侮、受歧视。

有的比我的孩子受苦还多，他们的父亲还没恢复工作，要求到部队当个兵，我们能不给安排吗？这件事沈阳军区已作过处理，如果还要退的话，把我的孩子退回去，那几个老同志的孩子不能退，这些老同志需要的是关心，再不能使他们受打击了。”

杨勇顶住了压力，肖向荣、王尚荣、郭林祥等几个老将军的子女，便在沈阳军区站住脚。

1974年2月，毛泽东出来说话了：“对来自群众的批评，领导干部首先应当表示欢迎。但是这个问题牵扯到几百万人，开后门来的也有好人，从前门来的也有坏人，需要具体分析，慎重对待。当前批林批孔刚刚开展，又夹着走后门，有可能冲淡批林批孔。”事情就这样不了了之。

1973年6月，杨勇调任新疆军区司令员兼自治区党委第二书记。不久，林彬也接到通知,恢复国务院财贸办公室的工作。长达4年的时间,她失去了工作的权利,现在重新出来工作,总算得到一丝安慰。

从此夫妻一在北京,一在新疆,又分开了。

杨勇上任仅两个月,中央接受他的建议,决定投资几十亿,动用几万工程兵,修筑天山公路和南疆铁路。

为修两路,杨勇日夜操劳,身体渐渐不支,为了照顾好老伴,经上级批准,林彬毅然辞去刚刚恢复的工作,把家搬到新疆,她深知丈夫肩负的重大使命,照顾好丈夫,比她自己做好本职工作更重要。这样,新疆乌鲁木齐五星路1号就有了一位新的女主人,又充满了家庭的温馨、祥和与欢声笑语。

1975年国庆节,是新疆维吾尔自治区成立20周年大庆。林彬提出,利用这个机会,把几位寡居的老大姐接来新疆,调节一下情绪。这些老大姐,或本人受过冲击,或受到丈夫的牵连,"文革"中也不同程度地受到冲击。

由于林彬和杨勇的盛情邀请,董必武夫人何莲花、罗荣桓夫人林月琴、谢觉哉夫人王定国、甘泗淇夫人李贞连同她们的亲属20余人来到新疆。

林彬把她们安排在乌鲁木齐条件最好的延安宾馆,还和女儿自始至终陪伴着,充当她们的导游。当时解放军惟一的女将军李贞,"文革"中受到冲击,当时工资尚未恢复,只拿基本生活费,手头很紧,林彬便拿出钱来,由女儿出面,替李贞买了新疆的特产。

林彬还敢于不顾禁令,为老大姐们放禁演的影片。《洪湖赤卫队》在"文革"中被江青们诬为"大毒草",林彬偏偏拿出来为老大姐们放映。银幕上刚刚打出片名,顿时掌声四起。放映中,老大姐们情不自禁随着片中的歌声激动地唱起来,倾心到如醉如痴的样子,林彬见了,又激动又难过。

四位大姐到新疆的消息传到北京,"四人帮"大动肝火。王洪文专门派人到新疆调查几位夫人来疆的政治背影和活动情况。江青则在政治局会议上大骂这是"四寡妇征西",而且恶狠狠地说:"你们知不知道有个'寡妇集团'?现在还有人维护她们,这件事要认真查一查。"

林彬和杨勇听说了,满不在乎地说:"关心老同志是应该的,要是你江青来,我还不理呢!"

自1973年毛泽东重新起用邓小平后,中央形成以周恩来和邓小平为代表的一派和"四人帮"的鲜明对立,"四人帮"为了壮大自己的力量,采取"送材料"等办法拉拢地方党政军高级干部。江青也试图把杨勇拉到自己一边,但被顶了回去。1974年"批林批孔"高潮中,江青几次给杨勇寄《国内动态清样》,还亲笔写了信封,杨勇见了,对秘书说:"给她退回去,我不看!"

他对老伴林彬说:"我是不会替她吹喇叭的,在这个问题上我们要立场鲜明,决不含糊。"

70年代后期中国的政治气候,变幻莫测。1975年邓小平主持中央工作,给国家带来一丝新的希望和转机,但随后掀起的"批邓、反击右倾翻案风",又把人们打入闷葫芦里去了。“四人帮”由此猖狂一时,杨勇、林彬自有他们的爱和恨。林彬提醒丈夫:“有些人现在的地位变了,你和他们讲话时要注意分寸,该讲的讲,不该讲的暂时别讲。”

杨勇回答:“没啥了不起的,大不了再上山打游击!”

当周恩来逝世、邓小平又一次被打下去,“四人帮”得意忘形之际,他们深为国家的前途和命运担心,对“四人帮”的倒行逆施,采取各种方式加以抵制。

把“天安门事件”定为“反革命事件”并追查与之有牵连的人和事时,他们加以抵制。对“四人帮”掀起的“批邓、反击右倾翻案风”,他们同样加以抵制。毛泽东逝世,杨勇悲痛中更加清醒地认识到自己肩负的重担,他集中精力抓军队,把枪杆子牢牢掌握在手里。

1976 年 10 月 7 日凌晨,军区接到中央军委紧急命令:“加强战备,掌握部队,注意边防,防止外逃。”杨勇眉头紧锁,感到发生了重大事件,正猜测间,来了让他亲自接的电话。话筒里传来陈锡联的声音:“老杨吗? 那个‘帮’的问题解决了!”当杨勇听清了是粉碎“四人帮”的喜讯后,马上兴冲冲地告诉了老伴。

林彬喜不自禁,立即上街买了红绸挂在周恩来总理的遗像上面,以告慰一向令她崇敬的总理。

1977 年 8 月,杨勇、林彬怀着眷恋的心情,离开了生活 4 年之久的新疆边城,更重的担子等待他们去担。回到北京,杨勇晋升为中国人民解放军副总参谋长、中央军委常委、副秘书长,进入人民军队最高领导圈。

1982 年中共十二届一中全会,他又当选为中共中央书记处书记,成为强有力的中央一线工作班子成员。可惜,仅仅过了三个月,病魔就夺去了他的生命,终年 70 岁。中兴伟业刚刚开始的共和国,痛失一位党和军队的优秀领导人,这是 1983 年 1 月 6 日,对于林彬来说,是一生最悲痛的日子。

送走共同生活了四十余年的伴侣,林彬坚强地投入到工作中去。她由中央军委秘书长耿飚亲自提名,任中国人民解放军总参谋部军事法院院长。

“文革”十年和以前历次政治运动中,遗留下大量冤假错案,亟待清理,面对复杂困难的局面,林彬知难而进,带领全体工作人员,通过艰苦细致的工作,为一大批老干部和受迫害群众恢复了名誉。同时,她又本着“证据确凿,定性准确”的原则,大刀阔斧地处理了一批“三种人”,消除了总参系统的隐患。她不但要求法院工作人员在办案过程中耐心细致,坚持量性定案,而且自己亲自查阅资料、卷宗,还不顾身体不好,亲自到外地取证。

林彬嫉恶如仇,极富正义感,对群众反映强烈的劣行,当面批评,毫不客气。

总参某位部门领导,“文革”期间见风使舵,靠派性起家,个人品质卑下,以吹吹拍拍的手段得以青云直上。中共十一届三中全会后,仍不思悔过。这位靠不正当手段爬上来的领导人有次乘车外出,将路边一女人撞倒在地,他不是立即送伤者去医院,反而哄骗人家:“我有急事,一会儿再送你上医院。”那位受伤女性空等一场,才知上当,只好自己到医院理伤。幸亏这位女性记下了此公的相貌和轿车牌号。林彬听到反映，经过查证，确认是此公所为，便在总参机关党委会上，当众对这位领导进行义正词严的批评。

90年代初，林彬从总参军事法院调到中央纪律检查委员会任专职委员。她住在恭王府花园北侧靠北海的一条幽静的小巷中，虽然已经70多岁了，但她的身体很好，受老伴生前的影响，她也开了一片菜地，尤喜欢种黄花菜，又好看又能吃，还常常送人。她喜穿流行服装，有次在上海，人家误认她是港澳同胞。她还喜欢玩电子游戏机，说这可以锻炼脑筋。如果要问："您为啥显得年轻?"她就乐呵呵地说："首先自己心理要年轻，要开朗、大度，凡事要乐观地看待，往长远想，我就从不承认自己老，也不高兴别人说我老，晚辈们喊我老太太，我就不高兴。"说到这里，她自己乐了，听的人也乐了。

现在她已儿孙满堂。每到休息日，晚辈们聚拢到她这里来，这边一声妈，那边一声奶奶，林彬接应不暇，一派其乐融融的景象。

有趣的是，中国的文艺舞台上有一位著名演员，也叫林彬，影片《林冲》中的林娘子，便是她饰演的。

风雨征程六十年

——张闻天夫人刘英

她和爱侣仅一起生活了一个星期，就永诀了。

白色恐怖中，生身之母不敢收留她。

她和洛浦相爱于长征路，结合于陕北窑洞。

她在丈夫的挽联上写的是："送给老张同志。"

刘英1905年10月14日出生于湖南长沙东乡金井镇的大户人家，乳名毛子。祖上是几代官宦人家，父亲也是举人，在家乡很有地位，和县令平起平坐，家门口竖起举人老爷的旗杆。辛亥革命打破了父亲做官的梦，却没有冲掉他重男轻女的封建思想。"女子无才便是德"，是他的座右铭，父亲对刘英管教很严，不许她轻出闺门。但父亲深厚的古文功底，也滋润了刘英。他经常教小刘英一些古典诗词，还要她描红摹写字贴，还要经常出题考考她。刘英自小受文化的熏陶，未入学堂之前，就已经认了好多字，有相当的文化素养了。西风东渐，辛亥革命后，民权、平等、自由的西方民主思想在中国传播得日益广泛，西风也自然地吹进刘英的家门，受此影响，刘英对男女平等、女子自立、读书、走入社会的开明主张非常崇信。经过与父亲的不断抗争，19岁那年，终于冲破封建禁锢的牢笼，进入长沙女子师范学校学习。这是她迈出的有决定意义的一步。在这里，她受到共产主义的洗礼。校长徐特立，这时虽然还不是共产党员，但他同情共产党，认定共产党员都是有为青年，将是未来社会的栋梁。刘英聪颖好学，刻苦上进，成绩也好，很受徐特立器重。教员中周以栗、陈章甫、罗学瓒、廖锡瑞等都是共产党员，在他们的影响和带动下，刘英从朦胧的民主主义追随者成长为共产主义战士，经过"五卅"运动的洗礼，她加入了中国共产党，这是1925年，刘英刚好20岁。这是她人生的又一大转折。

时值国共合作的北伐战争时期，轰轰烈烈地工农群众运动在中国共产党的领导下迅猛异常，西湖地区尤其是工农运动的中心。刘英在学业和革命事业之间，毅然选择了后者。1926年，她进入中共中央西湖党校受训，结束后全部身心投入工农运动。1927年，担任湖南省总工会职工运动委员会干事，她热情极高，经常深入工矿码头，发动工人群众，游行、示威、罢工、组织工人武装，她日夜不停的忙碌着。当然，年仅21岁的她也很幼稚。她充满革命激情，对革命前途乐观、'天真，甚至想不到革命会遭到挫折。

不到一年，形势突变，先是蒋介石发动了"四·一二"反革命政变，接着西湖地区发生夏斗寅叛变和“马日”事变，最后汪精卫集团也公开“分共”。她几乎来不及细想，轰轰烈烈的大革命就失败了。国民党到处捕人、杀人，一片白色恐怖。她痛心疾首又惶恐不安。她的同伴中升学的，出嫁的，离开革命队伍另谋出路的，甚至投入国民党怀抱的，大有人在，甚至省委书记、省团委书记，都刊登了“反共启事”。但她认定了共产党的路，那是真正的救国救民之路。她不怕死，决心继续走革命的路。危难关头，她被任命为中央湖南省委候补委员、省委妇女部部长。她担心能力有限干不了，省委书记王一飞说：“你坚决，不怕死，完全可以干得了。”

这之前，她结识了湖南省委秘书长林蔚。林蔚留法勤工俭学期间加入共产党，1926年经苏联回国。他爱上刘英，偷偷写了一封情书给刘英。刘英看后没有表态，她认为恋爱结婚生孩子，会影响工作。但林蔚对她的感情始终如初。过了一段时间，林蔚又给她写来一信：我又要出门了，过些天才能回来。我等候你的“宣判”，是“杀头”，是“腰斩”，由你的便。信虽写得俏皮，但林蔚执着的追求，打动了刘英的心，她答应他了。可惜，她们结婚仅仅一个星期，便因工作需要分手了。而这一分手，也就成了永诀。

自1927年10月刘英进入中共湖南省委后，形势越来越险恶，很多同志都被国民党杀害，刘英和组织断了联系。刘英心急如焚，千方百计去找党。她天天在大街小巷转悠，巴望遇到自己的同志，接上关系。大革命时期，开明女性多梳短发，白色恐怖一来，短发便成了怀疑捕捉的对象。反动派的告示用侮辱性的语言写道：“巴巴头万万岁，飘把子鸡婆用枪毙，男女学生一头睡，生出儿子是纠察队。”巴巴头，指妇女传统的发髻；飘把子鸡婆，是说秃尾母鸡，指剪发妇女。为了安全。刘英戴了一顶学生帽，把短发掩盖起来。刘英长得瘦小纤细，扮成学生是很好的掩护方法。即使这样，刘英也是冒了极大风险的。1926年她曾以中共代表的身份参加过市民会议（当时有十名中共党员参加，刘英是惟一的女性），代表的名单还上了报。上街找党，很有可能被认出。刘英不顾个人安危，专往人多的地方去“碰”。老天不负有心人，这样“碰”了些日子，居然和党组织接上关系。

接上关系后，省委派刘英协助滕代远去长沙郊区发动农民，准备发动“灰日”暴动，时间是在12月10日。不料计划泄露，暴动未及发动就流产了，党组织受到破坏，省委书记王一飞牺牲了，滕代远去了平江。于是，省委决定派刘英去上海寻找党中央。

新婚丈夫林蔚为她送行。虽然难舍难分，但革命的需要第一，有离情，却无惆怅。林蔚对第一次远行的妻子叮嘱得非常仔细，使用的名字、身份、接头的方法，如何应付盘查，以及旅宿的注意事项，都一一叮嘱。

到达上海已是1928年初。她见到中央负责人周恩来、李维汉、罗亦农、恽代英等人。中央要她留在中央妇女部工作，刘英却心系湖南。林蔚也写信来，说他已去醴陵担任县委书记，希望她回湖南工作，周恩来很理解她的心情，同意了。

刘英回到长沙，还没容得去醴陵，就预感到情况不妙。她在上海住中央机关期间，和林蔚的往来信件都由一家煤铺的老板转递。这位老板是革命的同情者。

她告诉刘英，醴陵方面可能出事了，刘英寄给林蔚的最后两封信，已久无人来取。后来证实，由于出了叛徒，林蔚被捕牺牲。

刘英不能冒然去醴陵，她又一次和党组织失去联系。国民党盘查的很紧，即便一个小小的客店，没有铺保也住不进去。万般无奈，她只好找到家里。她早听亲戚说，父母已从乡下搬到长沙城里。

当她费了很大的力气找到家时，见到的是父亲冷冰冰的面孔："你回来做么子？"

妈妈把她拉到一旁，惶恐不安地说："家里不能呆啊，有人在调查你啊，我说你死在外头了。"母亲确实以为刘英被国民党杀害了，曾偷偷叫人到杀人场去认过尸。她流着泪对刘英说："毛子，妈知道你是铁了心的，你走吧，走得远远的，要死，也不能死在妈面前。"

刘英理解妈妈的心，她匆匆吃了点饭，又和放学回家的弟弟妹妹们打个照面，就凄惶地离开了家。

湖南找不到党组织，生身之母不敢收留她，她决心赴上海去找另一个妈妈——党。

在上海，她住中央机关，按中央的指示，从事妇女工作。1929 年，党中央派刘英到苏联学习，先进莫斯科东方劳动大学。1931 年，又进国际无线电学校学习。在苏联，她认识了张闻天。1932 年从苏联回国，来到中央苏区。苏区中央局派她去做团的工作。她先后担任少共中央局巡视员、共青团福建省委书记、少共中央局宣传部长、组织部长，还担任过中共福建省委常委。她工作得很出色，仅一年多的时间，就积累了很丰富的群众工作经验。

第五次反"围剿"开始后，中共中央组织部长李维汉把刘英找去，派她做扩红工作，要她担任赣南于都扩红突击队的队长。同时派到各县当扩红突击队长的，还有王首道、潘汉年等。第五次反"围剿"红军损失惨重，急需补充新兵员。这任务需"突击"，不"突击"完不成，所以派她来突击。

刘英干工作历来雷厉风行。她立即带领 10 多个突击队员，依靠骨干，分别在各区召开"扩红"动员大会，要求党员、干部带头，把任务层层落实，很快掀起参加红军的热潮。

江西人民历来喜欢打山歌。刘英充分利用这一形式，组织群众打起了山歌。结果，山歌一打，群众的劲头就更足了。"小妹送郎当红军，一条毛巾寄深情，毛巾绣上七个字：永远革命不变心。"

有的地方是干部带头整营、整连、整排参加红军，刘英也不加改编，保持原来的营、连、排建制。刘英说："这样，青年人参加红军的劲头很大，家属也放心，开欢送会时没有一个人哭的，行军路上没有一个人开小差的。"于是，原定刘英三个月"扩红"2200 名的任务，她只用了一个半月就超额完成了。

刘英超额完成"扩红"任务的消息，很快传遍了瑞金。

刘英带着完成任务的喜悦心情回到瑞金时碰到的第一个人就是邓小平。邓小平伸出大拇指,对刘英夸奖说:“不鸣则已,一鸣惊人!”

刘英在于都“扩红”的成绩,不仅被登在《红色中华》报头版头条的显著位置上,中央军委武装动员部还奖给刘英“扩红”突击队一面锦旗,上面写着“于都扩红超过两倍半”。每个“扩红”突击队员还得到一条毛巾、一顶军帽和书籍等奖品。

1934 年 5 月,刘英被调任赣南战地委员会委员,负责组织工作,8 月,又调回少共中央局,任组织部长。红军长征前夕,李维汉再次派她去于都扩红。任务比上次还要紧急,限 10 天扩红 4500 名。

刘英认为这太不切合实际,于都的男青年多数都参加红军了。刘英一面向李维汉反映真实情况,一面仍勉力去做,在毛泽东的大力帮助下,勉强达到预定人数的 1/4。

这时,红军开始了万里长征。

1934 年 10 月上旬,毛泽东来找刘英,十分严肃地对她说:“马上回瑞金,今天就走,有特别任务。”

刘英并不知道毛泽东所说的“特别任务”的含义,她只知道在于都还没有完成“扩红”任务,说“我没有完成任务,不能走;而且,李维汉没有通知我,更不能走,如若那样,就要挨批评。”

李维汉当时是中共中央组织部长,是一位有名不讲情面的人,向来组织观念极强的刘英,自然要等李维汉的通知。

毛泽东走了几步折回来,以十分坚定的语气对刘英说:“你一定要走,不能不走,今天就走!有特别任务,我也要回瑞金,今天就走!”

毛泽东把“特别任务”四个字说得很重,而且流露出极端重要、极端机密的神态。

刘英有点茫然不知所从,也很焦急。

正在这个时候,李维汉打来了电话,通知刘英立即回瑞金。刘英在电话中说:“‘扩红’任务还没有完成呢!”李维汉毫不含糊地说:“现在有特别任务,你要赶快回来!”

刘英一听,意识到有重大的事情发生了。

刘英日夜兼程赶回瑞金。

在瑞金少共中央局,她看到 9 月 29 日《红色中华》报发表了张闻天署名《一切为了保卫苏维埃》的社论,强调要根据当时的环境来决定斗争方式,必要时要采取退却、转移的办法,以保持军队的有生力量。这时,刘英才知道“特别任务”就是突围,实行战略大转移。

刘英收到少共中央局书记凯丰的一封信。信中说,他到部队去了,少共中央局的事要刘英安排,并明确规定少共中央局的干部谁走、谁留,走的人中间谁有马、谁有警卫员。

一部分干部留下来坚持游击战争,其中有陈丕显,当年他才 17 岁。陈丕显年轻有为，正准备从少共中央局调任赣南团省委书记。陈丕显来找刘英，想跟大家一起走。刘英长陈丕显 12 岁，作为老大姐、作为领导人，她对陈丕显是很同情的。于是，刘英拿着名单来找李维汉，替他说情。结果，李维汉发了火，板着面孔，生气地对刘英说："凯丰给你的信呢？"刘英连忙拿出凯丰的信，李维汉说："把信给我！"李维汉划了一根火些，把它烧掉了，并严厉地对刘英说："这是中央决定的，谁也不能改！"

刘英为陈丕显求情碰了壁，只好劝慰他："走和留，都是一样的。你年纪小，又是本地人，便于隐蔽，留下来坚持吧。"

1934 年 10 月 16 日，红军长征开始了。

当时，除野战部队外，军委机关组成一个纵队，叫"红星"纵队。党中央和政府机关、卫生部门、总工会、青年团等组成一个纵队，叫"红章"纵队，司令员是李维汉。在部队出发之前，李维汉找到刘英谈话，要她担任纵队的巡视员，管无线电台，管政治思想工作。

"红星"纵队是一支少见的、庞杂的队伍，不仅有野战医院的伤员休养连，还有徐特立、董必武、谢觉哉等老同志和不少女同志。后勤部、供给部负责搬运所有的家产，如兵工厂的机床、印刷机、发电机、电台、炮弹、子弹、文件、档案，还有金银财宝。这样重的运输任务，都是由几千名新兵运输员和招募来的民工完成的。活像大搬家。

红军渡过于都河之后，离敌人一天一天远了，似乎割掉了身后一个大尾巴。但是红军究竟应转移到什么地方去？刘英心里茫然无数，她去问毛泽东："我们准备到什么地方去呢？"

毛泽东心情沉重地回答："我不知道！"他确实不知道。长征的落脚点，是高度的军事机密，只有博古、李德等少数几个人知道，毛泽东是被排斥在外的。

刘英和张闻天是在长征途中相爱的，是张向刘主动表达的爱慕。那是在遵义会议以后，张闻天接替博古"负总的责任"，实际是临时总书记。这时刘英已调到地方工作部工作，行军宿营都和张闻天、毛泽东所在的中央队很近。

1935 年 2 月，红军二渡赤水后，又一次占领遵义城。刘英和几个伙伴在街上游览，遇到张闻天，张邀刘到张的驻地聊天。

张闻天和刘英早在莫斯科时就认识，张是刘的老师。在苏联，两人接触也较多，交谈一向较随和，这次都比较拘谨。张闻天有些不自然，甚至有些吞吞吐吐地说："我们互相都很了解，我希望我们不仅要做一般的朋友，而且……"

但刘英却拒绝了。为什么呢？

刘英回忆说："在长征中恋爱、结婚、怀孕，对一个女同志来说，简直是一种灾难。孩子生下来，又没法子带，从做母亲的感情上说，无异是一种酷刑。我看得多了，例如贺子珍，她怀了孩子，谁也没有告诉，跟着红军队伍走，在长征路上生了，没法子带，只好把孩子撇在老乡家里。凯丰的爱人廖似光，她怀了孩子，在长征路上生了，没法子带，也只好撇在老乡家里……这些孩子，后来有的就没有找到。因此,在长征中,要做工作就不能结婚、生孩子;要结婚、生孩子,就必然影响工作,以致害了孩子。我认准了后者,并下了决心;即使5年不到根据地,我也不结婚!"

1935年4月,刘英接替邓小平,任中央队的秘书长,主要负责中央领导人的生活,警卫人员的思想工作,或者开会时作记录。

从此,张闻天和刘英的接触多了,了解多了,张闻天对刘英的关心也多了。行军中,两个人常常同时骑马,并辔而行;有时两人步行,也常常走在一起。有一次夜行军,警卫员搞到一盏小马灯,刘英看到后,高兴地说:"黑夜里行军.小马灯倒是挺亮的。"张闻天立即接过话茬儿,幽默地说:"这是流萤(刘英)嘛!"

张闻天利用汉字的谐音,含蓄地表达对刘英的追求。

经过一段时间接触,刘英已经接受了张闻天的爱,只是表面上还保持着距离。这一层,张闻天慢慢地体察出来了。

长征路上,大部分时间是和衣而睡,头上、身上长满虱子,到了陕北,刘英和几个女伴把头发剃光,带顶军帽,非此不能除掉头上的虱子。一次看戏,初到延安的人问她:"你是红小鬼吗?"刘英调皮地答应了。毛泽东就坐在她身后,并不搭话,只偷偷地发笑。后来,毛就经常喊她"红小鬼。"

中央红军到达陕北后,张闻天对刘英说:"红军有了家了,咱们也该有个家了吧?"刘英幸福地点点头,两颗相爱的心终于紧紧地贴在一起。

1936年6月,刘英和张闻天在瓦窑堡(今子长县)结婚。当时刘英31岁,张闻天36岁。从此到抗日战争结束的近十年中,刘英先后担任过共青团中央宣传部长,中共中央秘书处处长,张闻天的政治秘书,后两个职务和张闻天有关,因为张在1941年以前是中央工作的主持者。这是遵义会议确定的。进入40年代,中共中央领导层对土地革命战争时期的"左"倾错误尤其是王明"左"倾教条主义的认识深化了。张闻天虽然在遵义会议前已从王明集团中分化出来,但毕竟对执行王明路线有不可推卸的责任。而且,他对毛泽东的才能和威望也心悦诚服。他多次说过:"谁有真理,就跟谁走。"1941年,张闻天主动提出,他已不适于再主持中央工作,想离开延安去下层作调查研究,中央接受了他的建议。

在整风审干运动中,刘英担任行政处学习委员会副主任。整风是最终彻底地清算王明"左"倾教条主义,王明、博古、洛甫(张闻天)等人自然首当其冲。反思、剖析、认识、提高,是并不轻松的过程。刘英不愧是贤内助。她是文化素质很高的老党员,她帮助丈夫深刻总结王明路线的历史教训,非一般文化水平低的人能比得了的。更何况,她有多年的政治秘书工作经验。

抗日战争胜利后,中共中央根据刘少奇提出的"向北发展,向南防御"的方针,决定大力经营东北,派2万干部、10万军队出关,中共七大选出的中央委员、中央政治局委员,近1/4都派往东北。张闻天作为13位政治局委员之一,也和陈云、彭真、高岗一起前往东北。

刘英和丈夫随行。在东北,刘英担任过许多重要职务:合江省委常委、组织部长,哈尔滨市委常委、组织部长、市委妇女工作委员会书记,辽东省委常委、组织部长。

从解放战争后期到1959年庐山会议的十多年间，是刘英参加革命以来最愉快的时期。东北解放区先于其他解放区全部解放，刘英和千千万万志士为之奋斗的新中国终于诞生，10年建设，中国巨人般屹立于世界东方。

新中国成立后，张闻天担任第一任驻苏大使。刘英则是使馆参赞，中共驻苏使馆特委副书记。她具特有的凝聚力，工作很出色，外交部曾给予通报表扬。1954年底，周恩来亲自打电报，召刘英回国，任外交部部长助理兼人事司司长。不久，张闻天也回国担任外交部第一副部长。当时国务院总理周恩来兼任外交部长，刘英和张闻天成了周的得力助手。

1959年庐山会议，毛泽东给张闻天扣上"彭德怀反党集团副帅"的帽子（因为职务低于总参谋长黄克诚大将，所以通常说"彭黄张周"反党集团，周为周小舟，当时湖南省委第一书记），刘英也受到牵连定为"严重右倾"，撤销了党内外一切职务。她从喧啸的大海来到沙漠，周围忽然一片寂静，甚至还有歧视和冷漠。由此到"文化大革命"结束，17年间，痛苦、迷惘、惊心动魄、狂风暴雨，充塞了她苦难的人生。

庐山会议后，刘英问张闻天，为什么要在庐山会议上发言，张闻天说："我是共产党员，应该讲真话。如果大家都不讲，万马齐喑，会出现什么局面呢？在党的会议上，有什么想法都允许讲嘛！"刘英理解丈夫，敬佩他公忠为党为国的果敢精神，她的选择是：风雨同舟，甘苦共尝！她以此格言，经受住一生最黑暗的十年。

"文化大革命"一起，刘英和张闻天就陷入没顶之灾。她自己忍受折磨，还时刻关心着多灾多难的伴侣。张闻天要去接受"触及灵魂"，刘英一定要在他口袋里放好钱和粮票，嘱咐他一定要吃得好些，身体要紧。

张闻天挨斗时，刘英往往被造反派押来陪斗。每次挨斗回来，张闻天的第一句话就是："你顶住了，太好了。批斗的时候我只想到你，真怕你的身体支持不住。"

1969年10月，张闻天和刘英被押送到广东肇庆，仍然没有恢复自由，但避开了无休止的批斗，总算得到安静喘息之机。一向豁达的张闻天不失幽默地说："能有一点小自由也很好嘛！"

一大箱子书籍伴随着两位正直又多灾多难的老共产党员。

即使这样的处境，刘英和张闻天也不忘为党为国家做出奉献。令人痛心地失去了为党工作的权利，那就进行建设理论的研究，把自己的所思所得贡献给党和人民，也聊以慰藉了。还在1959年庐山会议后，张闻天就来到中国科学院，担任经济研究所的特邀研究员。埋头研究社会主义建设的理论、规律。

为了协助丈夫，刘英研读了大量的中国革命和建设史论，读了许多马列主义书籍，协助张闻天完成了数10万字的政治、经济、哲学和科学社会主义论文。到肇庆后，张闻天已年近70岁，刘英也64岁高龄，他们仍然过着"监护"的生活。刘英为了丈夫集中精力研究问题，亲自做饭洗衣，拖着多病的躯体，每天翻过一道山坡去买菜。还常常替张闻天“放哨”,他所思所写,矛头直指歪曲阉割马克思主义的“左”倾谬误,在大动乱的年代,无疑被“左”爷们视为大逆不道的罪行.因此他必须加倍小心。

在刘英的帮助下,张闻天奉献出几十万字的理论著述,澄清了许多被混淆被歪曲的马列原理和社会主义原则。如果说,全面系统的拨乱反正开始于1978年党的十一届三中全会,那么理论上的拨乱反正当首推张闻天。这一篇篇闪耀真理光芒的优秀论述,如今收在《张闻天文集》中,人们不能不钦佩“左”祸横行时张闻天的敏锐眼光和清醒头脑。

1976年6月,油尽灯枯的张闻天嘱咐刘英:“人民给予我的,应该全部交还给人民!”他有两个遗愿:一是将解冻的国债和补发的工资4万元作为他最后一次党费,全部交给党;二是他的理论研究成果能公开和世人见面。如今,这两个遗愿都已实现。4万元,刘英捐给中国少年儿童基金会。《张闻天文集》,中共中央宣传部在张闻天诞辰90周年之际,举行了隆重的发行仪式。

张闻天逝世时,“四人帮”正是最猖獗的时候,那时他和刘英已被遣送回江苏无锡。张闻天的骨灰盒不准写张闻天的名字,写的是张普。刘英抗议无效,也不遵从“左”爷们的横暴,她在献给张闻天的花圈上写的是“献给老张同志”……

张闻天没有看到“四人帮”的覆灭和十年浩劫的结束。刘英幸运地等到了这一天。

中共十一届三中全会平反的少数几件冤假错案,就有所谓“彭黄张周”反党集团案。

十一届三中全会后,刘英当选为中纪委委员。她重新焕发出青春。在她的一生中,一个共产党员能够牺牲的,除了生命之外,她都牺牲了;一个共产党员能够奉献的,她都奉献了。她没有留下后代。她前后生过三个孩子,都死于疾病,一个在湖南,一个在延安,一个在莫斯科。但她并不孤独,千千万万后来人,把她作为慈母敬奉,继承她和老一辈所开创的宏伟事业。

跳楼的女部长

——苏井观夫人张琴秋

她是红四方面军的女将领。

西路军兵败祁连山，她身陷魔掌。

战友送喜联祝她再婚：两位老家伙，一对新夫妻。

她和他同为共和国的副部长。

他病逝于“文革”之前；她向极“左”抗争，纵身跳下高楼……

长征中，两次翻越雪山，三次通过草地的顶天立地的奇女子，一生总是坚强如钢，十年浩劫中却表现了一次惟一的软弱——跳楼自杀，她以悲凉和决绝，为共和国的历史刻下一道永磨不去的伤痕。

她就是红四方面军的女将领，建国后任纺织工业部副部长的张琴秋。

她的一生历尽艰险，颇富传奇色彩，又以悲剧结束，反映了20～60年代中国女性中一部分群体的命运。当然，在这部分群体中，她并非具有突出的代表性。

她是浙江桐乡人，生于1904年，原名张梧。她降生在大运河畔的石门镇，秀丽的江南水乡，赋予她清丽和灵气；衰败的地主家庭，带给她的是忧愁多于欢乐。

她在石门湾高等小学堂读书期间，爆发了五四运动，年仅15岁的她，被选为学生代表，出席桐乡县工商学各界会议，商议拒签巴黎和约、争国权、声援北京学生的大事。这是张琴秋第一次参加政治斗争。五四运动打开了张琴秋的眼界，也唤起她的爱国意识。五四后异说竞起，百家争鸣的局面，马克思主义的广泛传播，相对宽松的社会气氛，给张琴秋以巨大影响。民族的苦难，家道的中落，迫使她痛苦而警醒的思考，新思潮新气息，激发她追求光明、进步的热望，她决心走向社会，去看看外面更广阔的世界。1921年，17岁的张琴秋考入杭州省立女子师范学校，两年后，又转入上海爱国女校。19岁的张琴秋走到人生重大转折的门坎。在这里，她结识了茅盾的胞弟、共产党员沈泽民。由于一见钟情，两人双双坠入爱河。沈泽民是她走上革命道路的引路人。在灯下，在公园，在海边，在街市，两人或促膝长谈，或出双人对。沈泽民以敏锐的思想光芒，射开她的心扉，给她脑海里印上了最初的马克思主义真理和共产主义目标。张琴秋的思想发生质的飞跃。

1924年，经过沈泽民的介绍，张琴秋进入上海大学。在这里，她认识了陈独秀、瞿秋白、邓中夏等中共早期重要领导人和活动家。在著名女革命家向警予的带动和教育下，张琴秋投入大革命浪潮。她奉党组织之命，脱下白衫黑裙，换上蓝色工装，深入沪东贫民区，来到工友群中，组织工人斗争，创办平民学校，开始表现出她非凡的组织才能。就在这一年,张琴秋加入了中国共产党。当时,全国党员不足千人,女党员更是廖廖无几。

1926 年,张琴秋同沈泽民喜结良缘。同年,夫妇二人奉党的指派,先后来到苏联莫斯科中山大学学习。中山大学是共产国际创办的,专为中国培养革命干部。当时正是国共合作的北伐战争时期,人中山大学学习的,既有共产党员,也有国民党上层人士的子女,如蒋经国、冯洪国(冯玉祥之子)、于秀芝(于右任之女)等。张琴秋在苏联学习 4 年多,1930 年,她生下一个女孩,夫妻感情更笃。但不幸,沈泽民由于劳累过度,身体越来越坏。

1931 年,张琴秋和沈泽民奉命回到祖国,在白区从事秘密工作。为了工作的方便,她只好把呀呀学语的女儿留在莫斯科。当张琴秋夫妇奉命回国之际,中国共产党正开始一场大的灾难。这年 1 月,中共六届四中全会在上海秘密召开。这次中央全会是在共产国际代表米夫的操纵下召开的,它没有任何积极的建树,是中共在民主革命时期最糟的一次中央全会。说是全会,其实不全得很,参加会议的中央委员和候补中央委员远远不到六大所选的半数。以此次会议为起点,王明"左"倾教条主义在中央占了统治地位,对党进行了长达 4 年的统治。结果给中央造成民主革命时期最惨痛的损失。

为了推行"左"倾路线,王明集团实行宗派主义的干部路线,他们高喊"改造党的领导机关"的口号,在党内大清洗,凡不赞成其错误路线的,都给予"残酷斗争,无情打击"。即便对其错误路线表示怀疑,执行不力者,也要加上"右倾"的罪名打下去。王明集团不但在白区大批撤换党的负责干部,还向各个苏区派遣"钦差大臣",中央革命根据地派去王稼祥、张闻天,湘鄂西苏区派去夏曦,鄂豫皖苏区派去张国焘……这些人一到各个革命根据地,就掌握了生杀予夺的大权,成为各根据地的最高领导者。沈泽民、陈昌浩(张琴秋的第二个丈夫)都是和张国焘同时派往鄂豫皖苏区的。张琴秋自然也和沈泽民同去。

原来,张琴秋和沈泽民是奉命派到白区工作的,张琴秋在上海,担任地下的中共沪东区委委员。但只过了几个月,她就和丈夫沈泽民一起奉命前往鄂豫皖苏区。沈泽民为何受到了王明的信任?原来在莫斯科中山大学学习时,王明是中大学生会主席,又担任中国留学生中共支部局的书记,受到斯大林的赏识和信任,也受到中山大学校长米夫的青睐。此人头脑灵活、记忆力极强,书本知识学得极好,理论条条背得滚瓜烂熟,有"青年理论家"之称,自诩为"百分之百的布尔什维克","掌握了马列主义的全部真理"。有了这些条件,王明很能迷惑一部分人,特别是马列主义水平不高的青年人。

王明又善于进行宗派活动,而且实行"顺我者昌,逆我者亡"的原则,其对立面,或打成"托派",或流放劳动,或驱回国内,中山大学一时成了王明的天下。留学生中,或成为王明的亲信和追随者,或成为王明打击的对象。瞿秋白、李立三等就是被打下去的,张国焘、夏曦等老资格的共产党员就是被王明整服的,而张闻天、王稼祥、沈泽民、陈昌浩就是这一时期被王明拉过去的。因此,张国焘、沈泽民、陈昌浩都被王明视为亲信派往鄂豫皖革命根据地，这时是1931年4月。1933年，沈泽民积劳成疾，病逝于鄂豫皖苏区。张琴秋虽然和丈夫一起派到鄂豫皖，但她谈不上是王明集团的成员，充其量也不过是为王明的“百分之百布尔什维克”所蒙蔽而已。在这里，她大部分时间都在军队里工作。1931年11月，红四方面军成立，她在徐向前（红四方面军总指挥）、陈昌浩（红四方面军总政委）的领导下，在残酷的炮火中，迅速成长为一位英勇善战的女将领。在红四方面军，她先后担任的职务有：随营学校政治委员，七十三师政治部主任，红四方面军总政治部主任，妇女独立团政委、团长，西路军政治部组织部部长等，也曾一度成为红四方面军的领导人之一。这样的职位，在红军女将领中几乎是绝无仅有的，而她经历中的传奇色彩.为人所传诵。沈泽民去世后，张琴秋把悲痛埋在心底，头戴红星帽，身穿灰军装，策马扬鞭，征战不息。从鄂豫皖到川陕，从长江到河西走廊，到处传诵她的英名。

敌人宣传她是“青面红牙一身毛”、“一天吃一个小孩”的“女妖”。一次遭遇战中，她沉着镇静地指挥数百女兵（另有三百名伤病员）抢占山头，向四川军阀的一个团发起猛攻，打得敌军晕头转向，在山谷里乱成一团。张琴秋乘乱发起政治攻势，令女战士们齐喊“中国人不打中国人”。听到一阵阵清脆的喊声，看到山头上钻出来的都是头缠红布标记的女人，白军官兵全愣了。当官的下令反击，当兵的本来就怕和红军打仗，又不想卖命，便吵吵嚷嚷说，“好男不跟女斗”，“把这些婆娘打败了，也算不上英雄好汉”，谁也不肯放枪。末了，当官的和当兵的相互骂起来，长枪和短枪也对上了。张琴秋一声大喊“冲啊”，身先士卒跃出战壕发起冲锋，一举抓获敌团长和几个营长，武器装备也全部被我缴获。事后，四川报界纷纷报道，“五百农妇缴一团白军枪械，女将军张琴秋指挥如神……”对于张琴秋来说，战争年代最悲惨的一幕，莫过于西路军全军覆没的惨剧。这里，需对西路军的来历作一番交待。

由于王明“左”倾冒险主义的统治，各革命根据地反“围剿”斗争都严重受挫。首先是红四方面军不得不撤离鄂豫皖根据地，进行一次不算长也不算短的“长征”：1932年转到川陕边，开创了新根据地。然后是贺龙领导的红二军团，被迫离开湖鄂西，转到湘鄂川黔边。然后是中央革命根据地的红一方面军，不得不于1934年10月开始震惊世界的长征。

最先结束长征的是中央红军，1935年10月和陕北红军胜利会师。此时共产国际根据世界形成三个法西斯战争策源地（德、日、意）的险恶局势，制定了建立世界反法西斯统一战线的政策。同时，中国自“九·一八”事变以来，日本开始了全面灭亡中国的行动，中日民族矛盾成为主要矛盾。按照共产国际的要求，中国共产党制定了抗日民族统一战线的路线。与此同时，斯大林不反对红军靠近蒙古和苏联，希望一旦民族战争爆发，至少形成西北合作的局面。基于这一战略，1935

年 11 月，湘鄂川黔苏区的红二军团和红六军团①在贺龙、任弼时等率领下也奉命开始长征，他们大体沿着中央红军长征的路线行进。这以前，长征途中的中央红军于 1935 年 6 月和红四方面军会师于四川懋功。会师时，红四方面军有 8 万人马，兵强马壮，红一方面仅剩下近 2 万。张国焘由此野心发作，想夺中央的权。并反对共同北上的正确方针。毛泽东不得不率中央红军一部单独北上。张国焘便率四方面军南下川康边，并成立伪中央，公然分裂党和红军。

1936 年 7 月，贺龙、任弼时率领的红二、六军团奉命转移到达四川甘孜，和红四方面军会师。张国焘被迫取消伪中央，同意共同北上。此时，奉中央电令，红二六军团组成红二方面军，以贺龙为总指挥，1936 年 10 月，三大红军主力——红一方面军、红二方面军和红四方面军终于完成长征，在甘肃的会宁、静地区会师。这时三支主力红军约有 6 万人马。前不久，斯大林答应为红军提供武器装备，初步预定通过蒙古运到定远营（今内蒙阿拉善旗），由红军前往接收。如此处不成，第二个预定地点便是新疆、甘肃和蒙古的交界处。红军最苦恼者莫过装备差，尤其是缺大炮，徐向前曾在回忆录中说："红军只要有一个团的炮兵，马家军就不在话下。"

远在三大主力红军会师之前，中央军委就决定发动宁夏战役. 以"打通国际路线"，到定远营去接收武器装备。②

三大主力红军会师后，中央军委命令红四方面军主力和原中央红军的红五军团共 21000 人作为先遣部分先期渡过黄河。1936 年 10 月下旬，四方面主力渡河成功后，国民党以重兵由南向北封锁了黄河渡口，隔断河东红军主力和河西部队的联系。宁夏战役计划被迫中止。中央军委命令河西部队单独完成"打通国际路线"的任务，全筞向新疆挺进。河西部队指挥员徐向前、陈昌浩也信心百倍，向中央表示有完成任务的把握。于是，河西部队称为西路军，设西路军军政委员会，以陈昌浩为主席兼政委，徐向前为副主席兼总指挥。从此西路军便沿河西走廊西行，开始了悲壮的行程。统治甘肃的回族二马（马鸿奎、马步芳）深知红军的厉害，吩咐下边：红军若是过路，不要惹他；若是占咱的地盘，就坚决打。

不久西安事变爆发，形势突变。何应钦等调集重兵，准备进攻西安，张学良、杨虎城要求红军支援。于是中共中央电令已进至古浪、山丹一线的西路军东返，以策应河东。既而西安事变和平解决，形势和缓，中央又电令西陆军继续东进，或就地坚持斗争以待时局变化，后又令西路军继续西行，完成"打通国际路线"的任

① 红六军团是红一方面军的一部，1934 年 8 月，在任弼时、王震等领导下奉命转移. 以给中央红军长征开路。同年 10 月，红六军团和贺龙的红二军团会师于湘鄂川黔——中央红军长征的最初目标。后随着形势的发展，长征的落脚点一变再变。1935 年 9 月，才最终确定以陕北为目标。

② "打通国际路线"，当时红军将领中甚为流行的提法，关于宁夏战役计划，毛泽东（中央军委主席）和朱德（红军总司令）、张国焘（红军政委）间电报往还甚多，这些电报现存于中央档案馆——编者注。

务。徐向前回忆说:中央给西路军的任务飘忽不定,反复多变,大大超出了西路军的承受能力。如果始终如一,专心向西,西路军肯定能完成“打通国际路线”的任务。①

甘肃二马纠集7万军队(绝大部分是骑兵),疯狂地和红军撕杀、天时、地利、人和均未占住的西路军,徘徊于河西走廊,孤立无援,衣单体薄,粮缺弹尽,终日承受马家骑兵的轮番进攻,终至全军覆没,成为红军战争史上绝无仅有的大惨剧。张琴秋也随西路军渡过黄河。半年前(1936年7月),她和陈昌浩结为夫妻,又组成了新的家庭。

陈昌浩能文善武,英俊潇洒,留过苏,精通俄语,作战勇敢且能身先士卒,25岁即成为红四方面军总政委,也算红军中难得的将才。他比张琴秋小两岁。1936年陈昌浩刚好30岁。二人结合,也称得上“门当户对”。可惜因为过去追随张国焘分裂中央犯了错误,因而患得患失,为洗刷自己,力图表白已痛改前非,陈昌浩对中央给西路军的命令,只知机械执行,不敢稍稍临机应变,拒绝接受徐向前等提出的正确意见,对西路军的覆灭,也负有重大责任。或许因为心有余悸,当西路军彻底失败,中央电令他和徐向前离队东返时,他先因病滞留于东返途中,病愈后又跑回湖北老家,没敢和徐向前一起返回延安。西路军全军覆没,中央电令残存人员分散行动,就地坚持游击战争。

张琴秋在马家军重兵包围中躲进一个山洞,在饥寒中坚持两天,搜山的马家军下山了。饥肠辘辘、筋疲力尽的张琴秋试图混下山去,在路口被敌人抓获。她穿着破破烂烂的灰军装,头上包着一块又脏又旧的灰布,脚上穿的是麻袋片外加草鞋。如果不是那身灰军装,看去就像一个乡下老太太。西路军数千官兵做了战俘。从意志薄弱的战俘口中,敌方得知,西路军最大的官,男的是徐向前,女的叫张琴秋,浙江人,是从苏联留学回来的,十分了得。得意忘形的马步芳下了死令,一定要抓到徐向前和张琴秋,活要见人,死要见尸。敌方一个旅长听说抓到一个女的,下令把人带来,他要亲自审问。那旅长把手枪往桌上一拍,开口就问她是不是张琴秋,说不是张琴秋留着没用,是张琴秋,我们还要优待。

历经战火磨难的张琴秋哪会信敌人的鬼话。幸亏她在川陕苏区工作期间,学了一口地道的四川话。她从容地用川话说,我叫苟秀英,四川巴州人,在家里受穷,饿肚子,为混口饭吃,跑到红军里当了伙夫。敌旅长听说张琴秋是红军中有模有样的大知识分子,“会讲五国语言”,见眼前这个女人蓬头垢面,像四十多岁的农村妇女,也就没起疑,一挥手,令手下人把她关押到一个大场院里。那里已经关了近百名红军战士,一见张琴秋被带了进来,许多认识她的战士都暗暗吃了一惊。她被抓起来,证明西路军已经彻底完了。张琴秋不等大家开口,便主动大声介绍自己说,我叫苟秀英,四川人。女俘一听,会意地点点头。严冬雪夜,大家围着一盆炭火挤坐在一起,张琴秋小声嘱咐这些落难的战友要挺住,天无绝人之路,以后

① 徐向前:《历史的回顾》,解放军出版社。

找机会跑出去，再去找红军队伍。多好的女战士们呵，身陷囹圄，奸污，毒打，折磨，引诱，没一个暴露“苟秀英”的真实身份。

1937年初春，“马家军”押送大批红军战俘到青海，沿途枪杀的和病死的难以计数。到达西宁后，男的送到外地修筑公路，或做其他苦役，稍有不顺，不是毒打，就是杀害。解放后，从西宁掩埋红军战俘的大坑里，发掘出1700余具红军战俘骨骸！女的则到西宁市区各工厂做苦工，“苟秀英”被打发到义源羊毛厂分拣羊毛。张琴秋这个名字，像幽灵一样从地面上消失了。马步芳滥杀百姓和战俘的暴行，不仅引起全国人民的抗议，也引起部分国民党上层人士的批评。为平息舆论，马步芳把一批年轻的女战俘集中起来，组织了一个“新剧团”，给南京来客和社会各界人士演出，以示怀柔。被选进这个剧团的王定国（后为谢觉哉夫人）、蔡元贞、黄光秀（已被迫嫁给马步芳为妾，却依然心向红军）等人密商了一个救张计划，以剧团需要有人做饭为由，把“苟秀英”要到剧团伙房里。不久，按照事先的秘密策划.黄光秀利用自己的特殊身份，对马步芳说，红军战俘中有一对恋人杨万才、赵全贞，都是回族人，应当按照伊斯兰教义，让他们举行婚礼。。马步芳听了，觉得这是给自己涂脂抹粉的好机会，当即点头同意，令手下人好好筹备，他本人要亲自出席结婚典礼，还让他手下一员干将认“新娘”赵全贞做了“干女儿”。这个双手沾满鲜血的屠夫要青海报界对此事大肆宣扬，企图堵住各地舆论的指责。其实，杨万才和赵全贞并非恋人，二人冒着杀头的风险，假称恋人，要求结婚成家，惟一的目的是设法把张琴秋要到家里当“老妈子”，以把她保护起来。自此这位驰名巴蜀的红军女将垂目低首穿一身朴素的旧衣，以“老妈子”的身份潜伏下来，时时注视着敌情动态，准备伺机逃出马步芳的魔爪。时过不久，原红四方面军骑兵师师长马良骏在敌人的威逼利诱之下叛变了，他向马步芳密告，据红军战俘私下传闻，张琴秋没死，她已经被俘，眼下就潜伏在西宁城内。坐在虎皮椅上的马步芳一跃而起，狞笑着说，人在西宁就是笼中之鸟，不信她能逃出我的手心！他立即下令在全城搜捕，大街小巷到处张贴着悬赏一千块大洋捉拿张琴秋的告示。风声一日紧似一日，不过，张薹秋就像精明的老鼠躲进猫耳朵里，敌人万万没想到，那个整日在他们眼皮底下出出进进，拎着菜筐上街买菜，土头土脸，步态蹒跚的村妇就是他们要抓的张琴秋。那时，西宁市周围封锁严密，插翅难逃，但在市里，当了苦力的战俘们活动还比较自由。赵全贞的新房，也成了西路军许多被俘人员常来“串门”的地方，剧团的，在其它部门劳作的战俘空闲时常来聊天，尽管是在马步芳残暴黑暗的统治之下，但在这个小小天地里，他们可以悄悄说些心里话，或嬉笑怒骂，或放声大哭。一天，赵全贞家突然来了一位薄施脂粉、淡扫蛾眉的不速之客。她叫杨绍德，原是西路军妇女独立团的一个排长，张琴秋是她的老上级。此人被俘后，嫁给国民党青海省党部的一个科长卢澄。在赵全贞家的院子里，她与张琴秋劈面相遇，四目相对，都愣住了。杨绍德四下望望，脱口叫了一声，“张部长，你在这呀！”

杨绍德回家后，便把发现张琴秋的事情悄悄告诉了丈夫卢澄，卢澄又迅速密报给南京政府驻青海省党部的特派员李晓钟。那几天，赵全贞家里气氛紧张极了。愁云遮盖了张琴秋和王定国、吴仲廉（当年毛泽东亲自主持制订的《古田决议》就是她亲手抄写的）等一些难友的心头。怎么办？西宁满城是马步芳的爪牙，出城的路关卡重重，逃是逃不出去的。那么，与其坐以待毙，不如直入虎穴，且看他们如何动作。蒋介石政府与马步芳这类地方军阀向来矛盾重重，貌合神离，未尝不可以利用。

在王定国陪同下，张琴秋主动上门，对杨绍德进行了"回访"。不出所料，卢澄和李晓钟堆起满脸笑容，以礼相待，然后开始了政治"攻心"。卢澄说，现在国共两方面关系很好，你只要发表个声明，宣布脱离共产党，就可以在国民党里做事，南京方面有不少原共产党人士，脱党以后都做了大官，凭您张琴秋的学识才华，相信一定会提升得很快。李晓钟说，只要张女士同意，我们就可以帮助你离开青海。

卢澄、李晓钟的目的是想把张琴秋当成"厚礼"送给蒋介石，以买官进爵。看来有机可乘。张琴秋不动声色，不卑不亢地说，我和许多难友时时处于马步芳这个杀人如麻的屠夫刀下，生命安全毫无保障。这个问题不解决，其它事情无从谈起。此后，李、卢果然对发现张琴秋的事情守口如瓶，没有惊动马步芳。1937 年 7 月，抗战爆发，李晓钟、卢澄等人奉命去庐山受训，马步芳亲自出面远送。他万万没想到，他送走的不仅是南京方面的特派员，还有他悬赏缉拿的张琴秋。张琴秋和吴仲廉藏身在随行的一辆夹窝子（一种轿子放在车上的马车，在青海常见）里，连马步芳粗重的说话声都听得清清楚楚。

王定国和杨万才、赵全贞夫妇等人．对张琴秋逃离苦海——马步芳统治下的西宁，做出了重大贡献。可惜命运对他们做出了不同的安排，王定国、杨万才后来历尽千辛万苦，分别逃到延安，继续从事革命活动。赵全贞又被迫改嫁给马步芳的弟弟马步銮为妾，1949 年解放前夕，马步銮带着赵全贞和他们婚后生的儿子逃到台湾，据说，赵全贞现已移居海外。李晓钟、卢澄等人带着张琴秋、吴仲廉一路疾行，经兰州到达西安后，立即派宪兵把张琴秋、吴仲廉抓了起来，押送至南京。这是日军大举进犯上海的"八·一三"事变的第二天，南京当局处于焦头烂额、惶惶不可终日的当口，没人顾得上张琴秋等人。她们被关进南京"反省院"就无人问了。进院第一天，照例要填写登记表和誓词，誓词是统一印制的，第一句话就是"我信仰三民主义"。张琴秋毫不犹豫地拿起笔，在"三民主义"四个字前面，加了"革命的"三个字。

其时国共合作大局已定，抗日统一战线已经形成。四天之后，正在南京与国民党谈判的周恩来、叶剑英，来到"反省院"看望被关押的同志，见到张琴秋、吴仲廉等人，周恩来激动地说，我们一直在设法找你们，终于在这里找到你们了！张琴秋热泪滚滚，像孩子般哽咽了。1937 年 8 月 27 日，张琴秋等终获释放，启程前往延安。临行前，她给茅盾夫妇写了一封信，谈到沈泽民在苏区病逝，张琴秋说，"可怜他的一生，为解放人类的痛苦而奋斗，历尽艰苦，抛弃了个人的利益，日夜工作，积劳成疾，终于辞去我们而长逝了。唉，我没有见他的最后一面，实在使我心痛！”大难不死的张琴秋，英姿勃勃走上黄土高原。这一年她33岁。她不知道，前方的路依然时阴时晴。

1937年冬，张琴秋经武汉、西安来到延安。望着宝塔山和延河，她激动地流下热泪，女儿历经磨难，终于回到母亲怀抱。张琴秋走上新的工作岗位，担任抗日军政大学女生大队队长。中国女子大学创办后，她又担任教务长，成为女大的领导成员之一。几乎在张琴秋来到延安的同时，陈昌浩也经八路军武汉办事处的安排，辗转来到延安。夫妻劫后余生，相见又喜又悲，陈昌浩安排在中共中央宣传部，他参加了批判张国焘的斗争，也不可避免，他自己也受到批判，因为他曾紧紧追随张国焘，对执行张国焘路线，负有不可推卸的责任。

1938年4月，经中共中央批准，陈昌浩随周恩来去莫斯科。他的身体很差，是去苏联疗养的。团聚不到半年，夫妻又要分首。张琴秋依依不舍地送别了陈昌浩，希望他安心养病，早早回来。张琴秋一心一意地等待陈昌浩的归来。张琴秋在期待中熬过了5年。1943年，从苏联传来令张琴秋痛苦的消息：陈昌浩已与一苏联女子同居。那女人名叫格兰娜，是陈昌浩在中山大学学习时就认识的。

张琴秋并未因陈昌浩的负情而痛不欲生，她沉静地面对残酷的现实，果決地向中共中央请求和陈昌浩解除夫妻关系。就在此时，与张琴秋有十年之交，一直爱慕她的一位男性，坦诚地表白了对她的爱恋。这位男性，就是在陕甘宁晋绥五省联防军卫生部工作的苏井观。

苏井观是河南潢川人。原名炳达，字静观。1905年3月出生于个体手工业劳动者家庭。他的家境很贫困，依靠教会的帮助，才能进小学读书。由于学习成绩优良，又得以顺利地升入北京汇文中学。

中学毕业后，他考入天津海军军医学校，1927年毕业。受到马克思主义熏陶的苏井观放弃海军医官的职位，回到家乡开了一所小医院。这时，他已加入中国共产党，小医院成了掩护地下工作的秘密点。当地党组织遭受严重破坏，苏井观成了敌人追捕的对象。1929年，经党组织安排，苏井观进入鄂豫皖革命根据地，担任红军医院院长。张琴秋随张国焘和陈昌浩、沈泽民进入鄂豫皖苏区后，任红四方面军总医院政治部主任，开始和苏井观结识。一件事加深了苏井观对张琴秋的感情。那是1932年5月，苏井观担任红四方面军总医院院长期间，一名医务人员偶然失误，引起酒精爆炸，炸伤了好几个人。这样一起偶然发生的事故，对于医院领导人苏井观来说，顶多算是没有尽到自己管理教育部属的责任，给予批评，甚至纪律处分，就可以了。但是，当时正值肃反扩大化时期，张国焘不只因此撤销了苏井观的医院院长职务，还诬陷他是反革命，命令苏区保卫局将他关押起来，历时45天，苏井观险些被砍掉脑袋。幸亏他是一位医生，前线部队作战频繁，伤亡很大，迫切需要苏井观这样的人才。经过战友们说情，苏井观才得以恢复自由。但是，党籍仍被“停止”，等于是被开除了。琴秋担任医院政治部主任之后不久，就为苏井观办了一件好事，她主持审议了苏井观的上述“案情”，确认他在政治上是清白无辜的。报经上级批准,然后在全院召开的党团员大会上,宣布恢复他的已被停止了一年半的党籍。

以后,苏井观担任卫生学校校长,隶属于红军总医院。作为医院政治部主任,张琴秋放下架子,主动担任卫生学校的政治文化课。这使苏井观大为感动。

苏井观开朗,乐观,多才多艺,不仅有精湛的医术,且唱歌、演戏、打球、样样内行,其性格和张琴秋有许多共同点。张琴秋带卫生学校的女学员到河里游泳,在偏僻、闭塞的农村,成了特大新闻,苏井观却非常高兴,他赞赏张琴秋的勇敢、开明。

不久,苏井观恢复了红军总医院院长的职务,天天和张琴秋工作在一起,渐渐地对她产生了爱慕。但在这方面,苏井观却表现了少有的怯懦。这时沈泽民已经病故,不到30岁的张琴秋已经寡居,苏井观爱慕她、同情她,却没有勇气向她表白。红四方面军离开鄂豫皖开创川陕革命根据地后,新补充的战士中,很多人吸食鸦片成瘾。原来四川军阀田颂尧为了搜刮钱财,强迫农民种植鸦片,致使四川农村鸦片问题成为一大公害。助新战士戒掉烟瘾,成为非常迫切的问题。

苏井观和张琴秋想了很多办法。演戏,就是一个很有效的手段。张琴秋提议编个戒烟的戏,对新战士进行教育。苏井观非常赞成,他亲自动手编剧本。剧情是这样的:

一个极普通的农民生活本来过得还不算坏。但是,自从四川军阀强迫农民种植鸦片以后,他也染上了吸食鸦片的恶习,弄得自己身体羸弱,如同病夫,而且倾家荡产,以致欠下地主许多债,善良的妻子一再苦苦地劝告他,把烟戒掉,他哪里听得进去,有时还打骂妻子。后来竟至把妻子送给地主做小老婆抵债。……直到红军来了以后,这个农民才得救,由鬼变成了人。剧本有了,找女演员却大成问题。当时的社会风气,哪个女孩也不愿意演人家的妻子。张琴秋自告奋勇:我来演!这个戏第一次是在总医院的驻地通江县毛裕镇操场上演出的。舞台由苏井观设计,并由卫生学校的学员和当地居民一道搭起来。医院的伤病员和当地居民都来观看。受鸦片之害最大的妇女们看了以后,感动也最深。来这个戏又在总医院的各个分院巡回演出,还给红四方面军供给部所属单位演过一场,场场都收到了良好的宣传教育效果。

这更增强了苏井观对张琴秋的爱。此后,由于革命工作的需要,他们时而分开,时而相聚,经过了若干年。长征中,他们都经历了红四方面军三过草地、两爬雪山的全过程和西路军兵败甘肃河西走廊的悲剧。两个过程,对于他们来说都不是好事情。尤其是张琴秋,在后一个过程中,简直陷入了绝境。西路军与敌人浴血奋战到最后,在一个叫做石窝的山头上,召开了西路军军政委员会扩大会议。张琴秋和苏井观都参加了这个会议。当时苏井观担任西路军卫生部部长,张琴秋担任西路军政治部组织部部长。

这个会议作出了重要决定:西路军的主要领导人徐向前、陈昌浩离开部队,回延安去向党中央汇报工作情况。为了争取保存一部分骨干力量,西路军剩下的部队组成几个支队,就地分散打游击。石窝会议之后的头几天,张琴秋和苏井观还在一起,并且履行自己的职责,协助就地安置身负重伤的红军师长熊厚发等几名师团级干部。苏井观显然有心帮助张琴秋逃离这无比险恶的环境,但是无能为力。他们被马步芳的骑兵打得四处逃命,个个自危。苏井观要比张琴秋幸运一些。他跟随李先念指挥的一支游击支队,终于冲破敌人的重围,走出祁连山,到达星星峡。这时党中央派陈云前来,把他们接到新疆迪化(今乌鲁木齐)。后来在延安,张琴秋在给苏井观的一封信里,谈到这段经历。她写道:

"祁连山下若能同行,今日情况恐又不同。当时未能同行,至今想来确是憾事。不过,当时情况很难,死的机会不知有多少次。死于山壑中,河水中,刀枪下,都有可能。静,这些事情只能把它当作故事看,将来有机会讲给我们下一代的人听,倒也蛮有味道的。"

1937年冬,苏井观几乎和张琴秋同时来到延安。张琴秋和陈昌浩解除夫妻关系后,爱情的火又在苏井观心中燃烧起来。他和张琴秋的来往越来越密切,每逢节假日,苏井观都要派警卫员牵着马把张琴秋接来相会。平时难得见面,两人便用书信表达爱慕。"文革"期间,造反派从张琴秋家中抄走了张琴秋和苏井观来往的50封信,其中有一部分就是在这期间写的。现在,这一批珍贵的文字资料已被付之一炬,仅有一两封因为被作为张琴秋"反党的罪证",才抄录保存下来,但又已残缺不全,有头无尾。下面,是张琴秋在延安时写给苏井观的一封情书的摘录:

静:

一日不见,如隔三秋。的确,别后快一星期了,尤其是下雨天,时间感到格外慢些,不知道你是否有同感?

你以前说愿意把你的心献给我。我丝毫没有怀疑。我们彼此只有真诚,没有虚伪。我们是十年之交。是深情,是真情,是姻缘(莫笑我的唯心观念)。虽则我们不是初恋,虽则我们都已半老,然而奇怪,这种热情不知从何处而来。有时我觉得好像这是不应该似的。可是,我不愿意放弃人生的快乐,我应该找我的知音。我相信我们能得幸福,而且能幸福到底,不会中途起变化。万一发生了意外,不让我们活在人世,那是无法,不然决不会有所变动。

我翻开破皮包,数了你的信,有四五页,写得又细致,又讲究,满纸涂写着真诚,到处可以感到温暖。它给我的精神帮助太大,使我从孤苦烦恼中找到快乐。啊!可见世界上的情深似海是真的。我现在真正尝到了这种滋味。它超过山珍海味,也超过了葡萄美酒。不错,我们人生为革命更重要,我们的事业更伟大。可是,除此以外,注意一点私生活,只要不妨碍我们的事业,我想没有什么不好的。有了真诚的爱,有了精神的愉快,可以增强工作效能,相互鼓励,相互帮助。这不是坏事,是好事。

我们并不是恋爱至上主义者。否则,我们就可以不顾一切环境,也可以不做工作而整天谈恋爱。我们决不敢轻易放松自己的事业。我们也不会妨碍工作。

我们只在业余时间来深思和偶尔的会谈。我们亦能彼此鼓励着与鞭策着上进。……

（琴秋）

有情人终成眷属。

1943年春天，延安四周的黄土坡已换上浅绿的新装，间或还可以看到一两朵红色的山丹花和黄色的蔷薇花。在这充满生机的季节，一个喜庆的日子到来了——经中共中央批准，苏井观和张琴秋结为夫妻。婚礼在苏井观居住的石头窑洞里举行。

徐向前（这时任陕甘宁晋绥五省联防军副司令员）和当年红四方面军的许多老战友都赶来向他们庆贺。联防军卫生部政委饶正锡和夫人，美国医生马海德和夫人也来向他们道喜。新郎的工作单位——联防军卫生部，和新娘过去的工作单位——中国女子大学的许多同志都纷纷来讨喜糖吃。

苏井观这天显得很兴奋。在用晚餐时，许多客人来向他敬酒，他一一应承，以至喝醉了。张琴秋则一如既往，和蔼可亲地向客人们一一表示感谢。新房被打扫得干干净净。一张木板床上，新铺了一些谷草。被子、褥子都是苏井观过去用的。枕头则是用衣服叠成的。墙壁上张贴着原红四方面军的老战友们送来的一副对联，上面写的是：

两位老家伙，

一对新夫妻。

这十个字不免有点粗俗，但含意却令人感慨万千。这一年，新郎已经38岁了，新娘还比他大一岁，都不是年轻人了。无论是在人生的道路上，还是在革命的征程中，他们的经历，其间的艰难曲折，酸甜苦辣，老战友们都是完全了解，深切同情的。

解放战争时期，张琴秋担任过中共中央妇女工作委员会委员、解放区妇女联合会筹备委员会秘书长、随后又担任中华全国妇女联合会常委、生产部长。成为解放区妇女运动的重要领导人，曾随蔡畅出席国际民主妇女联盟第二次代表大会。她和苏井观并肩战斗在雁北、冀中、渤海等地区，还曾参加农村的土地改革运动。

夫妻双双迎来了新中国的诞生，进入中年的他俩，从此享受了15年幸福、快乐的日子。夫妻双双担任中央人民政府的副部长，一个在卫生部，一个在纺织工业部。张琴秋还是全国政协委员，一至三届中华全国妇女联合会执行委员。

张琴秋对纺织工业不算陌生。20年代，她在上海长期从事纺织女工的工运活动。留学莫斯科时，又到附近的纺织厂当过几个月的织布工。也许就因为有这样的经历，建国后，她被派到纺织工业部担任副部长。身居这样的高位，她依然不改战争年代的朴素作风，在机声隆隆、粉尘飞扬的车间，在工人简陋的居室，在工人排队买饭的行列里，都能看到她不知疲劳的身影，听到她爽朗亲切的笑声。在风风雨雨的政治运动中，她力所能及地保护着周围的同志。部里一位副处长林颖是革命烈士彭雪枫的遗孀,1957年被打成"右派",开除党籍,撤销职务,下放保定化纤厂劳改。张琴秋借一次出差机会,特地去看望林颖。当她径直走进林颖的工作场所,林颖几乎不相信自己的眼睛了。

"张部长,您找谁?""林颖同志,我还能找谁?我就是特意来看望你的!"张琴秋故意提高了声音说。一直被周围冷淡、回避和疏远着的林颖,自此环境有了很大改善。不久,经张琴秋四处奔走,在周恩来的干预下,林颖摘掉"右派"帽子,调到部里工作。

女大同事、50年代曾担任哈尔滨亚麻纺织厂厂长的郭霁云,也受到张琴秋的多方关照。郭霁云被打成"右倾分子",张琴秋鞭长莫及,无法保护她,只能通过写信给她一些安慰。经刘少奇干预,摘掉了郭霁云的"右倾分子"帽子,但她在黑龙江很难继续工作下去了。经张琴秋力荐,郭霁云调人纺织工业部任化纤工业局副局长。对工作是如此,她的家庭生活又怎样呢?两口子都做这样的大官,当时还不多见。人们往往会想到他们的家庭物质生活,一定是很优裕、很舒适的。实际情况是怎样的呢?

当时还实行供给制。按照供给制,一个部长,可以享有比较优厚的待遇。可是,除了张琴秋用的汽车以及开车的司机由纺织工业部配备以外,其他物质待遇,只用由苏井观的工作单位卫生部提供的一份。许多朋友都夸他们,说是"两个部长享受一个部长的待遇。"张琴秋经常叮嘱身边的工作人员,说:

"你们不要随意以我的名义到纺织工业部去要东西。你们一定要记住:凡是制度上规定没有的,绝对不可以伸手去要,即使制度上规定有的,我不需要,或者苏部长那里已经领了,够用了,就不要再去领。要尽量为国家节省一分钱。"钱青是张琴秋的表妹,她们的关系十分密切。张琴秋在莫斯科中山大学学习时,钱青在日本留学,张琴秋通过她给家人转递过信件。1937年冬天,张琴秋到了延安.公家发的棉被太薄了,不足以御寒,便想到自己的家乡盛产丝棉。于是,在给家人写信时,顺便提到了这件事。但是,她的父亲、母亲和哥哥已去世多年,家中竟无人过问这件事。钱青在上海听说以后,立即买了一条丝棉被给张琴秋寄去。钱青一向很敬佩张琴秋。50年代初,她专程到北京来看望分别多年的表姐,住在张琴秋家里,张琴秋对待她也非常热情。每天下班回家,都要和她叙谈至深夜。现在,40多年匆匆过去了,钱青谈起这次北京之行,有一件事至今印象还很深刻。这件事,据钱青说,是这样的:"表姐家有两辆佩克牌小汽车。但是,我每次外出办事或会友,表姐从来没有派汽车接送我。有几次是她去上班,她叫我搭她的车到纺织工业部,然后她叫司机带我到附近的公共汽车站,乘公共汽车去我要去的地方。有时司机主动提出要开车送一下我,表姐也不赞成。她说:'汽车是因为工作需要,公家配备给我的,我不可以用于私事。人民的生活还很苦,我们的生活水平是否太高了?以后不能再花这么多的钱!"'张琴秋个人生活十分俭朴。1963年10月,苏井观带着炊事员到南方去休养,纺织工业部临时派云洪珊去给张琴秋做饭。云洪珊回忆说:

"张部长最好侍候了。她的子女们这时吃住都在单位,平时不回家,家中只有张部长一个人吃饭。"一天三餐,早餐张部长自己动手,一杯牛奶,两片面包,不用我管。午餐在部里食堂吃,也没有我的事。只有晚餐,要我动手做。但是很简单,她吩咐我,给她煮一碗挂面,打一只鸡蛋,就够了。"张部长家来往客人很多,但留下来用餐的不多。我记得经常来的是陆缀雯,每周都有一至两次。而且每次来,张部长必留她吃晚餐。不过,这也不增加我的工作量。按照张部长的吩咐,只需要多煮一碗挂面,多打一只鸡蛋,招待这位客人。

"她们好像有说不完的话。当我把两碗面端上餐桌,请她们用餐时,张部长便给我发话:"'你把炉火封好,就没有你的事了。你可回家去了。'"有时,她还加上一句:"'你的妻子、小孩正在等着你回去吃晚饭呢!早点回去吧。'"至于她们用过的碗筷,她说:"'由我们自己动手洗。'"于是,她和陆缀雯就一面吃饭,一面谈话。到什么时候结束的,我就不知道了。第二天上午,我上班来一看,碗筷都洗得干干净净的,放得整整齐齐的,比我做得还好呢!"多年来,张琴秋和苏井观就是这样勤俭持家。因此,他们积攒了一笔钱。"文革"开始时,张琴秋曾和家人商量,还要把这笔钱作为党费上缴。50年代中期以后,张琴秋和苏井观虽已年过半百,但老两口的感情依然如青年恋人。

据长期住在张琴秋家的表侄女张克宁(认张琴秋和苏井观为干娘、干爹)回忆:"爸爸(苏井观)和妈妈(张琴秋)的感情真好!他们已是年过半百的老人,我还经常看到他们手拉着手,在院子里散步,聊天,或者紧挨着,坐在沙发上说笑、逗乐。妈妈心情愉快时,还要爸爸和她一起放开嗓子高声唱歌,他们唱红军歌曲,唱苏联歌曲,那情景是很激动人心的。我和玉雪年纪小,一听他们唱歌,就瞪着眼睛看他们。妈妈有时遇到什么苦恼的事,经过爸爸几句话的开导,也就如释重负似的,心情变得愉快起来。爸爸心肠善良,待人宽厚,从来不和谁发脾气,更没有和妈妈红过脸,吵过嘴。"我记得有一次,那是全家在一起吃饭时,妈妈不停地给爸爸的饭碗里夹菜。爸爸忽然不高兴了,说了一句很生硬的话:'你别把我当小孩子看待!我想要吃什么,难道我自己不会夹?'妈妈接过话茬子,笑着说:'是啊!你年纪大了,手脚比不上他们年轻人(指我们几个姐妹)快,烧点好菜都轮不到你吃。"说得大家都笑了。

"妈妈对爸爸的业务能力也很推崇。她常常对我们说:'你们长大了,别学我,要学你们的爸爸,掌握一门专业知识。你们看你们的爸爸,参加革命以前,就是一个合格的医生。现在,他当卫生部副部长,就比我在纺织工业部工作轻松得多,贡献也大得多。"'在西路军兵败河西走廊的艰苦环境里,张琴秋得了一种妇女病,每次发作起来,都疼痛得卧床不起。与苏井观结婚以后一直没有生育。她显然希望能增添一个孩子,曾经在北京的几个著名的妇产科专家那里诊治。但是,已是不可能实现的事。苏井观对此毫不介意,经常安慰自己的妻子,说:"我们的孩子不少啊!玛娅,克宁,玉雪,桂芳,都是我们的孩子!"这4个女儿,除张玛娅是张琴秋和沈泽民所生外,都不是他们所生。张克宁是张琴秋妹妹张兰(牺牲于抗日战场)的女儿,苏玉雪和苏桂芳则是苏井观哥哥的女儿。进人北京后,她们都由张琴秋夫妻抚养。

好景不长。1962年,苏井观身患癌症。病人本人原来就是医生,他从自己身上的一些异常现象,以及医生所作的医疗处理,已经意识到自己的疾病的严重性质。苏井观不怕死。过去战争年代不知道遇到过多少次生命危险,他都毫无畏惧。能够幸存下来,活到现在,他已感到心满意足。但是,他实在放心不下的是自己心爱的妻子。他不时自言自语:"琴秋不能没有老苏啊!"

因此,在很长的一段时间里,他一直将自己的病情瞒着张琴秋。其实,给苏井观看病的医生,一经确诊为不治之症,便j作为病人家属的张琴秋。出于同样的心理,张琴秋也对苏井观守口如瓶。这样,苏井观和张琴秋夫妇就相互保守着同一个已不成为秘密的"秘密"。

张克宁回忆说:"我每次陪同妈妈去医院看望爸爸,都看到他们两人在病房里有说有笑,显得十分轻松愉快,使人无法相信,大灾大难即将降临到这两位老人身上。"但是,当我们离开爸爸,坐在回家的汽车里,妈妈便再也控制不了自己的感情,不停地掏出手帕来擦眼泪。我想到爸爸不久就要辞别人世,也禁不住热泪滚滚,默默无言。"命运就是这样喜欢和善良的人作对。苏井观的病情一天天加重起来,尽管邀请了首都最有经验的医生来会诊,并且动用了首都最先进的医疗设备,也无济于事。在去世以前的三个多月当中,苏井观既不能进食,也不能睡眠,痛苦达到极点。张琴秋面对这种情况,自然也是很痛苦的。但是,她仍然咬紧牙关,强打着精神,照常去上班工作。周围的同志看在眼里,既不能劝阻她,也不好鼓励她,只能在内心里深深地敬佩和同情这位老革命家。为了随时了解苏井观的病情变化,她白天派一位公务员到医院去,守候在苏井观的病床旁边。中午回来向张琴秋报告:这天苏井观有没有吃进什么食物,有没有闭上眼睛睡上几分钟觉。到了晚上,下了班,张琴秋才匆匆忙忙地赶到医院去,和苏井观在一起,直到深夜才离开。

1964年5月26日,苏井观终因病情恶化,抢救无效,撒手而去,年仅59岁。他实践了和张琴秋结婚时相互许下的诺言:"我们将永远地要好下去,直到安息为止。"但谁也没有料到,两年以后,更大的灾难降临在张琴秋头上。

在"史无前例"的十年浩劫中,她遭到惨无人道的批斗与折磨,长期被监禁在纺织部大楼。1968年4月21日晚,满身伤痕、疲惫不堪的张琴秋服了一粒安眠药便上床休息,两位看管人员没有像往常那样锁住她的房门,便回自己的房间了,整个大楼一片漆黑。第二天清晨,看管人员发现张琴秋住的351号办公室空空如也,人不见了。他们惊慌地大喊大叫,四出寻找,最后,在大楼西侧墙根下的水泥地面上,发现了横卧在那里的张琴秋,她的身体已经僵硬了。经法医鉴定,张琴秋是自杀,她"侧身下去,右臂先着地。骨折,大骨折已穿出到衣外。""面部苍白,下侧有红斑,两只手背有红斑,口唇青紫,口腔出血……"这样一位无私无畏的巾帼女杰,中国妇女运动和工人运动的卓越领导者,中国工农红军的杰出女将领,就这样无声无息地离开了人世！1976年，张琴秋与沈泽民的女儿，出生于莫斯科的张玛娅，因同情“四五”运动，公开表示对周恩来的怀念，被打成“反革命”。因不堪忍受折磨与屈辱，5月17日，她服下大量安眠药而决然辞世。那是共和国历史上长达十年的最黑暗的日子，母女俩显然绝望了。一生饱经忧患的张琴秋、张玛娅母女，先后以自杀的悲惨方式，向“文革”中登峰造极的倒行逆施表示了最后的抗争！张琴秋第二位丈夫陈昌浩的结局又如何呢？

1952年，经中央批准，他携妻子格兰娜、幼子祖英回到祖国。归国后，他在中央编译局任副局长，翻译和主持翻译了大量苏联经典名著如《斯大林全集》等，过着循规蹈矩、埋头著述的生活。1966年，动乱的烈火向全国蔓延开去。和许多老干部一样。有过历史问题的陈昌浩自然是首当其冲，在劫难逃了。1967年7月20日，武汉地区发生了“七·二〇事件”，武汉军区司令员陈再道被打倒。陈再道昔日的老领导、有着反毛泽东历史的陈昌浩立刻成了陈再道的黑后台。全国铁道专线所有的客、货车上都贴满了“打倒陈昌浩”的标语。一批又一批的红卫兵冲进陈昌浩的寓所来翻历史旧帐了。陈昌浩一次一次被揪，一次一次被殴打。“谁让你在长征路上谋害毛主席？”“你西渡黄河就是为了建立独立王国！”“你要向两万红军西路军偿命！”在那黑白颠倒、有理讲不清的岁月里，即使战功赫赫、一直忠于党、忠于毛主席的老帅也被泼上污水予以打倒，何况历史上曾犯过错误的陈昌浩呢？他又怎么能说得清呢？一切辩解都显得那么无力！于是，1967年7月30日，一次被揪斗之后，满身是血、意志几近崩溃的陈昌浩哆哆嗦嗦地，颤抖着爬上床，无力地躺倒在床上。两行泪水从他那倔强、伤感、悲哀的面容上无声地流了下来。希望、憧憬都烟飞云散。他的妻子格兰娜也早已被关进监狱。30年前的功名、荣耀早已埋入西伯利亚的冻土地带，脑中眼前留下来的只是无法辩解的委屈和迷惑，是挥舞的拳头，是一个共产党人对这个世界的不理解，是山一样的疲惫、倦怠和悲凉，是一切都不希望辩白、一切都不希望出现的茫然。于是，他拿起床头柜上的安眠药片，一片、一片……就这样，他平安地走进了另一个没有争斗、没有拳头、没有辱骂、没有茫然的静悄悄的世界……历史毕竟是公正的。

中共十一届三中全会后，张琴秋、陈昌浩的冤案都得以彻底平反。中共中央分别为她们举行了追悼会。她们的老领导、老战友、军委副主席徐向前主持了追悼会，许多红四方面军还健在的老人，都怀着沉痛的心情赶来参加。悼词中，还她们“中国共产党的优秀党员、忠诚的无产阶级革命战士”的本来面目。死备哀荣！

共和国不会忘记！党不会忘记！人民不会忘记！

敢投反对票的中央委员

——寡居夫人陈少敏

她是村里第一个丢掉缠脚布，第一个上学的女孩子。

她二十几岁痛失“小家”。

冀鲁豫边区传扬着女司令“陈大脚”的威名。

敌人捉拿她的赏格是10万块银元。

她发现了郝建秀。

开除刘少奇的中共八届十二中全会，她是惟一敢于不举手的中央委员。

陈少敏原名孙肇修，也使用过孙少敏的名字。1902年出生于山东省寿光县范于村的贫苦农民家庭。父亲孙万庆当雇工时，曾陪着东家小少爷上学读书，因此粗通文墨，年轻时参加辛亥革命，在潍县加入民军，并担任过连长。后来退伍回乡，一面耕田，一面办学。他办起范于村有史以来第一所学校。她的母亲信奉耶苏教，听传教士讲“人人平等”、“男女平权”之类，很表赞同。

她的父母都很开明，虽是在偏僻山村，却敢于冲破封建陋俗。童年陈少敏曾经和那个时代的女孩一样缠过脚。父亲母亲支持她丢弃裹脚布，剪短发，不带首饰，还让她上小学。她是村里第一个上学读书的女孩子。她在村里人们喊她“假小子”。后来她参加共产党，走上革命道路，又留下“陈大脚”的绰号。

因家境贫穷，陈少敏从小在家推碾磨磨、拾柴放猪、照看弟妹，还常到田间劳动。父亲凭一点文化知识，也常教她识字。

由于生活所迫，陈少敏还当过童养媳，做过童工。在繁重的劳动和贫苦的生活中，使她体会到中国贫苦农民生活的痛苦，产生了朴素的阶级斗争意识。同时在父亲民主革命思想的启发下，使她萌生了变革现实的革命思想，她常对人说：“将来都要改变的，人人有饭吃，有房子住，不受外国人欺负。”

辛亥革命之后，陈少敏在全村妇女还无一人上学时要求上学，并在妇女界宣传放足，自己身体力行。对封建势力不妥协的反抗性格，少年时代的陈少敏已初露头角。

15岁时，陈少敏到距范于村有20多里路的黄庄教会学校上学。在教会学校里她学到了文化科学知识，也受到了一些自由、平等、博爱、科学救国等西方资产阶级民主思想的熏陶，思想进一步解放。她认为中国要强盛起来，必须学习新文化，掌握科学知识，才能铲除愚昧和落后。因此，她在假期里，充任教师，用自家的西屋当教室，在村里办起了妇女识字班。

18岁时，陈少敏到潍县文化教会学校上中学。在这里她学到了更多的文化科学知识，视野开阔了，认识事物更为深刻，凡事都用脑分析，对祖国未来充满希望。

第一次世界大战时期，段祺瑞的北洋政府在日本支持下对德宣战，派了几十万华工去欧洲作苦力，陈少敏的哥哥也因家里贫穷应募到了法国，当时这批人被称为华工。华工在欧洲，受到共产主义运动和十月革命的影响，眼界大为开阔。

陈少敏的哥哥回国后，常向陈少敏讲述工人革命、苏俄社会主义、“穷人党”的故事。少年陈少敏幻想有一日中国也出现“穷人党”，发生工人革命。

在潍县上中学时，她真的遇上了“穷人党”，那时中国共产党刚刚创建，人们习惯于按照自己的理解去称呼它。她和同学在山东共产党组织的领导下，组成马克思主义讲演小组，学习、宣传马克思主义理论，还参加罢课斗争，支援国民革命和北伐战争。那时山东还是北洋军阀的天下，她因此被学校开除。

陈少敏到青岛当了一名纺织工人。

在工人队伍中，她学到了在书本上学不到的知识。在地下党组织的培养、帮助下，于1928年加入了中国共产党，做党的地下工作，任山东寿光团委妇女部长，中共青岛市委委员，职工运动委员会委员。她对敌斗争非常机智，遇事沉着，临危不惧。有一次她因工作需要，到济南去，被国民党特务发觉了，两名特务跟踪她。她临时化装成一个乡村妇女，走街串巷，想尽办法尽快地甩掉特务。后来跑到一所女子中学，大模大样地走了进去。在同乡李成章的帮助下，她化装成一个老太婆，拿着包袱作女学生家长的模样，走出校门坐车走了。让那两个特务在校门口傻呆到傍晚。

陈少敏结过婚，生过一个女孩。当时她干地下工作，带孩子十分不便，就把孩子送到老家寄养。不久，孩子得猩红热夭折了。她丈夫任国祯，是一位教授。30年代初期，曾干过地下山西省委书记，后来被叛徒出卖，惨遭军阀阎锡山杀害。年仅二十几岁的陈少敏并没有因为自己频遭不幸而沉溺于悲痛之中，失去自己的“小家”之后，她便终生以革命队伍为“家”了。

陈少敏同志在天津作工运工作时曾被捕过。她不但自己不暴露身份不出卖同志，还多次嘱咐一同关押的张桂英同志：“小张同志，你千万要顶住敌人的一切酷刑呀！”敌人用尽了一切酷刑和利诱，都无法撬开她俩的嘴。没得到任何口供，敌人无计可施，不得不把她俩先后释放了。

30年代初，陈少敏先后在青岛、北京、天津、唐山等地领导过工人运动和妇女运动，担任过中共天津市委妇女部长、秘书长，唐山市委宣传部长、冀鲁豫边区特委宣传部长、妇委代表、组织部长、副书记。

这位化名为“方大姐”的地下工作者，身穿黑布裤褂，头上梳着发髻，秘密活动于工厂、码头、煤矿，和工人一起劳动、一起吃饭，还经常居住在纺织女工简陋的工棚中，给工人讲革命道理，宣传共产党的主张，组织工人罢工，她像磁石一样，吸引着渴望光明幸福的贫苦无产者。在她的教育、引导下，一批批工运骨干成长起来，一个个地下组织建立起来。

1934年9月，陈少敏奉中央河北省委之命，负责冀鲁豫边区特委的妇女工作。当时正值黄河决口，洪水淹没濮阳、范县等地大片村庄、农田，几十万灾民挣扎在死亡线上，惨不忍睹。国民党政府拨来的有限救济款，经过层层剥皮，肥了腐败官僚，到了饥民手里已所剩无几。陈少敏化装成牧师，带着圣经、唱诗本、药品，给群众义务诊病，免费发放药品，兼及传"教"——传的是穷人齐心协力闹革命、妇女争取解放的"教义"。她在这里，组织起很多穷人团体"讨饭队"、"好人会"，领导一次次"吃大户"，向地主豪绅"借粮"的斗争。结果，在3个县几十村庄中，建立了几十个共产党地下组织，拥有党员800多。为而后建立革命武装打下基础。

当时的豫北冀南一带，土匪多如牛毛，地主乡绅也纷纷组织民团武装，利用这种形势，陈少敏在"传教"和建立地下组织的基础上，组织起一支300多人，拥有长短枪100余支的红色队伍，这是1935年的事。这支共产党领导的红色游击队，活跃于冀鲁豫边，当时传说有一位女司令，人称"陈大脚"，骑着唐僧取经时骑过的白龙马，能点豆成兵，双枪百发百中，能日行千里，当时这一带有"女将军"牌香烟，人们说烟盒上那位骑着骏马、挎着盒子枪的威风凛凛的女将军，便是陈少敏……

传说虽然有许多夸大，但反映了受苦受难的劳动群众求解放的愿望和对共产党的钦佩。

陈少敏同志稍长的脸上颧骨微微突起，短发下有一双深邃明亮的眼睛，修长的身材颇显得干练。她女扮男装，身穿大棉袄，腰扎黑蓝大腰带，头带一顶三块扣的大风帽，脚登一双大头鞋，出生人死，带领游击队打民团，抢军火，活跃在哨河两岸。有力推动了群众"分粮"、"吃大户"的斗争，沉重地打击了国民党在黄泛区的反动气焰。为河南抗日游击战争的兴起打下了基础。

在陈少敏同志组织、领导下，队伍很快发展到1000余人，后编人新四军李先念部，成为新四军五师的一支主力部队。陈少敏为创建发展这支武装立下汗马功劳。

陈少敏在打仗中总是身先士卒，冲锋陷阵，同志们劝阻她，她说："当官的怕死，当兵的咋办？"一次在一处山沟里遭到敌人伏击时，有的战士劝陈少敏往后撤退，她却大喊一声："共产党员只能往前冲！"她的威名，威震敌胆。她这支部队打出了军威。

一提起陈大姐名字，人们无不尊敬爱戴她，当时边区曾流传着"陈大姐一到，老百姓开门睡觉"的歌谣。敌人却憎恨她、害怕她。"文化大革命"前夕，日本前军人战犯访华团到了北京，想看看陈少敏到底是什么人？陈少敏接见了他们，代表团一见便说："原来是一位普普通通的老太太，敬佩、敬佩！"当时日寇汉奸和国民党军队则把她描绘成"身骑战马，双手开枪，要打你的眼睛，不会错打鼻梁"的神枪手。敌人曾贴出布告，放出风：谁能活捉陈少敏就用秤称，身子有多重，就奖给相等量的黄金。曾经悬赏光洋十万元通缉她，由此可见，敌人是如何恨她、怕她。

由于王明“左”倾教条主义的统治，中国革命在30年代中期几乎陷于绝境。中央红军不得不进行战略转移，鄂豫皖根据地的红四方面军被迫西征转到川陕边，鄂豫皖根据地不存在了。留下的红二十五军也于1934年11月在徐海东、郑位三、程子华领导下向陕甘一带转移。在如此险恶的形势下，陈少敏领导的红色武装，始终坚持在冀鲁豫边，这是何等的可贵！

抗日战争爆发前夕，陈少敏奉中共中央之召.来到延安，参加刘少奇主持的白区工作会议。这是她第一次来到党中央身边，她见到了毛泽东、刘少奇、朱德等许许多多中央领导人，她心情无比激动。她向中央汇报了坚持冀鲁豫边的斗争，受到毛泽东、刘少奇等中央领导人的嘉奖。

白区工作会议后，陈少敏进人中央党校学习。从中央党校结业后，她先后担任中共江西省委妇女部长，新四军驻南昌办事处主任、河南省委组织部长、洛阳特委书记等职务。国共合作实现后，她率领的游击队编人李先念领导的新四军支队。

1939年初，担任河南省委组织部长兼妇委书记的陈少敏，和李先念一起，率新四军豫鄂独立游击支队（李为支队司令，陈为支队政委），奉中共中央之命向鄂豫边挺进，开创鄂豫边抗日民主根据地，开展抗日游击战争。

整个抗日战争中，她一直在鄂豫边工作，先后担任鄂中区党委书记、豫鄂边区党委书记、中共中央中原局组织部长（书记为刘少奇）等重要职务，并与李先念一起创立新四军第五师。在中国共产党内，长期主持一个地区的全面工作并直接领导武装斗争的女高级干部，仅此一人。因此，她是党内有数的几个女性中共七届候补中央委员和八届中央委员之一。

河南是陈少敏长期战斗过的地方。从豫北茫茫沙区到豫南青青竹沟，从大别山下到桐柏之巅，都留下了她革命的足迹。

陈少敏在开创、巩固、扩大豫鄂边区抗日根据地的斗争中发挥了重要作用。她不怕流血牺牲，多次率部与日伪军作战，指挥部队打退顽军的多次进攻，她为加强边区的建设，培训党政干部、妇女干部，不辞劳苦，呕心沥血；为解决边区财政经济困难，她带头纺棉花、种菜；为发动大多数群众参与这一活动，她亲自到乡村去做试点工作，与贫苦农民打成一片，调查研究，总结经验；她待同志情同手足，边区上下都亲切地称她“陈大姐”，深受边区军民的爱戴。

陈少敏进入豫鄂边区后，直接领导和指挥了应山的肖家店战斗，京山新街马家冲战斗，大山头、八字门的反扫荡战斗等。在打退反共高潮，同顽固派的斗争中，也参与指挥过大小花岭、大悟山、大山寺自卫战等战役。

陈少敏根据毛泽东提出的“坚持抗战，反对投降；坚持团结，反对分裂；坚持进步，反对倒退”的指示和刘少奇提出的“拆散国民党的反共统一战线，建立抗日反投降的统一战线”的指示，在与敌军广泛开展有斗争、有团结的统战工作的同时，对戴焕章地方杂牌武装进行了卓有成效的统战争取工作。

戴原是河南邓县一支地主武装的首领，后来投靠了李宗仁。有民族自尊心，他愿意抗日，不反共。陈少敏分析了他“喜欢炫耀自己，想取信于李宗仁，但缺少经验和本钱”。就让随枣地委社会部的朱明达（其兄是戴的拜把兄弟，素有交情）去戴部，从日寇那里缴获的日本手枪和手表也送给了戴。戴将这些“战利品”，送给李宗仁，得到李宗仁的赏识。戴就经常从李宗仁那里给我军弄来国民党军事战略情报和地方顽军匪情，并主动护送我方去延安的党员干部，也送来一些弹药。1941 年 4 月，陈少敏在小泉冲还接见了戴及其随员。

陈少敏说：“现在有良心的中国人都要求抗日，我们要团结一致对外，不要打内战。”要求戴利用他自己的身份和影响，去做国民党上层人员的工作，不断为我军提供情报，并答应给他的部队筹措一批粮款。不久，又根据戴的要求，派京山县干部廖光国去戴部任职。后来，挺进支队第一团原团长张文津从延安回来，省委书记朱理治爱人苏菲（曾任十月剧团团长）到延安去，都是通过朱明达找戴设法掩护，沿途护送，安全到达目的地的。

陈少敏不但善于做顽军的统战工作，也善于和敌伪周旋。一次，我京山县石板河区负责人张光然（女）骑着一匹骡子来小泉冲边区机关党委驻地途中，不料与日本鬼子遭遇被俘。消息传来，陈少敏非常着急，专门召开会议，讨论营救办法。

决定向日寇占领区的敌伪军政人员做工作，使其不暴露张光然的身分，同时通过敌占区的绅士以实行人道主义为由，联名上书日军指挥官，要求对怀有身孕的张光然不要关押。这样创造条件，使张光然有机会脱险。

陈少敏决定由朱明达带领三个精悍的小伙子乘夜潜入京山县城，同时通过另外渠道，约定了张光然按时到繁华的西关去散步。一天黄昏，张光然机智地把监视她的那个护士引出来，散步来到约定地点。

朱明达等按照计划悄悄靠近她散步的地方，队员江之斌乘机与张光然打招呼，然后架起她就跑。

第二天，陈少敏得知张光然已经脱险，专门派人带着两匹马来接她。张光然回到边区党委机关第五天就生了个男孩子。陈少敏关心同志胜过自己。

陈少敏时刻把人民的利益挂在心头。1942 年夏天，鄂豫边区遭受了一场严重旱灾，国民党反动派乘机对我实行经济封锁，妄图困死我军。

为了战胜自然灾害并粉碎敌人阴谋，陈少敏立即动员群众，组织一百二十部土水车，把小河沟里的水抽进半山腰的塘堰里，再把塘堰里的水抽到山那边的田地里，灌溉干旱的禾苗。陈少敏和农民一样，赤着脚，把裤脚提到膝盖上面，泥一腿水一身地和大伙一起劳动。

那一年秋天，群众望着场院里堆积如山的粮食，无限深情地说：“这是陈大姐带领我们夺来的粮食呀！”

在边区党委号召开展大生产运动时，陈少敏和机关人员一起在小焕岭开垦了几亩土地种菜，解决大家的吃菜问题。当时曾流传着一首民谣唱道："陈大姐，种白菜，种的白菜人人爱。"

当时边区印制一种票子，上面有一个妇女纺线的图案，因为陈少敏经常深入群众，群众都说那就是陈大姐，说陈大姐一面领着咱们打日本鬼子，一边还领着咱们搞生产。

陈少敏生活极为清廉俭朴。那时，她穿着一身跟战士一样的灰色军服，一床土布被子。一个包袱，里面几件替换的旧衣服，出外行军时有一匹白马，这就是她的全部家当。

无论行军，住宿或驻扎地方，都同全体干部住在一起，完全没有首长的架子。初来乍到的人，如果光看她那头戴军帽，身穿军服，腿裹绑腿，足穿草鞋的打扮，谁都不会猜到是位女同志哩！更不会想到是一个区党委书记！

她从不搞特殊化，从来不吃小灶，同志们考虑她岁数大，身体不好，有时给她弄来点鸡蛋，肉食什么的补品，她都让大家分享。

陈少敏是一个根据地的党委书记，她责无旁贷地要为主力部队筹集给养；还要负责保卫地方，打击敌伪汉奸，同顽固派的反共摩擦斗争。

她还要关心群众的生产和生活，保证根据地经济文化的发展，巩固和发展统一战线的三三制政权。遇到日伪"扫荡"，她还要组织干部群众隐蔽转移，掩护安排伤员。工作如此繁重，她还几度兼任妇委书记，发动妇女参加抗战救国，支持妇女反封建求解放斗争。至今，豫鄂边地方的干部群众有口皆碑，都称赞陈少敏是边区的好领导。

陈少敏非常关心下一代，当时的"十月剧团"是在她的关怀下建立起来的。

从竹沟到四望山，从小花岭到白果树湾，"十月剧团"的孩子们前进的每一步都凝结着她的心血。孩子剧团的成员，进来出去都经过她的同意。有不少小演员还是她亲自在行军途中收容来的穷娃子呢。

只要有空，陈少敏就要去剧团看望孩子们，从服装道具到演出节目，她都很关心。对小演员们的成长，从政治到生活十分关怀，部队每次打了胜仗，得来的战利品，只要适合剧团用的，她就叫给剧团送去。

对于生活用品，她为剧团孩子们的身体健康，曾作过几次专门指导。她说："只要可能，一定要尽力照顾好孩子。从政治上、生活上都要关心孩子，把他们培养成新一代的革命接班人。"

抗日战争胜利后，新四军五师和驻防豫西的八路军，以及八路军南下支队三大主力会师桐柏山，成立了中原局和中原军区，陈少敏任中原局党委组织部长。

1946 年 6 月中原突围时，她和李先念、郑位三等人一起率中原局、中原军区机关和第二纵队主力自宣化店向西北突围，经河南信阳、桐柏、新野、邓县、内乡、淅川、涉过丹江，进入陕南地区取得了中原突围的胜利。1947 年 7 月，刘邓大军千里跃进大别山，陈少敏随军南下重返豫鄂边区，为创建中原解放区作出了新的贡献。

1949年夏天，青岛刚刚解放不久，陈少敏就被派到那里主持恢复纺织厂的工作。当时陈少敏虽然已是50多岁的人了，在长期艰苦斗争的岁月中把身体也给累坏了，但她仍然顽强不息地工作和学习，很快就熟悉了纺织业方面的生产。她还经常到车间劳动，清扫废棉。

有一次，仅仅从一位技术员送来的几个数字中，她发现了某个车间用不遵守生产规章的办法来提高劳动强度。便通过厂长找到了这位技术员，提出了不少管理技术上的重要问题。事后这位技术员曾向她的秘书打听："请问，陈大姐是哪个纺织学校毕业的?"足见她已经变成了内行。

陈少敏带领女工们投入全面的竞赛，从而响应政府的增加棉纱生产的号召。当时陈少敏提出的"车间就是战场，一支纱锭一杆枪，一台布机一门炮"，成了广大工人的战斗口号。

大量20支纱从工厂投人市场，制止了当时可能爆发的棉纱涨价风潮，对扭转当时紧急的经济情况起到了决定性的作用，为此，国务院财政委员会主任陈云亲自写信给全国纺织工会表示祝贺，并颁发奖金5万元，作为全国纺织工会举办工人集体福利事业的基金。在陈少敏(这时任全国纺织工会主席)的提议下，这项奖金被用于修建一座纺织工人疗养院。陈少敏还亲自参加了这项设计工作。

陈少敏很善于全面组织生产。她对生产管理，劳动保护，职工生活，一直是作为一个统一的整体来考虑的。

她无论到哪一个工厂，都要查一查细纱机的断头率，测一测车间里的温湿度，看一看宿舍、食堂、浴室、厕所。她对有的厂提出"轻伤不下火线"的口号进行了批评，指出这种把搞好生产和关心职工健康对立起来的思想是错误的。

解放初期，有些纺织厂没有及时废除"搜身制"，陈少敏对此极为气愤，她说："工人阶级是国家的主人，怎么还被当小偷对待？工人要砸烂枷锁挺起胸膛，大摇大摆地进出自已的工厂!"在陈少敏的领导下，中国纺织工会筹备委员会通过了"关于废除搜身制度的决议。"。

陈少敏在工作中深入实际，调查研究，注意培养先进工人。纺织工业部部长，中共中央委员郝建秀就是陈少敏发现、培养起来的。

那还是1950年的春天，在突击增产20支纱的任务刚刚结束不久，陈少敏发现青岛第六棉纺织厂细纱挡车工郝建秀较长时期保持白花最少的纪录。"白花少"的概念就是断头少，就是高产、优质、低消耗。她算了一算，如果全国纺织厂的细纱工人都能达到像郝建秀的水平，少出的白花一年要多生产44460件棉纱。她立即派人到青岛去，总结郝建秀的操作经验。经过多方面的调查，在青岛总结出郝建秀的经验是"三勤三快"，即眼勤、手勤、腿勤、眼快、手快、腿快。陈少敏认为"三勤三快"只是片面地从劳动态度上总结，还不完全。

于是，她亲自到青岛，组织了一个由工人、技术人员和干部组成的工作总结委员会，经过细致地调查研究和观摩表演，总结出一套科学的郝建秀细纱工作法。

由于她的建议，全国纺织工会配合纺织工业部在青岛召开全国细纱工作会议，推广郝建秀工作法。

这对纺织行业生产效率的提高起了极大的作用，很短时间，各地细纱挡车工的看锭能力由400枚增加到600~800枚，白花普遍减少，产量大幅度上升。

郝建秀的工作法的推广，开始了纺织工业技术操作的一大革命，向全国工人阶级展示了新的劳动态度和劳动方法。

在中国纺织工人疗养院里，有两株玉兰树，每当春天来临，花开满枝，这是陈少敏出国访问带回的良种，玉兰象征着陈少敏一生光明正大和一尘不染的高贵品质，也表现出她对全国纺织工人的关怀和期望。

最令人钦佩不已的是陈少敏在"文化大革命"中的行动。

1966年8月中共八届十一中全会，毛泽东通过一张大字报，把"文化大革命"的目标向全党公布了。大字报的标题是《炮打司令部》，实际上公开提出党内有一个所谓"以刘少奇、邓小平为首的资产阶级司令部"，如果说，动乱开始时人们还不大明确"革命"的具体目标，这下明确了。

原定5天开完的中央全会，继续开下去，推迟结束日期。周恩来电话通知刘少奇：最近不要公开露面，不要再会见外宾。会议一下子转人讨论毛泽东的"大字报"，转入批判刘少奇、邓小平。

弯子转得实在太快太突然。大多数人思想不通。在批判刘少奇、邓小平的"错误"时，表同情者有之，沉默者有之，亦赞亦批者有之，当然，绝大多数都顺应风向，按照《炮打司令部》的调子表态。

其中极少数人一反常态，猛揭猛批言语刻毒。

刘少奇来到一个小组接受批评。陈少敏就在这个组。休息时，陈少敏特意走到刘少奇身旁，亲切、深情地说："少奇同志，有时间我要向你汇报女工工作问题。"

刘少奇明白陈少敏的好意，是对自己受到不公正待遇的同情。他缓缓站起来，环顾四周默然注视着他俩的与会者，平静地说："错误与同志们无关，我一个人负责，请大家放心。"

陈少敏强忍着的泪水一下子涌了出来。

陈少敏更强烈的行动表现在八届十二中全会。

这次全会距八届十一中全会已有两年。两年来，经过林彪、江青一伙的一系列阴谋活动，打倒刘少奇的局面已无可挽回的形成。江青通过她亲手控制的专案组，利用极其卑劣的手段、提出所谓《叛徒、内奸、工贼刘少奇罪行的审查报告》，要把刘少奇"永远开除出党"，"撤销其党内外一切职务"，还要"继续清算刘少奇及其同伙叛党叛国的罪行"。

在那个发疯的年代，充满"左"的狂热和登峰造极个人崇拜的年代，"红色恐怖"的气氛弥漫全国，上万起为刘少奇鸣不平的事件，都被定为"现行反革命"而处重刑，不少人惨遭杀害。谁敢为刘少奇说一句公道话，立刻大祸临头。

就在这种失去正常理智的气氛中，不说林彪、江青一伙，他们当然有狼子野心，这两个阴谋集团之外的几乎全部高级干部，或出于个人安危得失的考虑，或为全党、全国的大局，或者屈服于掌权者的淫威，都在表决时违心地举手通过江青们提出的报告。

只有一个人敢于不举手，她就是陈少敏。

这是何等的胆量、勇气！如磐黑夜中一颗耀眼的明星，她是真理、人心的代表。

全会闭幕后，康生质问陈少敏："你为什么不举手?"陈少敏平静地回答："这是我作为一名中央委员的权利!"

不久，陈少敏就被发配到河南罗山劳动改造，迫害所致，使她身心受到极大摧残，腿脚都瘫痪了，不幸于1977年逝世。

陈少敏自丈夫任国祯被害后，再未组成新的家庭。因此，本文标题称她为"寡居夫人"。